Buchheim/Möslein/Omlor (Hrsg)

Datentreuhand und Recht

Datentreuhand und Recht

Herausgegeben von

Prof. Dr. Johannes Buchheim
Philipps-Universität Marburg

Prof. Dr. Florian Möslein
Philipps-Universität Marburg

Prof. Dr. Sebastian Omlor
Philipps-Universität Marburg

2025

C.H.BECK Vahlen

Zitiervorschlag
Buchheim/Möslein/Omlor Datentreuhand/Bearbeiter § … Rn. …

beck.de

ISBN Print 978 3 406 82396 1
ISBN E-Book (ePDF) 978 3 406 83893 4
ISBN E-Book (ePUB) 978 3 406 83894 1

Wilhelmstraße 9, 80801 München
info@beck.de
Druck und Bindung: Beltz Grafische Betriebe GmbH
Am Fliegerhorst 8, 99947 Bad Langensalza

Satz: Fotosatz Buck
Zweikirchener Str. 7, 84036 Kumhausen
Umschlag: Ralph Zimmermann – Bureau parapluie

myclimate
shape our future

chbeck.de/nachhaltig
produktsicherheit.beck.de

Gedruckt auf säurefreiem, alterungsbeständigem Papier
(hergestellt aus chlorfrei gebleichtem Zellstoff

Inhaltsverzeichnis

§ 3

Gaia-X als informations- und dateninfrastruktureller Rahmen

Teil 2
Übergreifende Rechtsfragen der Datentreuhand

§5
Rechtliche Grundlagen

§6
Rechtsform

§7
Datenaltruismus

Teil 3
Exemplarische Anwendungsfelder der Datentreuhand

§ 10
Förderung der Informationsfreiheit

§ 11

Automatisierte Geldwäschebekämpfung

§ 12

Dateninfrastrukturen für die Forschung mit Gesundheitsdaten

Teil 4
Transaktionsbasierte Datentreuhand als neuartiges Treuhandmodell

§ 13
Technische Konzeption und Umsetzung

§ 14
Datenschutz durch Datentreuhand

Verzeichnis der Bearbeitenden

Dr. Alexander Alldridge, d-fine

Prof. Dr. Steffen Augsberg, Justus-Liebig-Universität Gießen

Prof. Dr. Johannes Buchheim, Philipps-Universität Marburg

Prof. Dr. Gabriele Margarete Buchholtz, Universität Hamburg

Felix Burghardt, Philipps-Universität Marburg

Prof. Dr. Michael Denga, BSP Business and Law School Berlin

Kevin Ferber, Justus-Liebig-Universität Gießen

RA Florian Frisse, Schalast Law | Tax

Prof. Dr. Petra Gehring, TU Darmstadt

Anna Lina Gummersbach, LL.M., Universität Heidelberg

Ina Gramkow, Philipps-Universität Marburg

Moritz Jetzen, Philipps-Universität Marburg

Prof. Dr. Michael Kling, Philipps-Universität Marburg

Luisa Köbel, Universität Halle-Wittenberg

Dr. Jörn Laakmann, TU Darmstadt

Leona Lassak, Ruhr-Universität Bochum

Prof. Dr. Florian Möslein, Philipps-Universität Marburg

Prof. Dr. Fruzsina Molnár-Gábor, Universität Heidelberg

Marc Nestor, Universität Heidelberg

Prof. Dr. Sebastian Omlor, Philipps-Universität Marburg

Dr. Christian Person, TU Darmstadt

Hanna Püschel, TU Dortmund

Prof. Dr. Anne Riechert, Institut für Finanzdienstleistungen

Markus Schrenk, Philipps-Universität Marburg

Dr. Till Seidemann, TU Darmstadt

Lukas Tuschhoff, Philipps-Universität Marburg

Yohanna Villablanca, Universidad de Chile und Philipps-Universität Marburg

RA Simon Waldbröl, Schalast Law | Tax

RA Prof. Dr. Andreas Walter, LL.M., Schalast Law | Tax

Im Einzelnen haben bearbeitet

§ 1 Buchheim/Möslein/Omlor

§ 2 Gehring/Laakmann/Person/Seidemann

§ 3 Person

§ 4 Püschel/Lassak

§ 5 Buchholtz

§ 6 Möslein/Tuschhoff

§ 7 Denga/Köbel

§ 8 Riechert

§ 9 Jetzen/Villablanca

§ 10 Schrenk/Buchheim

§ 11 Ferber

§ 12 Gummersbach/Nestor/Molnár-Gábor

§ 13 Alldridge

§ 14 Buchheim/Augsberg/Schrenk

§ 15 Omlor/Heine

§ 16 Kling/Burghardt/Gramkow

§ 17 Walter/Waldbröl/Frisse

§ 1
Einführung

Der vorliegende Band zu Datentreuhand und Recht gründet auf der mehrjährigen theoretisch-konzeptionellen und praktischen Auseinandersetzung der Herausgeber und Autor:innen mit Formen, Chancen, Anforderungen und rechtlich-organisatorischen Herausforderungen der Datentreuhänderschaft. Diese Auseinandersetzung stand ua im Zusammenhang verschiedener großer Drittmittelforschungsprojekte und spezifischer Förderlinien der Bundes- und Landesebenen, die den hohen datenpolitischen Stellenwert und die große praktische Bedeutung der Konzeption, Erforschung und Erprobung der Datentreuhand für Informationsgesellschaft und moderne Datenwirtschaft belegen. Vor diesem Hintergrund des „Zauberworts“[1] der Datentreuhand lohnt es, in den fortdauernden Anstrengungen um eine tatsächliche und rechtliche Konzeption, Ausarbeitung und Testung geeigneter Datentreuhandlösungen eine Zwischensumme zu ziehen und den aktuellen Stand der Technik und Wissenschaft im Datentreuhandbereich näher zu beleuchten. Dem ist der vorliegende Band gewidmet, der damit sowohl über den erreichten Stand und gefundene Antworten informieren als auch offene Fragen und rechtliche und tatsächliche Fallstricke und Forschungsbedarfe markieren will, um so das große Versprechen der Datentreuhand einlösen zu helfen und allmählich praktisch werden zu lassen.

I. Nichtrechtliche Grundlagen der Datentreuhänderschaft

Die vorliegende Erkundung der mannigfaltigen Fragen rund um die Datentreuhand und Recht beginnt – auf den ersten Blick etwas überraschend – in Abschnitt A mit einem nichtrechtlichen Blick auf verschiedene Typen und Formen (Gehring/Laakmann/Person/Seidemann, § 2), infrastrukturelle Voraussetzungen (Person, § 3) und Akzeptanzchancen (Püschel/Lassak, § 4) der Datentreuhand. Denn wie häufig im Recht der neuen Technologien[2] stehen die rechtlichen Maßgaben und Herausforderungen auch bei der Datentreuhand in enger Wechselbeziehung zu technologischen, infrastrukturellen und sozialen Gegebenheiten.

---

[1] Gehring, Datentreuhänder – dauern Wunder etwas länger?, FAZ v. 10.3.2024, abrufbar unter: https://www.faz.net/aktuell/wirtschaft/datentreuhaender-dauern-wunder-etwas-laenger-19576785.html.

[2] Zur engen Wechselbeziehung von Recht und Technik s. Bennett Law Innovation & Tech 2013, 1 (1 ff.); Brownsword/Harel International Journal of Law in Context 2019, 107 (108 ff.); zum Datenschutzrecht als technisch angetriebenes Recht, s. von Grafenstein ua Computer Law & Security Law Review 2022, 1 (5 ff.); Dewitte Technology and Regulation 2023, 80 (80 ff.); zu den Herausforderungen im Vertragsrecht s. Schulze/Staudenmayer (Hrsg.) Digital Revolution -Challenges for Contract Law in Practice/Schulze/Staudenmayer, 2016, 19 ff.; Specht, Diktat der Technik, 2019.

Die technisch ausgefeilteste Datentreuhandinfrastruktur leistet wenig, wenn bei den potentiell datenbereitstellenden Akteuren und den Nutzenden solcher Technologie ein Verständnis für die Möglichkeiten, Chancen und Risiken dieses Instruments fehlt. Die in § 4 näher untersuchte Frage, ob und unter welchen Voraussetzungen Datentreuhandlösungen Attraktivität für verschiedene Nutzergruppen und Sektoren besitzen und dementsprechend eine Chance auf tatsächliche Akzeptanz haben, steht damit am Ausgangspunkt jeder Bestrebung, Datentreuhandlösungen praktisch zu etablieren. Dabei ist eine Verbindung rechtlich-normativer, technischer und sozial-empirischer Perspektiven auf das Phänomen der Datentreuhand besonders deshalb naheliegend, weil auf diese Weise die Erkenntnisse aus der Akzeptanzforschung – ebenso wie die Erkenntnisse aus der rechtlichen Untersuchung und Standortbestimmung – ihrerseits in die technische Konzeption und Fortentwicklung geeigneter Datentreuhandmodelle eingespeist werden können. Normative Ansprüche und Erwartungen der Nutzenden treten also nicht erst nachträglich an bereits ausentwickelte Datentreuhandlösungen heran, sondern werden vom ersten Moment in deren Entwicklung einbezogen. Normative Ansprüche sollen sich dadurch unmittelbar in den technischen Lösungen und Geschäftsmodellen der Datentreuhänderschaft widerspiegeln und kratzen nicht nur an der Oberfläche, was insbesondere Compliance-Problemen vorbeugen kann.[3]

Vor allem aber setzt eine solche frühzeitige normative Prägung und Rückkoppelung der Entwicklung neuer Intermediärs- bzw. Datentreuhandlösungen das besondere kreative Moment normativ-begrifflicher Praktiken frei. Dieses kreative, innovationsoffene Moment ist im Fall der Datentreuhand ganz erheblich: Denn Datentreuhänderschaft und die technisch-organisatorischen Lösungen, die wir zu ihrer Entfaltung einsetzen, sind keine gegebenen Größen, keine Dinge-an-sich mit feststehenden Einsatzzwecken, Typen und Formen. Eine Beschäftigung mit Datentreuhändern und ihren rechtlichen Fragen muss daher mit der Offenheit des schillernden Datentreuhandbegriffs beginnen. Bei dieser Offenheit kann es zugleich nicht bleiben, wenn Datentreuhänder praktisch genutzt und rechtlich erfasst werden sollen. Als Vorbedingung der rechtlichen Standortbestimmung erkundet § 2 daher datenpolitische Hintergründe, Anfänge, Typen, Einsatzkonstellationen und grundlegende Herausforderungen der Datentreuhänderschaft unabhängig von einem speziellen Treuhandkonzept, um einen tentativen Begriff und Überblick des Phänomens zu gewinnen.

Die verschiedenen Formen der Datentreuhänderschaft operieren jeweils auf Grundlage digitalisierter Daten und über deren Verarbeitung. Wie jede Form digitaldatenbasierter Rechenprozesse stehen Datenverarbeitungen über Treuhandlösungen daher unter komplexen dateninfrastrukturellen Voraussetzungen. Einheitliche Datenformate und Standards, wechselseitige Lesbarkeit und standardisierte und eindeutige technische Prozesse müssen definiert werden, um auf dieser Grundlage einen zumindest teilautomatisierten Datenaustausch über Treuhänder und andere Intermediäre zu ermöglichen. Eine dieser gemeinsamen, unterschied-

[3] Allg. zur *compliance by design* Hoess ua Towards a Design Science Research Process for Legal Compliance by Design 2024, PACIS 2024, abrufbar unter: https://aisel.aisnet.org/pacis2024/track04_dessci/track04_dessci/3, S. 2; Louven/Saive NZKart 2018, 348 (348 ff.); Konferenz der Informationsfreiheitsbeauftragten (IFK), Prinzipien der Informationsfreiheit und Umsetzungshinweise zur „Informationsfreiheit by Design" v. 25.7.2024, S. 4 ff.

lichste technische Lösungen und digitale Dienste und Intermediäre einbettenden und umrahmenden Dateninfrastrukturen ist die europäische Plattform Gaia-X, auf deren Grundlage zahlreiche der aktuell anvisierten Datentreuhandmodelle realisiert werden sollen. Ihre datenpolitischen Ziele und ihre Funktionsweise erläutert §3.

II. Übergreifende Rechtsfragen der Datentreuhand

Der zweite Teil des vorliegenden Handbuchs widmet sich den übergreifenden Rechtsfragen der Datentreuhand. In pandektistischer Tradition wird somit eine Art „allgemeiner Teil" des Datentreuhandrechts angestrebt. Die einzelnen Kapitel dieses Teils verfolgen das Ziel, das Phänomen der Datentreuhand in seinen unterschiedlichen rechtlichen Erscheinungsformen systematisch zu erfassen und normativ einzuordnen. Die Kapitel legen den Fokus auf grundlegende Strukturelemente und zentrale Rechtsfragen, die sich aus der treuhänderischen Vermittlung und Verwaltung von Daten ergeben. Dies umfasst die rechtliche Verortung und Organisationsform, datenschutz- und verwaltungsrechtliche Anforderungen sowie europarechtliche Vorgaben aus dem Data Governance Act. Trotz unterschiedlicher thematischer Schwerpunkte verbindet die Beiträge die gemeinsame Zielsetzung, die Voraussetzungen und Implikationen einer vertrauenswürdigen, rechtssicheren und funktionalen Datentreuhänderschaft rechtlich zu konturieren und somit die Grundlagen für ihre praktische Ausgestaltung zu legen.

Am Anfang steht ein Beitrag zu den rechtlichen Grundlagen der Datentreuhand (Buchholtz, §5). Die rechtliche Verortung der Datentreuhand konstituiert den gedanklichen Ausgangspunkt jeder normativen Auseinandersetzung mit ihrer Rolle im Datenökosystem. Das Kapitel nähert sich diesem Phänomen über eine systematische Gegenüberstellung mit der klassischen Treuhand, der Treuhandstiftung sowie mit sog. „Data Trusts" im Common Law. Aus rechtsvergleichender Perspektive lässt sich ein funktionaler Begriff der Datentreuhand als treuhänderische Organisation datenvermittelnder Aufgaben zwischen mehreren Parteien ableiten. Die Analyse rechtlicher Einordnungsmodelle wird flankiert durch eine Bestimmung typischer Einsatzbereiche, der vertraglichen Ausgestaltung und der strukturellen Voraussetzungen für rechtskonforme Treuhandbeziehungen. Dieses Kapitel bildet folglich das normative Fundament für die weitere rechtliche Auseinandersetzung mit der Datentreuhand.

Die Wahl der Rechtsform, die den Gegenstand des nachfolgenden Kapitels bildet (Möslein/Tuschhoff, §6), stellt eine zentrale Weichenstellung für jede Datentreuhand dar, da sie deren organisatorische Neutralität, rechtliche Bindung und ökonomische Funktionsfähigkeit beeinflusst. Das Kapitel zeigt auf, dass die Anforderungen aus dem Data Governance Act (DGA) insbesondere eine rechtliche Selbstständigkeit fordern, jedoch keine konkrete gesellschaftsrechtliche Form vorschreiben. Im Zentrum der kautelarpraktischen Gestaltung steht daher die Herausforderung, Agency-Kosten durch geeignete Governance-Strukturen zu minimieren. Es gilt, die Balance zwischen Neutralität im Umgang mit Daten und wirtschaftlicher Tragfähigkeit zu sichern. Der Beitrag schließt mit einer

Diskussion sektoraler Sonderregelungen und deren Auswirkungen auf mögliche Organisationsformen.

Der Datenaltruismus, dem ebenfalls ein eigenes Kapitel gewidmet ist (Denga/Köbel, § 7), ist Gegenstand eines neuen, im DGA eigenständig ausgebildeten Regelungsregimes, das die freiwillige, unentgeltliche Bereitstellung personenbezogener und nicht-personenbezogener Daten für Zwecke von allgemeinem Interesse zum Gegenstand hat. Das Kapitel analysiert die entsprechenden Vorgaben des DGA, insbesondere hinsichtlich Governance, Transparenz und Nutzerbeteiligung. Es wird deutlich, dass datenaltruistische Organisationen einer Vielzahl an rechtlichen und organisatorischen Sorgfaltspflichten unterliegen. Zudem beleuchtet das Kapitel die sektorale Anwendung dieses Konzepts, etwa in der Gesundheitsversorgung, Umweltforschung oder Mobilitätsplanung, und diskutiert das Zusammenspiel mit dem Data Act (DA) als ergänzendem Regelungswerk der europäischen Datenstrategie.

Die Vertrauenswürdigkeit von Datentreuhandmodellen steht und fällt mit dem Umgang mit personenbezogenen Daten im Sinne der DS-GVO. Denn das Datenschutzrecht und seine Hürden gegenüber einer Datenweitergabe und -nutzung stellen eine zentrale Triebfeder der in den letzten Jahren unionsweit vorangetriebenen Entwicklung und Erprobung neuer Datentreuhandmodelle dar. Das nachfolgende Kapitel (Riechert, § 8) analysiert daher die datenschutzrechtlichen Grundlagen und mögliche Verarbeitungsgründe, insbesondere Einwilligung, vertragliche Pflichten und berechtigte Interessen. Dabei wird deutlich, dass Datentreuhänder sowohl als Verantwortliche als auch als Auftragsverarbeiter auftreten können, je nach Ausgestaltung des konkreten Modells. Besondere Aufmerksamkeit gilt dabei dem Risiko automatisierter Entscheidungen, Transparenzanforderungen und der datenschutzrechtlichen Verantwortung innerhalb komplexer technischer Infrastrukturen. Die Ausführungen verdeutlichen, wie gründlich und tiefgreifend datenschutzrechtliche Anforderungen in die Struktur und Prozesse von Datentreuhandlösungen integriert sein müssen.

Den Abschluss des allgemeinen Teils bildet ein eigenes Kapitel zu den Vorgaben des Data Governance Act (DGA) (Jetzen/Villablanca, § 9). Das Regelwerk schafft unionsweit einheitliche Rahmenbedingungen für Datenvermittlungsdienste und definiert explizite Anforderungen für Datentreuhänder. Im Zentrum stehen dabei die Zulassung, Neutralitätspflichten und Transparenzvorgaben, die sich insbesondere aus Kapitel III des DGA ergeben. Der Beitrag analysiert, wann ein Datentreuhänder als Datenvermittlungsdienst zu qualifizieren ist und welche rechtlichen Konsequenzen sich daraus ergeben. Ergänzend behandelt das Kapitel die Weiterverwendung geschützter Daten öffentlicher Stellen (Kapitel II DGA) und die Schnittstellen zum Datenschutzrecht. Damit tritt die Bedeutung des DGA als integratives Steuerungsinstrument für die rechtssichere Organisation von Datentreuhandprozessen deutlich zutage.

III. Exemplarische Anwendungsfelder der Datentreuhand

Im dritten Abschnitt finden drei konkrete Anwendungsszenarien ihren Platz, die teilweise bereits auf Praxiserfahrungen beruhen. Die öffentlich-hoheitliche Sphäre nimmt dabei § 10 (Schrenk/Buchheim) in den Fokus, der das Zusammenspiel der Datentreuhand mit der verfassungsrechtlich verbürgten Informationsfreiheit thematisiert. Konkret untersucht der Beitrag das Potenzial datentreuhänderischer Modelle zur kontrollierten Öffnung staatlicher Informationsbestände. Vor dem Hintergrund des Wandels vom Aktengeheimnis zum Öffentlichkeitsprinzip analysiert er, wie Datentreuhänder dazu beitragen können, den Zugang zu amtlichen Daten rechtssicher zu ermöglichen, ohne berechtigte Vertraulichkeitsinteressen zu verletzen. Im Blickfeld steht dabei insbesondere die treuhänderische Erschließung sensibler Datenbestände – exemplarisch aufgezeigt am Umgang mit Mikrodaten der Bundesbank.

Auch auf Erfahrungswissen basiert sodann § 11 (Ferber), der geldwäscherechtliche Einsatzmöglichkeiten der Datentreuhand unter Bezugnahme auf die Entwicklung und Gründung der EuroDaT GmbH mit Sitz in Wiesbaden in Augenschein nimmt. Die EuroDaT GmbH wurde durch das Land Hessen als transaktionsbasierter Datentreuhänder für den Finanzsektor gegründet. Mit Ergebnissen der rechtswissenschaftlichen Begleitforschung im Rahmen des hessischen GovLegal-Projekts als Teilprojekt des inzwischen abgeschlossenen BMWK-Projekts „EuroDaT – Gaia-X basierter Datentreuhänder" wird untersucht, wie das Treuhandmodell in bestehende bankaufsichtsrechtliche Abläufe integriert werden kann und welche rechtlichen Rahmenbedingungen – insbesondere aus dem Geldwäscherecht – seiner praktischen Umsetzung derzeit Grenzen setzen.

Eine besondere Datenkategorie stellen Forschungsdaten dar, deren Nutzung in Datentreuhandmodellen den Gegenstand von § 12 (Gummersbach/Nestor/Molnár-Gabor) bildet. Der Beitrag beleuchtet die Rolle von Datentreuhändern im Kontext datenbasierter Infrastrukturen, spezifisch im Gesundheitswesen. Vor dem Hintergrund europäischer und nationaler Initiativen und Rechtsakte – insbesondere der Europäischen Health Data Space-Verordnung (EHDS-VO), der DS-GVO, des DGA, des DA und des Gesundheitsdatennutzungsgesetzes (GDNG) – analysiert er die rechtlichen Rahmenbedingungen für den datenschutzkonformen Zugang zu sensiblen Gesundheitsdaten. Im Fokus stehen die Funktion von Datentreuhändern als Instrument zur Förderung von Datensicherheit, Interoperabilität und Rechtssicherheit bei der sektorenübergreifenden Datennutzung.

IV. Transaktionsbasierte Datentreuhand als neuartiges Treuhandmodell

Der abschließende Abschnitt des vorliegenden Bandes soll die allgemeinen und Anwendungsfeld-bezogenen Untersuchungen der Datentreuhand und ihrer rechtlichen Herausforderungen um eine noch konkretere Perspektive ergänzen. Er widmet sich daher ausschließlich der transaktionsbasierten Datentreuhand,[4] also einem spezifischen und neuartigen Datentreuhandmodell. Während zahlreiche Beiträge des Bandes zurecht die Vielgestaltigkeit und Vielzweckhaftigkeit der Datentreuhänderschaft betonen, soll dieser Abschnitt an einem konkreten Treuhandmodell aufzeigen, wie der Schritt vom *Modell* in Richtung der *praktizierten Datentreuhänderschaft* gelingen kann und was dabei zu beachten ist. Die transaktionsbasierte Datentreuhand ist dabei ein *par excellence*-Fall des Privacy by Design,[5] also des Versuchs, datenschutzrechtliche Anforderungen tief in der Konzeption technischer Lösungen und datenverarbeitungsbezogener Geschäfts- und Organisationsmodelle zu verwurzeln.

Wie, auf welchem Weg und in Richtung welcher konkreten Lösungen hier normative Erwartungen und das Recht gleichsam eine technisch-organisatorische Gestalt annehmen, ist in § 13 (Alldridge) näher dargestellt. Insbesondere zeigt dieses Kapitel auf, welche informationstechnischen und organisatorischen Lösungen bei der transaktionsbasierten Datentreuhand eine enge Zweckbindung von Verarbeitungsprozessen und eine völlige Abschirmung sensibler, insbesondere personenbezogener Informationsgehalte sicherstellen können. Die dortigen Spezifikationen und Darstellungen erlauben es zudem, sich eine konkretere Vorstellung von den im Rahmen der transaktionsbasierten Treuhand ablaufenden Datenverarbeitungsprozessen zu machen, um deren normative Anforderungen und Grenzen gehaltvoll beurteilen zu können.

Zentrale Vorfragen sind dabei datenschutzrechtlicher Art, die den Gegenstand des § 14 (Buchheim/Augsberg/Schrenk) ausmachen. Eine fundamentale rechtliche Frage, die die transaktionsbasierte Datentreuhand im Gegensatz zu anderen Datentreuhandmodellen aufwirft, betrifft die Anwendbarkeit der DS-GVO auf die über den Treuhänder laufenden Datenverarbeitungsprozesse. Da bei dieser Form der Datentreuhand die datenschutzrechtlichen Vorgaben einer engen Zweckbindung von Verarbeitungsprozessen und der wirksamen Abschirmung sensibler, insbesondere personenbezogener Informationsgehalte bereits rechtssicher in die technische und organisatorische Konfiguration integriert sind, liegt die Antwort auf diese Frage nicht auf der Hand. Sie folgt nicht unmittelbar aus der Personenbeziehbarkeit des in die Verarbeitung einbezogenen Datenmaterials. Letztlich ergibt sich hier ein gestuftes Modell der Anwendbarkeit des allgemeinen Datenschutzrechts, das für die Nutzenden zumindest eine erhebliche Erleichterung der datenschutzrechtlichen Pflichtenstellung mit sich bringt.

Die Treuhand stellt ein klassisches und komplexes Diskursfeld der Privatrechtsdogmatik und der Privatrechtsvergleichung dar. Das BGB kennt keinen eigenständigen „Treuhandvertrag", sondern setzt die Treuhand aus einer Vielzahl von zivilrechtlichen Einzelinstituten auf dinglicher wie schuldrechtlicher Ebene zusammen. Ganz anders verhält sich das englische Recht, dessen Trust-Struktur eine lange Entwicklungs- und Institutionalisierungsgeschichte aufweist. Bei

[4] Hierzu einführend auch Buchheim/Augsberg/Gehring JZ 2022, 1139.

[5] Vgl. Buchheim/Augsberg JZ 2024, 365 (367); Bull Sinn und Unsinn des Datenschutzes, 2015, 86 f.; Yee (Hrsg.), Privacy Protection Measures and Technologies in Business Organizations: Aspects and Standards/Cavoukian, 2011, 170 ff.; Preneel/Ikonomou (Hrsg.) Privacy Technologies and Policy/van Rest ua, 2014, 55 ff.; Waldman Cornell Int'l. L. J. 2020, 147 (149 ff.); Lee Oslo Law Review 2017, 105 (111 ff.); Simitis/Hornung/Spiecker gen. Döhmann/Hansen, 2. Aufl. 2025, Art. 25 DS-GVO Rn. 5 ff. mwN.

einer Datentreuhand potenzieren sich zusätzlich die zivil- und vertragsrechtlichen Herausforderungen insofern, als der Gegenstand der Treuhand unkörperlicher Natur und damit keine Sache iSd § 90 BGB ist. Hinzu kommt, dass das Datentreuhandvertragsrecht zugleich komplexe regulatorische Vorgaben mit Blick auf Daten als Treuhandgegenstand abbilden und in sich aufnehmen muss. Wie sich das Vertragsrecht der transaktionsbasierten Datentreuhand dennoch ausbuchstabieren lässt, stellt § 15 (Omlor/Heine) dar.

Im Anschluss wendet sich § 16 (Kling/Burghardt/Gramkow) der kartellrechtlichen Dimension der transaktionsbasierten Datentreuhand zu. Sie berührt dort eine Reihe dogmatisch und praktisch relevanter Fragestellungen, die bislang vielfach noch unzureichend erforscht wurden. Im Mittelpunkt steht zunächst die Qualifikation des Datentreuhänders als Unternehmen im Sinne des europäischen und deutschen Kartellrechts sowie die daraus folgende Anwendbarkeit der Verhaltensnormen des Kartell- und Missbrauchsrechts. Daran anknüpfend wendet sich der Beitrag dem wettbewerbsrechtlichen Umgang mit Informationsflüssen – insbesondere im Hinblick auf über den Treuhänder koordinierte Verhaltensweisen – und der kartellrechtlichen Einordnung des Einsatzes algorithmischer Systeme zur Datenverarbeitung zu.

Der abschließende § 17 (Walter/Waldbröl/Frisse), der standardisierte Vertragsmuster zur praktischen Implementierung und Nutzung transaktionsbasierter Datentreuhandlösungen enthält, spiegelt den Umstand wider, dass ein gelingender und verlässlicher Datenaustausch bei gleichzeitiger Abschirmung kritischer Informationsgehalte eine ebenso sehr rechtlich-organisatorische wie technische Herausforderung ist. An Datentreuhandmodellen sind stets mehrere Akteure beteiligt, jedenfalls datenbereitstellende und datennutzende Stellen sowie Intermediäre, die diese Datentransaktion ermöglichen. In einer solchen Akteursmehrheit, die gemeinsam eine Datentreuhandverarbeitung zustande bringt, sind Aufgaben und Verantwortlichkeiten adäquat zu spezifizieren und Haftungsrisiken zuzuweisen. Hierbei müssen auch diverse regulatorische Anforderungen und Risiken, die in anderen Teilen dieses Bandes betrachtet werden, angemessen in vertragliche Pflichtenzusammenhänge übersetzt werden. Auf diese Weise kann ein enges Zusammenspiel von Recht und Technik eine verlässliche und rechtssichere kooperative Datennutzung ermöglichen. Wie man hierbei ganz konkret rechtlich vorgehen kann, sollen standardisierte Vertragsmuster eines typisierten transaktionsbasierten Datentreuhänders deutlich machen.

Teil 1
Konzeptionelle und technische Grundlagen

§ 2
Rechtspolitik, Typik und infrastrukturelle Bedeutung der Datentreuhand

Literatur:

Augsberg, Steffen/Gehring, Petra (Hrsg.) (2022): Datensouveränität. Positionen zur Debatte. Frankfurt/New York: Campus. https://www.campus.de/e-books/wissenschaft/philosophie/datensouveraenitaet-17434.html [9.7.2024]; Bernemann, Julian/Kneuper, Ralf (2023): Personal Information Management Systems nach TTDSG. *HMD Praxis der Wirtschaftsinformatik 60*, 308–321. https://doi.org/10.1365/s40702-023-00946-4; Blankertz, Aline/Specht-Riemenschneider, Louisa (2021): Wie eine Regulierung für Datentreuhänder aussehen sollte. Berlin: Stiftung Neue Verantwortung. https://www.interface-eu.org/storage/archive/files/regulierung_fuer_datentreuhaender.pdf [9.7.2024]; BMAS [Bundesministerium für Arbeit und Soziales] (2020): Datenschutzrechtliche Dimensionen Datentreuhänder – Kurzexpertise. Berlin: BMAS. https://www.bmas.de/DE/Service/Publikationen/Forschungsberichte/fb-550-datenschutzrechtliche-dimensionen-datentreuhaender.html [9.7.2024]; BMBF [Bundesministerium für Bildung und Forschung] (2024a): Eckpunkte BMBF Forschungsdatengesetz (Stand 28.2.2024, veröffentlicht am 3.7.2024). https://www.bmbf.de/SharedDocs/Downloads/DE/gesetze/forschungsdatengesetz/sonstige/Eckpunktepapier.pdf?__blob=publicationFile&v=3 [30.4.2025]; BMBF [Bundesministerium für Bildung und Forschung] (2024b): Wissenschaftliche Begleitung und Vernetzung der Projekte zur Entwicklung und praktischen Erprobung von Datentreuhandmodellen in den Bereichen Forschung und Wirtschaft. Arbeitspaket 1.1 Bericht zur Bestandsaufnahme. https://www.technopolis-group.com/wp-content/uploads/2024/04/BMBF-Datentreuhandmodelle-Begleitforschung-Bestandsaufnahme.pdf [25.6.2024]; BMBF [Bundesministerium für Bildung und Forschung] (2024c): Wissenschaftliche Begleitung und Vernetzung der Projekte zur Entwicklung und praktischen Erprobung von Datentreuhandmodellen in den Bereichen Forschung und Wirtschaft. Bericht zu Arbeitspaket 1.2: Anforderungen und Umsetzungshemmnisse für Datentreuhandmodelle. https://www.technopolis-group.com/wp-content/uploads/2024/04/BMBF-Datentreuhandmodelle-Begleitforschung-Umsetzungshemmnisse-1.pdf [10.7.2024]; Botta, Jonas (2021). Delegierte Selbstbestimmung? PIMS als Chance und Risiko für einen effektiven Datenschutz. In: MMR 12/2021, 946–951; Buchheim, Johannes/Augsberg, Steffen (2024): Von der Verarbeitung personenbezogener Daten zur personenbezogenen Datenverarbeitung. In: JuristenZeitung (JZ) 79, 365–375; Buchheim, Johannes/Augsberg, Steffen/Gehring, Petra (2022): Transaktionsbasierte Datentreuhand. Nutzungsszenarien, Kennzeichen und spezifische Leistungen eines neuen Modells gemeinsamer Datennutzung. In: JuristenZeitung (JZ) 77, 1139–1147; Buchner, Benedikt/Haber, Anna C./Hahn, Horst K./Kusch, Harald/Prasser, Fabian/Sax, Ulrich/Schmidt, Carsten O. (2021): Das Modell der Datentreuhand in der medizinischen Forschung. In: Datenschutz und Datensicherheit (DuD) 12/2021, 806–810; Carovano, Gabriele/Finckh, Michèle (2023): Regulating data intermediaries: The impact of the Data Governance Act on the EU's data economy. In: Computer Law & Security Review 50, September 2023. https://doi.org/10.1016/j.clsr.2023.105830 [9.6.2024]; DEK [Datenethikkommission der Bundesregierung] (2019): Gutachten der Datenethikkommission der Bundesregierung. https://www.bmi.bund.de/SharedDocs/downloads/DE/publikationen/themen/it-digitalpolitik/gutachten-datenethikkommission.pdf;jsessionid=417B37294009FFEEFD508D8EE641A18B.live861?__blob=publicationFile&v=7 [4.7.2024]; DGA – siehe „Verordnung (EU) 2022/868 des Europäischen Parlaments …“; DSK [Datenschutzkonferenz] (2023): Entschließung der Konferenz der unabhängigen Datenschutzaufsichtsbehörden des Bundes und der Länder vom 23. November 2023: Datenschutz in der Forschung durch einheitliche Maßstäbe stärken. https://www.datenschutzkonferenz-online.de/media/en/2023-11-23_DSK-Entschliessung_DS.pdf [9.7.2024]; Europäische Kommission (2020): Mitteilung der Kommission an das Europäische Parlament, den Rat, den Europäischen Wirtschafts- und Sozialausschuss und den Ausschuss der Regionen. Eine europäische Datenstrategie. https://eur-lex.europa.eu/legal-content/DE/TXT/PDF/?uri=CELEX:52020DC0066 [26.6.2024]; Feth, Denis/Rauch, Bernd/Krohmer, Daniel/von Albedyll, Jannis/Barreto Villela, Karina (2022): Datentreuhänder – begriffliche Einordnung und Definition. In: Blog des Fraunhofer-Institut für Experimentelles Software Engineering (IESE). https://www.iese.fraunhofer.de/blog/datentreuhaender-definition/ [15.6.2024]; Floridi, Luciano (2020): The Fight for Digital Sovereignty: What It Is, and Why it Matters, Especially for the EU. In: Philosophy & Technology 33, 369–378. https://doi.org/10.1007/s13347-020-00423-6 [5.9.2024]; Fraunhofer IESE (2023): Projekt KickStartTrustee. Ein branchenübergreifender Leitfaden für die zielgerichtete Konzeption, die beschleunigte Umsetzung und den erfolgreichen Betrieb von Datentreuhändern, Kapitel Grundlagen und Einführung, Landkarte. https://fraunhofer-iese.github.io/KickStartTrustee/Grundlagen%20und%20Einf%C3%BChrung/Landkarte/ [1.7.2024]; Gailhofer, Peter/Franke, Johannes (2021): Datenregulierung als sozial-ökologische Weichenstellung. In: Zeitschrift für Umweltrecht (ZUR) 10/2021, 532–541; Gailhofer, Peter/Franke, Johannes/Gsell, Martin/Kollosche, Ingo/Thomas, Dirk/Stockhaus, Heidi/Best, Aaron (2022): Datengovernance und -regulierung für ein nachhaltiges Berlin. Berlin: Öko-Institut e.V. https://www.ecologic.eu/sites/default/files/publication/2022/30010-Report24-Datengovernance-uebergeordnete-Erkenntnisse-und-Empfehlungen.pdf [9.7.2024]; Gehring, Petra (2022): „Datensouveränität vs. Digitale Souveränität: Wegweiser aus dem konzeptionellen Durcheinander“ in Augsberg, Steffen/Gehring, Petra (Hrsg.): Datensouveränität. Positionen zur Debatte, S. 19–44. Frankfurt/New York: Campus. https://www.campus.de/e-books/wissenschaft/philosophie/datensouveraenitaet-17434.html [09.07.2024]; Gehring, Petra (2024): Datentreuhänder – dauern Wunder etwas länger? In: FAZ vom 11.3.2024. https://www.faz.net/aktuell/wirtschaft/datentreuhaender-dauern-wunder-etwas-laenger-19576785.html [9.6.2024]; Golland, Alexander (2021): Das Telekommunikation-Telemedien-Datenschutzgesetz. Cookies und PIMS als Herausforderungen für Website-Betreiber. In: Neue Juristische Wochenschrift (NJW) 31/2021, 2238–2243; Grimm, Veronika/Groß, Christiane/Specht-Riemenschneider, Louisa (2023): Wie das Klimageld doch noch kommen kann. In: Süddeutsche Zeitung vom 19.12.2023. https://www.sueddeutsche.de/wirtschaft/bundeshaushalt-klimageld-veronika-grimm-1.6321295?reduced=true [15.6.2024]; Hall, Wendy/Pesenti, Jérôme (2017): Independent Report: Growing the artificial intelligence industry in the UK. https://www.gov.uk/government/publications/growing-the-artificial-intelligence-industry-in-the-uk [9.6.2014]; Hennemann, Moritz/ von Ditfurth, Lukas (2022): Datenintermediäre und Data Governance Act. In: Neue Juristische Wochenschrift (NJW) 75 (27), 1905–1910; Kempny, Simon/Krüger, Heike S./Spindler, Manfred (2022): Rechtliche Gestaltung von Datentreuhändern. Ein interdisziplinärer Blick auf „Data Trusts“. In: Neue Juristische Wochenschrift (NJW) 2022, 1646–1650; Kommission Wettbewerbsrecht (2019): Ein neuer Wettbewerbsrahmen für die Digitalwirtschaft. Berlin: BMWK. https://www.publikationen-bundesregierung.de/pp-de/publikationssuche/ein-neuer-wettbewerbsrahmen-fuer-die-digitalwirtschaft-1669480 [11.6.2024]; Lindner, Maximilian/Straub, Sebastian (2023): Datentreuhänderschaft. Status Quo und Entwicklungsperspektiven. Berlin: VDI/VDE. https://www.iit-berlin.de/wp-content/uploads/2023/02/SDW_Datentreuhand.pdf [11.07.2024]; Luhmann, Niklas (1973): Vertrauen. Ein Mechanismus der Reduktion sozialer Komplexität. Stuttgart: Enke 1989; Piétron, Dominik/Gailhofer, Peter/Sommer, Felicitas (2022): Nachhaltige Daten-Governance in der Daseinsvorsorge. https://codina-transformation.de/wp-content/uploads/CODINA_Kurzstudie_Nachhaltige-Daten-Governance_in_der_Daseinsvorsorge.pdf [9.7.2024]; RatSWD (2024): Über uns [Webseite]. https://www.konsortswd.de/ueber-uns/ratswd/ [16.6.2024]; RfII (2023): Datentreuhänder: Potenziale für wissenschaftskonformes

Datenteilen – Herausforderungen für die institutionelle Ausgestaltung. (RfII Berichte, No. 5) Göttingen: RfII. https://rfii.de/de/dokumente/ [8.6.2024]; Richter, Heiko (2021): Europäisches Datenprivatrecht: Lehren aus dem Kommissionsvorschlag für eine „Verordnung über europäische Daten-Governance". In: Zeitschrift für Europäisches Privatrecht 29 (3), 634–667; Specht-Riemenschneider, Louisa/Blankertz, Aline/Sierek, Pascal/Schneider, Ruben/Knapp, Jakob/Henne, Theresa (2021): Die Datentreuhand. Ein Beitrag zur Modellbildung und rechtlichen Strukturierung zwecks Identifizierung der Regulierungserfordernisse für Datentreuhandmodelle. In: MMR-Beil. 6/2021, 25–48; Specht-Riemenschneider, Louisa/Radbruch, Alexander (2021): Forschung braucht Daten. In: Deutsches Ärzteblatt 118 (27–28), S. 1358–1361. https://www.aerzteblatt.de/pdf.asp?id=220270 [9.7.2024]; Specht-Riemenschneider, Louisa/Kerber, Wolfgang (2022): Designing Data Trustees – A Purpose-Based Approach. https://www.kas.de/documents/252038/16166715/Designing+Data+Trustees+-+A+Purpose-Based+Approach.pdf/ffadcb36-1377-4511-6e3c-0e32fc727a4d [30.4.2025]; Specht-Riemenschneider, Louisa/Heineking, Bernadette (2024): Datenverarbeitung in sicheren Verarbeitungsumgebungen am Beispiel von MRT-Gehirnscans. In: Datenschutz und Datensicherheit (DuD) 2/2024, 110–117; Stiftung Datenschutz (2017): Handlungsempfehlungen: „Neue Wege bei der Einwilligung im Datenschutz – technische, rechtliche und ökonomische Herausforderungen". https://stiftungdatenschutz.org/praxisthemen/abgeschlossene-projekte/einwilligung-und-pims [15.5.2024]; Verordnung (EU) 2022/868 des Europäischen Parlaments und des Rates vom 30. Mai 2022 über europäische Daten-Governance und zur Änderung der Verordnung (EU) 2018/1724 (Daten-Governance-Rechtsakt). https://eur-lex.europa.eu/legal-content/DE/TXT/?uri=CELEX%3A32022R0868 [24.9.2024] – Zitiert als DGA; von Ditfurth, Lukas (2024): Datenmärkte, Datenintermediäre und der Data Governance Act. 1. Auflage. Berlin/Boston: Walter de Gruyter; von Ulmenstein, Ulrich Freiherr (2020): Datensouveränität durch repräsentative Rechtswahrnehmung. In: Datenschutz und Datensicherheit (DuD) 8/2020, 528–534; Weber, Patrick/Werling, Maximilian/Lasi, Heiner (2023): Datentreuhänder. Einordnung und Schlüsselfunktionen in digitalen Ökosystemen. https://ferdinand-steinbeis-institut.de/wp-content/uploads/2024/01/Whitepaper-Datentreuhaender_3881.pdf [11.7.2024]; Weber, Patrick et al. (2022): Checkliste Datengenossenschaft. https://www.datengenossenschaft.com/wp-content/uploads/2022/12/BWGV_Broschuere_Checkliste_Datengenossenschaften_Web.pdf [11.7.2024]; Wendehorst, Christiane/Schwamberger, Sebastian/Grinzinger, Julia (2020): „Datentreuhand – wie hilfreich sind sachenrechtliche Konzepte", in: Pertot, Tereza (Hrsg.), *Rechte an Daten*, 103–121. Tübingen: Mohr Siebeck.

I. Problemstellung

Die herrschende Sicht auf digitale Daten ist gelinde gesagt ambivalent. Einerseits werden Daten als ein ökonomisches Gut behandelt, das man trotz materieller Besonderheiten mehr oder weniger klassisch kauft und verkauft bzw. zur Nutzung lizenziert (oder auch generiert sowie dann vermarktet). Anderseits besteht die zwar gängige, aber zumeist vage Vorstellung eines universalen „Teilens" von Daten, als seien sie frei zirkulierendes Wissen oder jedenfalls ein für die Wissensgesellschaft unverzichtbares Gemeingut. Zwischen der einen und der anderen Sichtweise klafft eine schmerzliche Lücke. Auf welche Weise kann man ein kopierbares, schon in der Prozessierung flüchtiges Gut in kontrollierter Form handhaben und in einem marktlichen Umfeld kooperativ nutzen? Wie lassen sich Daten nutzbar machen, ohne dass man sie an eine in deren Verwertung undurchsichtige Plattformindustrie verliert? Wie lassen sich überschaubare Formen der Datenverwertung organisieren, in welchen eine Datenhergabe, eine Datenspende oder auch das 1

Einverständnis eines Dateninhabers mit einer spezifischen Art der Datennutzung „rückholbar" bleiben – mithin die vollständige Kontrolle über Art und Zweck der Datennutzung, also eine „Souveränität" der Datengeber über die eigenen Daten gewährleisten?[1]

2 Tatsächlich verharren Dateninhaber, die aus Daten Wert schöpfen wollen, derzeit häufig vor der Alternative, ihre Daten entweder vollständig für sich zu behalten oder aber ohne faire Kontrollchancen wegzuschenken. Privatpersonen und Unternehmen verhalten sich hier durchaus ähnlich. Und sie empfinden diese Alternative als schlecht – denn die Wahl zwischen ganz oder gar nicht droht datengetriebene Innovationen schon im Keim zu ersticken. Gestaltungsspielräume, seien sie ökonomisch oder altruistisch motiviert, werden kaum eröffnet. Daten zu schützen und ihren Wert zu erkennen mag zwar besser sein, als sie den Falschen anzuvertrauen. Man macht aus ihnen aber eben auch nur wenig, solange man sie nicht teilen will. Dabei ist das Misstrauen in die Mechanismen einer Datenindustrie, wie sie in den letzten zwei Jahrzehnten marktbeherrschend wurde, zweifellos begründet: Plattform-Ökonomien basieren auf der Vervielfältigung der Nutzungsweisen eines „nicht rivalisierenden" Gutes, das der Plattformbetreiber an der Primärquelle möglichst nur abschöpft, um dann Wertschöpfungszyklen zu befeuern, die eine Fülle neuartiger, datengetriebener Konsumgüter, Werbung und Informationsdienste sowie eine Vielzahl von Automatisierungsoptionen an die Gesellschaft und ihre Märkte zurückgeben – und dies zu einem ökonomisch wie ökologisch hohen Preis. Es gibt also große Mehrwertversprechen von Daten und zugleich große Datenbedarfe. Gleichwohl gibt es rationale Gründe, mit der Datenhergabe und der Datenweitergabe äußerst vorsichtig zu sein.[2] Wie sich die aus einer personen- und organisationsübergeifenden, kollaborativen Datennutzung resultierenden Mehrwertversprechen einlösen lassen, ohne hierbei die Datensouveränität der Beteiligten zu gefährden, ist nach wie vor eine offene Frage von größter praktischer Relevanz.

3 Auf die skizzierte Problemkonstellation reagiert der Diskurs über die Datentreuhand. Er hat in kurzer Zeit einen ebenso faszinierenden wie schillernden Gegenstandsbereich geschaffen, der allerdings rasch unterschiedliche Zielbilder hervortreten lässt. Im Folgenden werden Hinsichten zur Erschließung des Gegenstandsbereich vorgeschlagen, ohne dabei die Heterogenität des Diskurses zu leugnen. In einem ersten Schritt werden wir den vielschichtigen Bedeutungsgehalt des Datentreuhandbegriffs aufzeigen, der sich in den letzten Jahren herausgebildet hat; dabei zeichnen wir zentrale Diskussionslinien des gegenwärtigen Diskurses nach (II). Daraufhin sollen einige Konstellationen mit Datentreuhandfunktion beleuchtet werden, um so ein wenig Ordnung in die unübersichtliche Gemengelage zu bringen (III). Ein besonderes Augenmerk verdient die lebhaft geführte Auseinandersetzung mit der Frage nach Neutralität und Vertrauen des Datentreuhänders, von deren praktischer Beantwortung zukünftige Entwicklungen sowie Erfolge in besonderem Maße abhängen dürften (IV). Abschließend gehen wir auf einige weitere Schlüsselfragen ein, die für die Ausgestaltung von Datentreuhändern relevant sind (V).

---

[1] Zur Debatte um den noch schillernden Begriff der Datensouveränität vgl. Augsberg/Gehring Datensouveränität 2022, S. 8 ff.

[2] Zu generellen Problemen des *data sharing* siehe ua den Beitrag von Person in diesem Band → § 3 Rn. 5 ff.

II. Der Datentreuhanddiskurs in seinen Anfängen und heute

Was Deutschland betrifft, kann man derzeit von einem regelrechten Experimentierfeld in Sachen Datentreuhandschaft sprechen. Forschungsdatenzentren erweitern ihre Dienste,[3] Nichtregierungsorganisationen (NGOs) suchen nach Treuhandkonstrukten, um beispielsweise von Bürgern „gespendete" Daten zu verwalten und zur Entwicklung bürgernaher Serviceapplikationen zu nutzen,[4] Unternehmen erproben sehr verschiedene *data sharing* Konzepte für den B2B-Bereich. In Theorie und Praxis bilden sich derzeit verschiedene, partiell gar widersprüchliche Datentreuhandmodelle, -konzepte und -verständnisse heraus.[5] 4

Flankiert wird die Diskussion zu Datentreuhändern auf europäischer Ebene durch den Data Governance Act (DGA), ein explizit den „neuen Intermediären" gewidmeter EU-Rechtsakt, der im Juni 2022 in Kraft getreten ist. Der DGA legt einen relativ offenen Rahmen für Datenintermediäre fest, er setzt auf Freiwilligkeit und im Grunde auch auf Kreativität.[6] Zugleich beinhaltet er jedoch Maßgaben und Anforderungen, die neue Intermediäre sowie auch eine Datentreuhand binden: nicht nur Gewinnerzielungsabsichten, sondern auch als Verarbeitung gewertete Zwischenschritte bei einer treuhänderischen Dienstleistung werden eingeschränkt.[7] 5

1. Trust und Trustee in Großbritannien

Bekannt wurden die Stichworte Data Trust und Data Trustee zunächst in Großbritannien, wo sie in direktem Zusammenhang mit der zunehmenden Mobilisierung personenbezogener Daten für die KI-Forschung stehen: Unterstützt durch ein schon 2012 etabliertes Open Data Institute (ODI) sowie eine Data Trusts Support Organisation (DTSO) sollen neuartige Abmachungen – umschrieben als „proven and trusted frameworks and agreements" – die Datenweitergabe sichern und auch „trust and ease around sharing data" verbessern.[8] Um einen neuartigen 6

---

[3] Für Deutschland sind hier die Aktivitäten der Statistischen Ämter des Bundes und der Länder zu nennen; auch die Planung eines (als Datentreuhänder bezeichneten) Micro Data Centers im Rahmen des im Jahr 2024 in Vorbereitung befindlichen Forschungsdatengesetzes orientiert sich am Vorbild existierender Forschungsdatenzentren, deren Daten es auch (mit) zugänglich machen soll.

[4] Beispielhaft sei hier auf einschlägige Aktivitäten der Stadt Berlin verwiesen; vgl. hierzu Gailhofer ua Ecornet 24 Berlin 2022.

[5] Vgl. hierzu die Beiträge von Alldridge → § 13, Denga/Köbel → § 7, oder Buchholtz → § 5.

[6] Vgl. Carovano/Finckh CLSR 2023, 1 (S. 2): „In contrast to the new data-sharing regime for IoT data envisaged by the draft Data Act, the DGA incentivises the *voluntary* sharing of data between different actors, inter alia through the creation of a legal regime for data intermediaries ("DIs"), that is to say entities that intermediate between data holders/subjects and potential data users to facilitate sharing of personal and non-personal data."

[7] Zu den Vorgaben des Data Governance Act für Datentreuhänder als Instrument des Datenwirtschaftsrechts siehe den Beitrag von Jetzen/Villablanca in diesem Band → § 9.

[8] Vgl. Hall/Pesenti, Report „Growing the artificial intelligence industry in the UK" 15.10.2017, abrufbar unter: https://assets.publishing.service.gov.uk/media/5a824465e5274a2e87dc2079/Growing_the_artificial_intelligence_industry_in_the_UK.pdf (abgerufen am 30.04.2025), S. 4, 2.

Rechtsrahmen soll es sich bei der so geschaffenen Vertrauenssphäre nicht handeln: „These trusts are not a legal entity or institution, but rather a set of relationships underpinned by a repeatable framework, compliant with parties' obligations, to share data in a fair, safe and equitable way."[9] Im Zweifel wäre es vielmehr die DTSO, die „by default [can] act as a trustee, a third party that helps manage a data trust."[10]

7 Wie auch immer diese Garantiefunktion aussehen soll: Das englische Trust wie auch Trustee meint eine andere, nämlich eine hinsichtlich des Rollengefüges von Treugeber, Treugut und eventuellen Dritten passivere Verwalterposition als diejenige, die durch die deutsche Treuhand umschrieben wird.[11] Obwohl es sich auch bei letzterer nicht um einen ausdefinierten Rechtsbegriff handelt, kann man jedenfalls sagen, dass sich die Rolle eines Treuhänders im deutschen Kontext nicht auf die eines bloßen Verwahrers beschränkt. Man könnte von einem „starken" Intermediär sprechen, dem an den neuralgischen Punkten einer digitalen Prozesskette eine mittelnde wie auch ordnende Funktion zukommt. So wird mitunter explizit auf das „Handeln" des Treuhänders hingewiesen, welches dieser „an den Interessen der anderen Vertragspartei auszurichten" habe.[12] Die Europäische Kommission[13] spricht wiederum von „neuartige[n] neutrale[n] Vermittler[n] im Wirtschaftszweig der personenbezogenen Daten", denen „ein erhebliches Potenzial" innewohnt und die darum „ein unterstützendes Umfeld" benötigen. Damit hat der Datentreuhand-Diskurs in Deutschland einerseits von vornherein die Freiheitsgrade, auch rechtlich und praktisch „aktivere" Intermediäre zu entwerfen. Andererseits lässt sich die Datentreuhand vergleichsweise freihändiger in Rechtsbegriffe einfassen und präzisieren. Datentreuhandschaft muss weder in engen Vorgaben gedacht werden noch darf sie eine bloße Metapher bleiben.

2. Multiple Visionen: PIMS, Forschungsdatentransfer, Bürger- und Behördendaten sowie das weite Feld des Datenteilens „B2B"

8 Zweifellos ist die Datentreuhand in wenigen Jahren zu einem ‚Modebegriff'[14], wenn nicht zu einem der „Zauberworte deutscher Digitalpolitik"[15] geworden. Die Umstände sind allerdings durchaus nicht ganz die gleichen wie in England.

[9] Hall/Pesenti, Report „Growing the artificial intelligence industry in the UK" 15.10.2017, abrufbar unter: https://www.gov.uk/government/publications/growing-the-artificial-intelligence-industry-in-the-uk (abgerufen am 30.04.2025), S. 46.
[10] Hall/Pesenti, Report „Growing the artificial intelligence industry in the UK", 15.10.2017, abrufbar unter: https://www.gov.uk/government/publications/growing-the-artificial-intelligence-industry-in-the-uk (abgerufen am 30.04.2025), S. 47.
[11] Einige Autoren deuten den Trust als unselbstständige Stiftung Kempny/Krüger/Spindler NJW 2022, 1646 (Rn. 1).
[12] Specht-Riemenschneider/Kerber, Report „Designing Data Trustees – A Purpose-Based Approach" 2022, abrufbar unter; https://www.kas.de/documents/252038/16166715/Designing+Data+Trustees+-+A+Purpose-Based+Approach.pdf/ffadcb36-1377-4511-6e3c-0e32f-c727a4d (abgerufen am 30.04.2025), S. 8.
[13] COM(2020) 66 final 2020, S. 12.
[14] Kempny/Krüger/Spindler NJW 2022, 1646 (Rn. 1).
[15] Gehring FAZ 10.3.2024, abrufbar unter: https://www.faz.net/aktuell/wirtschaft/datentreuhaender-dauern-wunder-etwas-laenger-19576785.html (abgerufen am 5.9.2024).

So hebt das – politisch kurzzeitig wichtige – Gutachten der interministeriellen Datenethikkommission „neutrale Datentreuhänder" als Lösung hervor, um kritische Daten zu analysieren, zu verknüpfen und in kontrollierter Form zu teilen[16]. Damit ist weniger die Datengewinnung für die KI-Forschung bzw. überhaupt die Steigerung der Bereitschaft zur Datenhergabe im Fokus als vielmehr die Chance, aufgrund ihres Personenbezugs kritische Daten unter datenschutzkonformen Bedingungen auszuwerten. Das zu dieser Zeit parallel diskutierte Stichwort lautet „Personal Information Management Systems" (PIMS). Hierbei handelt es sich um Softwaredienste, die Bürgerinnen und Bürgern einen Dienste- und Anbieter-übergreifenden Überblick bieten, welche ihrer personenbezogenen Daten wo gespeichert sind, und ihnen ein Einwilligungsmanagement für die Hergabe (und ggf. sogar den Verkauf) persönlicher Daten anbieten. So stehen schon zu Beginn des Diskurses über Datentreuhandschaft den Beteiligten zwei im Grunde verschiedene Belange bzw. Zielstellungen vor Augen: zum einen die Erleichterung des Teilens zwischen Partnern zwecks (einer von beiden Seiten intendierten) Analyse, zum zweiten die Erleichterung des kontrollierten Hergebens, vielleicht sogar „Spendens" von Daten. Letzteres lässt sich auch als Stärkung von Verbraucherrechten reformulieren, bei gleichzeitiger Verbesserung des Datenzugangs für Unternehmen.[17] Ersteres bettet die Dienstleistungsfunktion der Treuhand in ein komplexeres Beziehungsgefüge rund um die Datenanalyse und also Datenprodukte ein.

3. „Datentreuhänder": Ein Zauberwort

Die rechtswissenschaftliche Literatur der ersten Stunde scheint primär die PIMS und damit das Weggeben von Daten – oder jedenfalls eine C2B-Konstellation – vor Augen zu haben; sie räumt dem Einwilligungsmanagement als Teil von Datentreuhand breiten Raum ein und scheint die Aufbewahrung von Daten, die Gewährung des Zugriffs auf einen dem Treugeber auf Dauer verfügbaren, quasi persönlichen Datenbestand (nicht aber dessen Aus- oder Verwertung) im Fokus zu haben.[18] Ob allerdings PIMS – zumeist eigentlich eine personalisierte und technisch gesehen eben doch plattformgebundene Software – als Treuhänder zu betrachten sind, kann man aus verschiedenen Gründen in Zweifel ziehen. Insbesondere, wenn hierbei die einseitige Form des bloßen Einwilligens in die Datennutzung im Vordergrund steht, nicht aber wechselseitige Verträge, die an die Datennutzung beispielsweise schuldrechtliche Verpflichtungen knüpfen. Überhaupt stellt sich die Frage, ob eine Datentreuhand bloß einen Datenzugriff oder, drastischer gesprochen, die individuelle Datenweggabe erleichtern soll – also im Wesentlichen ein Instrument des kontrollierten „Öffnens" darstellt –, oder aber ob sie als neuartige Organisation zu denken wäre: Eine Organisation, die als „neutrale", aber eigenständige Akteurin nicht nur den Willen eines Beteiligten 9

[16] Vgl. DEK 2019.
[17] Vgl. Kommission Wettbewerbsrecht 4.0 2019, S. 39.
[18] Pertot/Schmidt-Kessel/Padovini, Rechte an Daten/Wendehorst/Schwamberger/Grinzinger S. 104–106; von Ulmenstein 2020, 529 ff.; Botta MMR, 2021, 946 (946 ff.); Golland NJW 2021, 2238 (2241); Specht-Riemenschneider/Radbruch Deutsches Ärzteblatt 2021, 1358 ff.

(des Datengebers), sondern mehrere Willen zugleich ausführt, also tatsächlich „mittelt“, und schließlich komplexere Rechtsgeschäfte und Geschäftsmodelle auf den Datenmärkten induzieren kann. Vor diesem Hintergrund sind auch die 2023 diskutierten Szenarien zur Auszahlung eines Klimabonus an Bürgerinnen und Bürger interessant. Zwar geht es hier um Daten, die zu bestimmten Zwecken abgegeben werden sollen. Dennoch erinnert die Funktion des vorgeschlagenen Datentreuhänders, die in den fraglichen Szenarien etwa durch das Bundeszentralamt für Steuern übernommen werden könnte,[19] weniger an ein PIMS als vielmehr an eine Art Clearing-Stelle zur Übermittlung von Daten zwischen Behörden.

10 Versucht man, einen Überblick über vorgeschlagene Datentreuhand-Konzepte zu gewinnen, und spricht man mit den bottom up entstandenen Datentreuhand-Initiativen, die auf Bedarfe in ihren jeweiligen Kontexten reagieren wollen, dann zeigt sich ein sehr buntes Bild – eine Vielfalt, die sich auch in diesem Handbuch abbildet. Aus rechtswissenschaftlicher Sicht sind schon früh Unterscheidungen wie diejenige von Verwaltungs-, Mehrwert- und Zugangstreuhand vorgeschlagen worden.[20] Das wirkt noch recht kontextfrei und gleichzeitig eng; der für den B2B-Bereich relativ interessanteste Fall der „Mehrwerttreuhand“ ist am wenigsten bestimmt.[21] In technischer Perspektive steht vielfach die Frage nach „zentraler“ oder aber „dezentraler“ Aufbewahrung und Nutzung der Daten im Vordergrund.[22] Im ersteren Fall gleicht der Treuhänder, sofern er die Daten hält, zu denen er Zugang vermittelt, letztlich einer in vertrauensstiftender Weise reglementierten (oder vielleicht hoheitlichen) Plattform, im letzteren Fall sieht man in Formen der „Föderation“ den neuen Intermediär. Andere sehen schlichtweg in dem „Vertrauen“, das ein Datentreuhänder als „Vermittlungsinstanz“ zu mobilisieren vermag, das Erfolgskriterium und zugleich die – wenn auch minimale – Spezifik der Datentreuhand.[23] Solche Bestimmungsversuche gehen allein vom Marktgeschehen oder besser von der erhofften Akzeptanz aus, bleiben vage und sind gänzlich unjuristisch gedacht.

---

[19] Vgl. Grimm/Groß/Specht-Riemenschneider SZ 18.12.2023, abrufbar unter: https://www.sueddeutsche.de/wirtschaft/bundeshaushalt-klimageld-veronika-grimm-1.6321295?reduced=true (abgerufen am 30.4.2025).

[20] vgl. Fraunhofer IESE 2023, abrufbar unter: https://fraunhofer-iese.github.io/KickStartTrustee/Grundlagen%20und%20Einf%C3%BChrung/Landkarte/ (abgerufen am 5.9.2024).

[21] Die Unterscheidung bemisst sich nach dem Grad der Preisgabe der Daten: Im Rahmen der *Zugangsdatentreuhand* übermittelt der Treuhänder (als Weisungsempfänger des Datenhalters) Daten an Dritte; *Verwaltungstreuhand* meint alle Fälle, in denen der Treuhänder interessengerecht, aber eigenständig über die Datenvermittlung entscheidet; im Rahmen der *Mehrwerttreuhand* führt der Datentreuhänder (als Weisungsempfänger des Datenhalters, aber in der Verarbeitung eigenständig) eine Datenanalyse durch und übermittelt Dritten die Analyseergebnisse; vgl. Fraunhofer IESE 2023, aburfbar unter: https://fraunhofer-iese.github.io/KickStartTrustee/Grundlagen%20und%20Einf%C3%BChrung/Landkarte/ (abgerufen am 5.9.2024).

[22] vgl. Blankertz/Specht-Riemenschneider, Policy Brief „Neue Modelle ermöglichen Regulierung für Datentreuhänder“, 2021, S. 15 ff.; Specht-Riemenschneider/Kerber 2022, S. 13 ff..

[23] Vgl. Feth ua 2022, abrufbar unter: https://www.iese.fraunhofer.de/blog/datentreuhaender-definition/ (abgerufen am 15.6.2024).

III. Typik, nicht Ordnung: Konstellationen mit Datentreuhand-Funktion

Wir nennen – ohne daraus bereits eine Typik abzuleiten, dennoch basierend auf empirischer Exploration[24] – einige recht unterschiedliche Konstellationen, in denen Beteiligte etwas etablieren, das die Funktion eines Datentreuhänders übernehmen soll. 11

1. PIMS

Die PIMS wurden bereits genannt: Hierbei handelt es sich um die frühe, ua seitens der Stiftung Datenschutz[25] vorgeschlagene Idee, das individuelle Datenmanagement personenbezogener Daten und Datenspuren (etwa aus dem sportlichen und gesundheitsbezogenen Self-tracking) einschließlich der Möglichkeit, diese Daten weiterzuleiten bzw. Zugriff zu erlauben, durch Softwaresysteme zu automatisieren und damit im Interesse von Verbrauchern wie auch von Datennehmern zu erleichtern. Individuelle Datenschutzpräferenzen sollen über verschiedene Anbieter und Dienste hinweg durchsetzbar sein sowie auch Betroffenenrechte gemäß einschlägiger Datenschutznormen geltend gemacht werden können.[26] Inzwischen werden PIMS ua im TTDSG als Werkzeuge (nur) für das Einwilligungsmanagement eingestuft,[27] womit ihre Bedeutung für die Diskussion um die Datentreuhand schwindet. Gleichwohl realisieren bestimmte im Medizinbereich schon länger etablierte Datentreuhänder einen Dienst wahlverwandten Typs: Eng verbunden mit Datenbanken oder auch Datenzentren verwalten sie Einwilligungsdokumente, die mit Patientendaten oder personenbezogenen Daten von Versuchspersonen verknüpft sind. Anonymisierungs- oder Pseudonymisierungsdienste kommen hinzu, womit ein solcher Treuhänder Patienteninteressen schützen, aber eben auch die Medizinforschung erleichtern kann. Im Kern kreist seine Dienstleistung um die datenschutzrechtlichen Erfordernisse bei der Nutzung von Patientendaten (Zweckbindung, Personenbeziehbarkeit). Auch klassische Aufgaben des Forschungsdatenmanagements, Qualitätssicherung (Standardisierung, gute Metadaten) und Verknüpfung heterogener Datenbestände können Aufgaben sein, in die beispielsweise ein Universitätsklinikum „seinen" Datentreuhänder einbindet.[28, 29] 12

[24] Die Autoren waren nicht nur selbst am Aufbau des GAIA-X konformen B2B-Datentreuhänders EuroDaT beteiligt, sondern haben im Rahmen eines BMBF-Projektes zu Rechtsformen für Datentreuhänder zudem eine zweistellige Zahl von Interviews mit unterschiedlichsten Datentreuhand-Vorhaben durchführen können.
[25] Vgl. Stiftung Datenschutz 2017.
[26] BMAS 2020, 17; Kommission Wettbewerbsrecht 4.0 2019, S. 44.
[27] Vgl. Bernemann/Kneuper HMD 2023.
[28] Buchner ua DuD 2021, (806 ff.); Specht-Riemenschneider/Radbruch Deutsches Ärzteblatt 2021, 1358 ff.; Specht-Riemenschneider/Heineking DuD 2024, 110 (116).
[29] Zu Einsatzmöglichkeiten von Datentreuhändern in der Medizin vgl. den Beitrag von Bucholtz in diesem Band §5.

2. Behördliche Datenbereitstellung zu Forschungszwecken

13 Damit ist ein zweites Praxisfeld angesprochen, in welchem sich ebenfalls Akteure finden, die ihrem Selbstverständnis nach Datentreuhänder sind: die Forschung nicht auf Patienten-, sondern auf Behörden- und Sozialdaten. Typischerweise geht es hier um Public Sector-Daten, die entweder aufgrund gesetzlicher Vorgaben oder im Rahmen von Forschung (etwa durch Ministerien beauftragter sogenannter Ressortforschung) erhoben wurden und sind und aus verschiedenen Gründen kritisch sind: als Mikrodaten über Unternehmen oder private Haushalte, als Daten, die vulnerable Gruppen betreffen, als Daten, deren Bekanntwerden den ökonomischen Wettbewerb verzerren könnte. Einwilligungsmanagement spielt in diesem Feld eine untergeordnete Rolle, nicht aber die Pseudo- oder Anonymisierung – und auch die Kontrolle eines oft komplexen Forschungsdesigns, mit welchem Wissenschaftlerinnen im Einzelfall (und nicht selten nur „physisch", also recherchierend und lesend, aber ohne Möglichkeiten zum Download) Datenzugang erhalten. Die Forschungsdatenzentren des Statistischen Bundesamtes Destatis, der Deutschen Bundesbank oder auch der Bundesanstalt für Arbeit verstehen sich in diesem Sinne als Datentreuhänder, die Daten vorhalten, kuratieren, aggregieren, teils auch selbst auswerten, für die externe Nutzung im Einzelfall aber auch in spezifischer Form aufbereiten (Pseudonymisierung, Anonymisierung), Verträge schließen, Workflows definieren sowie Begutachtungs- und Kontrollfunktionen übernehmen, um eine De-Anonymisierung bzw. Re-Identifikation von pseudonymisierten/anonymisierten Daten zu verhindern. Auch die Eckpunkte für ein aktuell in Vorbereitung befindliches Forschungsdatengesetz stellen den Aufbau eines deutschen Micro Data Center in Aussicht, der „im Sinne eines One-Stop-Shop" organisiert sein soll, und spricht in diesem Zusammenhang explizit von Datentreuhandstellen vergleichbarer Art in anderen Ländern. Das neue Mikrodatenzentrum soll eine „zentrale Rolle als Vertrauens- und Vermittlerstelle" spielen, welche die Zugangsbedingungen für Forschende im Hinblick auf Daten der öffentlichen Hand, insbesondere Statistik- und Registerdaten, verbessern und somit datenbasierte Forschung erleichtern soll.[30]

3. Verknüpfungen von Wissenschaft und Wirtschaft

14 Forschungszugänge zu Medizin- und Behördendaten (wie auch auf den öffentlichen Sektor spezialisierte Forschungsdatenzentren[31]) gab es schon lange

---

[30] Vgl. BMBF, Arbeitspapier „Eckpunkte BMBF Forschungsdatengesetz" 28.2.2024, abrufbar unter: https://www.bmbf.de/SharedDocs/Downloads/DE/gesetze/forschungsdatengesetz/sonstige/Eckpunktepapier.pdf?__blob=publicationFile&v=3 (abgerufen am 30.4.2025), S. 3.

[31] In Deutschland haben sich die sozialwissenschaftlichen Forschungsdatenzentren schon 2004 zu einem Rat für Sozial- und Wirtschaftsdaten (RatSWD) zusammengeschlossen, der für das Feld der quantitativen Sozial- und Wirtschaftsforschung sowie Teile der Psychologie Standardisierung und Zertifizierung des Forschungsdatenmanagements vorantreibt und zugleich (mit dem Konsortium KonsortSWD inzwischen auch im Rahmen der 2020 durch Bund und Länder initiierten Nationalen Forschungsdateninfrastruktur NFDI) die Interessen der Forschung an verbesserten Datenzugängen vertritt (vgl. RatSWD 2024, abrufbar unter: https://www.konsortswd.de/ueber-uns/ratswd/ (abgerufen am 16.6.2024)).

Zeit bevor PIMS oder der Begriff „Datentreuhand“ ihre Karriere begannen. Ab 2020 ist mit mehreren Förderinitiativen des Bundesministeriums für Bildung und Forschung (BMBF) ein weiteres, deutlich experimentelleres Feld von Projekten entstanden, die Formen des „Teilens“ von Daten aus der Forschung oder überhaupt an der Grenze von Wissenschaft und Wirtschaft entwickeln sollen – und dies nun ausdrücklich unter dem Titel „Datentreuhänder“. Ein solches „Sandboxing“ ist wissenschaftspolitisch gewollt, und dies wohl unter dem doppelten Vorzeichen eines „Öffnens“ wissenschaftlicher Datenbestände wie auch, um eine Datennutzung, die Übergabepunkte Richtung Wirtschaft vorsieht, gleichwohl wissenschaftsfreundlich zu gestalten.[32]

Betrachtet man die derzeit mehr oder weniger aus der Wissenschaft heraus 15
initiierten Projekte neuartiger Datentreuhänder, so lässt sich jedenfalls sagen: „den“ BMBF-Treuhänder gibt es nicht. Vielmehr mischen sich Ideen, Treuhandstellen des schon beschriebenen ersten, einwilligungszentrierten, und zweiten, forschungsfragenzentrierten, Typs weiterzuentwickeln, mit Ideen, Daten aus der Forschung aufzubereiten, um sie mittels einer geeigneten (wissenschaftseigenen oder auch kommerziell betriebenen) Plattform zu monetarisieren. Hinzu kommen Ideen, die Sammlung und Auswertung von Daten der öffentlichen Hand als wissenschaftliche Transfer- bzw. Dienstleistung anzubieten oder aber Formate des „Teilens“ von Industriedaten mit deren Beforschung zu verbinden. Besonders markant ist der zuletzt genannte Ansatz: Wirtschaftliche Akteure einer Region, einer Branche oder eines bestimmten Marktsegments verfügen über Daten, deren gemeinsame Auswertung ihnen – trotz unterschiedlicher ökonomischer Interessen oder sogar Konkurrenzlagen – gleichermaßen nutzen würde. Die Wissenschaft wiederum bietet ihre Kompetenzen zu einer methodisch optimalen Datenanalyse wie auch zu gewissen Koordinationsleistungen an. Der Datentreuhänder wird hier durch eine Art Clubmodell getragen. Wissenschaft selbst – sei es allein, sei es an der Seite etwa der Vertreter von Verbänden – fungiert als gleichsam neutraler Dritter, der Unternehmen dazu verhilft, sich für eine (wissenschaftsgeleitete) Auswertung von zu diesem Zweck gepoolten oder auch nur verknüpften Daten zusammenzutun. Je nachdem, wie stark die Unternehmen sich hierbei aufeinander einlassen, scheint eine Art Genossenschaftsgedanke diese neue Familie von Datentreuhandkonzepten zu inspirieren.[33] Ob auf diese Weise nachhaltige Konstrukte entstehen und welche Rolle die wissenschaftlichen Beteiligten auf Dauer bei solchen – letztlich nur als B2B-Lösungen zukunftsfähigen – Datentreuhandmodellen spielen werden, ist eine derzeit noch unbeantwortbare Frage.

[32] Der Rat für Informationsinfrastrukturen der gemeinsamen Wissenschaftskonferenz des Bundes und der Länder (RfII) hat die Politik ab 2020 mit Empfehlungen zu Datentreuhandmodellen in diesem, auch die Souveränität der Wissenschaft befördernden Doppelsinn, unterstützend begleitet (vgl. RfII 2023, aburfbar unter: https://rfii.de/de/dokumente/ (abgerufen am 8.6.2024)).

[33] Zum Konzept der Datengenossenschaft vgl. Lindner/Straub Smarte Datenwirtschaft (SDW) 2023, S. 42 f.; Weber/Werling/Lasi White Paper Ferdinand-Steinbeis-Institut 2023, S. 6; Weber ua Broschüre Ferdinand-Steinbeis-Institut 2022, S. 1 ff. Einen instruktiven Überblick bietet auch https://www.datengenossenschaft.com/ (abgerufen am 11.7.2024).

4. Fremd- bzw. gemeinnütziges Datenteilen – altruistische Konzeptionen

16 Weit weg von Datentreuhand-Förderaktivitäten, die PPP-Projekte an der Schnittstelle Wissenschaft/Wirtschaft anschieben sollen, haben auch NGOs und Unternehmen die Impulse des Data Governance Act zumindest registriert. So könnte man als direktes Motiv hinter der Entscheidung des Gesetzgebers, eine „altruistische" Variante in den Data Governance Act einzuführen, Smart City-Szenarien vermuten: Einwohnerinnen und Einwohner eines Quartiers spenden umweltrelevante Daten für stadtteilbezogene Maßnahmen an ihre Kommune, auf selbstverwalteten Flächen entwickeln Bürgergruppen eigene „smarte" Nachhaltigkeitsmodelle etc.[34] In der Tat gibt es in Deutschland auch Treuhand-Aktivitäten, die in solchen Kontexten für eine Vision des gemeinnützigen Teilens werben, etwa in Kooperation mit kommunalen Verkehrsbetrieben oder Energieversorgern oder einer NGO wie dem Öko-Institut e.V.[35] Mit dem datenpolitischen Leitbild des Altruismus hat der DGA ein interessantes, überraschendes, aber naheliegendes Postulat formuliert. Gleichwohl schweigt sich der Gesetzgeber zu allen Details (jenseits der vielleicht sogar überbetonten Zurückhaltung, die er „altruistischen" Intermediären auferlegt)[36] erst einmal aus. Dass es schwierig ist, die Vision des neutralen Intermediärs mit derjenigen einer basisdemokratischen Partizipation einer großen Zahl von Datengebern rechtssicher zu verknüpfen, überrascht nicht, zumal technisch hier zumeist speicherintensive Plattformlösungen ins Auge gefasst werden müssen, die – sollen sie erstens funktionieren, und zweitens auch „souverän" ausgestaltet sein – ausgesprochen aufwendig zu etablieren und nur um den Preis hoher Kosten zu betreiben sind.

5. Datentreuhänder als Plattformen?

17 Plattform – das ist auch das Stichwort, an welchem sich die Geister scheiden, wenn es um Datentreuhandmodelle für den marktlichen B2B-Bereich geht, seien diese nun profitorientiert oder auch nicht. Es ist der Grundgedanke des DGA, Daten nicht Plattformen und Plattformbetreibern zu überlassen, sondern neue Intermediäre – und so auch Treuhänder – als Akteure auszulegen, die den Datenmarkt generell verändern: Bottom-up sollen sie Monopolbildung verhindern helfen und Unternehmen eine neuartige Pluralität von Optionen für den Datenaustausch anbieten, ohne in den Wettbewerb innerhalb eines spezifischen Sektors einzugreifen. Gesucht werden damit B2B-Treuhandkonzepte, die ohne plattformtypische Geschäftsmodelle (Verwertung oder Vermarktung von Kundendaten oder Daten über Kunden) auskommen, die rollen- und rechtemäßig streng auf bloße Mittlerdienste verpflichtet sind, und die idealerweise sogar ohne

[34] Gailhofer/Franke ZUR 2021, 532 (537 ff.).
[35] Gailhofer ua Ecornet 24 Berlin 2022, S. 13 ff.; Piétron/Gailhofer/Sommer CODINA 2022, S. 22 ff.
[36] Eine intensivere Auseinandersetzung mit dem Thema Datenaltruismus bietet der Beitrag von Denga/Köbel in diesem Band § 7.

die schiere Möglichkeit, Einblick in die von ihnen vermittelten Daten zu nehmen, tätig werden (vgl. Erwgr. 2 und 27 des DGA).

Geht man noch einen Schritt weiter, dann löst man die Kernaufgabe der vertrauenswürdigen Intermediation ganz von derjenigen der Aufbewahrung wertvoller Datenbestände ab, die im Digitalbereich aus technischen Gründen so schwer auf wirklich vertrauenswürdige Weise zu leisten ist. Ein neutraler Datentreuhänder sollte dann möglichst gar keine eigenen Daten „haben", sondern lediglich deren kooperative Nutzung bzw. Analyse ermöglichen, also die Vermittlung von der für die Plattform-Industrie so zentralen technischen wie geschäftlichen Voraussetzung des Verfügens über einen Datensilo und einer „Verwaltung" von Datenbeständen gänzlich trennen. Letzteres ist der – mittels avancierten Federated Learning-Technologien realisierbare – Ansatz der sogenannten „transaktionsbasierten" Datentreuhand.[37] Dieses Treuhand-Konzept wird aktuell durch den für das GAIA-X Ökosystem entwickelten Datentreuhänder EuroDaT vertreten.[38] Die transaktionsbasierte Datentreuhand adressiert den Bereich marktlicher Akteure, bleibt als Ansatz aber gleichwohl generisch, denn sie schließt Nutzungen etwa zum Zweck der Analyse von Daten aus der Wissenschaft oder im B2G Bereich (also zwischen privatwirtschaftlichen Unternehmen und Kommunen, Behörden, Verwaltungen) nicht aus. Der transaktionsbasierte Ansatz stellt einen Paradigmenwechsel dar. Er fordert sowohl hinsichtlich der Interpretation des DGA (der in der Frage des Datenmittlers eng daherkommt, nämlich Intermediäre ohne Speicher nicht zu kennen und daher nicht mitzudenken scheint) als auch hinsichtlich des dominierenden Datenschutz-Diskurses Innovationsfreude ein. Von einem „Innovationsimpuls für ein angestaubtes Datenschutzrecht"[39] ist die Rede. Dass auf Datensätze „zu keinem Zeitpunkt des [Analyse-]Zyklus jemand Zugriff" hat[40] und der Datentreuhänder weder Daten noch Analyseergebnisse noch den Auswertungsalgorithmus kennt, verschiebt die Grundlagen dessen, wovon das herkömmliche Datenschutzrecht als Prämisse ausgeht.[41] 18

6. Datentreuhänder als Kontrollstelle für Datenschutzbelange

Demgegenüber haben Datenschützer den Datentreuhänder bislang vor allem als eine Art Datenschutz-Kontrollstelle gesehen, also eine Art verlängerten Arm der Datenschutzbeauftragten selbst, deren Datendienstleistungen (vor allem Anonymisierung oder Pseudonymisierung) somit „G2B" und Hand in Hand mit Aufsichtsdienstleistungen ausgestaltet wären. Dabei hat die Bundesdatenschutzkonferenz zuletzt im Zusammenhang mit dem deutschen Gesundheitsdatennutzungsgesetz 19

[37] Vgl. Buchheim/Augsberg/Gehring JZ 2022 (1139).

[38] Eine Darstellung der technischen Grundlagen dieses Datentreuhandkonzepts bietet der Beitrag von Alldridge → § 13.

[39] Buchheim/Augsberg JZ 2024, 365 (365).

[40] BMBF, Arbeitspapier „Eckpunkte BMBF Forschungsdatengesetz" 28.2.2024 abrufbar unter: https://www.bmbf.de/SharedDocs/Downloads/DE/gesetze/forschungsdatengesetz/sonstige/Eckpunktepapier.pdf?__blob=publicationFile&v=3 (abgerufen am 30.4.2025), S. 17.

[41] Die datenschutzrechtlichen Implikationen dieses innovativen Treuhandkonzepts behandelt der Beitrag von Buchheim/Augsberg/Schrenk → §14; s. auch bereits Buchheim/Augsberg JZ 2024, 365.

auf die Notwendigkeit hingewiesen, „unabhängige Datentreuhandstellen" einzubinden.[42] Sowohl die Positionierung von Datentreuhändern – im Markt oder quasi als Marktaufsicht – als auch die datenschutzrechtlichen Aspekte der transaktionsbasierten Datentreuhand sind von daher aktuell und auch in diesem Handbuch erst noch in der Diskussion.

IV. Was meint Neutralität, was meint Vertrauen? Der neue Intermediär zwischen „Honey-Pot" und Wertschöpfungsinstrument

20 Privates Einwilligungsmanagement als App (PIMS), Treuhandstellen, die Einwilligungen und Datensätze gemeinsam vorhalten, Treuhänder, die Forschenden (idealerweise remote) Umgebungen für die hochspezifische, abgeschirmte wie auch überprüfbare Datenarbeit offerieren, Club- und Genossenschaftsmodelle für die Datenauswertung, gemeinwohlorientierte und auch partizipative Formen kollektiver Datenspende, B2B-Dienste als – gegebenenfalls doch, aber spezifisch ausgelegte – Plattformlösung, oder aber die transaktionsbasierte Datentreuhand und schließlich die Datentreuhandstelle als hoheitlicher Datenschutzgarant: alle der skizzierten Ansätze wollen vertrauenswürdig sein und alle nehmen auch das Merkmal der angestrebten Neutralität für sich in Anspruch. Dabei ist es freilich einfacher, die Gegner zu identifizieren – kommerzielle Hyperscaler, digitale Plattformen mit der ihnen inhärenten Neigung zur Monopol-/Oligopolbildung oder, in der Wissenschaft, auch die großen Datenkonzerne hinter digitalen Katalogdiensten und Verlagen –, als eindeutig festzulegen, worin denn nun eigentlich die Neutralität eines Datentreuhänders bestehen sollte.

1. Divergierende Neutralitätskonzeptionen

21 Wenn Datenschutzrechtler von der „Unabhängigkeit" einer „Stelle" sprechen, meinen sie, dass diese nicht nur staatlich (und damit marktunabhängig) agiert, sondern dass ihr, orientiert am Leitbild der richterlichen Unabhängigkeit, sogar innerhalb der Administration niemand Weisungen erteilen kann. Nehmen wir an, dies stellte den einen Pol eines (sagen wir: öffentlich-rechtlichen) Neutralitätsverständnisses dar, so besteht der zweite Pol eines (sagen wir: rein zivilrechtlichen) Neutralitätsverständnisses womöglich in dem Ziel, dem Treuhänder ein Geschäftsmodell zu geben, bei welchem, vertraglich und sogar technisch garantiert, erstens die „Blindheit" des Intermediärs hinsichtlich der Daten und der Datenverarbeitung sowie zweitens der allen Marktteilnehmern gleichermaßen zugängliche, reine Unterstützungscharakter der Leistung das eigentliche Produkt sein

[42] DSK 23.11.2023, abrufbar unter: https://www.datenschutzkonferenz-online.de/media/en/2023-11-23_DSK-Entschliessung_DS.pdf (abgerufen am 9.7.2024), S. 3.

soll.[43] Die Neutralität der Wissenschaft, die sich – qua Wissenschaft – in plausibler Weise in auch außerwissenschaftliche Treuhandkonstrukte einbringen kann, mag irgendwo zwischen diesen Polen liegen. Ähnliches gilt für Formate, in denen bei der Delegation der freiwillige Zusammenschluss sowie Selbstorganisationsmerkmale zählen: der Treuhänder gewinnt hier eine Art von Neutralität durch aktive Partizipation der Mitglieder, durch die Bindung an Kollektivabsichten und als gemeinsam gelenkter Akteur, dh es findet eine treuhandinterne Aggregation und Ausgleich von Interessen statt, der eine angemessene Repräsentanz der Präferenzen aller Mitglieder sicherstellt. Spätestens an dieser Stelle zeigen sich allerdings auch die Grenzen der Neutralitätsmetapher: Nach innen hin werden gerade von vielen Beteiligten getragene Datentreuhänder komplexe gesellschaftsrechtliche Vorkehrungen treffen müssen, um den notwendigen Interessensausgleich aller Beteiligten zu moderieren – und aus gelungener Willensbildung folgt Handlungsfähigkeit, nicht aber zwingend Neutralität. Ebenso sind marktunabhängige öffentliche Akteure (ob Datenschutzbehörden, Forschungsdatenzentren oder wissenschaftliche Einrichtungen) zwar nichtkommerziell (und in diesem Sinne tendenziell marktneutral); sie agieren auch über die Grenzen bestimmter Datenmärkte, Datendomänen und Sektoren hinweg. Man wird sie aber nicht per se – und auch nicht hinsichtlich der Frage, wie man mit Daten umgehen sollte – als „neutral", also wert- und interessenfrei, bezeichnen können. Der Datenschutz hat einen im weiteren Sinne advokatorischen Auftrag und neigt zu einem recht spezifischen, selektiven analytischen Zugriff auf das Thema. Die Forschung wiederum ist primär an der Beantwortung wissenschaftlicher Fragestellungen und Erkenntnisgewinn interessiert; hierbei verficht sie im Einklang mit den FAIR-Standards rigoros die Belange nachhaltiger Dokumentation sowie einer möglichst weitgehenden Publizität von Forschungsergebnissen, um deren Genese wie auch deren Qualität und Aussagekraft (dem Postulat der intersubjektiven Nachvollziehbarkeit entsprechend) möglichst objektiv nachprüfbar zu gestalten. Auch die Beteiligung sonstiger öffentlicher Akteure (Ministerien, nachgeordnete Behörden) an einem Datentreuhänder stellt nicht notwendigerweise eine Garantie der Neutralität dar; ihre Rolle als ehrlicher Makler dürfte spätestens dann in Frage stehen, wenn sich Spannungen hinsichtlich ihren Aufsichtsfunktionen ergeben und die Sorge oder der Verdacht besteht, dass im Rahmen der Treuhandaktivität gesammeltes Wissen ggf. für eigene Zwecke, zB zur Wahrnehmung staatlicher Aufsichtsaufgaben, verwendet wird. Als in einem politischen Sinne wertfrei kann man auch die Etablierung neuer Intermediäre insgesamt nicht bezeichnen: Es gilt ja gerade, Marktdynamiken zu durchbrechen, die man in der europäischen Perspektive für wirtschaftspolitisch problematisch hält. In diesem Sinne wird eine dezidiert

[43] Buchheim/Augsberg/Gehring JZ 2022, 1139 (1443f.) fordern mehrere Dimensionen der Neutralität des Datentreuhänders ein: Er soll sich nicht mit den Interessen der Beteiligten gemein machen bzw. einzelne Partikularinteressen bevorzugen („Neutralität als Äquidistanz"); er soll kein eigenes Verwertungsinteresse an den Daten haben und keine Akkumulation von Daten anstreben, sondern lediglich an seiner Vermittlungstätigkeit interessiert sein („datenbezogene Neutralität"); er soll Datenvermittlung und Datennutzung entkoppeln sowie als Vermittlungsdienst vielfältige Nutzungsszenarien durch unterschiedliche Leistungserbringer ermöglichen, also neutral gegenüber den konkreten Anwendungsszenarien sein („datennutzungsbezogene Neutralität"); und er soll seine Dienste möglichst niedrigschwellig allen Marktteilnehmern zugänglich machen, mithin als Enabler unterschiedlichster Geschäftsmodelle fungieren („Neutralität durch Forcierung von Pluralität").

politische Agenda verfolgt. Sie zielt auf eine Rebalancierung der Datenwirtschaft, die Einhegung von Monopolisierungstendenzen auf Plattformökonomien und der Dominanz von Hyperscalern außereuropäischer Provenienz sowie einen Machtausgleich zwischen ökonomischen Akteuren unterschiedlicher Größe ab. „Digitale Souveränität" ist ein weiteres Stichwort (vgl. Floridi 2020, Gehring 2022). Es flaggt den Willen Europas zu mehr marktlicher aber auch mehr technologischer Unabhängigkeit im Digitalbereich aus.

2. Neutralität als Antithese des klassischen Plattform-Geschäftsmodells

22 Die Chance auf Neutralität ist Treuhändern somit tatsächlich primär hinsichtlich einer bestimmten Marktkonstellation gegeben. Der DGA scheint diese mit einer Datendomäne gleichzusetzen, was vielleicht nicht einmal nötig ist, wenn man hinsichtlich dessen, was den neuen Intermediär von seinen Kunden unterscheidet, dem Grundgedanken einer radikalen Selbstbeschränkung hinsichtlich der Verfügungsmöglichkeiten über die (nicht: der Verarbeitung der) Daten folgt. Wichtig ist dabei die Kombination von Recht und Technik: Datentreuhänder *verpflichten* sich idealerweise nicht nur, sondern *verwirklichen* und *garantieren* die Entkopplung von Tun und Geschäft, für die sie aktiv einstehen, und dies als Kern ihrer „genuinen" Leistung. Zugleich sind sie nicht nur Erfüllungsgehilfen – sondern führen ihre eigene Neutralität mit vertraglichen und technischen Mitteln aktiv herbei.[44]

23 Was erfolgskritisch bleibt, auch im Unterschied zu klassischen Plattformen, auf welchen man sich der Software der Plattformanbieter (und auch der Überwachung sowie Zweckentfremdung aller entstehenden Datenspuren) immer schon ausliefert, ist die digitale Souveränität der Nutzenden – kein Datensammeln, kein Bezahlen mit Daten. Ein Treuhänder, welcher Neutralität im hier relevanten Sinn verspricht, müsste seinen Kunden versprechen können, die für digitale Plattformen typischen, aus Nutzersicht jedoch schädlichen Eigenarten derselben, also auf Weiterverwertung angelegten Speicherdienste, Cloudkapazitäten oder überhaupt Formen des Trackings im Hintergrund, zu vermeiden.

3. Neutralität vs. kommerzielle Interessen

24 Zur Frage der Kommerzialität steht eine so umschriebene Neutralität in einem nicht vorab festgelegten Verhältnis. Bekanntlich ist gerade in der globalen Datenökonomie der Verzicht auf Profitorientierung genauso wenig wie der kostenlose Zugang zu Applikationen ein Indiz für Marktneutralität: Man vertraut sich auch im nichtkommerziellen Bereich unübersichtlichen Geschäftsmodellen an und bezahlt dort letztlich mit den eigenen Daten. Von daher kann auch ein profitorientierter Datentreuhänder ein, was das Neutralitätserfordernis angeht, „guter" Datentreuhänder sein, solange er glaubhaft ein eigenständiges Verwertungsin-

[44] Buchheim/Augsberg/Gehring JZ 2022, 1139 (1143).

teresse an den Daten der Nutzer negieren und ein transparentes, nicht auf eine bloße Monetarisierung der Nutzerdaten abzielendes Geschäftsmodell vorweisen kann. Marktneutralität und der Verzicht auf Profitorientierung sollte jedenfalls kein Selbstzweck sein.[45]

4. Vertrauen

Mit der Frage nach Vertrauen, also der Bereitschaft nicht lediglich unter kontrollierten Bedingungen Risiken einzugehen, sondern dem Gegenüber – einem Partner, einer Technologie – in einem ganzheitlicheren Sinne Vertrauenswürdigkeit zu unterstellen, ja zu „glauben“[46], rückt die Neutralität zurück. Sie ist nur ein (möglicher) Vertrauensgrund unter vielen. Und vielleicht sind sogar für bestimmte Datengeber marktliche Parteinahme und programmatisches Engagement der viel bessere Grund, einem Treuhänder zu vertrauen – man denke nur an Smart City-Anwendungen, zugunsten derer man sich entscheidet, „nur“ Akteuren eines lokalen Umfelds die eigenen Daten zu überlassen, oder an aktivistisch motivierte Datensammlungen, um einer Sportart oder der Bekämpfung einer Krankheit zu helfen oder im Zeichen von Klimaschutz und Ökologie. 25

Deuten wir die von uns durchgeführten Befragungen richtig, dann halten Datentreuhand-Projekte zudem nicht selten schon den Begriff „Treuhand“ für einen Vertrauensgrund. Er flaggt gewissermaßen etwas Gutmenschliches aus, verfügt bei vielen Rezipienten mithin über eine gemeinwohlorientierte, partiell gar altruistische Grundierung, und wirkt in erheblichem Maße vertrauenerweckend. Ebenso denkt man an Tresore, an maximale Sicherheit von Urkunden und Daten. Von daher ist vor einem Honey-Pot-Effekt zu warnen. Jedenfalls dort, wo Datentreuhänder im Grunde nicht mehr von sich behaupten können, als eben eine klassische Datensammelstelle oder ein Datenzentrum zu sein, nur eben unter anderem Namen und der Absicht nach besonders seriös, ist mit dem Begriff eigentlich kein Vertrauensgrund verbunden. 26

Was das Beschwören von Vertrauen anbelangt, geht es also ein bisschen wie im Dschungel zu: Anonymisierungsdienste nennen sich Datentreuhänder, obwohl sie lediglich anonymisieren, die Bundesdruckerei bewirbt ihre hauseigene „Datentreuhänder-Plattform mit Vertrauensstellen-Dienst on demand“, und sogar die Kreditauskunfts-Holding Schufa hat wissen lassen, sie wolle sich zum neutralen Datentreuhänder weiterentwickeln. 27

[45] Letztlich dürfte eine gewisse Einnahmeerzielungsabsicht und Profitorientierung für viele Szenarien durchaus zweckmäßig sein, denn Datentreuhänder benötigen eigenständig generierte Einnahmen nicht nur, um die Kosten ihrer Geschäftstätigkeit zu decken, sondern auch um notwendige Investitionen zu tätigen, insbesondere in die Fortentwicklung der eigenen technischen Infrastruktur wie auch das angebotene Service-Portfolio. Fehlende Ressourcen oder auch Abhängigkeit von generösen Förderern wirkt sich zudem auf den Grad der Unabhängigkeit und Neutralität von Datentreuhändern aus.

[46] „Glauben“ bleibt hier nur ein Behelfswort, denn über die fehlende Situationskontrolle (auch Zukunftskontrolle) setzen Handelnde (die ja stets, und mit rationalen Gründen, zweifeln könnten) sich im Vertrauensfall „willentlich hinweg“. Vertrauen ist bekanntlich ein äußerst komplexer sozialer Mechanismus, Luhmann, Vertrauen. Ein Mechanismus der Reduktion sozialer Komplexität, S. 33.

28 Auch die derzeit im Zuge beachtlicher Aufbauprogramme der Wirtschaftsförderung des Bundes und der EU sogenannten „Datenräume“ werden zuweilen als ein neuer Intermediär angesehen. Dass auf dieser Linie etwa Catena-X – ein Datenraum, dessen Aufbau die Automobilindustrie seit 2020 vorantreibt – in der Begleitforschung des BMBF als ein Anwendungsfall von Datentreuhandmodellen eingestuft wird,[47] gibt freilich zu denken. Hier zeichnen sich Gefahren einer inflationären Verwendung des Datentreuhandbegriffs, unscharfer Begriffsabgrenzungen sowie einer konzeptionellen Überdehnung der Begrifflichkeit bis hin zur Beliebigkeit ab. Die Forschung kommentiert das Problem bisher noch nicht; eine konzeptionelle Auseinandersetzung ist noch nicht in ausreichendem Maße erfolgt. Vielleicht sind der Klang des Wortes wie auch die damit verbundenen Mehrwertversprechen für viele Akteure einfach doch zu attraktiv.

V. Schlüsselfragen für Datentreuhandkonzepte und -architekturen

29 In der allgemeinen Perspektive, die wir hier einnehmen, haben sich zumindest einige der Schlüsselfragen bereits abgezeichnet, die für die Ausgestaltung von Datentreuhändern wichtig sind. Wir nennen ohne Vollständigkeitsanspruch einige von ihnen.

1. Entkoppelung

30 Wie eigenaktiv, wie aktiv „entkoppelt“ stellt sich der neue Intermediär auf? Wie stark wird er anbahnend und mediierend tätig, wie sehr bringt er Datengeber und Datennutzende sowie eventuell erforderliche Datenverarbeitungsdienste (oder auch nur Software) mit denjenigen zusammen, die Daten teilen, austauschen oder in sonstiger Form weggeben, nutzen und eigenständig analysieren (oder bloß Analyseergebnisse bestellen) wollen? Sowohl das authentische, im Idealfall sogar durch technische, rechtliche und ökonomische Sicherungsmechanismen gleichermaßen gesicherte Desinteresse an den Daten selbst wie an dem Zweck oder dem Markt, für welchen die Kunden den Treuhänder nutzen, also seine datenbezogene wie auch datennutzungsbezogene Neutralität, als auch die Fähigkeit zu einer ebenso neutralen Kontaktanbahnungs- und Vermittlungsleistung geben der Rolle eines Datentreuhänders ihre Kontur. Zumindest im Ergebnis fungiert der Treuhänder als eine Art Makler oder Broker, der die Datenzirkulation und Datenmärkte stimuliert, ohne sie zu dominieren oder zum Zweck von Sekundärgeschäften mit nebenher gewonnen Daten zu funktionalisieren. Letzteres grenzt den Datentreuhänder vom Modell digitaler Plattformen herkömmlichen Typs ab,

[47] Vgl. BMBF, Arbeitspapier „Wissenschaftliche Begleitung und Vernetzung der Projekte zur Entwicklung und praktischen Erprobung von Datentreuhandmodellen in den Bereichen Forschung und Wirtschaft“ 4.2024 abrufbar unter: https://www.technopolis-group.com/wp-content/uploads/2024/04/BMBF-Datentreuhandmodelle-Begleitforschung-Bestandsaufnahme.pdf (abgerufen am 30.4.2025), S. 13 ff.

deren Neutralität stets in Frage steht und die sich oftmals mit dem Vorwurf einer Übervorteilung ihrer Nutzer konfrontiert sehen. Vor allem bezogen auf letzteres sind Datentreuhänder als Intermediäre dann auch „neu".

2. Datenschutz

Wie steht es zudem aus der Perspektive des Datenschutzes um die Herrschaft des Intermediärs über die Daten selbst? Freilich kann man pauschal die Kontrolle des Verarbeitungsprozesses für maßgeblich halten.[48] Nach unserer Ansicht bedarf es hier jedoch der Differenzierung, denn zumindest im Kontext von Datenschutz kann man ebenso allein den physischen oder anderswie ‚lesenden' Zugang des Intermediärs zählen lassen.[49] Letzterer jener beiden alternativen Perspektiven sollte man durchaus Beachtung schenken, denn die Möglichkeit von „compute to data"- bzw. „algorithm to data"-Modellen im Rahmen von Federated-Learning-Ansätzen – so die Leitidee, die sich von gewöhnlichen „peer-to-peer"-Modellen absetzt – wird von einigen der sich derzeit in der Entwicklung befindlichen Datentreuhandprojekten aktiv erkundet.[50] Hier geht es um Verfahren der Datenauswertung, bei denen der Treuhänder nicht den Austausch von Primärdaten organisiert, also einen faktischen Transfer von (Roh-)Daten durchführt oder via Konnektoren zumindest peer-to-peer ermöglicht, sondern Daten in einer geschützten Auswertungsumgebung verarbeitet und lediglich Auswertungsergebnisse an die Datennutzer übermittelt. Bei geeigneter technischer Ausgestaltung impliziert diese Vorgehensweise, dass die Daten nicht die Herrschaftssphäre des Datengebers verlassen müssen, diese somit über den ganzen Prozess Kontrollinhaber der Daten bleiben; selbst der Datentreuhänder verfügt allenfalls über eine relative Herrschaft über die Daten, eine geeignete Konfiguration der Treuhandinfrastruktur vorausgesetzt.[51] Datenschutz und damit verbunden die Förderung von Vertrauen und Akzeptanz auf Seiten der Datengeber gegenüber der Datentreuhandidee sind Motive, die hier im Hintergrund stehen. Vom Ausgang der Diskussionen hinsichtlich solcher Alternativen hängt die Bedeutung der Datentreuhand für den Umgang mit den praktisch so wichtigen Datenschutzproblemen bei allen Formen des Datenteilens ab. 31

3. Geschäftsmodelle

Der sprichwörtliche Elefant im Raum sind derzeit aus verschiedenen Gründen die Geschäftsmodelle, die für Datentreuhandprojekte vor allem dort noch 32

---

[48] Wer den Prozess kontrolliert, kontrolliert die Daten, so Carovano/Finckh CLSR 2023, 1 (12).
[49] Vgl. Buchheim/Augsberg JZ 2024, 365 (368 ff.).
[50] Vgl. BMBF, Arbeitspapier „Wissenschaftliche Begleitung und Vernetzung der Projekte zur Entwicklung und praktischen Erprobung von Datentreuhandmodellen in den Bereichen Forschung und Wirtschaft" 5.2024 abrufbar unter: https://www.technopolis-group.com/wp-content/uploads/2024/04/BMBF-Datentreuhandmodelle-Begleitforschung-Umsetzungshemmnisse-1.pdf (abgerufen am 30.4.2025), S. 14.
[51] Buchheim/Augsberg/Gehring JZ 2022, 1139 (1141–1143).

fehlen, wo es nicht nur darum geht, aus vorhandenen Institutionen heraus (zB Forschungsdatenzentren) gebührenfinanziert öffentliche Daten zugänglich zu machen, wo man also tatsächlich mit zivilgesellschaftlichen oder marktlichen Ansätzen experimentiert. Aufbau und laufender Betrieb eines Datentreuhänders verursachen Kosten, auch die Weiterentwicklung des eigenen Serviceportfolios ist mit finanziellem Aufwand verbunden. Wenn eine dauerhafte staatliche Subventionierung vermieden werden soll, muss der Datentreuhänder über eigene Einnahmequellen verfügen, die seine Fix- und variablen Kosten abdecken und eine nachhaltige, tragfähige Finanzierung seines Geschäftsbetriebs gewährleisten. Dies gilt im Übrigen unabhängig davon, ob der Treuhänder altruistisch bzw. gemeinwohlorientiert ausgerichtet ist und auf eine reine Kostendeckung abzielt, oder ob er als privatwirtschaftliche Unternehmung eine Profitorientierung aufweist und Gewinne erzielen möchte. Zwar sind theoretisch vielfältige Finanzierungsmodelle denkbar, zB Subskriptions- und Fixpreismodelle, pay-per-use-Modelle, Transaktionsgebühren oder Gebühren für die Inanspruchnahme weiterer Dienstleistungen wie Infrastruktur, Datenaufbereitung/-analyse oder Beratung.[52] Allerdings haben viele der im Aufbau befindlichen Datentreuhandinitiativen nach wie vor keine Perspektiven dafür entwickeln können, wie die im Rahmen der Treuhand angebotenen Datenbestände oder Applikationen zu monetarisieren wären. Erschwerend kommt hinzu, dass Unsicherheit besteht, wie sich ein fairer Gegenwert für Datensätze bzw. Datenvermittlungsdienste überhaupt bestimmen lässt. Insbesondere zu Beginn des operativen Betriebs ergibt sich zudem die Schwierigkeit, überhaupt zahlende Kundschaft zu finden, die bereit ist, echte Daten bereitzustellen bzw. die konkreten Services des Datentreuhänders in Anspruch zu nehmen. Folglich überrascht es nicht, dass die BMBF-Begleitforschung das Problem der Refinanzierung des Betriebs von Datentreuhändern als ungelöst charakterisiert und das Vorliegen eines profitablen Geschäftsmodells als grundsätzlich erfolgskritisch identifiziert.[53]

33 Kritiker monieren, der Umriss, den der europäische Gesetzgeber von neuen Intermediären zeichnet, sei in wirtschaftlicher Hinsicht nicht durchdacht. So werden insbesondere die hohen regulatorischen Anforderungen, die der DGA an Datenintermediäre stellt und hierbei einem One-size-fits-all-Ansatz folgend keine Differenzierung zwischen Akteuren mit unterschiedlicher Marktmacht vornimmt, kritisch gesehen. Das starre Regulierungskorsett und die daraus resultierenden umfangreichen Verhaltenspflichten implizieren hohe Compliance-Kosten, die eine Tätigkeit als Datenintermediär unattraktiv machen dürften, und hemmen die Entwicklung innovativer Geschäftsmodelle. Zudem benachteiligen die strikten Vorgaben Datenintermediäre im Wettbewerb mit ähnlichen Geschäftsmodellen (zB Databroker, geschlossene Datenplattformen), die nicht der Regulation des DGA unterliegen.[54] Worin soll also der ökonomische Anreiz bestehen, in einem

[52] Vgl. Lindner/Straub, Smarte Datenwirtschaft (SDW), 2023, S. 39 ff.

[53] Vgl. BMBF, Arbeitspapier „Wissenschaftliche Begleitung und Vernetzung der Projekte zur Entwicklung und praktischen Erprobung von Datentreuhandmodellen in den Bereichen Forschung und Wirtschaft" 5.2024 abrufbar unter: https://www.technopolis-group.com/wp-content/uploads/2024/04/BMBF-Datentreuhandmodelle-Begleitforschung-Umsetzungshemmnisse-1.pdf (abgerufen am 30.4.2025), S. 25.

[54] Hennemann/von Ditfurth NJW 2022, 1905 (1910); Richter ZEuP 2021, 634 (662 f.); von Ditfurth Datenmärkte S. 582 ff.

Datenmarkt bzw. für ihn einen Datentreuhänder zu etablieren und auf Dauer zu betreiben? Unter den vom BMBF seit 2020 geförderten Projekten sehen ebenfalls nur wenige einen privatwirtschaftlichen Akteur als Betreiber des Datentreuhänders vor.[55] Womöglich könnte die Datentreuhand also eine Errungenschaft des öffentlichen Sektors bleiben. Würde es so kommen, beträfe dies auch die rechtlichen Fragestellungen, denen dieses Handbuch nachgehen will.

4. Gewährleistung von Datensicherheit und -souveränität

Essenziell dürfte es für Datentreuhandkonzepte außerdem werden, nicht nur auf Sorgfalt im Umgang mit den Daten, sondern auch auf Datensicherheit und Souveränität als Anforderung an die Bereiche Hard- und Software von vornherein zu achten. Dies stellt eine technische Aufgabenstellung dar, betrifft aber auch geeignete Vertrags- und Haftungskonstruktionen. Zumindest hinsichtlich der technischen Voraussetzungen sieht die Begleitforschung des BMBF Nachholbedarf: Weniger als 30 % der untersuchten Datentreuhandprojekte bedienen sich neuartiger Ansätze der Datenverschlüsselung, die über die Palette bereits existierender Tools und Services hinausgehen.[56] 34

5. Standardisierung

Schließlich wird der Erfolg der Datentreuhand – und dies betrifft die Konzeption und Architektur auf allen Ebenen – wohl in entscheidender Hinsicht davon abhängen, ob sich gemeinsame, allgemein anerkannte Standards innerhalb eines bisher noch äußerst heterogenen Experimentierfeldes etablieren lassen. Aus unserer Sicht kommt hier nicht nur Datenmanagement-Standards[57] eine wichtige Bedeutung zu. Viel wichtiger dürfte es sein, marktgerechte Produkt- und Dienstleistungsformate – etwa standardisierte Datenbeschreibungen, domänengerechte Datenqualitätsstandards, leicht validierbare und vergleichbare Analysewege, marktübliche Formen der Haftung und des Gefahrenübergangs – zu etablieren. Auch auf die schwierige Frage nach möglichen Geschäftsmodellen wird es befriedigende Antworten und dh Anreize für Datengeber erst dann geben können, 35

[55] BMBF, Arbeitspapier „Wissenschaftliche Begleitung und Vernetzung der Projekte zur Entwicklung und praktischen Erprobung von Datentreuhandmodellen in den Bereichen Forschung und Wirtschaft" 5.2024 abrufbar unter: https://www.technopolis-group.com/wp-content/uploads/2024/04/BMBF-Datentreuhandmodelle-Begleitforschung-Umsetzungshemmnisse-1.pdf (abgerufen am 30.4.2025), S. 35.

[56] Vgl. *BMBF*, Arbeitspapier „Wissenschaftliche Begleitung und Vernetzung der Projekte zur Entwicklung und praktischen Erprobung von Datentreuhandmodellen in den Bereichen Forschung und Wirtschaft" 5.2024 abrufbar unter: https://www.technopolis-group.com/wp-content/uploads/2024/04/BMBF-Datentreuhandmodelle-Begleitforschung-Umsetzungshemmnisse-1.pdf (abgerufen am 30.4.2025), S. 5.

[57] Vgl. BMBF, Arbeitspapier „Wissenschaftliche Begleitung und Vernetzung der Projekte zur Entwicklung und praktischen Erprobung von Datentreuhandmodellen in den Bereichen Forschung und Wirtschaft" 5.2024 abrufbar unter: https://www.technopolis-group.com/wp-content/uploads/2024/04/BMBF-Datentreuhandmodelle-Begleitforschung-Umsetzungshemmnisse-1.pdf (abgerufen am 30.4.2025), S. 15.

wenn standardisierte Formen der Datenbewertung sowie Instrumente zur Bepreisung von Daten geschaffen werden.[58]

36 Die „Bottom-up"-Idee, die den Datentreuhand-Diskurs prägt, bedarf somit zu ihrer Entfaltung nicht nur geeigneter Anreize und einer Unterstützung durch politische Institutionen. Vielmehr sind innerhalb von Datendomänen und Datenmärkten neuartige Kommunikations- und Koordinationsprozesse gefragt, damit Datentreuhand-Ansätze über das Pilotstadium hinaus skalieren können. Ob die sogenannten „Datenräume" hierzu etwas beitragen, ob sie sich in dieser Perspektive einer Standardisierung auch von Leistungen und Geschäftsmodellen als eine der Inkubation von Datentreuhändern förderliche Umgebung erweisen werden, wird abzuwarten sein.

VI. Datentreuhand: Ein Paradigma?

37 Die Datentreuhandmodelle bieten in ihrer Diversität kein geordnetes Bild. Dennoch sind mit dem Konzept Datentreuhand große Hoffnungen und Mehrwertversprechen verbunden. Idealerweise wird es „der Datentreuhand" gelingen, Märkten für sensible und geschäftskritische Daten Optionen anzubieten, die es noch nicht gibt.

38 Darin, über Organisations- und Sektorengrenzen hinweg die Bedeutung einer ermöglichenden Infrastruktur zu gewinnen, sehen wir letztlich die von Datentreuhandmodellen zu erzielende datenwirtschaftliche und volkswirtschaftliche Leistung. Refinanzierungs- oder sogar Gewinnerzielungsabsichten sind hier auf absehbare Zeit erst einmal Mittel zum Zweck, denn es ist die Ermöglichungsfunktion des neuen Intermediärs, auf welchen nicht nur die Politik, sondern auch die Marktteilnehmer setzen.

39 Viele Modelle haben allerdings (noch) kein belastbares Geschäftsmodell. Es besteht somit die reale Gefahr, dass Datentreuhandinitiativen über ein Konzeptstadium bzw. einen Pilotbetrieb hinaus nicht Bestand haben werden. Steckt die darauf angelegte, ambitionierte digital- und marktpolitische Vision des DGA somit in der entstandenen Vielfalt der Projekte fest?

40 Unsere Prognose ist dies nicht. Die Vielzahl an Projekten, die unterschiedliche, teils antagonistische Grundkonzepte verfolgen, deuten wir vielmehr als einen Wettbewerb, der als Entdeckungsverfahren vielversprechend bleibt. Die Konkurrenz der Ansätze ist zudem moderat: man kann auch voneinander lernen und „Bausteine" (wie ein BMBF-Förderprogramm griffig hieß) zu verschiedenen, koexistierenden Ansätzen für sachgemäße, innovative (und irgendwann auch betriebswirtschaftlich erfolgreiche) Lösungen für die zentralen Probleme des Datenteilens nutzen. Neutralität (idealerweise: Nichtwissen) des Intermediärs ist gerade beim Umgang mit digitalen Daten schwer herzustellen, abzusichern sowie

[58] Vgl. BMBF, Arbeitspapier „Wissenschaftliche Begleitung und Vernetzung der Projekte zur Entwicklung und praktischen Erprobung von Datentreuhandmodellen in den Bereichen Forschung und Wirtschaft" 5.2024 abrufbar unter: https://www.technopolis-group.com/wp-content/uploads/2024/04/BMBF-Datentreuhandmodelle-Begleitforschung-Umsetzungshemmnisse-1.pdf (abgerufen am 30.4.2025), S. 55.

nicht zuletzt auch schwer zu kommunizieren. Hinzu kommt der vorerst große Interpretationsbedarf hinsichtlich der unionsrechtlichen Regulierungsvorgaben.

Innovationen, die zugleich Vertrauen benötigen, haben es besonders schwer, **41** einer Situation der Ambivalenz einschlägiger Rechtsfragen standzuhalten, sofern genau daran – an der rechtlichen Absicherung – ja das Vertrauen hängt. Insofern werden in Sachen Datentreuhand auch weiterhin aktiv-konstruktive juristische Impulse benötigt. Ebenso ist auf politische Aufmerksamkeit in Brüssel und Berlin sowie auf innovationsfreudige Klarstellungen im Einzelfall zu hoffen. Besondere, auch forschungspolitische Aufmerksamkeit sollte der Frage gebühren, ob und wie Datentreuhandmodelle dazu beitragen, eine in den letzten Jahren spürbare Umorientierung von einer daten*schützenden* zu einer daten*nutzenden* Perspektive derart zu verschieben, dass dabei die zweifellos legitimen Sicherheitsinteressen der Datengeber geachtet und ernstgenommen werden. Die Idee der Datentreuhand bietet die Chance einer innovationsgeleiteten wie ethisch-normativ begründeten Vermittlung beider Perspektiven. Hierauf sollten alle Beteiligten entschlossen setzen.

§ 3
Gaia-X als informations- und dateninfrastruktureller Rahmen

Literatur:
Alt, Rainer; Zimmermann, Hans-Dieter (2019): Electronic Markets on platform competition. In: Electronic Markets 29 (2), S. 143–149. DOI: 10.1007/s12525-019-00353-y; Arrow, Kenneth (1962): Economic Welfare and the Allocation of Resources for Invention. In: NBER (Hrsg./ Hg.): The Rate and Direction of Inventive Activity: Economic and Social Factors. Princeton: Princeton University Press, S. 609–626. Online verfügbar unter http://www.nber.org/chapters/c2144; Augsberg, Steffen; Buchheim, Johannes (2024): Von der Verarbeitung personenbezogener Daten zur personenbezogenen Datenverarbeitung. In: JuristenZeitung 79 (9), S. 365–375. DOI: 10.1628/jz-2024-0119; Bailey, Joseph P.; Bakos, Yannis (1997): An Exploratory Study of the Emerging Role of Electronic Intermediaries. In: International Journal of Electronic Commerce 1 (3), S. 7–20. DOI: 10.1080/10864415.1997.11518287; Bitkom (2024): Data Economy – wo steht die deutsche Wirtschaft heute. Online verfügbar unter: https://www.org/sites/main/files/2024-06/240611Bitkom-ChartsData-Economyfinal.pdf, zuletzt geprüft am 12.06.2024; BMWi (2019): Das Projekt Gaia-X. Eine vernetzte Dateninfrastruktur als Wiege eines vitalen, europäischen Ökosystems. Stand Oktober 2019. Berlin. Online verfügbar unter https://www.bmwi.de/Redaktion/DE/Publikationen/Digitale-Welt/das-projekt-gaia-x.pdf?__blob=publicationFile&v=24; BMWi (2020a): Gaia-X: A Pitch Towards Europe. Stand Mai 2020. Berlin. Online verfügbar unter https://www.bmwk.de/Redaktion/EN/Publikationen/gaia-x-a-pitch-towards-europe.pdf?__blob=publicationFile&v=5; BMWi (2020b): Gaia-X: Das europäische Projekt startet in die nächste Phase. Stand Juni 2020. Berlin. Online verfügbar unter https://www.bmwk.de/Redaktion/DE/Publikationen/Digitale-Welt/gaia-x-das-europaeische-projekt-startet-in-die-naechste-phase.pdf?__blob=publicationFile&v=8; Brynjolfsson, Erik; Hitt, Lorin; Kim, Heekyung (2011): Strength in Numbers. How does data-driven decision-making affect firm performance? Online verfügbar unter: https://papers.ssrn.com/sol3/papers.cfm?abstract_id=1819486; Büchel, Jan; Engels, Barbara (2022a): Branchentrends beim Data Sharing. Status Quo und Use Cases in Deutschland. 1. Aufl. Köln: Institut der deutschen Wirtschaft; Büchel, Jan; Engels, Barbara (2022b): Datenbewirtschaftung von Unternehmen in Deutschland: Eine empirische Bestandsaufnahme. In: IW Trends 2022 (1), S. 73–90; Büchel, Jan; Rusche, Christian (2023a): Datenbewertung der Unternehmen. In: IW Trends 2023 (3), S. 107–125; Büchel, Jan; Rusche, Christian (2023b): Theoretische Auswirkungen von Unsicherheit bei der Bewertung von Daten. 1. Aufl. Köln: Institut der deutschen Wirtschaft; Buchheim, Johannes; Augsberg, Steffen; Gehring, Petra (2022): Transaktionsbasierte Datentreuhand. In: JuristenZeitung 77 (23), S. 1139–1147. DOI: 10.1628/jz-2022-0368; Bundesregierung (2021): Datenstrategie der Bundesregierung. Eine Innovationsstrategie für gesellschaftlichen Fortschritt und nachhaltiges Wachstum. Kabinettsfassung vom 27.01.2021. Berlin. Online verfügbar unter https://www.bundesregierung.de/resource/blob/992814/1845634/45aee6da9554115398c-c6a722aba08cb/datenstrategie-der-bundesregierung-download-bpa-data.pdf?download=1; Coase, Ronald (1960): The Problem of Social Cost. In: The Journal of Law and Economics 3, S. 1–44. DOI: 10.1086/466560; Corrado, Carol; Haskel, Jonathan; Iommi, Massimiliano; Jona-Lasinio, Cecilia (2022): The value of data in digital-based business models: Measurement and economic policy implications. 1. Aufl. Paris: OECD; Dahlman, Carl J. (1979): The Problem of Externality. In: The Journal of Law and Economics 22 (1), S. 141–162. DOI: 10.1086/466936; Ditfurth, Lukas von (2024): Datenmärkte, Datenintermediäre und der Data Governance Act. 1. Aufl. Berlin, Boston: Walter de Gruyter GmbH; Ditfurth, Lukas von; Lienemann, Gregor (2022): The Data Governance Act: Promoting or Restricting Data Intermediaries. In: Com-

petition and Regulation in Network Industries 23 (4), S. 270–295. DOI: 10.1177/17835917221141324; Duch-Brown, Nestor; Martens, Bertin; Mueller-Langer, Frank (2017): The economics of ownership, access and trade in digital data. Sevilla: Europäische Kommission. Online verfügbar unter https://joint-research-centre.ec.europa.eu/document/download/6819ebb1-d65c-4691-ac14-d140a8d6de40_en; Engels, Barbara; Goecke, Henry (2019): Big Data in Wirtschaft und Wissenschaft. 1. Aufl. Köln: Institut der deutschen Wirtschaft; Erdsiek, Daniel; Rost, Vincent (2024): Data Sharing von Unternehmen: Umfrageergebnissen zu möglichen Anreizen. 1. Aufl. Mannheim: ZEW – Leibniz-Zentrum für Europäische Wirtschaftsforschung; EU (27.04.2016): Verordnung (EU) 2016/679 des Europäischen Parlaments und des Rates vom 27.04.2016 zum Schutz natürlicher Personen bei der Verarbeitung personenbezogener Daten, zum freien Datenverkehr und zur Aufhebung der Richtlinie 95/46/EG (Datenschutz-Grundverordnung). DS-GVO; EU (14.11.2018): Verordnung (EU) 2018/1807 des Europäischen Parlaments und des Rates vom 14.11.2018 über einen Rahmen für den freien Verkehr nicht-personenbezogener Daten in der Europäischen Union. Free Flow of Data Regulation; EU (30.05.2022): Verordnung (EU) 2022/868 des Europäischen Parlaments und des Rates vom 30.05.2022 über europäische Daten-Governance und zur Änderung der Verordnung (EU) 2018/1724 (Daten-Governance-Rechtsakt). DGA; EU (13.12.2023): Verordnung (EU) 2023/2854 des Europäischen Parlaments und des Rates vom 13.12.2023 über harmonisierte Vorschriften für einen fairen Datenzugang und eine faire Datennutzung sowie zur Änderung der Verordnung (EU) 2017/2394 und der Richtlinie (EU) 2020/1828 (Datenverordnung). DA; Europäische Kommission (2020a): Eine europäische Datenstrategie. COM(2020) 66 final. Brüssel. Online verfügbar unter https://commission.europa.eu/strategy-and-policy/priorities-2019-2024/europe-fit-digital-age/european-data-strategy_de; Europäische Kommission (2020b): Impact Assessment Report Accompanying the document Proposal for a Regulation of the European Parliament and of the Council on European data governance (Data Governance Act). SWD(2020) 295. Brüssel; Evans, David S.; Schmalensee, Richard (2011): Chapter 1: The Industrial Organization of Markets with Two-Sided Platforms. In: David S. Evans (Hrsg./Hg.): Platform Economics: Essays on Multi-Sided Businesses, S. 2–29; Gaia-X AISBL (2021): Gaia-X Federation Services (GXFS). Stand Dezember 2021. Brüssel. Online verfügbar unter https://gaia-x.eu/sites/default/files/2022-01/Gaia-X_Federation_Services_White_Paper_1_December_2021.pdf; Gaia-X AISBL (2023): Gaia-X Policy Rules Conformity Document. Stand Oktober 2023. Brüssel. Online verfügbar unter https://docs.gaia-x.eu/policy-rules-committee/policy-rules-conformity-document/latest/; Gaia-X AISBL (2024): Gaia-X Architecture Document. Stand April 2024. Brüssel. Online verfügbar unter https://docs.gaia-x.eu/technical-committee/architecture-document/24.04/pdf/document.pdf; Hagiu, Andrei (2007): Merchant or Two-Sided Platform? In: Review of Network Economics 6 (2), S. 115–133. DOI: 10.2202/1446-9022.1113; Hagiu, Andrei; Wright, Julian (2015): Multi-sided platforms. In: International Journal of Industrial Organization 43 (1), S. 162–174. DOI: 10.1016/j.ijindorg.2015.03.003; Hennemann, Moritz; Ditfurth, Lukas von (2022): Datenintermediäre und Data Governance Act. In: NJW 75 (27), S. 1905–1910; Jones, Charles I.; Tonetti, Christopher (2020): Nonrivalry and the Economics of Data. In: American Economic Review 110 (9), S. 2819–2858. DOI: 10.1257/aer.20191330; Kari, Arthur; Schurig, Tim; Gersch, Martin (2023): The Emergence of a New European Data Economy: A Systematic Research Agenda for Health Data Spaces. In: Journal of Service Management Research 7 (4), S. 176–198. DOI: 10.5771/2511-8676-2023-4-176; Koutroumpis, Pantelis; Leiponen, Aija; Thomas, Llewellyn D. W. (2020): Markets for data. In: Industrial and Corporate Change 29 (3), S. 645–660. DOI: 10.1093/icc/dtaa002; Martens, Bertin (2021): Data access, consumer interests and social welfare – An economic perspective on data. In: BMJV und MPI (Hrsg./Hg.): Data Access, Consumer Interests and Public Welfare. Baden-Baden: Nomos, S. 69–102; Niebel, Thomas; Rasel, Fabienne; Viete, Steffen (2019): BIG data – BIG gains? Understanding the link between big data analytics and innovation. In: Economics of Innovation and New Technology 28 (3), S. 296–316. DOI: 10.1080/10438599.2018.1493075; OECD (2015): Data-Driven Innovation. Paris: OECD; OECD (2019): Enhancing Access to and Sharing of Data. Paris: OECD. Online verfügbar unter https://www.oecd-ilibrary.org/science-and-technology/enhancing-access-to-and-sharing-of-data_276aaca8-en; Otto, Boris (2022a): A federated infrastructure for European data spaces. In: Communications of the ACM 65 (4), S. 44–45. DOI: 10.1145/3512341; Otto, Boris (2022b): Was ist Gaia-X? Online verfügbar unter: https://zevedi.de/digitalgespraech-017-boris-otto/; Otto, Boris; Burmann, Anja (2021): Europäische Dateninfrastrukturen. In: Informatik Spektrum 44 (4), S. 283–291. DOI: 10.1007/s00287-021-01386-4; Person, Christian; Schütrumpf, Moritz (2022): Datensouveränität durch Dateninfrastrukturen: Das Leuchtturmprojekt Gaia-X. In: Steffen Augsberg und Petra Gehring (Hrsg./Hg.): Datensouveränität. Positionen zur Debatte. 1. Aufl. Frankfurt am Main, New York: Campus Verlag, S. 177–198; Person, Christian; Schütrumpf, Moritz (2023): Das Projekt Gaia-X. Next Generation einer föderierten Dateninfrastruktur. Version 2.0 [Stand März 2023]. Darmstadt: Zentrum verantwortungsbewusste Digitalisierung (ZEVEDI). Online verfügbar unter https://nbn-resolving.org/urn:nbn:de:101:1-2023042012042438484110; Reiberg, Abel; Niebel, Crispin; Kraemer, Peter (2022): Was ist ein Datenraum? Definition des Konzeptes Datenraum. München: acatech. Online verfügbar unter https://www.bmwk.de/Redaktion/DE/Publikationen/Digitale-Welt/whitepaper-definition-des-konzeptes-datenraum.pdf?__blob=publicationFile&v=6; Reimsbach-Kounatze, Christian (2021): Enhancing access to and sharing of data: Striking the balance between openness and control over data. In: BMJV und MPI (Hrsg./Hg.): Data Access, Consumer Interests and Public Welfare. Baden-Baden: Nomos, S. 27–68; Richter, Heiko (2021): Europäisches Datenprivatrecht: Lehren aus dem Kommissionsvorschlag für eine „Verordnung über europäische Daten-Governance“. In: Zeitschrift für Europäisches Privatrecht 29 (3), S. 634–667; Richter, Heiko; Slowinski, Peter R. (2019): The Data Sharing Economy: On the Emergence of New Intermediaries. In: International Review of Intellectual Property and Competition Law 50 (1), S. 4–29. DOI: 10.1007/s40319-018-00777-7; Schütrumpf, Moritz; Person, Christian (2022): Gaia-X: Vernetzte Infrastrukturen für eine europäisch geprägte Datenwirtschaft. In: Recht Digital 2 (7), S. 281–288; Spulber, Daniel F. (1999): Market Microstructure. Cambridge: Cambridge University Press; Steinrötter, Björn (2020): Datenwirtschaftsrecht. In: Louisa Specht-Riemenschneider, Benedikt Buchner, Christian Heinze und Oliver Thomsen (Hrsg./Hg.): Festschrift für Jürgen Taeger. IT-Recht in Wissenschaft und Praxis. 1. Aufl. Frankfurt am Main: Fachmedien Recht und Wirtschaft, S. 491–510; Steinrötter, Björn (2021a): Das „Datenwirtschaftsrecht“ als neues Teilrechtsgebiet im Recht der Daten. In: Zeitschrift für Datenschutz 11 (10), S. 543; Steinrötter, Björn (2021b): Gegenstand und Bausteine eines EU-Datenwirtschaftsrechts. In: Recht Digital 1 (10), S. 480–486; Weiss, Andreas (2022): Gaia-X – Grundlagen für den Aufbau föderierter, digitaler Ökosysteme nach europäischen Regeln. In: Datenschutz und Datensicherheit 46 (4), S. 227–232.

I. Einleitung

In den wirtschafts- und technologiepolitischen Debatten der jüngeren Vergangenheit werden Daten oft als das neue Öl bezeichnet.[1] Auch wenn die Analogie zwischen Daten und Öl Probleme aufweist,[2] unterstreicht dieser Vergleich 1

[1] Zur Begriffsgeschichte des Zitats siehe https://datadrivencompany.de/daten-sind-das-neue-oel-herkunft-des-zitats-und-der-stand-heute/ (abgerufen am 11.6.2024).

[2] Im Gegensatz zu natürlichen Ressourcen wie Öl lassen sich Daten beliebig vervielfältigen und von mehreren Wirtschaftssubjekten simultan nutzen. Hierbei impliziert die Nutzung der Daten durch ein Wirtschaftssubjekt keinen Nutzeneinbußen bei anderen Wirtschaftssubjekten, die die gleichen Daten parallel verwenden. In Anlehnung an die Theorie öffentlicher Güter liegt Nicht-Rivalität im Konsum vor (vgl. Büchel/Engels IW Trends 2023, 107 (108)). Anders als beim Rohstoff Öl führt die Nutzung der Daten auch nicht zu einem Ressourcenverzehr, dh im Wertschöpfungsprozess findet keine Abnutzung bzw. kein Verbrauch der eingesetzten Produktionsfaktoren, also der Daten, statt. Die gleichen Daten können in weiteren Wertschöpfungsprozessen als Inputfaktor genutzt werden (vgl. OECD Data-Driven Innovation 2015, 177 (179 ff.)).

anschaulich die pivotale Rolle, die Daten in den modernen Wissensökonomien des 21. Jahrhunderts zugeschrieben wird. Durch die zunehmende Datafizierung sämtlicher gesellschaftlicher Lebensbereiche, nicht zuletzt auch der im Zuge der vierten industriellen Revolution erfolgenden umfassenden Digitalisierung industrieller Wertschöpfungsprozesse, ist ein exorbitanter Anstieg der verfügbaren Datenmenge festzustellen. Daten sind quasi ubiquitär vorhanden. Dieser Entwicklungstrend dürfte in den kommenden Jahren anhalten, so dass zukünftig mit einer wachsenden Bedeutung datengetriebener Geschäftsmodelle in Wirtschaft und Gesellschaft zu rechnen ist.[3] Daten entstehen entlang der gesamten Wertschöpfungskette einer Unternehmung; ihre gezielte Nutzung bietet erhebliches unternehmerisches Potential. So lassen sich mit Hilfe von Daten bestehende Produktionsprozesse und Produkte optimieren, um Kosten einzusparen und Effizienzgewinne zu realisieren, oder neue datenbasierte Anwendungen und Geschäftsmodelle entwickeln.[4] Daten leisten somit einen Beitrag, um die Produktivität, Entscheidungsprozesse und Innovationstätigkeit von Unternehmen zu verbessern.[5] Aber auch jenseits der Sphäre marktorientierter, privatwirtschaftlicher Unternehmungen kann Datenteilen und Wissensaustausch positive Effekte entfalten. Dies zeigt sich etwa im Wissenschaftssystem oder dem politisch-administrativen Raum, indem die Qualität von Forschungsarbeit erhöht, policy learning und smarte Regulierung induziert, mithin Innovation befördert und die Entscheidungsfindung verbessert wird, was bestenfalls positive gesamtwirtschaftliche Effekte zeitigt. In modernen Volkswirtschaften lassen sich Daten daher als Schmierstoff zahlreicher Wertschöpfungsprozesse auffassen. Sie bilden einen essentiellen Wettbewerbsfaktor, der nicht nur über die Konkurrenzfähigkeit von Unternehmen und Organisationen, sondern auch über Wohl und Wehe ganzer Branchen, Volkswirtschaften und Staaten entscheidet.

1. Stand der Datenökonomie in Deutschland

2 Das große Innovationspotential, das in den ubiquitär vorhandenen, aber dezentral verteilten Datenbeständen schlummert, lässt sich jedoch erst dann vollständig entfalten, wenn eine Organisation nicht nur auf die eigenen Datenbestände zugreift, sondern Daten verschiedenster Organisationen zusammengeführt und kollaborativ ausgewertet werden.[6] Die gemeinsame Nutzung von Daten ermöglicht

[3] Die steigende Relevanz des Themas Datenaustausch verdeutlichen Prognosen der EU-Kommission. Gemäß dieser Prognosen ist zwischen 2018 und 2025 mit einer Verfünffachung des globalen Datenvolumens (von 33 auf 175 Zettabyte) zu rechnen; der Wert der europäischen Datenwirtschaft dürfte sich im gleichen Zeitraum von 301 auf 829 Mrd. EUR fast verdreifachen (vgl. Europäische Kommission, Eine europäische Datenstrategie, 2020).

[4] Büchel/Engels IW Trends 2022, 73ff.; Corrado/Haskel/Iommi/Jona-Lasinio The value of data in digital-based business models 2022; Engels/Goecke, Big Data in Wirtschaft und Wissenschaft, 2019, S. 16ff.

[5] Brynjolfsson/Hitt/Kim, White Paper "Strength in Numbers" 24.4.2011, abrufbar unter https://papers.ssrn.com/sol3/papers.cfm?abstract_id=1819486 (abgerufen am 5.12.2024); Niebel/Rasel/Viete Economics of Innovation and New Technology 2019, 296.

[6] Otto, Digitalgespräch „Was ist Gaia-X?" 8.2.2022, abrufbar unter https://zevedi.de/digitalgespraech-017-boris-otto/ (abgerufen am 5.12.2024); Otto/Burmann Informatik Spektrum 2021, 283.

die Realisierung von Verbundvorteilen und Skaleneffekten.[7] Allerdings stehen einem organisationsübergreifenden Datenaustausch, also dem wechselseitigen Bereitstellen und der gemeinsamen Nutzung von Daten zwischen Organisationen, in der organisationalen Anwendungspraxis vielfältige Hürden technischer, rechtlicher und ökonomischer Natur entgegen. Entsprechend nüchtern fallen Bestandsaufnahmen zum Stand der Datenökonomie in Deutschland aus. So gibt sich in einer aktuellen Bitkom-Umfrage die Mehrzahl der befragten Unternehmen mit Blick auf Data Sharing eher zurückhaltend: wenn Unternehmen überhaupt an Datenaustauschprozessen partizipieren, dann eher als Datenempfänger denn als Datengeber.[8] Das Potential von Daten bleibt häufig ungenutzt; in einer Selbstbetrachtung gibt die Mehrheit der Unternehmen (60%) an, dass sie das Wertschöpfungspotential der ihnen zur Verfügung stehenden Daten kaum oder gar nicht ausschöpfen. Entsprechend verorten sich viele Unternehmen im Hinblick auf datengetriebene Geschäftsmodelle bestenfalls im Mittelfeld (26%), nur die wenigsten sehen sich als Vorreiter (7%); viele stufen sich als Nachzügler (32%) ein oder geben freimütig zu, dass sie den Anschluss verpasst (19%) oder sich noch gar nicht mit dem Thema befasst haben (15%). Folglich tragen datengetriebene Geschäftsmodelle nur begrenzt zum Unternehmenserfolg bei.[9] Diese Befunde überraschen kaum, da sich nur eine Minderheit der Unternehmen als data economy ready, also bereit für die Datenwirtschaft, einstuft, wenngleich große Unterschiede zwischen Branchen und Unternehmen unterschiedlicher Größenordnungen bestehen. Die Datenbewirtschaftung ist in erheblichem Maße ausbaufähig.[10]

2. Regulatorischer Rahmen und dateninfrastrukturelle Kapazitäten als komplementäre Fundamente einer europäischen Datenwirtschaft

Um diesem Zustand, der sich auch in anderen europäischen Staaten beobachten lässt, Abhilfe zu schaffen, haben sich sowohl Berlin als auch Brüssel in ihren (supra-)nationalen Datenstrategien die Stärkung der deutschen bzw. europäischen Datenwirtschaft explizit auf die Fahnen geschrieben.[11] Als notwendige Voraus- 3

[7] OECD Data-Driven Innovation 2015, S. 184–186; Duch-Brown/Martens/Mueller-Lang, The economics of ownership, access and trade in digital data, 2017, S. 8–10; BMJV/MPI Data Access, Consumer Interests and Public Welfare/Martens 2021, 69 (75 ff.).

[8] Die Bereitschaft zur Partizipation an Datenaustauschprozessen hängt von der Unternehmensgröße, dem Stand der Digitalisierung und der Bedeutung von Daten für das eigene Geschäftsmodell ab (vgl. Erdsiek/Rost, Data Sharing von Unternehmen, 2024, S. 11 ff.).

[9] Vgl. Wintergerst, White Paper „Bitkom Data Economy – Wo steht die deutsche Wirtschaft heute?" 11.6.2024, abrufbar unter https://www.bitkom.org/sites/main/files/2024-06/240611Bitkom-ChartsData-Economyfinal.pdf (abgerufen am 5.12.2024).

[10] Unter data economy readiness versteht man die Fähigkeit einer Organisation, eigene Daten effizient zu bewirtschaften, dh Daten digital zu erfassen, zu speichern und automatisiert zu verarbeiten sowie effizient zu managen und auf vielfältige Weise zu nutzen, zB zur Analyse, Dokumentation und Steuerung betrieblicher Prozesse oder zur Prognose von Markt- und Geschäftsentwicklungen (vgl. Büchel/Engels, Branchentrends beim Data Sharing, 1. Aufl. 2022, S. 3–6; Büchel/Engels IW Trends 2022, 73 (75–77)).

[11] Bundesregierung Datenstrategie 2021; Europäische Kommission, Eine europäische Datenstrategie, 2020.

setzung für die Herausbildung einer funktionierenden, vollständig integrierten, europäischen Datenökonomie wird die Schaffung sowohl rechtlicher als auch technischer Rahmenbedingungen angestrebt, um einen fairen und vertrauenswürdigen Datenaustausch über Organisations- und Sektorengrenzen hinweg im Rahmen gemeinsamer europäischer Datenräume[12] zu erleichtern (oder überhaupt erst zu ermöglichen). Rechtspolitisch liegt der Fokus hierbei gegenwärtig auf der Schaffung eines europaweiten, konsistenten Rechtsrahmens zur Entwicklung eines sektorenübergreifenden regulatorischen Ökosystems, um die rechtlichen Hürden, die einem verstärkten Datenaustausch aktuell entgegenstehen, abzubauen und die generelle Verfügbarkeit und Nutzbarkeit von Daten zu erleichtern. Bezeugt wird dies durch die diversen gesetzgebungspolitischen Initiativen der jüngeren Vergangenheit auf EU-Ebene (zu denken wäre an den Data Governance Act[13] – DGA, den Data Act[14] – DA oder die Datenschutzgrundverordnung[15] – DS-GVO). Im Zentrum dieser legislativen Aktivitäten steht die Schaffung wettbewerbspolitisch motivierter Zugangslösungen, also die Erhöhung der Datenportabilität durch Begründung und Gewährleistung umfassender Datenzugangsrechte, dh mehr Nutzern mit berechtigtem Interesse soll Zugang zu den von ihnen generierten Daten eröffnet werden, so dass sie diese Dritten zur weiteren Verwendung überlassen können.[16] Intendiert ist das Aufbrechen faktischer Exklusivitäten und der damit in Zusammenhang stehenden Marktmacht einzelner Monopolisten, um den Boden für die Herausbildung neuer, kompetitiver (Daten-)Märkte zu bereiten, die jenseits der von einzelnen Monopolisten betriebenen Plattformen stehen sollen.[17]

4 Zur Verwirklichung der in der europäischen Datenstrategie dargelegten Vision einer florierenden europäischen Datenökonomie genügen allerdings diese ausschließlich regulatorischen Maßnahmen alleine nicht. Vielmehr ist der sich im Aufbau befindliche regulatorische Rahmen komplementär durch umfassende dateninfrastrukturelle Kapazitäten zu ergänzen. Aktuell sind solche Dateninfrastrukturen als technischer Unterbau des regulatorischen Rahmenwerkes jedoch nicht in ausreichendem Maße in Europa vorhanden, weshalb deren Auf- und

[12] Datenräume können definiert werden als „eine föderierte, offene Infrastruktur für souveränen Datenaustausch, die auf gemeinsamen Vereinbarungen, Regeln und Standards beruht" (vgl. Reiberg/Niebel/Kraemer, Was ist ein Datenraum, 2022, S. 3).

[13] ABl. 2022 L 152, 1.

[14] ABl. 2023 L 2023/2854, 1.

[15] ABl. 2016 L 119, 1.

[16] So besteht das Ziel des Data Acts darin, den Zugang zu (nicht-personenbezogenen) Daten (insbesondere im Falle vernetzter Geräte) zu erleichtern und durch die Schaffung entsprechender Zugangsansprüche die Nutzbarkeit von Daten zu erhöhen. Für personenbezogene Daten hatte bereits die DS-GVO ein Recht auf Datenübertragbarkeit statuiert. Der DGA zielt auf die Erleichterung von Datenaustausch ab, in dem er Mechanismen zur gemeinsamen Datennutzung normiert und diese einheitlichen Vorgaben unterwirft. Zentrales Instrument sind Datenintermediäre (Datenvermittlungsdienste, datenaltruistische Organisationen). Dadurch sollen die Möglichkeiten datenbasierter Wertschöpfung erweitert und datengetriebene Innovationen ermöglicht werden.

[17] Steinrötter RDi 2021, 480 (483 f.); Die aus den datenbezogenen Legislativaktivitäten der EU-Kommission resultierende zunehmende Regelverdichtung kristallisiert sich in der Ausformung eines eigenständigen europäischen Datenwirtschaftsrechts, welches als neues Teilgebiet des Datenrechts das etablierte Datenschutzrecht ergänzt. Im Gegensatz zum traditionellen Datenschutzrecht mit seinem Fokus auf personenbezogene Daten konzentriert sich das Datenwirtschaftsrecht auf nicht-personenbezogene Daten sowie deren Handel- und Nutzbarkeit (vgl. Steinrötter FS Taeger, 2020, 491; Steinrötter ZD 2021, 543; Steinrötter RDi 2021, 480).

Ausbau durch Politik und Wirtschaft forciert werden muss.[18] An dieser Stelle setzt das Projekt Gaia-X an, eine politisch induzierte, mittlerweile aber primär privatwirtschaftlich getragene Initiative zahlreicher Unternehmen, industrienaher Wirtschaftsverbände und Forschungseinrichtungen zum Aufbau einer vernetzen Dateninfrastruktur in Europa als technische Grundlage, um intersektoralen und -organisationalen Datenaustausch zu erleichtern und die kollaborative Nutzung von Daten zu intensivieren. Faktisch lässt sich somit eine Arbeitsteilung zwischen öffentlicher Hand und Privatwirtschaft beobachten: während sich der EU-Gesetzgeber auf die Schaffung eines regulatorischen Rahmenwerks fokussiert, das die Handlungsspielräume neuer Intermediäre (worunter auch die im Entstehen begriffenen Datentreuhänder subsumiert werden) definiert, konzentrieren sich privatwirtschaftliche Akteure auf den Aufbau des technologischen Fundaments der europäischen Datenökonomie, welches den infrastrukturellen Rahmen für Datentreuhandaktivitäten bildet.[19] Dieser informations- und dateninfrastrukturelle Rahmen soll im Folgenden näher ausgeführt werden. Hierzu gliedert sich der Beitrag wie folgt: im zweiten Kapitel werden bestehende Hürden für das Datenteilen rekapituliert. Darauf aufbauend wird erläutert, inwiefern Datenintermediäre/Datentreuhänder[20] einen Beitrag zur Problemlösung leisten können. Anschließend wird der technologische Handlungsrahmen, den Gaia-X für Datentreuhänder aufspannt, beschrieben, bevor abschließend beleuchtet wird, welchen Beitrag Gaia-X zur Umsetzung von Datentreuhändern leisten kann.

II. Probleme der Datenökonomie: Hürden beim Teilen von Daten

Aus volkswirtschaftlicher und gesamtgesellschaftlicher Perspektive verspricht 5
Data Sharing einen hohen Mehrwert, da Daten ihr volles Innovationspotential erst dann entfalten können, wenn sie zwischen Organisationen geteilt und gemeinsam genutzt werden. Trotz der generellen Erwünschtheit des Datenteilens existieren in der Praxis eine Vielzahl technischer, rechtlicher, organisatorischer und ökonomischer Hindernisse, die die Bereitschaft von Organisationen zur Partizipation an Data Sharing schwächen.

1. Unzureichendes Kosten-Nutzen-Kalkül: vom Fehlen datenbasierter Geschäftsmodellideen bis zur Sorge um die eigene Wettbewerbssituation

Grundsätzlich werden Organisationen, einem Kosten-Nutzen-Kalkül folgend, 6
nur dann bereit sein, an Datenaustauschprozessen teilzunehmen, wenn sie hierin

[18] Europäische Kommission, Eine europäische Datenstrategie, 2020.
[19] Schütrumpf/Person RDi 2022, 281 (281 f.).
[20] Im Folgenden werden die Begriffe Datenintermediär und Datentreuhänder als Synonyme verwendet.

einen Mehrwert sehen und eine angemessene Rendite auf ihre datenbezogenen Investitionen erwarten, mithin der Nutzen den Aufwand übersteigt.[21] Faktisch besteht in vielen Unternehmen derzeit Unklarheit, wie das eigene Geschäftsmodell zu Data Sharing passt und wie sich konkret Nutzen aus dem Datenteilen ziehen lässt; eine wirtschaftliche Notwendigkeit zum Datenteilen, die den damit verbundenen Aufwand rechtfertigt, wird kaum gesehen. Das Fehlen eines geeigneten, datenbasierten Geschäftsmodells (inklusive einer Strategie zum Datenteilen) wird komplementiert durch ein fehlendes Mindset von Geschäftsleitungen und Belegschaften bezüglich der Relevanz datenbasierter Wertschöpfung sowie unklarer Zuständigkeiten und Verantwortlichkeiten.[22]

7 Da Organisationen, insbesondere Unternehmen, in einem Wettbewerb miteinander stehen, sind sie zudem aus strategischen Erwägungen oftmals zurückhaltend, ihre Daten zu teilen, da sie sich um ihre Wettbewerbsposition sorgen und den Verlust kompetitiver Vorteile, die sie aus der exklusiven Nutzung ihrer Daten ziehen, oder von Geschäftsgeheimnissen befürchten.[23] Denn wenn Datenempfänger die Daten für gleiche Zwecke auswerten wie die Datengeber, schmälert sich ggf. der wirtschaftliche Wert der Daten durch die Mehrfachnutzung; werden die Daten durch den Datenempfänger für andere Zwecke genutzt, kann dem ursprünglichen Datengeber ein innovativerer Wettbewerber erwachsen. Im Kontext vernetzter Produkte besteht zudem die Furcht, dass Konkurrenten mit Hilfe der Daten via reverse engineering Erkenntnisse über Aufbau und Funktionsweise der datensammelnden Geräte erhalten und diese kopieren oder verbesserte Konkurrenzprodukte entwerfen könnten, so dass Datengeber nicht ausschließen können, dass der Datenaustausch ihnen letztlich schadet.[24] Die Angst vor kreativer Zerstörung hält somit Unternehmen vom Datenteilen ab.[25]

2. Zur Rolle von Informationsasymmetrien auf Datenmärkten

8 Selbst wenn Organisationen grundsätzlich bereit sind, am Datenteilen mitzuwirken, sind sie mit erheblichen Informationsasymmetrien[26] und Transaktionskosten konfrontiert, welche die Durchführung an sich wünschenswerter Transaktionen erschweren.[27] Mit Blick auf Informationsasymmetrien lässt sich zwischen ex-ante- und ex-post-Informationsasymmetrien differenzieren. Unter ex-ante-Informationsasymmetrien versteht man die asymmetrische Verteilung entscheidungsrelevanter Informationen zwischen potentiellen Vertragspartnern

---

[21] Ditfurth Datenmärkte S. 44.

[22] Büchel/Engels, Branchentrends beim Data Sharing, 1. Aufl. 2022, S. 11–13; Büchel/Engels IW Trends 2022, 73 (85).

[23] Büchel/Engels IW Trends 2022, 73 (80); Europäische Kommission, Eine europäische Datenstrategie, 2020, S. 8 f.; Europäische Kommission, Impact Assessment Report zum Data Governance Act, 2020, S. 11.

[24] Ditfurth Datenmärkte S. 45.

[25] Jones/Tonetti American Economic Review 2020, 2819 (2820).

[26] Als Informationsasymmetrie wird ein Zustand beschrieben, in dem mehrere Vertragsparteien nicht über einen identischen entscheidungsrelevanten Informationsstand verfügen. Informationen sind zwischen den Parteien ungleich verteilt.

[27] Ditfurth/Lienemann Competition and Regulation in Network Industries 2022, 270 (273); Hennemann/Ditfurth NJW 2022, 1905 (1906).

vor Vertragsschluss. Diese ermöglichen dem Anbieter eines Produkts opportunistisches Verhalten, indem er seinen Informationsvorsprung zum Nachteil des Nachfragers ausnutzt. Auch nach Vertragsschluss bestehen (ex-post-)Informationsasymmetrien, die opportunistisches Verhalten erlauben: da sich die Handlungen des Vertragspartners nach Vertragsschluss nur unzureichend beobachten lassen (hidden actions), haben Vertragspartner Anreize, die Unwissenheit der Gegenpartei zum eigenen Vorteil auszunutzen und gegen vertragliche Regelungen zu verstoßen.[28] Beide Arten von Informationsasymmetrien erschweren die Durchführung effizienter Transaktionen. Im Falle von Märkten für Informationen lässt sich die Existenz von Informationsasymmetrien auf das Informationsparadoxon zurückführen: Um entscheiden zu können, ob man eine Information kaufen möchte und zu welchem Preis, muss ein Nachfrager die Information vor der Kaufentscheidung einsehen können, um deren Qualität prüfen und ihren Wert bemessen zu können. Durch die hierzu erforderliche Offenlegung der Information erhält der Interessent jedoch bereits den Handelsgegenstand, den er begehrt, so dass er nicht mehr an einem Kauf interessiert ist.[29]

a) Ex-ante-Informationsasymmetrien zu Lasten des Datennutzers

Bezieht man die Ausführungen auf Datenmärkte, sind datenbezogene Transaktionen mit erheblichen Hemmnissen verknüpft. Vor dem Vertragsschluss stellt sich für Datennutzer die Schwierigkeit, relevante Datenquellen und -halter zu identifizieren.[30] Da Daten zudem keine standardisierten, homogenen Güter sind, sondern sich durch hohe Heterogenität auszeichnen, verfügen Interessenten nur über unzureichende Informationen bezüglich Inhalt und Qualität der nachgefragten Daten. Als Erfahrungsgüter lassen sich Eigenschaften und Qualität von Daten nicht ex ante bemessen, sondern erst ex post nach deren Erwerb und Verwendung bestimmen.[31] Interessenten müssen somit den Angaben des Datenhalters vertrauen. Letztere können ihren Wissensvorsprung zu ihrem eigenen Vorteil ausnutzen und Interessenten über Umfang und Qualität ihrer Daten täuschen. Aus Sicht des Nachfragers resultiert daraus die Gefahr nachteiliger Verträge, was den Anreiz zur Teilnahme an Datentransaktionen senkt.[32] Da für Daten das Informationsparadoxon anwendbar ist, lässt sich dieses Problem nicht ohne Weiteres lösen, allenfalls abmildern. Beispielsweise könnte dem Interessenten eine Stichprobe der Daten zur Verfügung gestellt oder Zugang zu den Daten im Rahmen einer Daten-Sandbox, einem geschlossenen physischen oder virtuellen Raum, indem die Daten zwar inspiziert, aber nicht exportiert werden können, bereitgestellt werden.[33] Beide Maßnahmen erhöhen jedoch die Transaktionskosten. 9

[28] Ditfurth Datenmärkte S. 101–103.
[29] NBER The Rate and Direction of Inventive Activity/Arrow 1962, 609 (614–616); Duch-Brown/Martens/Mueller-Lang, The economics of ownership, access and trade in digital data, 2017, S. 36.
[30] Europäische Kommission, Impact Assessment Report zum Data Governance Act, 2020, S. 15 f.
[31] Koutroumpis/Leiponen/Thomas Industrial and Corporate Change 2020, 645 (646).
[32] Ditfurth Datenmärkte S. 104 f.
[33] Reimsbach-Kounatze, Christian (2021): Enhancing access to and sharing of data: Striking the balance between openness and control over data. In: BMJV und MPI (Hg.): Data Access, Consumer Interests and Public Welfare. Baden-Baden: Nomos, S. 27–68.

b) Ex-post-Informationsasymmetrien zu Lasten des Datengebers

10 Ab dem Vertragsschluss und der Bereitstellung des Datenzugriffs verschieben sich die Informationsasymmetrien zu Lasten des Datengebers. Sobald Daten den eigenen Herrschaftsbereich verlassen, lässt sich nur bedingt überwachen, ob eine vertragskonforme Datennutzung erfolgt. Auch eine unbefugte Dissemination an Dritte, ohne Erlaubnis des ursprünglichen Datengebers und Entrichtung eines Entgeltes, ggf. in Verbindung mit einer zweckwidrigen Verwendung der Daten, die den Interessen des Datengebers zuwiderlaufen, lässt sich kaum kontrollieren. Die Sorge vor dem Kontrollverlust, der mit dem Datenteilen einhergeht, treibt die Datengeber um und mindert ihre Anreize zur Durchführung von Datentransaktionen, sofern kein gefestigtes Vertrauensverhältnis zu ihren Vertragspartnern besteht und/oder keine Überprüfungsmechanismen zur Unterbindung opportunistischen Verhaltens existieren.[34] Zwar lassen sich diese Sorgen durch den Aufbau einer Vertrauensbeziehung eingrenzen. Allerdings bedarf es hierzu eines beachtlichen Zeit-/Kostenaufwands. Zudem wird mit wachsender Teilnehmerzahl der Vertrauensaufbau unpraktikabel.[35] Weiterhin lassen sich diese Risiken durch technische Mechanismen mitigieren, zB durch einen kontrollierten Datenaustausch via Programmierschnittstellen, die festlegen, wer wie häufig und zu welchem Zweck auf Daten zugreifen darf, oder durch Monitoringprozesse, die protokollieren, wie häufig auf welche Datenbestände zugegriffen wird; verhindern lässt sich eine zweckwidrige Datenverwendung dadurch jedoch nicht. Ein höheres Schutzniveau bieten Daten-Sandboxen, die einen geschützten Rahmen bieten, innerhalb dessen sensible Daten zugänglich gemacht und analysiert werden können. Auf diese Weise wird zwar ein Abfluss der Rohdaten unterbunden; ohne weitere Sicherungsmaßnahmen kann jedoch nicht verhindert werden, dass aus dem Datenbestand wirtschaftlich interessante Informationen extrahiert und vertragswidrig mit Dritten geteilt werden. Da Daten-Sandboxen zudem technisch voraussetzungsvoll sind, erhöhen sie die Transaktionskosten des Datenaustauschs.[36] Alles in allem lassen sich die mit Datentransaktionen einhergehenden Informationsasymmetrien zwar bis zu einem gewissen Grad abmildern, eine vollständige Überwindung ist jedoch kaum möglich, da dies eine lückenlose Überwachung der Vertragseinhaltung erfordern würde. Zudem bewirken sämtliche, auf den Abbau von Informationsasymmetrien abzielenden Maßnahmen höhere Transaktionskosten.[37]

[34] Reimsbach-Kounatze, Christian (2021): Enhancing access to and sharing of data: Striking the balance between openness and control over data. In: BMJV und MPI (Hg.): Data Access, Consumer Interests and Public Welfare. Baden-Baden: Nomos, S. 27–68.

[35] Duch-Brown/Martens/Mueller-Lang, The economics of ownership, access and trade in digital data, 2017, S. 37; Ditfurth Datenmärkte S. 106 f.

[36] Reimsbach-Kounatze, Christian (2021): Enhancing access to and sharing of data: Striking the balance between openness and control over data. In: BMJV und MPI (Hg.): Data Access, Consumer Interests and Public Welfare. Baden-Baden: Nomos, S. 27–68.

[37] Ditfurth Datenmärkte S. 106–108.

3. Transaktionskosten als Hindernis für Datenaustauschprozesse

Neben Informationsasymmetrien stellen Transaktionskosten einen Hemmschuh für Datenaustauschprozesse dar, denn Datenmärkte zeichnen sich durch hohe Transaktionskosten aus.[38] Transaktionskosten sind alle Kosten, die bei Anbahnung und Durchführung von Transaktionen entstehen und das Zustandekommen effizienter Transaktionen erschweren. Sind die Transaktionskosten zu hoch in Relation zum erwarteten Mehrwert, kommt ein beiderseitig vorteilhaftes Austauschverhältnis nicht zustande, was eine ineffiziente Ressourcenallokation bedingt.[39] Transaktionskosten lassen sich differenzieren in a) Kosten für die Suche nach Vertragspartnern und für die Anbahnung des Vertrags (Suchkosten), b) Kosten für die Aushandlung und das Aufsetzen des Vertrags (Vertragsabschlusskosten), und c) Kosten für die (technische/logistische) Durchführung einer Transaktion, die Überwachung der Vertragserfüllung und die Durchsetzung der Verträge (Vertragsdurchführungskosten).[40] 11

a) Kosten für die Anbahnung des Vertrages

Im Hinblick auf die Suchkosten besteht auf Datenmärkten die Schwierigkeit, geeignete Vertragspartner zu identifizieren, die über die inhaltlich erforderlichen Datenbestände in der gewünschten Qualität verfügen. Auch die Prüfung und Sicherstellung der Datenqualität ist mit hohem Aufwand verbunden. Suchkosten stellen daher ein großes Hindernis für das Datenteilen dar.[41] 12

b) Kosten der Vertragsgestaltung

Mit Blick auf die Vertragsabschlusskosten sind ua Schwierigkeiten bei der Preisfindung zu nennen. Die Wertbestimmung von Daten ist keine triviale Aufgabe, da sich in vielen Fällen keine stabilen Marktpreise herausgebildet haben. Unternehmen fällt es schwer, Wert und Nutzen der eigenen Daten für andere Unternehmen zu bemessen und einen adäquaten Preis zu ermitteln.[42] Es besteht eine hohe Unsicherheit über den fairen Wert von Daten.[43] Ursächlich hierfür ist einerseits die Heterogenität des Gutes „Daten" (bezüglich Qualität, Verwendungsmöglichkeiten), andererseits die Kontextabhängigkeit der Wertzuschreibung. Die individuelle Zahlungsbereitschaft von Datennachfragern für bestimmte Datenbestände hängt wesentlich vom erwarteten Mehrwert der Daten für die eigenen Geschäftsaktivitäten ab, der sich aus der angedachten Verwendungsabsicht ergibt, aber auch aus den eigenen Datenbeständen und Analysefähigkeiten resultiert, also von indivi- 13

[38] Europäische Kommission, Impact Assessment Report zum Data Governance Act, 2020, S. 11.
[39] Coase JLE 1960, 1 (15 ff.).
[40] Dahlman JLE 1979, 141 (147 f.); Ditfurth Datenmärkte S. 109 f.
[41] Europäische Kommission, Impact Assessment Report zum Data Governance Act, 2020, S. 15 f.
[42] Büchel/Engels IW Trends 2022, 73 (85).
[43] Mögliche Bewertungsmaßstäbe sind die Kosten der Datenbereitstellung, der potentielle Nutzen beim Empfänger, die Marktpreise vergleichbarer Datensätze, die Exklusivität der Daten, gesetzliche Regelungen oder Erfahrungswerte (vgl. Büchel/Rusche IW Trends 2023, 107 (112 f.)).

duellen Umständen und Voraussetzungen des Datenerwerbers abhängt.[44] Aufgrund der Unsicherheit, welchen Wert Transaktionspartner den Daten zumessen, zeigt sich in einer spieltheoretischen Modellierung, dass Datennachfrager eher zu niedrige, Datenanbieter zu hohe Preise festsetzen, so dass Transaktionen aufgrund divergierender Preisvorstellungen häufig nicht zustande kommen, auch wenn sie volkswirtschaftlich sinnvoll wären.[45]

14 Ebenfalls zu den Vertragsabschlusskosten gehört der Aufwand für die Vertragsgestaltung; die rechtssichere Handhabung von Datensätzen ist nicht trivial. Vielfach wird der rechtliche Rahmen für das Datenteilen als intransparent und unzureichend wahrgenommen; es besteht erhebliche Unsicherheit über den rechtlichen Schutzumfang von Daten.[46] Oft ist unklar, wer bestimmte Datentypen unter welchen Voraussetzungen für welche Zwecke nutzen darf. Diese Unklarheit bezüglich der Nutzungsrechte zeigte sich zB bei nutzergenerierten Daten im Falle vernetzter Produkte, auch wenn der Data Act diesbezüglich Klarheit schaffen soll.[47] Als Hemmschuh für ein intensiveres Data Sharing werden va datenschutz-, wettbewerbs- und kartellrechtliche Bedenken sowie die Sicherstellung des Geschäftsgeheimnisschutzes benannt.[48] Insbesondere die DS-GVO schwebt wie ein Damoklesschwert über sämtlichen Bemühungen des Datenteilens, wie eine Bitkom-Umfrage verdeutlicht: 58 % der Unternehmen geben an, dass der Datenschutz einen Austausch von Daten nicht erlaube; 44 % konzedieren Unsicherheit, ob Datenteilen rechtlich möglich sei. Mehr als die Hälfte der Befragten ist der Ansicht, dass strenge Datenschutzregeln innovative datengetriebene Geschäftsmodelle verhindern und sich Deutschland dadurch wirtschaftliche Chancen verbaue.[49] Die Überprüfung der Einschlägigkeit und der Einhaltung regulatorischer Vorgaben verursacht somit erhebliche Transaktionskosten. Hinzu treten Kosten der Vertragsaufsetzung. So ist zu klären, welche Rechte in welchem Umfang an bestimmten Daten vorliegen. Aufgrund des Fehlens eines rechtlichen Leitbildes (Datenlizenzverträge sind ein gesetzlich weitgehend ungeregelter Vertragstyp) bestehen zwar große Verhandlungsspielräume; die mit der Individualisierung des Vertragsrahmens einhergehenden vielfältigen Gestaltungsoptionen für Datenverträge bedingen jedoch erheblichen Aufwand, da eine Vielzahl rechtlicher Eventualitäten mittels individueller Vereinbarungen zu regeln sind, für die sich aber noch keine etablierte Vertragspraxis herausgebildet hat.[50]

---

[44] Ditfurth Datenmärkte S. 112–114.

[45] Büchel/Rusche, Theoretische Auswirkungen von Unsicherheit bei der Bewertung von Daten, 1. Aufl. 2023, S. 14.

[46] Für eine Diskussion des rechtlichen Schutzumfangs von Unternehmensdaten, vgl. Ditfurth Datenmärkte S. 48 ff.

[47] Europäische Kommission, Eine europäische Datenstrategie, 2020, S. 8 f.

[48] Büchel/Engels, Branchentrends beim Data Sharing, 1. Aufl. 2022, S. 11 ff.; Büchel/Engels IW Trends 2022, 73 (84). Eine Diskussion des rechtlichen Rahmens, insbesondere der datenschutz-, wettbewerbs- und AGB-rechtlichen Risiken und Grenzen des Datenteilens bietet Ditfurth Datenmärkte S. 67 ff.

[49] Vgl. Wintergerst, White Paper „Bitkom Data Economy – Wo steht die deutsche Wirtschaft heute?“ 11.6.2024, abrufbar unter https://www.bitkom.org/sites/main/files/2024-06/240611Bitkom-ChartsData-Economyfinal.pdf (abgerufen am 5.12.2024).

[50] Ditfurth Datenmärkte S. 114 f.; Hennemann/Ditfurth NJW 2022, 1905 (1906).

c) Kosten für die Durchsetzung des Vertrags

Bei den Vertragsdurchführungskosten sind die Kosten der technischen Durchführung einer Datentransaktion zu erwähnen. Schon das bloße Einräumen eines Datenzugangs bzw. die Datenübertragung ist mit Aufwand verbunden, wobei dieser je nach Komplexität des Bereitstellungs- und Übertragungsmechanismus variiert.[51] Hinzu treten Kosten für die Herstellung von Dateninteroperabilität auf syntaktischer und semantischer Ebene, um die Nutzung identischer Datenbestände durch unterschiedliche IT-Systeme zu ermöglichen, denn das Interesse an einem Datenerwerb setzt voraus, dass man die Daten auch tatsächlich nutzen kann. Aktuell wird eine gemeinsame Datennutzung durch unterschiedliche Datenmodelle, -schemata und -standards sowie dem Fehlen einheitlicher Datenontologien und -austauschschnittstellen erschwert, insbesondere, wenn Daten aus unterschiedlichen Quellen kombiniert werden sollen. Aufgrund der fehlenden Harmonisierung diverser technischer Spezifika müssen am Datenaustausch beteiligte Parteien erhebliche Ressourcen aufwenden, um Interoperabilität herzustellen.[52] Auch wenn eine Einigung auf einheitliche Standards langwierig und aufwändig ist, wäre eine stärkere Standardisierung von Daten wünschenswert, da sie eine unerlässliche Vorrausetzung für einen funktionierenden Datenaustausch darstellt.[53] Weitere Kosten ergeben sich aus dem Bemühen, die Einhaltung von Vertragsbestimmungen zu überwachen. Die Weitergabe von Daten impliziert einen faktischen Verlust der Datenkontrolle und bedingt erhebliche ex-post-Informationsasymmetrien. Da sich eine vertragskonforme Verwendung bereitgestellter Daten nicht ohne Weiteres sicherstellen lässt, ist auf Seiten des Datengebers mit opportunistischem Verhalten zu rechnen, was die Anreize zur Durchführung von Datentransaktionen schmälert.[54] Zwar lässt sich dieses Risiko durch technische Maßnahmen (zB Daten-Sandboxen) abmildern, allerdings sind diese nicht für alle Zwecke geeignet und mit erheblichen Kosten verbunden. Selbst wenn ein Vertragsbruch nachgewiesen wird, bestehen nur begrenzte Möglichkeiten, den Zustand vor dem Vertragsbruch wiederherzustellen. Zwar lässt sich ggf. Schadenersatz geltend machen, die Bezifferung der Schadenshöhe ist jedoch nicht trivial.[55] Insbesondere das mangelnde Vertrauen in die vertragskonforme Verwendung bereitgestellter Daten, die Furcht vor missbräuchlicher Datennutzung, wird als zentraler Hemmschuh für das Datenteilen benannt.[56] 15

---

[51] Reimsbach-Kounatze, Christian (2021): Enhancing access to and sharing of data: Striking the balance between openness and control over data. In: BMJV und MPI (Hg.): Data Access, Consumer Interests and Public Welfare. Baden-Baden: Nomos, S. 7–68.

[52] Europäische Kommission, Impact Assessment Report zum Data Governance Act, 2020, S. 15; OECD, Enhancing Access to and Sharing of Data, 2019, S. 92 f.; OECD, Data-Driven Innovation, 2015, S. 192 f.; Ditfurth Datenmärkte S. 118–120.

[53] Vgl. Büchel/Engels IW Trends 2022, 73 (86). Als weitere Hürden für das Datenteilen werden in einzelnen Branchen auch fehlende technische Kenntnisse der Beschäftigten und eine begrenzte Skalierbarkeit der technischen Infrastruktur benannt (vgl. Büchel/Engels, Branchentrends beim Data Sharing, 1. Aufl. 2022, S. 13).

[54] OECD, Enhancing Access to and Sharing of Data, 2019, S. 83.

[55] Ditfurth Datenmärkte S. 120–122.

[56] Büchel/Engels, Branchentrends beim Data Sharing, 1. Aufl. 2022, S. 11–14; Europäische Kommission, Eine europäische Datenstrategie, 2020, S. 8 f.

4. Marktmacht als Folge exklusiver Verfügungsgewalt über Daten

16 Auch die große Marktmacht einzelner Datenhalter, die eine exklusive Verfügungsgewalt über spezifische, nicht-reproduzierbare Daten innehaben, kann das Datenteilen ausbremsen, sofern sie keinen Datenzugang gewähren, diesen an nachteilige Konditionen knüpfen oder überhöhte Preise verlangen. Dies gilt insbesondere, wenn sich die Daten nicht durch andere Daten substituieren oder auf alternativem Wege erheben lassen, mithin die Exklusivität des Informationsgehalts hoch ist. So verfügen beispielsweise die Hersteller vernetzter Geräte über eine Gatekeeper-Stellung und haben bis dato erfolgreich verhindert, dass Gerätenutzer auf die von ihnen generierten Daten zugreifen und diese an Dritte weitergeben können. Abhilfe soll diesbezüglich der von der EU jüngst erlassene Data Act schaffen.[57]

III. Neue Intermediäre/Datentreuhänder als Beitrag zur Problemlösung

17 Wie gezeigt existieren zahlreiche Hürden, die dem Datenteilen entgegenstehen und die Herausbildung einer florierenden Datenökonomie verhindern. Vor diesem Hintergrund wird in Wissenschaft und Praxis zunehmend diskutiert, inwieweit Datenintermediäre zur Lösung dieser Probleme beitragen können. Datentreuhänder gelten als Schlüssel, um das Datenteilen zu intensivieren und Datenmärkte jenseits einer von Machtasymmetrien und Datenmonopolen geprägten Plattformökonomie zu schaffen.[58] Parallel hierzu schuf die EU mit dem DGA ein regulatorisches Rahmenwerk, das die Schaffung neuer Intermediäre (Datenvermittlungsdienste, datenaltruistische Organisationen) als neutrale Mittlerinstanz für Datenmärkte erleichtern und letzteren spürbare Wachstumsimpulse geben soll.[59] Ob der DGA die hohen Erwartungen, die in ihn gesetzt werden, erfüllen kann, muss die Zukunft erweisen.[60]

1. Zum Begriff des Intermediärs

18 Allgemein betrachtet handelt es sich bei Intermediären um Vermittlungsinstanzen auf Märkten, die als Dritte zwischen zwei oder mehr Parteien vermitteln

---

[57] Europäische Kommission, Eine europäische Datenstrategie, 2020, S. 9 f.; Ditfurth Datenmärkte S. 123–130.

[58] Einen Überblick über den datenpolitischen Diskurs bietet der Beitrag von Gehring et al. in diesem Band (→ § 2).

[59] Zu den Anforderungen des DGA im Einzelnen vgl. Ditfurth Datenmärkte S. 187 ff.; zu den rechtlichen Implikationen des DGA für Datentreuhänder vgl. auch den Beitrag von Jetzen und Villablanca in diesem Band (→ § 9).

[60] Für eine kritische Einschätzung vgl. Hennemann/Ditfurth NJW 2022, 1905 (1910); Ditfurth/Lienemann Competition and Regulation in Network Industries 2022, 270 (287–292); Ditfurth Datenmärkte S. 558 ff.

und diese bei der Initiierung und Durchführung von Transaktionen unterstützen. Als Instrument zum Abbau von Informationsasymmetrien und zur Reduktion von Transaktionskosten erhöhen sie die Effizienz von Märkten.[61] Grundlegend lassen sich zwei Varianten unterscheiden: 1) Händler und 2) zwei- oder mehrseitige Plattformen. Händler sind Akteure, die Waren aufkaufen und an Dritte verkaufen. Plattformen sind Akteure, die verschiedene Nutzergruppen (zB Anbieter und Nachfrager) zusammenbringen, um Transaktionen durchzuführen.[62] Plattformen weisen zwei essentielle Eigenschaften auf. Erstens ermöglichen sie die direkte Interaktion von mindestens zwei Nutzern/Nutzergruppen, wobei die Entscheidung über Kernbedingungen und -inhalte der Interaktionen ihnen obliegt und nicht durch die Plattform bestimmt wird. Zweitens müssen Nutzer der Plattform zugehörig sein, dh plattformbezogene Investitionen erbringen (zB Durchlaufen eines Registrierungsprozesses), um auf dieser agieren zu können.[63] Digitale Plattformen zeichnen sich durch zwei Besonderheiten aus. Erstens sind sie durch steigende Skalenerträge geprägt: aufgrund hoher Fixkosten, aber geringer variabler Kosten steigen die Gesamtkosten mit zunehmender Nutzerzahl nur unterproportional an.[64] Zweitens zeichnen sie sich durch positive Netzwerkeffekte aus: je mehr Nutzer auf einer Plattform interagieren, desto größer der aus der Plattformnutzung resultierende Mehrwert für einzelne Nutzer.[65]

2. Funktionen von Intermediären

Im Kern werden Intermediären drei Funktionen zugeschrieben. Da sie durch die Abwicklung zahlreicher Transaktionen über eine profunde Marktkenntnis verfügen, können sie dieses Wissen nutzen, um Marktteilnehmer gegenseitig zu vermitteln. Sie helfen Marktteilnehmern dabei, passende Anbieter/Nachfrager zu finden, wodurch sich deren Suchkosten reduzieren (Matchmaking-Funktion). Des Weiteren nehmen sie Koordinierungs-, Informations- und Unterstützungsfunktionen wahr, indem sie Marktteilnehmer bei der Anbahnung und Durchführung von Transaktionen unterstützen. Hierzu gehören die zentralisierte Sammlung und gebündelte Bereitstellung marktrelevanter Informationen, die Dokumentation von Transaktionen oder die Abwicklung von Zahlungen (Unterstützungsfunktion). Darüber hinaus nutzen sie ihre zentrale Stellung, um Vertrauen zwischen Marktteilnehmern herzustellen, indem sie Informationsasymmetrien abbauen und opportunistisches Verhalten verhindern (Vertrauensfunktion). So können sie vor Vertragsschluss Expertise bereitstellen, um Informationsdefizite abzubauen, oder vertrauensstiftende Maßnahmen implementieren (zB Prüfung von Teilnehmern auf Seriosität, Bereitstellung von Bewertungssystemen). Nach dem Vertragsschluss helfen sie bei der Überwachung der Vertragseinhaltung, wobei sich durch die Beteiligung an vielen Transaktionen Skalenvorteile realisieren lassen. Außerdem beschränken sie das Angebot ihrer Services auf Nutzer, die sich langfristig als 19

[61] Spulber, Market Microstructure, 1. Aufl. 1999, S. 3; Evans Platform Economics/Schmalensee, 2011, 2 (2 ff.).
[62] Hagiu Review of Network Economics 2007, 115 (115 f.).
[63] Hagiu/Wright International Journal of Industrial Organization 2015, 162 (163).
[64] Evans Platform Economics/Schmalensee, 2011, 2 (15 f.).
[65] Alt/Zimmermann Electronic Markets 2019, 143 (145); Ditfurth Datenmärkte S. 140–142.

vertragstreu erwiesen haben; die bloße Furcht vor einem Ausschluss soll Vertragsverletzungen verhindern.[66]

a) Datenintermediäre als Match-Maker

20 Legt man den Fokus auf die besondere Form des *Daten*intermediärs, zB Datentreuhänder, so bieten diese eine Vielzahl von Leistungen an, die spezifische Probleme des Datenteilens adressieren. Im Rahmen ihrer Matchmaking-Funktion unterstützen sie Anbieter und Nachfrager dabei, passende Vertragspartner für Datentransaktionen zu identifizieren. Sie verbessern die Auffindbarkeit von Daten, indem sie das existierende Datenangebot zentralisieren und katalogisieren, dh viele Datenanbieter auf einem Marktplatz zentral versammeln und die vorhandenen Datenbestände nach Kategorien sortieren, auflisten und indexieren. Außerdem können sie Datennachfrager bei der Feststellung der Datenqualität unterstützen, indem sie Datenanbieter auf deren Seriosität prüfen, ein Bewertungssystem für diese anbieten, Metadaten für die vorhandenen Datenbestände bereitstellen oder eine Inspektion der Datensätze durch Stichproben oder im Rahmen einer Datensandbox ermöglichen. Dadurch lassen sich vorvertragliche Informationsasymmetrien abbauen und Suchkosten für Datennachfrager reduzieren, wodurch die Wahrscheinlichkeit steigt, passende Angebote und Transaktionspartner zu finden.[67]

b) Datenintermediäre als Enabler von Datentransaktionen

21 Im Hinblick auf ihre Unterstützungsfunktion sind Datenintermediäre bei der Anbahnung und Durchführung von Datentransaktionen behilflich. Hierzu gehört die Bereitstellung von Instrumenten zur Kommunikation und zum Abwickeln von Verhandlungen zwischen potentiellen Vertragspartnern, Unterstützung bei der Preisfindung und der Zahlungsabwicklung sowie die Dokumentation und Zertifizierung der Datentransaktion. Des Weiteren können sie Hilfestellung bei Rechtsfragen leisten und den rechtlichen Gestaltungsaufwand bei der Vertragserstellung reduzieren, indem sie ihren Nutzern Standardklauseln und Musterverträge für Datentransaktionen überlassen. Darüber hinaus sind auch verschiedenste technische Unterstützungshandlungen denkbar, zB die Bereitstellung von Serverkapazitäten, Anwendungsprogrammierschnittstellen (API) oder Konnektoren, um den Datenaustausch abzuwickeln, oder das Angebot datenbezogener Dienstleistungen (Anonymisierung/Pseudonymisierung der Daten, Transformation der Daten in ein gewünschtes Datenmodell/-format, Schaffung von Interoperabilität), um die Datennutzung zu erleichtern. Eine Unterstützung bei der Aufbereitung und Auswertung der Daten oder die Durchführung von Analysen im Auftrag der Nutzer können das Serviceangebot komplettieren.[68] Alles in allem schaffen Datentreuhänder Standardisierungs- und Professionalisierungsvorteile, da sie sowohl Expertise als auch einen festen rechtlichen und technischen Rahmen in standardisierter, idealerweise automatisierter, Form bereitstellen, um die Durchführung

---

[66] Bailey/Bakos International Journal of Electronic Commerce 1997, 7 (8ff.); Ditfurth Datenmärkte S. 137–139.
[67] Hennemann/Ditfurth NJW 2022, 1905 (1906f.); Ditfurth Datenmärkte S. 147–149; Richter ZEuP 2021, 634 (643); Buchheim/Augsberg/Gehring JZ 2022, 1139 (1145).
[68] Ditfurth Datenmärkte S. 149f.; Richter/Slowinski IIC 2019, 4 (15).

von Datentransaktionen zu erleichtern. Die Nutzer müssen nicht jedes Mal aufs Neue die technischen und rechtlichen Voraussetzungen für die Durchführung einer Datentransaktion (zB Spezifikation zulässiger Datennutzer/-nutzung; Schaffung sicherer IT-Rahmenbedingungen; Abschirmung gegen Missbrauchsversuche) schaffen, was die Transaktionskosten spürbar senkt.[69]

c) Datenintermediäre als Vertrauensanker

Abschließend ist auf die Vertrauensfunktion zu verweisen. Die Herstellung von wechselseitigem Vertrauen als Kooperationsbasis ist eine der Kernaufgaben eines Datenintermediärs. Seine zentrale Stellung bei der Anbahnung/Abwicklung von Datentransaktionen und seine Kontinuität implizieren ein vertrauensstiftendes Element, denn wer den Datenintermediär dauerhaft nutzen möchte, verfügt über Anreize für vertragskonformes Verhalten. Des Weiteren ergreifen Datenintermediäre Maßnahmen zur Unterbindung von Fehlverhalten und Sicherstellung der Vertrauenswürdigkeit aller Teilnehmenden. Hierzu gehört die aktive Auswahl, Akquise und Pflege des eigenen Kundenstamms, die Verifikation der Identität der Teilnehmenden, die Überprüfung ihrer Seriosität und generellen Tauglichkeit, die Einhaltung von Zertifizierungserfordernissen und die Bereitstellung von Bewertungssystemen bzw. eines Ex-post-Beschwerdemanagements sowie ggf. institutionalisierte Streitbeilegungsmechanismen, wodurch unzuverlässige Akteure identifiziert, im Sinne eines blaming and shaming markiert und als ultima ratio von der Nutzung des Intermediärs ausgeschlossen werden können, entweder bereits beim Registrierungsprozess oder im laufenden Betrieb.[70] Um nachvertragliches Fehlverhalten zu unterbinden und sicherzustellen, dass sich die Datennutzung wie auch die Verwendung der Analyseergebnisse im a priori vereinbarten Rahmen bewegt, setzen Datentreuhänder neben vertraglichen Regelungen und Kontrollprozeduren auch auf technische Sicherungsmaßnahmen, zB die Kontrolle der Datennutzung durch API oder die Protokollierung von Datenzugriffen und -verarbeitungen sowie Compliance-sichernde Prüfpflichten. Auch eine Überprüfung durch den Datentreuhänder, ob die wechselseitigen Spezifikationen für die Teilnahme an einer Datentransaktion (Bedingungen der Datenbereitstellung und der Datennutzung, Erfordernisse des Analyseergebnisses bzw. Datenprodukts) erfüllt sind, trägt zur Vertrauensstiftung bei. Der Datentreuhänder steht somit für die Richtigkeit dieser Übereinstimmungserklärungen ein und übernimmt eine Mitverantwortung für die Durchführung einer erfolgreichen Datentransaktion; ihm kommt eine Garantenstellung (als elementares Moment der Vertrauenssicherung) zu.[71] 22

[69] Buchheim/Augsberg/Gehring JZ 2022, 1139 (1145).
[70] Ditfurth Datenmärkte S. 151; Richter/Slowinski IIC 2019, 4 (14).
[71] Buchheim/Augsberg/Gehring JZ 2022, 1139 (1145 f.).

3. „Trust by Design": das Modell der transaktionsbasierten Datentreuhand

23 In diesem Zusammenhang ist das Konzept der transaktionsbasierten Datentreuhand hervorzuheben, das man unter dem Label „trust by design" verschlagworten kann. Bei diesem Ansatz werden Daten anlassbezogen ad hoc aus dezentralen Datenquellen angefordert, verknüpft und in einer geschützten Umgebung für spezifische, a priori festgelegte Verarbeitungszwecke bereitgestellt. Datensätze werden für die jeweilige Transaktion einmalig zusammengestellt und nach der Analyse gelöscht. Es werden keine Rohdaten ausgetauscht, sondern lediglich Analyseergebnisse übermittelt. Diese Herangehensweise trägt auf mehrfache Weise zu einer Risikominimierung, Vertrauensstiftung und Sicherstellung der eigenen Neutralität bei. Erstens erfolgt keine zentrale Sammlung und dauerhafte Speicherung von Rohdaten beim Datentreuhänder; die Datenbestände verbleiben dezentral beim Datengeber oder in vom Datentreuhänder organisatorisch getrennten Infrastrukturen. Ein Datenzugang für Dritte erfolgt ausschließlich über den Datentreuhänder via API in automatisierter Form und zu a priori spezifizierten Konditionen. Der Dateninhaber bleibt Vollinhaber seiner Daten und muss die faktische Herrschaft über diese nicht aufgeben; der Dateninhaber ist während des gesamten Prozesses Kontrollinhaber und kann die Bereitstellung des Datenzugriffs jederzeit beenden. Die Verfügungsgewalt des Datentreuhänders über die Daten ist punktuell und anlassbezogen auf die jeweilige Transaktion beschränkt; die faktische Zugriffsmöglichkeit des Datentreuhänders auf die Datenbestände ist begrenzt. Er verfügt lediglich über eine transaktionsbezogene, relative Herrschaft über die Daten. Zweitens sind Infrastruktur und Verarbeitungsprozess so konzipiert, dass der Datentreuhänder und die Datendienstleister, die die Auswertungsalgorithmen bereitstellen, keinen Einblick in die Daten haben, mithin blind für die Daten sind. Dadurch erlaubt dieses Verfahren die punktuelle Nutzbarmachung von (auch kritischen) Daten zu vielfältigen gemeinsamen Verarbeitungszwecken, selbst zwischen konkurrierenden Unternehmen in Situationen, die durch Vertrauensdefizite, gar wechselseitiges Misstrauen, und der Sorge vor technischem Kontrollverlust geprägt sind.[72] Auch aus einer Datenschutzperspektive wirkt sich die technische Ausgestaltung risikoreduzierend aus und erscheint inhärent datenschutzfreundlich, da keine dauerhafte, umfassende Datenakkumulation erfolgt, was die Gefahr einer zweckwidrigen Datenverwendung mindert, da die Daten nicht in ihrer gesamten Potentialität verfügbar gemacht werden, sondern nur für spezifische Zwecke.[73]

24 Die effektive Wahrnehmung der Intermediärsposition setzt allerdings großes Vertrauen aller Beteiligten in den Datentreuhänder voraus, sowohl hinsichtlich der dauerhaften Gewährleistung seiner ordnungsgemäßen Funktionsweise als auch bezüglich seiner Unabhängigkeit und Neutralität. Organisatorische wie technische Absicherungen, dass ein Datentreuhänder die durch ihn verarbeiteten oder vermittelten Daten nicht für eigene Zwecke nutzt, also eine aktive Herstellung

---

[72] Buchheim/Augsberg/Gehring JZ 2022, 1139 (1141 f.). Nähere Informationen zum Verfahren der gekapselten Datenverarbeitung bietet der Beitrag von Alldridge in diesem Band (→ § 13).

[73] Augsberg/Buchheim JZ 2024, 365 (365 ff.); Buchheim/Augsberg/Gehring JZ 2022, 1139 (1145).

von Neutralität, erscheinen wünschenswert. Neutralität umfasst hierbei mehrere Dimensionen. Erstens ist durch die organisationsrechtliche Ausgestaltung eine Äquidistanz zu allen Beteiligten sicherzustellen. Der Datentreuhänder darf keine zu große Nähe zu einzelnen Beteiligten aufweisen und sich nicht mit deren Individualinteressen gemein machen. Er soll sich auf seine Unterstützungsfunktion konzentrieren und seine Dienste allen Marktteilnehmern zu gleichen Bedingungen möglichst niedrigschwellig anbieten, um seiner Enabler-Rolle gerecht werden zu können. Zweitens sollte er im Sinne einer datenbezogenen Neutralität kein eigenständiges Verwertungsinteresse an den Daten(beständen) seiner Kunden aufweisen, dh an einer möglichst umfassenden Akkumulation großer Datenbestände quasi auf Vorrat interessiert sein. Diese Anforderung ist beim Modell der transaktionsbasierten Datentreuhand erfüllt, da die Schaffung von Datensätzen und die Datennutzung stets anlass- bzw. transaktionsbezogen erfolgt. Der Datentreuhänder hat somit kein Eigeninteresse, möglichst große Datenbestände zu akkumulieren, sondern ist lediglich an der Ermöglichung möglichst vieler, abgesicherter Transaktionen interessiert. Die Transaktionsbasierung schafft somit eine institutionelle Sicherung der Neutralität mit Blick auf die Daten. Drittens sollte er sich im Sinne einer datennutzungsbezogenen Neutralität nicht auf spezifische Datendienstleistungen beschränken, sondern möglichst vielfältige Anwendungen ermöglichen. Auch diesbezüglich kann die transaktionsbasierte Datentreuhand punkten: durch die funktionale Ausdifferenzierung wird der sich auf seine konkrete Vermittlungs- und Verknüpfungstätigkeit konzentrierende Datentreuhänder (und seine Infrastruktur) von der auf diverse, heterogene Datennutzungsszenarien ausgerichteten Schar an Datendienstleistern entkoppelt. Der Datentreuhänder erbringt inhaltsneutral stets die gleiche strukturelle Leistung, unabhängig von den konkreten Nutzungsanforderungen und Anwendungsszenarien unterschiedlicher Leistungserbringer.[74]

IV. Gaia-X als informations- und dateninfrastruktureller Rahmen

1. Zielsetzungen

Ausgangspunkt von Gaia-X war die Einsicht relevanter Entscheidungsträger 25
in Europa, dass die umfassende digitale Transformation von Wirtschaft und Gesellschaft durch drei Makrotrends gekennzeichnet ist. Erstens führt die Digitalisierung aller Lebensbereiche zu einem immensen Wachstum an Daten. Es werden immer größere Datenbestände verfügbar, die sich auf vielfältige Weise miteinander verknüpfen und auswerten lassen. Darin steckt enormes ökonomi-

[74] Buchheim/Augsberg/Gehring JZ 2022, 1139 (1143 f.). Dies steht auch im Einklang mit den Vorgaben des DGA für Datenvermittlungsdienste, da der DGA letztlich die Neutralität der Datenvermittlungsdienste erzwingen möchte, nicht zuletzt auch durch das Verbot der Eigenverwertung der durch ihn verarbeiteten und vermittelten Daten. Somit unterstützt das Konzept der transaktionsbasierten Datentreuhand auf technischer Ebene die Einhaltung der regulatorischen Vorgaben.

sches Potential, da zahlreiche neue, datenbasierte Wertschöpfungsmöglichkeiten und Geschäftsmodelle innovativen Charakters denkbar werden. Zweitens lässt sich im ökonomisch immer relevanter werdenden Cloud-Computing-Segment eine massive Dominanz außereuropäischer Hyperscaler konstatieren. Aufgrund ihrer großen Marktmacht dominieren sie die digitalen Märkte nach Belieben; europäische Anbieter haben den Anschluss verloren. Daraus folgt eine ökonomisch wie geopolitisch bedenkliche Abhängigkeit Europas vom Ausland, welche eine Unterminierung der technologischen und digitalen Souveränität Europas impliziert. Drittens ist derzeit ein Paradigmenwechsel bei der Cloud-Nutzung festzustellen: Daten entstehen zunehmend lokal und werden dezentral verarbeitet (Edge Computing), va im industriellen Sektor (IoT, Industrie 4.0). Daher ist zukünftig verstärkt mit einer Kombination von Edge- und Cloud-Computing zu rechnen, da die Datenhaltung und -auswertung fallspezifisch (de)zentral erfolgt, was eine umfassende Vernetzung und Orchestrierung von Cloud- und Edge-Instanzen erfordert. Dies birgt große Entwicklungschancen für europäische Unternehmen, da in diesem Marktsegment noch keine marktbeherrschende Stellung außereuropäischer Anbieter existiert.[75]

26 Um diese Herausforderungen zu adressieren, wurde Gaia-X initiiert. Ursprünglich als politisches Projekt zur Stärkung des Digitalstandortes Europa gestartet, handelt es sich mittlerweile um ein primär privatwirtschaftlich getragenes Vorhaben zur Standardisierung und Regulierung der Datenwirtschaft in Europa. Gaia-X verfolgt die Vision der Schaffung einer standardisierten, vernetzten Dateninfrastruktur, um existierende Hürden für das Datenteilen abzubauen, die Datenverfügbarkeit, den Datenaustausch und die gemeinsame Datennutzung in einer sicheren Umgebung zu fördern, die Bereitstellung datenbezogener Dienstleistungen zu erleichtern und somit datengetriebene Innovation zu ermöglichen. Im Zentrum steht die Schaffung eines Regelwerks mit einheitlichen Standards sowie die Konzeption einer technischen Referenzarchitektur, um existierende Cloud- und Edge-Instanzen reibungslos miteinander zu verknüpfen. Damit soll die Grundlage für ein homogenes digitales Ökosystem auf Basis gemeinsamer europäischer Werte und Normen geschaffen werden.[76]

27 Um diese Ziele zu erreichen, kombiniert Gaia-X zentrale und dezentrale Arbeitsmodi. Mit der Gaia-X European Association for Data and Cloud AISBL existiert eine supranationale Dachorganisation, die als zentraler Ansprechpartner, öffentliches Sprachrohr und maßgeblicher Impulsgeber agiert. Ihr obliegen die Koordination des Gesamtprojekts, die Steuerung zentraler Entwicklungsschritte, das Treffen strategischer Entscheidungen sowie die Ausarbeitung von Konzeptpapieren. Faktisch übernimmt sie die Rolle einer „de facto Standardisierungsorganisation“[77]. Demgegenüber steht die dezentral organisierte Gaia-X Community, die geografisch in Länder-Hubs und sektoral in Fachdomänen untergliedert ist. Die Community verfügt über eine engagierte Mitgliederbasis: Hunderte Organisationen bringen sich aktiv ein, arbeiten an anwendungsbezogenen Use Cases und entwickeln ökonomisch nützliche Lösungen. Da zwischen AISBL und Com-

[75] BMWi, Das Projekt Gaia-X, 2019, S. 5.
[76] BMWi, Gaia-X: A Pitch Towards Europe, 2020, S. 5 f.
[77] Otto, Digitalgespräch „Was ist Gaia-X?“ 8.2.2022, abrufbar unter https://zevedi.de/digitalgespraech-017-boris-otto/ (abgerufen am 5.12.2024).

munity ein enger Austausch besteht, zeichnet sich das Projekt durch eine starke Graswurzel-Orientierung aus.[78]

Prägend für Gaia-X ist die enge Kooperation zwischen Privatwirtschaft, (In- 28
dustrie-)Forschung und öffentlicher Hand. Gaia-X begann als deutsch-französisches politisches Projekt, um Europas digitale Souveränität und Wettbewerbsfähigkeit zu stärken. Die Politik übernahm die Rolle eines Impulsgebers, der ein grundsätzlich erwünschtes, aber ohne politische Schützenhilfe offenbar nicht erreichbares, intensiveres Zusammenwirken von Wirtschaft, Wissenschaft und Verwaltung im Bereich der Dateninfrastrukturen induzieren wollte. Im Zuge der Gründung der AISBL zum 1.1.2021 erfolgte die Umwandlung in ein europäisches Projekt; gleichzeitig wurde der Staffelstab von der Politik an die Privatwirtschaft übergeben. Dies verdeutlicht der Umstand, dass zentrale Führungspositionen von Repräsentanten privater Organisationen eingenommen wurden. Die Politik begleitet das Projekt jedoch weiterhin als Ratgeber und Förderer.[79]

2. Kernprinzipien

Gaia-X zielt auf die Schaffung einer leistungsfähigen, sicheren, offenen, ver- 29
trauenswürdigen und vernetzten Dateninfrastruktur auf Basis europäischer Werte und Normen. Um diese Vision zu verwirklichen, orientiert man sich bei der Ausgestaltung des zugrunde liegenden Regelwerks an unterschiedlichen Leitprinzipien (siehe Abbildung 1).

Abbildung 1: Leitprinzipien von Gaia-X

Quelle: eigene Darstellung

a) Europäische Werte und Normen

Die Regeln von Gaia-X schreiben vor, dass sich alle Teilnehmer bei ihren 30
Aktivitäten an europäischen Rechtsnormen und regulatorischen Standards ausrichten müssen (compliance by design). Menschenzentrierung und Humanismus fungieren als Leitmotiv für den digitalen Raum. Missbräuchliche Datenzugriffe auf Basis extraterritorialer Regeln (wie sie zB der US Cloud Act vorsieht) sind zu

[78] Person/Schütrumpf Projekt Gaia-X S. 28 ff.; siehe hierzu auch https://gaia-x-hub.de/ (abgerufen am 5.12.2024).
[79] Person/Schütrumpf Projekt Gaia-X S. 38 f.

unterbinden. Faktisch schafft Gaia-X Standards für Cloud-Dienste, durch die die europäische Werte- und Normordnung in Software überführt wird. Dadurch soll die Datensouveränität der Nutzenden garantiert werden.[80]

b) Offenheit und Transparenz

31 Gaia-X ist dem Open-Source-Prinzip verpflichtet. Offene Quellcodes und die Existenz einer gemeinsamen Referenzarchitektur machen die Funktionsweise des Netzwerks transparent und ermöglichen allen Interessierten einen niedrigschwelligen Zugang, um sich aktiv in das Projekt einzubringen und Anpassungen an individuelle Anforderungen vorzunehmen. Ein zentrales Verzeichnis über alle Gaia-X-Knoten und -Services, die eindeutig identifizierbar und mit unabhängig zertifizierten Selbstbeschreibungen verknüpft sind, schafft zusätzliche Transparenz. Diese geben Auskunft über regulatorische Anforderungen und Vertraulichkeitsniveaus der einzelnen Angebote, wodurch eine substantielle Datennutzungskontrolle gewährleistet wird.[81]

c) Authentizität und Vertrauen

32 Vertrauen bildet eine essentielle Voraussetzung zur Ermöglichung eines kontrollierten Datenaustauschs, gerade auch im Hinblick auf sensible personenbezogene oder geschäftskritische Daten. Dieses Vertrauen wird durch eine strikte Identitäts- und Zugangskontrolle der Teilnehmer und ein für alle verbindliches Regelwerk (Policy Rules und Trust Framework) hergestellt, das Mindestanforderungen an Transparenz, Vertragswerke und Kontrollmechanismen formuliert. Die Einhaltung der verbindlich vorgegebenen Regeln soll durch unabhängige, automatisierte Zertifizierungssysteme sichergestellt werden.[82]

d) Souveränität und Selbstbestimmtheit

33 Gaia-X räumt Datengebern die volle Kontrolle darüber ein, wo ihre Daten gespeichert werden und wer welche Daten unter welchen Bedingungen zu welchen Zwecken nutzen darf. Dadurch wird eine passgenaue Speicherung und Verarbeitung von Daten unter Berücksichtigung unterschiedlicher Anforderungen an Sicherheit und Vertraulichkeit möglich, auch mit Blick auf sensible/geschäftskritische Daten, womit die Datensouveränität der Bürger und Unternehmen Europas gestärkt wird.[83]

---

[80] BMWi, Gaia-X: Das europäische Projekt startet in die nächste Phase, 2020, S. 5; Otto, Digitalgespräch „Was ist Gaia-X?" 8.2.2022, abrufbar unter https://zevedi.de/digitalgespraech-017-boris-otto/ (abgerufen am 5.12.2024).

[81] BMWi, Das Projekt Gaia-X, 2019, S. 12–15.

[82] BMWi, Gaia-X: A Pitch Towards Europe, 2020, S. 7.

[83] BMWi, Gaia-X: A Pitch Towards Europe, 2020, S. 7; zum spezifischen Verständnis von Datensouveränität im Gaia-X-Ökosystem vgl. in Augsberg/Gehring Datensouveränität/Person/Schütrumpf 2022, 177.

e) Freier Marktzugang und europäische Wertschöpfung

Durch die Formulierung einheitlicher Spielregeln, denen sich alle Teilnehmer **34** unterwerfen, sollen gleiche und faire Wettbewerbsbedingungen geschaffen, ein freier Marktzugang für alle Akteure gewährleistet sowie wettbewerbsbehindernde Lock-In-Effekte vermieden werden.[84] Gaia-X steht **grundsätzlich** allen Unternehmen, auch außereuropäischen, offen, sofern sie sich an die gemeinsamen Regeln halten. Dennoch verfolgt Europa mit Gaia-X auch eigene ökonomische Ziele: Das Projekt zielt auf die Stärkung der Wettbewerbsfähigkeit europäischer Unternehmen. Es soll die Entwicklung innovativer, datengetriebener Geschäftsmodelle befördern und sicherstellen, dass die daraus resultierende Wertschöpfung in Europa anfällt und Europa einen fairen Anteil an der globalen Datenökonomie erhält.[85]

f) Modularität und Interoperabilität

Einheitliche technische Standards und offene Schnittstellen sollen die Daten- **35** portabilität steigern, organisationsübergreifend einen möglichst freien Fluss von Daten ermöglichen, eine reibungslose Orchestrierung von Diensten über Anbietergrenzen hinweg gewährleisten sowie die Grundlage für die Herausbildung von Datenräumen schaffen. Die Nutzung interoperabler Komponenten und Services schafft mehr Flexibilität und Wahlfreiheit: Sie vereinfacht die Administration von IT-Schnittstellen, erhöht die Austauschbarkeit und erleichtert somit den Wechsel von Technologieanbietern (Vermeidung von Lock-In-Effekten), und ermöglicht die Auswahl passender IT-Lösungen unterschiedlicher Diensteanbieter.[86]

g) Nutzerfreundlichkeit

Die Spezifikation einer technischen Referenzarchitektur und die angestrebte **36** Interoperabilität der Services ermöglichen eine hohe Nutzerfreundlichkeit, da Wechsel zwischen Anbietern und Diensten problemlos möglich sind. Durch die Bereitstellung zentraler Dienste (als Basis eines sicheren, anwendungsfreundlichen Betriebs des Ökosystems) und die intuitive Nutzbarkeit sollen auch kleinere Organisationen zur Nutzung Gaia-X-basierter Dienste befähigt werden.[87]

h) Föderierte, dezentrale Struktur

Gaia-X setzt sich aus einer Vielzahl autonomer Akteure zusammen. Diese sind **37** durch ein Set an einheitlichen technischen Standards, standardisierten Software-Komponenten und rechtlichen Regeln miteinander verbunden. Sie arbeiten und interagieren organisations- und sektorenübergreifend in einer selbstorganisierten Weise, weitgehend ohne zentrale Kontrolle und Steuerung.[88] Im Gegensatz zur traditionellen Plattformökonomie wird das Ökosystem also nicht von einer einzel-

[84] BMWi, Das Projekt Gaia-X, 2019, S. 7.
[85] BMWi, Gaia-X: A Pitch Towards Europe, 2020, S. 3 ff.
[86] BMWi, Das Projekt Gaia-X, 2019, S. 11–15.
[87] BMWi, Gaia-X: A Pitch Towards Europe, 2020, S. 7.
[88] Otto, Digitalgespräch „Was ist Gaia-X?" 8.2.2022, abrufbar unter https://zevedi.de/digitalgespraech-017-boris-otto/ (abgerufen am 5.12.2024).

nen Schlüsselorganisation dominiert, bei der sich alle Teilnehmenden registrieren müssen, die einseitig die Spielregeln vorgibt und dementsprechend die Macht über Teilnehmer, Daten und Services in ihren Händen konzentriert. Vielmehr werden in einem community-basierten Ansatz bottom-up ein gemeinsames Regelwerk und eine technische Referenzarchitektur für Datenökosysteme entwickelt. Auf deren Basis erfolgt die dezentrale Bereitstellung verschiedener open-source-basierter Basisdienste (Federation Services) durch akkreditierte Instanzen, um den Teilnehmern die Verknüpfung ihrer jeweiligen lokal administrierten Dateninfrastrukturen zu erlauben und einen dezentralen, souveränen, sicheren, transparenten Datenaustausch zu ermöglichen. Die Platform Ownership wird somit zwischen den Teilnehmern aufgeteilt.[89]

3. Grundstruktur und Funktionsweise

a) Föderationen als Herzstück

38 Zentraler konzeptioneller Baustein von Gaia-X sind die Föderationen (Federations). Hierbei handelt es sich um eine Gruppe von Teilnehmern, die auf Basis gemeinsamer Regeln miteinander interagieren und kollaborieren. Eine Föderation ist keinem einzelnen Teilnehmer rechtlich zugehörig, muss nach außen keine zentrale Erscheinungsform aufweisen und kann weitgehend unabhängig von anderen Föderationen agieren. Bindeglied zwischen diesen Föderationen ist allein das Gaia-X-Rahmenwerk.[90] Föderationen zeichnen sich in Analogie zur *Decentralized Autonomous Organization (DAO)* durch einen hohen Grad an Dezentralisierung, eine weitgehende Automatisierung ihrer Prozesse sowie eine minimale Governance aus, weshalb die AISBL sie als *Decentralized Autonomous Ecosystems* bezeichnet.[91] Teilnehmer einer Föderation können drei Rollen einnehmen. *Provider* stellen Ressourcen und Services (zB Algorithmen, Datensätze, Infrastrukturkomponenten), also Infrastructure/Platform/Software as as service, bereit. *Consumer* nutzen die vom Provider angebotenen Leistungen. Dem *Operator* (früher *Federator*) obliegt die Aufgabe der Koordination der Gruppe. Er ist für den Betrieb der Föderation verantwortlich und stellt hierzu die operativen Föderationsdienste als softwareseitige Kerninfrastruktur zur Verfügung. Diese sind Voraussetzung für die Interaktion der Teilnehmer und ermöglichen damit erst eine dezentrale Organisation und Kollaboration derselben.[92]

b) Strukturelle Gliederung: Infrastruktur-, Datenaustausch- und Ökosystemebene

39 Die im Rahmen der Föderationen emergierenden Ökosysteme lassen sich konzeptionell in drei strukturelle Schichten einteilen. Die *Infrastrukturebene* umfasst technische Infrastrukturkomponenten zum Speichern, Transferieren und Prozes-

[89] Kari/Schurig/Gersch Journal of Service Management Research 2023, 176 (178).
[90] Weiss DuD 2022, 227 (228).
[91] Gaia-X AISBL Gaia-X Architecture Document 2024, S. 27.
[92] Gaia-X AISBL Gaia-X Architecture Document 2024, S. 8; Gaia-X AISBL Gaia-X Federation Services (GXFS) 2021, S. 3.

sieren von Daten (zB physische Servereinheiten, Rechenknoten). Hierzu gehören ua Cloud- und Edge-Instanzen, High-Performance-Computing-Angebote sowie Interconnection Services. In diese Ebene sind auch die Federation Services integriert. Die Architektur von Gaia-X basiert auf dem Konzept des verteilten Cloud-Computings: in technischer Sicht besteht der größte Unterschied zu traditionellen Cloud-Architekturen im Fehlen einer zentralisierten Infrastruktur, welche Daten zentral speichert und prozessiert. Vielmehr setzt sich Gaia-X aus einem System dezentraler, aber verbundener Infrastrukturkomponenten zusammen, das durch eine lokale Datenhaltung geprägt ist. Zugriff auf die Daten erfolgt nur, wenn Datengeber und -nutzer sich auf ein Nutzungsszenario einigen. Von besonderer Relevanz sind hierbei die Gaia-X-Konnektoren: diese werden genutzt, um bilaterale Beziehungen zwischen Teilnehmern aufzubauen, die Regeln für den Datenaustausch (Dauer, Zweck, Bedingungen der Datennutzung) festzulegen und die Datenprozessierung abzuwickeln. Die Konnektoren setzen die Nutzungsbedingungen um und bieten Schutz vor nicht autorisierten Datenzugriffen/-nutzungen. Die zweite Schicht bildet die auf die Infrastrukturebene aufsetzende *Datenaustauschebene*: auf Basis dezentraler Dateninfrastrukturen bilden sich Datenräume, in deren Rahmen souveräne Datenaustauschprozesse stattfinden. Der Datenaustausch wird hierbei durch datenvermittlungsbezogene Dienstleistungen unterstützt, die beim Auffinden von Daten (Metadaten-basierte Kataloge, Register), der Aggregierung, Kuratierung und Prozessierung von Daten helfen. Dateninfrastrukturen formen das informationstechnische Fundament für Datenräume.[93] Auf Basis dieser beiden Ebenen bildet sich schließlich die *Ökosystemebene* als dritte Schicht heraus: durch die vielfältigen Interaktions- und Austauschbeziehungen der Teilnehmer einzelner Datenräume, die Daten nutzen, um innovative, smarte Services und datengetriebene Geschäftsmodelle zu entwickeln, entstehen (idR auf bestimmte Datendomänen bezogene) Datenökosysteme.[94]

c) Regulatorisches Rahmenwerk: Policy Rules und Label Framework

Um sicherzustellen, dass alle Gaia-X-Teilnehmer unabhängig von der Föde- **40**
ration, der sie angehören, gleichen Rahmenbedingungen unterliegen, wurde ein allgemeines Rahmenwerk entwickelt: ein komplexes Gebilde aus rechtlicher Regulierung und technischer Standardisierung, das einen einheitlichen Rahmen schafft und Interoperabilität zwischen Föderationen garantiert. Allgemeine Anforderungen für die Teilnahme an Gaia-X sind in den *Policy Rules* niedergelegt: diese formen einen gemeinsamen Regelkanon, der die Beachtung der oben ausgeführten Kernprinzipien föderationsübergreifend gewährleisten soll.[95] Beispielsweise müssen Verträge mit Cloud Service Providern (CSP) die Möglichkeit der Wahl des Rechts eines EU/EEA-Mitgliedsstaates einräumen. Des Weiteren werden Transparenzvorgaben statuiert: so müssen CSP die Standorte der Server und die Orte der Datenspeicherung offenlegen und transparent kommunizieren. Zudem sind Vorkehrungen für besondere Situationen (Unterbrechung der Dienste, Beendigung der rechtlichen Existenz des CSP) sowie ein umfangreicher Anfor-

[93] Otto Communications of the ACM 2022, 44 (44f.); Otto/Burmann Informatik Spektrum 2021, 283 (284ff.).
[94] Kari/Schurig/Gersch Journal of Service Management Research 2023, 176 (178).
[95] Gaia-X AISBL Gaia-X Policy Rules Conformity Document 2023.

derungskatalog bezüglich Cybersicherheit vorgesehen. Durch explizite Verweise auf europäische Rechtsnormen wird zudem die Achtung europäischer Werte und Normen sichergestellt. Im Falle der Verarbeitung personenbezogener Daten ist explizit eine Bindung an die DS-GVO normiert: wenn sich Organisationen um Gaia-X-Konformität bemühen, müssen sie sich somit auf privatrechtlicher Ebene zur Einhaltung europäischer Datenschutzbestimmungen verpflichten. Auch eine Bindung an die Free Flow of Data Regulation[96] ist vorgesehen, um Portabilität von Daten sicherzustellen und den Wechsel von Providern zu vereinfachen.[97]

41 Darüber hinaus sieht Gaia-X ein Zertifizierungssystem für die einzelnen Serviceangebote vor. Mit Hilfe unterschiedlicher Labels können Anbieter bestimmter Services deren Konformität mit den Leitprinzipien von Gaia-X gegenüber Dritten kommunizieren.[98] Aktuell sind neben einem Basisstandard drei verschiedene Levels angedacht, die abgestufte Anforderungen an Datenschutz/-verarbeitung, Cybersicherheit und anwendbares Recht formulieren. Durch die Labels lassen sich diese Anforderungen in einfacher Form transparent machen und nach außen transportieren. Das Label-Konzept ermöglicht somit eine klare Außendarstellung und Abgrenzung der Services untereinander: es schafft Transparenz, stiftet Vertrauen und erhöht die Nutzerfreundlichkeit, da es die Auswahl von Services erleichtert und es somit für Organisationen, nicht zuletzt KMU, leichter wird, passende Dienste zu finden. In Kombination mit den Policy Rules legt das Label-Konzept die äußeren Rahmenbedingungen der Föderationen fest.[99]

d) Technische Referenzarchitektur und Föderationsdienste

42 In technischer Hinsicht wird die Einheitlichkeit des Rahmenwerks und Interoperabilität der Services durch eine gemeinsame Referenzarchitektur (*Architecture of Standards*) gewährleistet. Besondere Bedeutung kommt hierbei den Federation Services zu, einer Gruppe open-source-basierter Software-Tools, die die Partizipation an und Interaktion in einer Föderation sowie den Betrieb derselben technisch ermöglichen. Die technische Spezifikation dieser Dienste wurde durch die AISBL determiniert; die konkrete Umsetzung erfolgt durch externe Akteure im engen Austausch mit der AISBL. Aktuell liegen Federation Services zu den Themen Identität und Vertrauen, Föderierter Katalog, souveräner Datenaustausch, Compliance sowie Zugang (Portal) vor.[100]

aa) Identitäts- und Vertrauensmanagement

43 Gaia-X sieht eine zwingende Prüfung der Identität aller Teilnehmer im Onboarding-Verfahren und bei Transaktionen vor. Die Authentifizierung erfolgt dezentral auf der Grundlage des Konzepts der selbstbestimmten Identität (Self-Sovereign Identity, SSI). SSI erlaubt sowohl die Feststellung der Identität als auch die Ausstellung weiterer verifizierbarer digitaler Nachweise (zB Berechtigungs-

[96] ABl. 2018 L 303, 59.
[97] Schütrumpf/Person RDi 2022, 281 (286).
[98] Gaia-X AISBL Gaia-X Policy Rules Conformity Document 2023.
[99] Schütrumpf/Person RDi 2022, 281 (286 f.); Weiss DuD 2022, 227 (231).
[100] Person/Schütrumpf Projekt Gaia-X S. 54 ff.; siehe hierzu auch https://www.gxfs.eu/de/ (abgerufen am 19.7.2024).

nachweise, Selbstbeschreibungen), ohne hierbei auf die Einbindung eines zentralen Intermediärs angewiesen zu sein; die Kontrolle über die eigene digitale Identität verbleibt ausschließlich bei den Teilnehmern (dezentrales Identitätsmanagement auf Basis von W3C-basierten verifizierbaren Beglaubigungen und verteilten Identifikatoren (DID)). Dadurch wird ein einfacher, vertrauenswürdiger Austausch manipulationssicherer digitaler Nachweise möglich.[101]

bb) Föderierter Katalog

Jede Föderation enthält einen zentralen Katalog, der eine Übersicht über alle 44
Teilnehmer, Ressourcen und Services bereitstellt. Diese sind mit beglaubigten Selbstbeschreibungen versehen, welche Auskunft über deren zentrale Charakteristika geben, und mit deren digitalen Identitäten verknüpft sind. Die Selbstbeschreibungen werden von den Teilnehmern eigenständig erstellt; eine Beglaubigung durch vertrauenswürdige Dritte ist möglich. Dies schafft sowohl Vertrauen als auch Transparenz.[102] Eine besondere Form stellen hierbei Datennutzungsregeln dar, die mit Datenservices verknüpft und im Falle einer Servicebuchung verbindlich festgelegt werden. Bei entsprechender technischer Ausgestaltung werden sie direkt bei der Datenübertragung und -verarbeitung berücksichtigt.[103]

cc) Souveräner Datenaustausch

Die Data Sovereignity Services gewährleisten einen souveränen Datenaus- 45
tausch, indem sie Transparenz und Kontrolle bezüglich der konkreten Datennutzung stärken. Sie bestehen aus zwei Komponenten. Der *Data Contract Service* gibt den Parteien nicht nur eine Hilfestellung beim Vertragsschluss, sondern ermöglicht auch die technische Abbildung des Vertrages und unterstützt diese (ggf. automatisiert) bei der Durchsetzung der vertraglich geregelten Rechte und Pflichten. Der *Data Exchange Logging Service* schafft Transparenz über die Datentransaktion. Er dokumentiert den Datenaustausch, also wann und zu welchem Zweck Daten verwendet werden, und liefert Nachweise über Empfang und Übermittlung der Daten sowie die Einhaltung der vereinbarten Verpflichtungen (Data Usage Policies) durch manipulationssichere, auditierbare, Transaktionsprotokolle und benachrichtigt hierzu die an der Transaktion beteiligten Parteien. Dies führt zu einer erheblichen Besserstellung des Datengebers, der ansonsten auf ein bloßes Vertrauen zurückgeworfen wäre und hoffen müsste, dass keine zweckwidrige Nutzung seiner Daten erfolgt.[104]

dd) Compliance

Zur Gewährleistung der Regeleinhaltung sind im Rahmen der Compliance 46
Services mehrere Instrumente vorgesehen. Diese ermöglichen die Registrierung

[101] Weiss DuD 2022, 227 (231); vgl. auch https://www.gxfs.eu/download/10555 (abgerufen am 19.7.2024).
[102] Person/Schütrumpf Projekt Gaia-X S. 55.
[103] Weiss DuD 2022, 227 (231); vgl. auch https://www.gxfs.eu/de/gxfs-werkzeugkiste/ (abgerufen am 19.7.2024), Arbeitspaket Föderierter Katalog.
[104] Schütrumpf/Person RDi 2022, 281 (287); Gaia-X AISBL Gaia-X Architecture Document 2024, S. 38; vgl. auch https://www.gxfs.eu/download/10555 (abgerufen am 19.7.2024).

von Teilnehmern und Serviceangeboten (inklusive einer rechtssicheren Dokumentation des Onboarding-Prozesses), die Validierung der Selbstbeschreibungen sowie die kontinuierliche Überprüfung der Kompatibilität mit den Policy Rules bzw. generell der Gaia-X-Konformität mit Hilfe technischer Schnittstellen und standardisierter Protokolle.[105]

ee) Zugang/Portal

47 Für jede Föderation wird ein Business-Web-Client als einheitliches Zugangsportal bereitgestellt. Diese Integrationsschicht stellt die Federation Services zur Verfügung, bietet einen benutzerfreundlichen Zugang zu diesen, hilft bei der Orchestrierung von Diensten und unterstützt bei der Aufnahme und Akkreditierung von Teilnehmern.[106]

e) Compliance-Sicherung durch digitale Clearingstellen

48 Um die Einhaltung des Gaia-X-Regelwerks durch die Teilnehmer sicherzustellen, wird ein System dezentral betriebener, von der AISBL autorisierter, digitaler Clearingstellen, Gaia-X Digital Clearing Houses (GXDCH), installiert. Diese dezentralen Ausführungsknotenpunkte fungieren als one-stop-shops, an die sich Interessenten wenden können, um automatisiert ihre Gaia-Konformität überprüfen und verifizieren zu lassen. Die GXDCH fungieren als Kontrollzentren, die die Einhaltung der Regeln technisch sicherstellen und Gaia-X-konforme Anbieter/Dienste zertifizieren. Sie sind ein notwendiges Element zur Operationalisierung und Implementierung des Regelungsrahmens von Gaia-X in verteilter, dezentraler Form.[107]

V. Fazit: der Beitrag von Gaia-X zur Umsetzung von Datentreuhändern

49 In den modernen Wissensökonomien des 21. Jahrhunderts sind Daten ubiquitär vorhanden. Ihre Zusammenführung und gemeinsame Nutzung über Organisationsgrenzen hinweg verspricht große Innovations- und Wertschöpfungspotentiale. Trotz der grundsätzlichen Erwünschtheit stößt das organisationsübergreifende Teilen von Daten in der Praxis jedoch auf zahlreiche Hindernisse. Datentreuhänder gelten als Schlüsselinstrument, um diese Hürden zu überwinden, Datenaustauschprozesse zu erleichtern und zu intensivieren und somit die mit dem Konzept des Data Sharing assoziierten ökonomischen und gesellschaftlichen Mehrwertversprechen zu realisieren.

---

[105] Person/Schütrumpf Projekt Gaia-X S. 56f.; vgl. auch https://www.gxfs.eu/de/gxfs-werkzeugkiste/ (abgerufen am 19.7.2024), Arbeitspaket Regelkonformität.
[106] Person/Schütrumpf Projekt Gaia-X S. 57; vgl. auch https://www.gxfs.eu/de/gxfs-werkzeugkiste/ (abgerufen am 19.7.2024), Arbeitspaket Portal & Integration.
[107] Vgl. https://gaia-x.eu/gxdch/ (abgerufen am 19.7.2024).

Die Entwicklung von Datentreuhändern ist jedoch kein Selbstläufer: sie entstehen nicht im luftleeren Raum, sondern bedürfen adäquater technologischer und regulatorischer Rahmenbedingungen. In der jüngeren Vergangenheit ist durch diverse legislative Aktivitäten der EU-Kommission die Herausbildung einer neuartigen Regulierungslandschaft erkennbar geworden: diese soll die rechtliche Basis für innovative Konzepte wie Datenintermediäre schaffen und dadurch das organisations- und sektorenübergreifende Datenteilen begünstigen. Komplementär hierzu strebt die Gaia-X-Initiative die Schaffung eines technologischen Fundaments einer europäisch geprägten Dateninfrastruktur an. Hierbei verknüpft sie unterschiedliche Regelungsebenen: durch eine Kombination von privatrechtlicher Regulierung (Policy Rules) und technischer Standardsetzung/Spezifizierung (Architecture of Standards, Federation Services) ermöglicht sie die Herausbildung eines einheitlichen Rahmens zur Erleichterung von Datenaustauschprozessen und unterstützt die sich im Aufbau befindliche Regulierungslandschaft der EU von technischer Warte. Recht und Technik sind zwei Seiten einer Medaille: sie greifen Hand in Hand, um die europäische Datenwirtschaft zu stärken.[108] 50

Die Implementierung von Datentreuhändern wird durch das Gaia-X Framework in mehrfacher Hinsicht begünstigt. Durch das Instrument des Föderierten Katalogs lassen sich zentrale Verzeichnisse erstellen, in denen alle Teilnehmer, Ressourcen und Services einer Föderation erfasst, indexiert und mit beglaubigten Selbstbeschreibungen und Metadaten verknüpft sind. Labels gestatten es, für einzelne Services unterschiedliche Anforderungen und Niveaus in Bezug auf Datenschutz/-verarbeitung, Cybersicherheit sowie anwendbarem Recht festzulegen, transparent abzubilden und gegenüber Dritten zu kommunizieren. Der Föderierte Katalog und das Label-Konzept ermöglichen nicht nur Anbietern, ihre Ressourcen und Services kompakt und übersichtlich darzustellen, sondern erlaubt auch Nachfragern, sich niedrigschwellig über deren zentrale Charakteristika zu informieren und die für die eigenen Bedürfnisse passenden Angebote zu identifizieren. Dies schafft Transparenz, stiftet Vertrauen, erhöht die Auffindbarkeit von Daten und datenbezogenen Dienstleistungen und stärkt die Nutzerfreundlichkeit, da sich Ressourcen und Services gut voneinander abgrenzen lassen; durch die zentralisierte Sammlung und gebündelte Bereitstellung marktrelevanter Informationen wird zudem ein effizienterer Informationsaustausch möglich. Beide Gaia-X-Komponenten reduzieren somit spürbar Suchkosten, tragen zu einem Abbau von Informationsasymmetrien bei und unterstützen Datentreuhänder dabei, ihre Matchmaking-Funktion, also die Vermittlung von (Daten-/Service-)Nachfragern an passende Anbieter, wahrnehmen zu können. 51

Des Weiteren bietet die Gaia-X Referenzarchitektur Datentreuhändern verschiedene Tools, mit deren Hilfe sie Marktteilnehmern bei der Anbahnung und Durchführung von Datentransaktionen behilflich sein und somit ihrer Koordinations- und Unterstützungsfunktion gerecht werden können. Hierbei sind insbesondere die Data Sovereignity Services zu nennen, welche die Transparenz und Kontrolle bezüglich der Datennutzung erhöhen. Mit dem Data Contract Service steht ein Instrument bereit, das Hilfestellung bei Rechtsfragen/beim Vertragsschluss (zB Standardklauseln und Musterverträge für Datentransaktionen) bietet und somit den rechtlichen Gestaltungsaufwand bei der Konzeption von Verträgen 52

[108] Schütrumpf/Person RDi 2022, 281 (288).

reduziert, die Abwicklung von Vertragsverhandlungen erleichtert, die technische Abbildung der Verträge ermöglicht und bei der Durchsetzung vertraglich fixierter Rechte und Pflichten unterstützt. So lassen sich Datennutzungsregeln mit Datenservices verknüpfen, bei der Servicebuchung verbindlich festlegen und bei der Datenverarbeitung direkt berücksichtigen. Der Data Exchange Logging Service dokumentiert und zertifiziert die Datentransaktion: er protokolliert Übermittlung, Empfang und Nutzung der Daten sowie die Einhaltung der Datennutzungsbedingungen durch manipulationssichere, auditierbare Transaktionsprotokolle. Dadurch soll eine vertragskonforme Verwendung der Daten sichergestellt und überprüfbar werden. Weitere Standardisierungsvorteile ergeben sich durch die Vorgabe eines festen, technischen Rahmens (zB standardisierte APIs, Konnektoren), wodurch Interoperabilität zwischen Services gewährleistet und die Durchführung von Datentransaktionen erleichtert wird, da Nutzer nicht jedes Mal aufs Neue die technischen Voraussetzungen für eine Datentransaktion spezifizieren müssen. Dadurch lassen sich nicht nur Transaktionskosten in erheblichem Maße reduzieren, sondern Datengebern auch die volle Kontrolle über Art, Zweck und Bedingungen der Datennutzung einräumen, wodurch ihre Datensouveränität gewährleistet wird.

53 Darüber hinaus unterstützt das Policy and Trust Framework von Gaia-X Datentreuhänder dabei, Vertrauen zwischen Marktteilnehmern (als essentielle Voraussetzung zur Ermöglichung eines kontrollierten Datenaustauschs) zu schaffen (Vertrauensfunktion). Durch eine Integration der Gaia-X-Standards verpflichten Datentreuhänder ihre Nutzer, ihre Aktivitäten im Einklang mit europäischen Rechtsnormen, hohen regulatorischen Standards sowie umfassenden IT-bezogenen Sicherheitsauflagen zu erbringen, deren Einhaltung durch die im Rahmen einer Föderation betriebenen Compliance Services wie auch durch unabhängige, automatisierte Zertifizierungsstellen (Gaia-X Digital Clearing Houses) gewährleistet wird. Ein weiteres vertrauensstiftendes Moment besteht in der strikten Identitäts- und Zugangskontrolle der Teilnehmer, da Gaia-X eine zwingende Identitätsprüfung beim Onboarding als auch bei Transaktionen vorsieht. Durch Self-Sovereign Identities lassen sich manipulationssichere, verifizierbare digitale Nachweise (Selbstbeschreibungen, Berechtigungsnachweise, etc) ausstellen und austauschen, was für alle an einer Datentransaktion beteiligten Parteien Sicherheit über die Vertrauenswürdigkeit ihrer Transaktionspartner schafft. Weiterhin tragen auch die Data Sovereignity Services, die Vertragsparteien bei der Überwachung der Vertragseinhaltung unterstützen, zur Vertrauensbildung bei, da sie opportunistisches Verhalten (hidden actions) erschweren, im Idealfall Fehlverhalten gar vollständig unterbinden, sowohl durch vertragliche Regelungen und Kontrollprozeduren als auch durch technische Sicherungsmaßnahmen (zB Kontrolle der Datennutzung durch API, Protokollierung von Datenzugriffen und -verarbeitungen). Auch die oben angesprochene Überprüfung, ob die wechselseitige Spezifikation für die Teilnahme an einer Datentransaktion (Bedingungen der Datenbereitstellung und der Datennutzung, Erfordernisse des Analyseergebnisses bzw. Datenprodukts) erfüllt sind, stiftet Vertrauen. Dadurch lassen sich die mit Datentransaktionen typischerweise assoziierten Transaktionskosten bezüglich der Einhaltung und Kontrolle der Datennutzungsbedingungen spürbar senken. Alles in allem stellt Gaia-X somit ein komplexes Regelwerk, eine umfassende technische Referenzarchitektur sowie diverse Tools (wie die Föderationsdienste) bereit, welche einen sinnvollen Beitrag zur Schaffung und zum operativen Betrieb von Datentreuhändern und damit zur Überwindung verschiedenster Hürden beim Datenteilen leisten können. Es bleibt zu hoffen, dass diese Möglichkeiten in der Zukunft noch stärker wahrgenommen und genutzt werden.

§ 4
Nutzerakzeptanz

In der Praxis stellt wirksamer Datenschutz trotz laufender technischer und gesetzgeberischer Bemühungen eine Herausforderung dar. Datentreuhänder zielen darauf ab, die Datennutzung mit den Belangen des Datenschutzes in Einklang zu bringen, indem sie einen sicheren Datenaustausch ermöglichen und gleichzeitig die individuelle Kontrolle der Einzelnen über ihre personenbezogenen Daten gewährleisten. Die erfolgreiche Einführung von Datentreuhändern hängt maßgeblich von der Akzeptanz und dem Vertrauen ihrer Nutzer ab. Die Perspektive der Bevölkerung und somit der zukünftigen Nutzenden von Datentreuhändern blieb bei den bisherigen Überlegungen bislang jedoch weitgehend unbeachtet. 1

Im Folgenden werden daher die Ergebnisse einer vignettenbasierten, zensusrepräsentativen Onlinestudie vorgestellt, welche die Faktoren untersucht, die die Akzeptanz von Datentreuhändern beeinflussen. Behandelt wurden die Bereiche Medizin, Automobilität, IoT und Onlinedaten in Deutschland und den Vereinigten Staaten (USA). 2

Nach einer kurzen Einführung in das Begriffsverständnis „Datentreuhänder" (unter I.) folgt die Darstellung des Studiendesigns (unter II.), insbesondere der untersuchten Ausgestaltungsmodalitäten und Einsatzbereiche. Danach werden die Ergebnisse präsentiert (unter III.) und im Anschluss eingeordnet (unter IV.). 3

I. Einführung

Da sich ein einheitliches Verständnis des Begriffs Datentreuhänder noch nicht vollständig herausgebildet hat und verschiedenste Formen mit unterschiedlichen Aufgaben und Zielen darunter subsumiert werden[1], war für die Durchführung der Studie zunächst relevant, ein möglichst einheitliches Verständnis eines Datentreuhänders zugrunde zu legen. Ausgangspunkt der in diesem Kapitel dargestellten Untersuchung bildet die folgende Definition eines Datentreuhänders: „*Eine Datentreuhand ist eine natürliche oder juristische Person oder eine Personengesellschaft, die den Zugang zu von Datentreugebern bereitgestellten oder bereitgehaltenen Daten […] im Fremdinteresse mittelt*".[2] Datentreuhänder sollen einerseits die Aggregation und den Austausch verschiedener Daten erleichtern und so Innovation und Fortschritt in der Datenwirtschaft vorantreiben. Gleichzeitig sollen sie den Einzelnen die Kontrolle über ihre Daten ermöglichen und wirksamen Datenschutz gewährleisten. 4

[1] Blankertz ua, Themenpapier Datentreuhandmodelle, S. 1; Blankertz DuD 2021, 789; Falkhofen EuZW 2021, 787 (790); Kempny/Krüger/Spindler NJW 2022, 1646 Rn. 1; Specht-Riemenschneider/Kerber, Datentreuhänder – Ein problemlösungsorientierter Ansatz, S. 7 f.; Pertot/Schmidt-Kessel/Padovini, Rechte an Daten/Wendehorst/Schwamberger/Grinzinger S. 103.
[2] Specht-Riemenschneider/Blankertz ua MMR-Beil. 2021, 25 (27).

5 Datentreuhänder werden derzeit in vielen verschiedenen Bereichen und Anwendungsfeldern erprobt, beispielsweise im Bereich der Medizin, der Mobilität oder in Bezug auf mobile Geräte, aber auch im Bereich der Logistik, der Agrarwirtschaft, der Windenergie und der Pflanzenzüchtung.[3] Hier war daher ebenfalls eine Eingrenzung vorzunehmen. Die Studie widmet sich daher allein den Bereichen Medizin, Automobilität, IoT und Online (dazu unten ausführlich).

II. Methode

6 Um die Einstellungen der Nutzenden zu Datentreuhändern zu untersuchen und herauszufinden, welche Faktoren ihre Bereitschaft zur Nutzung konkret beeinflussen, wurden in Deutschland von Mai bis Juni 2023 und in den USA im Januar 2024 Online-Umfragen durchgeführt. Die Umfragen wurden über einen Panelanbieter verbreitet, wobei die Stichproben hinsichtlich Alter, Geschlecht und Bildungsniveau repräsentativ für die jeweilige Gesamtbevölkerung waren. Insgesamt nahmen 714 Personen aus Deutschland und 1036 aus den USA teil. Die folgenden Abschnitte erläutern die Konzeption der Studie.

1. Untersuchte Anwendungsbereiche und Ausgestaltungen

7 Die Studie untersucht einerseits konkrete *Sektoren* bzw. Einsatzbereiche von Datentreuhändern mit unterschiedlichen Datenverarbeitungspraktiken und andererseits verschiedene konkrete Ausgestaltungsoptionen von Datentreuhändern (*Faktoren* und *Faktorstufen*). Im Folgenden wird die Wahl der in der Studie untersuchten Sektoren und Ausgestaltungsoptionen dargestellt und begründet.

a) Sektoren

8 Die Studie behandelt die Bereiche *Medizin*, *(Auto)-Mobilität*, *Internet* sowie *Internet-of-Things* (IoT). Diese wurden insbesondere ausgewählt, weil in diesen Bereichen das Interesse an der Entwicklung von Datentreuhändern, um das Spannungsverhältnis von Datenschutz und Datennutzung zu lösen, besonders groß ist. Insbesondere im Bereich der medizinischen Forschung werden Datentreuhänder in der Literatur erörtert.[4] Dies auch, weil Treuhandmodelle wie der Datentreuhänder CenTrust der deutschen Bundesdruckerei[5] oder das Zentrum für

---

[3] Zu den unterschiedlichen Bereichen siehe auch, Datentreuhandmodelle: BMBF fördert Pilotvorhaben, abrufbar unter: https://www.bildung-forschung.digital/digitalezukunft/de/technologie/daten/datentreuhandmodelle_pilotvorhaben/datentreuhandmodelle_pilotvorhaben.html (Stand: 19.9.2024).

[4] Blankertz DuD 2021, 789; Buchner/Haber ua DuD 2021, 806; Specht-Riemenschneider/Blankertz ua MMR-Beil. 2021, 25; Specht-Riemenschneider/Kerber, Datentreuhänder – Ein problemlösungsorientierter Ansatz.

[5] Bundesdruckerei, Datentreuhänder: ehrlicher Vermittler auf allen Ebenen, abrufbar unter: https://www.bundesdruckerei.de/de/innovation-hub/datentreuhaender-durchaus-beliebt (Stand: 30.9.2024).

Krebsdaten des Robert-Koch-Instituts[6] in diesem Bereich bereits seit mehreren Jahren zum Einsatz kommen. Auch in Finnland, Australien und dem Vereinigten Königreich werden Modelle verwendet, die die gemeinsame Nutzung von Daten für die medizinische Forschung erleichtern.[7] Auf europäischer Ebene wird außerdem der sogenannte *European Health Data Space* etabliert, der die Verwendung von Gesundheitsdaten für Forschung ermöglichen und Einzelpersonen zur Kontrolle ihrer Gesundheitsdaten befähigen soll.[8]

In der Automobilindustrie wird die Erleichterung des Datenzugangs und Datenaustauschs von Fahrzeugdaten angestrebt. So bilden sich derzeit einige Pilotprojekte heraus, zB das *Trusted Data Center* oder *Caruso Dataplace*.[9] Daneben soll auch der gemeinsame europäische Mobilitätsdatenraum (EMDS) auf europäischer Ebene den Zugang, die Konsolidierung und den Austausch von Daten für einen effizienteren, sicheren, nachhaltigen und widerstandsfähigen Verkehr erleichtern.[10] **9**

Für den Online- und IoT-Sektor wird über Datentreuhänder insbesondere in Form von *Personal-Information-Management-Systemen* diskutiert.[11] Hier spielt der Schutz der Privatsphäre bei der Datennutzung eine zentrale Rolle, wie auch die Entwicklung der Privacy Sandbox von Google unterstreicht.[12] **10**

---

[6] Zentrum für Krebsregisterdaten, abrufbar unter: https://www.krebsdaten.de/Krebs/DE/Home/homepage_node.html (Stand: 20.9.2024); Specht-Riemenschneider/Blankertz, Neue Modelle ermöglichen – Regulierung für Datentreuhänder, böll.brief Grüne Ordnungspolitik, 2021, S. 6; Blankertz/Specht-Riemenschneider, Wie eine Regulierung für Datentreuhänder aussehen sollte, S. 25.

[7] Findata, Finnish Social and Health Data Permit Authority Findata, abrufbar unter: https://findata.fi/en/ (Stand: 20.9.2024); Australian Government, Office of the Australian Information Commissioner (2020), My Health Record, abrufbar unter: https://www.oaic.gov.au/privacy/privacy-legislation/related-legislation/my-health-record (Stand: 20.9.2024); Health Data Research Hubs, abrufbar unter: https://www.hdruk.ac.uk/helping-with-health-data/health-data-research-hubs/ (Stand: 20.9.2024).

[8] Europäische Kommission, Europäischer Gesundheitsdatenraum, abrufbar unter: https://health.ec.europa.eu/ehealth-digital-health-and-care/european-health-data-space_en (Stand: 30.9.2024).

[9] TÜV Rheinland, Prüfdienstleister bietet treuhänderischen Datenschutz für vernetzte Fahrzeuge, abrufbar unter: https://www.tuv.com/presse/de/meldungen/trusted-data-center.html (Stand 30.9.2024); Caruso Dataplace, abrufbar unter: https://www.caruso-dataplace.com (Stand 30.9.2024), Daneben existieren weitere Initiativen, vgl. Positionspapier des VDA, Automotive Data – Access – Extended and Open, VDA concept for access to in-vehicle data; Positionspapier des ADAC, Wettbewerb, Sicherheit und Transparenz: Daten im vernetzten Fahrzeug, 2020.

[10] Europäische Kommission, Mitteilung der Kommission an das Europäische Parlament, den Rat, den Europäischen Wirtschafts- und Sozialausschuss und den Ausschuss der Regionen, Schaffung eines gemeinsamen europäischen Mobilitätsdatenraums vom 29.11.2023, COM(2023) 751 final.

[11] Specht-Riemenschneider/Kerber, Datentreuhänder – Ein problemlösungsorientierter Ansatz, S. 24.

[12] Statt wie bisher Privatsphäre-invasiv Werbung mithilfe von Drittanbietercookies auszuspielen, soll Googles Privacy Sandbox Nutzende in Interessenkategorien (sog. "Topics") einordnen. Dadurch kann die Werbelandschaft im Internet aufrechterhalten werden, während einzelnen Drittanbietern kein direkter Zugriff auf spezifische Nutzerdaten gewährt wird, vgl. Privacy Sandbox für das Web, abrufbar unter: https://privacysandbox.com/intl/de_de/open-web/#the-privacy-sandbox-timeline (Stand: 30.9.2024); Erste Ergebnisse – Google Ads testet die Privacy Sandbox, abrufbar unter: https://blog.google/intl/de-de/produkte/google-fuer-unternehmen/erste-ergebnisse-google-ads-testet-die-privacy-sandbox/ (Stand: 30.9.2024).

11 Diese vier unterschiedlichen Bereiche wurden nicht nur aufgrund ihrer praktischen Relevanz, sondern auch aufgrund der spezifischen Besonderheiten ausgesucht. So unterscheiden sich die Schwachstellen der derzeitigen Datenverarbeitungspraxis in den beschriebenen vier Bereichen stark. Beispielsweise werden im Bereich der Medizin tendenziell zu wenige Daten genutzt, während im Online-Bereich eher eine Übernutzung von personenbezogenen Daten zu verzeichnen ist.[13] Außerdem werden Daten in den ausgewählten Bereichen als unterschiedlich sensibel wahrgenommen. Gesundheitsdaten sind beispielsweise besonders sensibel, sodass ihnen auch durch Art. 9 DS-GVO ein besonderer Schutz zugutekommt.

b) Ausgestaltungsmöglichkeiten

12 Die zukünftigen Ausgestaltungen von Datentreuhändern können unterschiedlich ausfallen. Um in der vorliegenden Untersuchung ein möglichst umfassendes Repertoire möglicher Ausgestaltungen zu aggregieren, wurde zunächst aus rechtswissenschaftlicher Literatur[14] und Forschung zu benutzerzentrierten, datenschutzfördernden Technologien[15] eine detaillierte Liste potenziell einflussreicher *Faktoren* für die Akzeptanz von Datentreuhändern erstellt. Anschließend wurde diese Liste mithilfe des Feedbacks externer Praktiker und Datenschutzexperten iterativ überarbeitet und konkretisiert. Final ergaben sich damit die folgenden acht *Faktoren* mit zugehörigen *Faktorstufen*:

1. **Betreiber** (Staatlich | Privatwirtschaftlich | Gemeinnützige Organisation)
2. **Anonymität** (Rohdaten | Anonymisierte Daten | Daten ohne Personenbezug)
3. **Datenverarbeitung** (Reine Speicherung | Aggregation | Analyse)
4. **Speicherort** (Deutschland/USA | EU | Weltweit | [Keine Angabe])
5. **Zugangsberechtigte** (Forschungseinrichtungen | Privatwirtschaftliche Unternehmen | Strafverfolgungsbehörden | Allgemeine Öffentlichkeit („Jeder"))
6. **Art des Datenzugangs** (Lesezugriff beim Treuhänder | Datenübermittlung (an Dritte))
7. **Erwartbare Vorteile** (Monetär | Persönlich | [Keine Angabe])
8. **Aufsichtsmechanismen** (Staatlich | Privatwirtschaftlich | Zertifizierung)

13 Die folgenden Abschnitte erläutern detailliert die Herleitung der einzelnen Faktoren:

---

[13] Specht-Riemenschneider/Kerber, Datentreuhänder – Ein problemlösungsorientierter Ansatz, S. 25, 44.

[14] Vgl. zB Arlinghaus/Kus ua in HMD Praxis der Wirtschaftsinformatik; Blankertz/von Braunmühl ua, Themenpapier Datentreuhandmodelle; Blankertz/Specht-Riemenschneider, Wie eine Regulierung für Datentreuhänder aussehen sollte; Specht-Riemenschneider/Kerber, Datentreuhänder – Ein problemlösungsorientierter Ansatz; Specht-Riemenschneider/Blankertz ua MMR-Beil. 2021, 25.

[15] Vgl. zB Ackermann/Burkhalter ua Journal of Consumer Behaviour Vol. 21 (2), 375; Leon/Wang ua, Proceedings of the Ninth Symposium on Usable Privacy and Security 2013; Utz/Becker/Schnitzler/Farke/Herbert/Schaewitz/Degeling/Dürmuth, Proceedings of the 2021 Conference on Human Factors in Computing Systems.

Betreiber

staatlich | privatwirtschaftlich | gemeinnützige Organisation

Ein etabliertes Geschäftsmodell für Datentreuhänder gibt es noch nicht, sodass verschiedene Betreiber eines Datentreuhänders in Frage kommen. Angenommen wird, dass die Trägerschaft zentral für die wahrgenommene Vertrauenswürdigkeit eines Datentreuhänders ist.[16] In der Studie wurden daher drei Faktorstufen unterschieden: Zum einen wird eine *staatliche* Trägerschaft erwogen, da in diesem Fall der Datentreuhänder als Teil der öffentlichen Daseinsvorsorge einfacher zu finanzieren wäre als bei privaten Trägern.[17] Zum anderen wird eine *privatwirtschaftliche* Trägerschaft diskutiert. Es ist denkbar, dass Datentreuhänder privaten Organisationen ihre Dienste entgeltlich anbieten und sich darüber finanzieren könnten.[18] Daneben kommt ein Ausschluss der Gewinnerzielung und damit eine nicht-staatliche *gemeinnützige* Gestaltung des Datentreuhänders in Betracht[19], welche als Mittelweg zwischen die beiden zuvor genannten gegensätzlichen Positionen tritt. 14

Anonymität

Rohdaten | anonymisierte Daten | Daten ohne Personenbezug

Dieser Faktor behandelt die Frage, in welcher Form die Daten der Nutzenden an den Datentreuhänder übermittelt werden. Entscheidend für die Bereitschaft zur Datenweitergabe ist regelmäßig die Anonymität von Daten bzw. ihre Sensibilität.[20] Als Faktorstufen wurden daher *Rohdaten*, *anonymisierte* Daten und *Daten ohne Personenbezug* gewählt, die sich in der Schwere des Eingriffs in die Privatsphäre unterscheiden. Bei Rohdaten handelt es sich um personenbezogene Daten. Diese lassen Rückschlüsse auf konkrete Personen zu und gelten daher als schutzbedürftig. Für diese findet die DS-GVO Anwendung, vgl. Art. 2 Abs. 1 DS-GVO. Arbeiten Datentreuhänder mit solchen Daten, bedarf es hierfür zunächst einer gesetzlichen Erlaubnis (vgl. Art. 6 DS-GVO). Daneben sind weitere Anforderungen, wie die Voraussetzungen für eine rechtmäßige Datenverarbeitung nach Art. 5 DS-GVO zu beachten. 15

---

16 Lindner/Straub, Datentreuhänderschaft – Status Quo und Entwicklungsperspektiven, Kurzstudie im Auftrag des Bundesministeriums für Wirtschaft und Klimaschutz von der Begleitforschung zum Technologieprogramm „SmarteDatenwirtschaft", S. 39.

17 Vgl. Blankertz/von Braunmühl ua, Themenpapier Datentreuhandmodelle, S. 5; Specht-Riemenschneider/Kerber, Datentreuhänder – Ein problemlösungsorientierter Ansatz, S. 29; Lindner/Straub, Datentreuhänderschaft – Status Quo und Entwicklungsperspektiven, Kurzstudie im Auftrag des Bundesministeriums für Wirtschaft und Klimaschutz von der Begleitforschung zum Technologieprogramm „SmarteDatenwirtschaft", S. 39 ff.; Rat für Informationsinfrastrukturen, Stellungnahme: Datentreuhandstellen gestalten – Zu Erfahrungen der Wissenschaft, S. 5; Specht-Riemenschneider/Blankertz, Neue Modelle ermöglichen – Regulierung für Datentreuhänder, böll.brief Grüne Ordnungspolitik, 2021, S. 7; Krämer, Digitale Selbstbestimmung durch Personal Information Management Systems?, 2022, S. 13.

18 Specht-Riemenschneider/Blankertz, Neue Modelle ermöglichen – Regulierung für Datentreuhänder, böll.brief Grüne Ordnungspolitik, 2021, S. 7; Krämer, Digitale Selbstbestimmung durch Personal Information Management Systems?, 2022, S. 8 ff.

19 Specht-Riemenschneider/Blankertz, Neue Modelle ermöglichen – Regulierung für Datentreuhänder, böll.brief Grüne Ordnungspolitik, 2021, S. 7; Lindner/Straub, Datentreuhänderschaft – Status Quo und Entwicklungsperspektiven, Kurzstudie im Auftrag des Bundesministeriums für Wirtschaft und Klimaschutz von der Begleitforschung zum Technologieprogramm „SmarteDatenwirtschaft", S. 39.

20 Ackermann/Burkhalter ua Journal of Consumer Behaviour Vol. 21 (2), 375; Ziefle/Halbey International Conference on Internet of Things and Big Data 2016, 255.

16 Für nicht-personenbezogene und für anonymisierte Daten findet die DS-GVO hingegen keine Anwendung, da von diesen kein eklatantes Risiko für die Privatsphäre des Einzelnen ausgeht, vgl. Art. 2 Abs. 1 DS-GVO und Erwgr. 26 DS-GVO. Unterscheiden kann man zwischen diesen beiden Arten von Daten dennoch, da bei anonymisierten Daten theoretisch die Möglichkeit der Reidentifikation und damit verbundenen De-anonymisierung besteht. Bei nicht-personenbezogenen Daten fehlt der Personenbezug hingegen vollständig, sodass die Privatsphäre am wenigsten beeinträchtigt wird.

Speicherort

Deutschland/USA | EU | Weltweit | keine Angaben

17 Es wurden Speicherorte in unterschiedlicher geografischer Nähe zur Heimat der Teilnehmenden untersucht, da dies das Vertrauen in die Datenspeicherung beeinflussen kann. Für die Teilnehmenden aus Deutschland wurde die Speicherung auf Servern in *Deutschland*, in der *EU* und *weltweit* untersucht, sowie in den USA die Speicherung in den *USA* oder *weltweit*. Zusätzlich wurde als eine weitere Option der Speicherort in der Vignette gar nicht erwähnt (*keine Angabe*) um herausfinden, ob eine Nennung des Speicherorts überhaupt einen Einfluss auf die Meinung der Teilnehmenden hat.

18 Aus rechtlicher Sicht hat der Speicherort Auswirkungen auf die anzuwendenden Datenschutzstandards sowie die geltenden Regelungen für Datenverarbeitungen. Liegt der Speicherort nämlich außerhalb der EU, können aufgrund der DS-GVO unterschiedliche rechtliche Vorgaben gelten.

Datenverarbeitung

Reine Speicherung | Aggregation | Analyse

19 Ein weiterer untersuchter Faktor ist die Datenverarbeitung, die durch den Datentreuhänder vorgenommen wird. Im Schrifttum werden eine Vielzahl von Funktionen und Aufgaben, die Datentreuhänder wahrnehmen könnten diskutiert, darunter beispielsweise die Speicherung der Daten, die Aufbereitung von Daten, zB durch Anonymisierung oder auch das selbständige Durchführen von Datenauswertungen.[21] Als Faktorstufen wurde daher zwischen einer reinen *Speicherung*, der *Aggregation* von Daten aus verschiedenen Quellen und der *Analyse* unterschieden. Diese Datenverarbeitungspraktiken können als unterschiedlich invasiv wahrgenommen werde und haben zudem Einfluss darauf, zu welchen Daten Dritten später Zugang gewährt werden kann. Im Falle der Ausgestaltung *Analyse* wurde zusätzlich erwähnt, dass ausschließlich die Ergebnisse der Analysen an Dritte weitergegeben werden.

[21] Specht-Riemenschneider/Kerber, Datentreuhänder – Ein problemlösungsorientierter Ansatz, S. 13, 17; Blankertz/Specht-Riemenschneider, Wie eine Regulierung für Datentreuhänder aussehen sollte, S. 9; Lindner/Straub, Datentreuhänderschaft – Status Quo und Entwicklungsperspektiven, Kurzstudie im Auftrag des Bundesministeriums für Wirtschaft und Klimaschutz von der Begleitforschung zum Technologieprogramm „SmarteDatenwirtschaft“, S. 11; Blankertz/von Braunmühl/Kuze ua. Themenpapier Datentreuhandmodelle, S. 4.

Zugangsberechtigte

Forschungseinrichtungen | Privatwirtschaftliche Unternehmen | Strafverfolgungsbehörden | Allgemeine Öffentlichkeit („Jeder")

Die Verbesserung des Zugangs zu Daten für Dritte und damit die gemeinsame 20
Datennutzung ist das zentrale Ziel von Datentreuhändern. Daher ist es sinnvoll zu untersuchen, mit welchen Datenzugangsberechtigten (potenziellen „Empfängern" der Daten) Nutzende ihre Daten teilen würden. Im Bereich der Mobilität ist beispielsweise bereits seit längerer Zeit umstritten, ob in Autos generierte Daten von Unternehmen, öffentlichen Einrichtungen oder für die wissenschaftliche Forschung genutzt werden können.[22] Auch im Bereich der medizinischen Daten wird darüber diskutiert, welche Akteure zugangsberechtigt sein sollten.[23] Insbesondere wird Datentreuhändern für den vertrauensvollen Austausch zwischen Wissenschaft, Wirtschaft und Gesellschaft ein großes Potential attestiert.[24] Um diese Gruppen abzubilden, wurden *Forschungseinrichtungen*, der *privaten Unternehmen*, der *Strafverfolgungsbehörden* und von *Privatpersonen* als Empfänger ausgewählt. Damit werden die unterschiedlichen Adressaten die grundsätzlich in Betracht kommen, vollständig erfasst. Inspiriert wird diese Auswahl auch von den existierenden Regelungen. So sieht das Bundeskrebsregister vor, dass auf Antrag Daten zu Forschungszwecken grundsätzlich öffentlichen und privaten Einrichtungen und Personen übermittelt werden, vgl. § 8 Abs. 1 BKrebsregisterG. Außerdem hat Jedermann die Möglichkeit, den öffentlich verfügbaren, anonymisierten Forschungsdatensatz auf der Internetseite zu nutzen, vgl. § 8 Abs. 10 BKrebsregisterG.

Art des Datenzugangs

Lesezugriff beim Treuhänder | Datenübermittlung (an Dritte)

Wie bereits erläutert ist der Datenzugang verschiedener Akteure essenziell für 21
einen Datentreuhänder. Bei der Art, wie die Daten den Datenzugangsberechtigten bereitgestellt werden, kommen verschiedene Möglichkeiten in Betracht. Angelehnt an das Bundeskrebsregister wurde als erste Faktorstufe die *Datenübermittlung* (als Datensatz) ausgewählt. Daneben kennt das Bundeskrebsregister als sicherere Alternative die Bereitstellung von Daten nur in gesicherter physischer oder virtueller Umgebung unter Kontrolle des Zentrums für Krebsregisterdaten (vgl. § 8 Abs. 6 S. 1 BKrebsregisterG). Daraus wurde die Faktorstufe *Lesezugriff* beim Treuhänder abgeleitet, wobei die Daten somit ausschließlich auf Servern des Datentreuhänders gespeichert werden und der Zugriff beispielsweise nur durch ein Onlineportal möglich ist – mit einer begrenzten Anzahl an möglichen Anfragen.[25]

---

[22] Specht-Riemenschneider/Kerber, Datentreuhänder – Ein problemlösungsorientierter Ansatz, S. 59 f.

[23] Hier wird insbesondere ein Ausschluss der Versicherungs- und der Werbeindustrie diskutiert, vgl. Blankertz/Specht-Riemenschneider, Wie eine Regulierung für Datentreuhänder aussehen sollte, S. 28.

[24] Rat für Informationsinfrastrukturen, Stellungnahme: Datentreuhandstellen gestalten – Zu Erfahrungen der Wissenschaft, S. 5.

[25] Zentrum für Krebsregisterdaten, abrufbar unter: https://www.krebsdaten.de/Krebs/DE/Home/homepage_node.html (Stand: 30.9.2024).

Erwartbare Vorteile

Monetär | Persönlich | keine Angaben

22 Da sich Datentreuhänder noch nicht etabliert haben, ist es umso wichtiger, Anreize für eine verstärkte gemeinsame Nutzung von Daten zu schaffen. Mit Datentreuhändern wird zudem immer wieder die wirtschaftliche Verwertung von Daten verknüpft.[26] Auch wenn die Monetarisierung von Daten im Allgemeinen, insbesondere aufgrund ethischer Bedenken wie dem Druck auf einkommensschwache Gesellschaftsgruppen, ihre Privatsphäre gegen finanzielle Vorteile aufzugeben, stark umstritten ist[27], sollen mögliche Anreize zumindest grob untersucht werden. Daher wurde in dieser Studie lediglich getestet, ob das Erwähnen von monetären Anreizen einen Einfluss zeigt. Ausschließlich für medizinische Daten wurde zusätzlich die Faktorstufe *Vorteile für die persönliche Gesundheit* berücksichtigt. Mögliche über monetäre Vorteile hinausgehende Anreize gestalten sich bei Treuhändern stark sektorspezifisch, sodass von einer Konkretisierung für die anderen Sektoren abgesehen wurde. Es ist ratsam dieser Frage stattdessen in gezielten, bereichspezifischen Untersuchungen nachzugehen.

Aufsichtsmechanismen

Staatlich | Privatwirtschaftlich | Zertifizierung

23 Um potenziell entstehende Risiken von Datentreuhändern abzumildern sind geeignete Aufsichtsmechanismen von großer Bedeutung. Gleichzeitig gilt gemeinhin die Annahme durch geeignete Mechanismen das Vertrauen in Datentreuhänder stärken zu können. So werden zB Zertifizierung und Überwachungssysteme für Datentreuhänder gefordert.[28] Der DGA, der für Datentreuhänder besonders relevant ist, schreibt beispielsweise ein Anmeldeverfahren für Datenvermittlungsdienste verbindlich vor (vgl. Art. 10 DGA). Hinsichtlich der Aufsicht wurde als Faktorstufen zwischen einer *staatlichen* und einer *privatwirtschaftlichen* Aufsicht unterschieden.

24 In der Literatur wird zudem angenommen, dass eine Zertifizierung von Datentreuhändern das Vertrauen und die wahrgenommene Transparenz erhöhen könnte.[29] So sind Zertifizierungen und Datenschutzsiegel bereits aus der DS-GVO bekannt (vgl. Art. 42 DS-GVO und Erwgr. 100 DS-GVO) und auch der DGA sieht das Führen eines öffentlichen nationalen Registers anerkannter Datenvermittlungsorganisationen vor (Art. 17 DGA). Daher wurde zusätzlich untersucht, ob eine Zertifizierung grundsätzlich einen Einfluss auf die Nutzung des Datentreuhänders hat.

---

[26] So wird auch über das Konzept einer „Verwertungsgesellschaft Daten“ diskutiert, vgl. Arlinghaus/Kus/Kajüter/Teuteberg HMD Praxis der Wirtschaftsinformatik, 565; Richter BvD-NEWS 2020, 10; Buchner, Informationelle Selbstbestimmung im Privatrecht, S. 278; Lind/Suckfüll, Initiative zu einer Deutschen Daten-Treuhand (DEDATE) als Ultima Ratio der Persönlichen Digitalen Datenwirtschaft (PDD), S. 3; Pertot/Schmidt-Kessel/Padovini, Rechte an Daten/Wendehorst/Schwamberger/Grinzinger S. 108; Specht-Riemenschneider/Blankertz ua MMR-Beil. 2021, 25 (27).

[27] Siehe ausführlich in Krämer, Delegierte Selbstbestimmung?, S. 11.

[28] Gutachten der Datenethikkommission der Bundesregierung, 2019, S. 134.

[29] Arlinghaus/Kus/Kajüter/Teuteberg HMD Praxis der Wirtschaftsinformatik, 576; Specht-Riemenschneider/Blankertz, Neue Modelle ermöglichen – Regulierung für Datentreuhänder, böll.brief Grüne Ordnungspolitik, Juli 2021, S. 12; Blankertz/Specht-Riemenschneider, Wie eine Regulierung für Datentreuhänder aussehen sollte, S. 27; Ruhaak, Data trusts in Germany and under the GDPR, S. 11.

2. Studiendesign

25 Die vorliegende Studie nutzt ein sogenannte „Vignettenstudien“-Design. Dieses ahmt reale Entscheidungssituationen nach, in der Nutzende Entscheidungen auf Basis vieler verschiedener Faktoren gleichzeitig treffen, zu denen ihnen oftmals nur unvollständige oder sogar fehlerhafte Informationen vorliegen. Eine sogenannte „*Vignette*“ ist dabei eine Beschreibung einer Situation oder eines Szenarios, in welches sich Studienteilnehmende hineinversetzen und es anschließend bewerten.[30]

26 Die Vignette startet mit einer kurzen Beschreibung einer, dem Sektor angepassten Situation, zB einem Besuch beim Arzt (*Medizin*) oder im Autohaus (*Auto*). Danach folgt die Beschreibung des Treuhänders, der sich aus den sogenannten „*Faktoren*“ zusammensetzt, welche wiederum unterschiedliche „*Faktorstufen*“ annehmen können. Abbildung 1 zeigt die Darstellung einer exemplarischen Vignette.

27 Kern der Umfrage war die Bewertung der Nutzungswahrscheinlichkeit des in dieser Vignette beschriebenen Datentreuhänders auf einer Skala von „1 – *Nutzung sehr unwahrscheinlich*“ bis „7 – *Nutzung sehr wahrscheinlich*“. Anschließend begründeten die Teilnehmenden ihre jeweilige Bewertung in einer offenen Antwort. Der zweite Teil der Umfrage fragte dann zusätzlich den positiven bzw. negativen Einfluss jedes einzelnen Faktors auf die Nutzungswahrscheinlichkeit explizit ab. Außerdem wurde eine Teilnahmeeinwilligung eingeholt und demographische Daten abgefragt.

Stellen Sie sich vor, Sie sind bei Ihrem Arzt zur Untersuchung und er hat folgende Daten über Sie gespeichert:

- Name, Adresse, Geburtsdatum, Geschlecht
- Medizinische Untersuchungen, Regelmäßigkeit der Untersuchungen, Krankheiten
- Notfallinformationen (Allergien, Blutgruppe...)

Ihr Arzt fragt Sie, ob Sie Interesse haben Ihre erhobenen Daten der ❶ **staatlichen Behörde Dawi** zur Verfügung zu stellen, welche Dritten unter folgenden Bedingungen Zugriff auf Ihre Daten gewährt. Diese Möglichkeit ist freiwillig.

- Dawi erhält bereits ❷ **anonymisierte** Datensätze und ❸ **analysiert** diese.
- Die Daten werden von Dawi ausschließlich auf ❹ **Servern in der EU** gespeichert.
- Zugriff auf die Daten können ❺ **Forschungseinrichtungen** und **privatwirtschaftliche Unternehmen** bekommen.
- Die Datensätze werden verschlüsselt an Dritte ❻ **übermittelt**.
- Sie erhalten im Gegenzug für Ihre Daten eine ❼ **monetäre Entlohnung**.
- Dawi ist ❽ **zertifiziert** und wird von einer **privatwirtschaftlichen Aufsichtsinstanz** (Wirtschaftsprüfungsunternehmen) jährlich auf Einhaltung der rechtlichen Vorgaben überprüft.

Abbildung 1: Beispielvignette mit Beschreibung des Szenarios „Medizin“ (❶ Betreiber, ❷ Anonymität, ❸ Datenverarbeitung, ❹ Speicherort, ❺ Zugangsberechtigte, ❻ Art des Datenzugangs, ❼ Erwartbare Vorteile, ❽ Aufsichtsmechanismen). „Dawi“ ist hier der fiktive Name des Datentreuhänders.

[30] Vgl. ausführlich zu Vignettenstudien: Finch Sociology 1987 Vol. 21 (1), 105.

3. Einschränkungen der Studie

28 Online-Studien schließen zwangsläufig die Perspektiven von Personen aus, die das Internet nicht nutzen. Auch sollten die Ergebnisse nicht ohne Weiteres auf andere Kulturen übertragen werden, da Forschung zum Privatsphäre-Empfinden deutliche Unterschiede zwischen verschiedenen Nationalitäten und Kulturkreisen zeigt. Des Weiteren ist denkbar, dass nicht alle Ausgestaltungsmöglichkeiten von Datentreuhändern in der Studie vollständig erfasst wurden. Vignettenstudien bieten wertvolle erste Einblicke und helfen, wichtige Einflussfaktoren zu identifizieren, sie ermöglichen jedoch keine umfassende Interpretation. Daher sind weiterführende bereichsspezifische Analysen erforderlich, um die Einflüsse im Detail zu untersuchen. Zudem nähern sich Vignettenstudien, indem sie die Teilnehmenden auffordern, sich in die beschriebenen Szenarien hineinzuversetzen, den realen Verhaltensweisen nur an. Das tatsächliche Verhalten einzelner Personen kann jedoch von den Antworten unter Studienbedingungen abweichen.

III. Ergebnisse

29 Bisher ist wenig über die Einstellungen von Nutzenden bezüglich Datentreuhändern im Allgemeinen bekannt. Dieses Kapitel beleuchtet daher zunächst einige generelle Eindrücke der Teilnehmenden, bevor die spezifischen Einflüsse der untersuchten Ausgestaltungsmöglichkeiten von Treuhändern berichtet werden. Bisweilen werden Kommentare der Teilnehmenden folgendem Zitierungsschema folgend als Beispiele gebracht: $\boldsymbol{M_{US}}$14. Das ***M*** repräsentiert den *Sektor* (in diesem Fall ***M****edizin*, alternativ ***A****uto*, ***O****nline*, oder ***I****o****T***), ***US*** steht für das Land (alternativ ***DE***) und die Zahl ist der Code des Teilnehmenden.

1. Allgemeine Einschätzungen zu Datentreuhändern

a) Vertrautheit mit Datentreuhändern

30 Wenig überraschend gaben 71 % der Teilnehmenden im Zeitpunkt der Datenerhebung an, noch nie einen Datentreuhänder genutzt zu haben (USA: 60 %, DE: 86 %); weitere waren sich unsicher (USA: 23 %, DE: 11 %). Während nur 14 % der deutschen Teilnehmenden schon von Datentreuhändern gehört hatten, war der Anteil in den USA mit 27 % fast doppelt so hoch. Die Übrigen waren sich entweder unsicher (USA: 19 %, DE: 20 %) oder hatten den Begriff noch nie gehört (USA: 54 %, DE: 66 %).

31 Da Datentreuhänder ein neues Konzept sind, war eine geringe Vertrautheit in der Bevölkerung erwartbar. Entsprechend überraschend ist es, dass dennoch 15 bis 30 % der Teilnehmenden – besonders in der amerikanischen Stichprobe – eine gewisse Vertrautheit mit der Begrifflichkeit äußerten.

b) Bereitschaft zur Nutzung von Datentreuhändern

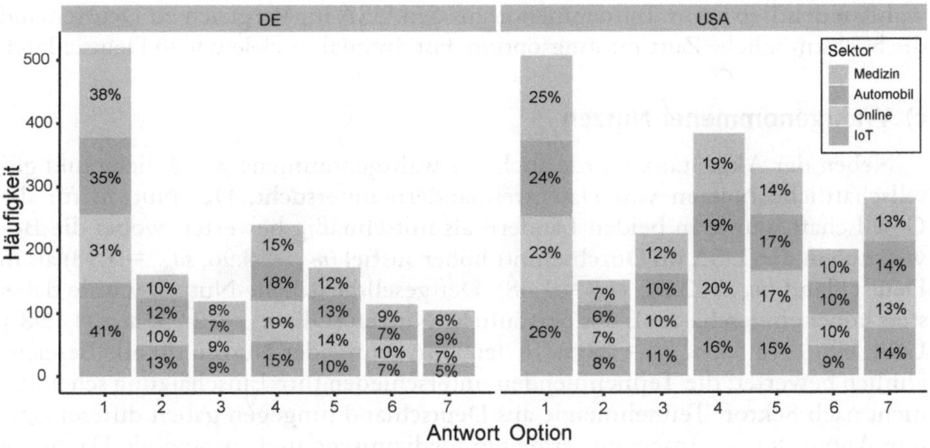

Abbildung 2: Nutzungswahrscheinlichkeit bewertet von „1 – Sehr unwahrscheinlich" bis „7 – Sehr wahrscheinlich".

Im Anschluss an die Darstellung der Vignetten gaben die Teilnehmenden ihre Bereitschaft zur Nutzung von Datentreuhändern an. Diese Ergebnisse vermitteln einen ersten groben Eindruck der allgemeinen Akzeptanz des Konzepts. Abbildung 2 zeigt die Verteilung der Antworten. Es ist zu beachten, dass diese Ergebnisse nicht zwangsläufig die Zustimmung zu einem ideal ausgestalteten Datentreuhänder widerspiegeln, da sie eine Aggregation aller experimentellen Vignettenvariationen darstellen – einschließlich solcher, die die Akzeptanz positiv oder negativ beeinflusst haben. **32**

Insgesamt war die Bereitschaft zur Nutzung eines Datentreuhänders bei den Teilnehmenden aus den USA in jedem Bereich signifikant höher als bei den Teilnehmenden aus Deutschland ($p < .001$). Die deutsche Stichprobe gab im Durchschnitt eine Bewertung von $m_{DE} = 3.1$ ab, während die Teilnehmenden aus den USA ihre Bereitschaft zur Nutzung mit durchschnittlich $m_{US} = 3.8$ bewerteten. Die untersuchten Bereiche (*Medizin, Auto, IoT, Online*) unterscheiden sich dabei nur geringfügig in ihrer Bewertung. In Deutschland erhielt der Datentreuhänder für Onlinedaten die positivste Bewertung ($m_{www} = 3.3$; $sd_{www} = 2.0$), während automobile Daten ($m_{auto} = 3.2$; $sd_{auto} = 2.1$) und medizinische Daten ($m_{med} = 3.1$; $sd_{med} = 2.1$) geringfügig negativer bewertet wurden. Für IoT-Daten fiel die Zustimmung jedoch sichtlich geringer aus, mit nur $m_{IoT} = 2.8$ ($sd_{IoT} = 1.9$), was einen signifikanten Unterschied zu den Bereichen Auto ($t(705) = -2.47$; $p < .05$) und Onlinedaten ($t(701) = -3.23$; $p < .01$) darstellt. In den USA waren die Bewertungen homogener, wobei Auto- ($m_{auto} = 3.9$; $sd_{auto} = 2.1$) und Onlinedaten ($m_{www} = 3.8$; $sd_{www} = 2.0$) etwas positiver und Medizin- ($m_{med} = 3.7$; $sd_{med} = 2.1$) und IoT-Daten ($m_{IoT} = 3.7$; $sd_{IoT} = 2.1$) etwas negativer bewertet wurden. Diese Unterschiede sind jedoch nicht statistisch signifikant. **33**

Abbildung 2 zeigt deutlich, dass ein erheblicher Teil der Teilnehmenden, insbesondere in Deutschland, eine starke Ablehnung gegenüber der Nutzung **34** von Datentreuhändern äußerte. Diese Ablehnung war in allen Bereichen hoch, besonders jedoch bei IoT-Daten (40,5% vollständige Ablehnung). Gleichzeitig wählten deutlich mehr Teilnehmende aus den USA im Vergleich zu Deutschland die höchstmögliche Zustimmungsoption, fast dreimal so viele wie in Deutschland.

c) Wahrgenommener Nutzen

35 Neben der Akzeptanz wurde auch der wahrgenommene persönliche und gesellschaftliche Nutzen von Datentreuhändern untersucht. Der Nutzen für die Gesellschaft wurde in beiden Ländern als mittelmäßig bewertet, wobei die Bewertung in den USA im Durchschnitt höher ausfiel ($m_{ges} = 3.96$; $sd_{ges} = 1.98$) als in Deutschland ($m_{ges} = 3.51$; $sd_{ges} = 1.88$). Der gesellschaftliche Nutzen wurde dabei stets höher eingeschätzt als der persönliche Nutzen (DE: $m_{ges} = 2.93$; $sd_{ges} = 1.98$ | USA: $m_{selbst} = 3.55$; $sd_{selbst} = 2.08$). In den USA wurde der Nutzen für alle Bereiche ähnlich bewertet; die Teilnehmenden unterschieden ihre Einschätzung scheinbar nicht nach Sektor. Teilnehmende aus Deutschland hingegen gaben differenziertere Antworten ab. Insgesamt erhielten medizinische und automobile Daten die positivsten Bewertungen in Bezug auf ihren gesellschaftlichen Nutzen, während der Nutzen von IoT-Daten am niedrigsten eingestuft wurde.

36 Der Unterschied zwischen wahrgenommenem Nutzen für sich selbst und für die Gesellschaft war bei medizinischen Daten besonders groß (Differenz von 0.73), aber auch bei Automobil- und IoT-Daten deutlich messbar. Im Bereich der Online-Daten war die Differenz zwischen persönlichem und gesellschaftlichem Nutzen geringer, was jedoch in Anbetracht der insgesamt niedrigeren Bewertungen des Themas wenig überrascht. Einige Teilnehmende äußerten sich auch in den offenen Antworten zum Nutzen von Datentreuhändern (DE: 45 (3%) | USA: 126 (6%)). Manche hoben sogar ausdrücklich den potenziellen *gesellschaftlichen* Nutzen hervor (DE: 73 (4.5%) | USA: 44 (2%)). Diese Gruppe war im Bereich der medizinischen Daten besonders stark repräsentiert, da die Teilnehmenden hier offenbar ein klareres Verständnis des Nutzens dieser Daten hatten als in den anderen Bereichen.

d) Allgemeine Eindrücke

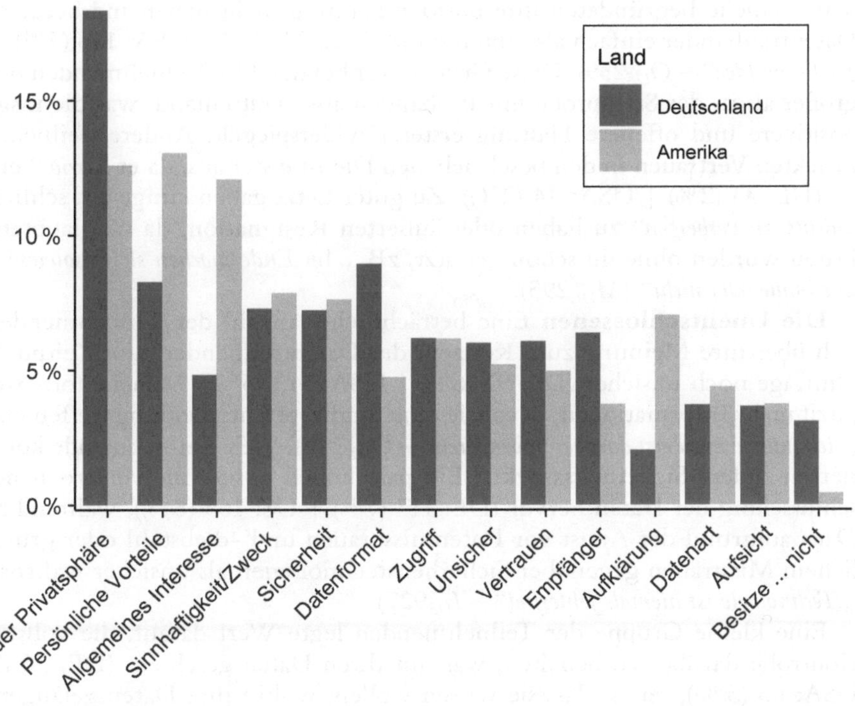

Abbildung 3: Häufigkeit der Themen in den offenen Antworten

In den offenen Antworten äußerten einige Teilnehmende allgemeine Gründe für ihre Bereitschaft oder Zurückhaltung, Daten mit einem Datentreuhänder zu teilen. Abbildung 3 bietet einen groben Überblick über die Themenbereiche, die in den offenen Antworten vorrangig angesprochen wurden. **37**

Die Ablehnenden Wie die generelle Akzeptanz (vgl. → Rn. 33 Abschnitt IV.1.b) bereits vermuten ließ, gibt es eine Gruppe von Nutzenden, welche grundsätzlich nicht bereit ist, Datentreuhänder zu verwenden. Diese Gruppe war unter den deutschen Teilnehmenden größer als unter den US-Teilnehmenden, jedoch wurden ähnliche Beweggründe genannt. Während einige schlichtweg Desinteresse bekundeten (DE: 45 (3%) | USA: 82 (4%)), nannte die Mehrheit Bedenken hinsichtlich des Datenschutzes sowie Mangel an Vertrauen in den Datentreuhänder, zB wurde der Dienst vereinzelt als *„dubios und nicht vertrauenswürdig"* bezeichnet (O_{US}14). Das Misstrauen richtete sich dabei in verschiedene Richtungen: *1)* Einige vertrauten dem Datentreuhänder als Akteur selbst nicht und vermuteten böswillige Absichten, *2)* andere bezweifelten die Fähigkeit des Treuhänders, ihre Daten zu schützen, vermuteten jedoch keine direkten böswilligen Absichten, und *3)* einige glaubten, dass Sicherheitstechnologien grundsätzlich fehleranfällig sind und es daher unmöglich sei, die Daten zu schützen, selbst wenn der Treuhänder die besten Absichten hat. **38**

39 **Die Befürwortenden** Am anderen Ende des Spektrums standen die *Befürwortenden*, welche dem Konzept nahezu uneingeschränkt positiv gegenüberstanden. Manche begründeten ihre positive Haltung nicht näher und bezeichneten Datentreuhänder einfach als „interessant" (DE: 33 (2%) | USA: 156 (7%) | *„Mir gefällt die Idee"* – O_{US}259). Diese Gruppe war bei den US-Teilnehmenden deutlich größer als in der Stichprobe mit Probanden aus Deutschland, was die insgesamt positivere und offenere Haltung ersterer widerspiegelt. Andere Teilnehmende drückten Vertrauen in den beschriebenen Dienstleister aus, da er *„seriös"* erscheine (DE: 33 (2%) | USA: 44 (2%)). Zu guter Letzt gaben einige an, schlichtweg *„nichts zu verbergen"* zu haben oder äußerten Resignation, da sie glaubten, ihre Daten würden ohnehin schon genutzt, zB *„Am Ende machen sie es sowieso, ob ich zustimme oder nicht"* (M_{DE}295).

40 **Die Unentschlossenen** Eine beträchtliche Anzahl der Teilnehmenden war sich über ihre Meinung zum Konzept der Datentreuhänder zum Zeitpunkt der Umfrage noch unsicher (DE: 97 (6%) | USA: 113 (5%)). Manche forderten explizit mehr Informationen, bevor sie eine fundierte Entscheidung treffen könnten (*„Ich müsste mich erst darüber informieren"* – O_{DE}220). Viele Teilnehmende kommentierten zudem Sicherheitsaspekte: Ein paar hoben positiv die versprochene Verschlüsselung der Daten hervor (DE: 117 (7%) | US: 165 (8%)), während andere *Dawi* aufgrund der Angst vor Datenmissbrauch und -diebstahl oder grundsätzlichem Misstrauen gegenüber Sicherheitstechnologien als unsicher wahrnahmen (*„Technologie ist niemals fehlerfrei"* – I_{US}927).

41 Eine kleine Gruppe der Teilnehmenden legte Wert darauf, die vollständige Kontrolle darüber zu behalten, was mit ihren Daten geschieht (DE: 36 (2%) | USA: 63 (3%)), sei es, dass sie wissen wollen, wohin ihre Daten gelangen (*„Ich möchte wissen, wohin meine Daten verkauft werden"* – I_{US}747), oder dass sie die explizite Möglichkeit, den Zugriff durch Dritte im Einzelfall verwalten zu können, vermissten (*„Ich habe keine Kontrolle darüber, was mit den Daten passiert"* – O_{DE}348).

2. Einfluss konkreter Faktoren auf die Nutzungsbereitschaft

42 Der folgende Abschnitt gewährt nun Einblicke in den Einfluss konkreter Faktoren auf die Nutzungsbereitschaft der Teilnehmenden. Dies setzt sich aus einer deskriptiven Analyse der direkten Fragen sowie dem statistischen Einfluss der experimentellen Faktoren aus den Vignetten zusammen.[31] Des Weiteren werden die statistischen Erkenntnisse durch Kommentare aus den offenen Antworten untermauert.

[31] Die vollständigen Regressionsresultate finden sich in Lassak/Püschel ua Balancing Privacy and Data Utilization: A Comparative Vignette Study on User Acceptance of Data Trustees in Germany and the US. NDSS 2025.

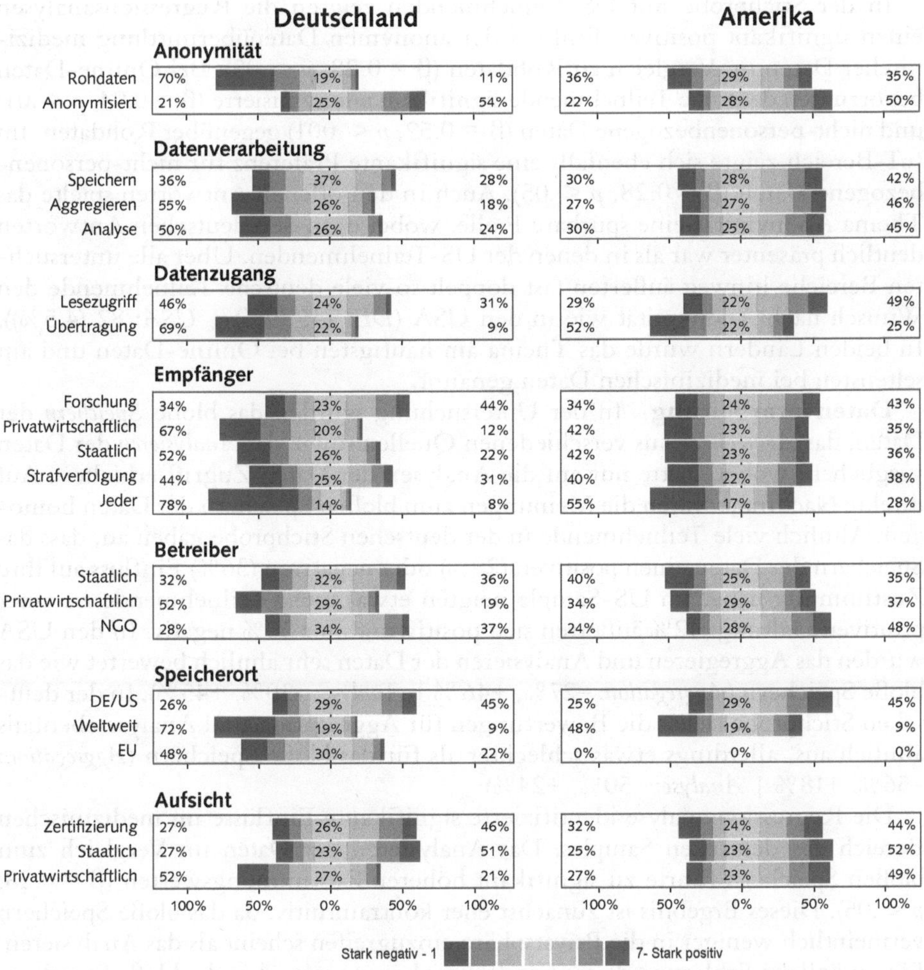

Abbildung 4: Einfluss einzelner Faktoren auf die Wahrscheinlichkeit Datentreuhänder zu nutzen

a) Anonymität und Datenverarbeitung

Im Folgenden werden zunächst Aspekte dargestellt, die einen konkreten Zusammenhang mit dem Datenschutzempfinden der Nutzenden aufweisen. 43

Anonymität In der Wahrnehmung der Teilnehmenden spielt die Anonymität ihrer Daten eine entscheidende Rolle. Auf direkte Nachfrage wurde die *anonymisierte* Datennutzung sowohl in Deutschland als auch in den USA positiv bewertet (DE: –21 %, +53 % | US: –22 %, +50 %). Nicht-anonymisierte *Rohdaten* hingegen stießen bei den deutschen Teilnehmenden auf erhebliche Ablehnung, wobei 70 % diese negativ wahrnahmen. US-Teilnehmende zeigten sich hier weniger kritisch – die Anteile positiver (34 %) und negativer (36 %) Bewertungen vielen ungefähr gleich aus. 44

45 In der Stichprobe mit US-Teilnehmenden zeigten die Regressionsanalysen einen signifikant positiven Einfluss der anonymen Datenübermittlung medizinischer Daten im Vergleich zu Rohdaten ($\beta = 0.28$, $p < .05$). Bei Online-Daten bevorzugten deutsche Teilnehmende signifikant anonymisierte ($\beta = 0.04$, $p < .01$) und nicht-personenbezogene Daten ($\beta = 0.52$, $p < .001$) gegenüber Rohdaten. Im IoT-Bereich zeigte sich ebenfalls eine signifikante Präferenz für nicht-personenbezogene Daten ($\beta = 0.28$, $p < .05$). Auch in den offenen Antworten spielte das Thema Anonymität eine spürbare Rolle, wobei es in den deutschen Antworten deutlich präsenter war als in denen der US-Teilnehmenden. Über alle untersuchten Bereiche hinweg äußerten fast doppelt so viele deutsche Teilnehmende den Wunsch nach Anonymität wie in den USA (*DE*: 145 (9%) | *USA*: 82 (4.5%)). In beiden Ländern wurde das Thema am häufigsten bei Online-Daten und am seltensten bei medizinischen Daten genannt.

46 **Datenverarbeitung** In der Untersuchung wurden das bloße *Speichern* der Daten, das *Aggregieren* aus verschiedenen Quellen sowie das *Analysieren* der Daten verglichen, wobei Dritte nur auf die Analysen der Daten Zugriff erhielten. Auf direkte Nachfrage waren die Meinungen zum bloßen Speichern der Daten homogen. Ähnlich viele Teilnehmende in der deutschen Stichprobe gaben an, dass das Speichern der Daten einen positiven (28%) oder negativen (36%) Einfluss auf ihre Zustimmung habe. Im US-Sample neigten etwas mehr Teilnehmende zu einer positiven Haltung: 42% äußerten sich positiv und nur 30% negativ. In den USA wurden das Aggregieren und Analysieren der Daten sehr ähnlich bewertet wie das bloße Speichern (*Aggregation*: –27%, +46 % | *Analyse*: –30%, +45%). In der deutschen Stichprobe fielen die Bewertungen für Aggregation und Analyse ebenfalls ähnlich aus, allerdings etwas schlechter als für das bloße Speichern (*Aggregation*: –56%, +18% | *Analyse*: –50%, +24%).

47 Die Regressionsanalyse identifizierte signifikante Einflüsse im medizinischen Bereich des deutschen Samples. Das Analysieren der Daten im Vergleich zum bloßen Speichern führte zu signifikant höheren Zustimmungswerten ($\beta = 0.28$, $p < .05$). Dieses Ergebnis ist zunächst eher kontraintuitiv, da das bloße Speichern vermeintlich weniger in die Privatsphäre einzugreifen scheint als das Analysieren. Eine mögliche Erklärung dieses Ergebnisses könnte sein, dass das bloße Speichern von Daten als bedeutungslos oder sinnlos wahrgenommen wird. Diese Interpretation wird durch die offenen Antworten unterstützt, in denen viele Teilnehmende angaben, dass ein eindeutig erkennbarer Zweck der Datenerhebung ihre Bereitschaft zur Nutzung des Datentreuhänders beeinflusst. Eine andere Erklärung könnte sein, dass Teilnehmende durch die Formulierung „Dritte erhalten nur Zugriff auf die Analysen“ beruhigt worden sind, da dies datenschutzfreundlicher erscheint.

b) Datenzugang durch Dritte

48 Weiter wurde untersucht, welche Ausgestaltungsformen des Datenzugangs einen Einfluss auf die Nutzungsbereitschaft von Datentreuhändern haben. Dies betrifft einerseits die Art des Datenzugangs und andererseits die Zugangsberechtigten Akteure.

49 **Art des Datenzugangs** Der Zugriff auf die Daten beim Treuhänder durch Dritte wurde in zwei Varianten unterschieden. Der Hauptunterschied bestand darin, dass die Daten jederzeit beim Treuhänder verbleiben (*Lesezugriff*) oder an Dritte übermittelt werden (*Übertragung*). In beiden Ländern wurde die Über-

tragung an Dritte überwiegend negativ bewertet (*DE*: –70%, +9% | *USA*: –52%, +25%), während der reine Lesezugriff positivere Reaktionen hervorrief. In Deutschland waren die Ergebnisse hier ungefähr gleichverteilt auf positive und negative Bewertungen (–46%, +31%), während die US-Teilnehmenden eine deutlich positive Tendenz zeigten (–29%, +49%).

Trotz dieser teilweise stark ablehnenden Bewertungen zeigte sich in der Regressionsanalyse nur ein einziger signifikanter Zusammenhang: Im medizinischen Bereich präferierten Teilnehmende aus Deutschland den Lesezugriff gegenüber der Übertragung ($\beta = -0.23$, $p < .05$). Aus Datenschutz- und Privatsphäre-Perspektive ist es nachvollziehbar, dass Nutzende es bevorzugen, wenn die Daten nur beim Treuhänder verbleiben. Ob dies in der Praxis jedoch eine geeignete Option ist, ist unklar, denn oft entsteht ein Mehrwert erst durch Kombination von Daten aus verschiedenen Quellen, was eine Datenübermittlung voraussetzt. Auch in den offenen Antworten wurden Aspekte des Zugriffs angesprochen – meist negativ konnotiert. Mehrere Teilnehmende äußerten ausdrücklich, dass ihnen der Zugang Dritter zu ihren Daten missfalle. Während sie dem Treuhänder selbst den Zugriff auf die Daten zuzugestehen schienen, lehnten sie es ab, dass insbesondere unbekannte Dritte darauf zugreifen (*DE*: 83 (5%) | *USA*: 94 (4%) | *„Ich möchte nicht, dass meine Daten weitergegeben werden"* – (M_{DE}441)). Die Teilnehmenden unterschieden jedoch nie zwischen der Art und Weise des Zugriffs. Sie lehnten entweder jeglichen Drittzugriff ab oder akzeptierten ihn, ohne den bevorzugten Zugriffstyp zu spezifizieren. Ein völliges Verbot des Zugriffs Dritter würde allerdings das Konzept eines Datentreuhänders konterkarieren, da dessen vorgesehener Zweck gerade darin besteht, als vertrauenswürdiger *Vermittler* zwischen dem Nutzenden als Datengebendem und potenziell unzuverlässigen Dritten zu agieren. 50

Zugangsberechtigte Die denkbaren Zugangsberechtigten sind unterschiedlich beliebt bei den Nutzenden. In der Auswertung zeigte sich, dass Forschungsinstitutionen in beiden untersuchten Ländern gegenüber anderen Empfängern deutlich bevorzugt werden. Dennoch waren die positiven und negativen Meinungen relativ ausgeglichen, und es zeigte sich keine eindeutig positive Tendenz (*DE*: –34%, +44% | *USA*: –34%, +42%). Somit genießen Forschungseinrichtungen zwar das größte Vertrauen, doch Nutzende, die das Teilen ihrer Daten grundsätzlich ablehnen, würden sich voraussichtlich selbst mit einen Exklusivzugang nur für Forschungseinrichtungen nicht von der Nutzung eines Datentreuhänders überzeugen lassen. Darüber hinaus zeigte sich in Deutschland eine deutliche Ablehnung für den Zugriff durch staatliche Institutionen. Mehr als die Hälfte der Teilnehmenden äußerte sich negativ, nur 22% bewerteten den staatlichen Zugriff positiv. Bei der amerikanischen Stichprobe gab es nur vergleichsweise kleine Unterschiede in der Einstellung gegenüber dem Staat im Vergleich zu Forschungsinstitutionen (–42%, +36%). Der Zugang für Unternehmen wurde von den Deutschen allerdings noch stärker abgelehnt (–67%), während die Amerikaner erneut ähnlich viele positive und negative Bewertungen abgaben (–42%, +35%). Der Zugang für die allgemeine Öffentlichkeit stieß in beiden Ländern auf die stärkste Ablehnung. In Deutschland war die Gruppe derer, die Widerspruch äußerten (–78%) jedoch deutlich größer als in den USA (–55%). Überraschenderweise wurde der Zugang für Strafverfolgungsbehörden positiv wahrgenommen. Der Anteil derjenigen, die einen positiven Einfluss angaben, überstieg den für Unternehmen und andere staatliche Organisationen in beiden Ländern (*DE*: –44%, 51

+31 % | *USA*: –41 %, +38 %) und war somit ähnlich positiv wie der Zugriff durch Forschungsinstitutionen. Dies scheint auf eine gewisse Offenheit hinzudeuten, Daten zur Unterstützung der Kriminalitätsbekämpfung zur Verfügung zu stellen.

52 Trotz teils stark negativen Meinungsäußerungen hinsichtlich bestimmter Empfänger, lieferte die Regressionsanalyse nur wenige signifikante Ergebnisse. Im medizinischen Bereich wurde Zugriff durch Strafverfolgungsbehörden signifikant negativer bewertet als Zugriff durch Forschungsinstitutionen ($\beta = -0.41$, $p < .001$). Des Weiteren wurde der Zugang für „jeden" in Deutschland für Online-Daten ($\beta = -0.35$, $p < .05$) und in den USA für medizinische Daten ($\beta = -0.27$, $p < .05$) signifikant abgelehnt. Die offenen Antworten reflektierten dieses Meinungsbild. Insgesamt kommentierten jedoch mehr Teilnehmende in Deutschland als in den USA das Thema Empfänger (*DE*: 103 (6 %) | *USA*: 81 (4 %)). Zugriff für private Unternehmen, Strafverfolgungsbehörden und der Zugang für jeden wurden stets ablehnend genannt (*DE*: 51 (3 %) | *USA*: 33 (1,5 %) | *„Jeder, der interessiert ist, kann Zugang erhalten – großer Nachteil"* – O_{DE}281). Ein paar wenige hoben positiv hervor, wenn der Zugang nur für Forschungsinstitutionen gewährt wurde (*DE*: 18 (1 %) | *USA*: 21 (1 %)).

c) Organisatorische Aspekte

53 Basierend auf der Vermutung, dass organisatorische Aspekte wie der Betreiber, der Speicherort und die Aufsicht das Vertrauen der Nutzenden beeinflussen könnten, werden in den folgenden Abschnitten die gemessenen Effekte dieser Faktoren dargelegt.

54 **Betreiber** Hinsichtlich der Organisationsform und Art des Betreibers unterscheiden sich die Meinungen der Befragten wenig zwischen staatlichen-, privatwirtschaftlichen, und gemeinnützigen Betreibern. In den USA erhielten NGOs zwar deutlich die positivsten Bewertungen aller Betreiberarten, mit doppelt so vielen positiven (48 %) wie negativen (24 %) Bewertungen jedoch war diese Tendenz in Deutschland nur in wesentlich geringerem Ausmaß erkennbar (–28 %, +37 %). Im Gegensatz dazu äußerten die Teilnehmenden in der Stichprobe aus Deutschland eine Abneigung gegenüber Unternehmen (–52 %, +19 %), welche in den amerikanischen Daten nicht zu beobachten war (–34 %, +37 %). Ein staatlich geführter Treuhänder rief in beiden Ländern gleichermaßen positive und negative Gefühle hervor (*DE*: –32 %, +36 % | *USA*: –40 %, +35 %). Die Regressionsanalyse zeigte keine signifikanten Einflüsse und auch in den offenen Antworten, spielte der Betreiber kaum eine Rolle. Diese kombinierten Ergebnisse deuten darauf hin, dass für die Nutzenden die Identität des Datentreuhänders und etwaige damit verknüpfte Meinungen über deren Absichten eine sekundäre Rolle für das Vertrauen sowie die Bereitschaft diesen zu nutzen spielen.

55 **Speicherort** Wenig überraschend bevorzugten die meisten Teilnehmenden es, Daten in ihrem Heimatland zu speichern, oder waren zumindest indifferent gegenüber diesem Thema (*DE*: –26 %, +45 % | *USA*: –25 %, +50 %). Interessanterweise zeigten die Teilnehmenden aus Deutschland trotz der in allen EU-Mitgliedstaaten gleichermaßen geltenden Datenschutzgrundverordnung (DS-GVO) ein gewisses Misstrauen gegenüber der Speicherung von Daten in anderen EU-Ländern (–48 %, +22 %). Eine globale Speicherung stieß besonders in Deutschland auf ablehnende Reaktionen. Fast drei Viertel bewerteten die Speicherung negativ, fast 50 % äußerten sogar *starke* Ablehnung (*DE*: –72 %, +9 % | *USA*: –48 %, +31 %).

Diese deutlichen Meinungsäußerungen stehen im Kontrast zur Regressionsanalyse, welche keinen statistischen Beweis für stark negative Sichtweisen lieferte. Weder in Deutschland noch in den USA gab es signifikante Einflüsse des Speicherorts. Das Thema spielte auch in den offenen Antworten eine minimale Rolle; nur sehr wenige erwähnten den Speicherort überhaupt (*USA* < 2% | *DE* < 3%). Unter den Antworten, die den Speicherort erwähnten, spiegelte sich eine ähnliche Präferenz für die Speicherung im Heimatland sowie eine Ablehnung der weltweiten Speicherung wider. Vermutlich lässt sich dieses Ergebnis mit dem sog. „Datenschutzparadoxon"[32] erklären. Demzufolge äußern Menschen bei direkten Fragen zum Thema Privatsphäre oft starke Meinungen und beschreiben ihr vermeintliches Verhalten. Diese Aussagen spiegeln jedoch häufig nicht ihr tatsächliches Verhalten in der Praxis wider. 56

Aufsicht und Zertifizierung Die Ansichten der Teilnehmenden zum Thema Aufsicht waren in beiden Ländern relativ ähnlich, mit Ausnahme der Bewertung einer privatwirtschaftlichen Aufsicht. In diesem Punkt zeigten die Deutschen eine deutlich negative Tendenz, mit fast doppelt so viel Ablehnung wie die Amerikaner (*DE*: –52%, +21% | *USA*: –27%, +49%). Dieses Ergebnis steht im Einklang mit der generell zurückhaltenderen Haltung der Deutschen gegenüber der Einbindung des Privatsektors, was möglicherweise unterschiedliche kulturelle Einstellungen zur Wirtschaft widerspiegelt. Zertifizierung und staatliche Aufsicht hingegen wurden in beiden Ländern besser bewertet. Etwa die Hälfte der Teilnehmenden äußerte sich positiv (*Zertifizierung*: *DE*: –27%, +48% | *USA*: –32%, +44% | *staatl. Aufsicht*: *DE*: –72%, +51% | *USA*: –26%, +52%). 57

Auch hier zeigte das Regressionsmodell keine signifikanten Einflüsse, und das Thema Aufsicht wurde in den offenen Antworten kaum erwähnt. Einige Teilnehmende hoben jedoch die grundsätzliche Möglichkeit für Mechanismen zur unabhängigen Überwachung und Kontrolle des Datentreuhänders positiv hervor (*DE*: 45 (3%) | *USA*: 81 (3%)) – in Deutschland besonders dann, wenn die Aufsicht durch eine staatliche Behörde erfolgte. 58

d) Erwartete Vorteile

Frühere Studien zeigten wiederholt, dass (monetäre) Anreize im Allgemeinen die Bereitschaft zum Datenteilen steigern.[33] In dieser Studie war daher von besonderem Interesse herauszufinden, ob sich diese Einflüsse auch in der impliziten Messung durch die Regressionsergebnisse widerspiegeln und nicht nur dann zeigen, wenn man Nutzende explizit dazu befragt. Im medizinischen Bereich zeigten monetäre Vorteile einen signifikant positiven Einfluss sowohl in Deutschland ($\beta = 0.39$, $p < .01$) als auch in den USA ($\beta = 0.29$, $p < .01$). Für automobile Daten zeigte sich der Einfluss nur in Deutschland ($\beta = 0.26$, $p < .05$). Für die anderen Bereiche wurden keine vergleichbaren Ergebnisse gemessen. Die persön- 59

[32] Barnes, A privacy paradox: Social networking in the United States. First Monday 2006, 11 (9); Rössler in Honneth/Maiwald/Speck/Trautmann, Normative Paradoxien: Verkehrungen des gesellschaftlichen Fortschritts, S. 239; Gerber/Gerber/Volkamer, Explaining the privacy paradox: A systematic review of literature investigating privacy attitude and behavior, Computers & Security 2018, Vol. 77, S. 226.

[33] Ayalon/Turjeman/Redmiles, 32nd USENIX Security Symposium 2023, 517; Intel, Intel Security, 2016; Pugnetti/Elmer Journal of Risk and Financial Management 2020, Vol. 13 (3); Ziefle/Halbey, International Conference on Internet of Things and Big Data 2016, 255.

lichen Vorteile, welche nur im medizinischen Bereich getestet wurden, sorgten in Deutschland ebenfalls für eine signifikant höhere Akzeptanz ($\beta = 0.31$, $p < .05$).

60 Betrachtet man zusätzlich die offenen Antworten zeigen sich deutliche Unterschiede zwischen den USA und Deutschland. Im US-Sample wurden erwartete oder erhoffte *persönliche* Vorteile in 50% mehr Fällen erwähnt als in der deutschen Stichprobe, und stellten insgesamt das prominenteste Thema dar, sogar leicht vor Themen wie Datenschutz und Anonymität. In Deutschland hingegen rangierten persönliche Vorteile erst an dritter Stelle der meistgenannten Themen (*DE*: 134 (8%) | *USA*: 282 (13%)). Im Bereichsvergleich fällt in beiden Ländern auf, dass erwartete Vorteile am häufigsten im Zusammenhang mit automobilen Daten erwähnt werden. Interessanterweise wurden Vorteile im medizinischen Bereich am wenigsten angesprochen, was im Widerspruch zu den signifikanten Ergebnissen der Regressionsanalyse zu stehen scheint.

61 Insgesamt bezog sich die Mehrheit aller Aussagen zu erwarteten Vorteilen auf monetäre Anreize (*DE*: 84 (5%) | *USA*: 143 (7%) | *„Ich gebe keine Daten ohne Gegenleistung“* – A_{DE}189). Andere Teilnehmende nannten jedoch auch potenzielle persönliche Vorteile, wie eine verbesserte ‚Datenverfügbarkeit‘ von eigenen medizinischen Unterlagen oder verbesserte Dienstleistungen, wie eine verbesserte Qualität von Spracherkennungssystemen bei Sprachassistenten. Außerdem wurden gesellschaftliche Vorteile genannt, welche bereits in Abschnitt IV.1.c näher beleuchtet wurden.

e) Einfluss demographischer Faktoren

62 Auch demografische Faktoren zeigten bisweilen Einfluss auf die Nutzungsbereitschaft von Datentreuhändern. Wenig überraschend wirkte sich eine grundlegend höhere Datenschutzbesorgnis (gemessen durch die IUIPC-Skala[34]) negativ auf die Zustimmung aus. In Deutschland zeigte sich dieser signifikante Effekt für medizinische Daten ($\beta = -0.22$, $p < .001$), IoT-Daten ($\beta = -0.19$, $p < .01$) und Online-Daten ($\beta = -0.16$, $p < .01$). Dies bedeutet: Je höher die grundlegenden Sorgen zum Thema Datenschutz beim Einzelnen sind, desto geringer ist die Bereitschaft zur Nutzung von Datentreuhändern. Interessanterweise fand sich dieser Effekt nicht in der US-Stichprobe, obwohl die durchschnittliche Datenschutzbesorgnis in beiden Ländern ähnlich war (*DE*: $m = 0.98$; *USA*: $m = 0.97$). Dies verstärkt den Eindruck, dass für die in den USA lebende Bevölkerung dieser Studie zufolge das Konzept eines Datentreuhänders weniger stark mit Datenschutzentscheidungen und -bedenken verknüpft ist als für die Bevölkerung in Deutschland.

63 Bezüglich anderer Faktoren zeigte sich in der deutschen Stichprobe ein signifikant negativer Effekt des Alters auf die Zustimmung für IoT-Daten ($\beta = -0.22$, $p < .001$), Fahrzeugdaten ($\beta = -0.14$, $p < .05$) und Online-Daten ($\beta = -0.23$, $p < .001$). Derselbe Effekt zeigte sich in den USA für IoT-Daten ($\beta = -0.24$,

---

[34] Der IUIPC (Internet Users‘ Information Privacy Concerns) ist ein Framework zur Messung der Datenschutzbedenken von Internetnutzenden. Es berücksichtigt drei zentrale Dimensionen: *Erhebung von Informationen*, *Kontrolle über persönliche Daten* und *Bewusstsein über Datenschutzpraktiken*. Diese Struktur hilft, die Einstellung der Nutzer zu Datenschutzfragen besser zu verstehen und bildet die Grundlage für Studien im Bereich der Privatsphäre im Internet, vgl. *Malhotra/Kim/Agarwal*, Internet Users‘ Information Privacy Concerns (IUIPC): The Construct, the Scale, and a Causal Model, Information Systems Research 2004, Vol. 15 (4), S. 336.

$p < .001$), medizinische Daten ($\beta = -0.18$, $p < .001$) und Fahrzeugdaten ($\beta = -0.21$, $p < .001$). Die Effektgrößen dieser Befunde sind jedoch sehr klein, sodass lediglich festgehalten werden sollte, dass eine geringe Korrelation zwischen dem Alter und der Bereitschaft zur Datentreuhändernutzung besteht – 60-Jährige werden im Durchschnitt etwas weniger bereit sein zuzustimmen als 20-Jährige. Dieser Einfluss ist jedoch vernachlässigbar, insbesondere, da Alterseffekte oft nur Stellvertreter für Veränderungen im Denken und Wahrnehmen über die Lebenszeit sind.

Des Weiteren waren Frauen in den USA signifikant weniger bereit, me- **64**
dizinische Daten zu teilen als Männer ($\beta = -0.13$, $p < .01$), was im Einklang mit den Ergebnissen anderer Studien steht, in denen Frauen, insbesondere bei medizinischen Daten, oft zurückhaltender waren ihre Daten zu teilen.[35] In den USA zeigte sich, dass ein IT-Hintergrund in den Bereichen Medizin ($\beta = 0.35$, $p < .001$) und IoT ($\beta = 0.39$, $p < .001$) positiv zur Nutzungsbereitschaft beitrug. Dies könnte daran liegen, dass Fachkräfte mit technischem Wissen eher das Potenzial von Datentreuhändern erkennen, bestehende Mängel in der Datenverarbeitung zu beheben. Technisch versierte Personen sind zudem oft grundsätzlich aufgeschlossener gegenüber neuen technologischen Entwicklungen und können das Risiko-Nutzen-Verhältnis besser einschätzen als durchschnittliche Anwender und Anwenderinnen.[36]

IV. Bewertende Zusammenfassung

Wie zu erwarten, gaben nur wenige Teilnehmende an, mit dem Konzept **65**
Datentreuhänder vertraut zu sein. Trotzdem steht die Mehrheit der Teilnehmenden der Idee von Datentreuhändern grundsätzlich aufgeschlossen gegenüber. Für sie waren Aspekte des Vertrauens und des wahrgenommenen persönlichen und gesellschaftlichen Nutzens wichtige Überlegungen.

Ein erheblicher Teil (ca. 30 %) der Befragten lehnte die Verwendung eines **66**
Datentreuhänders jedoch unabhängig von dessen spezifischer Konfigurationen vollständig ab. Dies ist ebenfalls nicht überraschend, da bei jeder neuen (technologischen) Entwicklung in der Anfangsphase Bedenken und Vorurteile bestehen, die sich mit zunehmendem Bekanntheitsgrad ändern können. Nichtsdestotrotz legen einige Ergebnisse der Studie nahe, das bestimmte Nutzergruppen Datentreuhänder – selbst, wenn diese etabliert sind – nicht nutzen werden, da diese Personen das Teilen von Daten grundsätzlich ablehnen. So haben einige Teilnehmende übergreifende Bedenken in Bezug auf den Schutz ihrer Daten geäußert und ziehen es grundsätzlich vor, die gemeinsame Nutzung von Daten zu minimieren.

[35] Ackermann/Burkhalter/Mildenberger/Frey/Bearth Journal of Consumer Behaviour Vol. 21 (2), 375; Richter/Loh/Buyx/Graf Von Kielmansegg, Datenreiche Medizin und das Problem der Einwilligung/Lesch/Richter/Semler S. 211.

[36] Für IoT-Daten zeigte des Weiteren das Einkommen in Deutschland einen signifikant negativen Effekt ($\beta = -0.77$, $p < .05$). In den USA führte ein hoher Bildungsgrad zu einer signifikant höheren Nutzungsbereitschaft bei Online-Daten ($\beta = 0.35$, $p < .05$). Diese Ergebnisse sind jedoch höchstwahrscheinlich statistische Artefakte.

Insbesondere befürchten einige, dass eine (staatliche) Überwachung möglich wird, wenn die Daten in einer einzigen Einrichtung zusammengefasst werden. Diese Ergebnisse decken sich mit verwandten Arbeiten zur gemeinsamen Nutzung von Daten. *Karampela et al.* stellten fest, dass 30% der Befragten unter keinen Umständen bereit wären, Gesundheitsdaten weiterzugeben.[37] Auch *Grande et al.* zeigten in ihrer Studie auf, dass 10% generell gegen die gemeinsame Nutzung von Daten und weitere 30% stark dagegen waren.[38]

67 **Bedeutung für Datentreuhänder:** Die Ergebnisse zeigen, dass Datentreuhänder nicht bei der gesamten Bevölkerung auf breite Zustimmung stoßen werden. Daher sollte bei der konkreten Ausgestaltung vor allem die Meinung derjenigen berücksichtigt werden, die Datentreuhändern grundsätzlich aufgeschlossen gegenüberstehen.

1. Relevante Faktoren: Bedeutend oder belanglos?

a) Persönlicher und gesellschaftlicher Nutzen

68 Die Frage der finanziellen Entschädigung taucht häufig in Diskussionen über die gemeinsame Nutzung von Daten auf und prägt auch den Diskurs über die Rolle und Funktion von Datentreuhändern wesentlich mit.[39] In den Bereichen Medizin und Automobilität konnten finanzielle Anreize die Akzeptanz steigern. Außerdem fanden finanzielle Anreize in den offenen Antworten häufig Erwähnung. Der Einfluss monetärer Anreize ist jedoch nicht so ausgeprägt, wie gemeinhin angenommen, denn beispielsweise bei Online- und IoT-Daten wurde kein signifikanter Einfluss festgestellt. Außerdem schienen auch andere persönliche Vorteile sowie Beiträge zum Gemeinwohl ähnlich überzeugend wie monetäre Vorteile zu sein. Einige Teilnehmende äußerten sogar Misstrauen gegenüber monetären Anreizen, da sie nicht wollten, dass ihre Daten zur finanziellen Bereicherung verwendet werden.

69 Hinzu kommt, dass hinsichtlich der finanziellen Entschädigung bislang nur selten untersucht wurde, welche konkreten Beträge Nutzende sich als adäquate Entschädigung vorstellen würden. Stattdessen wird in Studien meist nur vage auf nicht näher spezifizierte Entschädigungen oder Rabatte verwiesen.[40] Es stellt sich daher die Frage, ob realistische Entschädigungen überhaupt mit *konkreten* monetären Vorstellungen in Einklang gebracht werden könnten.

---

[37] Karampela/Ouhbi/Isomursu Journal of Medical Internet Research 2011, Vol. 21 (11).

[38] Grande/Mitra/Iyengar/Merchant/Asch/Sharma/Cannuscio, JAMA Network Open 2022, Vol. 5 No. 1.

[39] Vgl. Arlinghaus/Kus/Kajüter/Teuteberg HMD Praxis der Wirtschaftsinformatik, 565; Richter BvD-NEWS 2020, 10; Buchner, Informationelle Selbstbestimmung im Privatrecht, S. 278; Lind/Suckfüll, Initiative zu einer Deutschen Daten-Treuhand (DEDATE) als Ultima Ratio der Persönlichen Digitalen Datenwirtschaft (PDD), S. 3; Pertot/Schmidt-Kessel/Padovini, Rechte an Daten/Wendehorst/Schwamberger/Grinzinger S. 108; Specht-Riemenschneider/Blankertz ua MMR-Beil. 2021, 25 (27).

[40] Ackermann/Burkhalter ua Journal of Consumer Behaviour Vol. 21 (2), 375; Intel, Intel Security, 2016; Karampela/Ouhbi/Isomursu Journal of Medical Internet Research 2011, Vol. 21 (11); Pugnetti/Elmer Journal of Risk and Financial Management 2020, Vol. 13 (3); Ziefle/Halbey, International Conference on Internet of Things and Big Data 2016, 255.

Neben monetären Anreizen tragen auch altruistische Aspekte maßgeblich dazu bei, dass Menschen bereit sind Daten zu teilen. VViele Studienteilnehmende erkannten in der Studie, selbst ohne explizit darauf hingewiesen worden zu sein, dass das Datenteilen einen Beitrag zur gesellschaftlichen Entwicklung leisten kann – insbesondere im Bereich der Medizin. Das Bewusstsein der Nutzenden über das gesellschaftliche Potenzial von Datenarten jenseits medizinischer Daten scheint bisher eher begrenzt. 70

Bedeutung für Datentreuhänder: Für Datentreuhänder ist es ratsam aufzuzeigen, wie sie der Gesellschaft nützen können. Gerade in Bereichen, in denen Nutzende wenig Vorstellung über den Nutzen der Datenanalyse haben, sollte dieser besonders klar herausgearbeitet und hervorgehoben werden. Außerdem sollte die Diskussion sich nicht auf Belange des Datenschutzes versteifen, sondern dem derzeitig vorherrschenden Eindruck entgegenwirken, dass die Sammlung von Daten nur der wirtschaftlichen Bereicherung dienen kann. 71

b) Selbstbestimmung und Selbstverwaltung

Eines der mit Datentreuhändern bzw. Personal Information Management Systemen verfolgten Ziele ist es, den von der Datenverarbeitung Betroffenen die Kontrolle über ihre persönlichen Daten zu ermöglichen.[41] Verschiedene Studien haben bereits gezeigt, dass Aspekte der Selbstbestimmung, zum Beispiel die Möglichkeit der Einwilligung oder Datenlöschung generell die Nutzerakzeptanz des Teilens von Daten steigern können.[42] Auch in dieser Studie forderten einige Teilnehmende Möglichkeiten zur selbstständigen Verwaltung der konkret geteilten Daten, obwohl diese Aspekte nicht ausdrücklich abgefragt wurden. Einige Teilnehmende wünschen sich zB eine umfangreiche Übersicht über die stattfindenden Datenverarbeitungen durch den Treuhänder bereitgestellt zu bekommen. Andere gingen darüber hinaus und forderten detaillierte Eingriffs- und Entscheidungsmechanismen, mittels derer sie genau festlegen können, von wem, wie lange und wofür die jeweiligen Datenpunkte genutzt werden. Neben der Frage der Umsetzung eines solchen Mechanismus, ist jedoch zweifelhaft, ob solche Möglichkeiten in der Realität überhaupt eine breite Anwendung finden würden. Tatsächlich machen Nutzende in der Realität nämlich, selbst wenn sie Mechanismen zur Autonomie innehaben, oft keinen Gebrauch davon. *Farke et al.* untersuchten beispielsweise die Datenschutz-Dashboards von Google, die der Transparenz dienen, und fanden heraus, dass nur etwa ein Viertel der Teilnehmenden ihr Browsingverhalten aufgrund des erhöhten Bewusstseins für die Datenerfassung ändern würden.[43] Ähnlich scheitern Cookie-Banner, die ebenfalls die Autonomie der Nutzerinnen und Nutzer steigern sollten. Die Mehrheit der Nutzenden erklärt sich weiterhin aus praktischen Gründen oft mit allen Cookies einverstanden. 72

Bedeutung für Datentreuhänder: Es ist sinnvoll, dass Datentreuhänder Kontrollmechanismen anbieten, die es den Nutzenden ermöglichen, die Daten- 73

---

[41] Beise RDi 2021, 597 (601); Blankertz DuD 2021, 789; Kempny/Krüger/Spindler NJW 2022, 1646 Rn. 2; Kühling/Sackmann/Schneider, Kurzexpertise Datentreuhänder, S. 11; Pertot/Schmidt-Kessel/Padovini, Rechte an Daten/Wendehorst/Schwamberger/Grinzinger S. 103.

[42] Kacsmar/Tilbury/Mazmudar/Kerschbaum, 31 USENIX Security Symposium 2022, S. 899; Leon/Ur/Wang/Sleeper/Balebako/Shay/Bauer/Christodorescu/Cranor, Proceedings of the Ninth Symposium on Usable Privacy and Security 2013.

[43] Farke/Balash ua, 30th USENIX Security Symposium 2021, S. 483.

verarbeitungsprozesse nachzuvollziehen. Ob Nutzende in der Realität davon tatsächlich Gebrauch machen, bleibt jedoch abzuwarten. Vieles deutet daraufhin, dass Selbstbestimmung nicht der entscheidende Motivator für die Nutzung eines Datentreuhänders ist. Bei der Konstruktion von Instrumenten zur Wahrnehmung der Selbstbestimmung ist es entscheidend, darauf zu achten, dass sie die Nutzenden nicht überfordern. Eine Überfrachtung mit Informationen oder zu vielen Optionen kann dazu führen, dass die Nutzenden die angebotenen Möglichkeiten nicht wahrnehmen oder gar ablehnen.

c) Begrenzter Einfluss operativer Aspekte

74 In der Literatur wurde bislang angenommen, dass organisatorische Aspekte wie Speicherort, Betreiberauswahl und Aufsichtsmechanismen zentrale Elemente für die Vertrauenswürdigkeit eines Datentreuhänders sind.[44] Die Regressionsanalyse zeigte jedoch, dass diese Aspekte lediglich eine untergeordnete Rolle spielen. Zwar äußerten sich die Teilnehmenden stark ablehnend gegenüber einer globalen Datenspeicherung oder einem privatwirtschaftlichen Betreiber, doch ließ sich kein signifikanter Einfluss dieser Faktoren auf die Akzeptanz nachweisen. Ähnliches gilt für die Aufsichtsmechanismen. Insbesondere eine Zertifizierung soll laut der Literatur das Vertrauen und die wahrgenommene Transparenz von Datentreuhändern erhöhen.[45] Trotz positiver Äußerungen zur Aufsicht, konnte jedoch auch hier kein messbarer Einfluss festgestellt werden.

75 Diese Ergebnisse deuten insgesamt darauf hin, dass Nutzende zwar eine klare Meinung hinsichtlich bestimmter operativer Aspekte haben, diese jedoch im Entscheidungsprozess nicht zwingend ausschlaggebend sind. Stattdessen scheinen andere Faktoren mehr Gewicht zu haben.

76 **Bedeutung für Datentreuhänder:** Die Ergebnisse bedeuten nicht, dass auf vertrauensstiftende Maßnahmen gänzlich verzichtet werden sollte. Vielmehr zeigt es, dass solche Maßnahmen nicht ausreichend sein werden, um Datentreuhänder zu etablieren. Positiv betrachtet bedeutet dieses Ergebnis jedoch auch, dass die Möglichkeit besteht, verschiedene Arten von Datentreuhändern zu realisieren, ohne durch spezifische Nutzervorstellungen über potenzielle Betreiber einschränkt zu sein.

2. Sektoren im Vergleich

77 Insgesamt wurden vier potenzielle Anwendungsbereiche von Datentreuhändern untersucht. Dabei zeigte sich, dass die Akzeptanz zwischen den Sektoren

---

[44] Lindner/Straub, Datentreuhänderschaft – Status Quo und Entwicklungsperspektiven, Kurzstudie im Auftrag des Bundesministeriums für Wirtschaft und Klimaschutz von der Begleitforschung zum Technologieprogramm „SmarteDatenwirtschaft", S. 39.

[45] Arlinghaus/Kus ua in HMD Praxis der Wirtschaftsinformatik, S. 576; Specht-Riemenschneider/Blankertz, Neue Modelle ermöglichen – Regulierung für Datentreuhänder, böll. brief Grüne Ordnungspolitik, 2021, S. 12; Blankertz/Specht-Riemenschneider, Wie eine Regulierung für Datentreuhänder aussehen sollte, S. 27; Ruhaak, Data trusts in Germany and under the GDPR, S. 11.

nur geringfügig variiert, aber dennoch einige bereichsspezifische Unterschiede hervorzuheben sind.

Beispielsweise scheinen Nutzende medizinische Daten und deren potenzielle Anwendung verglichen mit Daten aus anderen Bereichen am besten zu verstehen, denn viele Faktoren zeigten in diesem Bereich signifikante Einflüsse. Statistisch deutet dies darauf hin, dass Nutzende ihre Bewertung „informiert" und mit Bedacht abgegeben haben, anstatt nur einem Gefühl zu folgen. Trotz der höheren Sensibilität medizinischer Daten besteht überraschenderweise eine größere Bereitschaft, diese im öffentlichen Interesse zu teilen. Auch andere Studien, welche das Teilen von Daten zu einem öffentlichen Zweck untersucht haben, zeigten, dass Nutzende eher bereit sind, medizinische Daten als andere Datentypen zu teilen.[46] 78

Im Gegensatz dazu war die Bereitschaft, IoT-Daten zu teilen, in beiden untersuchten Ländern am niedrigsten. Hier scheint der Wunsch nach Privatsphäre ein dominierender Faktor zu sein, der stärker ins Gewicht fällt als in anderen Bereichen. Dies könnte darauf hindeuten, dass Nutzende IoT-Daten als besonders sensibel wahrnehmen aber gleichzeitig – anders als im medizinischen Bereich – keinen klaren Nutzen in der Datenerhebung erkennen können. 79

Die höchste Bereitschaft zur Nutzung von Treuhändern zeigte sich tendenziell im Bereich der Automobildaten. Allerdings konnte das statistische Modell die Ergebnisse in diesem Bereich am schlechtesten erklären, was darauf hindeutet, dass die Bewertungen möglicherweise eher „aus dem Bauch heraus" anstatt informiert abgegeben wurde. Es scheint, als haben Nutzende zurzeit noch ein geringes Verständnis davon, wie viele und welche Daten von ihren Fahrzeugen generiert und geteilt werden und wie sich dies potenziell auf ihre Privatsphäre auswirken könnte. Zu ähnlichen Ergebnissen kam auch eine kürzlich durchgeführte Studie der Mozilla Foundation, welche zeigte, dass das Bewusstsein für das Ausmaß der Datenerfassung durch Autohersteller im Vergleich zu anderen (Daten)Bereichen besonders gering ist.[47] 80

Bedeutung für Datentreuhänder: Die unterschiedlichen Wahrnehmungen und mentalen Modellen der Nutzenden in verschiedenen Datenbereichen sollten auch bei der Ausgestaltung von Datentreuhändern Berücksichtigung finden. Auch die Gesetzgebung sollte dementsprechend spezifisch auf die einzelnen Bereiche zugeschnitten sein. In der Verbraucherforschung wurde darüber hinaus gezeigt, dass Nutzende eher bereit sind, Daten zu teilen, wenn ein logischer Zusammenhang zwischen dem Empfänger und den geteilten Daten besteht (zB Einkaufsverhalten mit einer Einkaufswebsite und Finanzinformationen mit einer Bank).[48] Dieser Logik folgend, sollten auch Datentreuhänder einen klaren und nachvollziehbaren Kontext für die Datensammlung schaffen und diesen den Nutzenden transparent vermitteln. 81

---

46 Karampela/Ouhbi/Isomursu Journal of Medical Internet Research 2011, Vol. 21 (11); Richter/Loh/Buyx/Graf Von Kielmansegg, Datenreiche Medizin und das Problem der Einwilligung/Lesch/Richter/Semler S. 211.

47 Caltrider/Rykov/MacDonald, It's Official: Cars Are the Worst Product Category We Have Ever Reviewed for Privacy, abrufbar unter: https://foundation.mozilla.org/en/privacynotincluded/articles/its-official-cars-are-the-worst-product-category-we-have-ever-reviewed-for-privacy/ (Stand 30.9.2024).

48 Ackermann/Burkhalter/Mildenberger/Frey/Bearth Journal of Consumer Behaviour Vol. 21 (2), 375.

3. Kulturelle Unterschiede in der Akzeptanz

82 Hinsichtlich der Akzeptanz von Datentreuhändern zeigten sich alles in allem recht deutliche Unterschiede zwischen der Stichprobe mit Teilnehmenden aus Deutschland und den USA. Trotz allgemein ähnlicher Datenschutzbedenken in beiden Ländern, zeigten sich signifikante Zusammenhänge mit der Akzeptanz von Treuhändern beispielsweise nur in der deutschen Stichprobe. Auch in den offenen Antworten waren persönliche Datenschutzbedenken in der deutschen Kohorte ein prominentes Thema: Die Teilnehmenden betonten Anonymisierung und Sicherheit und äußerten sich ablehnend gegenüber dem Zugang zu Daten durch Dritte. Naheliegend ist, dass diese Ergebnisse die allgemeine Präsenz der Thematik im deutschen (politischen) Diskurs widerspiegeln, verstärkt durch die alltägliche Konfrontation mit Datenschutzgesetzen wie der DS-GVO.

83 Es scheint, dass die US-Bevölkerung der Idee der Datenfreigabe im Allgemeinen offener gegenübersteht und auch den Zugang durch Dritte, insbesondere zu Forschungszwecken, stärker befürwortet. Des Weiteren zeigte sich, dass die Akzeptanz privater Unternehmen in den USA höher ist als in Deutschland. Letztere äußerten wiederholt Ablehnung gegenüber privaten Unternehmen sowohl in der Rolle als Betreiber des Treuhänders, als auch in der Rolle der Aufsichtsinstanz. Eine stärkere Ablehnung der Datenökonomie gegenüber scheint diesen Ergebnissen zugrunde zu liegen. Andere Studien deuten auf ähnliche Einflüsse im Zusammenhang mit der Akzeptanz des Teilens von Daten hin, so fanden zB *Kim et al.*, dass Personen mit asiatischem Hintergrund eine größere Bereitschaft zur Weitergabe von Gesundheitsinformationen zeigen als andere Ethnien.[49] Kulturelle Unterschiede in der Wahrnehmung von Privatsphäre sollten daher für eine erfolgreiche Entwicklung von Datentreuhändern ebenfalls Beachtung finden.

V. Fazit

84 Datentreuhänder stellen ein vielversprechendes Konzept zur gleichzeitigen Verbesserung der Kontrolle über und gemeinsamen Nutzung von persönlichen Daten dar. Die Ergebnisse der Studie verdeutlichen jedoch gleichzeitig die zentrale Bedeutung der Nutzerperspektiven bei der Entwicklung solcher Systeme. Ein Grundverständnis und Vertrauen in das Konzept sind zwar vorhanden, jedoch ist die Akzeptanz stark von individuellen Bedenken geprägt. Zukünftige Initiativen sollten daher nicht nur die Transparenz und den Nutzen der Datennutzung betonen, sondern auch auf die spezifischen Sorgen der Nutzenden eingehen, insbesondere in Bezug auf Datenschutz und Datenhoheit. Letztlich müssen Datentreuhänder lernen, die Balance zwischen Vertrauen und den Bedenken der Nutzer zu finden, um eine nachhaltige Akzeptanz zu fördern.

[49] Kim/Sankar ua BMC Medical Ethics 2017, Vol. 18 (1), S. 25.

Teil 2
Übergreifende Rechtsfragen der Datentreuhand

§ 5
Rechtliche Grundlagen

I. Einleitung

Mit der zunehmenden Digitalisierung aller Lebensbereiche wächst das Volumen an personenbezogenen Daten[1] und damit auch das Interesse, diese Daten zu verarbeiten. Längst gelten Daten als Schlüsselressource in allen gesellschaftlichen Bereichen, insbesondere in der Wirtschaft und in der Forschung. Allerdings tut sich ein Spannungsfeld auf: Wirtschaft und Forschung sind an einem reibungslosen Datenaustausch und einer hohen Datenqualität interessiert. Dagegen sind die datengebenden Personen im Sinne des Datenschutzrechts darauf bedacht, ihre Datenhoheit zu wahren. Das strenge Datenschutzregime, insbesondere das der DS-GVO, erscheint damit häufig als Hemmschuh für wirtschaftliche und wissenschaftliche Erfolge, weil es die Menge der verfügbaren Daten reduziert.[2] Dieses Dilemma lässt sich bisher nicht auflösen, aber produktiv wenden: Eine vielversprechende Lösung bieten Datentreuhänder, die als neutrale Intermediäre die zuweilen sehr unterschiedlichen Interessen von Datengebenden und Datennutzenden gleichermaßen wahren sollen.[3] Sie gelten „als Basis funktionierender, fairer […] Datenökosysteme".[4] Rechtspolitisch ist das längst anerkannt. Davon 1

[1] Definiert in Art. 4 Nr. 1 DS-GVO als „alle Informationen, die sich auf eine identifizierte oder identifizierbare natürliche Person (im Folgenden 'betroffene Person') beziehen; als identifizierbar wird eine natürliche Person angesehen, die direkt oder indirekt, insbesondere mittels Zuordnung zu einer Kennung wie einem Namen, zu einer Kennnummer, zu Standortdaten, zu einer Online-Kennung oder zu einem oder mehreren besonderen Merkmalen, die Ausdruck der physischen, physiologischen, genetischen, psychischen, wirtschaftlichen, kulturellen oder sozialen Identität dieser natürlichen Person sind, identifiziert werden kann".

[2] Studien im Bereich der medizinischen Forschung belegen, dass sich die Heilungschancen der Patienten unter Einsatz von KI-basierter Technik, die nur auf einer guten Datenbasis funktioniert, signifikant erhöhen. Sie etwa *Byrne*, Artificial Intelligence for Improved Patient Outcomes.

[3] Im Folgenden werden die Begriffe Datengebende und Datennutzende verwendet, sofern nicht im Gesetzestext oder in einem Zitat eine andere Formulierung verwendet wird. Datengebende sind die datengebenden Datensubjekte/Dateninhaber. Datennutzende verarbeiten die Daten zu einem vorher definierten Zweck. Die Datentreuhand mittelt die Daten zwischen diesen beiden.

[4] So etwa BMBF, Bekanntmachung für die Richtlinie zur Förderung von Projekten zur Skalierung und Akzeptanzsteigerung von intersektoralen Datentreuhandmodellen in der Praxis, Bundesanzeiger, v. 13.10.2023 abrufbar unter https://www.bmbf.de/bmbf/shareddocs/bekanntmachungen/de/2023/10/2023-10-13-Bekanntmachung-Datentreuhandmodelle.html?view=renderNewsletterHtml (abgerufen am 23.10.2024).

zeugen der Koalitionsvertrag der Bundesregierung[5] sowie etliche (Daten-)Strategien und Förderprojekte von Bund[6] und EU[7]. Ergebnis dieser Bemühungen ist unter anderem das Projekt „Gaia-X".[8] Es soll als Fundament für ein „sicheres europäisches Daten- und Infrastrukturökosystem, das die höchsten Anforderungen an die digitale Souveränität erfüllt", dienen.[9] Damit sich Datentreuhandmodelle nachhaltig in der Praxis etablieren können, bedarf es einer systematischen Erforschung der Einsatz- und Funktionsweise, der normativen Verankerung sowie der technischen Ausgestaltung.[10]

2 Im Folgenden werden zunächst Definitionsansätze (II.) und sodann die möglichen Einsatzbereiche der Datentreuhand dargestellt (III.), um diese Figur rechtlich einzuhegen (IV.). Der Fokus liegt sodann auf datenschutzrechtlichen Grundfragen, die sich im Zusammenhang mit der Datentreuhand stellen (V.). Neben der (datenschutz-)rechtlichen Dimension wird dabei auch die technische Dimension der Datentreuhand beleuchtet. Der Beitrag schließt mit Regulierungsvorschlägen (VI.) und einem Fazit (VII.).[11]

II. Definitionsansätze

3 Wenngleich der Begriff der Datentreuhand hierzulande schon länger bekannt ist,[12] hat er bisher „keine klaren Konturen"[13]. Auch die Rechtsprechung sowie der nationale oder europäische Gesetzgeber haben bislang keine nähere Begriffsbestimmung der Datentreuhand geliefert. Grund dafür ist, dass sich die Datentreuhand aufgrund ihrer Vielgestaltigkeit nicht ohne weiteres definieren lässt. Erschwerend kommt hinzu, dass im allgemeinen Diskurs die Bezeichnungen des Phänomens „Datentreuhand" variieren; so ist mitunter synonym von „Daten-

[5] Koalitionsvertrag 2021–2025 zwischen SPD, BÜNDNIS 90/DIE GRÜNEN und FDP abrufbar unter https://www.spd.de/koalitionsvertrag2021/ (abgerufen am 23.10.2024), S. 17.

[6] Datenstrategie der Bundesregierung, Kabinettfassung vom 27.1.2021 abrufbar unter https://www.bundesregierung.de/breg-de/suche/datenstrategie-der-bundesregierung-1845632 (abgerufen am 23.10.2024), S. 34.

[7] Mitteilung der Kommission an das Europäische Parlament, den Rat, den Europäischen Wirtschafts- und Sozialausschuss und den Ausschuss der Regionen, Eine europäische Datenstrategie, Brüssel, 19.2.2020, COM(2020) 66 final.

[8] Dieses Projekt geht zurück auf eine Initiative des damaligen BMWi (heute BMWK) aus dem Jahre 2019, *BMWi*, Artikel „Das Gaia-X Ökosystem-Souveräne Dateninfrastruktur für Europa" abrufbar unter https://www.bmwk.de/Redaktion/DE/Dossier/gaia-x.html (abgerufen am 23.10.2024).

[9] *BMBF*, Artikel „Gaia-X ein Ökosystem für Daten und Infrastruktur" abrufbar unter https://www.bmbf.de/bmbf/de/forschung/digitale-wirtschaft-und-gesellschaft/gaia-x/gaia-x_node.html#:~:text=Gaia%2DX%20ein%20%C3%96kosystem%20f%C3%BCr,f%C3%BCr%20alle%20behindern%2C%20aufgebrochen%20werden (abgerufen am 23.10.2024).

[10] Buchholtz/Brauneck/Schmalhorst NVwZ 2023, 206 (212).

[11] Dieser Beitrag, insbesondere die Ausführungen unter V. 4., basieren auf Buchholtz/Brauneck/Schmalhorst NVwZ 2023, 206 (206 ff.).

[12] Näheres zur Verwendung des Begriffs schon seit den 1980er Jahren bei Borges/Keil Big Data-HdB/Borges, 2024, § 5 Rn. 146 ff.

[13] Borges/Keil Big Data-HdB/Borges, 2024, § 5 Rn. 155.

raum“[14] oder „Treuhand-Plattformen“[15] die Rede. Um Klarheit für die anschließende rechtliche Erörterung zu schaffen, werden im Folgenden Definitionsansätze und Funktionsmöglichkeiten der Datentreuhand dargestellt und erörtert.

Die Bundesregierung hat ihrer „Datenstrategie“ aus dem Jahr 2021 einen Definitionsvorschlag zugrunde gelegt, wonach „[e]ine Datentreuhandstelle […] mit der Aufgabe betraut sein [kann], einen standardisierten Zugang zu Daten für zugelassene Stellen zu entwickeln und umzusetzen“. Ferner verweist die Bundesregierung auf die Beratungsfunktion der Datentreuhand; „je nach Spezialisierung“ biete sie „verschiedene Dienste“ an, „wie beispielsweise die Verwaltung von Daten“ im Interesse der Nutzenden. „Datentreuhänder können aber auch datenschutzrechtliche Interessen und Gestaltungsrechte für eine Vielzahl von Verbraucherinnen und Verbrauchern geltend machen“.[16] Die Bundesregierung definiert die Datentreuhand also vor allem anhand ihrer möglichen Funktionen, namentlich Beratung und Dienstleistungen im Interesse der Nutzenden, insbesondere die Wahrung des Datenschutzes. Auf die Rechtsnatur oder die Frage, wer im juristischen Sinne Träger einer Datentreuhand sein kann, geht die Bundesregierung jedoch nicht ein. 4

Ähnliche Definitionsansätze finden sich auch im Schrifttum.[17] Mitunter sind die Begriffsbestimmungen auf den jeweiligen Einsatzbereich der Datentreuhand zugeschnitten. So wird die Datentreuhand beispielsweise in der medizinischen Forschung als eine Instanz definiert, die „zwischen eine Forschungsdaten besitzende Stelle und den Forscher [tritt] und […] dadurch die Rechte der betroffenen Patienten und Probanden [absichert]“.[18] Es finden sich aber auch weitere, allgemeinere Definitionen, die keinen konkreten Einsatzbereich vor Augen haben. Es heißt etwa, eine Datentreuhand werde „als Vertrauensperson von der betroffenen Person eingesetzt, um die informationelle Selbstbestimmung einschließlich kommerzieller Verwertungsinteressen des Persönlichkeitsrechts gegenüber den Verantwortlichen besser wahrzunehmen“.[19] 5

[14] Siehe etwa BMWK, *BMWi*, Artikel „Das Gaia-X Ökosystem- Souveräne Dateninfrastruktur für Europa“ abrufbar unter https://www.bmwk.de/Redaktion/DE/Dossier/gaia-x.html (abgerufen am 23.10.2024); Mitteilung der Kommission an das Europäische Parlament, den Rat, den Europäischen Wirtschafts- und Sozialausschuss und den Ausschuss der Regionen, Eine europäische Datenstrategie, Brüssel, 19.2.2020, COM(2020) 66 final, S. 36ff. („Energiedatenraum“, „Agrardatenraum“, „Kompetenzdatenraum“).

[15] DSK, „Nutzung von Gesundheitsdaten braucht Vertrauen“, Stellungnahme der Konferenz der unabhängigen Datenschutzaufsichtsbehörden des Bundes und der Länder v. 27.3.2023 abrufbar unter https://www.datenschutzkonferenz-online.de/media/st/2023-03-27_DSK-Stellungnahme_EHDS.pdf (abgerufen am 23.10.2024), S. 7.

[16] Datenstrategie der Bundesregierung, Kabinettfassung, 27.1.2021 abrufbar unter https://www.bundesregierung.de/breg-de/suche/datenstrategie-der-bundesregierung-1845632 (abgerufen am 23.10.2024), S. 110.

[17] Siehe etwa *Blankertz/Specht-Riemenschneider*, Vortrag 1 der Reihe „Zu treuen Händen“, „Wie eine Regulierung für Datentreuhänder aussehen sollte“, November 2021, abrufbar unter https://www.verbraucherforschung.nrw/sites/default/files/2021-11/zth-1-blankertz-specht_riemenschneider.pdf (abgerufen am 23.10.2024), S. 8f.; Borges/Keil Big Data-HdB/Borges, 2024, §5 Rn. 155; Buchholtz/Brauneck/Schmalhorst NVwZ 2023, 206 (207); Specht-Riemenschneider/Blankertz/Sierek/Schneider/Knapp/Henne MMR-Beil. 2021, 25 (27).

[18] Pommerening/Drepper/Helbing/Ganslandt, Leitfaden zum Datenschutz in medizinischen Forschungsprojekten, Band 11, 2015, S. 209.

[19] Kühling DuD 2021, 783 (784).

6 Umstritten ist, ob der am 23.6.2022 in Kraft getretene Data Governance Act (DGA)[20] mit seiner Definition des „Datenvermittlungsdienstes" die Datentreuhand erfasst.[21] Nach der Legaldefinition in Art. 2 Nr. 11 DGA ist der Datenvermittlungsdienst ein Dienst, „mit dem durch technische, rechtliche oder sonstige Mittel Geschäftsbeziehungen zwischen […] Dateninhabern einerseits und Datennutzern andererseits hergestellt werden sollen, um die gemeinsame Datennutzung […] zu ermöglichen […]". Spezifische Anforderungen an Datenvermittlungsdienste finden sich in Kapitel III (Art. 10–15) des DGA.[22] Nach vorzugswürdiger Ansicht umfasst der Datenvermittlungsdienst schon per Definition nur einige, aber bei weitem nicht alle Datentreuhandkonstellationen. Art. 2 Nr. 11 DGA setzt nämlich voraus, dass „Geschäftsbeziehungen zwischen […] Dateninhabern einerseits und Datennutzern andererseits hergestellt" werden. Ausdrücklich schließt Art. 2 Nr. 11 Buchst. a DGA solche Dienste von der Definition des „Datenvermittlungsdienstes" aus, die erbracht werden, „ohne eine Geschäftsbeziehung zwischen Dateninhaber und Datennutzern herzustellen". Zwar sind viele in der Praxis bereits etablierte Datentreuhandmodelle darauf ausgerichtet, eine Geschäftsbeziehung im Sinne von Art. 2 Nr. 11 Buchst. a DGA herzustellen. Es sind aber auch Anwendungsfälle denkbar, in denen keine Geschäftsbeziehung eingegangen wird. Das betrifft etwa „Zusammenschlüsse von mehreren juristischen Personen in einer geschlossenen Gruppe, etwa zur Steuerung von Lieferanten- oder Kundenbeziehungen".[23] Auch nicht erfasst sind Dienste im Zusammenhang mit einer sogenannten „Datenspende", weil es dabei an der Vermittlung einer Geschäftsbeziehung zwischen dem Datengebenden und dem Datennutzenden fehlt.[24] Ferner gilt eine Datentreuhand nach Art. 2 Nr. 11 Buchst. c DGA nicht als Datenvermittlungsdienst, wenn diese Dienste „ausschließlich von einem Dateninhaber genutzt werden, um die Verwendung von im Besitz dieses Dateninhabers befindlichen Daten zu ermöglichen, oder die von mehreren juristischen Personen in einer geschlossenen Gruppe, einschließlich Lieferanten- oder Kundenbeziehungen oder vertraglich festgelegter Kooperationen, genutzt werden, insbesondere wenn deren Hauptziel darin besteht, Funktionen von Gegenständen und Geräten im Zusammenhang mit dem Internet der Dinge sicherzustellen". Die genannten Konstellationen zielen gerade nicht auf eine gemeinsame Datennutzung ab. An der Herstellung einer Geschäftsbeziehung fehlt es ferner, wenn ein Datentreuhänder einen Dienst anbietet, der den alleinigen Zweck verfolgt, Daten des

[20] VO (EU) 2022/868.

[21] Zum Streitstand siehe etwa Falkhofen EuZW 2021, 787 (790); Hennemann/v. Ditfurth NJW 2022, 1905 (1906); Linardatos CR 2022, 571 (575); Martini/Roeingh NJW 2024, 2379 (2383); Specht-Riemenschneider/Blankertz/Sierek/Schneider/Knapp/Henne MMR-Beil. 2021, 25 (32).

[22] Siehe auch Erwgr. 3, 23, 27, 32, 33, 43.

[23] *Lindner/Straub*, Kurzstudie im Auftrag des Bundesministeriums für Wirtschaft und Klimaschutz von der Begleitforschung zum Technologieprogramm „Smarte Datenwirtschaft", „Datentreuhänderschaft, Status quo und Entwicklungsperspektiven" Februar 2023, abrufbar unter https://www.iit-berlin.de/publikation/datentreuhaenderschaft-status-quo-und-entwicklungsperspektiven/ (abgerufen am 23.10.2024), S. 30.

[24] Bei einer Datenspende willigt die betroffene Person gegenüber jedermann in die Nutzung ihrer personenbezogenen Daten ein. Die Datenspende kann auch an weitere Bedingungen geknüpft werden. In § 363 SGB V sind die Datenspende und die Sekundärnutzung für Forschungszwecke mittlerweile normativ verankert.

Datengebenden „für diesen vorzuhalten, nicht jedoch an Dritte weiterzugeben".[25] Insofern kann der von Microsoft angebotene Cloud-Dienst, der keine gemeinsame Nutzung der dort gespeicherten und verwalteten Daten vorsieht, nicht als Datenvermittlungsdienst, durchaus aber als Datentreuhand eingeordnet werden.[26] Ferner ist Erwgr. 33 DGA zu beachten, wonach empfohlen wird, dass der Datenvermittlungsdienst von einer juristischen Person erbracht werden „sollte". Eine derartige Einschränkung gilt für die Datentreuhand nicht, die gewöhnlich sowohl eine natürliche als auch juristische Person sein kann.[27]

Zusammenfassend gilt, dass sich die Definitionen des Datenvermittlungsdienstes und der Datentreuhand teilweise überschneiden.[28] Beide verfolgen grundsätzlich dasselbe Ziel: Es geht darum, Daten zwischen mehreren Parteien zu mitteln. Insofern gibt es auch Konstellationen, in denen die Datentreuhand gleichsam als eine Anbieterin von Datenvermittlungsdiensten im Sinne der DGA tätig wird.[29] In diesen Fällen gelten für die Datentreuhand die Bestimmungen des DGA. Allerdings erfüllt die Datentreuhand vielfältigere Funktionen als der Datenvermittlungsdienst und lässt sich nicht immer unter diesen Begriff fassen.[30] Somit liefert der DGA mit dem Datenvermittlungsdienst kein geeignetes Modell zur Erfassung sämtlicher in der Praxis anzutreffenden Datentreuhandkonstellationen und stellt im Ergebnis „keine vollumfängliche Regulierung treuhänderischer Verwaltung von Daten dar".[31] Gleichwohl hat der DGA für die Konzeption und Ausgestaltung zahlreicher Datentreuhänder, nämlich solcher, die die Voraussetzungen des Datenvermittlungsdienstes erfüllen, große Relevanz.[32] 7

Der Überblick der Definitionsansätze zeigt, dass sich die Datentreuhand wegen ihrer Vielgestaltigkeit am besten anhand ihrer Aufgaben und Funktionen einordnen lässt; so lassen sich auch die mit ihr einhergehenden (juristischen) Herausforderungen identifizieren und adressieren. Festzuhalten ist, dass ein Datentreu- 8

[25] *Lindner/Straub*, Kurzstudie im Auftrag des Bundesministeriums für Wirtschaft und Klimaschutz von der Begleitforschung zum Technologieprogramm „Smarte Datenwirtschaft", „Datentreuhänderschaft, Status quo und Entwicklungsperspektiven", Februar 2023, abrufbar unter https://www.iit-berlin.de/publikation/datentreuhaenderschaft-status-quo-und-entwicklungsperspektiven/ (abgerufen am 23.10.2024), S. 30.

[26] Dies ergibt sich auch aus Erwgr. 28 DGA. Siehe auch Borges/Keil Big Data-HdB/Borges, 2024, §5 Rn. 231.

[27] Zur Rechtsnatur der Datentreuhand unter → Rn. 26.

[28] So auch Borges/Keil Big Data-HdB/Borges, 2024, §5 Rn. 233; Richter GRUR-Int 2023, 458 (461).

[29] Borges/Keil Big Data-HdB/Borges, 2024, §5 Rn. 233.

[30] Borges/Keil Big Data-HdB/Borges, 2024, §5 Rn. 231. Ausführlich zu den hier besonders relevanten Vorschriften der Art. 10ff. DGA: Martini/Roeingh NJW 2024, 2379 (2383).

[31] BeckOK Datenschutzrecht/Beyer-Katzenberger, 48. Ed. 1.5.2024, DGA Art. 10 Rn. 13. Somit ist der Datenvermittlungsdienst im Sinne von Art. 2 Nr. 11 DGA (lediglich) eine besondere Erscheinungsform der Datentreuhand, jurisPK-InternetR/Heckmann/Scheurer, 8. Aufl. Stand: 15.5.2024, Kap. 9 Rn. 290. Andere verstehen Datenvermittlungsdienste als eine Unterform von Datenintermediären: „The DGA addresses […] [Data intermediation services], which are classified here as a subcategory of data intermediaries […]", Richter GRUR-Int 2023, 458 (462). Allerdings versteht der Autor die Datentreuhand ebenfalls als Unterkategorie der Datenintermediäre („data intermediaries"), Richter ZEuP 2021, 634 (641).

[32] *Lindner/Straub*, Kurzstudie im Auftrag des Bundesministeriums für Wirtschaft und Klimaschutz von der Begleitforschung zum Technologieprogramm „Smarte Datenwirtschaft", „Datentreuhänderschaft, Status quo und Entwicklungsperspektiven", Februar 2023, abrufbar unter https://www.iit-berlin.de/publikation/datentreuhaenderschaft-status-quo-und-entwicklungsperspektiven/ (abgerufen am 23.10.2024), S. 30.

händer eine natürliche oder juristische Person sein kann, die Daten auf Grundlage von Gesetz oder Vertrag regelmäßig im Fremdinteresse zwischen zwei oder mehr Parteien unter Wahrung der jeweiligen Interessen vermittelt.[33] Dass die Datentreuhand dabei auch eigene (wirtschaftliche) Interessen verfolgt, ist unschädlich.[34] Damit die Datentreuhand ihre neutrale Mittlerrolle im Interesse aller Beteiligten wahren kann, darf es keine Schieflage im Verhältnis zwischen Datengebenden und Datennutzenden geben. Dann geht das Vertrauen in die Datentreuhand verloren.[35] Auch die Datenethikkommission (DEK) sieht zwar „großes Potenzial [...] in innovativen Datenmanagement- und Datentreuhandsystemen, sofern diese praxisgerecht, robust und datenschutzkonform ausgestaltet sind".[36] Sie mahnt allerdings an, „dass eine die Rechte und Interessen aller Beteiligten wahrende Entwicklung ohne eine begleitende europäische Regulierung nicht zu erwarten ist".[37]

III. Einsatzbereiche

9 Es ist bereits angeklungen, dass Einsatzmöglichkeiten der Datentreuhand denkbar weit sind. Ein Überblick zum Einsatz der Datentreuhand in einzelnen Branchen und Sektoren soll helfen, Rolle und Funktionsweise der Datentreuhand näher zu bestimmen. Aufgrund der Vielfalt an Einsatzfeldern der Datentreuhand ist hier nur ein exemplarisches Vorgehen möglich:

1. Überblick

10 Ein wichtiger Einsatzbereich ist der Mobilitätssektor:[38] „Daten, die im Fahrzeug oder durch andere Einrichtungen der Verkehrsinfrastruktur erzeugt werden, sind vor allem in Verbindung mit weiteren personenbezogenen Daten des Fahrzeughalters, Fahrzeugführers oder sonstigen Verkehrsteilnehmers für die Wertschöpfungskette im Verkehrssektor von immer größerer Bedeutung."[39] „Intelligente Mobilitätssysteme" sollen dazu beitragen, den vorhandenen Daten-

[33] Anders dagegen beim DGA, wonach Datenvermittlungsdienste (ausschließlich) von juristischen Personen erbracht werden sollten (DGA-Erwgr. 33). Bereits unter → Rn. 6.
[34] Dazu unter → Rn. 26. Zu den Grenzen der Gewinnerzielungsabsichten unter → Rn. 56.
[35] Zu Neutralität und Vertrauen → Rn. 34 ff.
[36] *Datenethikkommission der Bundesregierung*, Gutachten der Datenethikkommission (Kurzfassung) 2019, abrufbar unter https://www.bmi.bund.de/SharedDocs/downloads/DE/publikationen/themen/it-digitalpolitik/gutachten-datenethikkommission-kurzfassung.pdf%3F__blob%3DpublicationFile%26v%3D4 (abgerufen am 23.10.2024), S. 14; Näheres zur Regulierung unter → Rn. 66 ff.
[37] *Datenethikkommission der Bundesregierung*, Gutachten der Datenethikkommission (Kurzfassung) 2019, abrufbar unter https://www.bmi.bund.de/SharedDocs/downloads/DE/publikationen/themen/it-digitalpolitik/gutachten-datenethikkommission-kurzfassung.pdf%3F__blob%3DpublicationFile%26v%3D4 (abgerufen am 23.10.2024), S. 14.
[38] Ausführlich zu den Herausforderungen des Mobilitätsdatengesetzes (MDG) im Spannungsfeld zwischen Datenschutz und Datennutzung, auch mit Blick auf die Datentreuhand: *Martini/Roeingh* NJW 2024, 2379 (2379 ff.); Reiter/Methner DSRITB 2022, 97.
[39] Reiter/Methner DSRITB 2022, 97.

schatz zu heben. Sie sollen den öffentlichen und privaten Verkehr zu einem „übergreifenden Verkehrsökosystem" verbinden.[40] Gelingensbedingung dieses Projekts ist eine umfassende und verlässliche Datenbasis. Dabei gilt es, die Datennutzung und den Datenschutz der Datengebenden in Einklang zu bringen: Ein zentraler Datentreuhänder kann als Vermittler zwischen den Datengebenden und der „Mobilithek" – „einer Plattform zum Austausch digitaler Informationen von Mobilitätsanbietern, Infrastrukturbetreibern und Verkehrsbehörden sowie Informationsanbietern"[41] – fungieren. Eine solche Datentreuhand dient dann als „multifunktionales Scharnier". Sie ermöglicht einen kontrollierten Zugang zu Mobilitätsdaten und wahrt dabei auch den Datenschutz für die Betroffenen. Die Datentreuhand soll als „anonymisierende Stelle einen Überblick darüber haben, für welche Anwendungsfälle die Nutzer die Daten verarbeiten wollen".[42] Das jüngst verabschiedete Mobilitätsdatengesetz (MDG) möchte zwar eine höhere Nutzbarkeit von Mobilitätsdaten bewirken und die Grundlage für „moderne Mobilitätsangebote" sein,[43] sieht allerdings keine expliziten Vorgaben für entsprechende Datentreuhandlösungen vor.[44]

Zunehmend finden sich Datentreuhänder auch im Bankensektor: Geplant ist 11
der Einsatz von Datentreuhandmodellen unter anderem bei der durch das Geldwäschegesetz (GwG) geforderten Risikoanalyse von Kreditinstituten zur Geldwäscheverdachtserkennung.[45] EuroDaT (European Data Trustee),[46] ein auf GAIA-X aufbauender neutraler Datentreuhänder, soll eingesetzt werden, um die Daten einzelner Banken zu vernetzen und die Analyse auf eine größere Datenmenge zu stützen. So soll die Treffgenauigkeit der Verdachtsmeldungen verbessert werden, indem die Rate falsch-positiver Meldungen auf diese Weise gesenkt wird. Die Datennutzung ließe sich vernetzen, indem die Banken ihre zur Verdachtsgenerierung genutzten selbstlernenden Algorithmen auf der vergrößerten Datenbasis trainierten. Der Algorithmus würde entsprechend genauer arbeiten und anschließend „unvernetzt im Rahmen der bankinternen Verdachtsermittlung genutzt, um präzisere Ergebnisse zu erzielen".[47]

Ein breites Einsatzfeld für Datentreuhänder ist ferner der Zugriff auf große 12
(staatliche) Archive und (staatliche) Datensammlungen.[48] Ein Beispiel sind Mikrodaten der Bundesbank oder der statistischen Ämter des Bundes und der Länder. Diese staatlichen Stellen verfügen in der Regel über sehr umfangreiche und komplexe Datenbestände, die für die wissenschaftliche Forschung, die Wirtschaft und die Gesellschaft im Allgemeinen von großem Interesse sein können. Die

[40] Martini/Roeingh NJW 2024, 2379.
[41] *BMDV*, Artikel, „Mobilethik – Deutschlands Plattform für Daten, die etwas bewegen" 1.7.2022, abrufbar unter https://bmdv.bund.de/SharedDocs/DE/Artikel/DG/mobilithek.html#:~:text=Die%20Mobilithek%20ist%20eine%20Plattform,Infrastrukturbetreibern%20und%20Verkehrsbeh%C3%B6rden%20sowie%20Informationsanbieter (abgerufen am 23.10.2024).
[42] Martini/Roeingh NJW 2024, 2379 (2383).
[43] BT-Drs. 20/10974, 1.
[44] So allerdings der Vorschlag bei Martini/Roeingh NJW 2024, 2379 (2384).
[45] Vgl. §§4ff., 10ff. GwG. Näheres dazu bei Paul NJW 2022, 1769.
[46] Es handelt sich um ein BMWK-gefördertes Projekt mit dem Ziel, einen neutralen Datentreuhänder zu entwickeln, der mit Gaia-X kompatibel ist.
[47] Buchheim/Augsberg/Gehring JZ 2022, 1139 (1140).
[48] Buchheim/Augsberg/Gehring JZ 2022, 1139 (1140f.).

Datenbestände sind als amtliche Informationen nach den allgemeinen Zugangsansprüchen der Informationsfreiheitsgesetze zugänglich und als allgemein zugängliche Quellen iSd Art. 5 Abs. 1 S. 1 Alt. 2 GG zu qualifizieren. Dennoch sind diese Datenbestände mit Blick auf Geheimhaltungsinteressen oder zum Schutz behördlicher Entscheidungsprozesse nur selten durch konkrete Gestattungsverfahren der Nutzung durch Außenstehende zugänglich. Neutrale Datentreuhänder, die Schutz vor Missbrauch bieten, „könnten diese Kluft zwischen normativem Anspruch (‚allgemein zugängliche Quelle') und Realität der Datenverfügbarkeit stellenweise schließen."[49] Ein Beispiel ist das Forschungsdatenzentrum (FDZ), das Forschenden Versichertendaten der gesetzlichen Krankenkassen zu Forschungszwecken zugänglich macht (§ 303d SGB V).[50]

13 Dies leitet über zu einem weiteren wichtigen Einsatzfeld: der medizinischen Versorgung und insbesondere der medizinischen Forschung. Ausgangspunkt für den breiten Einsatz von Datentreuhändern in der medizinischen Forschung ist ein Spannungsverhältnis: Die Wissenschaft ist an einem reibungslosen Datenaustausch und einer hohen Datenqualität interessiert. Insbesondere maschinelle Lernverfahren in der medizinischen Forschung sind auf umfangreiche Patientendaten angewiesen, um verlässliche Prognosen erstellen zu können. Dagegen sind die datengebenden Personen im Sinne des Datenschutzrechts darauf bedacht, ihre Datenhoheit zu wahren. Das strenge Datenschutzregime, insbesondere das der DS-GVO, erscheint damit häufig als Hemmnis für den Forschungserfolg, weil es die Menge an verfügbaren Daten reduziert. Datentreuhänder können in dieser Dilemmasituation dafür sorgen, die Datenqualität zu verbessern und Forschenden Zugriff auf die Daten zu verschaffen. Zugleich können sie sicherstellen, dass Daten in datenschutzkonformer Weise verarbeitet werden. Mit den Biodatenbanken existieren erste praktische Beispiele.[51] Nach § 65c SGB V sind die Länder zur Verbesserung der Qualität der onkologischen Versorgung sogar dazu verpflichtet, klinische Krebsregister zu führen. Satz 1 Nr. 10 regelt die Bereitstellung von Daten für die Herstellung von Versorgungstransparenz sowie zu Forschungszwecken. Teilweise wird der Einsatz von Datentreuhändern gesetzlich ausdrücklich erwähnt: In § 37 Abs. 7 S. 1 Landeskrankenhausgesetz-Mecklenburg-Vorpommern etwa heißt es: „Soweit personenbezogene Daten der Patientinnen und Patienten für konkrete Forschungsvorhaben bereitgestellt werden, sind diese zu anonymisieren, sobald es der Forschungszweck erlaubt". Ausdrücklich wird in § 37b Abs. 1 S. 1 Landeskrankenhausgesetz-Mecklenburg-Vorpommern darauf verwiesen, dass eine Treuhandstelle „zur Pseudonymisierung und der Speicherung der Merkmale, mit deren Hilfe ein Patientenbezug hergestellt werden kann, im Rahmen einer gemeinsamen Verantwortlichkeit nach Art. 26 der DSGVO herangezogen werden" kann. Auch in der kürzlich in Kraft getretenen European Health Data Space Verordnung (EHDS-VO)[52] und im jüngst erlassenen Gesundheitsdatennutzungs-

[49] Buchheim/Augsberg/Gehring JZ 2022, 1139 (1141).
[50] Buchheim/Augsberg/Gehring JZ 2022, 1139 (1140).
[51] Vgl. zu den Biodatenbanken BT-Drs. 16/5374, 4 (21 ff.); Winickoff/Winickoff N Engl J Med 2003, 1180. Exemplarisch sei hier auf die UK Biobank Ltd. hingewiesen abrufbar unter https://www.ukbiobank.ac.uk (abgerufen am 23.10.2024).
[52] Verordnung (EU) 2025/327 des Europäischen Parlaments und des Rates vom 11. Februar 2025 über den europäischen Gesundheitsdatenraum sowie zur Änderung der Richtlinie 2011/24/EU und der Verordnung (EU) 2024/2847, ABl. L, 2025/327, 5.3.2025.

gesetz (GDNG)[53] sind Stellen vorgesehen, die sich potenziell als Datentreuhand einordnen lassen. Die beiden Regelwerke verwenden den Begriff Datentreuhand zwar nicht ausdrücklich, allerdings gewähren die nationalen Zugangsstellen nach Art. 36 ff. EHDS-VO datennutzenden Personen Zugang zu Gesundheitsdaten und erfüllen damit die grundlegende Voraussetzung einer Datentreuhand. Teilweise wird in diesem Zusammenhang gefordert, dass den Zugangsstellen (Daten-) Treuhandplattformen an die Seite gestellt werden, die die Daten in einer sicheren Verarbeitungsumgebung bereitstellen könnten.[54] Auch das mit dem GDNG in § 303d SGB V etablierte FDZ erfüllt hinsichtlich der Daten aus der elektronischen Patientenakte (ePA) die grundlegenden Eigenschaften einer Datentreuhand.[55]

Ein weiteres Anschauungsfeld für den Einsatz von Datentreuhändern ist der Agrar- und Ernährungssektor: Ein Beispiel liefert DjustConnect.[56] Dabei handelt es sich um eine datentreuhänderische Plattform aus Belgien, die den sicheren Austausch von Daten zwischen Anbietern und Nutzern im Agrar- und Ernährungssektor ermöglicht. Sie wurde vom Flämischen Forschungsinstitut für Landwirtschaft, Fischerei und Ernährung mitgegründet. Die Plattform bietet Landwirten und Gartenbauern die Möglichkeit, ihre Daten sicher zu verwalten und zu steuern. Diese Daten können dann von Dritten verwendet werden, um bestehende Dienstleistungen und Produkte zu verbessern oder neue digitale Produkte zu entwickeln. Ein verwandtes Einsatzfeld ist der Klimasektor.[57] So gibt es hier zahlreiche Bestrebungen zum Austausch von Klimadaten zur Bekämpfung der Klimakrise.[58] 14

2. Zusammenfassung und Herausforderungen

Wie die Übersicht gezeigt hat, stehen die bislang existierenden Datenbanken den datengebenden Einzelpersonen (zB Patienten/Probanden/Verbrauchern) in der Regel nicht zur Verfügung. Vielmehr mitteln sie Daten als sog. Business-to-Business-Intermediäre („B2B") nur zwischen Unternehmen oder (staatlichen) Einrichtungen. Datenbanken, die unmittelbar im Verhältnis zwischen datengebenden und datennutzenden Personen Daten mitteln, etwa zwischen Verbrauchern und Unternehmen, sog. Consumer-to-Business-Intermediäre („C2B"), haben sich dagegen noch nicht nachhaltig am Markt etablieren können.[59] Hier setzen neue Forschungsprojekte an: Insbesondere das HEALTH-X dataLOFT-Projekt könnte diese Lücke füllen. Es handelt sich dabei um ein Datentreuhandkonzept, 15

[53] Gesetz zur verbesserten Nutzung von Gesundheitsdaten (GDNG) v. 25.3.2024, BGBl. 2024 I Nr. 102.

[54] DSK, „Nutzung von Gesundheitsdaten braucht Vertrauen", Stellungnahme der Konferenz der unabhängigen Datenschutzaufsichtsbehörden des Bundes und der Länder v. 27.3.2023, abrufbar unter https://www.datenschutzkonferenz-online.de/media/st/2023-03-27_DSK-Stellungnahme_EHDS.pdf (abgerufen am 23.10.2024), S. 7.

[55] Zum Ganzen Buchholtz/Brauneck/Schmalhorst MedR 2024, 471 (476).

[56] DjustConnect, abrufbar unter https://www.djustconnect.be/en/who-are-we (abgerufen am 23.10.2024).

[57] Siehe etwa Digital Impact Alliance, abrufbar unter https://dial.global/research/climate-action-data-trusts (abgerufen am 23.10.2024).

[58] Siehe etwa Climate Action Data Trust, abrufbar unter https://climateactiondata.org/about (abgerufen am 23.10.2024).

[59] Buchholtz/Brauneck/Schmalhorst JuS 2023, 414 (415).

das nicht auf den B2B-Bereich beschränkt ist, sondern auch die „Bürger" in den Blick nimmt. Sie werden einen „Großteil der Teilnehmenden ausmachen", heißt es. Sie sollen Zugriff auf und Kontrolle über ihre persönlichen Gesundheitsdaten haben, unabhängig von deren Herkunft. Auf diese Weise könnten die betreffenden Personen ihre Daten „selbst für persönliche Gesundheitsanliegen, medizinische Versorgung, und Forschung" nutzen.[60] Allerdings steht die praktische Umsetzung dieser und ähnlicher Projekte derzeit noch hinter der Theorie zurück.[61]

IV. (Rechtliche) Einordnung der Datentreuhand

16 Wer eine Datentreuhand einsetzt, muss sich mit der Frage auseinandersetzen, was eine Datentreuhand (rechtlich) ist. In Ermangelung einer Legaldefinition bietet sich zur näheren rechtlichen Einordnung ein systematischer Vergleich mit zwei Instituten des Zivilrechts an, nämlich der klassischen Treuhand und der Treuhandstiftung. Ferner lohnt sich ein rechtsvergleichender Blick ins Common Law des Vereinigten Königreichs. Dort sind Data Trusts bereits gesetzlich verankert. Es soll untersucht werden, ob sich bestehende Regelungen sinnvoll auf die Datentreuhand übertragen lassen.

1. Orientierungspunkte für die rechtliche Einordnung

17 Zur rechtlichen Einordnung der Datentreuhand lassen sich Orientierungspunkte identifizieren. Namentlich die klassische Treuhand und die Treuhandstiftung im Zivilrecht sowie die Data Trusts im Common Law können Hinweise auf die rechtliche Einordnung und Handhabung der Datentreuhand liefern.

a) Vergleich zur klassischen Treuhand

18 Auch die klassische Treuhand ist gesetzlich nicht geregelt und ein einheitlicher Treuhandbegriff existiert nicht, sodass sie „selbst im deutschen Recht [als] ein schwieriges und sehr umstrittenes Konzept" gilt.[62] Es lassen sich aber einige grundlegende Charakteristika und Anwendungsmöglichkeiten benennen, die Parallelen zwischen der klassischen Treuhand und der Datentreuhand erkennen lassen:

19 Es ist zwischen unterschiedlichen Formen der Treuhand zu unterscheiden. Bei der Sicherungstreuhand handelt der Treuhänder regelmäßig eigennützig. Er hält

---

[60] Health-X dataLOFT, abrufbar unter https://www.health-x.org/plattform (abgerufen am 23.10.2024).

[61] Lindner/Straub, Kurzstudie im Auftrag des BMWK von der Begleitforschung zum Technologieprogramm „Smarte Datenwirtschaft", „Datentreuhänderschaft Status Quo und Entwicklungsperspektiven" Februar 2023, abrufbar unter https://www.iit-berlin.de/publikation/datentreuhaenderschaft-status-quo-und-entwicklungsperspektiven/ (abgerufen am 23.10.2024), S. 3, 63 f.

[62] Borges/Keil Big Data-HdB/Borges, 2024, § 5 Rn. 385 ff. Borges verweist auf eine umfassende Literaturübersicht zu den Problemen und Herausforderungen um die „deutsche" Treuhand.

das Treugut, um sich aufgrund eines ihm eingeräumten Verwertungsrechts im Sicherungsfall daraus zu befriedigen.[63] Bei der Verwaltungstreuhand hingegen verwaltet der Treuhänder das Treugut fremdnützig für den Treugeber.[64] Zu unterscheiden ist dabei ferner zwischen einem echten und unechten Treuhandverhältnis: Bei der echten Treuhand wird der Treuhänder im Wege einer dinglichen Übertragung Inhaber des Vollrechts am Treugut; er hat im Außenverhältnis in der Regel weitreichendere rechtliche Befugnisse als ihm im Innenverhältnis schuldrechtlich zustehen.[65] Bei der unechten Treuhand hingegen ist der Treugeber weiterhin Eigentümer des Treuguts, er ist jedoch dazu befugt, im eigenen Namen über das Treugut zu verfügen oder stellvertretend für den Treugeber zu handeln.[66] In der Praxis finden sich die einzelnen Treuhandkonstellationen nur selten in Reinform, häufig sind sie miteinander kombiniert. Interessant für die Zwecke dieser Abhandlung ist vor allem die Kombination aus uneigennütziger und eigennütziger Treuhand bzw. einer Kombination aus Verwaltungs- und Sicherungstreuhand. In diesen Fällen spricht man von einer doppelseitigen Treuhand. Diese ist derart beschaffen, dass der Treuhänder das Treugut aufgrund einer vertraglichen Vereinbarung für den Treugeber verwaltet und zugunsten der Gläubiger des Treugebers für diese verwendet.[67] Ein gängiges Beispiel ist das Treuhandkonto.

Klassische zivilrechtliche Treuhandverhältnisse dienen also häufig (auch) der **20** Interessenvertretung. Dabei kann die Treuhand auf die Besonderheiten des jeweiligen Rechtsgebiets und Anwendungsfalls eingehen. Ähnlich liegt es bei der Datentreuhand: Diese ist regelmäßig mit der Verwaltung und Verwertung von Daten betraut und darf dabei auch eigene (wirtschaftliche) Interessen verfolgen, wie noch näher zu erläutern sein wird.[68] Wie auch bei der klassischen Treuhand kann ein Grund für den Einsatz eines Datentreuhänders darin liegen, dessen besondere Expertise zu nutzen. Problematisch sind allerdings Fälle, in denen der Treuhänder unterschiedliche Pflichten gegenüber mehreren Parteien erfüllen soll, zum Beispiel gegenüber einem Gesellschafter in seiner Rolle als Treuhänder und zugleich gegenüber der Gesellschaft in seiner Rolle als Gesellschafter; das ist eine Konstellation, die Potenzial für Interessenkonflikte birgt. Diese werden im Gesellschaftsrecht in der Regel zugunsten der Gesellschaft aufgelöst.[69] Bei einer Anwaltstreuhand dagegen besteht gem. § 3 BORA sogar ein ausdrückliches Verbot, widerstreitende Interessen zu vertreten.[70]

Im Schrifttum wird diskutiert, ob sich die Datentreuhand als zivilrechtliche **21** Treuhand einordnen lässt. Es wird einerseits angenommen, dass die Datentreuhand ein „treuhänderisches Rechtsverhältnis" sei.[71] Andererseits heißt es, die Datentreuhand sei „keine Treuhand im Rechtssinne".[72] Praktisch ist diese Frage regelmäßig kaum relevant, weil die Art der treuhänderischen Beziehung bei der

[63] Differenzierend BeckOK InsR/Berberich, 36. Ed. 15.7.2024, InsO § 116 Rn. 7.
[64] Differenzierend BeckOK InsR/Berberich, 36. Ed. 15.7.2024, InsO § 116 Rn. 7.
[65] BeckOGK/Riesenhuber, 15.7.2024, BGB § 662 Rn. 71. So auch Specht-Riemenschneider/Blankertz/Sierek/Schneider/Knapp/Henne MMR-Beil. 2021, 25 (26).
[66] BeckOGK/Riesenhuber, 15.7.2024, BGB § 662 Rn. 71.1.
[67] Höfer BetrAVG I/Höfer, 30. EL 2024, Kap. 12 Rn. 114 ff.
[68] Unter → Rn. 26.
[69] Fleischer NZG 2013, 361 (362).
[70] Siehe etwa Henssler in Henssler/Prütting, BRAO, 6. Aufl. 2024, § 3 Rn. 5 ff.
[71] Beise RDi 2021, 597 (602).
[72] Blankertz DuD 2021, 789.

Datentreuhand ohnehin immer von den Umständen des Einzelfalls abhängt.[73] Dabei kommt es auf den Umfang der Interessenwahrnehmung, auf Zugriffsmöglichkeiten und auf die Einräumung von Rechtsmacht an.[74] Im Übrigen lässt sich allgemein festhalten, dass der wesentliche Unterschied zwischen Datentreuhand und klassischer zivilrechtlicher Treuhand darin besteht, dass das Treugut der Datentreuhand Daten sind. Eine echte Treuhand, die eine dingliche Übertragung voraussetzt, kommt bei Daten, an denen es naturgemäß kein Eigentum gibt, nicht in Betracht. Die unechte Vollmachtstreuhand ist allerdings weiter. Sie umfasst alle Rechtsverhältnisse, die „im Innenverhältnis die Interessenwahrnehmung einer Vertragspartei gegenüber einer anderen zum Gegenstand haben".[75] Die Datentreuhand kommt dieser Konstellation sehr nah. Alles in allem sprechen die deutlichen Parallelen beider Institute dafür, zur Regulierung der Datentreuhand Anleihen bei der Treuhand im Zivilrecht zu nehmen.

b) Vergleich zur Treuhandstiftung

22 Eine Treuhandstiftung ist eine nichtrechtsfähige Stiftung und stellt ebenfalls eine Treuhand dar. Der Stifter ist Treugeber, der Stiftungsträger ist Treuhänder. Der Stiftungsträger verwaltet Vermögen unter Auflagen und handelt in fremden Namen. So kann die Treuhandstiftung als Vorbild für eine gemeinnützige Datentreuhand zur Förderung medizinischer Forschung und Entwicklung herangezogen werden. Daten werden zu einem bestimmten Zweck verwaltet und den jeweils Berechtigten zur Verfügung gestellt. Damit ist die Treuhandstiftung vergleichbar mit einem neutralen Intermediär: Datengebende und -nutzende haben ein gemeinsames Ziel und Interesse, die Datentreuhand agiert doppelnützig.

c) Vergleich zu Data Trusts im Common Law

23 Dem Common Law sind Trusts schon lange bekannt: Es handelt sich um Rechtsverhältnisse zur Vermögensverwaltung, die einen bestimmten Zweck verfolgen.[76] Charakteristisch ist eine Dreieckskonstellation aus Treugeber (Settlor), Treuhänder (Trustee) und Treugut. Ähnlich verhält es sich mit Data Trusts, die in Großbritannien mittlerweile im Einsatz sind.[77] Auch Daten können Gegenstand, also Treugut, eines Trusts sein.[78] Die Vielgestaltigkeit dieser Konstrukte eignet

[73] Instruktiv zum ganzen Fragekomplex Borges/Keil Big Data-HdB/Borges, 2024, § 5 Rn. 393.
[74] Borges/Keil Big Data-HdB/Borges, 2024, § 5 Rn. 388.
[75] Blankertz/Specht-Riemenschneider, Vortrag 1 der Reihe „Zu treuen Händen", „Wie eine Regulierung für Datentreuhänder aussehen sollte", November 2021, abrufbar unter https://www.verbraucherforschung.nrw/sites/default/files/2021-11/zth-1-blankertz-specht_riemenschneider.pdf (abgerufen am 23.10.2024), S. 9; MüKoGmbHG/Weller/Reichert, 4. Aufl. 2022, GmbHG § 15 Rn. 205.
[76] Study Group on European Civil Code/Research Group on EC Private Law (Aqzus Group) Principles, Definitions and Model Rules of European Private Law, 2009 Book X. – 1:201: Definition of a trust, abrufbar unter https://www.law.kuleuven.be/personal/mstorme/2009_02_DCFR_OutlineEdition.pdf, (abgerufen am 23.10.2024), S. 501.
[77] *Hardinges*, „Data Trusts in 2020" 17.3.2020, abrufbar unter https://theodi.org/article/data-trusts-in-2020/ (abgerufen am 23.10.2024).
[78] Lau/Penner/Wong, NUS Law Working Paper No. 2019/019, „The basic of private and public data trusts", abrufbar unter: https://law.nus.edu.sg/ewbclb/wp-content/uploads/sites/6/2020/04/019_2019_JeremiahJamesBenjamin.pdf (abgerufen am 23.10.2024), S. 25; *Ada*

sich besonders gut, um den Bedürfnissen, die mit der Verwaltung von Daten (zB die Einhaltung von Datenschutzrecht) einhergehen, gerecht zu werden. Explizite Regelungen gibt es in Großbritannien etwa zur Haftung. So haben Trusts mit dem Vermögen des Treugebers besonders sorgfältig umzugehen.[79] Im Fall eines Missbrauchs haften sie persönlich und unbegrenzt; sie können sich nur entlasten, soweit sie nachweisen, dass sie mit angemessener Sorgfalt gehandelt haben.[80]

Allerdings könnten Regelungen wie in Großbritannien hierzulande nicht ohne weiteres etabliert werden. Dem stünden in Deutschland schon der sachenrechtliche Typenzwang und das Numerus-Clausus-Prinzip entgegen:[81] Insbesondere kennt das deutsche Recht, anders als das Common Law, die Einteilung des Eigentums in rechtliches Eigentum („legal ownership") und Eigentum aufgrund von Billigkeit („equitable ownership") nicht. Über das Eigentum aufgrund von Billigkeit verfügt nach UK-Recht eine Person, die den wirtschaftlichen Vorteil aus einer Sache zieht. Im Fall eines Trusts fallen diese beiden Arten des Eigentums unter Umständen auseinander. Diese Aufspaltung ist im deutschen Recht so nicht möglich. Allerdings könnten Regelungen zu den Trusts Hilfestellung bei der künftigen Gesetzesvorhaben zur Regulierung der (deutschen) Datentreuhand bieten, insbesondere um Datentreuhändern einen angemessenen Haftungsrahmen zu geben. 24

2. Ausgestaltung der Datentreuhand

Aufgrund ihrer Komplexität wirft die Ausgestaltung der Datentreuhand zahlreiche Fragen auf. Diese betreffen einerseits ihre Rechtsnatur, andererseits die Vertragsgestaltung im Innenverhältnis. 25

a) Rechtsnatur

Wie bereits beschrieben, kann sowohl eine natürliche als auch eine juristische Person des privaten oder öffentlichen Rechts eine Datentreuhand sein. Sofern die Wahl auf eine juristische Person fällt, stellt sich die Frage, wie die Datentreuhand gesellschaftsrechtlich konzipiert werden sollte. In Betracht kommen etwa eine GmbH, eine öffentlich-rechtliche Körperschaft oder auch eine Genossenschaft.[82] Die Datentreuhand lässt sich entweder als Unternehmen mit Gewinnerzielungsabsicht organisieren oder als gemeinnützige GmbH oder gemeinnütziger Verein 26

Lovelace Institute, Report, „Exploring legal mechanisms for data stewardship", 4.3.2021, abrufbar unter https://www.adalovelaceinstitute.org/report/legal-mechanisms-data-stewardship (abgerufen am 23.10.2024).

[79] Gruber/Kalss/Müller/Schauer, Erbrecht und Vermögensnachfolge/Wolff, 2. Aufl. 2018, S. 1534.

[80] Trustee Act 1925, section 61; Gruber/Kalss/Müller/Schauer, Erbrecht und Vermögensnachfolge/Wolff, 2. Aufl. 2018, S. 1538, 1541.

[81] Gruber/Kalss/Müller/Schauer, Erbrecht und Vermögensnachfolge/Wolff, 2. Aufl. 2018, S. 1546. Wolff bezieht sich in seinen Ausführungen zwar auf das österreichische Recht. Seine Erkenntnisse lassen sicher aber auf die deutsche Rechtslage übertragen. S. auch: v. Bar EuZW 2018, 925 (927).

[82] Buchheim/Augsberg/Gehring JZ 2022, 1139 (1140).

ohne entsprechende wirtschaftliche Absichten.[83] Welche Gesellschaftsform sich am ehesten eignet, hängt von der Interessenlage der Beteiligten, dem konkreten Einsatzfeld und den Funktionen der Datentreuhand ab. Regelmäßig sind die Investitionskosten für die Schaffung und Etablierung einer Datentreuhand hoch, der Ökosystemaufbau ist auch wegen des hohen Datenschutzniveaus zeit- und kostenintensiv. Zugleich bestehen Unsicherheiten, inwieweit ergänzende Dienstleistungen des Datentreuhänders im Lichte des DGA monetarisierbar sind. Somit ist die Entwicklung nachhaltiger Geschäfts- und Finanzierungsmodelle für die Datentreuhand ein komplexes Unterfangen.[84]

b) Innenverhältnis

27 Im Innenverhältnis ist zwischen einer „einseitigen" und „mehrseitigen/doppelseitigen" Datentreuhand zu differenzieren.[85] Im erstgenannten Fall ist die Datentreuhand einseitig demjenigen verpflichtet, der sie beauftragt hat. Das kann entweder der Datengebende oder der Datennutzende sein.[86] Daher stellt sich bei der einseitigen Datentreuhand grundsätzlich nicht die Frage der „Neutralität",[87] da sie lediglich die Interessen nur einer Seite (entweder des Datengebenden oder des Datennutzenden) vertritt.[88] Die doppelseitige oder mehrseitige Datentreuhand agiert dagegen sowohl im Interesse des Datengebenden als auch im Interesse der Datennutzenden. Es handelt sich um ein „mehrseitiges Interessenwahrnehmungsverhältnis". In dieser Konstellation haben beide Seiten – Datengebende und Datennutzende – einen eigenständigen Anspruch gegen den Treuhänder auf Erfüllung des Treuhandvertrags. „Der Treuhänder hat die Interessen beider Parteien wahrzunehmen".[89] Es „entsteht ein Rechtsverhältnis, an welchem zumindest drei Personen beteiligt sind".[90] Wegen der komplexeren Interessenlage befasst sich die

[83] *Lindner/Straub*, Kurzstudie im Auftrag des Bundesministeriums für Wirtschaft und Klimaschutz von der Begleitforschung zum Technologieprogramm „Smarte Datenwirtschaft", „Datentreuhänderschaft, Status quo und Entwicklungsperspektiven", Februar 2023, abrufbar unter https://www.iit-berlin.de/publikation/datentreuhaenderschaft-status-quo-und-entwicklungsperspektiven/ (abgerufen am 23.10.2024), S. 39.

[84] *Lindner/Straub*, Kurzstudie im Auftrag des Bundesministeriums für Wirtschaft und Klimaschutz von der Begleitforschung zum Technologieprogramm „Smarte Datenwirtschaft", „Datentreuhänderschaft, Status quo und Entwicklungsperspektiven" Februar 2023, abrufbar unter https://www.iit-berlin.de/publikation/datentreuhaenderschaft-status-quo-und-entwicklungsperspektiven/ (abgerufen am 23.10.2024), S. 24.

[85] Siehe etwa Specht-Riemenschneider/Blankertz/Sierek/Schneider/Knapp/Henne MMR-Beil. 2021, 25 (29, 35 f.).

[86] Specht-Riemenschneider/Blankertz/Sierek/Schneider/Knapp/Henne MMR-Beil. 2021, 25 (36).

[87] Hierzu ausf. → Rn. 34 ff.

[88] *Stevens/Boden*, Vortrag 6 der Reihe „Zu treuen Händen", „Warum wir parteiische Datentreuhänder brauchen", Februar 2022, abrufbar unter https://www.verbraucherforschung.nrw/sites/default/files/2022-02/zth-06-stevens-boden-warum-wir-parteiische-datentreuhaender-brauchen.pdf (abgerufen am 23.10.2024), S. 10.

[89] Specht-Riemenschneider/Blankertz/Sierek/Schneider/Knapp/Henne MMR-Beil. 2021, 25 (35; 29); BGH NJW 1990, 45 (46); Ganter in Stürner/Eidenmüller/Schoppmeyer, Münchener Kommentar zur Insolvenzordnung, 4. Aufl. 2019, § 47 Rn. 386.

[90] Weitbrecht NZI 2017, 553 (554).

Literatur überwiegend mit der mehrseitigen oder doppelseitigen Datentreuhandschaft, ohne diese Begriffe immer explizit zu verwenden.[91]

Datentreuhandmodelle sind vielschichtige Akteursbeziehungen mit pluralen Verantwortlichkeiten; entsprechend komplex sind auch die Vertragsbeziehungen.[92] Wie die gemeinsame Datennutzung unter Einschaltung eines Intermediärs im Innenverhältnis konkret ausgestaltet werden kann oder soll, hängt vom konkreten Einsatz und den Spezifikationen der Beteiligten ab. Allgemein lässt sich jedoch sagen, dass die Datentreuhand gegenüber denjenigen, die sie beauftragt haben, in der Regel einen Auftrag (unentgeltlich) oder eine Geschäftsbesorgung (entgeltlich) ausführt. So gilt der Auftrag als „vertragstypologische[r] Regelfall" in Treuhandkonstellationen.[93] Die §§662ff. BGB beruhen auf dem Prinzip des persönlichen Vertrauens[94] und sind daher gut geeignet, auch die Interna von Datentreuhandverhältnissen zu regeln. 28

Bei der Vertragsgestaltung gilt es, durch geeignete rechtliche und technische Instrumente den Interessen der Beteiligten bestmöglich zu entsprechen. So müssen beispielsweise Zugangsbedingungen, Auswertungsinstrumente und Nutzungszwecke zwischen den Beteiligten durch geeignete Handlungsformen, die je nach Rechtsnatur der Datentreuhand ein öffentlich-rechtlicher oder privatrechtlicher Vertrag, ein Verwaltungsakt oder eine Satzung sein können, konkretisiert werden. Ferner sind die verbleibenden Einfluss- und Zugriffsmöglichkeiten der Datengebenden auf die jeweilige Datenverarbeitung festzulegen, sofern sie nicht schon gesetzlich vorgegeben sind. Die konkreten Bedingungen hängen davon ab, ob es sich um personenbezogene Daten handelt und inwiefern die Datentreuhand eine Anonymisierung (statt einer Pseudonymisierung) vornehmen soll.[95] 29

3. Erscheinungsformen

Wie bereits angedeutet, kann die Datentreuhand in unterschiedlichen Erscheinungsformen auftreten. Die Modelle reichen von technischen Dashboards, sogenannten Privacy Management Tools (PMT), bis hin zur Daten- und Einwilligungsverwaltung durch sogenannte Personal Information Management Services (PIMS). PIMS-Modelle sind treuhänderisch agierende Software-Dienste, die in der Regel für Datengebende das Einwilligungsmanagement übernehmen. PIMS werden in der Regel so gestaltet, dass die Nutzenden einem Dienstleister den Zugriff auf bestimmte personenbezogene Daten eröffnen, die dann treuhänderisch im Interesse der Nutzenden verwaltet werden. Hier verlieren die Datengebenden also die „Datenkontrolle und übertragen diese an einen 30

[91] Stevens/Boden, Vortrag 6 der Reihe „Zu treuen Händen", „Warum wir parteiische Datentreuhänder brauchen", Februar 2022, abrufbar unter https://www.verbraucherforschung.nrw/sites/default/files/2022-02/zth-06-stevens-boden-warum-wir-parteiische-datentreuhaender-brauchen.pdf (abgerufen am 23.10.2024), S.21.

[92] Zu den umfangreichen Pflichten und ihrer rechtlichen Einordnung Borges/Keil Big Data-HdB/Borges, 2024, §5 Rn.295ff.

[93] Beise RDi 2021, 597 (602).

[94] MüKoBGB/Schäfer, 9.Aufl. 2023, §662 Rn.31.

[95] Zu den datenschutzrechtlichen Grundfragen unter → Rn.38ff.

treuhänderisch gebundenen Dritten".[96] Dabei rangieren die Modelle zwischen Single-Sign-On-Diensten bis hin zu einer umfassenden Fremdverwaltung personenbezogener Daten.[97]

31 Ein Unterschied der verschiedenen Modelle liegt darin, ob und inwiefern die Datentreuhand in die gemeinsame Datennutzung einbezogen werden soll.[98] Ferner ist danach zu fragen, ob und in welchem Umfang sie selbst Daten verwalten und speichern soll. Darüber hinaus ist danach zu differenzieren, welche Daten verwaltet und gespeichert werden sollen, insbesondere, ob es sich um personenbezogene Daten iSv Art. 4 Nr. 1 DS-GVO handelt. Überdies ist zentral, ob die Betroffenen die Daten freiwillig oder verpflichtend herausgeben. Ferner kommt es darauf an, ob die Daten zentral (zentrale Speicherung auf einem Server) oder dezentral (Daten befinden sind lokal auf Endgeräten der Nutzenden) gespeichert werden.[99] Specht-Riemenschneider/Blankertz/Sierek/Schneider/Knapp/Henne haben anhand der hier genannten Kriterien vier Grundtypen der Datentreuhand identifiziert, namentlich den fakultativen Data-Cache, den obligatorischen Data-Cache, den fakultativen Data-Host und den obligatorischen Data-Host.[100]

32 Differenzierungen lassen sich auch nach Art und Umfang der zu erbringenden Leistungen vornehmen.[101] Einen entsprechenden Ansatz zur Kategorisierung von Datentreuhandmodellen bieten Feth/Rauch.[102] Sie unterscheiden zwischen einer „Zugangstreuhand", einer „Auswertungstreuhand" und einer „Verwaltungstreuhand". Eine Zugangstreuhand ermöglicht den Zugriff auf Daten nur auf Anweisung des jeweiligen Datengebenden. Dagegen zeichnet sich eine Auswertungstreuhand dadurch aus, dass die Datentreuhand gegenüber den Datennutzenden keinen Zugriff auf Rohdaten erteilt, sondern nur Auswertungsergebnisse oder aggregierte Daten weitergibt. Die Verwaltungstreuhand wiederum verwahrt die Daten und entscheidet eigenständig über deren Nutzung im Interesse aller Beteiligten.[103]

33 Buchheim/Augsberg/Gehring[104] haben ferner die „transaktionsbasierte Datentreuhand" in den Diskurs eingebracht. Dabei handelt es sich um den Prototyp einer Datentreuhand, der in der Praxis bereits mit EuroDaT für die Analyse von Finanzdaten entsteht.[105] Es handelt sich bei der transaktionsbasierten Datentreuhand um ein ähnliches Modell wie die Auswertungstreuhand nach Feth/Rauch:

---

[96] Buchheim/Augsberg/Gehring JZ 2022, 1139 (1141).

[97] Borges/Keil Big Data-HdB/Borges, 2024, § 5 Rn. 150.

[98] Borges/Keil Big Data-HdB/Borges, 2024, § 5 Rn. 167 ff.

[99] Dazu ausführlich Specht-Riemenschneider/Blankertz/Sierek/Schneider/Knapp/Henne MMR-Beil. 2021, 25 (29 ff.). Auf die Unterscheidung zwischen zentraler und dezentraler Speicherung kommt es auch an bei Blankertz DuD 2021, 719 (721).

[100] Näheres dazu bei Specht-Riemenschneider/Blankertz/Sierek/Schneider/Knapp/Henne MMR-Beil. 2021, 25 (31).

[101] Borges/Keil Big Data-HdB/Borges, 2024, § 5 Rn. 176 ff. Borges unterscheidet zwischen Maklermodell, Eigenhandelsmodell, Dienstleistungsmodell und Treuhandmodell.

[102] Feth/Rauch DuD 2024, 103 (106).

[103] Feth/Rauch DuD 2024, 103 (106); Buchheim/Augsberg/Gehring bezeichnen diese Art der Datentreuhand als „Datensilo-Treuhand". Auch das Forschungsdatenzentrum (FDZ) im Rahmen des Datentransparenzverfahrens gemäß §§ 303a ff. SGB V erfülle die Voraussetzungen einer solchen Treuhand, in Buchheim/Augsberg/Gehring JZ 2022, 1139 (1141). Ebenso Buchner/Haber/Hahn/Kusch/Prasser/Sax/Schmidt DuD 2021, 806 (807).

[104] Buchheim/Augsberg/Gehring JZ 2022, 1139 (1141).

[105] Buchheim/Augsberg/Gehring JZ 2022, 1139 (1141).

Die transaktionsbasierte Datentreuhand gibt den Datennutzenden keinen Zugriff auf die Rohdaten, sondern stellt ihnen lediglich bestimmte Analyseergebnisse für spezifische Verarbeitungszwecke kurzfristig zur Verfügung. Anlassbezogen fordert sie bestimmte Daten aus dezentralen Quellen an, verknüpft diese gegebenenfalls mit anderen Daten und stellt sie „zu konkreten weiteren Verarbeitungen in geschützter Umgebung bereit".[106] In diesem Modell nimmt die Datentreuhand keine eigenständige Verarbeitung vor und stellt auch keine personenbezogenen oder nicht-personenbezogene Rohdaten oder Metadaten langfristig zur Verfügung.[107] Die Datentreuhand bewahrt keine Daten auf, sammelt und kennt sie nicht. Stattdessen soll sie die Daten nur „anlassbezogen auf anderen (dezentralen) Quellen anfordern, verknüpfen und zu konkreteren weiteren Verarbeitungen in geschützter Umgebung bereitstellen".[108] Für Transaktionen „verbindet der Treuhänder also verschiedene Datensätze und stellt sie für die jeweils anvisierte Transaktion zur Verfügung".[109] Somit variiert der „Bestand der durch den Treuhänder einer Einmal-Auswertung zugänglich gemachten Datensätze" von Datennutzung zu Datennutzung. Es ist daher nicht von einer Transaktion, sondern von einer Transaktionsbasierung die Rede. Die Datensätze werden transaktionsbezogen gebildet, sie sind beim Datentreuhänder aber nicht dauerhaft vorhanden. Eine „dauerhafte physische Speicherung durch den Treuhänder" findet im transaktionsbasierten Datentreuhandmodell nicht statt.[110] Das hat aus datenschutzrechtlicher Sicht den Vorteil, dass die Datenbestände entweder bei den jeweiligen Datengebenden verbleiben „oder von diesen auf einer organisatorischen vom Treuhänder getrennten Infrastruktur bereitgestellt" werden. Weil der Datentreuhänder die Daten nicht speichert, bleiben die Datengebenden bei formaler Betrachtung Inhaber ihrer Datenbestände. Sie verlieren ihre Datensouveränität zu keinem Zeitpunkt, „sondern stellen diese Dritten nur automatisiert über die Treuhänder zu vorab abstrakt-generell umrissenen Bedingungen zur Verfügung".[111] Darin unterscheidet sich die transaktionsbasierte Datentreuhand von herkömmlichen PIMS-Modellen, die vor allem ein „Daten-Rechte-Management" im Interesse des Datensubjekts betreiben. Die Verfügungsgewalt des Datentreuhänders und der unterschiedlichen Diensteanbieter als unmittelbare Datennutzer ist somit stets „punktuell und relativ" bezogen auf die jeweilige Datennutzung. Der Treuhänder und die Diensteanbieter sind in ihrer Herrschaft derart begrenzt, dass sie auf die Daten bei den Datengebenden nicht zugreifen können; es ist daher von „Blindstellen" die Rede.[112]

4. Neutralität

Für die nachhaltige Etablierung von Datentreuhandmodellen wird deren „Neutralität" als wesentliche Bedingung angesehen.[113] Sie ist eng mit den Begriffen 34

[106] Buchheim/Augsberg/Gehring JZ 2022, 1139 (1141).
[107] Buchheim/Augsberg/Gehring JZ 2022, 1139 (1141).
[108] Buchheim/Augsberg/Gehring JZ 2022, 1139 (1141 f.).
[109] Buchheim/Augsberg/Gehring JZ 2022, 1139 (1142).
[110] Buchheim/Augsberg/Gehring JZ 2022, 1139 (1142).
[111] Buchheim/Augsberg/Gehring JZ 2022, 1139 (1142).
[112] Buchheim/Augsberg/Gehring JZ 2022, 1139 (1142).
[113] Feth/Rauch DuD 2024, 103 (104).

Vertrauen bzw. Vertrauenswürdigkeit verknüpft.[114] Inwiefern eine Datentreuhand gut „funktioniert", wird häufig davon abhängig gemacht, ob diese unabhängig und neutral agiert.[115] Daher muss bereits bei der Konzeption einer Datentreuhand mitgedacht werden, wie sie bei ihrer Interessenvertretung neutral und damit vertrauenswürdig arbeiten kann. Neutralität ist ein facettenreicher Begriff. Sie ist nicht passiv zu verstehen, sondern als Auftrag.[116] Dabei gilt im Ausgangspunkt, dass Neutralität organisatorische und technische Sicherheitsvorkehrungen impliziert, damit der Datentreuhänder Daten sammeln und verwerten kann. Im Übrigen ist die Aufgabe der Neutralitätswahrung kontextbezogen zu verstehen:

35 Nach Buchheim/Augsberg/Gehring[117] meint Neutralität zunächst eine „Äquidistanz" der Datentreuhand zu den Beteiligten. Vor allem durch die Wahl der Rechtsform und der Beteiligungsverhältnisse soll sichergestellt werden, dass sich die Treuhand mit keiner der Parteien gemeinmacht. Gerade in der Anfangsphase könnte auch eine im Einzelfall näher zu bestimmende Beteiligung der öffentlichen Hand dabei helfen, „das Problem einer etwaigen Nähe zu Datengebern, Empfängern einer Datenauswertung oder auch einem [...] Serviceprovider zu lösen".[118] Ferner bezieht sich das Neutralitätspostulat auch auf die Daten. Es muss sichergestellt sein, dass der Datentreuhänder kein Eigeninteresse „an den Daten und den durch ihn verknüpften bereitgestellten Datenbeständen" hat. Mit der transaktionsbasierten Datentreuhand lasse sich dieses Ziel erreichen, da sie „beim Treuhänder keinen stetig wachsenden, seiner formellen Verfügungsmöglichkeit [...] unterliegenden Datenbestand anwachsen lässt".[119] Der für die jeweilige Nutzung relevante Datensatz wird dabei nicht auf Vorrat gebildet, sondern für jede einzelne Datennutzung immer nur kurzzeitig. Somit kann der Datentreuhänder „kein überschießendes Eigeninteresse an der durch ihn ermöglichten langfristigen Verbindung mehrerer zuvor getrennter Datenbestände entwickeln", sein Interesse ist auf eine gute Transaktion gerichtet. Somit bleibt er hinsichtlich der Daten neutral.[120] Neutralität muss ferner bei der Datennutzung gewahrt werden: Hierfür bietet sich eine Entkoppelung des Datentreuhänders und der Datennutzung des Leistungserbringers an. Diese funktionale und organisatorische Trennung sorgt nach Buchheim/Augsberg/Gehring dafür, dass „das genuin treuhänderische Element von den verschiedenen Konstellationen sonstiger, auf der Datentreuhand aufbauender Datendienstleistungen abzugrenzen und ‚vor die Klammer' zu ziehen" ist.[121] Der Schwerpunkt der datentreuhänderischen Tätigkeit bleibt somit „die kontrollierte Vermittlung und Verknüpfung von Daten". So bleibt gewährleistet, dass der Datentreuhänder „inhaltsneutral die immer strukturgleiche

114 *Blankertz/Riemenschneider,* böll.brief, „Neue Modelle ermöglichen – Regulierung für Datentreuhänder", Juli 2021, abrufbar unter https://www.boell.de/sites/default/files/2021-08/bo%23776ll.brief%20G16%20Neue%20Modelle%20ermo%23776glichen.pdf (abgerufen am 23.10.2024), S. 4; Blankertz DuD 2021, 789 (789 f.).
115 Buchheim/Augsberg/Gehring JZ 2022, 1139 (1143).
116 Buchheim/Augsberg/Gehring JZ 2022, 1139 (1143).
117 Buchheim/Augsberg/Gehring JZ 2022, 1139 (1143).
118 Solle die Datentreuhand allerdings auch originär öffentliche Aufgaben wahrnehmen, sei diese Grundannahme zu hinterfragen, Buchheim/Augsberg/Gehring JZ 2022, 1139 (1143).
119 Buchheim/Augsberg/Gehring JZ 2022, 1139 (1143).
120 Buchheim/Augsberg/Gehring JZ 2022, 1139 (1143 f.).
121 Buchheim/Augsberg/Gehring JZ 2022, 1139 (1143).

Leistung erbring[t]".[122] Etwaige Anpassungen müssen sich „vor dem Hintergrund einer besonderen Neutralitätserwartung funktional legitimieren lassen".[123]

Ferner wird die Frage diskutiert, ob die Datentreuhand neben fremden Interessen auch eigene (wirtschaftliche) Interessen verfolgen darf. Wer das verneint, minimiert zwar das Risiko, dass Daten entgegen den Interessen der Datengebenden verwendet, also „missbraucht" werden. Bestünde allerdings nicht die Möglichkeit, dass die Datentreuhand direkte finanzielle Vorteile aus ihrer Tätigkeit zieht, entfiele ein zentraler Anreiz dafür, dass sich Datentreuhandmodelle überhaupt nachhaltig am Markt etablieren. Somit sollte eine Monetarisierung möglich sein.[124] Transparenzpflichten können dabei helfen, abzusichern, dass die Eigeninteressen der Datentreuhand nicht mit den Interessen der Datengebenden und Datennutzenden kollidieren; es sei denn, letztere haben dazu ausdrücklich ihre Einwilligung erteilt.[125] **36**

Um einem Missbrauch ihrer Vertrauensposition weiter entgegenzuwirken, sollten Datentreuhänder darüber hinaus durch vertrauenswürdige Stellen akkreditiert und zertifiziert werden. Solche Stellen können staatlich akkreditiert sein. Personen, die als unzuverlässig eingestuft werden (zB, weil sie wegen Betrugs verurteilt wurden), sollten von einer Tätigkeit als Datentreuhänder ausgeschlossen sein.[126] Regelungsideen lassen sich auch dem Vergaberecht entnehmen, das einen Ausschluss vom Vergabeverfahren wegen Unzuverlässigkeit in §§ 123 ff. GWB, gegebenenfalls mit Möglichkeit der Selbstreinigung nach § 125 GWB, kennt.[127] Die Datentreuhand sollte zudem der Aufsicht von Behörden unterliegen. Vergleichbare Aufsichtsbehörden existieren in verschiedenen sensiblen Bereichen, zum Beispiel im Datenschutz, in der Atomenergie, im Banken- und Börsenwesen oder im Wettbewerbsschutz. Es ließe sich auch erwägen, die Aufsicht über die Datentreuhand in den Aufgabenbereich der Datenschutzbehörde nach Art. 51 DS-GVO einzubeziehen.[128] **37**

---

[122] Buchheim/Augsberg/Gehring JZ 2022, 1139 (1143).
[123] Buchheim/Augsberg/Gehring JZ 2022, 1139 (1144).
[124] Blankertz/Specht, Vortrag 1 der Reihe „Zu treuen Händen", „Wie eine Regulierung für Datentreuhänder aussehen sollte", November 2021, abrufbar unter https://www.verbraucherforschung.nrw/sites/default/files/2021-11/zth-1-blankertz-specht_riemenschneider.pdf (abgerufen am 23.10.2024), S. 1, 13, 22. Für ein Verbot s. nur: Lind/Suckfüll, Initiative zu einer deutschen Daten-Treuhand (DEDATE) als Ultima Ratio der Persönlichen Digitalen Datenwirtschaft (PDD), 2013, S. 16 f.
[125] *Bankertz/Riemenschneider,* in böll.brief, „Neue Modelle ermöglichen – Regulierung für Datentreuhänder", Juli 2021, abrufbar unter www.boell. de/de/2021/07/09/neue-modelle-ermoeglichen, (abgerufen am 23.10.2024), S. 9.
[126] Vgl. *Charity Commission for England and Wales,* Guidance, „Trustee board: people and skills", 9.5.2014, abrufbar unter https://www.gov.uk/guidance/trustee-board-people-and-skills (abgerufen am 23.10.2024).
[127] Näheres dazu bei Buchholtz/Pünder JURA 2016, 1246; Kaufmann in Pünder/Schellenberg, Vergaberecht, 3. Aufl. 2019, GWB §§ 123–125.
[128] Buchholtz/Brauneck/Schmalhorst NVwZ 2022, 206 (208).

V. Datenschutzrechtliche Grundfragen zur Datentreuhand

38 Die Datentreuhand wirft zahlreiche datenschutzrechtliche Fragen auf.[129] Die zentralen Regelungsregime sind die DS-GVO und der DGA: Wie bereits geschildert, fungiert der DGA als Grundlage für die Etablierung eines europäischen Datenaustauschmodells und legt den Schwerpunkt auf Datenvermittlungsdienste für personenbezogene Daten. Anbieter von Datenvermittlungsdiensten werden durch den DGA dazu angehalten, die „Datensouveränität" der betreffenden Personen zu verbessern.[130] Eine Privilegierung ist gemäß Art. 15 DGA für den Datenaltruismus vorgesehen, der vom Anwendungsbereich des dritten Kapitels für Datenvermittlungsdienste ausgenommen ist.[131] Nach der Legaldefinition des Art. 2 Nr. 16 DGA meint Datenaltruismus die gemeinsame Nutzung von Daten auf der Grundlage einer unentgeltlichen Erlaubnis des Betroffenen bzw. des Dateninhabers für einen dem allgemeinen Interesse dienenden Zweck, also etwa die Datenbereitstellung für Gesundheitsversorgung oder Forschung.[132] Im Übrigen bleibt der Regelungsbereich der DS-GVO unangetastet. Die datenschutzrechtlichen Vorgaben sind im Zweifel vorrangig gegenüber dem DGA, wie sich auch aus Erwgr. 4 DGA ergibt. Grundlegende Fragen werden im Folgenden herausgegriffen und erörtert.

1. Allgemeine Grundsätze

39 Art. 5 DS-GVO statuiert die allgemeinen Grundsätze für die Verarbeitung personenbezogener Daten, die auch beim Einsatz einer Datentreuhand gelten. Demnach müssen personenbezogene Daten insbesondere rechtmäßig, nach Treu und Glauben sowie unter Wahrung des Transparenzgrundsatzes verarbeitet werden (Abs. 1 Buchst. a). Es gelten überdies der sogenannte Zweckbindungsgrundsatz (Abs. 1 Buchst. b), der Grundsatz der Datenminimierung (Abs. 1 Buchst. c), das Richtigkeitsgebot (Abs. 1 Buchst. d), die Speicherbegrenzung (Abs. 1 Buchst. e) sowie der Grundsatz der Integrität und Vertraulichkeit (Abs. 1 Buchst. f).

40 Besondere Beachtung verdient – im Kontext der Datentreuhand – zunächst der Grundsatz der Rechtmäßigkeit der Verarbeitung (Abs. 1 Buchst. a). Weitere Anforderungen der Rechtmäßigkeit der Verarbeitung ergeben sich aus Art. 6 DS-GVO. Demnach ist eine Verarbeitung grundsätzlich verboten, es sei denn, einer der nachfolgend genannten Erlaubnistatbestände ist erfüllt. Ein zentraler Erlaubnistatbestand ist Art. 6 Abs. 1 S. 1 Buchst. a DS-GVO. Demnach ist die Verarbeitung nur rechtmäßig, wenn die betroffene Person ihre Einwilligung zu der Ver-

---

[129] Die Datentreuhand hat eine Vielzahl potenziell einschlägiger datenschutzrechtlicher Regelungen zu beachten. Diese reichen von landesdatenschutzrechtlichen Vorgaben bis hin zu den bereichsspezifischen Regelungen etwa den Landeskrankenhausgesetzen.

[130] Siehe etwa Kühling DuD 2021, 783. Zum Begriff der Datensouveränität Buchholtz/Brauneck/Schmalhorst MedR 2024, 471 (476). Siehe auch Beise RDi 2021, 597 (598); Denga GRUR 2022, 1113 (1119).

[131] Zu den Pflichten datenaltruistischer Organisationen Borges/Keil Big Data-HdB/Borges, 2024, § 5 Rn. 255.

[132] Zur Datentreuhand in der (medizinischen) Forschung unter → Rn. 13.

arbeitung der sie betreffenden personenbezogenen Daten für einen oder mehrere bestimmte Zwecke gegeben hat. Erhöhte Rechtmäßigkeitsanforderungen gelten nach Art. 9 DS-GVO für besondere Kategorien personenbezogener Daten, dazu zählen gemäß Absatz 1 der Norm die rassische und ethnische Herkunft, politische Meinungen, religiöse oder weltanschauliche Überzeugungen, die Gewerkschaftszugehörigkeit, genetische und biometrische Daten sowie Gesundheitsdaten oder Daten zum Sexualleben oder der sexuellen Orientierung. Diese Daten unterliegen gemäß Art. 9 Abs. 1 DS-GVO einem grundsätzlichen Verarbeitungsverbot; nur unter den gegenüber Art. 6 Abs. 1 DS-GVO strengeren Voraussetzungen des Art. 9 Abs. 2 und 3 DS-GVO ist eine Verarbeitung ausnahmsweise erlaubt. Bei Verstößen gegen Art. 9 DS-GVO drohen gemäß Art. 83 Abs. 5 Buchst. a iVm Art. 83 Abs. 2 DS-GVO Geldbußen in Höhe von bis 20 Millionen Euro bzw. 4% des gesamten weltweiten Jahresumsatzes. Die von dem Verstoß betroffenen besonderen personenbezogenen Daten sind bei der Entscheidung über die Verhängung einer Geldbuße und deren Höhe gemäß Art. 83 Abs. 2 Buchst. g DS-GVO zu berücksichtigen.[133]

Im Zusammenhang mit der Datentreuhand ist auch der Zweckbindungsgrundsatz des Art. 5 Abs. 1 Buchst. b DS-GVO von größerer Relevanz. Dabei ist vieles umstritten. Dreh- und Angelpunkt der Diskussionen ist, wie eng der Grundsatz der Zweckbindung zu verstehen ist und welche Anforderung für eine Weiterverarbeitung gelten. Art. 6 Abs. 4 DS-GVO verlangt vom Verantwortlichen für jede Weiterverarbeitung „zu einem anderen Zweck als zu demjenigen, zu dem die personenbezogenen Daten erhoben wurden", die Durchführung eines „Kompatibilitätstests". Lockerungen des Zweckbindungsgrundsatzes bestehen bei der Sekundärnutzung von Daten zu Forschungszwecken.[134] Nach Art. 5 Abs. 1 Buchst. b Hs. 2 DS-GVO gilt eine Weiterverarbeitung zu Forschungszwecken unter Einhaltung der Vorgaben des Art. 89 Abs. 1 DS-GVO nicht als mit dem ursprünglichen Zweck der Datenverarbeitung unvereinbar.[135] Allerdings bedarf die Weiterverarbeitung nach zutreffender Ansicht einer Einwilligung oder anderen Grundlage iSd Art. 6 DS-GVO.[136] Daraus folgt, dass Art. 5 Abs. 1 Buchst. b Hs. 2 DS-GVO nur vom Kompatibilitätstest nach Art. 6 Abs. 4 DS-GVO befreit, das Erfordernis einer erforderlichen Rechtsgrundlage jedoch unberührt lässt.[137] Überdies ist zu beachten, dass der Zweckbindungsgrundsatz die Forschung, die von einer Sekundärdatennutzung profitieren kann, erheblich ausbremsen kann.[138] Bei der Regulierung der Datentreuhand sollte dieser Aspekt unbedingt aufgegriffen 41

133 Näheres zur Einwilligung und zum Einwilligungsmanagement unter → Rn. 45 ff.

134 Die Sekundärnutzung von Daten meint deren Nutzung zu Forschungszwecken. §2 Nr. 8 Gesundheitsdatennutzungsgesetz (GDNG) definiert die Sekundärdatennutzung als Weiterverarbeitung von Gesundheitsdaten zu anderen Zwecken als denjenigen, für die die Daten ursprünglich erhoben wurden. Dagegen meint die Primärnutzung die Nutzung von Daten für die eigene medizinische Versorgung des jeweiligen Patienten. Siehe dazu auch BeckOK KHR/ Dettling, 9. Ed. 15.9.2024, SGB V §306 Rn. 106.

135 Demnach gilt „eine Weiterverarbeitung für im öffentlichen Interesse liegende Archivzwecke, für wissenschaftliche oder historische Forschungszwecke oder für statistische Zwecke [...] gemäß Artikel 89 Absatz 1 nicht als unvereinbar mit den ursprünglichen Zwecken".

136 Spitz/Cornelius MedR 2022, 191 (192).

137 Spitz/Cornelius MedR 2022, 191 (193).

138 Zur Sekundärnutzung von Gesundheitsdaten zu Forschungszwecken siehe auch Buchholtz/ Brauneck/Schmalhorst MedR 2024, 471; Spitz/Cornelius MedR 2022, 191.

werden.[139] Der Zweckbindungsgrundsatz muss, so heißt es, flexibilisiert werden. So können zwar die „Grundzüge der gestatteten Datenverarbeitungen" mit der Datentreuhand vereinbart werden, „nicht aber die konkreten Datenverarbeitungen durch zunächst noch nicht benannte Dritte".[140]

2. Verantwortlichkeit der Datentreuhand

42 Das Regelungsregime der DS-GVO „basiert auf der Zuweisung von Verantwortlichkeit von Datenverarbeitungsprozessen".[141] Nur derjenige, der datenschutzrechtlich verantwortlich ist, hat die entsprechenden Pflichten gegenüber dem Betroffenen zu erfüllen, wie aus Art. 24 Abs. 1 S. 1 DS-GVO folgt. Datenschutzrechtlich verantwortlich ist gemäß Art. 4 Nr. 7 DS-GVO, wer allein oder gemeinsam mit anderen über die Zwecke und Mittel der Verarbeitung von personenbezogenen Daten entscheidet. Dem lässt sich entnehmen, dass eine Person allein oder gemeinsam mit anderen verantwortlich sein kann; im letztgenannten Fall ist von einer gemeinsamen Verantwortlichkeit die Rede. Davon zu unterscheiden ist die Auftragsverarbeitung nach Art. 28 DS-GVO. In diesem Fall erfolgt die Datenverarbeitung im Auftrag eines Verantwortlichen. Der Datenverarbeiter bestimmt dann gerade nicht – anders als in Art. 4 Nr. 7 DS-GVO bestimmt ist – selbst über die Zwecke und Mittel der Datenverarbeitung.[142]

43 Mit Blick auf die komplexen Akteursbeziehungen im Rahmen eines Datentreuhandmodells kann die Bestimmung der datenschutzrechtlichen Verantwortlichkeit Schwierigkeiten bereiten. Grundsätzlich, so heißt es im Schrifttum, sei die Datentreuhand als Verantwortliche und nicht als bloße Auftragsverarbeiterin zu qualifizieren, weil sie ein überlegenes Wissen über die Mittel der Datenverarbeitung habe.[143] Nach zutreffender Ansicht ist allerdings differenzierend danach zu fragen, wie und von wem die Datentreuhand eingesetzt wird.[144] Zum einen kann die Datentreuhand vom Datengebenden eingesetzt werden und zum anderen vom Datennutzenden. Wird die Datentreuhand vom datengebenden Datensubjekt eingesetzt, etwa im Rahmen eines PIMS/PMTs, ist die Datentreuhand eigenständig nach Art. 4 Nr. 7 DS-GVO verantwortlich und gilt nicht als Auftragsverarbeiterin iSv Art. 28 DS-GVO. Die Datentreuhand muss also die datenschutzrechtlichen Pflichten, etwa Informations- und Auskunftspflichten nach Art. 13 ff. DS-GVO sowie die Verpflichtung zur Wahrung des Datenschutzes durch Technikgestaltung und datenschutzrechtliche Voreinstellungen nach Art. 25 DS-GVO, einhalten und haftet nach Art. 82 Abs. 1 DS-GVO. Bei einer „doppelseitigen Treuhand" dagegen kann gemäß Art. 26 DS-GVO eine gemeinsame Verantwortlichkeit mit dem Datennutzenden bestehen, sofern die Datentreuhand über die Mittel der

---

139 Näheres zur rechtlichen Regulierung unter → Rn. 66 ff.
140 Metzger/Schweitzer/Wagner ZfPW 2023, 227 (262).
141 Hoeren/Sieber/Holznagel MMR-HdB/Guggenberger, 62. EL 2024, Teil 13.7 Smart Contracts, ICOs und Datenschutz Rn. 91.
142 Hoeren/Sieber/Holznagel MMR-HdB/Guggenberger, 62. EL 2024, Teil 13.7 Smart Contracts, ICOs und Datenschutz Rn. 91.
143 Kühling DuD 2021, 783 (785).
144 Specht-Riemenschneider/Blankertz/Sierek/Schneider/Knapp/Henne MMR-Beil. 2021, 25 (45).

Datenverarbeitung zumindest mitentscheidet.[145] Wird die Datentreuhand hingegen vom Datennutzenden, also demjenigen, der die Datenverarbeitung vornimmt, eingesetzt und unterliegt die Datentreuhand dessen Weisungen, ist eine Auftragsverarbeitung gemäß Art. 28 DS-GVO anzunehmen.[146] In diesem Fall darf die Datentreuhand die Daten nur nach festgelegten Vorgaben verarbeiten und an einen vorab definierten Kreis von Empfängern weitergeben. Eine gemeinsame Verantwortlichkeit gemäß Art. 26 DS-GVO kann wiederum bestehen, wenn die Datentreuhand über die Zwecke und Mittel der Datenverarbeitung mitentscheidet. Überschreitet die Datentreuhand die ihr durch den Treuhandvertrag übertragenen Befugnisse, etwa im Fall einer unbefugten Datenweitergabe oder einer unbefugten Datenverarbeitung, kann daraus eine eigenständige Verantwortlichkeit nach Art. 4 Nr. 7 DS-GVO erwachsen. Eine gemeinsame Verantwortlichkeit kann überdies anzunehmen sein, wenn die Datentreuhand gleichzeitig im Interesse anderer Verantwortlicher agiert, somit also deren „Lager" angehört. Diese „Lagertheorie" bietet Datentreuhändern eine „rechtssichere Orientierung", um festzustellen, ob eine gemeinsame Verantwortlichkeit – zusammen mit den anderen Verantwortlichen – gegeben ist.[147] Allerdings mahnt die jüngste Rechtsprechung des EuGH zur Vorsicht, voreilige Schlüsse zu ziehen. Der Luxemburger Gerichtshof hat sich in diesem und im vergangenen Jahr mit drei unterschiedlichen Konstellationen einer gemeinsamen Verantwortlichkeit befasst und ist unter anderem zu folgenden Ergebnissen gekommen: Erstens setze eine gemeinsame Verantwortlichkeit keine datenschutzrechtliche Vereinbarung, insbesondere keinen Vertrag zwischen den Beteiligten voraus, die den Zweck und die Mittel der Datenverarbeitung oder die Bedingungen der gemeinsamen Verantwortlichkeit regele.[148] Zweitens entschied der EuGH, dass auch nationale Gesetze (mittelbar) eine gemeinsame Verantwortlichkeit mehrerer Beteiligter für die Verarbeitung derselben personenbezogenen Daten in einer Verarbeitungskette begründen könnten. Dies sei möglich, wenn die Zwecke und Mittel der Verarbeitung durch das nationale Recht festgelegt seien und dieses auch die jeweiligen Pflichten der beteiligten (gemeinsam verantwortlichen) Akteure regele.[149] Drittens könne auch ein Eigeninteresse der Verantwortlichen an der Datenverarbeitung eine gemeinsame Verantwortung begründen, da dieses regelmäßig mit einer Einflussnahme auf die Zwecke und die Mittel der Verarbeitung verbunden sei. Ein unmittelbarer Zugang zu den verarbeiteten personenbezogenen Daten sei dabei nicht zwingend notwendig, um die gemeinsame Verantwortlichkeit zu bejahen.[150]

Festzuhalten ist, dass die Datentreuhand mit einer flexibleren Betrachtung von (Mit-)Verantwortlichkeit umzugehen lernen muss. Maßgeblich sind die Umstände des Einzelfalls[151] und die tatsächlich praktizierte Rollenkonstellation. Für die **44**

[145] Specht-Riemenschneider/Blankertz/Sierek/Schneider/Knapp/Henne MMR-Beil. 2021, 25 (45).
[146] Specht-Riemenschneider/Blankertz/Sierek/Schneider/Knapp/Henne MMR-Beil. 2021, 25 (45).
[147] Kühling DuD 2021, 783 (785). Ferner differenziert Kühling bei der Frage der Haftung nach Art. 82 DS-GVO, die unabhängig von der Frage der gemeinsamen Verantwortlichkeit zu beantworten sein kann, Kühling ZfDR 2021, 1 (19).
[148] EuGH ZD 2024, 209 (210).
[149] EuGH NJW 2024, 641 Rn. 49, 50.
[150] EuGH ZD 2024, 328 (331).
[151] EuGH MMR 2018, 591 Rn. 43.

Einstufung als (gemeinsam) Verantwortliche sind nicht formale Vereinbarungen zwischen den Beteiligten, sondern allein die faktischen Einflüsse auf die Datenverarbeitung ausschlaggebend. Diese können, wie die Rechtsprechung des EuGH zeigt, auf verschiedenste Weise hergeleitet werden (Eigeninteressen, nationale Gesetze etc). Zwar sollten gemeinsam Verantwortliche nach Art. 26 Abs. 1 S. 2 DS-GVO eine verbindliche Vereinbarung über ihre jeweiligen Aufgaben treffen. Fehlt diese, kann dies eine Geldbuße nach Art. 83 Abs. 4 lit. a DS-GVO zur Folge haben. Konstitutiv für die gemeinsame Verantwortlichkeit ist eine solche Vereinbarung allerdings nicht. Entscheidend bleiben die tatsächlichen Umstände der Datenverarbeitung.[152] Vor diesem Hintergrund sollten Datentreuhänder darauf achten, ihre Rolle und Verantwortung klar abzugrenzen, um eine ungewollte (gemeinsame) Verantwortlichkeit zu vermeiden. Jede faktische Mitbestimmung über Zwecke und Mittel der Datenverarbeitung kann eine Mitverantwortung begründen. Welche Aufgaben und Funktionen die Datentreuhand innehat, sollte daher explizit definiert und dokumentiert werden, um Missverständnissen vorzubeugen. Eine regelmäßige Überprüfung der Compliance ist ebenfalls ratsam, um festzustellen, ob sich an den faktischen Umständen der Datenverarbeitung etwas geändert hat, das zu einer Mitverantwortung der Datentreuhand führen könnte.

3. Einwilligung

45 Datenschutzrechtliche Fragen im Zusammenhang mit der Datentreuhand ergeben sich insbesondere mit Blick auf das in Art. 6 Abs. 1 S. 1 Buchst. a DS-GVO statuierte Einwilligungserfordernis. Zunächst werden im Folgenden grundsätzliche Anforderungen hinsichtlich der Einwilligung näher erläutert. Anschließend wird erörtert, ob bei der Abgabe der Einwilligungserklärung eine Stellvertretung durch die Datentreuhand möglich ist. Zuletzt werden Fragen im Zusammenhang mit dem Einwilligungsmanagement diskutiert.

a) Anforderungen

46 Die grundsätzlichen Anforderungen einer datenschutzrechtskonformen Einwilligung ergeben sich aus der Legaldefinition des Art. 4 Nr. 11 DS-GVO. Demnach ist eine Einwilligung jede freiwillig für den bestimmten Fall, in informierter Weise und unmissverständlich abgegebene Willensbekundung in Form einer Erklärung oder einer sonstigen eindeutigen bestätigenden Handlung, mit der die betroffene Person zu verstehen gibt, dass sie mit der Verarbeitung der sie betreffenden personenbezogenen Daten einverstanden ist. Ferner muss der Betreffende seine Einwilligung nach Art. 7 Abs. 3 S. 1 DS-GVO jederzeit widerrufen können.

47 Beim Einsatz einer Datentreuhand werfen insbesondere die Tatbestandsmerkmale „in informierter Weise" und der „bestimmte Fall" herausfordernde Fragen auf: Für einen „bestimmten Fall" bedeutet für einen bestimmten Zweck, womit ein Bezug zum Zweckbindungsgrundsatz des Art. 5 Abs. 1 Buchst. b DS-GVO hergestellt wird. Grundsätzlich dürfen personenbezogene Daten nur für festgelegte, eindeutige und legitime Zwecke erhoben werden. Wie bereits erwähnt,

[152] Kühling/Buchner/Hartung, 4. Aufl. 2024, DS-GVO Art. 26 Rn. 52.

besteht beim Einsatz der Datentreuhand Bedarf nach einer flexiblen Handhabung des Zweckbindungsgrundsatzes und auch der Einwilligung. Damit einhergehende Fragen werden unter anderem unter dem Stichwort des **broad consent** diskutiert.[153] Darunter ist, wie der Begriff schon nahelegt, eine „breite" Fassung der Einwilligung zu verstehen.[154] Als Beispiel soll hier der Mustereinwilligungstext der Medizininformatik-Initiative dienen, der insbesondere den Verarbeitungszweck und die zur Verarbeitung berechtigten Forschungsstellen „breit" fasst:[155] Demnach sollen die „Patientendaten [...] im Sinne eines breiten Nutzens für die Allgemeinheit für viele verschiedene Forschungszwecke verwendet werden".[156] Es heißt weiter, dass „zum jetzigen Zeitpunkt [...] noch nicht alle künftigen medizinischen Forschungsinhalte beschrieben werden; diese können sich sowohl auf ganze Krankheitsgebiete (z.B. Krebsleiden, Herz-Kreislauferkrankungen, Erkrankungen des Gehirns) als auch auf heute zum Teil noch unbekannte einzelne Krankheiten beziehen".[157] Hinsichtlich der potenziell datenverarbeitenden Forschungseinrichtungen heißt es in der Mustereinwilligung, dass die wissenschaftliche Analyse und Nutzung der pseudonymisierten Patientendaten durch Dritte „z.B. durch andere Universitäten/Institute/forschende Unternehmen" erfolge.[158]

Ob diese breite Fassung der Einwilligung den Anforderungen der DS-GVO **48** entspricht, ist umstritten.[159] In Zusammenschau des Art. 4 Nr. 11 DS-GVO mit Art. 6 Abs. 1 Buchst. a DS-GVO (Einwilligung muss „für einen oder mehrere bestimmte Zwecke" gegeben werden) und Art. 9 Abs. 2 Buchst. a DS-GVO (Einwilligung muss „für festgelegte Zwecke" gegeben werden) lässt sich das Erfordernis der Zweckbestimmung einer Einwilligung dahingehend verstehen, dass der festgelegte Zweck näher bestimmt sein muss.[160] Nach dem Wortlaut des Art. 6 Abs. 1 Buchst. a DS-GVO kann die Einwilligung zwar für „mehrere Zwecke" erteilt werden. Es müssen jedoch alle Zwecke festgelegt, also näher bestimmt

---

153 S. hierzu ausf. Bronner/Wiedemann ZD 2023, 77 (79 ff.); Kühling/Schildbach ZfDR 2024, 1 (12 ff.). S. auch Bieresborn NZS 2017, 926 (931); Specht-Riemenschneider ZEuP 2023, 638 (659 f.).

154 Siehe zum Ganzen Spitz/Cornelius MedR 2022, 191 (192).

155 *Medizininformatik-Initiative*, „Arbeitsgruppe Consent, Mustertext Patienteneinwilligung", Version 1.6d, Stand 16.4.2020, abrufbar unter https://www.medizininformatik-initiative.de/sites/default/files/2020-04/MII_AG-Consent_Einheitlicher-Mustertext_v1.6d.pdf (abgerufen am 23.10.2024), S. 1.

156 *Medizininformatik-Initiative*, „Arbeitsgruppe Consent, Mustertext Patienteneinwilligung", Version 1.6d, Stand 16.4.2020, abrufbar unter https://www.medizininformatik-initiative.de/sites/default/files/2020-04/MII_AG-Consent_Einheitlicher-Mustertext_v1.6d.pdf (abgerufen am 23.10.2024), S. 1.

157 *Medizininformatik-Initiative*, „Arbeitsgruppe Consent, Mustertext Patienteneinwilligung", Version 1.6d, Stand 16.4.2020, abrufbar unter https://www.medizininformatik-initiative.de/sites/default/files/2020-04/MII_AG-Consent_Einheitlicher-Mustertext_v1.6d.pdf (abgerufen am 23.10.2024), S. 1.

158 Medizininformatik-Initiative, „Arbeitsgruppe Consent, Mustertext Patienteneinwilligung", Version 1.6d, Stand 16.4.2020, abrufbar unter: https://www.medizininformatik-initiative.de/sites/default/files/2020-04/MII_AG-Consent_Einheitlicher-Mustertext_v1.6d.pdf (abgerufen am 23.10.2024), S. 2.

159 S. zur Diskussion ausf. Bronner/Wiedemann ZD 2023, 77 (79 ff.); Kühling/Schildbach ZfDR 2024, 1 (12 ff.); S. auch *Hallinan* Life Sci Soc Policy 2020, 1. Im Zusammenhang mit Biodatenbanken, Gefenas/Lekstutiene/Lukaseviciene/Hartlev/Mourby/Cathaoir Medicine, Health Care and Philosophy 2022, 25:23 – 30.

160 Spitz/Cornelius MedR 2022, 191 (192).

sein. Ob die Formulierungen „für sämtliche Forschungszwecke“ oder für die „medizinische Forschung“ im Mustereinwilligungstext der Medizininformatik-Initiative diesen Anforderungen genügt, wird kritisch gesehen.[161] Wichtig ist jedenfalls die Berücksichtigung des Zweckbindungsgrundsatzes in Art. 5 Abs. 1 Buchst. b DS-GVO. Demnach ist eine über den festgelegten Zweck hinausgehende Datenverarbeitung eine Zweckänderung und muss mit dem ursprünglichen Zweck vereinbar und entsprechend legitimiert sein. Je breiter die ursprüngliche Zweckfestlegung formuliert ist, „desto weiter und unvorhersehbarer wird der Verarbeitungsumfang, der auf die Einwilligung gestützt werden kann“.[162] Damit droht die mit der Zweckbindung beabsichtigte Beschränkung des Verarbeitungsumfangs zu verwässern. Zwar sind nach Art. 5 Abs. 1 Buchst. b Hs. 2 DS-GVO im Bereich der Forschung Lockerungen des Zweckbindungsgrundsatzes möglich; wie bereits beschrieben, lassen diese aber nur eine Befreiung vom Kompatibilitätstest des Art. 6 Abs. 4 DS-GVO zu, einer die Verarbeitung legitimierenden Rechtsgrundlage bedarf es weiterhin.[163]

49 Aufschlussreicher sind allerdings die Formulierungen in Erwgr. 33 DS-GVO. Darin heißt es, dass es Betroffenen erlaubt sei, „ihre Einwilligung für bestimmte Bereiche wissenschaftlicher Forschung zu geben, wenn dies unter Einhaltung der anerkannten ethischen Standards für die wissenschaftliche Forschung geschieht“. Diese Passage wird regelmäßig dahingehend interpretiert, dass der Gesetzgeber im Bereich der Forschung eine breite Einwilligung für zulässig halte.[164] Einschränkend ist allerdings Satz 1 desselben Erwägungsgrundes zu interpretieren, wonach eine breite Zweckfestlegung (nur) dann in Betracht kommt, wenn sich „der Zweck der Verarbeitung personenbezogener Daten für Zwecke der wissenschaftlichen Forschung zum Zeitpunkt der Erhebung der personenbezogenen Daten nicht vollständig angeben“ lässt.[165] Die autonomiesichernde Funktion der Einwilligung stützt diese Lesart. Auch das European Protection Board (EPB) neigt dieser Sichtweise zu. Gerade im Kontext der medizinischen Forschung, wo man es regelmäßig mit sensiblen Daten iSd Art. 9 DS-GVO zu tun habe, sei eine restriktive Handhabung der breiten Einwilligung geboten.[166] Aus alledem lässt sich folgern, dass die breite Zweckfestlegung zwar grundsätzlich von der DS-GVO vorgesehen und zulässig ist. Ihr Einsatz muss allerdings auf das notwendige Maß beschränkt bleiben. Im Bereich der medizinischen Forschung entspricht eine breite Zweckfestlegung häufig der praktischen Notwendigkeit. Noch weitreichendere Möglichkeiten verschafft die sog. Meta-Einwilligung. Hierbei legen die Datengebenden (idR Patienten) zu Beginn eines Forschungsprojekts fest, „in welchem sachlichen und zeitlichen Detailgrad sie ihre Einwilligungen vornehmen wollen“.[167] Die Zentrale Kommission zur Wahrung ethischer Grundsätze in der Me-

---

161 Spitz/Cornelius MedR 2022, 191 (192).
162 Spitz/Cornelius MedR 2022, 191 (192).
163 Zu alternativen Rechtfertigungstatbeständen einer Datenverarbeitung unter → Rn. 56.
164 Spitz/Cornelius MedR 2022, 191 (193).
165 Spitz/Cornelius MedR 2022, 191 (193).
166 EDPB, Leitlinien 5/2020, 4.5.2020, S. 37 Rn. 156 ff.
167 *Medizininformatik-Initiative*, „Begleitstruktur – Koordinationsstelle des Nationalen Steuerungsgremiums“, Stellungnahme der AG Consent der Medizininformatik-Initiative zu patientenindividueller Datennutzungstransparenz und Dynamic Consent, 28.3.2019, abrufbar unter https://www.medizininformatik-initiative.de/sites/default/files/2019-09/MII_AG-Consent_Stellungnahme-Consent-Modelle_v05.pdf (abgerufen am 23.10.2024), S. 4 f.

dizin und ihren Grenzgebieten (Zentrale Ethikkommission) bei der Bundesärztekammer rät zum Einsatz eines solchen Modells und dessen „Flankierung durch Trust-Architekturen wie Treuhandstellen, Ethik- und Governance-Gremien, […] um die Vertrauenswürdigkeit dieser Dateninfrastrukturen zu gewährleisten".[168] So werde das „Systemvertrauen" gesteigert.[169] Zustimmung erfährt die Meta-Einwilligung auch von anderer Seite: Sie sei „als Grundlage für ein effektives Modell für die Verwaltung personenbezogener Daten durch PIMS/PMTs unentbehrlich".[170] Ob eine abstrakte Voreinstellung den Anforderungen einer informierten Einwilligung im konkreten Einzelfall genügt, ist allerdings zweifelhaft. Um die notwendige Rechtssicherheit zu schaffen, müssen der deutsche Gesetzgeber und/oder der nationale oder europäische Datenschutzbeauftragte tätig werden. Nach Art. 22 DGA kann die EU-Kommission Durchführungsrechtsakte zur Festlegung eines europäischen Einwilligungsformulars für den Datenaltruismus erlassen.[171]

Eine Vorfrage ist allerdings, ob die datenschutzrechtliche Einwilligung überhaupt durch einen anderen, etwa eine Datentreuhand, abgegeben werden kann. 50
Zu Recht heißt es, eine „Übertragung persönlichkeitsrechtlicher Befugnisse" komme nicht in Betracht, weil der Betroffene sonst die Kontrolle über ihn betreffende Datenverarbeitungen vollständig aufgeben würde. Schuldrechtlich können Dritte jedoch „im Sinne der konstitutiven Einräumung von Nutzungsbefugnissen" zur Ausübung von Befugnissen an personenbezogenen Daten ermächtigt werden, „denn auch dies ist Ausfluss des informationellen Selbstbestimmungsrechts".[172]

b) Stellvertretung

Fraglich ist allerdings, ob die Datentreuhand für den Betroffenen (den Daten- 51
gebenden) überhaupt stellvertretend einwilligen darf:[173] Teilweise wird vertreten, dass die Datentreuhand bei der Abgabe der Einwilligungserklärung zwar als Botin,[174] nicht jedoch als Stellvertreterin auftreten darf.[175] Überwiegend wird eine Stellvertretung aber – zu Recht – bejaht.[176] Nach dem Wortlaut des Art. 4 Nr. 11

[168] *Zentrale Ethikkommission*, Stellungnahme „Bereitstellung und Nutzung von Behandlungsdaten zu Forschungszwecken", 23.11.2022, S. 9.

[169] Zentrale Ethikkommission, Stellungnahme, „Bereitstellung und Nutzung von Behandlungsdaten zu Forschungszwecken", 23.11.2022, S. 9.

[170] Specht-Riemenschneider/Blankertz/Sierek/Schneider/Knapp/Henne MMR-Beil. 2021, 25 (41).

[171] Specht-Riemenschneider/Blankertz/Sierek/Schneider/Knapp/Henne MMR-Beil. 2021, 25 (41).

[172] Specht-Riemenschneider/Blankertz/Sierek/Schneider/Knapp/Henne MMR-Beil. 2021, 25 (41).

[173] Zur Diskussionen Buchner/Haber/Hahn/Kusch/Prasser/Sax/Schmidt DuD, 806 (809); Kühling/Buchner/Buchner/Kühling, 4. Aufl. 2024, Art. 7 Rn. 31; Kühling DuD 2021, 783 (784); Kühling ZfDR 2021, 1 (8); Linardatos CR 2022, 571 (578); Specht-Riemenschneider/Blankertz/Sierek/Schneider/Knapp/Henne MMR-Beil. 2021, 25 (41).

[174] Bei der Botenschaft wird keine eigene Willenserklärung abgegeben, sondern eine fremde übermittelt. Simitis/Hornung/Spiecker gen. Döhmann/Klement, 1. Aufl. 2019, DS-GVO Art. 7 Rn. 37.

[175] Ablehnend BeckOK Datenschutzrecht/Beyer-Katzenberger, 48. Ed. 1.5.2024, DGA Art. 10 Rn. 13.

[176] So etwa Buchner/Haber/Hahn/Kusch/Prasser/Sax/Schmidt DuD, 806 (809); Kühling DuD 2021, 783 (784); Specht-Riemenschneider/Blankertz/Sierek/Schneider/Knapp/Henne MMR-Beil. 2021, 25 (41).

DS-GVO und des Art. 7 Abs. 1 DS-GVO erteilt der Betroffene die Einwilligung selbst. Damit ist allerdings nicht gesagt, dass eine Stellvertretung ausscheidet. Die Willenserklärung wird dem Vertretenen zugerechnet; er wird so behandelt, als habe er die Einwilligung selbst abgegeben. Im Übrigen sind Stellvertretungskonstellationen in der DS-GVO zwar nicht ausdrücklich, aber im Unionsrecht grundsätzlich vorgesehen.[177] So statuiert insbesondere Art. 80 DS-GVO, dass sich Betroffene bei der Geltendmachung ihrer Rechte aus den Art. 77, 78, 79 und 82 DS-GVO vertreten lassen können.[178] Die Vertretungsmöglichkeit sei auch nicht dadurch gesperrt, dass es sich bei der Einwilligung um ein höchstpersönliches Rechtsgeschäft handele.[179] Der EU-Gesetzgeber sei bei der Regelung der Einwilligung nicht davon ausgegangen, dass es sich um ein höchstpersönliches Recht handelt. Sonst hätte er für den Schutz Minderjähriger nach Art. 8 DS-GVO auch ein generelles Einwilligungsverbot vorsehen können.[180] Vielmehr entlaste die Delegation der Einwilligung den Betroffenen, der sonst regelmäßig mit zahlreichen Entscheidungen über die Verarbeitung personenbezogener Daten konfrontiert sei. Durch diese Entlastung werde auch das Recht auf informationelle Selbstbestimmung gestärkt.[181] Konzepte wie die Stellvertretung seien also nicht generell ausgeschlossen, sondern seien als potenzielle Lösung zur Verbesserung des Datenzugangs bei gleichzeitiger Wahrung des Datenschutzes zu betrachten. Auch mit Blick auf das Regelungsanliegen des DGA, insbesondere den in Art. 10 ff. DGA formulierten Anforderungen der Diensterbringung, wird eine Stellvertretung durch die Datentreuhand für möglich und erforderlich erachtet.[182] Art. 12 Buchst. n DGA sieht sogar ausdrücklich vor, dass der Datenvermittler Werkzeuge zur Einholung und zum Widerruf von Einwilligungen bereitstellt. Eine Stellvertretung muss demnach möglich sein.

52 Ferner ist zu beachten, dass die Datentreuhand für die stellvertretende Einwilligung einer Vollmacht bedarf. Diese hat dieselben Anforderungen zu wahren wie die Einwilligung selbst.[183] Somit muss auch die Vollmacht vor allem zweckbestimmt sein. Eine Generalvollmacht „zur umfassenden und unbegrenzten Wahrnehmung des Rechts auf informationelle Selbstbestimmung wäre wegen ihrer fehlenden Unbestimmtheit unwirksam".[184] Tatsächlich würden die Anforderungen der Einwilligung, „die eine echte Selbstbestimmung des Betroffenen gewährleisten sollen", ausgehöhlt, wenn sie nicht auch für die Erteilung der

---

[177] Specht-Riemenschneider/Blankertz/Sierek/Schneider/Knapp/Henne MMR-Beil. 2021, 25 (41).

[178] Botta MMR 2021, 946 (948).

[179] aA aber Frhr. v. Ulmenstein DuD 2020, 528 (533 f.), der die Einwilligung als höchstpersönliches Rechtsgeschäft einordnet, deshalb jegliche Stellvertretung ausschließt und sogar eine Botenschaft kritisch sieht. Differenzierend Ernst ZD 2017, 110 (111); er hält die Einwilligung für ein höchstpersönliches Recht, schließt eine Stellvertretung jedoch nicht aus.

[180] Botta MMR 2021, 946 (948).

[181] Kühling DuD 2021, 783 (784); Kühling ZfDR 2021, 1 (8).

[182] Linardatos CR 2022, 571 (578). Ebenso BeckOK Datenschutzrecht/Beyer-Katzenberger, 48. Ed. 1.5.2024, DGA Art. 10 Rn. 13.

[183] Kühling/Buchner/Buchner/Kühling, 4. Aufl. 2024, Art. 7 Rn. 31; Specht-Riemenschneider/Blankertz/Sierek/Schneider/Knapp/Henne MMR-Beil. 2021, 25 (41).

[184] Kühling ZfDR 2021, 1 (8); Specht-Riemenschneider/Blankertz/Sierek/Schneider/Knapp/Henne MMR-Beil. 2021, 25 (40). So auch die ständige höchstrichterliche Rechtsprechung zur Erteilung von Einwilligung, BGH NJW 1986, 46 (47); 1991, 2955 (2956 f.); 1992, 737 (739 f.); GRUR 2013, 531 Rn. 24; DNotZ 2017, 199 (202); GRUR 2018, 545 Rn. 22.

Vollmacht gälten. In zivilrechtlicher Terminologie bedarf es also einer Spezialhandlungsvollmacht statt einer Generalhandlungsvollmacht.[185] Zudem muss die Vollmacht – ebenso wie die Einwilligung – in informierter Weise erteilt werden. Unter Umständen ist der betreffenden Person auch „eine Vorstellung von den grundsätzlichen Rahmenbedingungen [zu vermitteln], unter denen der Vertreter eine Einwilligung mit Wirkung für und gegen sie erteilt".[186]

Mit derselben Argumentation wird überdies der Einsatz der Datentreuhand für sämtliche Betroffenenrechte nach Art. 13 ff. DS-GVO bejaht.[187] Weil eine Stellvertretung generell von der DS-GVO vorgesehen sei, insbesondere in Art. 80 DS-GVO, müsse dies auch für die stellvertretende Geltendmachung von Betroffenenrechte durch die Datentreuhand gelten. Zusätzlich wird allerdings gefordert, dass die Datentreuhand als „kollektives Instrument zur effektiven Rechtsdurchsetzung" und „insbesondere ohne Gewinnerzielungsabsicht tätig" werde.[188] Mit anderen Worten kann die Datentreuhand, die selbst monetäre Interessen verfolgt, keine Betroffenenrechte stellvertretend geltend machen.[189] Das ergibt sich unmittelbar aus dem Wortlaut des Art. 80 Abs. 1 DS-GVO, der hier analog Anwendung findet.[190] Demnach muss die stellvertretende Stelle frei von Gewinnerzielungsabsichten sein. Sie muss, um stellvertretend tätig werden zu können, „im öffentlichen Interesse und im Bereich des Schutzes der Rechte und Freiheiten von betroffenen Personen bezüglich des Schutzes personenbezogener Daten",[191] also als „Non-Profit"-Organisation handeln.[192] Durch diese enge Bindung an ihren Schutzauftrag soll sichergestellt werden, dass die Datentreuhand weder aus der Ausübung von Betroffenenrechten Profit schlagen kann noch aufgrund von sonstigen eigennützigen („egoistischen") Motiven tätig wird.[193] „Maßnahmen zur Selbstfinanzierung" sind dagegen unschädlich.[194] Soll die Stellvertretungsbefugnis auch „auf kommerziell tätige zertifizierte Datentreuhänder erweitert werden", bedarf es dafür nach zutreffender Ansicht einer gesetzlichen Regelung.[195] 53

[185] Specht-Riemenschneider/Blankertz/Sierek/Schneider/Knapp/Henne MMR-Beil. 2021, 25 (41 f.).

[186] Kühling ZfDR 2021, 1 (8).

[187] So etwa Kühling ZfDR 2021, 1 (12); Kühling DuD 2021, 783 (784); Linardatos CR 2022, 571 (575); Specht-Riemenschneider/Blankertz/Sierek/Schneider/Knapp/Henne MMR-Beil. 2021, 25 (43). Allerdings hat das OVG Lüneburg geurteilt, dass es sich bei den Betroffenenrechten um höchstpersönliche Rechte handelt (OVG Lüneburg ZD 2019, 473 Rn. 46 ff.).

[188] Specht-Riemenschneider/Blankertz/Sierek/Schneider/Knapp/Henne MMR-Beil. 2021, 25 (43); Vgl. BeckOK Datenschutzrecht/Karg, 49. Ed. 1.2.2024, DS-GVO Art. 80 Rn. 11.

[189] Zumindest nicht ohne eine Änderung des Gesetzes, also der Voraussetzungen des Art. 80 DS-GVO, so Specht-Riemenschneider/Blankertz/Sierek/Schneider/Knapp/Henne MMR-Beil. 2021, 25 (43). Zustimmend wohl auch Kühling ZfDR 2021, 1 (12).

[190] So auch vertreten von Specht-Riemenschneider/Blankertz/Sierek/Schneider/Knapp/Henne MMR-Beil. 2021, 25 (43).

[191] BeckOK Datenschutzrecht/Karg, 49. Ed. 1.2.2024, DS-GVO Art. 80 Rn. 11.

[192] Spittka GRUR-Prax 2019, 475 (477); BeckOK Datenschutzrecht/Karg, 49. Ed. 1.2.2024, DS-GVO Art. 80 Rn. 14b.

[193] BeckOK Datenschutzrecht/Karg, 49. Ed. 1.2.2024, DS-GVO Art. 80 Rn. 14b, 14c.

[194] Ehmann/Selmayr/Nemitz, 3. Aufl. 2024, DS-GVO Art. 80 Rn. 5.

[195] Specht-Riemenschneider/Blankertz/Sierek/Schneider/Knapp/Henne MMR-Beil. 2021, 25 (43).

54 Es lassen sich vier Konstellationen identifizieren, in denen die Datentreuhand Betroffenenrechte (stellvertretend) geltend machen kann.[196] Zum einen kann sie die Betroffenenrechte für den Betroffenen geltend machen.[197] Zum anderen können ihr gegenüber die Betroffenenrechte erfüllt werden. In dieser Situation agiert die Datentreuhand nach § 164 Abs. 3 BGB als Empfangsvertreterin oder – im Erst-Recht-Schluss – als Empfangsbotin. Ferner kann sie auch die den Betroffenenrechten korrespondierenden Pflichten für einen verantwortlichen Datenverarbeiter erfüllen. Viertens können auch gegenüber der Datentreuhand Betroffenenrechte geltend gemacht werden;[198] der Verantwortliche kann die Erfüllung von Betroffenenrechten an die Datentreuhand delegieren.[199]

c) Zwischenergebnis

55 Anhand der soeben dargestellten Herausforderungen im Zusammenhang mit der Einwilligung und der Stellvertretung wird deutlich, dass die Datentreuhand unter Umständen ein komplexes Einwilligungsmanagement zu betreiben hat. Die damit einhergehenden technischen und organisatorischen Herausforderungen sind vor allem in multipolaren Verarbeitungsstrukturen groß, zumal die Betroffenenrechte gegenüber jedem einzelnen Verantwortlichen ausgeübt werden können müssen. In der Regel ist dafür der Einsatz eines PIMS notwendig. Einen Regelungsrahmen für das Speichern und Auslesen von Informationen auf Endgeräten durch PIMS hat der Gesetzgeber mit § 26 TTDSG geschaffen.[200] Die Vorschrift soll insbesondere dabei helfen, die sog. „Cookie-Klick-Fatigue" zu überwinden; im Rahmen eines PIMS sollen die betroffenen Personen einmalig einstellen können, welche Cookies sie speichern und auslesen lassen wollen.[201]

56 Kritisch wird in Anbetracht der hier skizzierten Herausforderungen angemerkt, dass die Einwilligung „eine ungünstige Rechtsgrundlage der Datenverarbeitung" sei. Dies gelte insbesondere mit Blick auf die geforderte Kleinteiligkeit der anzugebenden Verarbeitungsarten und -zwecke. Weil häufig Unklarheit bestehe, ob diese Voraussetzungen tatsächlich erfüllt seien, bleibe das Einwilligungs- und Widerrufsmanagement stets mit Rechtsunsicherheiten behaftet.[202] Als alternative Rechtfertigungstatbestände kommen Art. 6 Abs. 1 Buchst. b–j DS-GVO bzw. – für besondere Kategorien personenbezogener Daten – die in Art. 9 Abs. 2 Buchst. h–j DS-GVO genannten Rechtfertigungstatbestände in Betracht. Dabei geht es im Wesentlichen um Belange des Gesundheitsbereichs, archivarische, wissenschaftliche und historische Forschungszwecke sowie statistische Zwecke.

---

[196] Specht-Riemenschneider/Blankertz/Sierek/Schneider/Knapp/Henne MMR-Beil. 2021, 25 (44).
[197] Siehe auch die Leitlinie des EDSA, wonach eine Vertretung des Betroffenen beim Auskunftsrecht möglich ist (EDPB, Leitlinien 01/2022, 28.3.2023, S. 34 Rn. 80).
[198] Specht-Riemenschneider/Blankertz/Sierek/Schneider/Knapp/Henne MMR-Beil. 2021, 25 (42 ff.).
[199] Specht-Riemenschneider/Blankertz/Sierek/Schneider/Knapp/Henne MMR-Beil. 2021, 25 (44).
[200] Näheres bei Schmitz in Geppert/Schütz, Beck'scher TKG-Kommentar, 5. Aufl. 2023, TTDSG § 26 Rn. 1 ff.
[201] Schmitz in Geppert/Schütz, Beck'scher TKG-Kommentar, 5. Aufl. 2023, TTDSG § 26 Rn. 3.
[202] Borges/Keil Big Data-HdB/Borges, 2024, § 6 Rn. 187 ff.

Überdies ermöglicht die nationale Ausnahmevorschrift des §27 Abs. 1 BDSG eine Verarbeitung personenbezogener Daten im Bereich der Archivzwecke, der wissenschaftlichen und historischen Forschungszwecke sowie der statistischen Zwecke auch ohne Einwilligung. Weitere Rechtssicherheit muss der Unionsgesetzgeber bzw. der nationale Gesetzgeber durch entsprechende Rechtsgrundlagen schaffen.

4. Datenschutz durch Technikgestaltung

Es ist bereits angeklungen, dass der Einsatz einer Datentreuhand nicht nur **57** rechtliche, sondern ebenso zentrale technische Herausforderungen mit sich bringt, die der Gesetzgeber in der DS-GVO adressiert. Der Grundsatz des Datenschutzes durch Technikgestaltung prägt insbesondere Art. 24 und Art. 25 DS-GVO, um die es im Folgenden gehen soll. Anschließend wird das Federated Learning als ein Beispiel vorgestellt, wie Datenschutz durch Technikgestaltung im Rahmen eines Datentreuhandmodells implementiert werden kann.

a) Allgemeine Grundsätze

Art. 24, Art. 25 Abs. 1 DS-GVO sieht Datenschutz durch Technikgestaltung **58** vor. Demnach ist der Verantwortliche verpflichtet, geeignete technische und organisatorische Maßnahmen (zum Beispiel die Pseudonymisierung von Daten) zu ergreifen, um die Datenschutzgrundsätze nach Art. 5 DS-GVO zu erfüllen und die Rechte der datengebenden Person zu schützen.

Im Hinblick auf Art. 24, Art. 25 und auch Art. 32 DS-GVO wird dazu häu- **59** fig auf sogenannte Privacy Enhancing Technologies (kurz: PETs; zu Deutsch: datenschutzfördernde Technologien) zurückgegriffen. Diese basieren meistens auf maschinellen Lernverfahren (Machine learning) als Schlüsseltechnologie.[203] Föderiertes Lernen (Federated learning, FL) ist eine PET und zugleich Unterart des maschinellen Lernens, die aufgrund ihrer besonderen datenschutzrechtlichen Vorzüge ein technisches Anwendungsbeispiel von Datentreuhandmodellen ist.

b) Föderiertes Lernen als Beispiel

Im Folgenden wird erläutert, wie FL in Abgrenzung zur Grundform des ma- **60** schinellen Lernens funktioniert, um darauf aufbauend eine rechtliche Bewertung anzustellen. Für das maschinelle Lernen sind drei Schritte charakteristisch:[204] Die Architektur des Modells mitsamt Trainingsalgorithmus und Trainingsdatensätzen wird programmiert, dann wird in einem Trainingsprozess auf den Trainingsdatensätzen basierendes Modell entwickelt. Dieses Modell wird dann auf neue, noch unbekannte Daten angewendet. Ziel ist es, einen bestimmten Output –

203 *Fraunhofer IDMT,* abrufbar unter: https://www.idmt.fraunhofer.de/en/research-topics/privacy-trustworthy-ai.html#1 (abgerufen am 23.10.2024).

204 *Drexl/Hilty/Beneke/Desaunettes-Barbero/Finck/Globocnik/Otero/Hoffmann/Hollander/Kim/Richter/Scheuerer/Slowinski/Thonemann,* Research Paper No. 19-13 Max Planck Institute for Innovation & Competition, „Technical Aspects for AI: An Understanding from an Intellectual Property Law Perspective", 11.10.2019. abrufbar unter: https://www.ip.mpg.de/en/publications/journals/research-paper-series.html (abgerufen am 23.10.2024), 1 (4).

beispielsweise eine Vorhersage oder Empfehlung – auf Grundlage der gelernten Muster zu erzeugen. Beim FL dagegen findet der Trainingsprozess nicht auf einer zentralen Plattform, sondern dezentral durch jeden Trainingsteilnehmer selbst und an dessen Daten statt.[205] Die so produzierten lokalen FL-Modelle werden an einen Service-Provider geschickt, der sie zu einem globalen FL-Modell (bildlich gesprochen: zu einer großen KI) aggregiert und an die Trainingsteilnehmer zurückübermittelt. Dieser Prozess wiederholt sich, bis das globale FL-Modell eine zufriedenstellende Vorhersagegenauigkeit aufweist. Damit der Service-Provider im Verlauf des Trainings nicht mit den unmittelbaren Werten der lokalen Modelle (was Rückschlüsse auf personenbezogene Daten grundsätzlich wieder ermöglicht) in Berührung kommt, werden kryptographische Techniken eingesetzt.[206] Dazu können unterschiedliche PETs kombiniert werden.

61 Der große Vorteil gegenüber dem zentralen maschinellen Lernen besteht beim FL also darin, dass die Patientendaten niemals die schützenden Firewalls und den Verantwortungsbereich der trainierenden Kliniken verlassen müssen.[207] Die Rohdaten können bleiben, „wie" und „wo" sie sind. Der Datengebende verliert grundsätzlich zu keinem Zeitpunkt die Kontrolle über die Daten und muss diese, bis auf wenige Ausnahmen, nicht mit dem Datentreuhänder teilen.[208] Ferner können die FL-Trainingsteilnehmer als „Treugeber" weitere PETs hinzufügen und dadurch eigenständig den Schutz ihrer Daten verbessern und diese kontrollieren. Das schafft das notwendige Vertrauen, um Datentreuhänder nachhaltig in der Praxis zu etablieren. Ferner lassen sich im Wege der dezentralen Speicherung Risiken minimieren: Hat beispielsweise eine Hacker-Attacke auf eine zentrale Cloud Erfolg, sind nicht selten alle Daten, die in dieser Cloud gespeichert worden sind, verloren. Die daraus resultierenden Schäden sind in der Regel größer als jene, die bei einem Angriff auf einen einzelnen, dezentralen Datenpunkt auftreten. Sind Daten dezentral gespeichert, wirkt dies auch einem möglichen Missbrauch durch den Datentreuhänder entgegen. Mangels Zugriffs auf die Daten kann dieser auch keine „Datenmacht" ausüben.[209]

62 Weder der (EU-)Gesetzgeber noch Gerichte waren bislang mit der Frage befasst, wie FL-Modelle datenschutzrechtlich einzuordnen sind. Nach vorzugswürdiger Ansicht sind zwar die globalen FL-Modelle keine personenbezogenen Daten im Sinne der DS-GVO, sehr wohl aber die lokalen FL-Modelle.[210] In der Konsequenz ist der Anwendungsbereich der DS-GVO für lokale FL-Modelle eröffnet und der FL-Verantwortliche hat durch den Einsatz weiterer PETs, wie etwa Differential Privacy oder Secure Multiparty Computation, sicherzustellen, dass die lokalen Modelle in Einklang mit der DS-GVO erstellt und weiterverwendet werden.

---

205 Kaulartz/Braegelmann AI und Machine Learning-HdB/Huth Kap. 2.3 Rn. 13.

206 Kaulartz, Blog „Datenschutz-Compliance bei KI am Beispiel Federated Learning", v. 18.11.2019, abrufbar unter: https://www.cmshs-bloggt.de/tmc/machine-learning-datenschutz-compliance-bei-ki-am-beispiel-federated-learning/ (abgerufen am 23.10.2024).

207 Vgl. Kaulartz/Braegelmann AI und Machine Learning-HdB/Huth Kap. 2.3 Rn. 14.

208 Specht-Riemenschneider/Blankertz/Sierek/Schneider/Knapp/Henne MMR-Beil. 2021, 25 (30).

209 Specht-Riemenschneider/Blankertz/Sierek/Schneider/Knapp/Henne MMR-Beil. 2021, 25 (30).

210 Truong/Sun/Wang/Guitton/Guo Computers & Security 1 (14); Rossello/Díaz Morales/Muñoz-González Computerrecht 2021, 1 (9).

Im Übrigen können FL-Systeme die Anforderungen des Art. 5 Abs. 1 DS-GVO weitgehend problemlos erfüllen.[211] Schwierigkeiten bereitet allerdings der in Art. 5 Abs. 1 Buchst. a DS-GVO normierte Transparenzgrundsatz. Die ausgegebenen Antworten von Systemen, die sich maschineller Lernverfahren bedienen, sind nämlich oftmals schwer nachvollziehbar. Der Transparenzgrundsatz fordert jedoch gerade, dass der Betroffene die Datenverarbeitung weitgehend nachvollziehen kann.[212] Im FL-Kontext kommt erschwerend hinzu, dass auf die Trainingsdaten der Teilnehmer und die lokalen Modelle kein Zugriff und damit keine Überprüfung (auf ihre Datenschutzverträglichkeit hin) möglich ist. Sind die Trainingsdaten nicht sorgfältig und biasunbelastet erhoben worden, kann es zu Diskriminierungen und Ungerechtigkeiten durch die auf ihnen trainierten FL-Systeme kommen. Das wiederum schwächt das Nutzer- und Anwendervertrauen, und führt zudem vor Gericht zu Beweisschwierigkeiten.[213] Diese Bedenken sind allerdings zu relativieren: Transparenz und Erklär- bzw. Interpretierbarkeit von FL-Modellen variieren je nach FL-Typ. In manchen Varianten („Regelsysteme“) lässt sich sogar jeder Entscheidungspfad für die einzelnen Vorhersagen zurückverfolgen, während es bei anderen („nicht-lineare Modelle“) naturgemäß schwierig ist, die Entscheidungen zu interpretieren. Der Mangel an Transparenz ist überdies ein bekanntes Phänomen, das nicht nur in Zusammenhang mit FL, sondern allgemein beim Einsatz von KI zutage tritt. Um diesem Problem wirksam zu begegnen, werden unter dem Sammelbegriff „erklärbare KI“ (explainable AI, XAI) verschiedene Ansätze und Methoden präsentiert und stetig fortentwickelt, die sich eben mit der Frage beschäftigen, wie KI-Entscheidungen bzw. solche von maschinellen Lernverfahren verständlich, nachvollziehbar und insbesondere auch überprüfbar gemacht werden können.[214] 63

Ferner ist stets zu prüfen, ob eine gültige Rechtsgrundlage alle Verarbeitungsvorgänge legitimiert. Ganz besonders gilt dies im Zusammenhang mit sensiblen Daten nach Art. 9 DS-GVO. Der Zugriff auf die Modelle und Rohdaten sollte stets überwacht und kontrolliert werden. Regelmäßige Risikoanalysen können dabei helfen, existierende Schwachstellen zu finden, um entsprechende Maßnahmen ergreifen zu können.[215] Zusätzlich könnte die Datentreuhand damit betraut werden, einheitliche Trainingsdatensätze und Datenformate – beides ist für akkurate FL-Ergebnisse erforderlich – zu überwachen. Weiter könnte sie auch für die Kompatibilität und Portabilität der von ihr verwalteten Daten sorgen:[216] Nach Art. 20 DS-GVO (Recht der Datenübertragbarkeit) kann der Betroffene die von ihm bereitgestellten Daten jederzeit zurückverlangen, nicht allerdings das Verarbeitungsergebnis, das globale Modell.[217] Dieses könnte die Datentreuhand 64

[211] Rossello/Díaz Morales/Gonzales Computerrecht 2021, 1 (8); Truong/Sun/Wang/Guitton/Guo Computers & Security 1 (16).
[212] BeckOK Datenschutzrecht/Schantz, 49. Ed. 1.11.2021, DS-GVO Art. 5 Rn. 11.
[213] Zech ZfPW 2019, 198 (205).
[214] Kaulartz/Braegelmann AI und Machine Learning-HdB/Körner Kap. 2.4 Rn. 2; Käde/v. Maltzan CR 2020, 66 (70); Nguyen VW 9/2019, 52 ff.; Zech ZfPW 2019, 198 (218).
[215] Kaulartz/Braegelmann AI und Machine Learning-HdB/Kaulartz Kap. 8.9 Rn. 15.
[216] Kaulartz/Braegelmann AI und Machine Learning-HdB/Auer-Reinsdorff Kap. 8.10 Rn. 50.
[217] Vgl. Kaulartz/Braegelmann AI und Machine Learning-HdB/Auer-Reinsdorff Kap. 8.10 Rn. 50; Auer-Reinsdorff/Conrad IT- und DatenschutzR-HdB/Conrad § 34 Rn. 638.

verwahren. Der Datentreuhänder nähme in diesem Fall selbst die Rolle des Verantwortlichen iSd Art. 4 Nr. 7 DS-GVO ein.[218]

65 Soll die Datentreuhand die Rolle des Verantwortlichen nicht selbst einnehmen, kann sie dem Verantwortlichen jedenfalls als (externe) Datenschutzbeauftragte beratend zur Seite stehen. Werden nämlich FL-Techniken eingesetzt, muss eine Datenschutz-Folgenabschätzung nach Art. 35 DS-GVO zwingend durchgeführt werden.[219] Diese lässt sich nicht an eine Datentreuhand delegieren (vgl. Art. 35 Abs. 2 DS-GVO). Der Verantwortliche ist aber dazu verpflichtet, sich durch einen Datenschutzbeauftragten beraten zu lassen.[220] Diese Rolle könnte die Datentreuhand einnehmen. Diese Beratungsfunktion birgt zudem Monetarisierungspotenzial für die Datentreuhand. Datentreuhänder könnten zudem auf organisatorischer Ebene dabei unterstützen, Transparenzstandards zu etablieren und einzuhalten. Dies ist nicht nur mit Blick auf transparente und faire Ausgabeergebnisse von FL-Systemen wichtig, sondern auch, um den Verantwortlichen der Datenverarbeitung zu bestimmen: Im FL-Kontext ist es (angesichts der prinzipiell unbegrenzten Anzahl an Trainingsteilnehmern) schwierig, zwischen den Verantwortlichen (Art. 4 Nr. 7 DS-GVO) und den Auftragsverarbeitern (Art. 4 Nr. 8 DS-GVO) zu unterscheiden. Abhilfe schafft eine klare Rollenzuweisung vor Beginn des Trainingsprozesses.

VI. Regulierungsansätze

66 Ob sich Datentreuhandmodelle in der Praxis nachhaltig etablieren können, ist auch „eine Frage des richtigen normativen Rahmens".[221] Unterschiedliche Ansätze und Ideen werden derzeit diskutiert. Hervorzuheben ist eine Studie von Specht/Riemenschneider/Blankertz/Sierek/Schneider/Knapp/Henne, die für die Zwecke der Regulierung eine „risikobasierte Systematisierung" von Datentreuhandmodellen vorschlägt, die vor allem an der Risikogeneigtheit des jeweiligen Modells ansetzen soll. Demnach wird zunächst zwischen freiwilligen und verpflichtenden Datentreuhandmodellen und im Übrigen danach unterschieden, ob eine zentrale Speicherung beim Datentreuhänder oder eine dezentrale Speicherung beim Datengebenden erfolgt.[222] Dieser risikobasierte Ansatz, der

---

[218] Zur Verantwortlichkeit unter → Rn. 42 ff.

[219] Schürmann ZD 2022, 316 (319).

[220] Kühling/Buchner/Jandt, 4. Aufl. 2024, DS-GVO Art. 35 Rn. 18.

[221] Kühling DuD 2021, 783. Dementsprechend früh wurden eine „europäische Regulierung" bzw. gesetzliche Rahmen für Datentreuhandmodelle gefordert: Datenethikkommission der Bundesregierung, Gutachten (Kurzfassung) 2019, abrufbar unter https://www.bmi.bund.de/SharedDocs/downloads/DE/publikationen/themen/it-digitalpolitik/gutachten-datenethikkommission-kurzfassung.pdf%3F__blob%3DpublicationFile%26v%3D4 (abgerufen am 23.10.2024), S. 21; *Verbraucherzentrale Bundesverband*, Position Paper, „Neue Datenintermediäre", 15.9.2020, abrufbar unter https://www.vzbv.de/sites/default/files/downloads/2020/09/17/20-09-15_vzbv-positionspapier_datenintermediaere.pdf (abgerufen am 23.10.2024), S. 4.

[222] Specht-Riemenschneider/Blankertz/Sierek/Schneider/Knapp/Henne MMR-Beil. 2021, 25 (29).

dem geltenden Recht im Übrigen bereits bekannt ist,[223] hat den Vorzug, dass er flexibel auf die unterschiedlichen Risiken für personenbezogene Daten in den unterschiedlichen Anwendungsszenarien im Zusammenhang mit der Datentreuhand reagieren kann. Stets muss eine rechtliche Regulierung neben den sektorspezifischen auch die technischen Fragen mitberücksichtigen, was nur im Austausch der Disziplinen gelingen kann. Dabei ist zu beachten, dass es aufgrund der Komplexität von Datentreuhandmodellen naturgemäß keine One-Size-Fits-all-Lösung geben kann.

Die Komplexität der Datentreuhand bringt es mit sich, dass die rechtliche Re- **67**
gulierung eine ebenso komplexe Aufgabe ist. In kartellrechtlicher Hinsicht ist zu erwägen, ob eine Privilegierung von Datentreuhändern durch eine Freistellung von bestimmten Vorschriften dazu beitragen kann, Datentreuhandmodelle breiter zu etablieren. In bestimmten Bereichen, die zwingend auf einen vertrauenswürdigen Datenaustausch angewiesen sind, wird zudem eine verpflichtende Zugangsgewährung zu den entsprechenden Daten für Datentreuhänder angedacht.[224] Daneben muss die sogenannte Plattformproblematik im Auge behalten und eine Balance zwischen (positiven) Netzwerkeffekten und Marktmachtkontrolle hergestellt werden:[225] Dies betrifft zumindest diejenigen Datentreuhänder, die ein Plattformgeschäftsmodell verfolgen, das Netzwerkeffekte hat. Bei der Regulierung dieser Modelle muss sichergestellt werden, dass die sich ändernden Machtverhältnisse am (Daten-)Markt nicht die Wettbewerbssituation verzerren. Konkret würde das für Datentreuhänder bedeuten: Einerseits besteht Förderbedarf, damit sie sich die Vorteile von Netzwerkeffekten zu Nutze machen können. Andererseits dürfen Datentreuhänder keine monopolartige Markposition einnehmen, die den Zugang ander Marktteilnehmer erschweren oder blockieren könnte.[226] Das wäre beispielsweise der Fall, wenn „ein Anbieter seine Kunden dazu verpflichte[n] [würde], [ausschließlich] mit einem bestimmten Treuhänder zusammenzuarbeiten."[227]

Flankierend sind Sorgfalts- und Haftungspflichten sowie Kontrollregeln für **68**
Datentreuhänder zu schaffen, um Akzeptanz und Vertrauen dieser Figur zu stärken. Herangezogen werden können hier, wie bereits dargestellt, die Regelungen zum (Data) Trust, die Prävention und Ahndung von Missbrauch ermöglichen.[228] Ferner lassen sich verschiedene Ansätze in den Bereichen Zertifizierung, Selbstregulierung, Verhaltenskodizes und Gütesiegel kombinieren. Diese bieten unterschiedliche Wege, um die Qualitätssicherung und den verantwortungsvollen Umgang mit Daten zu fördern und so den Datenschutz und die Integrität von Datentreuhandmodellen sicherzustellen. Wie Datentreuhandmodelle zertifiziert werden können, ist in Ansätzen bereits erforscht.[229] Grundsätzlich gibt es zwei Arten der Zertifizierung: die Selbst- und die Fremdzertifizierung. Die Selbst-

[223] Und welcher insbesondere der DS-GVO zugrunde liegt, wie sich exemplarisch in der Maßgabe einer Datenschutz-Folgenabschätzung (Art. 35 DS-GVO) zeigt, Schröder ZD 2019, 503.
[224] Blankertz/Specht, Wie eine Regulierung für Datentreuhänder aussehen sollte, Neue Stiftung Verantwortung Juli 2021, S. 20 f.
[225] Ausführl. dazu Richter ZEuP 2021, 634 (644 f.).
[226] Richter ZEuP 2021, 634 (644 f.).
[227] *Verbraucherzentrale Bundesverband,* Position Paper, „Neue Datenintermediäre", 15.9.2020, abrufbar unter https://www.vzbv.de/sites/default/files/downloads/2020/09/17/20-09-15_vzbv-positionspapier_datenintermediaere.pdf (abgerufen am 23.10.2024), S. 7.
[228] Siehe dazu Rn. 23.
[229] Martin/Pasquarelli, Exploring Data Trust Certifications, Oxford Insights 2019, S. 1 ff.

zertifizierung ermöglicht es der Datentreuhand, eigenständig festgelegte Datenschutzstandards eigenverantwortlich nach spezifischen Kriterien zu überprüfen und durch geeignete Maßnahmen umzusetzen.[230] Dies erfordert ein hohes Maß an (interdisziplinärer) Expertise. Dabei ist allerdings zu beachten, dass eine rein interne Überwachung nur begrenzt objektiv ist und bei Verstößen oftmals keine wirksamen Sanktionen vorhanden sind.[231] Im Gegensatz dazu bindet die Fremdzertifizierung unabhängige Stellen ein, die anhand externer Standards, etwa gesetzlicher Vorgaben, die Vertrauenswürdigkeit der Datentreuhand kontrollieren. Dieser Ansatz erhöht die Transparenz und schafft eine objektive Kontrollinstanz, was besonders bei sensiblen Daten, etwa Patientendaten, von Vorteil ist. Wie sich die Selbst- und Fremdzertifizierung in der Praxis umsetzen lassen, ist Gegenstand aktueller Forschung.

69 Ergänzend zur Zertifizierung bieten Selbstregulierungsmodelle bzw. Modelle der „regulierten Selbstkontrolle" Möglichkeiten, um einen Rahmen für vertrauenswürdige Datentreuhänder zu schaffen:[232] Danach werden „externe Standards für das Qualitäts- und Risikomanagement" der Datentreuhand vorgegeben, deren Einhaltung intern (im Wege der Selbstkontrolle) oder extern überwacht werden kann. Bestenfalls handelt es sich um gesetzlich definierte Standards, oder solche, die von der Rechtsprechung aufgestellt wurden. Um die Effizienz solcher Selbstverpflichtungen zu steigern, müssen zudem Anreize und auch Sanktionen eingebaut werden, die die Datentreuhand zu regelkonformem Verhalten bewegen.[233] Ein solches „modifiziertes Modell" der Selbstregulierung erhöht den Druck auf die Einhaltung eigener Standards. Insbesondere wenn die Datentreuhand öffentliche Erklärungen abgibt, drohen – bei falschen oder unrichtigen Äußerungen – unter Umständen erhebliche Reputationseinbußen.[234]

70 Verhaltenskodizes und Gütesiegel können ebenfalls zur Regulierung der Datentreuhand beitragen. Verhaltenskodizes, wie etwa die Corporate Digital Responsibility-Leitlinien,[235] halten Datentreuhänder dazu an, im Sinne des sogenannten Comply-or-explain-Prinzips, Abweichungen vom Kodex begründen zu müssen.[236] Wie schon bei der modifizierten Selbstregulierung ist jeder Regelbruch

---

[230] Datenethikkommission der Bundesregierung, Gutachten der Datenethikkommission, 23.10.2019, abrufbar unter https://www.bmi.bund.de/SharedDocs/downloads/DE/publikationen/themen/it-digitalpolitik/gutachten-datenethikkommission.html (abgerufen am 23.10.2024), S. 201.

[231] Datenethikkommission der Bundesregierung, Gutachten der Datenethikkommission, 23.10.2019, abrufbar unter https://www.bmi.bund.de/SharedDocs/downloads/DE/publikationen/themen/it-digitalpolitik/gutachten-datenethikkommission.html (abgerufen am 23.10.2024), S. 201.

[232] Datenethikkommission der Bundesregierung, Gutachten der Datenethikkommission, 23.10.2019, abrufbar unter https://www.bmi.bund.de/SharedDocs/downloads/DE/publikationen/themen/it-digitalpolitik/gutachten-datenethikkommission.html (abgerufen am 23.10.2024), S. 202. Dazu ausf. auch Richter/Slowinski IIC 2019, 4 (18 ff.).

[233] Martini JZ 2017, 1117 (1023). Die Ausführungen betreffen zwar die Algorithmenregulierung, lassen sich aber auf die Regulierung der Datentreuhand übertragen.

[234] Vgl. Martini JZ 2017, 1117 (1023).

[235] *Corporate Digital Responsibility Initiative*, „Der CDR-Kodex", abrufbar unter https://cdr-initiative.de/kodex (abgerufen am 23.10.2024).

[236] Datenethikkommission der Bundesregierung, Gutachten der Datenethikkommission, 23.10.2019, abrufbar unter https://www.bmi.bund.de/SharedDocs/downloads/DE/publikationen/themen/it-digitalpolitik/gutachten-datenethikkommission.html (abgerufen am 23.10.2024), S. 202.

zumindest mit einem erheblichen Reputationsverlust verbunden.[237] Gütesiegel für Datentreuhandmodelle bieten Nutzern zudem eine (visuelle) Orientierung und zeigen an, ob die Datentreuhand bestimmte Anforderungen an Datenschutz und Datensicherheit erfüllt.[238] Diese Siegel können auf freiwilliger oder verpflichtender Basis vergeben werden und sollten von unabhängigen Einrichtungen festgelegt und überprüft werden.[239] Festzuhalten ist, dass (anreizbasierte) Zertifizierungs- bzw. Selbstregulierungsmodelle Datentreuhänder dazu motivieren können, hohe technische und datenschutzrechtliche Standards selbstständig einzuhalten.[240] Gelingensbedingung ist eine wohlabgestimmte Balance der einzelnen Maßnahmen aus gesetzlicher Regulierung, Selbstregulierung, Verhaltenskodizes und/oder Gütesiegeln.

VII. Fazit

Die großen Herausforderungen unserer Zeit, von der Bekämpfung der Corona-Pandemie bis hin zur Energie- und Klimakrise, verlangen nach einer reibungslosen Datennutzung. Daten werden derzeit noch zu wenig genutzt und geteilt. Die Datentreuhand kann Abhilfe schaffen. Dabei sind technische und rechtliche Aspekte gleichermaßen zu berücksichtigen. Besonders geeignet zur Etablierung von Datentreuhandmodellen ist FL. Damit lässt sich in der Regel eine datenschutzkonforme Verarbeitung personenbezogener Daten realisieren. Datentreuhänder könnten sich diesen Vorteil zunutze machen. Um Vertrauensschutz zu gewährleisten, dürfen Datentreuhänder allerdings gerade bei sensiblen Daten keinen „one-tool-fits-all"-Ansatz verfolgen. In jedem Einzelfall ist abzuwägen, ob eine Verarbeitung durch FL sicher ist und durchgeführt werden sollte. 71

[237] Vgl. Martini JZ 2017, 1117 (1023).
[238] Datenethikkommission der Bundesregierung, Gutachten der Datenethikkommission, 23.10.2019, abrufbar unter https://www.bmi.bund.de/SharedDocs/downloads/DE/publikationen/themen/it-digitalpolitik/gutachten-datenethikkommission.html (abgerufen am 23.10.2024), S. 202.
[239] Datenethikkommission der Bundesregierung, Gutachten der Datenethikkommission, 23.10.2019, abrufbar unter https://www.bmi.bund.de/SharedDocs/downloads/DE/publikationen/themen/it-digitalpolitik/gutachten-datenethikkommission.html (abgerufen am 23.10.2024), S. 202.
[240] Vielmehr hat die Flexibilität und Anpassungsfähigkeit von Selbstregulierungsmechanismen auch erhebliche Vorteile gegenüber der starren Gesetzgebung, Richter/Slowinski IIC 2019, 4 (18 ff.).

§ 6 Rechtsform

I. Einleitung

1 Die Datentreuhand avanciert zum „Zauberwort" der digitalen Transformation:[1] Datentreuhänder gelten als Schlüsselelement funktionsfähiger Datenmärkte, weil sie das Teilen von Daten erleichtern und dadurch datengetriebene Innovation und Geschäftsmodelle ermöglichen.[2] Als neuartige Intermediäre sollen sie einen Mittelweg zwischen dem Behalten von Daten und deren vollständiger Weggabe eröffnen. Die Modelle der Datenintermediation, die diskutiert und teils bereits praktiziert werden, sind denkbar vielfältig und reichen von extensiven Datenrepositorien (wie etwa Forschungsdatenzentren oder PIMS) bis hin zu reinen Plattformen des Datenaustauschs;[3] sie umfassen insbesondere auch transaktionsbasierte Ansätze, bei denen Datensätze bei jeder einzelnen Transaktion neu generiert und nach deren algorithmischer Auswertung jeweils wieder gelöscht werden.[4] Entsprechend dieser tatsächlichen Vielfalt ist der Begriff der Datentreuhand in normativer Hinsicht unscharf und vage. Der europäische Data Governance Act spricht von Datenvermittlungsdiensten und versteht darunter Dienste, mit denen durch technische, rechtliche oder sonstige Mittel Geschäftsbeziehungen zwischen Dateninhabern und Datennutzern hergestellt werden, um die gemeinsame Datennutzung zu ermöglichen.[5] Der Rechtsakt statuiert zudem eine Reihe datenrechtlicher Anforderungen für Datenvermittlungsdienste und verlangt insbesondere deren Bereitstellung „über eine gesonderte juristische Person".[6] Der Data Governance Act erfordert somit die Gründung einer rechtlich verselbständigten, an den Zweck der Datenvermittlung gebundenen Organisation. Er lässt deren gesellschaftsrechtliche Rechtsform jedoch völlig offen. Angesichts der tatsächlichen Gestaltungsvielfalt von Datentreuhändern stellt sich aus gesellschaftsrechtlicher Perspektive somit die schwierige Aufgabe, die jeweils passende Rechtsform für Datentreuhänder auszuwählen und ggf. durch Satzungsgestaltung an die jeweils

---

[1] Gehring FAZ v. 11.3.2024, S. 18.

[2] In diese Richtung etwa: Datenethikkommission der Bundesregierung, Gutachten, 2019, S. 133 ff.; BMWi, Ein neuer Wettbewerbsrahmen für die Digitalwirtschaft, 2019, S. 43 f.; Bundesregierung, Datenstrategie – Innovationsstrategie, 2021, S. 33 ff.; zur Förderung von Datentreuhändern als „neue Akteure im Ökosystem" vgl. außerdem Blankertz et al., „Datentreuhandmodelle", abrufbar unter https://pure.mpg.de/rest/items/item_3222478_2/component/file_3222479/content (abgerufen am: 25.11.2024).

[3] Zur Gestaltungsvielfalt vgl. etwa Buchholtz/Brauneck/Schmalhorst NVwZ 2023, 206 (206 f.); Kempny/Krüger/M. Spindler NJW 2022, 1646 (1648 f.); Specht-Riemenschneider/Blankertz ua MMR-Beil. 2021, 25 (26 f.); Kühling ZfDR 2021, 1 (5 f.); Richter ZEuP 2021, 634 (640); ferner Martini ua MMR-Beil. 2021, 3.

[4] Spezifisch hierzu Buchheim/Augsberg/Gehring JZ 2022, 1139 (1140); Buchheim/Augsberg JZ 2024, 365 (366).

[5] IdS Art. 2 Nr. 11 DGA (mit einer Reihe von Ausnahmen).

[6] Art. 12 lit. a DGA; dazu ausf. unter → Rn. 11 II.1.c) aa).

spezifischen Bedürfnisse anzupassen. Dabei gilt es, dem Anforderungsprofil gerecht zu werden, das aus den (daten-)rechtlichen Rahmenvorgaben und den ökonomischen Funktionsvoraussetzungen resultiert (dazu unter → Rn. 2 ff. II.). Dieses Anforderungsprofil lässt sich in Corporate-Governance-Gestaltungsparameter übersetzen (unter → Rn. 34 ff. III.), die sowohl für die Auswahl der Rechtsform als auch für die Satzungsgestaltung leitende Bedeutung haben sollten (unter → Rn. 46 ff. IV.). Ins Gewicht fällt dabei besonders die charakteristische Eigenheit, dass Datentreuhänder ihre Dienste kommerziell oder auch altruistisch anbieten dürfen, sie im Umgang mit den anvertrauten Daten aber jedenfalls neutral, eben treuhänderisch agieren müssen.[7]

II. Anforderungsprofil

2 Der gesellschaftsrechtlichen Gestaltung der Datentreuhand kommt somit große Relevanz zu. Im angloamerikanischen Recht wird häufig der *trust* als Rechtsform für Datentreuhänder (*data trusts*) vorgeschlagen oder bereits als selbstverständlich vorausgesetzt.[8] Eine vergleichbare Rechtsform existiert im deutschen Recht nicht, insbesondere ist die Treuhand als mit dem *trust* vergleichbares Rechtsinstitut ausschließlich schuldrechtlicher, nicht jedoch gesellschaftsrechtlicher Natur. Diese allein schuldrechtlichen Konstruktionen sind für die Datentreuhand vielfach nicht sachdienlich[9] und angesichts der Anforderungen des unionalen Datenwirtschaftsrechts[10] rechtlich regelmäßig unzulässig. Entsprechend gilt es, mögliche gesellschaftsrechtliche Gestaltungen zu ermitteln und auf ihre Zweckdienlichkeit für die Datentreuhand zu untersuchen. Dabei geht es nicht nur um die Auswahl der Rechtsform, sondern auch um Möglichkeiten spezifischer Anpassung der betreffenden Governance-Strukturen, etwa durch Satzungsgestaltung, um individuellen Bedarfen unterschiedlicher Ausprägungen von Datentreuhändern gerecht zu werden. Ausgangspunkt dieser gesellschaftsrechtlichen Gestaltungsaufgabe sind die Anforderungen an Datentreuhänder, die sich insbesondere aus den datenrechtlichen Vorgaben und ökonomischen Funktionsvoraussetzungen ergeben, aber auch aus sektorspezifischen Rechtsregeln resultieren können.

1. Rechtliche Rahmenvorgaben des Data Governance Act

3 Die wichtigste Rahmengesetzgebung für Datentreuhänder stellt die „Verordnung über europäische Daten-Governance und zur Änderung der Verordnung (EU) 2018/1724 (Daten-Governance-Rechtsakt)“[11] (englisch Data Governance Act, nachfolgend abgekürzt als DGA) dar. Die Verordnung ist am 23.6.2022 in Kraft getreten und seit dem 24.9.2023 (unmittelbar!) anwendbar.

---

[7] Ähnlich Gehring FAZ v. 11.3.2024, S. 18.
[8] Hierzu etwa Delacroix/Lawrence International Data Privacy Law 2019, 236 (243 f.).
[9] Vgl. Kempny/Krüger/Spindler NJW 2022, 1646 (1649).
[10] Dazu unter → Rn. 11 ff. Punkt II.1.c.
[11] VO (EU) 2022/868.

a) Anwendungsbereich

Auf Datentreuhänder finden regelmäßig die Normen des Kapitels III über sogenannte Datenvermittlungsdienste Anwendung. Voraussetzung ist die Qualifikation als Datenvermittlungsdienst, in Art. 2 Nr. 11 DGA definiert als 4

„Dienst, mit dem durch technische, rechtliche oder sonstige Mittel Geschäftsbeziehungen zwischen einer unbestimmten Anzahl von betroffenen Personen oder Dateninhabern einerseits und Datennutzern andererseits hergestellt werden sollen, um die gemeinsame Datennutzung, auch für die Zwecke der Ausübung der Rechte betroffener Personen in Bezug auf personenbezogene Daten, zu ermöglichen".

Dabei bezeichnet gemeinsame Datennutzung gemäß Art. 2 Nr. 10 DGA 5

„die entgeltliche oder unentgeltliche Bereitstellung von Daten durch eine betroffene Person oder einen Dateninhaber an einen Datennutzer" und Dateninhaber gemäß Art. 2 Nr. 8 DGA „eine juristische Person, einschließlich öffentlichen Stellen und internationalen Organisationen oder natürliche Person, die in Bezug auf die betreffenden Daten keine betroffene Person ist, welche nach geltendem Unionsrecht oder geltendem nationalen Recht berechtigt ist, Zugang zu bestimmten personenbezogenen Daten oder nicht personenbezogenen Daten zu gewähren oder diese Daten weiterzugeben".

Darüber hinaus sind in Art. 2 Nr. 11 S. 2 lit. a–d DGA Ausschlussbestimmungen für bestimmte Dienste enthalten. Diese Ausschlussklauseln dienen hauptsächlich der Klärung, da die meisten der aufgeführten Dienste grundsätzlich nicht die in der zitierten Definition enthaltenen Anforderungen erfüllen.[12] Die Ausnahme des Art. 2 Nr. 11 S. 2 erfasst Datenbroker (lit. a), Vermittler von urheberrechtlich geschützten Inhalten (lit. b), Dienste, die nur einem geschlossenen Kreis von Dateninhabern und/oder Datennutzern zur Verfügung stehen (lit. c), sowie Dienste, die von öffentlichen Stellen ohne die Absicht der Herstellung von Geschäftsbeziehungen angeboten werden (lit. d). 6

b) Kategorien von Datenvermittlungsdiensten

Die Regelung des Art. 10 DGA unterscheidet drei Kategorien von Datenvermittlungsdiensten. Zunächst benennt die Vorschrift die 7

„Vermittlungsdienste zwischen Dateninhabern und potenziellen Datennutzern, einschließlich Bereitstellung der technischen oder sonstigen Mittel als Voraussetzung solcher Dienste; zu diesen Diensten können auch der zwei- oder mehrseitige Austausch von Daten oder die Einrichtung von Plattformen oder Datenbanken, die den Austausch oder die gemeinsame Nutzung von Daten ermöglichen, sowie die Einrichtung anderer spezieller Infrastrukturen für die Vernetzung von Dateninhabern mit Datennutzern gehören"

iSd Art. 10 lit. a DGA.

Art. 10 lit. b DGA nennt daneben die 8

[12] Näher v. Ditfurth Datenmärkte S. 230 f.

„Vermittlungsdienste zwischen betroffenen Personen, die ihre personenbezogenen Daten zugänglich machen wollen, oder natürlichen Personen, die nicht personenbezogene Daten zugänglich machen wollen, und potenziellen Datennutzern, einschließlich Bereitstellung der technischen oder sonstigen Mittel als Voraussetzung dieser Dienste, sowie insbesondere Ermöglichung der Ausübung der in der Verordnung (EU) 2016/679 verankerten Rechte betroffener Personen".

9 Datenvermittlungsdienste, die sich an natürliche Personen wenden, die nicht-personenbezogene Daten zugänglich machen möchten, sind indes von beiden Definitionen erfasst: Ausdrücklich fallen diese Dienste unter die Vermittlungsdienste des Art. 10 lit. b Alt. 2 DGA. Daneben können solche natürlichen Personen auch Dateninhaber[13] iSd Art. 10 lit. a DGA sein, sodass an sie gerichtete Datentreuhänder auch von dessen Definition erfasst werden.

10 Schließlich benennt Art. 10 lit. c DGA Datengenossenschaften. Gemäß Art. 2 Nr. 15 DGA fallen hierunter solche

„Datenvermittlungsdienste, die von einer Organisationsstruktur angeboten werden, welche sich aus betroffenen Personen, Ein-Personen-Unternehmen oder KMU, die in dieser Struktur Mitglied sind, zusammensetzt, und deren Hauptzwecke in der Unterstützung ihrer Mitglieder bei der Ausübung ihrer Rechte in Bezug auf bestimmte Daten bestehen (...)".

c) Bedingungen für die Erbringung von Datenvermittlungsdiensten

aa) Erbringung durch eine „gesonderte juristische Person"

11 Die Regelung des Art. 12 lit. a DGA ist für die rechtsförmige, insbesondere gesellschaftsrechtliche Ausgestaltung von Datentreuhändern, die Datenvermittlungsdienste im Sinne der genannten Definitionen sind, von zentraler Bedeutung. Sie schreibt nämlich vor, Datenvermittlungsdienste seien über „eine gesonderte juristische Person" bereitzustellen. Zum Verständnis dieses Begriffs verbietet sich infolge des Vorrangs europäischen Rechts der Rückgriff auf Kategorien des nationalen Rechts, etwa hinsichtlich der Abgrenzung von juristischer Person und (rechtsfähiger) Personengesellschaft.[14] Vielmehr ist der Begriff der juristischen Person unionsrechtsautonom auszulegen. Ausgeschlossen ist jedenfalls die Erbringung eines Datenvermittlungsdienstes durch einzelne natürliche Personen.[15] Welche Rechtsformen in Betracht kommen oder vorzugswürdig sind, bleibt dagegen offen. Eine weitergehende tatsächliche, insbesondere wirtschaftliche Unabhängigkeit von anderen Unternehmen setzt die Norm dagegen nicht voraus,[16] wie auch der Verweis auf gegebenenfalls bestehende verbundene Unternehmen in Art. 12 lit. b DGA belegt. Was die Regelung des Art. 12 lit. a DGA jedenfalls

[13] S. die Definition in Art. 2 Nr. 8 DGA.

[14] Vgl. zu alledem Tuschhoff, Gesellschaftsrechtliche Aspekte der Datentreuhand, D. III. 1. a) aa).

[15] AA wohl Schreiber/Pommerening/Schoel, Das neue Recht der Daten-Governance, § 3 Rn. 93 f.

[16] So die allgemeine Auffassung, vgl. statt vieler HK-DGA/Specht-Riemenschneider Art. 12 Rn. 36 mwN.

verbietet, ist die Nutzung der gemittelten Daten zu anderen Zwecken, als sie den Datennutzern zur Verfügung zu stellen.

bb) Koppelung von Leistungen

Darüber hinaus untersagt die Vorschrift des Art. 12 lit. b DGA dem Datenvermittlungsdienst, die kommerziellen Bedingungen für Datenvermittlungsdienste (insbesondere die Preisgestaltung) gegenüber Dateninhabern und Datennutzern davon abhängig zu machen, ob oder in welchem Umfang der Dateninhaber oder Datennutzer andere Dienste desselben Anbieters oder eines verbundenen Unternehmens nutzt. Im Umkehrschluss sind solche Koppelungsangebote an betroffene Personen iSd Art. 4 Nr. 1 DS-GVO zulässig, da sie vom Begriff des Dateninhabers nicht erfasst sind. Effizienzvorteile, die sich durch solche Verbindungen mehrerer Dienste möglicherweise erzielen lassen, dürfen also einzig an Betroffene, nicht aber an Dateninhaber weitergereicht werden.[17] 12

Ferner können Datenvermittlungsdienstleister gem. Art. 12 lit. e DGA „zusätzliche spezifische Werkzeuge" anbieten, „insbesondere um den Datenaustausch zu erleichtern, z.B. vorübergehende Speicherung, Pflege, Konvertierung, Anonymisierung und Pseudonymisierung". Diese Möglichkeit besteht allerdings nur unter folgender Maßgabe: 13

> *„[D]iese Werkzeuge werden nur auf ausdrücklichen Antrag oder mit Zustimmung des Dateninhabers oder der betroffenen Person verwendet, und die in diesem Zusammenhang angebotenen Werkzeugen Dritter werden für keine anderen Zwecke verwendet".*

cc) Weitere Bedingungen

Die Vorschrift formuliert zahlreiche weitere Bedingungen, die jedoch – ähnlich wie bereits die Regelung zur Koppelung von Leistungen – primär das konkrete Leistungsangebot betreffen und daher für die gesellschaftsrechtliche Gestaltung von Datentreuhändern allenfalls mittelbar von Bedeutung sind. 14

Beispielsweise dürfen die bei der Erbringung der Dienste gesammelten Metadaten laut Art. 12 lit. c DGA einzig für die Weiterentwicklung des Datenvermittlungsdienstes genutzt werden. Eine Nutzung für die Verbesserung oder Entwicklung weiterer Dienste ist somit unzulässig. 15

Weiterhin ist der Datenvermittlungsdienst im Interesse der Interoperabilität gem. Art. 12 lit. d DGA grundsätzlich verpflichtet, die Daten den entsprechenden Nutzern in dem Format zur Verfügung zu stellen, in welchem er sie selbst erhält. Eine Umwandlung in andere Formate ist nur erlaubt, 16

> *„um die Interoperabilität innerhalb und zwischen verschiedenen Sektoren zu verbessern, oder wenn der Datennutzer dies verlangt oder wenn das Unionsrecht dies vorschreibt oder die Umwandlung der Daten der Harmonisierung mit internationalen oder europäischen Datennormen dient."*

[17] Vgl. hierzu im Zusammenhang mit der noch anders lautenden Entwurfsfassung des DGA Hennemann/v. Ditfurth NJW 2022, 1905 (1909).

17 Ferner ist der Datenvermittlungsdienst gemäß Art. 12 lit. i DGA verpflichtet,

> *„geeignete Maßnahmen [zu treffen], um unter anderem mithilfe von allgemein verwendeten offenen Standards in dem Sektor, in dem der Anbieter von Datenvermittlungsdiensten tätig ist, die Interoperabilität mit anderen Datenvermittlungsdiensten zu gewährleisten.“*

d) Regelungszweck

18 Die genannten Anforderungen dienen einem zentralen Regelungszweck des DGA: Neben dem Wettbewerb auf nachgelagerten Märkten soll auch auf dem Markt der Datenvermittlungsdienste ein funktionierender Wettbewerb erreicht und gesichert werden.[18]

19 Zunächst werden Dateninhaber und Datennutzer vor wettbewerbsschädlichen Praktiken des Datenvermittlungsdienstes geschützt, etwa durch die Zweckbindung des Art. 12 lit. a DGA sowie durch die Pflicht zum Angebot der Dienste zu fairen, transparenten und nichtdiskriminierenden Bedingungen aus Art. 12 lit. f DGA. Daneben schützt der Rechtsakt auch den Wettbewerb auf benachbarten Märkten, insbesondere indem er Datenvermittlungsdiensten verbietet, weitere Dienste anzubieten (Art. 12 lit. a DGA) oder Vorteile bei der Nutzung weiterer Dienste von anderen Unternehmen zu gewähren (Art. 12 lit. b DGA). Dass der DGA auch den Wettbewerb der Datenvermittlungsdienste untereinander schützen will, belegen schließlich ebenfalls die Vorgaben in Art. 12 lit. a und b DGA, aber auch die Verpflichtung zur Möglichkeit von Interoperabilität gem. Art. 12 lit. i DGA.[19]

2. Ökonomische Funktionsvoraussetzungen

a) Neutralität

20 Neben diesen rechtlichen Rahmenvorgaben, die bereits wettbewerbliche Bezüge aufweisen, müssen Datentreuhänder eine Reihe (weiterer) ökonomischer Voraussetzungen erfüllen, um die ihnen zugeschriebenen Intermediärsfunktionen erfüllen zu können.

21 Von zentraler Bedeutung ist insoweit die Neutralität des Datenvermittlungsdienstes. Die Verpflichtung zur Neutralität hinsichtlich der zu mittelnden Daten, also die Abwesenheit eines eigenen Interesses an der Nutzung, ergibt sich rechtlich aus Art. 12 lit. a DGA.[20] Die entsprechende Intention des Verordnungsgebers findet auch in den Erwägungsgründen ihren Ausdruck. Erwgr. 33 benennt nämlich die Neutralität des Datenvermittlungsdienstes hinsichtlich der gemittelten Daten als Schlüsselelement für dessen Vertrauenswürdigkeit. Sie wird insbesondere durch

---

[18] S. dazu auch Erwgr. 33 DGA.
[19] Zu alledem v. Ditfurth Datenmärkte S. 205 ff.
[20] Ähnlich zur Entwurfsfassung des DGA Hennemann/v. Ditfurth NJW 2022, 1905 (1908 f.); bereits zum Kommissionsvorschlag für ein Daten-Governance-Gesetz ferner Richter ZEuP 2021, 634 (654).

das Verbot der anderweitigen Nutzung in Art. 12 lit. a DGA und das grundsätzliche Umwandlungsverbot des Art. 12 lit. d DGA abgesichert.

Ebenso wichtig ist jedoch die Neutralität hinsichtlich der Dateninhaber und -nutzer. Um das notwendige Vertrauen in die ordnungsgemäße Erbringung seiner Dienste sicherzustellen, sollte der Datentreuhänder äquidistant zu den anderen Parteien agieren.[21] Ein solches Neutralitätspostulat, zumindest im Sinne von Unabhängigkeit, stützen die Erwägungsgründe, die vorsehen, dass Datenvermittlungsdienste „von betroffenen Personen, Dateninhabern und Datennutzern unabhängig" sein sollen (vgl. Erwgr. 27 DGA). Dabei hängt der Grad der notwendigen Distanz zu den übrigen Teilnehmern von der konkreten Arbeitsweise des Datentreuhänders ab. 22

Der transaktionsbezogene Datentreuhänder vermag eine weitere Dimension der Neutralität zu ermöglichen, nämlich datennutzungsbezogene Neutralität. Er ist dabei nicht auf eine Art der Datenteilung festgelegt, sondern in der Lage, durch das Angebot eines Grundmodells an Leistungen eine Vielzahl inhaltlich divergierender Vorgänge zu ermöglichen.[22] 23

b) Informationsasymmetrien, Datensouveränität und Marktmacht

Datenmärkte sind gekennzeichnet von Informations- und Marktmachtasymmetrien, zu deren Behebung die Datentreuhand eingesetzt werden kann. Häufig bestehen Informationsasymmetrien zwischen dem Anbieter und den Nutzern digitaler Dienste, insbesondere infolge von Informationsdefiziten der Nutzer. Regelmäßig besteht die Leistung des Nutzers in der Bereitstellung (personenbezogener) Daten.[23] Sofern personenbezogene Daten verarbeitet werden, treffen den Verantwortlichen zwar die Informationspflichten der Art. 12 ff. DS-GVO. Die in Erfüllung dieser Pflichten bereitgestellten Informationen überschreiten jedoch häufig aufgrund ihrer bloßen Menge und der daher eigentlich nötigen Lesezeit die Grenzen des sinnvollerweise Erfassbaren.[24] So sind Nutzer sich zwar meist bewusst, dass in irgendeiner Form Daten gesammelt und verarbeitet werden, während über die einzelnen Vorgänge häufig Unkenntnis herrscht.[25] Vergleichbare Informationsdefizite können aber auch bei Nutzern solcher Dienste bestehen, die keine natürlichen Personen sind. Vorrangig kleinere Unternehmen sind im Hinblick auf ihr Wissen über die Weitergabe von Daten mit natürlichen Personen teils vergleichbar. Diese Überlegung, die in den Erwägungsgründen zum Ausdruck kommt (vgl. Erwgr. 31 DGA), lässt sich auch empirisch belegen. Eine 2021 unter deutschen Unternehmen durchgeführte Studie liefert jedenfalls den Befund, dass etwa 77 % der Unternehmen der Nutzen eines vermehrten Datenaustausches nicht klar war.[26] 24

---

[21] Vgl. hierzu Buchheim/Gehring/Augsberg JZ 2022, 1139 (1143).
[22] Ausf. Buchheim/Gehring/Augsberg JZ 2022, 1139 (1143 f.).
[23] Unabhängig hiervon ist die Frage nach der Leistungsqualität der Bereitstellung von Daten im Sinne eines schuldrechtlichen Synallagmas zu beurteilen, hierzu Lerch/Tuschhoff RDi 2023, 11 (13 ff.).
[24] Vgl. McDonald/Cranor Journal of Law and Policy for the Information Society, 543 (553 ff.).
[25] Vgl. etwa Hacker Datenprivatrecht, S. 74 f.
[26] Vgl. zu alledem die Darstellung bei Röhl/Bolwin/Hüttl, „Datenwirtschaft in Deutschland", abrufbar unter https://www.iwkoeln.de/studien/klaus-heiner-roehl-lennart-bolwin-wo-ste-

25 Datentreuhänder können zugleich einen Beitrag zur (Wieder-)Herstellung von Datensouveränität natürlicher Personen leisten.[27] Der häufig verwendete Begriff der Datensouveränität, der im Kern eine Ausprägung der Privatautonomie im Digitalen darstellt,[28] umfasst nämlich beispielsweise die Möglichkeit, mittels eines Datentreuhänders zu verfolgen, welche Unternehmen welche (den Treugeber betreffenden) Daten zu welchen Zwecken verarbeiten, insbesondere die Dokumentation erteilter Einwilligungen.[29] Daneben kann sich ein Datentreuhänder anstelle seiner Nutzer über den Umgang der Anbieter digitaler Dienste mit Daten informieren und auf der Grundlage dieser Informationen seinen Nutzern die Entscheidung über die Erteilung bestimmter Einwilligungen erleichtern.[30] Hierzu zählt auch die Möglichkeit der Nutzer, selbst von den Ergebnissen der Datenanalyse zu profitieren. Diese Erwägung gilt gleichermaßen für Unternehmen, die durch die Datentreuhand ebenfalls einen gewissen Grad an Datensouveränität erlangen können.

26 Wettbewerbspolitisch findet schließlich der Gedanke der Marktmacht im Zusammenhang mit Datentreuhändern Betonung. Die Marktkonzentration ist eine der Volkswirtschaftslehre entstammende Größe, die üblicherweise mittels des *Herfindahl-Hirschmann-Index* berechnet wird.[31] Danach gilt grob: Je weniger Wettbewerber sich in einem Markt befinden und je größer die auf einzelne Wettbewerber jeweils entfallenden Marktanteile sind, desto höher ist die Marktkonzentration.[32] In der Digitalwirtschaft sind hohe Marktkonzentrationen typisch. In datengetriebenen Geschäftsfeldern, so sagt man daher, werde nicht ein Wettbewerb *im* Markt, sondern vielmehr *um* den Markt geführt.[33] Zuweilen ist daher von „Winner-takes-it-all-Märkten" die Rede.[34] Demgegenüber verkörpert die Datentreuhand zwar keine diesen Unternehmen vergleichbare Marktmacht. Sie hat aber jedenfalls mehr Einflussmacht als einzelne Nutzer und bietet insbesondere die Möglichkeit, Fehlverhalten der Gegenseite kollektiv zu sanktionieren.[35] Auch und gerade für die effektivere Durchsetzung der Rechte Betroffener durch interessengeleitete Intermediäre erscheint daher eine Regulierung wünschenswert, die diese in großem Umfang ermöglicht und befördert.[36]

---

hen-die-unternehmen-in-der-datennutzung-und-was-sind-ihre-groessten-hemmnisse.html (abgerufen am 16.4.2024), S. 24ff.

[27] Vgl. etwa Beise RDi 2021, 597 (598ff.).

[28] Augsberg/Gehring Datensouveränität/Möslein/Beise S. 103 (106f.).

[29] Vgl. Blankertz/Specht, Wie eine Regulierung für Datentreuhänder aussehen sollte, S. 9; EDSB, Stellungnahme 9/2016, S. 9.

[30] Vgl. Specht-Riemenschneider/Blankertz/Sierek/Schneider/Knapp/Henne MMR-Beil. 2021, 25 (27).

[31] Vgl. etwa ABl. 2004 C 031, Rn. 14ff.

[32] Vgl. etwa die Darstellung der Berechnung in ABl. 2004 C 031, Rn. 16.

[33] Vgl. etwa Körber ZUM 2017, 93 (95).

[34] Vgl. etwa Paal/Kumkar ZfDR 2021, 97 (107).

[35] Vgl. Specht-Riemenschneider/Blankertz/Sierek/Schneider/Knapp/Henne MMR-Beil. 2021, 25 (28).

[36] Dazu bereits im Zusammenhang mit dem Kommissionsvorschlag zum Daten-Governance-Rechtsakt Augsberg/Gehring Datensouveränität/Möslein/Beise S. 103 (111f.).

c) Rechtssicherheit

Weiterhin ist Rechtssicherheit für Nutzer der Datentreuhand ein auch ökonomisch entscheidender Faktor:[37] Der Datentreuhänder kann sowohl beim Empfang als auch bei der Freigabe der Daten prüfen, ob beispielsweise datenschutz- oder wettbewerbsrechtliche Probleme bestehen; in diesem Fall kann er sein weiteres Vorgehen entsprechend anpassen. Idealerweise erhält der Datentreuhänder konkrete Maßgaben, sei es seitens der zuständigen Behörden und Datenschutzbeauftragten, sei es von Gesetzes wegen, so dass er die Rechtskonformität nicht einzelfallbezogen prüfen muss. Abgesehen davon können durch Anonymisierung oder starke Pseudonymisierung der Daten seitens des Treuhänders ein hohes Datenschutzniveau und die Vereinbarkeit mit den datenschutzrechtlichen Vorgaben sichergestellt werden.[38] Besonders das Modell der transaktionsbasierten Datentreuhand bietet durch Nutzung von Einmaldatensätzen und deren gekapselter Auswertung eine technisch abgesicherte und zugleich normativ den Anforderungen der DS-GVO entsprechende Möglichkeit der nicht personenbezogenen Verarbeitung und Auswertung teils personenbeziehbarer Datenbestände.[39] Solche Abhilfen erscheinen besonders deshalb wichtig, weil mangelnde Rechtssicherheit häufig ein Hindernis beim Datenaustausch darstellt.[40] Aufgrund von Spezialisierung und Skaleneffekten sind Datentreuhänder besser als die einzelnen Datengeber und -nutzer in der Lage, die Einhaltung rechtlicher Vorgaben zu prüfen und zu gewährleisten. 27

d) Vertrauensförderung

Vertrauen, das seit langem Gegenstand ökonomischer und soziologischer Forschung ist,[41] spielt gerade im Zusammenhang mit der Digital- und Datenwirtschaft eine wichtige Rolle. Weil beispielsweise inhaltlich korrekte Daten für Anwendungen maschinellen Lernens elementar sind,[42] müssen die Betreiber solcher Anwendungen in die inhaltliche Richtigkeit der Trainingsdaten vertrauen können. Entsprechend stellt die KI-Verordnung bei Hochrisiko-KI-Systemen strenge Anforderungen an Daten-Governance und insbesondere Datenqualität (vgl. Art. 10 KI-VO).[43] Ebenso essenziell ist jedoch das Vertrauen derjenigen, die über Daten verfügen und sie zugänglich machen können, auf die Einhaltung von Vorgaben bei der Weiterverwendung dieser Daten.[44] Ein Mangel an diesem 28

---

[37] 23. Bundesregierung, Datenstrategie der Bundesregierung, abrufbar unter https://www.bundesregierung.de/breg-de/suche/datenstrategie-der-bundesregierung-1845632 (abgerufen am: 15.4.2024), S. 34.

[38] Pertot/Schmidt-Kessel/Padovini, Rechte an Daten/Wendehorst/Schwamberger/Grinzinger S. 103 (111).

[39] Ausführlich Buchheim/Augsberg JZ 2024, 365.

[40] Röhl/Bolwin/Hüttl, „Datenwirtschaft in Deutschland", abrufbar unter https://www.iwkoeln.de/studien/klaus-heiner-roehl-lennart-bolwin-wo-stehen-die-unternehmen-in-der-datennutzung-und-was-sind-ihre-groessten-hemmnisse.html (abgerufen am: 16.4.2024), S. 24 ff.

[41] Vgl. die Darstellung bei Grundmann FS Windbichler, 2020, 67 (75 ff.).

[42] Dazu eingehend Ertel Grundkurs Künstliche Intelligenz 197 ff.

[43] Näher Martini/Wendehorst/Braun Binder/Egli KI-VO Art. 10 Rn. 94; Wendt/Wendt/Möslein KI-VO Art. 10 Rn. 12–14.

[44] Hierzu Arlinghaus/Kus/Kajüter/Teuteberg HMD Praxis der Wirtschaftsinformatik 2021, 565 (566 ff.).

Vertrauen ist häufig der Grund für die fehlende Bereitschaft, vorliegende Datenbestände zu teilen.[45] Entsprechend werden nicht nur Daten und der in ihnen verkörperte volkswirtschaftliche Mehrwert, sondern auch das Vertrauen in deren inhaltliche Richtigkeit und rechtmäßige Verarbeitung als Rohstoff des 21. Jahrhunderts angesehen.[46] Und entsprechend attestiert auch der unionale Gesetzgeber der gegenwärtigen Datenwirtschaft beim Datenteilen ein Vertrauensproblem, das mittels besonders vertrauenswürdiger Intermediäre behoben werden soll.[47]

29 Diese Vertrauenswürdigkeit erfordert insbesondere eine funktionierende innere Organisationsverfassung und hieran anknüpfende Geschäftsmodelle der Datentreuhand.[48] Dass gesellschaftsrechtliche Strukturen der Herstellung von Vertrauen in die Tätigkeit des Unternehmens dienen können, ist insbesondere im Finanzsektor gemeinhin anerkannt.[49] Allgemein gilt gute Corporate Governance und deren Transparenz als wichtiger Vertrauensfaktor.[50] Auf welche Art und in welchem Maße die Herstellung dieses Vertrauens möglich ist, hängt indessen oft vom Einzelfall ab. Insbesondere gilt zu beachten, an wen sich der Datenvermittlungsdienst wendet und inwiefern die Nutzer in dessen Struktur eingebunden werden sollen.

30 Die Rechtsform soll bereits auf einer organisatorischen Ebene eine treuhänderische Interessenvertretung sicherstellen.[51] Eine solche Absicherung gilt als wichtige Grundlage der erforderlichen Vertrauenswürdigkeit von Datentreuhändern.[52] Zielstellung ist mithin eine vertrauenswürdige Daten-Governance, die auf einer zuverlässigen gesellschaftsrechtlichen Governance-Struktur basiert.[53]

e) Vermeidung von Interessenkonflikten

31 Eine besonders wichtige Rolle spielt die Rechtsform der Datentreuhand für die Bewältigung oder idealerweise bereits für die Vermeidung von Interessenkonflikten. Gesellschaftsrechtliche Regelungen zielen nämlich häufig darauf, Interessenkonflikten wie insbesondere Prinzipal-Agent-Konflikten durch rechtliche Instrumente wie Offenlegungspflichten oder Zuständigkeitsregeln zu begegnen.[54] Die *Agency Theory* liefert ein wirtschaftswissenschaftliches Modell zur Beschreibung von Konstellationen, in denen ein Subjekt (Agent) im Interesse eines anderen (Prinzipal) tätig wird.[55] Diese Theorie lässt sich auf Unternehmen beziehen, deren Inhaber und Geschäftsführer personenverschieden sind, kann jedoch auch auf andere Konstellationen angewendet werden.[56] Grundlegend wird dabei angenommen, dass alle Akteure rational handeln und bei Entscheidungen

---

[45] Denga ZGR 2023, 611 (617).
[46] Vgl. bereits den Titel bei Kerber DuD 2020, 226 (227).
[47] IdS etwa Erwgr. 32 DGA.
[48] Denga ZGR 2023, 611 (613).
[49] Vgl. anstelle vieler Buschmann NZG 2011, 87 (88f.).
[50] So etwa Lutter/Bayer/Schmidt, Europäisches Unternehmens- und Kapitalmarktrecht, 2018, S. 191 u. 199.
[51] Vgl. Blankertz, „Designing Data Trusts", abrufbar unter https://www.stiftung-nv.de/sites/default/files/designing_data_trusts_e.pdf (abgerufen am: 16.4.2024), S. 24.
[52] Vgl. Kempny/Krüger/Spindler NJW 2022, 1646 (1649).
[53] Zum Verhältnis von vertraglicher und gesellschaftsrechtlicher Governance vgl. Möslein JZ 2010, 72 passim.
[54] Ausf. Armour/Hansmann/Kraakman The Anatomy of Corporate Law S. 29ff.
[55] Näher etwa Cooter/Freedman N.Y.U. L. Rev. 1991, 1045 (1046ff.).
[56] Panda/Leepsa Indian Journal of Corporate Governance 2017, 74 (76ff.).

den jeweils für sich größten Nutzen anstreben.[57] Typischerweise ist zudem anzunehmen, dass der Agent über einen Informationsvorsprung verfügt und die Entscheidungen, die an ihn delegiert worden sind, mit einem gewissen Ermessensspielraum treffen kann.[58] Für eine solche Konstellation ist charakteristisch, dass für das Handeln des Agenten ein moralisches Risiko (*moral hazard*) besteht. Darunter ist das Risiko zu verstehen, dass der Agent den ihm zustehenden Spielraum nutzt, um im eigenen Interesse statt im Interesse des Prinzipals zu handeln.[59] Um den Agenten angemessen zu überwachen und ihn ausreichend zu einer entsprechenden Interessenwahrnehmung zu incentivieren, muss der Prinzipal die sog. *agency costs* aufbringen.[60] Diese schmälern mithin den durch die Einschaltung des Agenten erzielten Mehrwert.

Die Datentreuhand kann als möglichst neutrale Institution gleichsam als Agent **32** beider (bzw. aller) Seiten einer Transaktion begriffen werden. Somit muss die Rechtsform eines Datentreuhänders vor allem die Aufgabe erfüllen, die Agenturkosten zu minimieren, indem sie den Treuhänder als Agent möglichst auf die Interessen seiner Prinzipale festlegt.

3. Sektorspezifische Regelungen

Zusätzlich zu den Rahmenvorgaben des Datenrechts müssen Datentreuhänder **33** selbstverständlich zahlreichen weiteren rechtlichen Vorgaben genügen, die möglicherweise ebenfalls die gesellschaftsrechtlich möglichen Gestaltungen beschränken. Zu bedenken sind insbesondere sektorspezifische Regelungen. Greift man beispielsweise das Finanzaufsichtsrecht heraus, zeigt sich jedoch, dass abseits der allgemeinen, die Organisation der regulierten Institute betreffenden Bestimmungen[61] keine spezifischen Vorgaben gelten, die den Einsatz von Datentreuhändern signifikant begrenzen. Denkbar ist zwar eine Relevanz der finanzaufsichtsrechtlichen Vorschriften über Auslagerungen bzw. Ausgliederungen, die gem. §25b KWG für Kredit- und Finanzdienstleistungsinstitute, gem. §26 ZAG für Zahlungsdienstleister, gem. §36 KAGB für Kapitalverwaltungsgesellschaften, gem. §80 Abs.6 WpHG für Wertpapierdienstleistungsunternehmen und gem. §32 VAG für Versicherungsunternehmen gelten. Diese Regelungen betreffen jeweils die Beauftragung anderer Unternehmen mit der Wahrnehmung von Aktivitäten und Prozessen, die im Zusammenhang mit der Durchführung institutstypischer Dienstleistungen stehen. Erfasst sind jedoch nur solche Dienste, die andernfalls vom Institut selbst erbracht würden.[62] An dieser Voraussetzung fehlt es jedoch im Falle von Datenvermittlungsdiensten, weil diese Dienste gem. Art. 12 lit. a DGA von vorneherein über „eine gesonderte juristische Person" bereitzustellen sind und vom Institut selbst daher gar nicht erbracht werden dürfen.

---

[57] Vgl. Kumpan, Der Interessenkonflikt im deutschen Privatrecht, S. 60.
[58] BeckOGK BGB/Riesenhuber §662 Rn. 15.
[59] Zu alledem eingehend Kumpan Der Interessenkonflikt im deutschen Privatrecht, S. 62f.
[60] Vgl. Jensen/Meckling Journal of Financial Economics 1976, 305 (308ff.).
[61] So bspw. §25a KWG, §27 ZAG, §28 KAGB, §23 VAG, denen kein spezifischer Regelungsgehalt hinsichtlich der Rechtsform eines Datentreuhänders zu entnehmen ist.
[62] Zur Auslagerung aufsichtsrechtlich regulierter Institute auf Datentreuhänder näher Tuschhoff, Gesellschaftsrechtliche Aspekte der Datentreuhand, C. II. 2. im Erscheinen.

III. Gestaltung der Corporate Governance

1. Integration und Repräsentation

34 Zur Wahrung der Interessen der an einer Datenvermittlung beteiligten Personen eröffnet das Gesellschaftsrecht im Wesentlichen zwei Möglichkeiten, die sich mit den Schlagworten der Integration und der Repräsentation bezeichnen lassen.

35 Einerseits können die Beteiligten entsprechend dem Konzept der Datengenossenschaft iSd Art. 10 lit. c DGA ihre Interessen als Mitglieder der Datentreuhand vertreten (sog. Integrations-Modell). Abhängig von der gewählten Rechtsform könnten die Mitglieder beispielsweise den Jahresabschluss überprüfen oder ein hiermit betrautes Gremium bestimmen. Ferner benennen sie das für die Geschäftsführung zuständige Organ. Das Verhältnis der Datentreuhand zu ihren Nutzern entspricht dabei der typischen Konstellation einer Genossenschaft: Ihre Kunden sind gleichzeitig ihre Mitglieder (Identitätsprinzip).[63] Die Tätigkeit der Datentreuhand wird demnach geprägt durch die wechselseitigen Rechte und Pflichten kraft Mitgliedschaft sowie die vertraglichen Abreden mit den Mitgliedern aus dem Treuhandverhältnis.[64]

36 Andererseits ist die Wahrnehmung der Interessenvertretung durch Repräsentation möglich, ohne dass die Beteiligten in die Gesellschaftsstruktur der Datentreuhand integriert sind (sogenanntes Stand-alone-Modell). Diese Repräsentation kann etwa durch ein Gremium erfolgen, dessen Besetzung unterschiedlichen Stakeholdern obliegt. Das Recht zur Besetzung kann dabei bereits in der Satzung der Datentreuhand verankert werden oder bestimmten Interessenvertretern vertraglich eingeräumt werden. Auch abseits eines Gremiums können Repräsentanten bestimmter Stakeholder zur Gesellschafterversammlung zugelassen werden und etwa durch die treuhänderische Wahrnehmung mitgliedschaftlicher Rechte gegebenenfalls auch an der Beschlussfassung mitwirken.[65]

37 Diese beiden Grundmodelle sind indessen lediglich die stärksten Ausprägungen der jeweiligen Ansätze zur Interessenbindung und schließen einander nicht aus. So ist es auch möglich, kleinere Mitgliedschaftsanteile an bestimmte Akteure zu vergeben und im Übrigen durch ein Gremium die Interessenvertretung sicherzustellen. Ein solcher Ansatz bietet sich etwa für die transaktionsbasierte Datentreuhand an. Diese zeichnet sich nämlich durch eine Vielzahl an Transaktionen mit potentiell häufig wechselnden Beteiligten aus. Dabei jeweils Mitgliedschaften zu vergeben, erschiene nicht zweckmäßig. Vielmehr ist eine Integration bestimmter regelmäßig beteiligter Akteure in die Mitgliedschaft angezeigt (sog. Beteiligungs-Modell). Gleichzeitig können die Interessen der außenstehenden Akteure durch ein Gremium oder mehrere Gremien gewahrt werden.

---

[63] Vgl. Geschwandtner ZfgG 2009, 152 ff.; ähnlich bereits Paulick Die eingetragene Genossenschaft S. 127 f., der daher das Nichtmitgliedergeschäft iSd § 8 Abs. 1 Nr. 5 GenG in Gänze rechtspolitisch ablehnt.

[64] Hierzu Denga ZGR 2023, 611 (664).

[65] So in Anlehnung an die Verwertungsgesellschaften für geistiges Eigentum der Vorschlag bei Denga ZGR 2023, 611 (662).

2. Einrichtung von Gremien

Ein Gremium in der Organisationsstruktur der Datentreuhand kann dazu dienen, die Interessen der an Transaktionen beteiligten, jedoch nicht in die Mitgliedschaft aufgenommenen Akteure zu wahren. 38

Als entsprechende Gremien stellt das deutsche Gesellschaftsrecht vor allem den Aufsichtsrat und den Beirat bereit, wobei die spezifische Bezeichnung des Gremiums sowie die rechtlichen Anforderungen je nach Rechtsform und Realstruktur abweichen können. Für manche Rechtsformen ist der Aufsichtsrat obligatorischer Bestandteil ihrer Struktur. Dies gilt insbesondere gem. §§ 95 ff. AktG für die Aktiengesellschaft, gem. § 287 AktG für die Kommanditaktiengesellschaft und gem. § 9 Abs. 1 S. 1 GenG für die Genossenschaft. Daneben müssen Unternehmen ab einer bestimmten Anzahl an Arbeitnehmern unabhängig von ihrer Rechtsform gem. § 1 DrittelbG einen Aufsichtsrat einsetzen, dessen Zusammensetzung bei Erreichen einer weiteren Schwelle durch das MitbestimmungsG geregelt wird. Daneben kann jedoch auch in anderen Rechtsformen ein Aufsichtsrat fakultativ eingerichtet werden, namentlich in der Gesellschaft mit beschränkter Haftung gem. § 52 GmbHG. Rechtsformübergreifend zeichnet sich das Organ des Aufsichtsrats durch gewisse (teilweise) unabänderliche Kontroll- und Einflussrechte gegenüber der Geschäftsleitung (etwa dem Vorstand) aus. 39

Der Beirat ist dagegen regelmäßig ein fakultatives Organ. Er kann neben einem Aufsichtsrat als eigenständiges Gremium agieren oder im Falle des Nichtvorhandenseins eines Aufsichtsrats allein bestimmte Belange gegenüber der Geschäftsführung wahrnehmen. Während es dabei gemeinhin nicht um die Überwachung der Geschäftsführung geht, sind Beiräte regelmäßig beratend tätig. Sie werden häufig eingesetzt, um dem Unternehmen die Expertise externer Berater zur Verfügung zu stellen oder Geschäftspartner enger an das Unternehmen zu binden.[66] 40

Für die Datentreuhand kommen nach alledem beide Gremien in Betracht. Ein (gegebenenfalls fakultativ einzurichtender) Aufsichtsrat kann die Kontrolle der Geschäftsleitung im Sinne der übrigen an den Transaktionen beteiligten Akteure wahrnehmen. Andererseits ermöglicht ein Beirat dem Datentreuhänder, externe Expertise etwa durch Vertreter der Wissenschaft in seine Struktur zu integrieren. 41

3. Unabhängigkeit von Einzelinteressen

Daneben gilt es, die Datentreuhand bereits qua Rechtsform und Governance-Struktur möglichst unabhängig von Einzelinteressen zu gestalten. Einen Beitrag hierzu können bereits die vorstehend genannten Gremien durch Kontrolle und Beratung der Geschäftsleitung leisten. Im Hinblick auf die Unabhängigkeit von Einzelinteressen verdienen jedoch auch die sog. *Related-Party-Transactions* besondere Beachtung. Der Begriff bezeichnet Geschäfte eines Unternehmens mit ihm nahestehenden Personen,[67] im Falle einer Datentreuhand etwa die Vermittlung von Daten von Gesellschaftern oder von zur Benennung der Gremienmitglie- 42

[66] Vgl. BeckOK GmbHG/Jaeger § 52 Rn. 82.
[67] Grigoleit ZGR 2019, 412 (414).

der berechtigten Einrichtungen. Die Abwicklung solcher Geschäfte stellt die essenzielle Neutralität der Datentreuhand in besonderem Maße auf die Probe.[68] Die Neutralität sollte insbesondere durch Vorgaben der Satzung für *Related-Party-Transactions* gewahrt werden. Beispielsweise kommt ein Vier-Augen-Prinzip in Betracht, das jedenfalls für bestimmte grundlegende Geschäfte die Einzelvertretung ausschließt.[69]

4. Kontinuität in Mitgliedschaft und Geschäftsführung

43 Der Neutralität und Vertrauenswürdigkeit der Datentreuhand könnten überdies allzu häufige Wechsel in der Mitgliedschaft und Geschäftsführung abträglich sein. Erst die Bewahrung einer langfristigen Unternehmensleitung und kontinuierlicher Mitgliedschaftsstrukturen verleiht der Datentreuhandgesellschaft umgekehrt die erforderliche Stabilität, um das Vertrauen von Dateninhabern und -nutzern zu gewinnen. Zudem gewährleistet eine beständige Führungsstruktur die konsistente Einhaltung der gesetzlichen Rahmenvorgaben. Dieser Faktor ist vor allem wichtig, um potenzielle rechtliche Haftungsrisiken[70] zu minimieren und die Integrität der übertragenen Daten zu gewährleisten. Ferner kann die Datentreuhand durch eine solche Stabilität langfristige Partnerschaften zu anderen an Transaktionen beteiligten Akteuren aufbauen. Daneben ist auch für das Verhältnis zur jeweils zuständigen Behörde gemäß Art. 13 Abs. 1 DGA Kontinuität bei der Leitung der Datentreuhand von Bedeutung. Die Behörde ist für die dauerhafte Aufsicht der Datenvermittlungsdienste zuständig, sodass dauerhafte Beziehungen zur Geschäftsleitung hilfreich sein können.

5. Gewinnerzielung und -ausschüttung

44 Gewinnerzielung und -ausschüttung werfen bei der Datentreuhand besondere, teils kritische Fragen auf. Ein gewisser Investitionsbedarf für Datentreuhänder, etwa unter dem Gesichtspunkt der IT-Sicherheit, liegt zwar auf der Hand.[71] Die hierfür notwendige Einnahmeerzielung sollte daher nicht *a priori* ausgeschlossen werden. Kritischer erscheint aber die Erzielung und vor allem Ausschüttung von Gewinnen. Bedenken ergeben sich zunächst aus Perspektive der *Agency-Theory* hinsichtlich der Neutralität der Datentreuhand gegenüber ihren Nutzern, weil ein auf eigene Gewinnerzielung ausgerichteter Agent für *moral hazards* grundsätzlich besonders empfänglich ist. Andererseits können angemessene wirtschaftliche Anreize als Element der Agenturkosten die Interessenbindung sichern. Daher ist durch hinreichende Bedingungen sicherzustellen, dass die jeweils gezahlten Beträge nicht der nutzerbezogenen Neutralität der Datentreuhand iSd Art. 12 lit. f

---

[68] Dazu II, 2, a).
[69] Vgl. Denga ZGR 2023, 611 (646f.).
[70] Dazu IV, 2, c.
[71] Vgl. VzNRW/Krämer, „Digitale Selbstbestimmung durch PIMS?", abrufbar unter https://www.verbraucherforschung.nrw/sites/default/files/2022-02/zth-4-kraemer-digitale-selbstbestimmung-durch-personal-information-management-systems.pdf (abgerufen am 16.4.2024), S. 13.

DGA schaden. Schließlich könnten die Gewinnerzielung und -ausschüttung auch im Konflikt mit der Vertrauenswürdigkeit der Datentreuhand stehen. So ist zumindest fraglich, inwiefern sich ein auf eigene Gewinne ausgerichteter Datentreuhänder eignet, die ausgemachten Vertrauensdefizite beim Datenteilen zu beheben.

Der Data Governance Act trägt diesem Gedanken Rechnung, indem er dem **45** sog. Datenaltruismus ein eigenes Kapitel widmet (Art. 16–25 DGA). Der Begriff selbst wird in Art. 2 Nr. 16 DGA erstmals positiv-rechtlich auf Unionsebene normiert. Nach dieser Definition kann Datenaltruismus sowohl auf personenbezogene als auch auf nicht-personenbezogene Daten betreffen; als maßgebliche Tatbestandsmerkmale werden Freiwilligkeit, Unentgeltlichkeit sowie altruistische Zielverfolgung benannt.[72] Juristische Personen, die anstreben, solche Ziele von allgemeinem Interesse zu unterstützen, „indem sie einschlägige Daten auf der Grundlage von Datenaltruismus in entsprechend großem Maßstab zur Verfügung stellen", sollen sich gem. Art. 18 DGA als in der Union anerkannte datenaltruistische Organisation in öffentliche nationale Register eintragen lassen und diese Bezeichnung führen können.[73] Sie müssen allerdings bestimmte, in Art. 18 DGA festgelegte Anforderungen erfüllen. Neben der Durchführung datenaltruistischer Tätigkeiten müssen diese Organisationen eine eigene Rechtspersönlichkeit haben (was Gesamthandgemeinschaften jedoch nicht zwingend ausschließt).[74] Vor allem dürfen datenaltruistische Organisationen keine Erwerbszwecke verfolgen und müssen rechtlich von jeder Organisation, die Erwerbszwecke verfolgt, unabhängig sein. Zudem bedürfen sie einer strukturellen Trennung von funktionell anderen Tätigkeiten und müssen weitere Regelungen einhalten, die teils erst noch in einem delegierten Rechtsakt festzulegen sind. Wie datenaltruistische Organisationen „den teils parallelen Anforderungen von DS-GVO und DGA gerecht werden sollen, wenn sie gerade keinen Erwerbszweck verfolgen dürfen und daher auch keine entsprechenden finanziellen Ressourcen für die Bewältigung dieser komplexen Anforderungen vorhalten können", erscheint allerdings fraglich.[75]

IV. Rechtsformwahl und -gestaltung

1. Angebot an Rechtsformen

a) Grundvoraussetzung

Sowohl für Datenvermittlungsdienste als auch für datenaltruistische Organi- **46** sationen kommt das Rechtsformangebot nationaler Gesellschaftsrechte im Ausgangspunkt in seiner gesamten Breite in Betracht. Die einzige explizit rechtsformbezogene Grundvoraussetzung lautet nämlich, dass die jeweilige Rechtsform als „gesonderte juristische Person" zu qualifizieren ist (Art. 12 lit. a DGA) bzw. „gemäß nationalem Recht Rechtspersönlichkeit" hat (Art. 18 lit. b DGA). Beide Be-

72 Rachut ZD 2024, 248 (249).
73 Erwgr. 3 DGA.
74 Hierzu sogleich unter IV.1.; näher außerdem HK-DGA/Hennemann Art. 18 Rn. 11.
75 Rachut ZD 2024, 248 (252).

griffe sind – trotz der Bezugnahme auf nationales Recht – autonom unionsrechtlich auszulegen, so dass sich die im deutschen Gesellschafts- und Verbandsrecht gebräuchliche Unterscheidung zwischen juristischen Personen und Gesamthandsgemeinschaften nicht von vornherein beschränkend auf die Rechtsformauswahl auswirkt.[76] Entscheidend ist die Rechtsfähigkeit, so dass auch Gesellschaften bürgerlichen Rechts, die nach dem gemeinsamen Willen der Gesellschafter am Rechtsverkehr teilnehmen (rechtsfähige Außen-GbR iSd § 705 Abs. 2 BGB nF), sowie nicht eingetragene Vereine (vgl. § 54 BGB) zur Wahl stehen.[77] Auch ausländische Rechtsformen, die infolge der primärrechtlichen Niederlassungsfreiheit in Deutschland Anerkennung finden, kommen in Betracht.[78] Ausgeschlossen sind lediglich offene, kollaborative Plattformen ohne jeden rechtsförmigen Charakter.[79] Steht somit praktisch die gesamte Palette gesellschafts- und verbandsrechtlicher Rechtsformen zur Verfügung, besteht die Gestaltungsaufgabe darin, aus dieser Palette eine Rechtsform auszuwählen (und ggf. durch Satzungsgestaltung anzupassen), die den übrigen rechtlichen sowie den ökonomischen Funktionsvoraussetzungen der Datentreuhand möglichst gut gerecht wird.

b) Rechtsformen des öffentlichen Rechts

47 Angesichts der Vielfalt an Betreiberkonstellationen, in denen Datentreuhänder in der Praxis operieren, beschränkt sich die Auswahl nicht auf privatrechtliche Gestaltungsformen, sondern sie erstreckt sich auch auf Rechtsformen des öffentlichen Rechts. Oft arbeiten nämlich heterogene Partner aus den gesellschaftlichen Bereichen Wissenschaft, Wirtschaft und öffentlicher Hand (etwa Kommunen) zusammen. Ähnlich hatte bereits die deutsche Datenethikkommission betont, es sei nicht entscheidend, ob eine Datentreuhand „durch öffentliche oder durch private Stellen betrieben wird".[80] Auch für den im Rahmen des vom Bundesministerium für Wirtschaft und Klimaschutz initiierten Gaia-X-Förderwettbewerbs entstandenen, transaktionsbasierten Datentreuhänder EuroDaT, der in der Gaia-X-Domäne „Finance" verortet ist, sind angesichts der öffentlichen Trägerschaft Rechtsformen des öffentlichen Rechts erwogen worden.[81]

48 In Betracht kommt die Wahl einer öffentlich-rechtlichen Rechtsform jedoch nur, wenn betreffende Unternehmen nicht nur in öffentlich-rechtlicher Trägerschaft stehen, sondern zudem der Erfüllung öffentlicher Aufgaben dienen sollen: Aus Perspektive des öffentlichen Rechts sind öffentliche Unternehmen Instrumente zur Erledigung von Aufgaben im öffentlichen Interesse.[82] Zum Ausdruck kommt dieses Zweckerfordernis namentlich im Haushaltsrecht, auf Bundesebene beispielsweise in §§ 65, 67 iVm 105 BHO. Ob Datentreuhänder öffentliche Auf-

[76] IdS zu datenaltruistischen Organisationen: HK-DGA/Hennemann Art. 18 Rn. 11.
[77] HK-DGA/Hennemann Art. 18 Rn. 11; zur Rechtsfähigkeit des nicht eingetragenen Vereins vgl. etwa MüKoBGB/Leuschner § 54 Rn. 18 f.
[78] So auch HK-DGA/Hennemann Art. 18 Rn. 13.
[79] In diese Richtung Erwgr. 49 DGA.
[80] Datenethikkommission, Gutachten der Datenethikkommission, Oktober 2019, S. 124 (mit Blick auf Forschungsdaten).
[81] Näher zu EuroDaT: Buchheim/Augsberg/Gehring JZ 2022, 1139 (1141); Borges/Keil Big Data-HdB/Borges § 5 Rn. 202–210; vgl. ferner den Internetauftritt: https://www.eurodat.org/ (abgerufen am: 4.12.2024).
[82] S. etwa Burgi/Habersack Unternehmens ÖffR HdB/Burgi § 18 Rn. 5.

gaben erfüllen, hängt vor allem vom Inhalt der zu vermittelnden Daten sowie von den spezifischen Verwendungszusammenhängen ab. Kommen Datentreuhänder beispielsweise im Rahmen der Steuererhebung zum Einsatz, dienen sie der Erledigung von Aufgaben der Steuerverwaltung und dürfte ein öffentlicher Zweck daher naheliegen.[83] Beim Einsatz im Bereich der Geldwäschebekämpfung ist ein solcher Zweck ebenfalls denkbar, aber keineswegs zwingend.[84] Ob Datentreuhänder der Erfüllung öffentlicher Aufgaben dienen, ist insofern eine Frage des Einzelfalls.

Sofern diese Voraussetzung erfüllt ist, können öffentliche Träger im Rahmen 49
der Formenwahlfreiheit nicht nur auf die Rechtsformen des privaten Rechts, sondern auch auf öffentlich-rechtliche Organisationsformen zurückgreifen. Sie können Datentreuhänder nicht nur in den klassischen Rechtsformen des Regie- und Eigenbetriebs, sondern auch als juristische Personen des öffentlichen Rechts betreiben. Es bedarf allerdings der Ermöglichung durch ein entsprechendes Errichtungsgesetz; zudem sind die einschlägigen Bestimmungen des Haushaltsrechts zu befolgen.[85]

c) Rechtsformen des privaten Rechts

aa) Personengesellschaften

Selbst bei öffentlicher Trägerschaft, jedenfalls aber bei (rein) privater Träger- 50
schaft kommen für Datentreuhänder die Rechtsformen privaten Rechts in Betracht. Weil die Grundvoraussetzung „gesonderte juristische Person" gem. Art. 12 lit. a DGA autonom unionsrechtlich auszulegen ist, kommen neben Körperschaften grundsätzlich auch Personengesellschaften in Betracht, weil diese nach der Dogmatik des deutschen Gesellschaftsrechts zwar nicht als „juristische Person" zu qualifizieren sind, die aus Sicht des Unionsrechts entscheidende Voraussetzung aber dennoch erfüllen, weil – und soweit – Rechtsfähigkeit besteht.[86] Während die Außen-GbR spätestens seit der Gesetzesreform durch das MoPeG[87] und nach herrschender Meinung auch der nicht-eingetragene Verein diese Voraussetzung erfüllen,[88] scheidet lediglich die Innen-GbR von vorneherein aus. Weil Datentreuhänder Datentransaktionen abwickeln und daher geradezu zwangsläufig am Rechtsverkehr teilnehmen, dürfte diese Einschränkung allerdings lediglich theoretischer Natur sein. Die rechtsfähigen Personengesellschaften erfüllen demgegenüber zwar die Voraussetzung des Art. 12 lit. a DGA, kommen aber aus Haftungsgründen meist ebenfalls nicht als Rechtsform für Datentreuhänder in Betracht: Datenvermittlung geht regelmäßig mit Haftungsrisiken einher, beispielsweise weil potentielle Verstöße gegen Regelungen der DS-GVO Schadens-

83 Allgemein zur Daten-Governance im Steuerbereich: Liekenbrock/Gebek/Scheider/Schuck beck.digitax 2021, 347. Anders als im Data Act (dort Art. 1 Abs. 6 S. 4 DA; vgl. Bomhard MMR 2024, 71 (74)) ist der Bereich der Steuerverwaltung nicht vom Anwendungsbereich des Data Governance Act ausgenommen.
84 Für ein konkretes Einsatzszenario vgl. Buchheim/Augsberg/Gehring JZ 2022, 1139 (1140).
85 Ausf. Burgi/Habersack Unternehmens ÖffR HdB/Mann §19 Rn. 132–135.
86 Vgl. bereits → Rn. 46 IV.1.a).
87 Dazu, statt aller: Hermanns DNotZ 2022, 3 (4 f.).
88 MüKoBGB/Leuschner §54 Rn. 18 f. mwN.

ersatzpflichten nach sich ziehen können.[89] Möglicherweise können auch Verstöße gegen die unmittelbar wirksamen Pflichten für Datenvermittlungsdienste, die Art. 12 DGA statuiert, Haftungsrisiken nach sich ziehen.[90] Die Gesellschafter eines Datentreuhänders werden daher regelmäßig ein Interesse daran haben, diese Haftungsrisiken nicht persönlich tragen zu müssen, sondern das – grundsätzlich den Körperschaften vorbehaltene – Privileg der Haftungsbeschränkung zu nutzen. Vor diesem Hintergrund mag einzig die Rechtsform der GmbH & Co. KG als (einzige) „Personengesellschaft mit beschränkter Haftung" in Einzelfällen als Gestaltungsvariante interessant sein.[91] Allerdings ist sie aufgrund ihrer Doppelstöckigkeit aufwändig zu gründen und vergleichsweise kompliziert in der Handhabung.

bb) Juristische Personen des Privatrechts

51 Der Kreis der Rechtsformen verengt sich daher regelmäßig auf die juristischen Personen des Privatrechts.

(1) Stiftung

52 Neben den Körperschaften kommen grundsätzlich auch Stiftungen gem. §§ 80 ff. BGB in Betracht. Mangels mitgliedschaftlicher Struktur birgt deren Rechtsform zwar nicht die typischen, aus der Trennung von Eigentum und Kontrolle resultierenden Risiken von Interessenkonflikten und insbesondere Agenturkonflikten.[92] Allerdings begrenzt die enge Bindung an den Stiftungszweck Möglichkeiten dynamischer Anpassung, für die gerade im entwicklungsoffenen Bereich der Datenmärkte potenziell Bedarf besteht. Weil sich die Rechtsform aufgrund der Grenzen von Stiftungsrecht und -aufsicht zudem nur sehr eingeschränkt für die Verfolgung unternehmerischer Zwecke eignet, werden häufig wiederum aufwändige doppelstöckige Konstruktionen mit Kapitalgesellschaften als Tochtergesellschaften erforderlich (sog. unternehmensverbundene Stiftungen).[93]

(2) Verein und Genossenschaft

53 Unter den Körperschaften kommen zunächst Verein und Genossenschaft in Betracht. Beide Rechtsformen zeichnen sich durch eine stark mitgliedschaftlich ausgeprägte Struktur aus und verbürgen die für Datentreuhänder wichtige Neutralität durch demokratische Teilhabe, weil jedem Vereins- bzw. Genossenschaftsmitglied grundsätzlich das gleiche Stimmrecht zusteht („one member, one vote").[94] Sie unterscheiden sich jedoch hinsichtlich ihrer typischen Zwecksetzung.

---

89 Überblicksweise BeckOK DatenschutzR/Quaas DS-GVO Art. 82 Rn. 14 ff.; näher insbesondere zu Schadensersatz nach Art. 82 DS-GVO wegen Auskunftsfehlern: Franck ZD 2021, 680.

90 Vgl. Hornkohl EuZW 2024, 941 (948).

91 So etwa Springob Der verbraucherrechtliche Unternehmerbegriff, S. 68.

92 Zu den Agenturbeziehungen in unternehmensverbundenen Stiftungen vgl. jedoch Fleschutz Die Stiftung als Nachfolgeinstrument für Familienunternehmen, S. 117 ff.

93 IdS etwa Janitzki ErbR 2024, 2 (4).

94 Für die Genossenschaft vgl. § 43 Abs. 3 S. 1 GenG; für den Verein auch ohne explizite gesetzliche Regelung anerkannt, vgl. Prot. I 1057 f. = Mugdan I 621; BGHZ106, 67 (72) = NJW 1989, 1212.

Die Tätigkeit von Vereinen richtet sich grundsätzlich auf ideelle, etwa künstlerische, sportliche oder gesellige Zwecke (nicht-wirtschaftlicher Verein, §21 BGB). Das Gesetz sieht zwar auch Vereine vor, deren (Haupt-)Zweck sich auf einen wirtschaftlichen Geschäftsbetrieb richtet, knüpft deren Rechtsfähigkeit jedoch gem. §22 BGB an die hohe, selten überwindbare Hürde staatlicher Verleihung: Eine solche Konzession darf nur erfolgen, wenn „die Erfüllung der Normativbedingungen des Handelsvereinsrechts wegen der besonderen Umstände des Einzelfalls unzumutbar" ist.[95] Weil und soweit Datentreuhändern andere Gesellschaftsformen offenstehen, kommt der Verein nicht als Gestaltungsalternative in Betracht, wenn ihr Zweck auf einen wirtschaftlichen Geschäftsbetrieb gerichtet ist. Wann genau dies der Fall ist, wird somit jedoch zum entscheidenden Faktor der Rechtsformwahl. Der Gestaltungsspielraum hat sich durch die sog. Kita-Rechtsprechung des BGH aus dem Jahr 2017 maßgeblich erhöht,[96] weil entgeltliche Tätigkeit seither nicht mehr unabhängig vom Vorliegen einer Gewinnerzielungsabsicht als wirtschaftlicher Geschäftsbetrieb zu qualifizieren ist. Das Gericht sprach stattdessen dem steuerlichen Gemeinnützigkeitsstatus gem. §§51ff. AO Indizwirkung zu,[97] so dass im Ergebnis das zuvor herrschende, immanente Verbot übermäßiger wirtschaftlicher Betätigung durch ein Gewinnausschüttungsverbot ersetzt worden ist und entsprechend dem steuerrechtlichen Grundsatz der Selbstlosigkeit gem. §55 AO ein Gebot der zeitnahen Mittelverwendung gilt.[98] Da Gewinnorientierung bei der Datentreuhand ohnehin teils kritische Fragen aufwirft (vgl. → Rn. 54f.), kommt die Rechtsform somit zumindest für bestimmte Einsatzbereiche als Gestaltungsalternative in Betracht, bei denen kein Interesse an Gewinnausschüttungen besteht. Besonders für datenaltruistische Organisationen, die gem. Art. 18 lit. c DGA ohnehin keine Erwerbszwecke verfolgen, dürfte sich die Rechtsform des Vereins häufig anbieten. 54

Der Zweck von Genossenschaften ist dagegen gem. §1 GenG darauf gerichtet, „den Erwerb oder die Wirtschaft ihrer Mitglieder oder deren soziale oder kulturelle Belange durch gemeinschaftlichen Geschäftsbetrieb zu fördern". Die Genossenschaft darf zwar – anders als Vereine selbst nach der Kita-Rechtsprechung – Gewinnerzielungsabsicht haben und auch Gewinne erzielen; die Gewinnerzielung darf aber nicht Selbstzweck sein, sondern muss dazu dienen, den Förderzweck zu erfüllen.[99] Zumindest in Fällen, in denen eine entsprechende Selbsthilfe des Datentreuhänders verbunden mit demokratischer Parität im Verbandsleben erwünscht ist, kann daher „das satzungsstrenge Recht der eingetragenen Genossenschaft als transparente und solide Governance-Ordnung eine zuverlässige und niedrigschwellige Alternative" zu anderen Rechtsformen bieten.[100] Entsprechend führt der europäische Data Governance Act den Begriff der Datengenossenschaft 55

[95] MüKoBGB/Leuschner §22 Rn. 83.
[96] BGH NJW 2017, 1943; ZIP 2017, 1881; BeckRS 2017, 114946; s. auch die erläuternden Beiträge des zuständigen Berichterstatters Wöstmann npoR 2018, 199; Wöstmann FS Bergmann, 2018, 903.
[97] BGH NJW 2017, 1943 Rn. 24f.
[98] MüKoBGB/Leuschner §22 Rn. 26.
[99] BayObLG DB 1985, 749.
[100] Denga NZG 2024, 1155 (1159).

ein, bleibt dabei allerdings rechtsformagnostisch (vgl. Art. 2 Nr. 15 DGA, ferner Art. 10 lit. c sowie Erwgr. 31 DGA).[101]

(3) Kapitalgesellschaften

56 Soweit ein Datentreuhänder (primär) die Erzielung von Gewinnen bezweckt, sind dagegen Kapitalgesellschaften die Rechtsformen der Wahl. In Betracht kommen sowohl Aktiengesellschaft als auch Gesellschaft mit beschränkter Haftung. Beide Rechtsformen zeichnen sich durch ihre mitgliedschaftlich geprägte Struktur aus, die allerdings im Gegensatz zu Verein und Genossenschaft nicht durch demokratische Parität geprägt ist, weil das Stimmgewicht grundsätzlich von der Beteiligungshöhe abhängt.[102]

57 Eine wichtige Besonderheit der Aktiengesellschaft besteht darin, dass im Gegensatz zur GmbH keine rechtliche Möglichkeit der Einflussnahme der Gesellschafter auf die laufende Geschäftsführung besteht, weil der Vorstand nicht weisungsgebunden agiert, sondern unternehmerisches Ermessen ausübt (vgl. § 93 Abs. 1 S. 2 AktG). Selbst die Möglichkeit der Abberufung besteht nur mittelbar, über den Aufsichtsrat.[103] Die somit stärkere Unabhängigkeit der Geschäftsleitung mag zu der für Datentreuhänder so wichtigen Neutralität beitragen. Auch das zwingende Erfordernis eines Aufsichtsrates erscheint vorteilhaft,[104] weil sich in diesem Gremium die Interessen der an Datentransaktionen beteiligten, jedoch nicht in die Mitgliedschaft aufgenommenen Akteure abbilden lassen. Allerdings dürfte in der Praxis, zumindest bei zunächst geringen Umsätzen, der Gründungs- und laufende Verwaltungsaufwand häufig gegen die Rechtsform der Aktiengesellschaft sprechen. Vor allem gilt im Aktienrecht gem. § 23 Abs. 5 AktG der Grundsatz der Satzungsstrenge,[105] während bei der GmbH sehr viel mehr Gestaltungfreiheit besteht und sich die Organisationsstruktur daher flexibler an die spezifischen Governance-Bedürfnisse der Datentreuhand anpassen lässt. Insbesondere besteht infolge dieser Gestaltungsfreiheit auch in der GmbH die Möglichkeit der Einrichtung eines fakultativen Aufsichtsrats.

2. Gestaltungsmöglichkeiten der GmbH

58 Weil die GmbH somit in vielen unternehmerischen Kontexten und namentlich bei Bestehen einer Gewinnerzielungsabsicht eine besonders gut geeignete Rechtsform für den Betrieb einer Datentreuhand darstellt, lohnt es sich, diese Rechtsform näher unter die Lupe zu nehmen.

---

[101] IdS Denga NZG 2024, 1155 (1160); ausf. Denga. ZGR 2023, 611 (633).
[102] S. etwa BeckOGK AktG/Rieckers § 134 Rn. 6 (zur AG); MüKoGmbHG/Drescher § 47 Rn. 123 (zur GmbH).
[103] Näher, auch rechtsvergleichend: Möslein Grenzen unternehmerischer Leitungsmacht im marktoffenen Verband S. 11 ff.
[104] Zu diesem Erfordernis etwa MüKoAktG/Habersack vor § 95 Rn. 1.
[105] Ausführlich, auch zu den Gründen: Kuntz, Gestaltung von Kapitalgesellschaften zwischen Freiheit und Zwang, S. 347 ff.

a) Außenwirkung der Rechtsform

59 Zunächst sprechen für die GmbH handfeste praktische Erwägungen. Sie ist mit weit über einer Million Unternehmen bei steigender Tendenz die am weitesten verbreitete Gesellschaftsform in Deutschland.[106] Zumindest auf einer etwas oberflächlichen Ebene erhöht die daraus resultierende Bekanntheit der Rechtsform die Vertrauenswürdigkeit des Datentreuhänders. Außerdem geht von einer GmbH eine gewisse unternehmerische Außenwirkung aus. Möglichen Geschäftspartnern wird zunächst unabhängig von den Gesellschaftern der GmbH signalisiert, dass sie einem wirtschaftlich tätigen Unternehmen gegenüberstehen. Dies ergibt sich auch aus der eigenen Rechtspersönlichkeit der GmbH gemäß § 13 Abs. 1 GmbHG. Die GmbH wird also entsprechend der Eigenständigkeit der juristischen Person als separat und unabhängig von ihren Gesellschaftern wahrgenommen. Anders als bei Personenhandelsgesellschaften bedürfen die Gesellschafter der GmbH nicht der Eintragung in das Handelsregister.

b) Haftungsbeschränkung

60 Eng mit ihrer Eigenschaft als eigenständige juristische Person ist die namensgebende beschränkte Haftung der Gesellschaft gemäß § 13 Abs. 2 GmbHG verbunden. Für Verbindlichkeiten gegenüber Gläubigern haftet regelmäßig alleine das Vermögen der Gesellschaft, nicht jedoch das persönliche Vermögen ihrer Gesellschafter.

61 Wie mit Blick auf die unbeschränkte Haftung von Personengesellschaften bereits angedeutet, ist diese Haftungsbeschränkung für eine Datentreuhand von großem Vorteil. Gem. Art. 83 DS-GVO können beispielsweise bei der rechtswidrigen Verarbeitung personenbezogener Daten Geldbußen in Höhe von bis zu 20 Mio. EUR oder 4 % des Jahresumsatzes des Unternehmens verhängt werden. Kommt es zu einem Verstoß, so wird vertreten, dass für die Frage, ob eine Geldbuße verhängt werden kann, ein Verschulden seitens des Verarbeiters unerheblich ist.[107] Auch die kartellrechtliche Haftung stellt ein Risiko des Einsatzes von Datentreuhändern für Unternehmen dar. Gem. § 81c Abs. 2 S. 2 GWB kann unter den Voraussetzungen des § 81c Abs. 2 S. 1 GWB eine Geldbuße in Höhe von bis zu 10 Prozent des letzten Jahresumsatzes verhängt werden. Daneben können zivilrechtlich gem. § 33a GWB hohe Schadensersatzansprüche entstehen. Dabei sind nach der Differenzhypothese der tatsächliche Zustand und der hypothetische, ohne die zu beurteilende Handlung bestehende Zustand, zu vergleichen und die Differenz zu ersetzen.[108] Mithin kann es zu einer zumindest theoretisch unbegrenzten Haftung kommen. Bei beiden Möglichkeiten der kartellrechtlichen Haftung kommt es auf ein Verschulden des Kartellanten an,[109] so dass dieses Risiko zumindest etwas berechenbarer ist als das eines Verstoßes gegen das Datenschutzrecht. Dennoch erscheint die Beschränkung der Haftung auf das

[106] Vgl. die umfassende Darstellung in MüKoGmbHG/Fleischer Einleitung Rn. 202 ff. mwN.
[107] Ehmann/Selmayr/Nemitz DS-GVO Art. 83 Rn. 17 f.; aA: Plath/Becker DS-GVO Art. 83 Rn. 11.
[108] Lettl Kartellrecht, § 11 Rn. 91.
[109] Vgl. §§ 81 Abs. 1, 33a Abs. 1 GWB.

Vermögen der Datentreuhand angesichts großer Haftungsrisiken notwendig oder jedenfalls sehr vorteilhaft.

c) Satzungsgestaltung

62 Im Vergleich mit anderen Rechtsformen zeichnet die GmbH darüber hinaus ein hohes Maß an Flexibilität und Gestaltungsfreiheit aus.

aa) Einrichtung von Gremien

63 Zwingend vorgeschrieben sind für die GmbH einzig das Vorhandensein einer Gesellschafterversammlung (wobei bereits ein Gesellschafter ausreichend ist) und mindestens eines Geschäftsführers. Daneben können mittels des Gesellschaftsvertrages (der Satzung) weitere Gremien mit eigenen Rechten und Zuständigkeiten installiert werden (vgl. etwa § 52 GmbHG).

64 Diesen Gremien können grundsätzlich beliebige Rechte eingeräumt werden. Ihre Grenze findet diese Gestaltungsmöglichkeit einzig in den Kompetenzen, die anderen Organen zwingend zugeschrieben sind: So sind die Geschäftsführer beispielsweise zwingend zuständig für die organschaftliche Vertretung der Gesellschaft gem. § 35 Abs. 1 S. 1 GmbHG, die Buchführung gem. § 41 GmbHG sowie die Aufstellung des Jahresabschlusses gem. § 42a GmbHG. Die Gesellschafterversammlung ist dagegen zuständig für Satzungsänderungen, sodass Zustimmungsvorbehalte eines Beirats regelmäßig unwirksam sind.[110] In der Folge kann die Gesellschafterversammlung auch über die Existenz und die Befugnisse des Beirats entscheiden.

bb) Satzungsänderungen

65 Die Kompetenz für Satzungsänderungen ist zwar insoweit zwingend, das hierbei notwendige Vorgehen jedoch dispositiv. Grundsätzlich benötigt eine Satzungsänderung drei Viertel der abgegebenen Stimmen gem. § 53 Abs. 2 S. 1 GmbHG. Nach Satz 2 kann diese Schwelle erhöht, nicht aber gesenkt werden. Die Satzungsänderung bedarf ferner gem. § 53 Abs. 3 GmbHG der notariellen Beurkundung, einzig in der Ein-Personen-GmbH erübrigt sich dieses Formerfordernis.[111] Gleiches gilt hinsichtlich des Zwecks der Gesellschaft: Dieser kann durch entsprechende Anpassung der Satzung geändert werden.

66 Diese Vorschriften zeigen sowohl die Flexibilität der GmbH als auch deren Grenzen. Damit wird ein Ausgleich zwischen der nötigen Gestaltungsfreiheit und der Vertrauenswürdigkeit der Datentreuhand geschaffen. Letzterer wäre eine allzu einfach mögliche Satzungsänderung abträglich. Andererseits benötigt die Datentreuhand für ein Auftreten am Markt ein bestimmtes Maß an innerer Flexibilität.

cc) Gestaltung der mitgliedschaftlichen Rechte

67 Die Rechte und Pflichten der einzelnen Mitglieder der GmbH sind ebenso gestaltbar. So können einzelnen Gesellschaftern trotz kapitalmäßig geringer Be-

---

110 Vgl. BeckOK GmbHG/Jaeger § 52 Rn. 86.
111 Vgl. MüKoGmbHG/Harbarth § 53 Rn. 98.

teiligung stärkere Mitspracherechte eingeräumt werden,[112] auf der anderen Seite können auch stimmrechtslose Anteile vergeben werden.[113] Der Datentreuhand ist es daher möglich, je nach Sachdienlichkeit bestimmte Gesellschafter stärker an der Beschlussfassung teilhaben zu lassen als andere. Dies kann – je nach Gesellschafterstruktur – durchaus sachdienlich sein.

d) Vinkulierung und Formstrenge der Anteilsübertragung

Anders als die übrigen Kapitalgesellschaften und namentlich die Aktiengesellschaft ist die GmbH nicht darauf angelegt, dass sich ihr Mitgliederbestand häufig ändert. Insbesondere verlangt die zwingende Vorschrift des § 13 Abs. 3 GmbHG für die Abtretung von Geschäftsanteilen stets eine notarielle Beurkundung. Die Anteile können ferner gemäß § 13 Abs. 5 GmbHG vinkuliert werden, die Wirksamkeit ihrer Übertragung also von der Zustimmung der Gesellschaft oder der übrigen Gesellschafter abhängig gemacht werden. Auch die Ausgabe neuer Geschäftsanteile im Wege der Kapitalerhöhung bedarf der notariellen Beurkundung gem. § 55 Abs. 1 S. 1 GmbHG. Die notwendige Kontinuität in der Mitgliedschaft wird also gleichsam durch das Recht der GmbH verbürgt.[114] Daraus resultiert schließlich auch eine vergleichsweise hohe Kontinuität in der durch die Mitglieder benannten Geschäftsführung. 68

e) Schutz des Stammkapitals

Ferner bedarf das Vertrauen in die Dienste der Datentreuhand auch der wirtschaftlichen Absicherung. Dieser Absicherung dient der unabdingbare Schutz des Stammkapitals der GmbH gemäß § 30 Abs. 1 S. 1 GmbHG. Entsprechend können die Gesellschafter nur erzielte Gewinne aus der GmbH entnehmen, nicht aber in das satzungsmäßige Stammkapital eingreifen. Gesichert wird dieses Auszahlungsverbot bei Verstößen durch die Rückerstattungspflicht des § 31 Abs. 1 GmbHG. Die Stammkapitalziffer kann einzig infolge des Abschlusses von Gewinnabführungs- und Beherrschungsverträgen gemäß § 30 Abs. 1 S. 2 GmbHG unterschritten werden, wobei auch in diesem Fall Rückerstattungsansprüche entstehen können.[115] 69

f) Kontrolle der Geschäftsführung

Die Geschäftsführung wird nach den vorstehenden Ausführungen primär durch die Gesellschafter und ggf. den fakultativen Aufsichtsrat kontrolliert. Für die Gesellschafter ergibt sich diese Kontrollmöglichkeit aus ihrem Recht zur Bestellung und Abberufung der Geschäftsführer (§ 46 Nr. 5 GmbHG), während der Aufsichtsrat eigens zur Überwachung der Geschäftsführer eingerichtet wird. 70

Andererseits unterliegen die Gesellschafter selbst nur in geringem Maße der rechtlichen Kontrolle. Nach § 48 Abs. 1 GmbHG erfolgt die Willensbildung 71

[112] Zur sog. goldenen Aktie Grundmann/Möslein ZGR 2003, 317 (321 ff.).
[113] Dazu grundlegend Schäfer Der stimmrechtslose GmbH-Geschäftsanteil, passim.
[114] Dazu → Rn. 43 III, 4.
[115] Zur Datentreuhand als Teil eines Konzerns Tuschhoff, Gesellschaftsrechtliche Aspekte der Datentreuhand, C. III. 2f. im Erscheinen.

der Gesellschaftergesamtheit durch Beschlussfassung in Gesellschafterversammlungen. Ein Beschlussantrag ist nach § 47 Abs. 1 GmbHG angenommen, wenn er die Mehrheit der abgegebenen Stimmen erreicht. Ungültige Stimmen und Enthaltungen bleiben unberücksichtigt. Als insofern stärkstes Organ der GmbH kommt der Gesellschafterversammlung somit eine besondere Bedeutung zu. Für das gegenseitige Verhältnis der Gesellschafter untereinander und für den Umfang rechtlicher Kontrolle ist entscheidend, dass Gesellschafter nach herrschender Auffassung untereinander sowie gegenüber der Gesellschaft einer Treuepflicht unterliegen.[116] Der Inhalt dieser Pflicht ist regelmäßig durch Abwägung widerstreitender Interessen zu ermitteln und erfordert insbesondere die Berücksichtigung des Gesellschaftszwecks sowie der Realstruktur der Gesellschaft.[117] Aus der gesellschaftlichen Treuepflicht können etwa Beschränkungen des Stimmrechts bei der Gesellschafterversammlung[118] oder bestimmte Mitwirkungs- und Informationspflichten[119] folgen. Beschlüsse, die unter Verletzung solcher Treuepflichten gefasst wurden, sind regelmäßig analog § 243 Abs. 2 AktG anfechtbar.[120]

72 Dem Charakter der Treuepflichten entspricht die Relevanz einer Mehrzahl an Gesellschaftern: Sofern nur ein Gesellschafter vorhanden ist, trifft ihn lediglich gegenüber der Gesellschaft selbst eine Treuepflicht, wobei die Interessen von Gesellschaft und Gesellschafter in diesem Fall regelmäßig parallel laufen dürften. Eine effektive gegenseitige Kontrolle der Gesellschafter erfordert somit naturgemäß eine Mehrzahl an Gesellschaftern.

73 Daneben gibt es zwingende Regelungen des Minderheitenschutzes. Beispielsweise sind Gesellschafter, deren Geschäftsanteile mindestens 10 % des Stammkapitals entsprechen, gem. § 50 Abs. 1 GmbHG berechtigt, unter Angabe von Zweck und Grund die Einberufung einer Gesellschafterversammlung zu verlangen. Ebenso können sie verlangen, dass Tagesordnungspunkte zur Beschlussfassung der Versammlung angekündigt werden. Weiterhin stehen jedem Gesellschafter Auskunfts- und Einsichtsrechte nach § 51a GmbHG zu. Dazu kommt die Pflicht des Geschäftsführers, jedem Gesellschafter den Jahresabschluss und den Lagebericht sowie gegebenenfalls den Prüfungsbericht des Abschlussprüfers vorzulegen (§ 42a GmbHG) und der hieraus folgende Anspruch jedes Gesellschafters auf Aushändigung der Rechnungsunterlagen.

g) Gesellschafter und Anteilsschwellen

74 Aus alledem folgt, dass die Datentreuhand-GmbH insbesondere unter Neutralitätsgesichtspunkten bestenfalls über mehr als einen Gesellschafter verfügt. Dennoch wird es in der Praxis teils ein Bedürfnis für Datentreuhänder mit nur einem Gesellschafter geben, insbesondere wenn sich ein Gesellschafter exklusiv bei Einrichtung und Betrieb der Datentreuhand engagiert. Ein Beispiel sind Unternehmen, die eine Datentreuhand als Tochtergesellschaft betreiben möchten. Selbst für solche Datentreuhänder mag sich jedoch angesichts des Erfordernisses

[116] Hierzu grundlegend Rowedder/Pentz/Pentz GmbHG § 13 Rn. 35 ff. mwN; zur Herleitung: Winter, Mitgliedschaftliche Treuebindungen im GmbH-Recht, §§ 5 ff. mwN.
[117] Vgl. Michalski/Heidinger/Leible/Schmidt/Lieder GmbHG § 13 Rn. 155.
[118] Vgl. BGH NJW 1987, 189 (190).
[119] Hierzu Michalski/Heidinger/Leible/Schmidt/Lieder GmbHG § 13 Rn. 191 ff.
[120] Vgl. BGH NJW 1980, 1278 (1279).

der Neutralität die Verteilung der Geschäftsanteile auf mehrere Akteure empfehlen; gegebenenfalls können die vergebenen Anteile entsprechend den obigen Ausführungen angepasst werden.

Zu beachten ist dabei etwa die Möglichkeit der Satzungsänderung: Da hiermit die grundlegende Ausrichtung der Datentreuhand beeinflusst werden kann, empfiehlt es sich, solche Änderungen von der Zustimmung mehr als eines Gesellschafters abhängig zu machen. Dazu kann entweder die Schwelle für Satzungsänderungen gemäß §53 Abs. 2 S. 2 GmbHG so erhöht werden, dass kein einzelner Gesellschafter die entsprechende Stimmmehrheit innehat, oder die Anteile können bereits so zugeordnet werden, dass die gesetzliche Schwelle des §53 Abs. 2 S. 1 GmbHG nicht durch einen einzelnen Gesellschafter erreicht wird. Ähnliches gilt für Kapitalmaßnahmen (§§53 Abs. 2, 57c Abs. 4, 58a Abs. 5 GmbHG), die Auflösung der Gesellschaft (§60 Abs. 1 Nr. 2 GmbHG) oder die Umwandlung (§§50 Abs. 1, 125, 176 Abs. 1, 177 Abs. 1, 233 Abs. 1 und 2, 240 Abs. 1 und 2 UmwG). Über diese grundlegenden strukturändernden Maßnahmen sollte grundsätzlich nicht ein einzelner Gesellschafter entscheiden können. Ferner sollten die vorstehend genannten Minderheitsrechte bestehen, um wenigstens in deren Rahmen die Kontrolle des Mehrheitsgesellschafters zu gewährleisten. **75**

Anders verhält es sich bei Datentreuhändern, deren Gesellschafter ihrerseits strengen Governance-Regelungen und entsprechenden Willensbildungsprozessen unterliegen, etwa im Falle von Behörden oder Stiftungen. Wenn solche Einrichtungen den Betrieb einer Datentreuhand aufnehmen, ist bereits außerhalb der GmbH eine gewisse (Selbst-) Kontrolle des Gesellschafters erwartbar, so dass auch ohne Ausgleichsmechanismen innerhalb der GmbH keine allzu kritischen Auswirkungen hinsichtlich der Neutralität zu befürchten sind. In solchen Konstellationen kann sich die Beteiligung anderer Akteure daher auf eine (gegebenenfalls teilweise) Besetzung der Gremien beschränken. **76**

V. Fazit

Für die meisten Datentreuhänder dürfte sich die Gesellschaft mit beschränkter Haftung (GmbH) am besten eignen, weil sie den spezifischen Anforderungen an eine Rechtsform für Datentreuhänder in vielerlei Hinsicht entspricht. Für die GmbH spricht zunächst, dass sie eine sehr flexible Rechtsform ist. Zwingend vorgeschrieben sind einzig das Vorhandensein einer Gesellschafterversammlung (wobei bereits ein Gesellschafter ausreichend ist) und mindestens eines Geschäftsführers. Daneben können mittels des Gesellschaftsvertrages (der Satzung) weitere Gremien mit eigenen Rechten und Zuständigkeiten installiert werden. Außerdem kann der Gesellschaftsvertrag nachträglich verhältnismäßig einfach geändert werden. Dazu bedarf es einzig eines Mehrheitsbeschlusses der Gesellschafter, wobei die nötige Mehrheit im Gesellschaftsvertrag bestimmt werden kann, und der notariellen Beurkundung. Auch hinsichtlich ihres Zwecks ist die GmbH sehr flexibel: So ist sie gem. §1 GmbHG zu jedem gesetzlich zulässigen Zweck zu errichten, wobei auch dieser später durch Änderung des Gesellschaftsvertrages geändert werden kann. Die Satzung kann sogar festlegen, dass erwirtschaftete Gewinne, **77** respektive Einnahmen, nicht dem Unternehmen entzogen werden sollen, sondern reinvestiert werden. Hierdurch kann die GmbH das Vertrauen möglicher Datengeber gewinnen. Von Vorteil ist außerdem, dass gegenüber eventuellen Gläubigern regelmäßig einzig die Gesellschaft mit dem eingebrachten Kapital haftet, nicht aber die Gesellschafter selbst. Außerdem ist die Gründung einer GmbH nicht übermäßig kompliziert, weil es lediglich eines notariell beurkundeten, von den Gesellschaftern unterzeichneten Gesellschaftsvertrages und der Eintragung ins Handelsregister bedarf. Nicht zuletzt geht von einer GmbH eine vorteilhafte unternehmerische Außenwirkung aus, weil möglichen Geschäftspartnern signalisiert wird, dass sie einem wirtschaftlich tätigen Unternehmen gegenüberstehen. Die GmbH hat schließlich eine eigene Rechtspersönlichkeit und genügt somit der zwingenden Anforderung des Art. 12 lit. a DGA an Datenvermittlungsdienste.

§7
Datenaltruismus

I. Praktische Relevanz des Datenaltruismus

1. Allgemeine Erwägungen

Der bekannte Satz „data is the new oil"[1] illustriert metaphorisch den Bedeutungszuwachs von Daten für die Wirtschaft. Intention der Aussage war es auch, auf die der Erdölraffination vergleichbare Notwendigkeit der Datenanalyse für moderne Gemeinwesen hinzuweisen. Diese Gleichung verkennt in ihrer offenkundigen Pauschalität allerdings entscheidende weitere Merkmale von Daten als Information:[2] sie sind insbesondere gerade keine rivalisierende, sich erschöpfende Ressource.[3] Wenngleich häufig gute Gründe für die Exklusivität von Daten sprechen – wie etwa das persönliche oder geschäftliche Geheimnis – ist es ganz anders als bei Erdöl möglich, Daten zu teilen, ohne dabei zugleich selbst auf die Nutzung dieser zu verzichten. Sofern die gestattete Nutzung nicht in einen Substitutionswettbewerb zum Inhaber tritt oder ihm sonstig persönlich zu schaden vermag, ist eine Motivation Daten zu teilen, ganz anders als bei Erdöl, nicht wegen der Verzichtskonsequenz ausgeschlossen. So ist insbesondere das wohltätige, eben altruistische Teilen von Daten, welches einem höheren Zweck dient, als dem des individuellen Vorteils,[4] im Grundsatz verzichtsfrei möglich. Anders als bei Erdöl stellt dann gerade nicht der eigene Nutzungsverzicht die entscheidende Motivationshürde für das Teilen dar – sondern vielmehr die Zweckentfremdung der Daten und ihrer Nutzung. Datenteilen, welches das Gemeinwohl befördern würde, kann praktisch vor allem am fehlenden Vertrauen in den richtigen Umgang mit den überlassenen Daten scheitern. Nach Ansicht der EU-Kommission mangele es nicht an der Bereitschaft, Daten altruistisch preiszugeben; sie verweist vielmehr auf die mangelhaften Instrumente und Bedingungen für das Datenteilen.[5] Es kristallisiere sich heraus, dass Vertrauen, Transparenz und eine eindeutige rechtliche Basis ein 1

[1] Dieses Zitat wird *Clive Humby* zugeschrieben, der seinen Vortrag auf der ANA Senior Marketer's Summit, Kellogg School, 2006 so benannte; Palmer Data is the New Oil, abrufbar unter https://ana.blogs.com/maestros/2006/11/data_is_the_new.html (abgerufen am: 1.8.2024); Arthur "Tech giants may be huge, but nothing matches big data" The Guardian, abrufbar unter https://www.theguardian.com/technology/2013/aug/23/tech-giants-data (abgerufen am: 1.8.2024).

[2] Zu den unterschiedlichen Informationsbegriffen vgl. Zech, Information als Schutzgegenstand, S. 13 ff.

[3] Paal/Fenik ZfDR 2023, 250.

[4] Zum philosophischen Verständnis von Altruismus als Gemeinwohlakt vgl. Seglow The Ethics of Altruism/Miller S. 106 (116).

[5] Eine Befragung ergab, dass der Großteil der Befragten zu einer entgeltlosen Preisgabe von Daten für das Allgemeinwohl bereit wäre – 60% bemängelten die damaligen Möglichkeiten hierzu, SWD(2020) 295 final, 72.

großes Gewicht in der Entscheidung für ein datenaltruistisches Teilen haben.[6] Man erhofft sich hierbei, Nutzungshemmnisse abzubauen und Vertrauensräume für private Daten schaffen zu können.[7]

2 Vor diesem Hintergrund hat der europäische Gesetzgeber mit dem DGA einen Rechtsakt zur Förderung des Datenteilens bzw. Datenzugangs erlassen, wobei eine Vertrauenssteigerung in die Verwalter der Daten essenzielles Regelungselement ist.[8] Im Kern soll hier das Vertrauen in die altruistische Komponente der Datenpreisgabe gestärkt werden und in Frage kommende Dateninhaber bzw. betroffene Personen zu einem Teilen ihrer Daten motivieren.[9]

3 Durch die Errichtung vertrauenswürdiger Datenintermediäre sollen Daten für Wirtschaft, Wissenschaft und Gesellschaft erschlossen werden.[10] Die bisher häufig ungenutzten Daten sollen hinsichtlich ihres Innovationspotenzials unter dem neuen Rechtsrahmen effektiver genutzt werden.[11] Die durch den DGA beabsichtigte Datenvermittlungsinfrastruktur soll auch der voranschreitenden Konzentration von Daten in den Händen oligopolistischer Tech-Unternehmen entgegenwirken[12] und so die Datensouveränität Europas steigern.[13] Ein einheitlicher Rechtsrahmen kann zudem auch zu Effizienzgewinnen und der Datenminimierung verhelfen;[14] zur Zeit ist die Datenübertragung vor allem von kommerziellen Datenvermittlungsdiensten gesteuert und unter Umständen nicht auf den Bedarf der Datennutzer, wie etwa Forschungseinrichtungen, zugeschnitten.[15]

4 Einen besonderen Fokus legt der DGA auf die Erschaffung von großen Datenbeständen, um ausreichend Datenanalysen und maschinelles Lernen auch grenzüberschreitend in der Union zu ermöglichen.[16] Die Erhebung und Auswertung dieser Daten verspricht etwa, dass zukünftig neue Geschäftsmodelle ermöglicht werden, Produkte und Dienste effizienter mit bestehenden Ressourcen umgehen können und es zu Produktivitätssteigerungen kommt.[17] Solche Prozesse können auch durch *digital twins*, nummerische Simulation und Informationsmodellierung mittels der verfügbaren Daten optimiert werden.[18]

---

[6] SWD(2020) 295 final, S. 72.
[7] Vgl. Specht-Riemenschneider ZEuP 2023, 638 (640).
[8] Erwgr. 46 S. 4 u. 5, HK-DGA/Hennemann Art. 16 Rn. 19.
[9] Erwgr. 46, im Gesetzgebungsverfahren so bereits Ausschuss für bürgerliche Freiheiten, Justiz und Inneres, LIBE AD(2021)692728 Änderungsantrag 55, 4; vgl. HK-DGA/Hennemann Art. 2 Rn. 23.
[10] Vgl. Erwgr. 2 DGA.
[11] Steinrötter EU-Plattformregulierung-HdB/Savary § 19 Rn. 1.
[12] Roßnagel ZRP 2021, 173; Steinrötter EU-Plattformregulierung-HdB/Savary § 19 Rn. 3; vgl. COM(2020) 66 final, 3.
[13] Schwartmann/Benedikt RDV 2022, 59 (60).
[14] Auch wenn das Anlegen von Datenarchiven gerade erreicht werden soll, Erwgr. 46 S. 1 und 49 S. 2 DGA.
[15] Schwartmann/Benedikt RDV 2022, 59 (62).
[16] Erwgr. 45 DGA.
[17] COM(2020) 66 final, 3; Paschke/Rücker/Paschke Einl. 1 Rn. 1.
[18] Paschke/Rücker/Paschke Einl. 1 Rn. 1.

2. Praktische Beispiele

Diesen abstrakten Erwägungen legt der europäische Gesetzgeber selbst in seiner Definition von Datenaltruismus in Art. 2 Nr. 16 DGA – in nicht abschließender Manier – einige Leitfälle zu Grunde, welche zugleich praktische Prüfsteine des regulatorischen Rahmens darstellen. Die Leitfälle dienen der Konkretisierung des ansonsten sehr vagen Gemeinwohlbegriffs, der das Wesen des Datenaltruismus determiniert. 5

a) Gesundheitsversorgung

aa) Konzept

Eine Verbesserung der Gesundheitsversorgung hat der europäische Gesetzgeber auch mit dem Vorschlag zu einer Verordnung über den europäischen Raum für Gesundheitsdaten (EHDS)[19] bezweckt, der hierdurch unter anderem auch Lehren aus der Covid-19-Pandemie zieht. Gesundheitsdaten sollen Gesundheitsbehörden bei faktengestützten Entscheidungen über den Zugang zu den Gesundheitssystemen, ihre Wirksamkeit und Zukunftsfähigkeit unterstützen.[20] Natürlichen Personen soll es vereinfacht werden, ihre Gesundheitsdaten für eigene und Zwecke mit gesellschaftlichem Nutzen zu teilen.[21] Ähnlich ist auch das Verständnis des DGA zu verorten.[22] Erfasst sind sämtliche Vorhaben, die allgemeine Gesundheitsversorgung zu verbessern.[23] Europarechtlich fallen unter das Konzept der Gesundheitsversorgung Gesundheitsdienstleistungen nach Art. 3 lit. a der Gesundheitsversorgungs-Richtlinie[24], also solche, die von Angehörigen der Gesundheitsberufe gegenüber Patienten erbracht werden, um deren Gesundheitszustand zu beurteilen, zu erhalten oder wiederherzustellen, einschließlich der Verschreibung, Abgabe und Bereitstellung von Arzneimitteln und Medizinprodukten. Auch die Fortentwicklung von planerischen Tätigkeiten zur Bereitstellung eines Gesundheitssystems kann datenaltruistischer Zweck sein.[25] 6

Die Digitalisierung des Gesundheitssektor sieht die Europäische Union als Chance für die Verbesserung von Gesundheitsversorgung und der Heilung seltener und chronischer Krankheiten; Einsparungen von Kosten iHv 120 Mrd. EUR seien hier zu erzielen.[26] Unklar bleibt allerdings der tatsächliche Einfluss des Datenaltruismus auf diese Entwicklung.[27] 7

---

[19] COM(2022) 197 final; das Trilog-Verfahren wurde bereits positiv beendet, IP/24/2250, abrufbar unter https://health.ec.europa.eu/ehealth-digital-health-and-care/european-health-data-spacede (abgerufen am 1.8.2024); zum Entwurf kritisch Denga EuZW 2023, 30 (32f.); zur finalen Fassung Hofmann jurisPR-ITR 18/2024 Anm. 2; Böning ZD-Aktuell 2024, 01695.

[20] COM(2020) 66 final, Anl. 4.

[21] Erwgr. 1; COM(2022) 197 final.

[22] BeckOK DatenschutzR/Schild/Richter/Schmidt-Wudy DGA Art. 2 Rn. 158.

[23] HK-DGA/Specht-Riemenschneider Art. 2 Rn. 104.

[24] RL 2011/24/EU.

[25] HK-DGA/Specht-Riemenschneider Art. 2 Rn. 104.

[26] Grundlage ist die McKinsey Studie „Shaping the Digital Transformation in Europe", abrufbar unter https://digital-strategy.ec.europa.eu/en/library/shaping-digital-transformation-europe (abgerufen am 1.8.2024), S. 26.

[27] Paschke/Rücker/Heckmann Art. 16 Rn. 48.

bb) „Datenspende"

8 Die Verbesserung der Gesundheitsversorgung war bisher einer der zentralen Anwendungsbereiche der „Datenspende".[28] Der Begriff der „Datenspende" unterscheidet sich mangels gesetzlicher Normierung dadurch, dass sie nicht an Altruismus gebunden ist und somit prinzipiell beliebigen Zwecken dienen kann. Anders als der Datenaltruismus nach dem DGA, der eine Zweckbindung an das allgemeine Interesse vorsieht, ist die Datenspende frei von solchen Vorgaben. Sie kann jedoch in einigen Fällen, insbesondere im medizinischen Forschungsbereich, auch dem Datenaltruismus entsprechen. In der Regel wird hierbei angestrebt, Gewinne für die Gesundheitsversorgung oder wissenschaftliche Forschung zu erzielen.[29] „Datenspende" impliziert zudem die irreführende Bedeutung, dass die Daten mit einer „Spende" nicht mehr für die betroffene Person oder den Dateninhaber verfügbar sind. [30] Diese endgültige Hingabe sieht der DGA gerade nicht vor; der „Spender" darf mit seinen Daten weiterhin frei wirtschaften und die „Spende" personenbezogener Daten steht mit der Widerrufsmöglichkeit einer Einwilligung[31] stets unter Vorbehalt.[32] Eine derartige, „sachenrechtliche" Verfügung mit Wirkung *inter omnes* sieht die aktuelle Rechtslage für die Datensyntax mangels „Dateneigentum" ohnehin nicht vor.[33]

cc) Analyse von Vitaldaten

9 Bereits praktiziertes Beispiel war die Corona-Datenspende-App des RKI,[34] die eingesetzt wurde, um Daten zu regionalen Infektionsgeschehen zu erheben.[35] Innerhalb von 2 Jahren konnten über Fitnesstracker oder Smartwatches über 470 Millionen Datenpunkte gesammelt werden.[36] Insofern sollte festgestellt werden, ob Nutzer Fiebersymptome zeigen, um Long-Covid Erkrankungen zu erfassen

---

[28] Borges/Keil Big Data-HdB/Borges § 5 Rn. 246; Datenspende wird teilweise mit dem datenaltruistischen Teilen von Daten gleichgesetzt, Schwartmann/Benedikt RDV 2022, 59 (60); Schildbach ZD 2022, 148 (151).

[29] Vgl. HK-DGA/Specht-Riemenschneider Art. 2 Rn. 111.

[30] HK-DGA/Hennemann Art. 16 Rn. 5; Ausf. hierzu Freiherr von Ulmenstein PinG 2020, 47 ff.

[31] Vgl. Art. 21 Abs. 3 DGA.

[32] Steinrötter DuD 2021, 794 (795); HK-DGA/Hennemann Art. 16 Rn. 5.

[33] Vgl. OLG Rostock BeckRS 2021, 42957 Rn. 7 mwN; vgl. etwa Specht CR 2016, 288 (289); Berberich/Golla PinG 2016, 165 (166); Denga NJW 2018, 1371 (1372); HK-DGA/Hennemann Art. 16 Rn. 5; Ebers/Heinze/Krügel/Steinrötter Künstliche Intelligenz und Robotik/Berberich/Conrad § 30 Rn. 39; BeckOK BGB/Fritzsche § 903 Rn. 10; gegen ein solches „Dateneigentum" hat sich die EU mit Verabschiedung des Data Acts (VO (EU) Nr. 2023/2854) positioniert; dazu etwa Hennemann/Steinrötter NJW 2022, 1481; Specht-Riemenschneider MMR 2022, 809.

[34] RKI, Corona-Datenspende-App 2.0, abrufbar unter https://www.rki.de/DE/Content/InfAZ/N/Neuartiges_Coronavirus/Corona-Datenspende-2-0.html Stand: 19.10.2021, beendet zum 31.12.2022 abrufbar unter https://www.rki.de/DE/Content/InfAZ/N/Neuartiges_Coronavirus/Corona-Datenspende-allgemein.html, Stand: 19.12.2022. (abgerufen am: 1.8.2024).

[35] Schreiber/Pommerening/Schoel, Das neue Recht der Daten-Governance, § 4 Rn. 2; v. Hagen/Völzmann MMR 2022, 176; zur Datenspende-App: Kühling/Schildbach NJW 2020, 1545 (1546).

[36] Zwei Jahre Datenspende im Blick: Der Vitaldaten-Explorer, abrufbar unter https://corona-datenspende.github.io/reports/vital-data-explorer/ (abgerufen am: 1.8.2024).

und Algorithmen des Fiebermonitors zu trainieren.[37] Zusätzlich zu den Fitnesstrackern konnten Appnutzer Fragebögen beantworten.[38] Zahlreiche ähnliche Studien zeigen, dass Daten von Fitnesstrackern die Allgemeinheit unterstützen können und nicht nur individuellen Interessen dienen.[39] Forscher konnten so die Verbreitung von Influenza in den USA untersuchen.[40] In einer kardiologischen Studie wurde Vorhofflimmern von Probanden mithilfe von Smartwatches erfasst, was zur Prävention von herzbedingter Morbidität wie etwa plötzlichem Herzversagen beitragen kann.[41]

dd) Elektronische Patientenakte und Sozialdaten

Daten „spenden" ist in Deutschland bereits durch §363 SGB V möglich, welcher das freigeben von Daten durch Versicherte im Rahmen der elektronischen Patientenakte zur Versorgungsforschung regelt.[42] Auch §67b Abs. 3 S. 1 SGB X lässt auf Ebene des Sozialdatenschutzrechts bei der Verarbeitung von Sozialdaten eine Einwilligung für bestimmte Bereiche wissenschaftlicher Forschung zu.[43] Insofern liegen bereits nationalrechtliche Ausgestaltungen zu dem Interesse der Gesundheitsversorgung iSd Art. 16 DGA in Deutschland vor, worauf eine datenaltruistische Datenverarbeitung gestützt werden kann. Auch digitale Vorreiternationen wie Finnland und Dänemark nutzen Daten bereits effektiver, 2019 wurde etwa in Finnland ein Gesetz zu der Sekundärnutzung von Gesundheitsdaten beschlossen, welches bereits Erfolge verzeichnen kann.[44] 10

Die Ermöglichung von nationalen Strategien zur Umsetzung von Datenaltruismus in Art. 16 DGA kann in diesem Zusammenhang auch dazu führen, dass Anforderungen an Einwilligungen in der Praxis, wie zB an Hochschulen, weniger restriktiv ausgelegt werden. Widersprüchliche Zustände in Deutschland, wie die zur Verfügungstellung des menschlichen Körpers zu Forschungs- und Lehrzwecken ohne das die Krankenakte genutzt werden kann, wären so überwunden.[45] 11

b) Bekämpfung des Klimawandels

Die Bekämpfung des anthropogenen Klimawandels ist ein zentrales Ziel der EU, sowie ihrer Mitgliedsstaaten, Art. 191 Abs. 1 und 4 AEUV.[46] Dass eine verbesserte Datenlage dieses Vorhaben unterstützen könnte, hat die europäische Kommission bereits im Rahmen eines Datenraumes zur Umsetzung des europäischen Green Deals etwa durch die Initiative „GreenData4All" impliziert.[47] 12

---

[37] Datenspende startet Long COVID Studie, abrufbar unter https://corona-datenspende.github.io/reports/longcovidlaunch/ (abgerufen am: 1.8.2024); Die Datenspende 2.0 ist da, abrufbar unter https://corona-datenspende.github.io/reports/release20/ (abgerufen am: 1.8.2024).
[38] Schwartmann/Benedikt RDV 2022, 59 (62).
[39] Schwartmann/Benedikt RDV 2022, 59 (62).
[40] Radin/Wineinger/Topol/Steinhubl The Lancet Digital Health 2020, 2: e85 ff.
[41] Lubitz et al. Circulation 2022, 1415 ff.
[42] Dochow MedR 2021, 115.
[43] Hierzu etwa Spitz/Cornelius MedR 2022, 191 (194).
[44] Haffer/Stellmach/Thun GGW 2023, 7 (13 ff.).
[45] Paschke/Rücker/Paschke Art. 1 Rn. 24.
[46] Calliess/Ruffert/Calliess EUV/AEUV AEUV Art. 191 Rn. 15.
[47] COM(2020) 66 final, 5 D.

13 Alle Bereiche und Zwecke, die gezielt darauf ausgerichtet sind, die unmittelbaren und mittelbaren Folgen des Klimawandels zu bekämpfen, zu mindern oder eine weitere Ausbreitung zu verhindern, können erfasst werden.[48] Auch Tätigkeiten, die sich mit den sozialen, wirtschaftlichen und sonstigen Konsequenzen des Klimawandels auseinandersetzen, sind eingeschlossen.[49]

14 Großes Potential der Daten wird in der Erhaltung von Biodiversität und der Erforschung von Bekämpfungsstrategien des Klimawandels verortet – so können Erkenntnisse geschöpft und auf ihre Wirksamkeit überprüft werden.[50] Konkrete Anwendungsmöglichkeiten für Datenaltruismus könnten beispielsweise in der Bereitstellung meteorologischer Daten zur Bekämpfung von durch den Klimawandel verursachten Naturkatastrophen liegen.[51]

c) Verbesserung der Mobilität

15 Die Verzahnung von Hard- und Software-Systemen, die weitreichende Nutzung intelligenter IoT-Sensorik in Fahrzeugen, smarter Verkehrsinfrastrukturen sowie die zunehmende Netzwerkinteroperabilität bzw. -konnektivität führt zusätzlich zu einem steigenden Verkehrsaufkommen[52] zu erheblichen Datenmengen.[53] Im Zuge dieser Entwicklungen wurde erkannt, dass Mobilitätsdaten, unter anderem im und durch Kraftfahrzeuge produziert, immense ökonomische und politische Bedeutung haben.[54] Die EU strebt an, die Digitalisierung und den Datenaustausch zu fördern, indem sie einen Mobilitätsdatenraum (EMDS) schafft. Dieser soll in Zukunft eine zentrale Rolle im Datenökonomiesektor einnehmen.[55] In diesem Zusammenhang können altruistisch preisgegebene Daten zu einer „smarten" Zukunft[56] beitragen.

16 Die Initiative bezieht sich auf alle Aspekte der Mobilität von Personen und Gütern, wobei deren Planung und Durchführung vereinfacht und optimiert wird. Dies schließt wissenschaftliche Verkehrsforschung ein, die der Verbesserung des Individualverkehrs dient, sowie Ziele, die den Fracht- und Güterverkehr fördern.[57]

---

[48] NK-DGA/Specht-Riemenschneider Art. 2 Rn. 105.
[49] NK-DGA/Specht-Riemenschneider Art. 2 Rn. 105.
[50] Paschke/Rücker/Paschke Art. 18 Rn. 15.
[51] Schreiber/Pommerening/Schoel, Das neue Recht der Daten-Governance, § 4 Rn. 2.
[52] PKW-/Güterverkehr, *BMVI* Bundesverkehrswegeplan 2030, S. 55.
[53] Bereits 2020 stellte die EU-Komission fest, dass moderne Fahrzeuge 25 GB Daten pro Stunde erzeugen, COM(2020) 66 final Anl. 3.
[54] Zu Kraftfahrzeugen, Weichert NZV 2017, 507.
[55] S. zu den Vorüberlegungen insbes. der EU-Kommission, Erschließung des Potenzials von Mobilitätsdaten, abrufbar unter https://digital-strategy.ec.europa.eu/de/policies/mobility-data (abgerufen am: 25.11.2024); Schmidt-Kessel MMR 2024, 76.
[56] So das Ziel der europäischen Datenstrategie zu Mobilität („10 key areas for action"), abrufbar unter https://transport.ec.europa.eu/transport-themes/mobility-strategy_en (abgerufen am: 1.8.2024).
[57] Vgl. hierzu die in Erwgr. 3 S. 3 erwähnten verkehrsfördernden Initiativen der Union (vgl. Erwgr. 3 S. 3), wie die VO (EU) 2019/1239 zu zentralen Meldeportalen im Seeverkehr, VO (EU) 2020/1056 über elektronische Frachtbeförderungsinformationen oder RL 2010/40/EU über intelligente Verkehrssysteme im Straßenverkehr; NK-DGA/Hennemann/Specht-Riemenschneider Art. 2 Rn. 106.

17 Vorstellbar ist exemplarisch die Leitung der Verkehrsströme durch Auswertung freiwillig bereitgestellter Daten, etwa von Standort und Bewegung, welche zu einer optimalen Auslastung der Infrastruktur beitragen können.[58] Neben weniger Umweltbelastungen[59] kann so volkswirtschaftlich eingespart werden, was durch Verkehrsstaus an Zeit und Geld verloren geht.[60] Eine Studie des European Data Portal zu Folge können so 27 Mio. Stunden für Nutzer von öffentlichen Verkehrsteilnehmer eingespart und 20 Mrd. EUR an Kosten reduziert werden.[61] Es wird auch auf immense Ressourceneinsparungen von Treibstoff und die Verbesserung der Schnelligkeit von Notfalleinsätzen hingewiesen.[62] Hier zeigt sich wegen der engen Verbindungen zu einer nachhaltigen Energie- und Klimapolitik die enorme Bedeutung der Datenökonomie für die Allgemeinheit.[63]

18 Die Vernetzung von Fahrzeugen könnte zu einer Verhütung von Unfällen beitragen, indem der Fahrzeugführer über Hindernisse rechtzeitig informiert oder ein autonomer Abbremsvorgang eingeleitet wird.[64]

19 Autonomes Fahren wird seit Jahrzehnten immer weiter realisiert. Dies kann zur Entlastung der innerstädtischen Raumverhältnisse, zur Vermeidung von Staus, zur Steigerung des Reisekomforts und insbesondere zur Verringerung von Sachschäden und Verkehrsunfällen beitragen.[65] Die Erforschung wird durch den Einsatz von Schwarmdaten profitieren und fraglos effizienter werden.[66]

d) Einfachere Entwicklung, Erstellung und Verbreitung amtlicher Statistiken

20 Statistiken sind nach Art. 3 Nr. 1 der Statistik-Verordnung[67] quantitative und qualitative, aggregierte und repräsentative Informationen, die ein Massenphänomen in einer betrachteten Grundgesamtheit beschreiben. Amtlichkeit setzt voraus, dass betreffende Statistiken von einer staatlich benannten Stelle erstellt bzw. verbreitet werden; auf europäischer Ebene etwa Eurostat, vgl. Art. 6 Statistik-VO, nationale Behörden wie das statistische Bundesamt[68] oder statistische Ämter der Länder.[69] Umfasst sind auch Tätigkeiten, die im Zusammenhang mit der Erhebung, Speicherung, Verarbeitung und Analyse zur Erstellung der Statistiken

---

58 Schreiber/Pommerening/Schoel, Das neue Recht der Daten-Governance, § 4 Rn. 2; zu Big Data im vernetzten Verkehr: Hoeren/Sieber/Holznagel MMR-HdB/Brockmeyer Teil 15.5 Rn. 1.
59 So auch ein Beitrag zur Klimazielerreichung, SWD(2020) 295 final, 2f.
60 Schwartmann/Benedikt RDV 2022, 59 (63).
61 The Economic Impact of Open Data, abrufbar unter https://data.europa.eu/sites/default/files/the-economic-impact-of-open-data.pdf, S. 5 (abgerufen am: 1.8.2024).
62 The Economic Impact of Open Data, abrufbar unter https://data.europa.eu/sites/default/files/the-economic-impact-of-open-data.pdf, S. 5. (abgerufen am: 1.8.2024).
63 Paschke/Rücker/Heckman Art. 16 Rn. 59.
64 Schwartmann/Benedikt RDV 2022, 59 (63).
65 Vgl. COM(2018) 283 final; Canzler/Knie Die digitale Mobilitätsrevolution; zu den technischen Grundlagen mit Sicherheitsrelevanz, siehe Maurer/Gerdes/Lenz/Winner, Autonomes Fahren, Teil IV; Ebers/Heinze/Krügel/Steinrötter KI und Robotik/Denga § 23 Rn. 1.
66 Schwartmann/Benedikt RDV 2022, 59 (63).
67 VO (EG) Nr. 223/2009.
68 „Destatis", vgl. §§ 2, 3 BstatG.
69 NK-DGA/Specht-Riemenschneider Art. 2 Rn. 107.

notwendig sind.[70] Auch die Tätigkeiten die die Verbreitung betreffen, also auch der Zugänglichmachung von Statistiken für Nutzer, sind inbegriffen.[71] Die Bedeutung von „Einfacherer" ergibt sich aus der Heranziehung der englischen bzw. französischen Fassung des DGA: Gemeint ist ganz allgemein jede Erleichterung.[72]

e) Verbesserung der Erbringung öffentlicher Dienstleistung und der staatlichen Entscheidungsfindung

21 Die Verbesserung der Erbringung öffentlicher Dienstleistung und der staatlichen Entscheidungsfindung überschneidet sich zu großen Teilen mit den weiteren Zwecken, etwa der Gesundheitsversorgung oder der wissenschaftlichen Forschung. Insbesondere die Aufbereitung von statistischen Daten kann zu einer sicheren Entscheidungsgrundlage im politischen Diskurs sowie in der Verwaltung beitragen.[73] Sie sind im Grundsatz breit zu verstehen und auf relevante Problemstellungen und Sektoren nationalgesetzlich zuzuschneiden, Art. 16 DGA.[74]

f) Wissenschaftliche Forschung im allgemeinen Interesse

22 In einem autonom-europäischen Verständnis iSd Art. 179 Abs. 1 AEUV ist Forschung das methodengeleitete Generieren neuen Wissens.[75] Hierunter kann also jeder Forschungszweig fallen. Die wissenschaftliche Forschung überschneidet sich daher auch zum Großteil mit allen genannten Interessen des DGA. Hintergrund dieses Zweckes ist, dass oftmals keine ausreichend großen Datenbestände gesammelt werden konnten, um aussagekräftige Ergebnisse zu erzielen.[76] Eine Erweiterung der Quellen zur Datenerhebung soll dieser Problematik zugutekommen.

23 Partizipative Forschung, in der Bürgerinnen und Bürger in die wissenschaftliche Forschung integriert werden, kann durch die Förderung datenaltruistischer Organisationen gestärkt werden.[77] Derartige Projekte der „Citizen Science" sind eine wichtige Unterstützung etwa in der Überwachung invasiver Tierarten. Hier zeigt sich, dass mithilfe von Privatpersonen Kosten gespart und durch ihre Ortskundigkeit bessere Daten erzielt werden können.[78]

24 Der DGA bezweckt, dass Gesundheitsdaten auch innerhalb Europas zwischen Forschungseinrichtungen ausgetauscht werden können, und so Vergleiche gezogen

---

[70] Vgl. Art. 3 Nr. 3 Statistik-VO; NK-DGA/Specht-Riemenschneider Art. 2 Rn. 107.
[71] Vgl. Art. 3 Nr. 4 Statistik-VO; NK-DGA/Specht-Riemenschneider Art. 2 Rn. 107.
[72] NK-DGA/Hennemann Art. 16 Rn. 13.
[73] Paschke/Rücker/Heckmann Art. 16 Rn. 60.
[74] Vgl. BeckOK DatenschutzR/Schild/Richter/Schmidt-Wudy DGA Art. 2 Rn. 162f.
[75] Calliess/Ruffert/Ruffert AEUV Art. 179 Rn. 1.
[76] Paschke/Rücker/Paschke Art. 18 Rn. 16; zum Problem der geringen Datenmengen in der Wissenschaft etwa: Positionspapier des Wissenschaftsrates, Impulse aus der COVID-19-Krise für die Weiterentwicklung des Wissenschaftssystems in Deutschland, S. 2, abrufbar unter https://www.wissenschaftsrat.de/download/2021/hginfo_0221_Covid19.pdf?__blob=publicationFile&v=7 (abgerufen am: 29.9.2024).
[77] Paschke/Rücker/Paschke Art. 18 Rn. 17; Der Begriff *Citizen Science* wurde in den 1990er Jahren geprägt und beschreibt die Beteiligung von Laien an wissenschaftlichen Forschungsprojekten. Diese Form der Wissenschaftskommunikation und -beteiligung hat sich seither in verschiedenen Disziplinen etabliert. Ausf. hierzu: Heigl et al. The Science of Citizen Science S. 2–12.
[78] Eindrücklich Delaney/Sperling/Adams/Leung Biol Invasions 2008, S. 117ff. (117–128).

werden können.[79] Dies kommt der Etablierung eines europäischen Datenraumes zugute.

3. Verhältnis zum Data Act

Als „Schwester"-Rechtsakt innerhalb der europäische Datenstrategie wurde der Data Act (DA) Ende 2023 verabschiedet.[80] Während durch den DGA selbst keine Datenzugangsansprüche geregelt werden,[81] sind konkrete Datenzugangsansprüche durch die Art. 3–7 DA geschaffen worden. Der DGA wiederum soll tatsächliche Strukturen und Bedingungen zur Datennutzung etablieren.[82] **25**

Der DA wird teilweise als „schlichte Addition" zu den Vorschriften des DGA gewertet.[83] Der DGA regelt auch die Weiterverarbeitung von Daten der öffentlichen Hand, der DA ausschließlich die von privaten Dateninhabern.[84] Das Zusammenspiel von DGA und DA könnte erweitert werden, insbesondere wenn datenaltruistischen Organisationen und Datenvermittlungsdienste beim Zugang zu Daten miteinander verbunden werden.[85] Besonders vertrauenswürdige Datenvermittlungsdienste könnten dabei nicht nur Aufgaben wie Anonymisierung und Pseudonymisierung übernehmen, sondern auch im Voraus potenzielle Konflikte zwischen Rechten und Interessen ausgleichen, etwa durch eine Datenzugangs-Datentreuhand.[86] **26**

II. Rechtsrahmen

1. Datenaltruismus-Konzept des DGA

Die Definition des Datenaltruismus ist als *„die freiwillige gemeinsame Nutzung von Daten auf der Grundlage der Einwilligung betroffener Personen zur Verarbeitung der sie betreffenden personenbezogenen Daten oder einer Erlaubnis anderer Dateninhaber zur Nutzung ihrer nicht personenbezogenen Daten, ohne hierfür ein Entgelt zu fordern oder zu erhalten, das über eine Entschädigung für die ihnen durch die Bereitstellung ihrer Daten entstandenen Kosten hinausgeht, für Ziele von allgemeinem Interesse gemäß dem nationalen Recht, wie die Gesundheitsversorgung, die Bekämpfung des Klimawandels, die Verbesserung* **27**

[79] Schwartmann/Benedikt RDV 2022, 59 (62).
[80] VO (EU) 2023/2854.
[81] Erwgr. 4 DGA, Art. 1 Abs. 3 S. 1 DGA.
[82] Vgl. Specht-Riemenschneider ZEuP 2023, 638 (641).
[83] Hennemann/Steinrötter NJW 2022, 1481 (1482); vgl. Specht-Riemenschneider ZRP 2022, 137.
[84] Vgl. Art. 1 Abs. 1 DGA; Kraft/Schumann GRUR-Prax 2024, 324 (325); BeckOK DatenschutzR/Brink/v. Ungern-Sternberg DGA Einführung Rn. 1.
[85] Vgl. Specht-Riemenschneider ZRP 2022, 137 (139); NK-DGA/Specht-Riemenschneider Art. 1 Rn. 26.
[86] NK-DGA/Specht-Riemenschneider DGA Art. 1 Rn. 26; zur Umsetzung von Datensouveränität durch Datenintermediäre auch Denga GRUR 2022, 1117 (1118); Beise RDi 2021, 597 (601).

der Mobilität, die einfachere Entwicklung, Erstellung und Verbreitung amtlicher Statistiken, die Verbesserung der Erbringung öffentlicher Dienstleistungen, die staatliche Entscheidungsfindung oder die wissenschaftliche Forschung im allgemeinen Interesse" definiert, Art. 2 Nr. 16 DGA. Die Leitfälle altruistischen Datenteilens wurden soeben in ihrem europarechtlichen und praktischen Gehalt durchdekliniert; sie haben Leitbildcharakter für den unbestimmten Gemeinwohlbegriff („allgemeines Interesse"), der gleichwohl den Sonderfall des Datenaltruismus determiniert. Die Interessenaufzählung ist nicht abschließend.[87] Über die exemplarischen Nennungen hinaus sind allgemeine Interessen auslegungsbedürftig, sie sind nicht mit öffentlichen Interessen der DS-GVO identisch.[88]

28 Zudem lassen sich die weiteren Tatbestandsmerkmale konkretisieren:

29 Die „Unentgeltlichkeit" schließt zunächst aus, dass die Erlaubnis bzw. Einwilligung zur Datennutzung durch betroffene Personen oder Dateninhaber mit Geld vergütet wird. Lediglich die Entschädigung der entstandenen Kosten der Datenübermittlung durch die betroffenen Personen bzw. Dateninhaber kann monetär erfolgen. Da Altruismus wegen des Gemeinwohlbezugs als uneigennützig verstanden wird, ist davon auszugehen, dass auch alle anderen Arten einer Gegenleistung Entgelt sind, weil sie als unerwünschter Vorteil verstanden werden.[89]

30 Zudem muss die gemeinsame Datennutzung „freiwillig", also im basalen Sinne ohne Zwang erfolgen.[90] Vertragliche oder gesetzliche Verpflichtungen sind daher außerhalb des vereinbarten Datennutzungsvertrages zur altruistischen Datenteilung unzulässig.[91] Die Freiwilligkeit drückt sich in einer erweiterten Perspektive auch in dem Erfordernis einer Einwilligung durch die betroffene Person bei personenbezogenen Daten aus. Eine gesetzliche Rechtfertigung gegen den Willen des Rechtsinhabers zu handeln ist durch den DGA nicht vorgesehen.[92] Das Hauptanliegen des DGA besteht darin, den betroffenen Personen die Kontrolle über ihre persönlichen Daten zu ermöglichen und ihnen eine effektive Durchsetzung ihrer Rechte zu gewährleisten.[93]

31 Art. 2 Nr. 5 DGA verweist auf Art. 4 Nr. 1 DS-GVO, sodass die Einwilligung im Sinne dieser Verordnung erfolgen muss. Für nichtpersonenbezogene Daten bedarf es einer Erlaubnis nach Art. 2 Nr. 6 DGA, hier kann bei entsprechender Vergleichbarkeit der Interessenlagen auf DS-GVO Grundsätze zurückgegriffen

---

[87] Vgl. auch Erwgr. 45 S. 2 und 3 DGA.

[88] Ausf. CiTiP Working Paper "White paper on the data governance act" S. 42 f.

[89] Zu den Schwierigkeiten der Anerkennung als Altruismus trotz individueller Vorteile: Batson Oxford University Press 2011, S. 21, 22; vgl. NK-DGA/Specht-Riemenschneider Art. 2 Rn. 102.

[90] Gemeint sind neben *vis absoluta* und *vis compulsiva* oder Bedrohung insbesondere auch faktische Zwänge zum datenrechtlichen Verständnis: BGH DuD 2008, 818 (820) – Payback; DuD 2010, 493 (495) – Happy Digits; Kühling/Buchner/Kühling/Buchner DS-GVO Art. 7 Rn. 42; vgl. Ehmann/Selmayr/Heberlein DS-GVO Art. 6 Rn. 13, 15; vgl. Gola/Heckmann/Schulz DS-GVO Art. 7 Rn. 19; NK-DGA/Specht-Riemenschneider Art. 2 Rn. 97.

[91] Etwa im Rahmen eines arbeitsrechtlichen Abhängigkeitsverhältnisses Gola/Heckmann/Schulz DS-GVO Art. 7 Rn. 20; Sydow/Marsch/Ingold DS-GVO Art. 7 Rn. 27; vgl. NK-DGA/Specht-Riemenschneider Art. 2 Rn. 97.

[92] Vgl. auch Art. 1 Abs. 3 S. 4 DGA.

[93] Hornung/Schomberg CR 2022, 508 (513); BeckOK DatenschutzR/Schild/Richter/Schmidt-Wudy DGA Art. 2 Rn. 82.

werden.[94] Freiwilligkeit setzt auch eine informierte, sachkundige[95] Entscheidung voraus, welcher durch die Informationspflichten der Umstände einer folgenden Datenverwendung der datenaltruistischen Organisationen Rechnung getragen wird, Art. 21 Abs. 1 DGA.[96]

Die „gemeinsame Nutzung von Daten" meint im Sinne von Art. 2 Nr. 10 DGA **32**
die Weitergabe von Daten durch eine betroffene Person oder einen Dateninhaber an einen Datennutzer zur gemeinsamen oder individuellen Verwendung dieser Daten, entweder unmittelbar oder über einen Vermittler.[97] Insofern werden anerkannte datenaltruistische Organisationen nach Art. 18 DGA als Datenintermediäre etabliert.[98]

2. Überblick zum Regulierungsgefüge des DGA

Zur Erleichterung von Datenaltruismus ist eine Zertifizierung von daten- **33**
altruistischen Organisationen, Art. 18 und 19 DGA, normiert worden, die sich als Datenintermediäre an datenaltruistischem Handeln beteiligen. Im Gegenzug für die Zertifizierung sind anerkannte datenaltruistische Organisationen von den strengeren Vorgaben aus Art. 10–14 DGA für Datenvermittlungsdienste entbunden, Art. 15 DGA, was entsprechende Aktivitätsanreize bieten soll.[99] Art. 15 DGA entbindet die anerkannten datenaltruistischen Organisationen insbesondere von der Anmeldepflicht für Datenvermittlungsdienste nach Art. 11 DGA. Eine Registrierung als anerkannte datenaltruistische Organisationen ist nach Art. 17 ff. DGA auf freiwilliger Basis möglich, für eine datenaltruistische Tätigkeit jedoch nicht zwingend.

Die relevanten Register werden öffentlich durch nationale Behörden geführt, **34**
Art. 17, 23 DGA. Diese Behörden überwachen auch die Anforderungen für die Anerkennung datenaltruistischer Organisationen, Art. 24. In Deutschland wird dies voraussichtlich der Bundesnetzagentur übertragen.[100] Im Gegenzug für die Erleichterungen von Art. 15 DGA, als Bedingung ihrer Anerkennung, müssen datenaltruistische Organisationen zunächst in ihrem Wesen Art. 18 entsprechen und dafür eine datenaltruistische Tätigkeit durchführen (lit. a); vgl. hier unter → Rn. 27 ff.), eine Rechtspersönlichkeit haben (lit. b), ohne Erwerbszweck tätig sein (lit. c); vgl. hier unter → Rn. 82 ff.) und ihre Tätigkeit getrennt von anderen Tätigkeiten erbringen (lit. d) sowie dem Regelwerk von Art. 22 Abs. 1 DGA entsprechen (lit. e).

[94] BeckOK DatenschutzR/Schild/Richter/Schmidt-Wudy DGA Art. 2 Rn. 146.
[95] Erwgr. 45 DGA.
[96] NK-DGA/Specht-Riemenschneider Art. 2 Rn. 100; Rachut ZD 2024, 249 (251); noch zu DGA-E: v. Hagen/Völzmann MMR 2022, 176 (179).
[97] Denga ZGR 2023, 611 (630 f.); BeckOK DatenschutzR/Schild/Richter/Schmidt-Wudy DGA Art. 2 Rn. 144.
[98] Hornung/Schomberg CR 2022, 508 (512 f.); BeckOK DatenschutzR/Schild/Richter/Schmidt-Wudy DGA Art. 2 Rn. 147; vgl. auch Denga ZGR 2023, 611 (630 f.) zu d.
[99] Schreiber/Pommerening/Schoel, Das neue Recht der Daten-Governance, §4 Rn. 11; Tolks MMR 2022, 444 (447); Hornung/Schomberg CR 2022, 508 (512); NK-DGA/Specht-Riemenschneider Art. 15 Rn. 4.
[100] BR-Drs. 434/24 §2 Abs. 1 Nr. 1.

35 Das letztgenannte Regelwerk unter Art. 22 DGA wird von der Europäischen Kommission in enger Zusammenarbeit mit anerkannten datenaltruistischen Organisationen erstellt, um (Abs. 1) insbesondere die Informationsanforderungen für die Einwilligung oder Erlaubnis der Datenverarbeitung (lit. a), die IT-Sicherheit (lit. b), Kommunikationsfahrpläne für eine Verbreitung des Datenaltruismus (lit. c) sowie die Interoperabilität zu konkretisieren.[101]

36 Das Ziel, Vertrauen in datenaltruistisches Datenteilen zu fördern, verfolgt der DGA also in Summe durch eine Kombination von Aufsicht durch die registerführenden Behörden und materiellen Vorgaben für anerkannte datenaltruistische Organisationen.

3. Datenverarbeitung unter dem DGA und anderen Gesetzen

37 Die Datenverarbeitung im Rahmen des DGA muss den gesetzlichen Vorgaben entsprechen, um insbesondere Kontrolle und Transparenz der Datenverarbeitung zu gewähren. Der DGA betrifft sowohl personenbezogene Daten, als auch solche ohne Personenbezug, woraus sich unterschiedliche rechtliche Rahmenbedingungen zur Verarbeitung ergeben.[102] Ihre Verarbeitung deckt sich nach Art. 2 Nr. 12 mit dem Verständnis der DS-GVO bzw. der Verordnung (EU) 2018/1725. Erfasst ist jeder Vorgang im Umgang mit (nicht)personenbezogenen Daten, beginnend mit der Erhebung bis hin zur Löschung.[103]

a) Personenbezogene Daten

aa) Verhältnis zwischen DGA und DS-GVO

38 Sofern es sich um personenbezogene Daten handelt, muss eine Verarbeitung DS-GVO konform sein, was aus Art. 1 Abs. 3 DGA folgt, der klarstellt, dass der Anwendungsbereich der DS-GVO nicht vom DGA eingeschränkt wird.[104] Sofern nicht-personenbezogene Daten untrennbar mit personenbezogenen Daten verbunden sind, erstreckt sich der Vorrang der DS-GVO auch auf diese.[105] Der Begriff „personenbezogene Daten" bezeichnet alle Informationen, die sich auf eine identifizierte oder identifizierbare Person beziehen, Art. 4 Nr. DS-GVO.[106]

39 Auffällig ist, dass der DGA im Gegensatz zu dem DA, der ebenfalls im Zusammenhang mit der europäischen Datenstrategie erlassen wurde, nur im Konfliktfall von einem Vorrang der DS-GVO spricht. Art. 1 Abs. 3 DGA ist daher so auszulegen, dass die DS-GVO insofern nur berührt wird, wenn ein Nebeneinander

---

101 Ein Regelwerk nach Art. 22 DGA wurde noch nicht angenommen. New practical guide to the Data Governance Act, Shaping Europe's digital future, S. 13/17, abrufbar unter https://digital-strategy.ec.europa.eu/en/library/new-practical-guide-data-governance-act (abgerufen am: 24.9.2024).

102 Erfasste Daten sind nur digitaler, nicht analoger Art, Art. 2 Nr. 1 DGA, und damit im Gegensatz zum Verständnis in der DS-GVO nicht technikneutral; vgl. Art. 4 Nr. 1 DS-GVO.

103 Gola/Heckmann/Gola DS-GVO Art. 4 Rn. 35.

104 Erwgr. 4 DGA spricht auch von einer „Unberührtheit".

105 Erwgr. 4 DGA.

106 Ehmann/Selmayr/Klabunde/Horváth DS-GVO Art. 4 Rn. 7 ff.; Kühling/Buchner/Klar/Kühling DS-GVO Art. 4 Nr. 1 Rn. 3 ff.

der Verordnungen in der Anwendung nicht möglich ist.[107] Das bedeutet, dass der DGA unter Umständen etwa restriktivere Vorgaben zu einer Datenverarbeitung treffen kann. In Öffnungsklauseln der DS-GVO innerhalb der Auslegung unbestimmter Rechtsnormen kann der DGA Bedeutung haben und auch in den vorgegebenen Abwägungsentscheidungen der DS-GVO muss er unter Umständen herangezogen werden.[108] Ein Konfliktfall liegt vor, wenn der DGA die Vorgaben der DS-GVO ohne Öffnungsklausel unterschreitet oder eine Regelung gänzlich ersetzen und so abbedingen will.[109]

bb) Erlaubnisvorbehalt für datenaltruistische Verarbeitung

Die Verarbeitung von personenbezogenen Daten unterliegt dem datenschutz- **40**
rechtlichen Verbot mit Erlaubnisvorbehalt, Art. 6 Abs. 1 DS-GVO.

Die Verantwortlichen einer Datenverarbeitung, also in diesem Kontext eine an- **41**
erkannte datenaltruistische Organisation, Art. 4 Nr. 7 (bzw. Art. 26 DS-GVO),[110] dürfen daher nur kraft eines entsprechenden Erlaubnistatbestandes tätig werden.[111] Es wird dabei regelmäßig eine Einwilligung, Art. 4 Nr. 5 DGA iVm Art. 4 Nr. 11 DS-GVO, nach Art. 6 Abs. 1 lit. a, Art. 7 DS-GVO vorliegen müssen. Handelt es sich um besonders sensible Datenbereiche wie Gesundheitsdaten, in die die Europäische Union durch den DGA große Hoffnungen legt, sind die Vorgaben des Art. 9 Abs. 1, Abs. 2 lit. a DS-GVO zu beachten.[112] Allerdings kommen prinzipiell auch andere Rechtsgrundlagen des Art. 6 Abs. 2 für die Datenverarbeitung in Frage. So kann etwa eine Datenverarbeitung in Ausnahmefällen aus lebenswichtigen Gründen auf Art. 6 Abs. 1 lit. d DS-GVO gestützt werden.[113] Insbesondere kann für die wissenschaftliche Forschung eine Erlaubnisgrundlage nach Art. 5 Abs. 1 lit. b, Art. 9 Abs. 2 lit. i, Art. 89 DS-GVO, § 27 BDSG bestehen.[114]

Die Wirksamkeit der Einwilligung richtet sich nach den allgemeinen daten- **42**
schutzrechtlichen Vorgaben. Insbesondere müssen „ein oder mehrere bestimmte Zwecke" vorliegen, § 6 Abs. 2 lit. a DS-GVO. Personenbezogene Daten dürfen nach dieser Konkretisierung nur für festgelegte, eindeutige und legitime Zwecke

[107] Specht-Riemenschneider ZEuP 2023, 638 (643); zust. BeckOK DatenschutzR/Brink/v. Ungern-Sternberg DGA Art. 1 Rn. 53.
[108] Specht-Riemenschneider ZEuP 2023, 638 (644).
[109] Specht-Riemenschneider ZEuP 2023, 638 (648); vgl. NK-DGA/Specht-Riemenschneider Art. 1 Rn. 46 unter Verweis auf Riesenhuber Europäische Methodenlehre S. 208.
[110] NK-DGA/Hennemann Art. 21 Rn. 7; zu dem Begriff des „Verantwortlichen" nach der DS-GVO: Ehmann/Selmayr/Klabunde/Horváth DS-GVO Art. 4 Rn. 37 f.; Gola/Heckmann/Gola DS-GVO Art. 4 Rn. 63 f.; Paal/Pauly/Ernst DS-GVO Art. 4 Rn. 55.
[111] Klarstellend dazu auch Erwgr. 50 S. 3 DGA; v. Hagen/Völzmann MMR 2022, 176; Schreiber/Pommerening/Schoel Der neue DGA § 4 Rn. 81.
[112] Ehmann/Selmayr/Schiff DS-GVO Art. 9 Rn. 1, 30; Gola/Heckmann/Schulz DS-GVO Art. 9 Rn. 1, 20; Kühling/Buchner/Weichert DS-GVO Art. 9 Rn. 1, 34 f.; Schwartmann/Benedikt RDV 2022, 59 (62); Paschke/Rücker/Heckmann Art. 16 Rn. 66.
[113] NK-DGA/Hennemann Art. 21 Rn. 23; zu der restriktiven Auslegung: Ehmann/Selmayr/Heberlein DS-GVO Art. 6 Rn. 32 f.; Kühling/Buchner/Buchner/Petri DS-GVO Art. 6 Rn. 106 f.
[114] Schreiber/Pommerening/Schoel Der neue DGA § 4 Rn. 81; Tolks MMR 2022, 444 (448); Steinrötter ZD 2021, 61 (62).

verarbeitet werden, Art. 5 Abs. 1 lit. b DS-GVO.[115] Diese müssen bis zum Zeitpunkt der Datenerhebung vorgegeben werden.[116]

43 In den Datenverarbeitungszweck muss eindeutig eingewilligt werden, das heißt er muss eingegrenzt und klar formuliert werden.[117] Diesen Grundsatz wiederholt Art. 21 Abs. 3 DGA deklaratorisch.[118] Zudem muss die Einwilligung freiwillig, also im basalen Sinne ohne Zwang erfolgen,[119] dem potentiell Einwilligenden dürfen bei einem Verzicht keine Nachteile treffen.[120] Dies folgt nicht nur aus dem Tatbestandsmerkmal des Datenaltruismus, Art. 2 Nr. 16 DGA, sondern ist materiell auch durch Art. 4 Nr. 11, Art. 7 Abs. 4 DS-GVO geboten.[121] Vertragliche oder gesetzliche Verpflichtungen sind daher etwa außerhalb eines vereinbarten Datennutzungsvertrages[122] zu Datenaltruismus sind unzulässig.[123]

44 Eine gesetzliche Rechtfertigung gegen den Willen des Rechtsinhabers zu handeln ist durch den DGA nicht vorgesehen und wäre auch wegen Art. 1 Abs. 3 DGA unzulässig. Zu beachten sind zudem Machtdynamiken im Verhältnis Bürger-Staat oder besonderen Vertrauensverhältnissen wie in medizinischen Kontexten: Wird hier eine Einwilligung unter Berücksichtigung des Einzelfalles aufgedrängt, so fehlt es an einer Freiwilligkeit.[124]

45 Der freie Wille besteht auch in einer informierten Entscheidung, seine Daten bereitzustellen. Innerlich selbstbestimmt kann sich nur entscheiden, wer die Umstände und Sachlage im konkreten Fall kennt, in die er einwilligt.[125] Grundsätzlich sind daher die Art. 13 und 14 DS-GVO zu beachten.[126] Die in Erwgr. 45 S. 1 DGA erwähnte Sachkunde der Einwilligung ist daher keine weitere Anforderung, sondern verdeutlicht die Rolle der Informationspflichten von datenaltruistischen Organisationen aus Art. 21 Abs. 1 DGA.[127]

---

[115] V. Hagen/Völzmann MMR 2022, 176 (177); Gola/Heckmann/Pötters DS-GVO Art. 5 Rn. 13; Ehmann/Selmayr/Heberlein DS-GVO Art. 5. Rn. 20 f.; Paal/Pauly/Frenzel DS-GVO Art. 5 Rn. 23 f.

[116] Erwgr. 39 DS-GVO; Kühling/Buchner/Herbst DS-GVO Art. 5 Rn. 31; Ehmann/Selmayr/Heberlein DS-GVO Art. 5. Rn. 20.

[117] Gola/Heckmann/Pötters DS-GVO Art. 5 Rn. 15; Ehmann/Selmayr/Heberlein DS-GVO Art. 5. Rn. 21.

[118] Paschke/Rücker/Paschke Art. 21 Rn. 23.

[119] Gemeint sich neben *vis absoluta* und *vis compulsiva* oder Bedrohung insbesondere auch faktische Zwänge, zum datenrechtlichen Verständnis: BGH DuD 2008, 818 (820) – Payback; DuD 2010, 493 (495) – Happy Digits; Kühling/Buchner/Kühling/Buchner DS-GVO Art. 7 Rn. 42; vgl. Ehmann/Selmayr/Heberlein DS-GVO Art. 6 Rn. 13, 15; vgl. Gola/Heckmann/Schulz DS-GVO Art. 7 Rn. 19; NK-DGA/Specht-Riemenschneider Art. 2 Rn. 97.

[120] Ehmann/Selmayr/Klabunde/Horváth DS-GVO Art. 4 Rn. 53.

[121] Zu dem Verhältnis DS-GVO und DGA bereits unter → Rn. 38 .; Paschke/Rücker/Heckmann Art. 16 Rn. 77.

[122] Dieser kann als Rahmenvertrag neben der Einwilligung vereinbart werden, → Rn. 64.

[123] Etwa im Rahmen eines arbeitsrechtlichen Abhängigkeitsverhältnisses, Gola/Heckmann/Schulz DS-GVO Art. 7 Rn. 20; Sydow/Marsch/Ingold DS-GVO Art. 7 Rn. 27; vgl. NK-DGA/Specht-Riemenschneider Art. 2 Rn. 97.

[124] Gola/Heckmann/Schulz DS-GVO Art. 7 Rn. 20.

[125] Vgl. Erwgr. 32 S. 1 DS-GVO; Gola/Heckmann/Schulz DS-GVO Art. 7 Rn. 35; vgl. v. Hagen/Völzmann MMR 2022, 176 (179).

[126] Schreiber/Pommerening/Schoel, Das neue Recht der Daten-Governance, § 4 Rn. 67 f.; Steinrötter DuD 2021, 796; Schwartmann/Benedikt RDV 2022, 59 (62).

[127] NK-DGA/Specht-Riemenschneider Art. 2 Rn. 100; Rachut ZD 2024, 249 (251); noch zu DGA-E: v. Hagen/Völzmann MMR 2022, 176 (179).

46 Die Einwilligung kann jederzeit widerrufen werden, Art. 7 Abs. 3 DS-GVO, was insbesondere bei größerem Kapitalaufwand zu erheblichen Risiken führt. Daher sollten gesetzliche Erlaubnistatbestände priorisiert werden, sofern sie wie etwa bei Forschungszwecken relevant sind.[128]

cc) Ergänzungen nach dem DGA

47 Nach Art. 21 Abs. 1 DGA sind durch anerkannte datenaltruistische Organisationen weitere Informationen vor Verarbeitungsbeginn bereitzustellen. Die Informationen können formfrei, jedoch zwingend inhaltlich klar und leicht verständlich übertragen werden, also beispielsweise per E-Mail.[129] Sie sollen die Ziele des allgemeinen Interesses beinhalten, sowie den in der Einwilligung angegebenen, ausdrücklichen Zweck beinhalten (lit. a), sowie den Standort und die Ziele von allgemeinem Interesse, für die eine etwaige Verarbeitung in einem Drittland erlaubt wird, sofern die Verarbeitung von der anerkannten datenaltruistischen Organisation vorgenommen wird (lit. b). Art. 21 Abs. 1 DGA ist als materielle Anspruchsgrundlage zu verstehen, ein Unterbleiben führt allerdings gleichlaufend zu Art. 13, 14 DS-GVO nicht zu einer materiellen Unwirksamkeit.[130]

48 Eine Vorgabe zur allgemeinen Zielbindung findet sich in Art. 21 Abs. 2 S. 1 DGA, der ihn auf die allgemeinen Interessen präzisiert und für nichtpersonenbezogene Daten erweitert. S. 2 verbietet irreführende Vermarktungspraktiken.[131]

49 Art. 21 Abs. 3 DGA statuiert eine Organisationsverpflichtung der datenaltruistischen Organisationen, Werkzeuge zum Einholen (Abs. 3 S. 1) der Einwilligung und deren Widerruf (Abs. 3 S. 2) bereitzustellen.[132] Ein mögliches Konzept wäre ein automatisiertes Datenschutz-Center, in dem sowohl betroffene Personen als auch Dateninhaber nach dem Einloggen eigenständig festlegen können, welche Daten von wem und für welchen Zeitraum verarbeitet werden dürfen.[133] Betroffene können aus Art. 21 Abs. 3 DGA allerdings keine eigenen Rechte oder Ansprüche ableiten.[134]

50 Durch Art. 25 DGA soll ein Einwilligungsformular als Durchführungsakt etabliert werden, welches die rechtliche Wirksamkeit sicherstellen soll. Insofern sollen Verantwortliche entlastet und Betroffenen durch Rechtssicherheit ein Anreiz zur Bereitstellung von Daten gesetzt werden. Geregelt wird die Erteilung der Einwilligung bzw. Erlaubnis und ihr Widerruf. Die Regelung bleibt hierzu aber fragmentarisch; im Ansatz soll das Formular zu einem einheitlichen Format führen und eine modularische Anpassung an die Bedürfnisse bestimmter Sektoren

---

128 Martini/Hohmann NJW 2020, 3573 (3576).
129 NK-DGA/Hennemann Art. 21 Rn. 57 f.
130 NK-DGA/Hennemann Art. 21 Rn. 62 f.; zu DS-GVO: Ehmann/Selmayr/Knyrim DS-GVO Art. 13 Rn. 89; Paal/Pauly/Paal/Hennemann DS-GVO Art. 13 Rn. 9a; Eisenschmid WuM 2019, 357; Franck RDV 2016, 111 (116).
131 Näher dazu → Rn. 92.
132 Erwgr. 46 S. 6 verweist auf *wirksame* und *klar kommunizierte technische Mittel,* um die Einwilligung jederzeit widerrufen oder ändern zu können, sowie auf Mittel, mit deren Hilfe sich die betroffenen Personen über die Verwendung der von ihnen bereitgestellten Daten laufend informieren können.
133 Schreiber/Pommerening/Schoel, Das neue Recht der Daten-Governance, § 4 Rn. 73.
134 NK-DGA/Hennemann Art. 21 Rn. 74.

möglich sein – die konkrete Ausgestaltung ist der Praxis und der Gesetzgebung überlassen.[135]

dd) Einwilligungsformular nach Art. 25 DGA

51 Das Europäische Einwilligungsformular soll nach Art. 25 Abs. 1 S. 3 DGA in einem Ausschussverfahren nach Art. 33 Abs. 2 DGA erlassen werden. Die Verwendung des Formulars ist fakultativ, es gibt keine gesetzliche Vorgabe das festgelegte Formular für eine rechtskonforme Einwilligung zu verwenden. Es gelten weiterhin insbesondere die Vorgaben der DS-GVO. Umgekehrt befreit auch die Verwendung des Europäischen Einwilligungsformulars nicht von den Verpflichtungen der DS-GVO. Der modulare Aufbau gemäß Absatz 2 dient dazu, dass anerkannte datenaltruistische Organisationen effizient individualisierte Einwilligungsformulare für verschiedene Anwendungsbereiche zusammenstellen können.[136] Absatz 3 stellt sicher, dass eine Einwilligung zur Nutzung personenbezogener Daten auch über das Formular widerrufen werden kann. Es ist davon auszugehen, dass Einwilligung und Widerruf nicht nur auf einzelne Verarbeitungsvorgänge bezogen werden, sondern ebenso ganze datenaltruistische Projekte betreffen sollen.[137] Das Formular muss durch leichte Verständlichkeit zugänglich sein; es soll effektiv in ausgedruckter, machinenlesbarer respektive elektronischer Form zu nutzen sein, Absatz 4. Hierfür können die Maßstäbe von Art. 12 DS-GVO herangezogen werden.[138]

ee) Weiterverwendung bereits erhobener Daten

52 Im Kontext einer wirksamen Einwilligung ist problematisch, wie eine Weiterverarbeitung bereits gewonnener Daten rechtlich ausgestaltet werden kann. Die Weiterverarbeitung ist ein Unterfall der Datenverarbeitung und unterliegt daher prinzipiell denselben Anforderungen.[139] Wegen des Zweckbindungsgrundsatzes ist eine dynamische Verwendung von Daten lediglich begrenzt möglich, denn die Zwecke müssen zum Zeitpunkt der Einwilligung vorliegen. Jede Erweiterung oder Änderung eines Zweckes könnte bei einem restriktiven Verständnis einer neuen Einwilligung bedürfen. Dies könnte dazu führen, dass Daten in der Praxis ungenutzt bleiben, da nicht alle Verarbeitungszwecke im Vorhinein prognostizierbar und die Betroffenen möglicherweise nicht mehr zu erreichen sind.[140] Unbestritten ist, dass eine globale bzw. pauschale Zweckbestimmung nicht den Bestimmtheitsanforderungen entspricht.[141] In dem Spannungsfeld der Sekundärverarbeitung werden „broad" bzw. „dynamic consent" diskutiert.

---

[135] Paschke/Rücker/Heckmann Art. 16 Rn. 91.
[136] BeckOK DatenschutzR/Roth-Isigkeit DGA Art. 25 Rn. 4.
[137] Näher NK-DGA/Hennemann Art. 25 Rn. 37.
[138] BeckOK DatenschutzR/Roth-Isigkeit DGA Art. 25 Rn. 9.
[139] Veil Data Governance Act I: Weiterverwendung von Daten des öffentlichen Sektors, abrufbar unter https://www.cr-online.de/blog/2021/10/07/in-der-datenschutzrechtlichen-todeszone-der-data-governance-act-teil-i/ (abgerufen am: 1.8.2024).
[140] Kaye/Whitley/Lund/Morrison/Teare/Melham Eur J Hum Genet 2015, 141; v. Hagen/Völzmann MMR 2022, 176 (177).
[141] Ehmann/Selmayr/Heberlein DS-GVO Art. 5 Rn. 21; Dochow MedR 2021, 123; Spitz/Cornelius MedR 2022, 192; Frhr. v. Ulmenstein PinG 2020, 47 (49).

53 Im Rahmen des „broad consent"[142] wird auf eine Lockerung der Bestimmtheitsanforderungen auf Grundlage des Erwgr. 33 DS-GVO rekurriert. Insofern soll die Wissenschaft auf Grundlage der Wissenschaftsfreiheit von Art. 13 GRCh privilegiert werden, sodass eine Einwilligung in die Datenverarbeitung durch bestimmte Teile bzw. Projekte der wissenschaftlichen Forschung gegeben werden kann.[143] Die Probanden müssen über die thematische Offenheit ausgeklärt werden.[144] Dies würde wegen des Anwendungsvorranges der DS-GVO auch für den DGA gelten.[145] Die Idee des „broad consent" ist in das Einwilligungsformular nach Art. 25 DGA eingeflossen, was von einer Billigung durch den gesetzgeberischen Willen zeugt.[146]

54 „Broad consent" wird bereits praktiziert,[147] ist allerdings weiterhin umstritten und daher mit rechtlichen Unsicherheiten behaftet. Die normative Grundlage bezüglich der extensiven Auslegung wird teilweise bezweifelt, da die DS-GVO selbst die äußerste Grenze des Datenschutzes bilden muss; ein Erwägungsgrund kann nur innerhalb dieser Grenzen zur Auslegung herangezogen werden.[148] Andere halten die so steigende Informationsmenge für einen „information overload", der zu Lasten der Betroffenen geht[149] und das „Minus" der Zweckbindung nicht auszugleichen vermag.[150]

55 Hinsichtlich des alternativen Ansatzes eines „dynamic consent"[151] soll eine Einwilligung fortlaufend anpassbar sein und durch den Nutzer mittels einer Kommunikationsschnittstelle dynamisch verwaltet werden können.[152] Diese Lösung ist ein Kompromiss aus der höheren Flexibilität und der beibehaltenen Kontrolle des Betroffenen über seine Daten. Unterschiedlich beurteilt wird, ob eine weitere Rechtsgrundlage benötigt wird.[153]

56 Während die DGA die Verarbeitung von Daten für gemeinwohlorientierte Zwecke ermöglicht, stellt sich die Frage, wie dies mit den Regelungen der DS-GVO vereinbar ist, insbesondere wenn diese Zwecke nicht ausdrücklich von der DS-GVO begünstigt werden.[154] Ein weiteres zentrales Problem entsteht bei der Weiterverarbeitung von Daten: Nach Art. 6 Abs. 4 DS-GVO kann eine solche Weiterverarbeitung unter bestimmten Bedingungen zulässig sein, selbst wenn die

---

142 Kaye/Whitley/Lund/Morrison/Teare/Melham Eur J Hum Genet 2015, 141.
143 V. Hagen/Völzmann MMR 2022, 176 (178).
144 Kühling/Buchner/Herbst DS-GVO Art. 5 Rn. 22.
145 NK-DGA/Hennemann Art. 21 Rn. 16.
146 Paschke/Rücker/Heckmann Art. 3 Rn. 32.
147 Die BMBF geförderte Medizininformatik-Initiative (MI-I) erarbeitete so eine Muster-Patienteneinwilligungserklärung zur Datenverarbeitung zu Forschungszwecken, AG Consent des Nationalen Steuerungsgremiums der MI-I, Mustertext Patienteneinwilligung; Bronner/Wiedemann ZD 2023, 77 (80); Paschke/Rücker/Heckmann Art. 16 Rn. 84.
148 Hillenkamp MedR 2016, 109 (111) mwN; Cepic ZD-Aktuell 2021, 05214.
149 Spitz/Cornelius MedR 2022, 191 (193, 198).
150 Bronner/Wiedermann ZD 2023, 77 (81).
151 Ähnl. auch „cascading", also die schrittweise Einholung der benötigten Einwilligung, oder „tiered consent", wo anfangs mehrere Einwilligungsstufen angeboten werden, für die sich der Betroffene entscheiden kann.
152 Erwgr. 23 S. 3 spricht nur von „Einhaltung technischer Standards".
153 Dagegen Ehman/Selmayr/Heberlein DS-GVO Art. 5 Rn. 19 ff.; dafür etwa NK-Datenschutzrecht/Roßnagel DS-GVO Art. 5 Rn. 109.
154 Rachut ZD 2024, 249 (251); implizit aber durch Privilegierungen des öffentlichen Interesses etwa nach Art. 5 Abs. 1 lit. e, Art. 9 Abs. 2 lit. j, Art. 89 DS-GVO, ausf. hierzu Kühling/Buchner/Buchner/Tinnefeld DS-GVO Art. 89 Rn. 2.

neuen Zwecke ursprünglich nicht vorgesehen waren. Im Gegensatz dazu könnte Art. 21 Abs. 2 DGA dies einschränken, indem er festlegt, dass die Verarbeitung nur für die ursprünglich erlaubten gemeinwohlorientierten Zwecke erfolgen darf.[155] Diese Diskrepanz könnte zu unterschiedlichen datenschutzrechtlichen Anforderungen führen. Eine Lockerung der Zweckbindung wäre nur möglich, wenn die Verarbeitung ausschließlich unter die DS-GVO fällt. Entscheidend muss letztendlich der effet utile des Datenaltruismus sein, was für die Annahme eines „broad consent" für die Verarbeitung personenbezogener Daten durch anerkannte datenaltruistische Organisationen spricht.

ff) Anonymisierung und Schutz von Immaterialgüterrechten

57 Eine Anonymisierung von besonders sensiblen, personenbezogenen Daten kann wegen ethischen und freiheitsrechtlichen Grundsätzen geboten sein. Hier kann etwa an schwere Krankheit, bestimmte ärztliche Eingriffe oder besonders intime Informationen wie zu der inneren Gefühls- und Gedankenwelt, der Sexualität oder Geschlechtsidentität gedacht werden.[156] Der DGA sieht vor, dass öffentliche Stellen nach eigenem Ermessen solche Daten nur dann zur Weiterverwendung bereitstellen, wenn eine Anonymisierung personenbezogener Daten erfolgt ist, Art. 5 Abs. 3 lit. a Ziff. i DGA. Die Anonymisierung kann nur durch die öffentliche bzw. zuständige Stelle erfolgen.[157] Wie die technische Umsetzung erfolgen soll, wird nicht spezifiziert.[158]

58 Ebenfalls nicht adressiert wird, auf welcher rechtlichen Grundlage eine Anonymisierung beruht. Die Daten verlieren nach der Anonymisierung ihren Personenbezug und unterliegen nicht mehr den Bestimmungen der DS-GVO.[159] Art. 5 DGA kommt nicht (allein) in Betracht, da die Anonymisierung als Unterfall der Verarbeitung von personenbezogenen Daten (noch) in den Anwendungsvorrang der DS-GVO fällt, Art. 1 Abs. 3 DGA.[160] Widersprüchlich angesichts des klaren Datenschutzauftrages für Betroffene wäre allerdings, wenn keine rechtmäßige Handlungsoption für eine Anonymisierung bestünde.

59 Einige Stimmen in der Literatur begründen eine teleologische Ausnahme von dem Verbotsprinzip der DS-GVO damit, dass durch die Anonymisierung gerade kein Eingriff in Art. 8 Abs. 1 GRCh (mehr) vorliegt.[161] Eine Anonymisierung entspricht auch dem Grundsatz der Datenminimierung von personenbezogenen Daten.[162] Ein überzeugender Lösungsansatz besteht darin, die Anonymisierung auf den Erlaubnistatbestand auf Art. 6 Abs. 1 lit. e DS-GVO iVm Art. 5 Abs. 3 lit. a i) DGA iVm dem nationalen Gesetz zur Aufgabenzuweisung zu stützen. [163]

---

[155] Veil Data Governance Act III: Datenaltruismus, abrufbar unter https://www.cr-online.de/blog/2021/10/28/data-governance-act-iii-datenaltruismus/ (abgerufen am: 1.8.2024).
[156] Vgl. BeckOGK BGB/Specht-Riemenschneider § 823 Rn. 1305 ff.
[157] Paschke/Rücker/Wieden Art. 5 Rn. 12.
[158] Erwgr. 23 S. 3 DGA spricht nur von der Einhaltung technischer Standards.
[159] Erwgr. 26 DS-GVO.
[160] Specht-Riemenschneider ZEuP 2023, 638 (654); für eine Notwendigkeit einer Rechtgrundlage etwa Roßnagel ZD 2021, 188 (189); BfDI Positionspapier zur Anonymisierung S. 5.
[161] Thüsing/Rombey ZD 2021, 548 (551 f.).
[162] Specht-Riemenschneider ZEuP 2023, 638 (655) mwN.
[163] So NK-DGA/Specht-Riemenschneider Art. 5 Rn. 54.

Wegen der Entwicklung moderner Techniken[164] und der Verbindung verschiedener Datensätze,[165] ist stets damit zu rechnen, dass Daten wieder zuzuordnen sind. Eine völlige Anonymisierung ist aber auch nicht erforderlich.[166] Man spricht daher auch von „Anonymitätsgraden" die sich durch unterschiedliche Anonymisierungsstrategien[167] dadurch unterscheiden, welcher zeitliche und finanzielle Aufwand zu einer Bestimmbarkeit der Person führen würde und ob eine Aufdeckung der Person daher wahrscheinlich ist.[168] 60

Die Anonymisierung erschwert im Übrigen die Bearbeitung (natur-)wissenschaftlicher Fragestellungen, da der fehlende Personenbezug die Aussagekraft der Daten mindert und die Interpretation erheblich erschweren kann.[169] Diese Überlegungen sollten daher auch in die Ermessensentscheidung der öffentlichen Stellen einfließen. 61

Öffentliche Einrichtungen haben die Möglichkeit, den Zugang zu personenbezogenen Daten nur zu gewähren, sofern vertrauliche Geschäftsinformationen oder durch Immaterialgüterrechte geschützte Daten vorher in einer Weise aggregiert und aufbereitet werden, dass keine sensiblen Inhalte mehr enthalten sind. (Art. 5 Abs. 3 S. 2 lit. a ii DGA). 62

gg) Rahmenvertrag und Haftung

Ob der Preisgebende für die Qualität und Richtigkeit der Daten haften kann, ist durch den DGA nicht angesprochen. 63

Denkbar und anzuraten ist auch bei personenbezogenen Daten ein (Rahmen-)vertrag zur Datennutzung, weil das Vertragsverhältnis zwischen Preisgebendem und altruistischer Organisation durch die Art. 16 ff. DGA nur rudimentär[170] geregelt wird. Insbesondere unterliegen etwa Daten nach dem Tod der betroffenen Person *de lege lata* keinem Datenschutz mehr.[171] 64

In diesem Kontext wird wegen der Unentgeltlichkeit eine Haftungsreduktion mittels einer Analogie zu §§ 521, 599 BGB vorgeschlagen.[172] Gegenüber Dritten ist die Frage der Haftung ungelöst, hier könnte zukünftig etwa *de lege ferenda* an eine Gefährdungshaftung bei Verkehrssicherungspflichtverstößen gedacht wer- 65

[164] Vgl. Paal/Pauly/Ernst DS-GVO Art. 4 Rn. 50.

[165] Lev-Aretz Hastings LJ 2019, 1491 (1516); Raabe/Wagner DuD 2016, 436; Smart-Data-Begleitforschung, „Smart Data – Smart Privacy?" S. 7 f., abrufbar unter: https://www.digitale-technologien.de/DT/Redaktion/DE/Downloads/Publikation/SmartData_Thesenpapier_smart_Privacy.pdf;jsessionid=937C5D179C2F8885A52FEAF4CCF88B57?__blob=publicationFile&v=7 (abgerufen am: 1.8.2024); v. Hagen/Völzmann MMR 2022, 176.

[166] Roßnagel ZD 2021, 188 (189) mwN.

[167] Methoden wie Generalisierung, Löschung, Mikroaggregierung und Verfälschung, ausf. Winter/Battis/Halvani ZD 2019, 489 (490).

[168] Vgl. Erwgr. 26 DS-GVO; Stummer DuD 2023, 359 mwN; BeckOK DatenschutzR/Schild DS-GVO Art. 4 Rn. 15a.

[169] Daher wird auch mit Pseudonymisierung gearbeitet, v. Hagen/Völzmann MMR 2022, 176 (177); Paal/Pauly/Ernst DS-GVO Art. 4 Rn. 49.

[170] Kruesz/Zopf EDPL 2021, 569 (570): „only rudimentary"; NK-DGA/Hennemann Art. 16 Rn. 17.

[171] Vgl. Erwgr. 27 DS-GVO; NK-DGA/Hennemann Art. 16 Rn. 17; NK-DGA/Hennemann Art. 21 Rn. 10.

[172] Zech NJW 2022, 502 (505); NK-DGA/Hennemann Art. 21 Rn. 34.

den, welche aber auch Haftungsbeschränkungen im Bereich des Datenaltruismus vorsieht.[173]

b) Nichtpersonenbezogene Daten

66 Nichtpersonenbezogene Daten sind durch Negativabgrenzung solche Daten, die keinen Personenbezug aufweisen.[174]

67 Der Dateninhaber räumt dem Nutzer eine schuldrechtliche Nutzungsbefugnis einseitig durch eine Erlaubnis als rechtsgeschäftliche Erklärung ein[175] oder vereinbart mit ihm einen Datenlizenzvertrag.[176] Diese Vereinbarung unterliegt mangels Anwendung der DS-GVO weitgehender Vertragsfreiheit und hat mangels dinglicher Zuweisung nur eine *inter partes* Wirkung.[177] Hinsichtlich der einseitigen Erklärung handelt es sich um eine Einwilligung im engeren Sinne.[178]

68 Durch Art. 4 Abs. 6 DA ist ein Abschluss eines Datennutzungsvertrages vorgeschrieben, wenn die anerkannte datenaltruistische Organisation Dateninhaber iSd DA ist. Wenn eine datenaltruistische Organisation Nutzungsdaten erhält, die unter den DA fallen – entweder direkt vom Nutzer gemäß Art. 2 Nr. 5 oder als Datenempfänger gemäß Art. 2 Nr. 7 –, ist der Abschluss eines entsprechenden Daten(nutzungs)vertrags nach Art. 5 Abs. 1 zwar nicht immer zwingend, jedoch häufig aufgrund der Zweckvereinbarung gemäß Art. 5 Abs. 8 erforderlich.[179]

69 Öffentliche Einrichtungen können den Zugang zu nicht personenbezogenen Daten auch nur unter der Bedingung gewähren, dass vertrauliche Geschäftsinformationen oder durch Immaterialgüterrechte geschützte Daten zuvor so aggregiert und aufbereitet werden, dass die Inhalte nicht mehr Rechte Dritter beeinträchtigen. (Art. 5 Abs. 3 S. 2 lit. a ii DGA)

70 Wegen Art. 21 Abs. 1 DGA müssen Dateninhaber über die Verarbeitung entsprechend informiert werden; eine Bindung an den vereinbarten Zweck liegt nach Art. 21 Abs. 2 DGA vor.

71 Die Haftung wird von den Parteien bestimmt, eine Haftungsbeschränkung gem. §§ 521, 599 BGB analog könnte auch hier erwogen werden.[180]

4. Bedeutung nationaler Regelungen

72 Effektiver Datenaltruismus soll nicht nur unmittelbar durch die Europäische Union gefördert werden. Daher wurde auch den Mitgliedsstaaten ein gesetzgeberischer Spielraum eingeräumt, der nationale Regelungen zur organisatorischen

[173] Ausf. Zech NJW 2022, 502 (506 f.).
[174] Rosenkranz/Scheufen ZfDR 2022, 159 (166); Paschke/Rücker/Keppler/Ponzca Art. 2 Rn. 26; NK-DatenschutzR/Karg DS-GVO Art. 4 Rn. 19; Kühling/Buchner/Klar/Kühling DS-GVO Art. 4 Rn. 1.
[175] Paschke/Rücker/Keppler/Ponzca Art. 2 Rn. 28.
[176] NK-DGA/Hennemann Art. 21 Rn. 40; zu Datenlizenzverträgen; Hennemann RDi 2021, 61; Rosenkranz/Scheufen ZfDR 2022, 159 (170).
[177] S. auch unter A. II. 1. lit. b.
[178] Vgl. die ohlysche Stufenleiter der Gestattungen, Ohly „Volenti non fit iniuria" Die Einwilligung im Privatrecht S. 147 (176 f.); NK-DGA/Hennemann Art. 21 Rn. 40.
[179] NK-DGA/Hennemann Art. 21 Rn. 42.
[180] Siehe dazu die Ausf. zu personenbezogenen Daten, → Rn. 65.

und technischen Erleichterung des Datenaltruismus ermöglicht. Nationale Strategien iSd Art. 16 DGA können die Entwicklung benutzerfreundlicher Instrumente zur Erteilung von Einwilligungen für die altruistische Datennutzung, Informationskampagnen zur Sensibilisierung der Öffentlichkeit sowie einen koordinierten Dialog zwischen relevanten Behörden beinhalten, um den Nutzen von Datenaltruismus für staatliche Vorhaben, wie etwa im Bereich Verkehr, Gesundheit und Klimaschutz, zu maximieren.[181] Nationale Regelungen bestehen in Deutschland bereits bezüglich des Teilens von Sozialdaten oder solchen, die in der elektronischen Patientenakte vermerkt sind.[182]

Art. 16 DGA enthält also eine Öffnungsklausel, die es den Mitgliedstaaten erlaubt, nationale Regelungen zum Datenaltruismus zu erlassen. In Art. 2 Nr. 16 DGA wird festgelegt, dass die geteilten Daten für Zwecke von allgemeinem Interesse genutzt werden müssen, „gemäß nationalem Recht". Diese Regelung basiert auf dem Wunsch der Mitgliedstaaten, eine stärkere nationale Einbindung zu schaffen.[183] Dennoch beinhaltet die englischen Fassung die Formulierung „where applicable", was bedeutet, dass nationales Recht nicht konstitutiv für die Ziele des Datenaltruismus ist. Es dient lediglich als klarstellende Ergänzung zu den im DGA vorgegebenen allgemeinen Zielen, die nationalrechtlich nicht durch Regelung nach Art. 16 DGA begrenzt werden können.[184] 73

III. Governance anerkannter datenaltruistischer Organisationen

1. Besondere Treu-, Sorgfalts- und Organisationspflichten

Anerkannte Datenaltruistische Organisationen dürfen nur Kraft eines ausdrücklichen Auftrages in Form von Einwilligung, Erlaubnis oder gesetzlichen Erlaubnistatbeständen tätig werden. Während des Datenverarbeitungsvorganges unterliegen sie einer Reihe weiteren Pflichten, die sicherstellen, dass auf die Interessen von Datenpreisgebenden Rücksicht genommen wird. Hierunter fallen bei personenbezogenen Daten neben originären Pflichten aus dem DGA auch solche der DS-GVO. 74

a) Schutzvorkehrungen

Zunächst müssen anerkannte datenaltruistischen Organisationen für einen sicheren Umgang mit den bereitgestellten Daten in angemessener Weise sorgen, Art. 21 Abs. 4 DGA. Hierzu zählen Zugänglichkeit, Vertraulichkeit, Integrität 75

[181] Erwgr. 45 S. 6 u. 7 DGA.
[182] Hierzu → Rn. 10 f.
[183] Ausdrückliche Aufnahme der Passage in Finalfassung im Trilog-Verfahren, zu Grunde liegende Initiative der Mitgliedsstaaten: Verhandlungsmandat des Europäischen Rates ST 12124/2021 INIT S. 36; NK-DGA/Specht-Riemenschneider Art. 2 Rn. 110; Paschke/Rücker/Keppeler/Poncza Art. 2 Rn. 85.
[184] Ausf. NK-DGA/Hennemann Art. 16 Rn. 31.

und Zurechenbarkeit der Daten.[185] Zur Gewährleistung eines angemessenen Schutzniveaus sollten anerkannte datenaltruistische Organisationen wirksame Corporate-Governance-Maßnahmen ergreifen, um das notwendige Vertrauen in den Datenintermediär zu stärken. Dadurch wird nicht nur die staatliche Aufsicht entlastet, sondern auch die privatautonome Entscheidungsfreiheit gefördert, die durch bestehende Machtasymmetrien im Datenverkehr beeinträchtigt ist.[186] Da der DGA nur fragmentarische Regelungen diesbezüglich vorsieht, ist etwa auch das Recht der Treuhand zu beachten.[187]

76 Hierfür sind insbesondere technische Vorkehrungen relevant; so ist etwa eine sichere IT-Infrastruktur nach den gängigen technischen Standards bereitzustellen, Art. 21 Abs. 4 DGA. Konkretisiert werden die Maßstäbe bei eröffnetem Anwendungsbereich durch Art. 32 DS-GVO, welcher als exemplarische Leitlinie dienen kann. Zudem muss ein verlässliches Datenbankmanagement bestehen. Die Maßnahmen müssen im Einzelfall geeignet und effektiv sein, um dem angemessenen Sicherheitsniveau zu genügen.[188]

77 Unter Umständen muss durch anerkannte datenaltruistische Organisationen auch eine Datenschutzfolgeabschätzung getroffen werden, Art. 35 DS-GVO, damit geeignete technische Schutzmaßnahmen iSv Art. 25 DS-GVO bzw. Art. 21 Abs. 4 DGA ergriffen werden können.[189]

78 Zudem sind organisatorische Strukturen festzulegen, dazu zählt der Speicherort der Daten, Backup-Mechanismen oder welche Konditionen, etwa durch Rechte- und Rollenmanagementsysteme, für einen Datenzugriff zu erfüllen sind.[190] Wenn nach Art. 37 Abs. 1 DS-GVO aufgrund des Fehlens der Verarbeitung personenbezogener Daten keine Pflicht zur Benennung eines Datenschutzbeauftragten besteht, kann es dennoch ratsam sein, gemäß Art. 37 Abs. 4 DS-GVO freiwillig einen Datenschutzbeauftragten zu benennen, um den Umgang mit unerwartet übertragenen personenbezogenen Daten sicherzustellen.[191]

79 Die Geschäftsleitung ist in Rahmen einer guten Corporate Governance von zentraler Bedeutung,[192] sie muss daher eine umfassende fachliche Kompetenz besitzen, um geeignete Maßnahmen zu treffen.[193]

80 Erwgr. 46 S. 6 stellt eine unverbindliche Empfehlung von erweiterten Aufsichtsmaßnahmen im Sinne von Ethikräten einschließlich Vertretern der Zivilgesellschaft auf. Es sollen dadurch hohe Ethikstandards und der Schutz der Grundrechte bei der Datenverarbeitung gesichert werden. Weiter steht den anerkannten

---

185 Paschke/Rücker/Paschke Art. 21 Rn. 42.

186 Denga ZGR 2023, 611 (612).

187 Ausf. zu den daher bestehenden Treupflichten Denga ZGR 2023, 611 (638 f.).

188 Paschke/Rücker/Paschke Art. 21 Rn. 47; zu Art. 32 DS-GVO: Ehmann/Selmayr/Hladjk DS-GVO Art. 32 Rn. 4; Paal/Pauly/Martini DS-GVO Art. 32 Rn. 26; Sydow/Marsch/Mantz DS-GVO Art. 32 Rn. 10.

189 EDSA/EDSB Version 1.1 S. 48.

190 Paschke/Rücker/Paschke Art. 21 Rn. 48 f.; vgl. auch Art. 32 Abs. 4 DS-GVO: Gola/Heckmann/Piltz Art. 32 Rn. 50 f.; Paal/Pauly/Martini DS-GVO Art. 32 Rn. 64.

191 Der Datenschutzbeauftrage ist als „Schlüsselfigur im neuen Daten-Governance-System“ anerkannt, Art-29-Datenschutzgruppe WP 243 rev.01 – Datenschutzbeauftragter S. 5; Ehmann/Selmayr/Heberlein DS-GVO Art. 37 Rn. 1, zu dessen Pflichten: vgl. den Überblick bei Paal/Pauly/Paal DS-GVO Art. 39 Rn. 4–9.

192 MwN Hopt ZHR 2011, 444 (465).

193 Ausf. zu den sektorenspezifischen Anforderungen an Datenintermediäre: Denga ZGR 2023, 611 (646).

datenaltruistische Organisationen die Einrichtung eines (freiwilligen) Bei- oder Aufsichtsrates zur Kontrolle der Geschäftsleitung offen.[194]

b) Vermeidung von Interessenkonflikten

Datenaltruismus soll uneigennützig erfolgen; insofern sollen die eigenen Interessen und die Dritter keinen Einfluss auf den Datenverkehr nehmen. 81
lit. c

aa) Ohne Erwerbszweck, Art. 18 lit. c DGA

Ein Interessenkonflikt kann insbesondere entstehen, wenn privatfinanzierte Forschungseinrichtungen als datenaltruistische Organisationen tätig werden. In einem europäisch-autonomen Verständnis bedeutet Forschung zunächst das methodengeleitete Generieren neuen Wissens,[195] eine eigenständige Definition durch den DGA findet sich nicht. Hieraus ergibt sich kein Ausschluss für privatwirtschaftliche Forschung.Öffentlich-rechtlich finanzierte Forschung ist unzweifelhaft vom Privilegierungsgedanken des Datenaltruismusregimes erfasst. Allerdings sieht Art. 18 lit. c DGA vor, dass anerkannte datenaltruistische Organisationen, also auch Forschungseinrichtungen, ohne Erwerbszweck tätig sein müssen. Forschungsdatenrepositorien, die gänzlich oder auch lediglich teilweise gewinnorientiert sind, können offenkundig nicht erfasst sein, weil sie mittelbar oder unmittelbar gewerblichen oder betrieblichen Interessen dienen.[196] Die Ausgrenzung von Forschungseinrichtungen mit Erwerbszweck rechtfertigt sich daraus, dass Art. 15 DGA Privilegierungen vorsieht, um entsprechende Anreize für datenaltruistische Organisationen zu schaffen.[197] Es soll damit (nur) das Allgemeinwohl gefördert werden, nicht jedoch „auch-gemeinnützige" Unternehmen. 82

Dass das Forschungsargument missbraucht werden kann, um sachfremden Erwägungen zu dienen, ist etwa durch *Cambridge Analytica* bekannt, in dem die gezielte Manipulation von Wählerinnen und Wählern durch die Erhebung von Facebook-Daten unter dem Vorwand von Forschung ermöglicht wurde.[198] Als positives Gegenbeispiel sind freilich private Stiftungen zu nennen, welche Krebsforschung finanzieren, deren Ergebnisse der Öffentlichkeit allein aus Wohltätigkeitszwecken zur Verfügung gestellt wird,[199] oder die Entwicklung von Impfstoffen gegen Covid-19 durch private Forschungseinrichtungen.[200] 83

Rein privatwirtschaftliche Ziele sind mit dem Verständnis von Datenaltruismus des DGA nicht zu vereinbaren, auch wenn dieser Schluss nicht zwingend ist. Vermeiden wollte man mit dem Ausschluss der kommerziellen Interessen offenbar, dass große Tech-Unternehmen unter den DGA fallen, die mit kostenlosem Daten- 84

---

[194] Für die GmbH etwa Noack/Servatius/Haas/Noack GmbHG § 52 Rn. 20 ff.
[195] Calliess/Ruffert/Ruffert AEUV Art. 179 Rn. 1.
[196] Lauber-Rönsberg/Becker RuZ 2023, 30 (43); vgl. NK-DGA/Specht-Riemenschneider Art. 15 Rn. 11.
[197] Etwa die freiwillige Anmeldung nach Art. 19 Abs. 1 DGA, anstatt nach Art. 11 Abs. 1 DGA eine obligatorische Anmeldung für Datenvermittlungsdienste, vgl. auch Erwgr. 46 Abs. 2 S. 2; NK-DGA/Specht-Riemenschneider Art. 15 Rn. 4.
[198] Weichert ZD 2020, 18 (20).
[199] NK-DGA/Specht-Riemenschneider Art. 2 Rn. 108.
[200] Lauber-Rönsberg/Becker RuZ 2023, 30 (43).

teilen ihre Monopol-Marktstellung als „Super-Plattform" weiter stärken.[201] Diese Vorstellung von einer „ökonomisch entkoppelten" wissenschaftlichen Forschung im DGA könnte insofern auch einen teleologischen Ausschluss von privater Finanzierung gebieten, weil hierdurch nicht mehr ausschließlich altruistische Motive verfolgt werden. [202] Andernfalls könnte sich das Vertrauen in die Wohltätigkeit der Datenbereitstellung, eines der Hauptanliegen des DGA,[203] vermindern und damit zu sinkender Bereitschaft einer Datenpreisgabe führen. Die Entwurfsfassung des DGA sah ein Einbeziehen privat finanzierter Forschung zudem vor, wurde jedoch ersatzlos gestrichen.[204] Zudem hebt Art. 2 Nr. 16 DGA noch einmal gesondert hervor, dass die Forschung dem allgemeinen Interesse folgen muss.[205] Art. 15 DGA sieht eine Rückausnahme der Privilegierung für entgeltloses „match-making" vor, wobei „eigennütziges" Verhalten also gesetzlich vermutet wird.[206] Es soll präventiv Störfaktoren und Missbrauchspotential entgegengetreten werden, was für eine restriktive Gesetzesauslegung spricht.

85 Zu vielfältigen Problemen führt, dass der Forschungsbegriff von DGA und DS-GVO nicht einheitlich ausgelegt werden kann. Eine vergleichbare Regelung des Forschungsprivileges befindet sich in Art. 89 DS-GVO und schließt privat finanzierte Forschung nach ganz herrschender Ansicht ein.[207] Forschungsdaten wird es häufig nur mit Personenbezug geben,[208] sodass der Regelungsgegenstand hinsichtlich einer Sensibilität der Daten vergleichbar ist. Ein Bruch innerhalb der Vorstellung des europäischen Gesetzgebers ist daher sachlich schwer zu rechtfertigen; weiter führt eine uneinheitliche Auslegung potentiell zu einer komplizierten Handhabung im Zusammenspiel der Verordnungen, da die DS-GVO unberührt und damit anwendbar sein soll, Art. 1 Abs. 3 DGA.

86 Anstatt eines absoluten Ausschlusses sollte daher auch anhand zusätzlicher Kriterien differenziert werden, ob eine Privilegierung teleologisch vertretbar ist; denkbar ist die überprüfbare Einhaltung bestimmter wissenschaftlicher Standards.[209] Dies kann die Unabhängigkeit und Eigenständigkeit der Forschenden, die Transparenz des Forschungsprozesses und der Ergebnisse sowie das Ziel der Wissensgewinnung im allgemeinen Interesse frei von sachfremden Erwägungen beinhalten.[210] Dieses Vorgehen kann zu sachgerechten Ergebnissen im Einzelfall

---

[201] Vgl. Paschke/Rücker/Paschke Art. 2 Rn. 84.
[202] v. Ditfurth Datenmärkte S. 247.
[203] Erwgr. 5, vgl. Erwgr. 52.
[204] Erwgr. 35 S. 3 DGA-E, Lauber-Rönsberg/Becker RuZ 2023, 30 (42 f.).
[205] BeckOK DatenschutzR/Schild DGA Art. 2 Rn. 164.
[206] Gemeint ist die Herstellung von Geschäftsbeziehungen zwischen Datennutzern und -Inhabern bzw. betroffenen Personen, worin also bereits transaktionaler Charakter liegt, vgl. v. Ditfurth Datenmärkte S. 247.
[207] Vgl. Erwgr. 159 DS-GVO; Lauber-Rönsberg/Becker RuZ 2023, 43; Ehmann/Selmayr/Raum DS-GVO Art. 89 Rn. 27; Gola/Heckmann/Pötter DS-GVO Art. 85 Rn. 11; Paal/Pauly/Pauly DS-GVO Art. 85 Rn. 5; Weichert ZD 2020, 18 (20); *Spranger/Schulz* PharmR 2017, 128 (129); aA NK-DatenschutzR/Caspar DS-GVO Art. 89 Rn. 17.
[208] Putnings/Neuroth/Neumann/Praxishandbuch Forschungsdatenmanagement/Lauber-Rönsberg S. 90 f., abrufbar unter: https://doi.org/10.1515/9783110657807-005 (abgerufen am 1.8.2024); Lauber-Rönsberg/Becker RuZ 2023, 30 (31).
[209] BeckOK DatenschutzR/Schild/Richter/Schmidt-Wudy DGA Art. 2 Rn. 164; NK-DGA/Specht-Riemenschneider Art. 2 Rn. 108.
[210] Zu ähnlicher Regelung Art. 89 DS-GVO; Kühling/Buchner/Buchner/Tinnefeld DS-GVO Art. 89 Rn. 13; NK-DatenschutzR/Casper Art. 89 Rn. 16; Geminn DuD 2018, 643; Weichert

führen, ohne zentrale Zielsetzungen des DGA, also im Kern die Erleichterung von Datenpreisgabe, zu vereiteln.[211] Weiter lässt sich auch der *effet utile* anführen, da so der Anwendungsbereich des DGA ohne sachlichen Grund stark eingeschränkt wird. Hier können insbesondere die Mitgliedsstaaten durch konkretisierende Gesetze nach Art. 16 DGA Rechtssicherheit und damit ein höheres Vertrauen in den Altruismus schaffen.[212]

bb) Funktionelle Trennung, Art. 18 lit. d DGA

Jedwede Abhängigkeit zu einer kommerziellen Einrichtung könnte zu einer unzulässigen Beeinflussung, etwa einer wirtschaftliche Verwertung, der Datenverarbeitung führen. Insofern insistiert der DGA folgerichtig auf einer rechtlichen Trennung zu Organisationen mit solchen Zwecken.[213] Erwerbszwecke kollidieren mit dem Ziel der Förderung des Gemeinwohles und insbesondere auch dem individuell vereinbarten Zweck, der in diesem Kontext mit den allgemeinen Interesse untrennbar verbunden ist. Zur Konkretisierung wird eine Anlehnung an Art. 3 Anhang I AGVO oder §§ 15 ff. AktG vorgeschlagen; Abhängigkeit bestünde dann, wenn ein anderes Unternehmen auf ein rechtlich-autonomes Unternehmen (un-)mittelbar beherrschenden Einfluss hat.[214] Dies kann durch eine Mehrheit der Stimmrechte oder vertraglich eingeräumter Möglichkeiten für eine Beeinflussung der Personal- und Finanzierungsfragen gegeben sein.[215] Richtigerweise müssen neben rechtlichen Abhängigkeiten auch die finanziellen Hintergründe berücksichtigt werden, etwa in Form von Kreditabhängigkeiten. Auch eine personelle Trennung der Leitungsorgane ist für eine Unabhängigkeit notwendig.[216] So darf etwa die Geschäftsführerin einer anerkannten datenaltruistischen Organisation nicht in einer anderen Organisation mit kommerzieller Datenverarbeitung Berührungspunkte haben. 87

Anerkannte datenaltruistische Organisationen müssen nicht ausschließlich im Rahmen des Datenaltruismus tätig sein. Auf Grund des herausragenden Anliegens, Vertrauensräume für Betroffene und Dateninhaber zu schaffen, muss jedoch zu anderweitigen Aufgabenbereichen eine effektive funktionelle Trennung bestehen. Diese kann in der Trennung von IT-Systemen, sowie ergänzenden Betriebsanweisungen zum Umgang mit solchen Daten bestehen.[217] Zudem müssen insbesondere Bildungseinrichtungen Forschungsdaten von der Lehre trennen. 88

ZD 2020, 18 (19 f.).

211 Lauber-Rönsberg/Becker RuZ 2023, 30 (43); So auch Paschke/Rücker/Heckmann Art. 16 Rn. 61.

212 Vgl. NK-DGA/Specht-Riemenschneider Art. 2 Rn. 108.

213 Zum Konzept der Unabhängigkeit vgl. EuGH, EuZW 2021, 893 (898), Rn. 108 ff. – Europäische Kommission/Bundesrepublik Deutschland.

214 Emmerich/Habersack/Emmerich AktG § 17 Rn. 5; Schreiber/Pommerening/Schoel, Das neue Recht der Daten-Governance, § 4 Rn. 35.

215 Schreiber/Pommerening/Schoel, Das neue Recht der Daten-Governance, § 4 Rn. 35, vgl. Immenga/Mestmäcker/Nowak AGVO Art. 17 Rn. 13; Emmerich/Habersack/Emmerich AktG § 17 Rn. 10.

216 Paschke/Rücker/Paschke Art. 18 Rn. 40.

217 Paschke/Rücker/Paschke Art. 18 Rn. 43.

c) Transparenz

89 Art. 20 und 21 Abs. 1 bestimmen grundsätzlich, dass anerkannte datenaltruistische Organisation gewisse Transparenzanforderungen erfüllen müssen; für personenbezogene Daten gilt dies bereits durch die DS-GVO.

90 Art. 20 DGA soll durch eine Aufzeichnungspflicht der datenaltruistischen Tätigkeiten zu einer Nachvollziehbarkeit des Verarbeitungsumfeldes und seiner Prozesse führen. Zunächst schafft Art. 20 DGA nur eine Pflicht der Übermittlung des Jahresberichtes an die Behörde. Mittelbar soll hier durch die garantierte staatliche Überwachung allerdings auch Vertrauen der Betroffenen bzw. Dateninhaber gestärkt werden.[218]

91 Art. 21 DGA adressiert indessen auch unmittelbar das personenspezifische Informationsinteresse über ein öffentliches Interesse hinaus.Abs. 5 regelt eine Meldepflicht von unbefugten Datenzugriffen für Dateninhaber, für personenbezogene Daten besteht diese gegenüber dem Betroffenen bei entsprechender Risikobewertung bereits durch Art. 34 DS-GVO. Eine besondere Informationspflicht bei einem Drittlandstransfer von Daten besteht durch Abs. 6. Die anerkannte datenaltruistische Organisation ist demnach verpflichtet, der betroffenen Person oder dem Dateninhaber das jeweilige Drittland anzugeben, in dem die Daten verwendet werden sollen.[219]

92 Anerkannte datenaltruistische Organisationen dürfen zudem keine unredlichen bzw. manipulativen Techniken gegenüber Preisgebenden anwenden, um Daten zu akkumulieren, Art. 21 Abs. 2 S. 2 DGA. Dies ist in der DS-GVO bereits im Gebot von Treu und Glauben angelegt, Art. 5 Abs. 1 lit. a DS-GVO umfasst. Irreführende Vermarktungspraktiken können dabei auch unter der Richtlinie zu unlauteren Geschäftspraktiken justiziabel gemacht werden.[220]

93 Kritisch sind insbesondere „dark patterns“ und „addictive design“, in denen optimierte Benutzeroberflächen Nutzer zu einer Leistung, hier von Daten, entgegen ihrem eigentlichen Interesse drängen.[221] Insoweit kann es an einer wirksamen, weil „unfreiwilligen“ Einwilligung mangeln; bei nichtpersonenbezogenen Daten kann eine Anfechtung nach § 119 oder § 123 BGB des Datenlizenzvertrages in Frage kommen.[222] Als Rechtsschutzinstrument kann neben Art. 17 DS-GVO („Recht auf Vergessenwerden“), wegen der Tauglichkeit von Daten als Konditionsgegenstand auch allgemeines Bereicherungsrecht angewendet werden.[223]

---

[218] vgl. auch Erwgr. 46 S. 4 und 5; NK-DGA/Hennemann Art. 20 Rn. 6.

[219] Ausf. NK-DGA/Hennemann Art. 2 Rn. 81 f.

[220] Hierzu Schreiber/Pommerening/Schoel, Das neue Recht der Daten-Governance, § 4 Rn. 72.

[221] Ausf. Denga ZfDR 2022, 229 (232).

[222] NK-DGA/Hennemann Art. 21 Rn. 50 f.

[223] Denga ZfDR 2022, 229 (243); vgl. MüKoBGB/Schwab § 812 Rn. 6; BGH GRUR 2012, 417; OLG Koblenz GRUR 2012, 420.

2. Zugangspolitik gegenüber Nutzerinnen und Nutzern

a) NutzerInnen

Datennutzer, als juristische oder natürliche Person, zeichnet nach dem Verständnis des DGA aus, dass sie zum einen rechtmäßigen Zugang haben und im Falle von personenbezogenen Daten nach der DS-GVO für eine Nutzung berechtigt sind, Art. 2 Nr. 9 DGA. Die berechtigte Nutzung ist auch für nichtpersonenbezogene Daten Voraussetzung – hier liegt nach allgemeiner Auffassung lediglich ein Übersetzungsfehler vor.[224] 94

Öffentliche Stellen sind hier nicht explizit erwähnt; eine Qualifizierung als Datennutzer liegt indes nahe. Schließlich dienen einige Zwecke des Datenaltruismus unmittelbar staatlichen Aufgaben, etwa der Entwicklung, Erstellung und Verbreitung von amtlichen Statistiken oder der Verbesserung staatlicher Entscheidungsfindung. Im Gesamtkonzept des DGA soll gerade auch der öffentliche Sektor von den Erleichterungen durch den DGA profitieren.[225] 95

Ob Datenvermittlungsdienste auch Nutzer sein können, wird unterschiedlich beurteilt: Aus Art. 12 lit. a DGA folgt eine begriffliche Abgrenzung von Datenvermittlern einerseits und Datennutzern andererseits.[226] Zutreffend ist, dass die weitergehende Nutzung danach für eigene Zwecke des Datenvermittlungsdienstes untersagt wird; die Erbringung des Vermittlungsdienstes selbst, welche rechtmäßig ist, ist jedoch bereits eine Datennutzung. Insofern kann auch hieran eine Nutzereigenschaft geknüpft werden.[227] 96

Dass anerkannte datenaltruistische Organisationen Nutzer sein können, kann aus Erwgr. 45 S. 1 DGA gefolgert werden.[228] 97

b) Gemeinsame Nutzung

Die gemeinsame Datennutzung umfasst die entgeltliche oder unentgeltliche Bereitstellung von Daten durch eine betroffene Person oder einen Dateninhaber an einen Datennutzer für die gemeinschaftliche oder individuelle Nutzung dieser Daten auf der Grundlage freiwilliger Vereinbarungen, des Unionsrechts oder des nationalen Rechts, sowohl direkt als auch über einen Mittler, etwa im Rahmen von gebührenpflichtigen oder gebührenfreien offenen oder kommerziellen Lizenzen, Art. 2 Nr. 10 DGA. Sie ist auch Gegenstand der Definition des Datenaltruismus, Art. 2 Nr. 16 DGA. 98

---

[224] NK-DGA/Specht-Riemenschneider Art. 2 Rn. 58; BeckOK DatenschutzR/Schild/Richter/Schmidt-Wudy DGA Art. 2 Rn. 74; Schreiber/Pommerening/Schoel Das neue Recht der Daten-Governance, Glossar Datennutzer.

[225] Vgl. Art. 1 Abs. 1 DGA; BeckOK DatenschutzR/Brink/v. Ungern-Sternberg DGA Einführung Rn. 1; Paschke/Rücker/Keppeler/Poncza Art. 2 Rn. 38.

[226] Paschke/Rücker/Keppeler/Poncza Art. 2 Rn. 39.

[227] NK-DGA/Specht-Riemenschneider Art. 2 Rn. 55; abl. BeckOK DatenschutzR/Schild/Richter/Schmidt-Wudy DGA Art. 2 Rn. 73.

[228] NK-DGA/Specht-Riemenschneider Art. 2 Rn. 55; abl. BeckOK DatenschutzR/Schild/Richter/Schmidt-Wudy DGA Art. 2 Rn. 73.

99 Hierbei ist der gesamte Prozess des „Data-Sharings" inklusive der Bereitstellung als Realakt durch Betroffene oder Dateninhaber gemeint.[229] Insofern kann auch bereits das „Wahrnehmen" der Daten unter die gemeinsame Nutzung fallen. Dies folgt aus der Definition des Zuganges nach Art. 2 Nr. 13 DGA folgt, die eine Übertragung oder ein Herunterladen nicht erfordert.[230] Die Daten müssen also nicht die Sphäre des Betroffenen oder Dateninhabers verlassen.[231]

100 Der Datenzugang kann von öffentlichen Stellen von einer Anonymisierung bzw. abhängig gemacht werden.[232] Es kann auch eine Pseudonymisierung vereinbart werden.

c) Inhaltskontrolle von Nutzungsverträgen

101 Anerkannte datenaltruistische Organisationen sind wegen Art. 15 DGA auch von Art. 12 lit. f DGA freigestellt, der die Fairness, Transparenz und Diskriminierungsfreiheit der Nutzungsverträge betrifft. Daraus kann allerdings nicht gefolgert werden, dass dieses Privileg dazu berechtigt, unfaire und diskriminierende Vertragsbedingungen aufzustellen. Dies würde der europäischen Datenstrategie widersprechen, die Betroffenen und Dateninhabern möglichst weitgehende Kontrollmöglichkeiten über eigene Daten einräumen möchte.[233] Schließlich sollen Dateninhaber und Betroffene darauf vertrauen, dass ihre Daten effektiv und sicher zu den richtigen Nutzern geleitet werden. Daher ist auch eine inhaltliche Überprüfung der Nutzungsverträge geboten. Eine durchgängige Transparenz und Fairness entlang der gesamten Datenverarbeitungskette – von den Dateninhabern bzw. Betroffenen über Vermittler bis hin zu den Endnutzern – stärkt das Vertrauen in die Sicherheit der Prozesse. Insbesondere relevant wird dies für Nutzer bei der Erhebung von Entgelten, die die Kosten der Bereitstellung von Daten beinhalten.[234] Wenngleich die FRAND-Prinzipien wohl nicht unmittelbar Anwendung finden dürften,[235] so ist doch eine intensive Inhaltskontrolle im Lichte der Vertrauensförderung als Ziel des DGA unter den allgemeinen Kontrollnormen der §§ 307 ff. BGB und ggf. auch § 242 BGB geboten.

102 Transparente, faire Kriterien könnten im Kontext der Entschädigung hinsichtlich der Bereitstellung von Daten unter Art. 5 Abs. 6 DGA gefunden werden, der die erforderlichen Kosten der Weiterverwendung von Daten der öffentlichen

---

[229] Damit ähnlich weit wie das Verständnis einer Datenverarbeitung nach der DS-GVO, wo bereits ein „Erheben" ausreicht, Art. 4 Nr. 2 DS-GVO; Paal/Pauly/Ernst DS-GVO Art. 4 Rn. 23; Kühling/Buchner/Herbst DS-GVO Art. 4 Rn. 21. Zu DGA: Schreiber/Pommerening/Schoel Der neue DGA § 3 Rn. 15 f.; NK-DGA/Specht-Riemenschneider Art. 2 Rn. 59.

[230] NK-DGA/Specht-Riemenschneider Art. 2 Rn. 39.

[231] NK-DGA/Specht-Riemenschneider Art. 2 Rn. 79.

[232] Anonymisierung, → Rn. 57 ff.

[233] Anzuführen sind hier etwa 3-5 DA, die dem Nutzer einen Datenzugangsanspruch einräumt, Art. 2 Nr. 13 DA, vgl. auch Erwgr. 34 DA; dazu Kaesling GRUR 2024, 821; sowie einen Lizensierungsrecht zur Datenanalyse verschafft, zu den teleologischen Erwägungen vgl. Erwgr. 18 DA.

[234] Vgl. Art. 2 Nr. 16, anerkannte datenaltruistische Organisationen handeln grundsätzlich ohne Erwerbszweck.

[235] Die Bedeutung von FRAND-Prinzipien, die ursprünglich aus dem US-amerikanischen Kartell- und Wettbewerbsrecht stammen, erstarkt zunehmend im Bereich der europäischen Digitalrechtssetzung, ihre Anwendung ist jedoch auf einen dringenden Zugangsbedarf beschränkt, ausf. Denga ZfPW 2024, 427, unter E. IX. 1.

Stellen kategorisiert. Freilich können die tatsächlich anfallenden Kosten wegen der andersartigen Struktur der anerkannten datenaltruistischen Organisation hier abweichen. Berücksichtigungsfähige Kosten sind daher nicht auf den Katalog des Art. 6 Abs. 5 DGA beschränkt.[236]

[236] Paschke/Rücker/Keppeler/Poncza Art. 2 Rn. 83.

§ 8 Datenschutzrechtliche Grundfragen

I. Einleitung

1. Treuhandmodelle

Bislang hat sich noch keine einheitliche begriffliche oder funktionelle Definition für eine Datentreuhand herausgebildet.[1] Einzelne Vorschläge werden in der Literatur unterbreitet. So kann eine Datentreuhand unterschiedliche Zwecke erfüllen,[2] wobei der Fokus auf der Vermittlung des Datenzugangs im Fremdinteresse liegen soll.[3] In diesem Sinne kann Datentreuhandmodellen für Forschungszwecke eine besondere Relevanz zukommen und die Bereitschaft zum Datenteilen erhöhen, andere Modelle ermöglichen den Betroffenen die Kontrolle über ihre Daten. Letztere (Personal Information Management Systeme – PIMS) sind ausdrücklich in § 26 TTDSG geregelt und erfordern eine Akkreditierung der Anbieter. Problematisch ist in diesem Kontext allerdings, inwieweit die Ausübung einer Stellvertretung für den Betroffenen möglich ist, da für die Geltendmachung der Betroffenenrechte keine ausdrückliche Erlaubnis in der DS-GVO vorgesehen ist.[4] Ein weitere Datentreuhand, welche diskutiert wird, ist außerdem das so genannte „Data Escrow". Bei diesem Modell handelt es sich um eine freiwillige Selbstbeschränkung, welches insbesondere für sensible Daten (zB Gesundheitsdaten) in Betracht kommen kann.[5] Dabei kontrolliert der Datentreuhänder, ob die Voraussetzungen für den Datenzugang erfüllt sind. 1

---

[1] Siehe auch Gehring/Laakmann/Person/Seidemann in diesem Band, insbesondere dort Kapitel III zu den unterschiedlichen Konstellationen mit Treuhandfunktion → § 2 Rn. 11 ff.

[2] Vgl. Richter ZEuP 2021, 634 (642), der auf drei mögliche Zwecke eines Datentreuhänders verweist, denen er dienen kann, etwa ebenso die Förderung des Wettbewerbs. Siehe zur Datentreuhand und deren zivilrechtlicher Einordnung Beise RDi 2021, 597 (602 ff.). Siehe außerdem die Ausführungen von Buchheim/Augsberg/Gehring JZ 2022, 1139 ff. zur transaktionsbasierten Datentreuhand. Allgemein zur Datentreuhand Specht-Riemenschneider/Blankertz/Sierek/Schneider/Knapp/Henne MMR-Beil. Heft 6/2021, 25 ff. und zum datenschutzrechtlichen Rahmen Kühling ZfDR 2021, 1 ff. Siehe zur Datentreuhand in der Praxis EuroDat, abrufbar unter: https://www.eurodat.org/ (abgerufen am 5.12.2024).

[3] Diese Definition für eine Datentreuhand wird etwa von Specht-Riemenschneider/Blankertz (MMR 2021, 369 (370)) aufgestellt: „Eine Datentreuhand ist eine natürliche oder juristische Person oder eine Personenhandelsgesellschaft, die den Zugang zu von Datentreugebern bereitgestellten oder bereitgehaltenen Daten nach vertraglich vereinbarten oder gesetzlich vorgegebenen Daten-Governance-Regelungen im Fremdinteresse mittelt."

[4] Siehe den Meinungsstand bei BeckOK Datenschutzrecht/Stemmer, 49. Ed. 1.11.2023, DS-GVO Art. 7 Rn. 33.

[5] Specht-Riemenschneider/Blankertz/Sierek/Schneider/Knapp/Henne MMR-Beil. 2021, 25 (26).

2 Auch der Data Governance Act (DGA) beschreibt Datentreuhandmodelle.[6] Er ist Teil einer europäischen Datenstrategie aus dem Jahr 2020 und enthält Regelungen zur Weiterverwendung von im Besitz öffentlicher Stellen befindlichen, geschützten Daten bestimmter Kategorien, zur Erbringung von Datenvermittlungsdiensten und zu Diensten, die auf Datenaltruismus beruhen.[7] „Zentraler Baustein" der Verordnung ist Art. 10 DGA, der sich auf Datenvermittlungsdienste bezieht.[8] Ziel ist die gemeinsame Datennutzung: Es sollen ua „*Vermittlungsdienste zwischen betroffenen Personen, die ihre personenbezogenen Daten zugänglich machen wollen, oder natürlichen Personen, die nicht personenbezogene Daten zugänglich machen wollen, und potenziellen Datennutzern*" (Art. 10 Buchst. b DGA) geschaffen werden. Wichtig ist in diesem Zusammenhang insbesondere die Neutralität des Datenvermittlers und die Sicherstellung eines fairen, transparenten und nicht-diskriminierenden Verfahrens sowie die Überwachung der Einhaltung dieser Bedingungen. Dieses kann unterschiedlich ausgestaltet und von der Verwaltung der Zugriffschlüssel bis zur Prüfung der vertraglich vereinbarten Bedingungen einer gemeinsamen Datennutzung reichen, damit die Daten ausschließlich an berechtigte Datenempfänger ausgeliefert werden. Haftungsfragen können eine große Rolle spielen. Die Gewährleistung der Datenneutralität bzw. Neutralität der Anbieter (Erwgr. 33 S. 2) stellt daher ein wesentliches Merkmal dar, um Interessenkonflikte zu vermeiden.[9]

3 Natürlichen Personen steht nach dem DGA außerdem der Weg der so genannten „Datenspende" offen („Datenaltruismus" gemäß Art. 2 Nr. 16 DGA),[10] die „freiwillige gemeinsame Nutzung von Daten auf der Grundlage der Einwilligung betroffener Personen zur Verarbeitung der sie betreffenden personenbezogenen Daten, ohne hierfür ein Entgelt zu fordern oder zu erhalten." Der Zugang zu diesen Daten kann für die Forschung besondere Relevanz haben. Wertet man auch eine datenaltruistische Organisation als Datentreuhand, wäre jedoch von den Anforderungen des DGA zumindest nicht die Fallgestaltung erfasst, dass personenbezogene Daten gegen Entgelt übermittelt werden.

4 Der DGA kann die denkbaren Datentreuhandmodelle auch in anderen Bereichen nicht umfassend darstellen.[11] So steht beim DGA die Herstellung einer geschäftlichen Beziehung zwischen Dateninhabern und Datennutzern im Fokus (Art. 2 Nr. 11 DGA), was Dienste ausschließt, bei denen Dateninhaber und Datennutzer identisch sind oder bei denen Ergebnisse einer Datenauswertung an Datennutzer geliefert werden, aber die Geschäftsbeziehung ausschließlich zwischen Datennutzer und Datentreuhand besteht.

2. Treuhand und Datentreuhand

5 Die Literatur weist auf die Parallelen zwischen der „klassischen" Treuhand und der Datentreuhand hin. Letztere wird als unechte Treuhand eingeordnet, da keine dingliche Übertragung, in diesem Falle der Daten, möglich ist, und sich

6 VO (EU) 2022/868.
7 Eine europäische Datenstrategie, COM(2020) 66 final.
8 Hennemann/von Ditfurth NJW 2022, 1905 (1905).
9 Vgl. auch Richter ZEuP 2021, 634 (653).
10 Siehe hierzu Denga/Köbel in diesem Band → § 7 Rn. 8.
11 Buchholtz/Brauneck/Schmalhorst NVwZ 2023, 206 (207).

Unterschiede zur „klassischen" Treuhand ebenfalls mit Blick auf die geforderte Neutralität ergeben, da diese im Falle von Interessenkonflikten die Parteinahme zulässt.[12]

Die Frage ist jedoch, ob Neutralität als Abgrenzungskriterium tatsächlich geeignet ist, da dieses Gebot selbst vom DGA durchbrochen wird. So regelt Erwgr. 33 S. 10 DGA, dass „Anbieter von Datenvermittlungsdiensten, die die Datenweitergabe zwischen Einzelpersonen als betroffenen Personen und juristischen Personen als Datennutzer vermitteln" gegenüber den Einzelpersonen treuhänderische Pflichten haben sollten, „damit sichergestellt ist, dass sie im besten Interesse der betroffenen Personen handeln."[13] 6

3. Datentreuhand und Datenschutz

Für die datenschutzrechtliche Bewertung ist entscheidend, ob personenbezogene Daten betroffen sind (iSv Art. 4 Nr. 1 DS-GVO) und inwiefern der Zugriff auf diese möglich ist. 7

Im Verlauf dieses Beitrags soll zwischen Datengebern und Datenempfängern unterschieden werden. Die Konstellationen sind in unterschiedlicher Form denkbar. So können Datengeber und Datenempfänger in Abhängigkeit der jeweils vereinbarten Leistung des Datentreuhänders identisch oder verschieden sein. Auch ein Betroffener (iSv Art. 4 Nr. 1 DS-GVO), kann Datengeber sein. Ebenso ist es möglich, einen weiteren Dienstleister einzubinden, der etwa einen für die Auswertung der Daten erforderlichen Algorithmus bereitstellt.[14] Es wird daher bewusst auf den Terminus des Dateninhabers verzichtet, da dieser Begriff aus dem DGA stammt und sich darüber hinaus gemäß Art. 4 Nr. 8 DGA auf eine juristische Person oder auf eine natürliche Person bezieht, die in Bezug auf die betreffenden Daten keine betroffene Person ist. 8

II. Rechtsgrundlage im Datenschutzrecht

Die Zulässigkeit der Verarbeitung personenbezogener Daten muss grundsätzlich anhand der Erlaubnistatbestände des Art. 6 Abs. 1 DS-GVO bewertet werden, wobei ebenso eine zweckändernde Datenverarbeitung iSv Art. 6 Abs. 4 DS-GVO möglich ist, soweit man diese Regelung als eigenständige Rechts- 9

[12] Buchholtz/Brauneck/Schmalhorst NVwZ 2023, 206 (207) mit Verweis auf BGH NJW 2003, 3414 (3415). Es wird hier kein absolutes Recht vorausgesetzt, wobei allerdings auch die klassische Treuhand gesetzlich nicht geregelt ist. Siehe außerdem Gehring/Laakmann/Person/Seidemann in diesem Band, insbesondere Kapitel III zu den divergierenden Neutralitätskonzeptionen → § 2 Rn. 21.

[13] Auf dieses Erfordernis wies bereits die Entwurfsfassung des DGA hin. Siehe den Vorschlag für eine Verordnung des Europäischen Parlaments und des Rates vom 25.11.2020 über europäische Daten-Governance (Daten-Governance-Gesetz), S. 8. Siehe außerdem die weiteren Ausführungen zum DGA in Kapitel V.

[14] Siehe Buchheim/Augsberg/Gehring JZ 2022, 1139 ff.

grundlage einstuft.[15] In diesem Zusammenhang wird in der Kommentarliteratur darauf verwiesen, dass die Annahme eines eigenen Erlaubnistatbestandes in der Praxis auch nicht zu unbilligen Ergebnissen führe, da die Vereinbarkeit mit dem ursprünglichen Zweck vorliegen müsse, dies auch vollständig nachprüfbar und keine unzulässige Datenverarbeitung erlaubt sei.[16] Da dies allerdings, ebenso wie die Anwendbarkeit von Art. 6 Abs. 4 DS-GVO im Falle von sensiblen Daten (besonderen Kategorien personenbezogener Daten iSv Art. 9 DS-GVO), umstritten ist, sollen im Folgenden die geeigneten Rechtsgrundlagen dargestellt werden:

10 Eine solche kann sich eine Berechtigung zur Datenverarbeitung durch eine Datentreuhand sowie der Übermittlung von personenbezogenen Daten an diese grundsätzlich aus Art. 6 Abs. 1 S. 1 Buchst. a DS-GVO (Einwilligung), Art. 6 Abs. 1 S. 1 Buchst. b DS-GVO (Erforderlichkeit der Datenverarbeitung) sowie Art. 6 Abs. 1 S. 1 Buchst. f DS-GVO (berechtigte Interessen) ergeben. Möglich wären außerdem Art. 6 Abs. 1 S. 1 Buchst. c DS-GVO (rechtliche Verpflichtung) oder Art. 6 Abs. 1 S. 1 Buchst. e DS-GVO (Wahrnehmung einer öffentlichen Aufgabe). Für Datenverarbeitungen nach Art. 6 Abs. 1 S. 1 Buchst. c oder Buchst. d DS-GVO ist jedoch erforderlich, dass eine nationale Rechtsgrundlage die Datenverarbeitung erlaubt.[17]

11 Es muss in allen Fällen die Vertragskonstellation berücksichtigt und die Frage beantwortet werden, ob die Datentreuhand als eigener Verantwortlicher der Datenverarbeitung oder als weisungsgebundener Dienstleister fungiert bzw. fungieren soll (siehe hierzu Kapitel VI). Gewährt ein Dateninhaber (Art. 2 Nr. 8 DGA) einer Datentreuhand Zugang zu personenbezogenen Daten, muss diese Datenweitergabe im Verhältnis zum Betroffenen (Art. 4 Nr. 1 DS-GVO) ebenfalls legitimiert sein.

12 Zudem ist zu berücksichtigen, dass es selbst dann einer Rechtsgrundlage bedarf, wenn die Daten anonymisiert werden. Diese Rechtsauffassung wird zumindest im Positionspapier des Bundesbeauftragten für den Datenschutz und die Informationsfreiheit vertreten: „Die Anonymisierung stellt eine Verarbeitung dar und bedarf als solche einer Rechtsgrundlage".[18]

---

[15] Siehe ua Paal/Pauly/Frenzel DS-GVO Artikel 6 Rn. 46 ff. zur Vereinbarkeit von Sekundärzwecken und Kompatibilitätstests.

[16] Auernhammer/Kramer DS-GVO Art. 6 Rn. 100, 107. AA Kühling/Buchner/Buchner/Petri DS-GVO Art. 6 Rn. 181 ff. ua mit Verweis auf BeckOK Datenschutzrecht/Albers/Veit, 49. Ed. 1.11.2023, DS-GVO Art. 6 Rn. 75. Siehe außerdem Paal/Pauly/Frenzel BDSG § 31 Rn. 8.

[17] Kühling/Buchner/Buchner/Petri DS-GVO Art. 6 Rn. 87 ff., 114. Im Rahmen dieses Beitrages soll allerdings die öffentliche Aufgabenwahrnehmung nicht weiter vertieft, sondern stattdessen die rechtliche Verpflichtung dargestellt werden.

[18] *BfDI*, „Positionspapier zur Anonymisierung unter der DSGVO unter besonderer Berücksichtigung der TK-Branche" 29.6.2020, abrufbar unter: https://www.bfdi.bund.de/SharedDocs/Downloads/DE/Konsultationsverfahren/1_Anonymisierung/Positionspapier-Anonymisierung.html (abgerufen am 5.12.2024), S. 5. Klarstellend ist allerdings darauf zu verweisen, dass dies nur die Anonymisierung als solche betrifft, aber nicht die spätere Verarbeitung der anonymisierten Daten.

1. Einwilligung

a) Datentreuhänder als verantwortliche Stelle

Fungiert der Datentreuhänder als verantwortliche Stelle (Art. 4 Nr. 7 DS-GVO) 13
ist eine Einwilligung gemäß Artikel 6 Abs. 1 S. 1 Buchst. a DS-GVO etwa bei Fallkonstellationen denkbar, die sich auf Datenaltruismus gemäß Artikel 16ff. DGA und damit auf Ziele von allgemeinem Interesse beziehen, wenn die anerkannte datenaltruistische Organisation personenbezogene Daten verarbeitet (vgl. Art. 20 Abs. 1 Buchst. a DGA). So verweist die Regelung selbst gemäß Art. 25 DGA auf die Einwilligungsvoraussetzungen der Datenschutzgrundverordnung. Allerdings ist eine Einwilligung in der Praxis stets mit Schwierigkeiten behaftet, da die hohen gesetzlichen Anforderungen zu berücksichtigen sind. Es bedarf der Freiwilligkeit und der Transparenz, so dass dem Betroffenen bekannt sein muss, welche Daten für welche Zwecke verwendet werden und ob eine Weitergabe an Dritte erfolgt. Die Tragweite der Einwilligung muss deutlich sein[19] und die Einwilligung darf nicht an die Vertragserfüllung gekoppelt sein (Erwgr. 43 DS-GVO). Einem Verantwortlichen obliegen somit Informationspflichten und er muss eine Einwilligungserklärung erstellen, die verständlich und an einem Durchschnittsverbraucher orientiert die Zwecke der Datenverarbeitung aufzeigt und ebenso das Widerrufsrecht sicherstellt.[20] In diesem Zusammenhang wird etwa auf die Relevanz von Mustereinwilligungslösungen bzw. standardisierten Einwilligungen verwiesen.[21] Lange, komplizierte und mit juristischen Fachausdrücken gespickte Datenschutzhinweise sind dabei zu vermeiden.[22] Informationen zur Einwilligung sind von Informationen zu anderen (ggf. vertragsbezogenen) Angelegenheiten klar zu trennen.[23] Bei sensiblen Daten gelten für die Einwilligungserklärung zudem erhöhte Anforderungen. Sie muss ausdrücklich erfolgen (Art. 9 Abs. 2 Buchst. a DS-GVO).

---

[19] Kühling/Buchner/Buchner/Kühling DS-GVO Art. 7 Rn. 59. Taeger/Gabel/Arning/Rothkegel DS-GVO Art. 4 Nr. 11 Rn. 335.

[20] Siehe zum Begriff des Durchschnittsverbrauchers das Grundsatzurteil des EuGH vom 16.9.2004 – C-329/02 P, BeckRS 2004, 76457, wonach ein solcher normal informierter und angemessen aufmerksame und verständig ist . Das Widerrufsrecht muss im Übrigen so leicht wie die Erteilung der Einwilligung umsetzbar sein. Daher dürften ausschließliche Widerrufsmöglichkeiten über andere Kommunikationswege wie E-Mail, Anruf, Fax oder sogar per Brief nicht den Vorgaben entsprechen (siehe hierzu Die Landesbeauftragte für den Datenschutz Niedersachsen, Handreichung: Datenschutzkonforme Einwilligungen auf Webseiten – Anforderungen an Consent-Layer, S. 8 (Stand: November 2020). Auch wäre möglich, die Betroffenen in regelmäßigen Abständen an ihre Widerrufsmöglichkeit zu erinnern. Siehe außerdem Kühling/Buchner/Buchner/Kühling DS-GVO Art. 7 Rn. 60.

[21] Siehe Specht-Riemenschneider/Blankertz/Sierek/Schneider/Knapp/Henne MMR-Beil. 2021, 25 (46).

[22] Europäischer Datenschutzausschuss, Leitlinien 05/2020 zur Einwilligung gemäß Verordnung 2016/679 Version 1.1, angenommen am 4.5.2020, S. 18.

[23] Europäischer Datenschutzausschuss, Leitlinien 05/2020 zur Einwilligung gemäß Verordnung 2016/679 Version 1.1, angenommen am 4.5.2020, S. 16. Siehe allgemein zur „Unterscheidbarkeit" der Erklärung von anderen Sachverhalten Plath/Plath DS-GVO BDSG TTDSG, 4. Aufl., DS-GVO Art. 7 Rn. 12.

b) Datentreuhänder als Auftragsverarbeiter

14 Ein Vertrag kann ebenso unmittelbar zwischen Datengebern und Datenempfängern zustande kommen. In diesem Falle wäre die Datentreuhand als Dienstleister iSv Art. 28 DS-GVO eingebunden (siehe hierzu Kapitel VI). An den gerade genannten Einwilligungsanforderungen ändert sich jedoch insoweit nichts. Zu unterscheiden ist dabei wie folgt:

15 Ist der Datengeber eine natürliche Person und handelt es sich bei den Daten um „seine" personenbezogenen Daten (Betroffener iSv Art. 4 Nr. 1 DS-GVO), dann muss der Datenempfänger die Anforderungen an eine wirksame Einwilligungserklärung sicherstellen. Der Datentreuhänder ist insoweit nur weisungsgebundener Dienstleister. Datenempfänger dürfen personenbezogene Daten der betroffenen Personen aufgrund einer Einwilligungserklärung daher nur nutzen, wenn deren Voraussetzungen gemäß Art. 7 DS-GVO, oder bei sensiblen Daten gemäß Art. 9 Abs. 2 Buchst. a DS-GVO, erfüllt wurden.

16 Handelt es sich bei dem Datengeber hingegen um eine juristische oder natürliche Person, die die Daten des Betroffenen verarbeitet und an einen Datenempfänger übermitteln möchte, ist im Innenverhältnis zwischen Datengeber und Betroffenen zunächst sicherzustellen, dass eine Rechtsgrundlage gemäß Art. 6 Abs. 1 DS-GVO die Datenverarbeitung, insbesondere die Übermittlung der personenbezogenen Daten an einen Datenempfänger legitimiert.

2. Erforderlichkeit

17 Die Erforderlichkeit einer Datenverarbeitung (Artikel 6 Abs. 1 S. 1 Buchst. b DS-GVO) ist im Rahmen eines Datentreuhandverhältnisses vor allem denkbar, wenn die Datentreuhand als Auftragsverarbeiter (Art. 28 DS-GVO) fungiert und der Vertrag über die Verarbeitung von personenbezogenen Daten eines Betroffenen (Art. 4 Nr. 1 DS-GVO) zwischen Datengeber und Datenempfänger zustande kommt. Auch in diesem Falle bedarf es im Innenverhältnis zwischen Datengeber und Betroffenen einer Rechtsgrundlage (Art. 6 Abs. 1 DS-GVO), die die Datenverarbeitung legitimiert.

18 Ausgangspunkt der Prüfung ist in diesem Falle jedoch nicht, ob die Datenverarbeitung mittels einer Datentreuhand erforderlich ist. Denn in diesem Falle wäre die Erforderlichkeit regelmäßig zu verneinen, da diese zuumindest von den Datenschutzaufsichtsbehörden streng ausgelegt und darauf verwiesen wird, dass der Vertrag ohne die spezifische Verarbeitung nicht erfüllt werden könne und eine *objektive* Notwendigkeit gegeben sein muss.[24] Kommt der Vertrag unmittelbar zwischen Datengeber und Datenempfänger zustande und sind nur diese iSv Artikel 4 Nr. 7 DS-GVO datenschutzrechtlich verantwortlich, kommt es darauf an, dass die Erforderlichkeit der Vertragsdurchführung in diesem Vertragsver-

[24] Europäischer Datenschutzausschuss, Leitlinien 2/2019 zur Verarbeitung personenbezogener Daten gemäß Artikel 6 Absatz 1 Buchstabe b DS-GVO im Zusammenhang mit der Bereitstellung von Online-Diensten für betroffene Personen Version 2.0, v. 8.10.2019, S. 10/11. Danach geht es „nicht nur um die Frage geht, was nach den Klauseln eines Vertrags zulässig ist oder in den Vertragsklauseln steht", sondern die Erforderlichkeit impliziert „das Erfordernis einer kombinierten, faktengestützten Bewertung der Verarbeitung.

hältnis gegeben ist. Es bedarf keiner Erforderlichkeitsprüfung dahingehend, ob die Einbindung eines Datentreuhänders erforderlich ist, wenn dieser lediglich als Dienstleister eingeschaltet ist. In diesem Falle handelt es sich um eine Auftragsverarbeitung, die sowohl unter dem BDSG aF als auch unter der DS-GVO privilegiert ist. Es bedarf vor allem keiner eigenständigen Rechtsgrundlage zwischen Verantwortlichem und der Datentreuhand als Auftragsverarbeiter, um ihr gegenüber die Offenlegung der personenbezogenen Daten zu legitimieren (siehe hierzu auch die Ausführungen in Kapitel VI).[25]

Vorstellbar wäre hierzu, dass die Datenzusammenführung unterschiedlicher Daten für die Vertragsdurchführung erforderlich ist, um innovative Produkte, auch Finanzprodukte, anzubieten. Die Finanzdatenzugangsverordnung verweist auf ein hohes Innovationspotenzial für die Verbraucher, etwa mit Blick auf den Austausch von Daten über betriebliche und private Altersvorsorge (Erwgr. 15).[26] Dazu muss die Kontrolle und das Vertrauen der Kunden gewährleistet sein, zu dessen Sicherstellung die Dateninhaber auch auf Anbieter von Datenvermittlungsdiensten gemäß DGA zurückgreifen können (Erwgr. 5, 21 Finanzdatenzugangsverordung). 19

Daher könnte ein Datentreuhänder zur Stärkung des Vertrauens insoweit beitragen, sofern bei ihm beispielsweise die Datenauswertung stattfindet und es nicht erforderlich ist, sämtliche Daten eines Betroffenen an einen Datenempfänger zu übertragen, sondern nur das Analyseergebnis. Förderlich für den Datenschutz wäre, wenn ein solch neutraler Akteur als Garant dafür einstehen könnte, dass die zugrunde liegenden Daten unmittelbar nach der Auswertung gelöscht und die Grundsätze der Datenminimierung und Zweckbindung eingehalten werden. 20

Weiterhin könnte eine Datentreuhand zwischen Betroffenen und einer kreditgebenden Bank verankert werden, um eine Kreditwürdigkeitsprüfung oder Analysen anstelle der Bank vorzunehmen.[27] So ist die Datenverarbeitung zur Erfüllung einer Kreditwürdigkeitsprüfung grundsätzlich erforderlich, soweit nicht sogar eine gesetzliche Verpflichtung unterstellt werden kann (siehe auch den nachfolgenden Punkt „3. Rechtliche Verpflichtung"). Dies und inwieweit eine solche Konstellation aus bank- und haftungsrechtlichen Erwägungen überhaupt interessant ist, bedarf jedoch näherer Prüfung.[28] 21

3. Rechtliche Verpflichtung

Rechtliche Verpflichtungen gemäß Artikel 6 Abs. 1 S. 1 Buchst. c DS-GVO bedürfen stets einer nationalen Rechtsgrundlage, die die Datenverarbeitung erlaubt.[29] 22

[25] Kühling/Buchner/Hartung DS-GVO Art. 28 Rn. 13ff.
[26] Siehe den Vorschlag für eine Verordnung des Europäischen Parlaments und des Rates vom 28.6.2023 über einen Rahmen für den Zugang zu Finanzdaten und zur Änderung der Verordnungen (EU) Nr. 1093/2010, (EU) Nr. 1094/2010, (EU) Nr. 1095/2010 und (EU) 2022/2554.
[27] Siehe hierzu auch das Gutachten https://www.vzbv.de/sites/default/files/2024-10/24-09-17_Gutachten_iff_Kreditw%C3%BCrdigkeitspr%C3%BCfung.pdf, abgerufen am 5.12.2024, S. 48.
[28] Eine Treuhand in diesem Kontext sollte auch dem Schutz der Betroffenen dienen.
[29] Kühling/Buchner/Buchner/Petri DS-GVO Art. 6 Rn. 87 ff., 114.

23 Mit Blick auf die gerade beispielhaft genannten Kreditwürdigkeitsprüfungen ist eine solche Rechtsgrundlage einer rechtmäßigen Datenverarbeitung in § 505a des Bürgerlichen Gesetzbuches und in § 18a des Kreditwesengesetzes gesetzlich verankert. Art. 18 Abs. 1 der Verbraucherrichtlinie regelt in diesem Sinne, dass die Mitgliedstaaten vorschreiben müssen, dass der Kreditgeber vor Abschluss eines Kreditvertrags eine eingehende Prüfung der Kreditwürdigkeit des Verbrauchers vornehmen muss, um im Interesse des Verbrauchers, unverantwortliche Kreditvergabepraktiken und Überschuldung zu verhindern.[30]

24 Die Einbindung von Datentreuhändern kann im Rahmen einer rechtlichen Verpflichtung außerdem zur Unterstützung der Ermittlung von Geldwäscheaktivitäten oder der Aufdeckung von Terrorismusfinanzierung in Betracht kommen (Artikel 6 Abs. 1 S. 1 Buchst. c DS-GVO, § 25h Abs. 3 KWG in Verbindung mit § 47 Abs. 5 GwG),[31] wobei sich eine weitere Rechtsgrundlage aus Artikel 6 Abs. 1 S. 1 Buchst. f DS-GVO ergibt (siehe hierzu den nachfolgenden Punkt).

4. Berechtigte Interessen

a) Berechtigtes Interesse

25 Datenverarbeitungen auf der Grundlage von Artikel 6 Abs. 1 S. 1 Buchst. f DS-GVO dürfen nur erfolgen, soweit dies zur Wahrung berechtigter Interessen der Datengeber oder Dritter erforderlich ist und die Interessen oder Grundrechte und Grundfreiheiten der betroffenen Person, die den Schutz personenbezogener Daten erfordern, nicht überwiegen. Was unter einem berechtigten Interesse zu verstehen ist, wird in der DS-GVO nicht näher definiert. Insgesamt wird das Merkmal weit ausgelegt und es sind nicht nur rechtliche, sondern ebenso tatsächliche, ideelle oder wirtschaftliche Interessen umfasst.[32] Das berechtigte Interesse und die damit einhergehende Datenverarbeitung muss für jeden Anwendungsfall begründet und nachgewiesen werden (Artikel 5 Abs. 2 DS-GVO). Ergänzend ist jedoch zu berücksichtigen, dass die Interessenabwägung durch die Transparenz flankiert wird, da „die vernünftigen Erwartungen der betroffenen Person, die auf ihrer Beziehung zu dem Verantwortlichen beruhen," zu berücksichtigen sind (Erwgr. 47 DS-GVO).

26 Im Übrigen bedarf es auch hier für die Übermittlung von personenbezogenen Daten an die Datentreuhand keiner Rechtsgrundlage, sofern diese als Auftragsverarbeiter agiert (Art. 28 DS-GVO).[33] Entscheidend ist allein, ob der Verantwortliche der Datenverarbeitung die Daten aufgrund eines berechtigten Interesses verwenden darf. Zu beachten wäre daher, dass mit Blick auf die Übermittlung eines (personenbezogenen) Datenprodukts bzw. eines Analyseergebnisses an den oder die Datenempfänger ein Rechtsgrundgrund vorliegen muss, etwa ein berech-

---

[30] RL (EU) 2023/2225. Grundsätzlich kommt als datenschutzrechtliche Rechtsgrundlage für die Kreditwürdigkeitsprüfung außerdem Art. 6 Abs. 1 S. 1 Buchst. b DS-GVO („Erforderlichkeit für die Vertragserfüllung") in Betracht.

[31] Siehe zum Reformbedarf der Geldwäschebekämpfung den Beitrag von Ferber in diesem Band → § 11 Rn. 65 ff., Rn. 84.

[32] Siehe etwa die Ausführungen von Taeger/Gabel/Taeger DS-GVO Artikel 6 Rn. 127 ff., 129.

[33] Siehe hierzu S. 222 unter „Erforderlichkeit" → Rn. 17 (Kapitel II 2) sowie die Ausführungen zur Einwilligung unter → Rn. 13 (Kapitel II 1 b).

tigtes Interesse iSv Artikel 6 Abs. 1 Buchst. f DS-GVO, so dass die übermittelten (personenbezogenen) Daten für den Empfänger erforderlich sein müssen.

b) Interessenabwägung

aa) Datengeber

Hinsichtlich der Grundrechte und Grundfreiheiten der betroffenen Personen müsste begründet werden, dass die konkrete Datenverarbeitung zur Wahrung der berechtigten Interessen des Datengebers erforderlich ist und ihm kein milderes oder gleich effektives Mittel zur Verfügung steht, um seine Interessen als Verantwortlicher zu erreichen. Es geht nicht um die „wirtschaftlich sinnvollste Alternative".[34] 27

Wie oben beschrieben sind vielfältige Interessen sowie Einsatzmöglichkeiten einer Datentreuhand denkbar, beispielsweise auch eine übergreifende Datenanalyse oder gemeinsame Datennutzung durch unterschiedliche Datengeber. Wesentliche Frage bei diesem Szenario wäre daher, ob es tatsächlich erforderlich ist, dass mehrere Unternehmen als Verantwortliche iSv Art. 4 Nr. 7 DS-GVO „ihre" bzw. personenbezogene Daten zur Auswertung an eine Datentreuhand übertragen bzw. mittels der Datentreuhand zu Auswertungszwecken oder gemeinsamer Datennutzung zusammenführen, oder ob es Alternativen gäbe, um das angestrebte Ziel zu erreichen. Dabei ist im Rahmen der Interessenabwägung auf Seiten des Verantwortlichen grundsätzlich zu berücksichtigen, dass seine unternehmerische Freiheit gleichermaßen ein garantiertes Grundrecht darstellt (Art. 16 GRCh). 28

bb) Betroffene

Letztendlich muss die Interessenabwägung jedoch ergeben, dass die Grundrechte und Grundfreiheiten der betroffenen Personen nicht überwiegen und die gemeinsame Datennutzung ebenso von deren „vernünftigen Erwartungen" umfasst sind. Sollten sich zukünftig, insbesondere aufgrund der Intention des DGA (siehe hierzu nachfolgend die Ausführungen unter Punkt V.) Datenvermittlungsdienste in der breiten Öffentlichkeit etablieren, beeinflusst dies ebenfalls die vernünftigen Erwartungen der betroffenen Personen. Zudem kann im Rahmen einer Interessenabwägung ebenso berücksichtigt werden, dass sich die Verarbeitung mittels eines Datentreuhänders positiv auf die Grundrechte und Grundfreiheiten der Betroffenen auswirken könnte. So wird bei einer gemeinsamen Datennutzung mittels einer Datentreuhand der Vollzugriff auf die Daten des jeweils anderen Vertragspartners vermieden. Allerdings bedarf es dann in gleichem Maße eines transparenten Prozesses, der die Grundrechte und Grundfreiheiten der Betroffenen schützt und unter Umständen auch mögliche Erwartungen an einen Datentreuhänder als Kontrollinstanz erfüllt.[35] Hierbei kann ebenso eine entscheidende Rolle spielen, ob eine vollständig automatisierte Datenverarbeitung eingesetzt wird und welche Variablen ein eingesetzter Algorithmus für die gemeinsame Datennutzung heranzieht und wie die Gewichtung der Kriterien erfolgt. Auch 29

[34] Kühling/Buchner/Buchner/Petri DS-GVO Artikel 6 Rn. 147c.

[35] So verweist Kühling ZfDR 2021, 1 (16) in einem anderen Zusammenhang auf das „überlegene Wissen über die Mittel der Datenverarbeitung", was sich die Betroffenen erhofften.

wenn diese Umstände dem Betriebs- und Geschäftsgeheimnis unterliegen können und Betroffenen im Rahmen einer Auskunftserteilung nicht mitgeteilt werden müssten,[36] sind deren Rechte sicherzustellen: Risiken für die Rechte und Freiheiten der betroffenen Personen liegen vor allem dann vor, wenn die zugrundeliegenden Daten bzw. Parameter des Algorithmus unrichtig sind und nicht korrigiert werden können. Es müssen mögliche Diskriminierungen vermieden werden, die im deutschen Recht seit dem Inkrafttreten des Allgemeinen Gleichbehandlungsgesetzes (AGG) verboten sind.[37] Der Einsatz des „richtigen" Algorithmus kann aber umgekehrt gleichermaßen dazu führen, dass diskriminatorische Risiken verringert oder gar vermieden und einzelne Personengruppen gerade nicht schlechter gestellt werden. Wird der Algorithmus diskriminierungsfrei erstellt und sind auch die zugrundeliegenden Trainingsdaten diskriminierungsfrei (vgl. auch Artikel 10 Abs. 3 der KI-Verordnung), können sowohl unmittelbare als auch mittelbare Diskriminierungen verhindert werden. Der Algorithmus könnte sogar – über die Anforderungen des § 19 Abs. 2 AGG hinausgehend – so trainiert werden, dass er nicht nur die engen Voraussetzungen des § 19 Abs. 2 AGG beachtet, sondern jedwede Kriterien des § 19 Abs. 1 AGG berücksichtigt (siehe insbesondere hierzu auch das nachfolgende Kapitel III. „Automatisierte Entscheidungen").

c) Anwendungsfall Betrugsprävention und Geldwäsche

30 Auch im Finanzbereich sind Dienstleistungen denkbar, die durch eine Datenauswertung oder gemeinsame Datennutzung mittels einer Datentreuhand unterstützt werden könnten. Beispielhaft kann auf die Betrugsprävention hingewiesen werden. Gemäß Erwgr. 47 S. 6 DS-GVO stellt die „Verarbeitung personenbezogener Daten im für die Verhinderung von Betrug unbedingt erforderlichen Umfang" ein berechtigtes Interesse dar.[38] Hinzu kommt als weiteres berechtigtes Interesse die Vermeidung bzw. Eindämmung von kreditorischen Risiken, dh Zahlungsausfällen und Schäden durch säumige Zahler.[39] So geht das Bayerische Landesamt für Datenschutzaufsicht davon aus, dass bankenübergreifende Fraud Prevention Pools grundsätzlich auch unter Geltung der DS-GVO nach der Interessenabwägungsvorschrift gemäß Art. 6 Abs. 1 Buchst. f DS-GVO zulässig sind, da nach Erwgr. 47 die Verarbeitung personenbezogener Daten im für die Verhinderung von Betrug unbedingt erforderlichen Umfang ein berechtigtes Interesse des jeweiligen Verantwortlichen darstellen kann.[40]

31 Mit Blick auf Geldwäscheaktivitäten erlauben § 25h Abs. 3 KWG und § 47 Abs. 5 GWG die gegenseitige Information der Kreditinstitute und Finanzdienstleistungsinstitute, auch unter Verwendung einer Datenbank. So sind in § 25h Abs. 3 KWG Untersuchungspflichten ungewöhnlicher Transaktionen verankert. Diese Regelung zum Informationsaustausch zwischen Banken stellt aber keine

[36] Vgl. etwa zum SCHUFA-Scorewert BGH MMR 2014, 489 ff.

[37] Allgemeines Gleichbehandlungsgesetz vom 14.8.2006 (BGBl. I 1897), zuletzt geändert durch Artikel 1 des Gesetzes vom 23.5.2022 (BGBl. I 768).

[38] Zur Betrugsprävention im Zusammenhang mit Big Data Anwendungen siehe Plath/Plath, DS-GVO BDSG TTDSG, 4. Aufl., DS-GVO Artikel 6 Rn. 68.

[39] Assion/Hauck ZD-Beil. 2020, 1 (3).

[40] Bayerisches Landesamt für Datenschutzaufsicht, 7. Tätigkeitsbericht des Bayerischen Landesamtes für Datenschutzaufsicht für die Jahre 2015 und 2016, S. 64.

Verpflichtung dar. Es sind zwar bankenintern Datenverarbeitungssysteme zu betreiben, um auffällige Transaktionen erkennen zu können und zu untersuchen, aber die bankenübergreifende Nutzung ist nur eine (unter engen Voraussetzungen) erlaubte Befugnis. Vertritt man allerdings die Auffassung, dass die Analyse von auffälligen und ungewöhnlichen Sachverhalten sowie deren Übermittlung durch Kreditinstitute nicht nur erlaubt ist, sondern diese sogar dazu verpflichtet sind, kommt als Rechtsgrundlage Art. 6 Abs. 1 S. 1 Buchst. c DS-GVO in Betracht (siehe oben unter „3. Rechtliche Verpflichtung") und der Informationsaustausch zwischen Banken unter Einbindung eines Datentreuhänders wäre bereits durch diese Rechtsgrundlage legitimiert. Besonders zu prüfen wäre im Zusammenhang mit finanz- und bankenbezogenen Sachverhalten in jedem Fall stets die Einhaltung des Bankgeheimnisses.

Zu berücksichtigen ist in diesem Zusammenhang darüber hinaus, dass der **32**
Informationsaustausch zwischen Banken gemäß § 25h Abs. 3 S. 4 KWG erst dann stattfinden darf, wenn es um einen konkreten Sachverhalt geht, der Auffälligkeiten oder Ungewöhnlichkeiten enthält. Sofern jedoch Auffälligkeiten und Ungewöhnlichkeiten erst durch Datenzusammenführung in einem Datentreuhänder erkannt werden sollen, handelt es sich um einen § 25h Abs. 3 KWG oder § 47 Abs. 5 GWG vorgelagerten Prozess. Diesen Prozess der aktiven und systematischen Untersuchung ist ein bereits in § 25h Abs. 2 KWG geregelter gesetzlicher Anwendungsfall, allerdings beschränkt auf bankeninterne Handlungen und nicht bankenübergreifend. Daher muss an dieser Stelle aus datenschutzrechtlicher eine zusätzliche Abwägung stattfinden, inwieweit die vernünftigen Erwartungen der betroffenen Personen gemäß Art. 6 Abs. 1 S. 1 Buchst. f DS-GVO eine bankenübergreifende Analyse umfassen. Hierbei kann ebenso berücksichtigt werden, dass im Falle der kurzfristigen Zusammenführung von Daten in einem Datentreuhänder, um Auffälligkeiten zu ermitteln, dies „ein Weniger" darstellt als die oben dargestellte und erlaubte Poolbildung zur Betrugserkennung, insbesondere wenn die personenbezogenen Daten nicht zur Kenntnis der anderen Banken gelangen. Dies ist zwar weder von § 25h Abs. 2 noch § 25h Abs. 3 KWG erfasst, dennoch lässt die DS-GVO eine eigene Wertung nach Art. 6 Abs. 1 S. 1 Buchst. f DS-GVO zu. Daher kann es gleichermaßen auf die eingesetzte Technik ankommen (vgl. auch Art. 25 DS-GVO), insbesondere inwieweit Daten anonymisiert werden, ebenso wie auf Löschungspflichten oder streng geregelte Zugriffsberechtigungen. Eine wichtige Rolle nimmt dabei gleichermaßen der automatisierte Entscheidungsprozess iSv Art. 22 DS-GVO ein (siehe hierzu die nachfolgenden Ausführungen). Mit Blick auf die Bekämpfung der Geldwäsche sind zudem die Ausführungen von Ferber in diesem Band zu berücksichtigen, insbesondere dessen Hinweis auf den grundlegenden Reformbefarf (§ 12 Rn. 65 ff. Rn. 84).

III. Automatisierte Entscheidungen

Bei der Datenverarbeitung spielen gleichermaßen die Anforderungen aus Ar- **33**
tikel 22 DS-GVO an eine automatisierte Auswertung eine wesentliche Rolle. Die betroffene Person hat das Recht, nicht einer ausschließlich auf einer auto-

matisierten Verarbeitung – einschließlich Profiling – beruhenden Entscheidung unterworfen zu werden, die ihr gegenüber rechtliche Wirkung entfaltet oder sie in ähnlicher Weise erheblich beeinträchtigt. Fraglich ist in diesem Zusammenhang stets, ob die Datentreuhand eine eigene Entscheidung bzw. Maßnahme iSv Artikel 22 DS-GVO trifft, die gegenüber einer betroffenen Person rechtliche Wirkung entfaltet oder sie in ähnlicher Weise erheblich beeinträchtigt. Gemäß Erwgr. 71 DS-GVO ist der Begriff „Entscheidung" weit zu verstehen und umfasst auch eine „Maßnahme", also im weitesten Sinne jede Handlung.

34 Zu berücksichtigen ist etwa mit Blick auf die Zusammenführung von Daten in einer Datentreuhand, dass eine Profilbildung erfolgen könnte und sich die Frage stellt, ob damit bereits eine entsprechende Entscheidung iSv Art. 22 DS-GVO getroffen wird oder eine solche vielmehr von den potenziellen Datenempfängern gefällt wird.[41] Eine neutral agierende Datentreuhand sollte in jedem Fall lediglich eine Entscheidung vorbereiten, so dass die Datenempfänger entscheiden, wie sie das Analyseergebnis im anschließenden Verarbeitungsprozess, auch unter Hinzuziehung eigener Kriterien und eigener Daten bewerten. So können regelmäßig nur die jeweiligen Empfänger die Relevanz des Analyseergebnisses für ihre Zwecke abschließend beurteilen.

35 Ob das Datenschutzrecht in diesem Zusammenhang Nachbesserungspotenzial hat, soll hier nicht vertieft werden. Die Datenethikkommission verwies darauf, dass es aufgrund der hohen Grundrechtssensibilität einer zusätzlichen gesetzlichen Konkretisierung der Rahmenbedingungen bedarf, da bereits bei der Bildung von Profilen Gefahren für das Persönlichkeitsrecht entstehen können.[42] Allerdings hat nun der EuGH eine grundlegende Entscheidung zu Art. 22 DS-GVO getroffen:[43] Das Verbot des Art. 22 DS-GVO gilt auch dann, wenn die Entscheidung durch das automatisierte Ergebnis maßgeblich beeinflusst wird. Dieses Urteil erfolgte zwar vor dem Hintergrund der Tätigkeit von Wirtschaftsauskunfteien, hat aber ebenfalls für eine Datentreuhand Relevanz. So kann sich die Bewertung, dass Auskunfteien den Anforderungen des Art. 22 DS-GVO unterliegen, sofern sich die Banken im Rahmen ihrer Entscheidung zur Kreditwürdigkeit eines Verbrauchers oder einer Verbraucherin maßgeblich auf die gelieferten Informationen bzw. Ergebnisse stützen, gleichermaßen eine Datentreuhand betreffen, die Daten zur gemeinsamen Datennutzung zusammenführt, Analyseergebnisse ermittelt und diese an die Datengeber oder sonstige Datenempfänger zurückspielt.

36 Der Begriff der Maßgeblichkeit wurde vom EuGH bislang jedoch nicht näher definiert und bedarf zukünftig der weiteren Auslegung. Dabei kann auch eine Rolle spielen, ob Banken eigene Kriterien nutzen, um beispielsweise einen beantragten Kredit abzulehnen und ihre Entscheidung nicht ausschließlich auf den ausgelieferten Scorewert stützen.

---

[41] Zur Kritik an dieser Vorgehensweise siehe die Ausführungen im Abschlussgutachten der Datenethikkommission, 23.10.2019, abrufbar unter: https://www.bmi.bund.de/SharedDocs/downloads/DE/publikationen/themen/it-digitalpolitik/gutachten-datenethikkommission.pdf?__blob=publicationFile&v=8 (abgerufen am 5.12.2024), S. 192.

[42] Abschlussgutachten der Datenethikkommission, 23.10.2019, abrufbar unter: https://www.bmi.bund.de/SharedDocs/downloads/DE/publikationen/themen/it-digitalpolitik/gutachten-datenethikkommission.pdf?__blob=publicationFile&v=8 (abgerufen am 5.12.2024), S. 192.

[43] EuGH NZA 2024, 45 ff.

Übertragen auf Datentreuhänder bedeutet dies daher insgesamt, dass im Rahmen der Vertragsgestaltung zu entscheiden ist, inwieweit diese als Werkzeug der Datengeber und Datenempfänger agieren oder selbst eine Entscheidung treffen oder ob der Datentreuhänder als Auftragsverarbeiter eingebunden werden sollte (siehe hierzu auch die Ausführungen unter Kapitel VI.). Daher muss besonderes Augenmerk darauf gelegt werden, inwiefern der Datenempfänger in einem Datentreuhandverhältnis einen eigenständigen Abwägungs- und Prüfprozess mit Blick auf die endgültige Entscheidung etabliert hat. 37

IV. Transparenz

Insgesamt bedarf es einer Transparenz im Hinblick auf die stattfindende Übermittlung, die damit verfolgten Zwecke und die damit einhergehende Datenverarbeitung. Für die Betroffenen darf es sich bei dem Verfahren nicht um eine „Blackbox" handeln. 38

Den Verantwortlichen der Datenverarbeitung obliegen grundsätzlich datenschutzrechtliche Informationspflichten. Ebenso müssen die Empfänger des Datenprodukts ihre KundInnen transparent informieren (Artikel 13 DS-GVO) und das Auskunftsrecht (Artikel 15 DS-GVO) umsetzen, was zusätzlich dadurch erfolgen kann, auf deren Nachfrage *detailliert* zu erläutern, wie die jeweilige Einzelbewertung zustande kam, der die Datenanalyse zugrunde liegt.[44] Ob die transparente Darstellung umfassend gelingen kann, ist dennoch fraglich. Beispielsweise ist die Frage einer transparenten Informationsmöglichkeit bezüglich des Widerspruchsrechts (Artikel 21 DS-GVO) in Allgemeinen Geschäftsbedingungen umstritten.[45] 39

Zur Sicherstellung von Transparenz wäre vorstellbar, dass die Datentreuhand die Rolle einer Kontrollstelle einnimmt. Dies könnte etwa dann in Betracht kommen, wenn eine dritte Stelle einen Algorithmus zur Datenauswertung bereitstellt sowie die einzelnen Variablen codiert und die Werte vorgibt, nach denen das Auswertungsmuster zu gestalten ist. In diesem Falle könnte die Datentreuhand Prüfmechanismen für die Bewertung eines solchen Algorithmus etablieren und aufgrund vertraglicher Vereinbarung die Offenlegung des Algorithmus verlangen.[46] 40

Dies könnte als dauerhafter Prozess („auf Verlangen") oder im Falle von Beschwerden („im Falle eines begründeten Verdachts"), etwa betroffener Personen, umgesetzt werden. So wäre die Datentreuhand nicht nur Instrument zur gemeinsamen Datennutzung oder Datenauswertung, sondern hätte ebenso die Betroffenenrechte im Blick, was den Neutralitätsaspekt untermauern würde und der Intention des DGA entspräche (siehe oben in der Einleitung). Denn zu be- 41

[44] So könnte auch eine Beauskunftung erfolgen, die über das hinausgeht, was aufgrund der BGH-Entscheidung (BGH MMR 2014, 489ff.) erforderlich wäre. Entsprechende Verpflichtungen sind im Übrigen in Art. 18 Abs. 8 Verbraucherkreditrichtlinie (Fn. 27) und in Art. 86 KI-Verordnung vorgesehen (VO (EU) 2024/1689). Siehe außerdem das Urteil des EuGH vom vom 27.2.2025 – C-203/22, EuGH NZA 2025, 413.

[45] Auer-Reinsdorff/Conrad IT- und DatenschutzR-HdB Rn. 783 unter Verweis auf die Urteile des OLG Koblenz GRUR-RR 2014, 407 sowie OLG Köln ZD 2011, 34.

[46] Ergänzend soll darauf verwiesen werden, dass solche Möglichkeiten nicht unüblich sind, sondern sogar als Option für „sehr große Plattformen" im Digital Services Act vorgesehen sind.

rücksichtigen ist, dass in dem Fall, dass ein Dritter, der weder Verantwortlicher der Datenverarbeitung gemäß Art. 4 Nr. 7 DS-GVO noch Datentreuhänder ist, den Algorithmus bzw. die einzelnen Variablen codiert und die Werte vorgibt, nach denen das Muster der Auswertung ausgestaltet ist, die Verantwortlichen und die Datentreuhand „blind" auf den Algorithmus vertrauen würden. Dies wäre nicht nur eine problematische Konstellation für die Grundrechte und Grundfreiheiten der betroffenen Personen, sondern gleichermaßen für das Gesamtgebilde eines vertrauenswürdigen Datentreuhänders. Daher sollten entsprechende Kontrollmechanismen greifen, etwa durch entsprechende Offenlegungspflichten des Algorithmus an die Datentreuhand oder an eine andere unabhängige Stelle. Ohne weitere Kontrollmechanismen könnte sich zudem ein selbstlernender Algorithmus „verselbständigen", was zusätzliche Gefahren für die betroffenen Personen mit sich brächte.

42 Zudem ist zu prüfen, inwieweit die Datentreuhand in tatsächlicher Hinsicht Betroffenenrechte erfüllen könnte bzw. im Rahmen eines Auftragsverarbeitungsvertrag die Verantwortlichen bei der Erfüllung der Betroffenenrechte unterstützen könnte. Je nach Ausgestaltung des Treuhandmodells wäre es vorstellbar, dass sie selbst keinen Zugriff auf personenbezogene Daten hat.[47] Eine andere Frage ist allerdings, ob eine Datentreuhand trotzdem, dh auch ohne Kenntnis von den verarbeiteten Daten und ohne Zugriffsmöglichkeiten auf diese Daten, für die Erfüllung der Betroffenenrechte rechtlich einzustehen hat (siehe auch unter VI. Verantwortung – entsprechendes würde für den Fall gelten, dass ein weiterer Dienstleister den Algorithmus zur Verfügung stellt und trainiert).

V. Anforderungen des Data Governance Act mit Blick auf die Verarbeitung personenbezogener Daten[48]

43 Unabhängig von den Anforderungen der DS-GVO sind zusätzlich die Anforderungen des Data Governance Act (DGA) zu berücksichtigen, der am 23.6.2022 in Kraft trat und seit dem 24.9.2023 unmittelbar in allen Mitgliedsstaaten anwendbar ist.[49]

44 Eine Datentreuhand kann einen Vermittlungsdienst iSd DGA darstellen.[50] Grundsätzlich ist ein „Datenvermittlungsdienst" gemäß Artikel 2 Nr. 11 DGA ein Dienst, „mit dem durch technische, rechtliche oder sonstige Mittel Geschäftsbeziehungen zwischen einer unbestimmten Anzahl von betroffenen Personen oder Dateninhabern einerseits und Datenempfängern andererseits hergestellt werden sollen, um die gemeinsame Datennutzung, auch für die Zwecke der Ausübung der Rechte betroffener Personen in Bezug auf personenbezogene Daten, zu ermög-

---

[47] Siehe zu den Herausforderungen eines transaktionsbasierten Modells die Ausführungen von Augsberg/Buchheim/Schrenk in diesem Band, → § 14 Rn. 4 ff. (Kapitel III); Alldrige § 13 Rn. 9 ff.

[48] Siehe insgesamt zum Zusammenspiel zwischen Data Governance Act und einer Datentreuhand die Ausführungen von Jetsen/Villablanca in diesem Band → § 9 Rn. 1 ff., 41 ff.

[49] Siehe hierzu bereits die Ausführungen auf S. 1 über VO (EU) 2022/868.

[50] Siehe hierzu bereits die Ausführungen in der Einleitung.

lichen". Damit wird weder eine Aussage über die Art der Datenspeicherung (zB zentrale oder dezentrale Datenhaltung) oder die Datensicherheit getroffen noch ist damit die Stärkung der Kontrollrechte der Betroffenen im datenschutzrechtlichen Sinne verbunden. Die DS-GVO bleibt unberührt (Art. 1 Abs. 3 DS-GVO). Im Zusammenhang mit Treuhandmodellen werden zwar ebenso Personal Information Management System (PIMS) genannt, welche als Technologien beschrieben werden, die Nutzerinnen und Nutzer in die Lage versetzen, mehr Kontrolle über die Verarbeitung ihrer personenbezogenen Daten auszuüben.[51] Aber gemäß des DGA ist „die Ermöglichung der Ausübung der in der Verordnung (EU) 2016/679 verankerten Rechte betroffener Personen" nur eine Option (Artikel 10 Buchst. b DS-GVO).

Ein Datenvermittlungsdienst unterliegt gemäß Artikel 12 Buchst. a DGA einer strengen Zweckbindung und einem Neutralitätsgebot. Damit ist die Verarbeitung von personenbezogenen Daten (Art. 2 Nr. 3, Art. 4 Nr. 1 DS-GVO) für eigene Zwecke grundsätzlich gesetzlich ausgeschlossen, was zusätzlich durch das Gebot zur funktionalen und organisatorischen Trennung abgesichert wird.[52] Es ist eine gesonderte juristischen Person erforderlich ist, die den Datenvermittlungsdienst erbringt.[53] Auch die technische Ausgestaltung kann dazu beitragen, dass dieses Merkmal erfüllt wird: Kann ein Datentreuhänder aufgrund der Verschlüsselung der Daten diese Daten nicht anderweitig und für keine anderen Zwecke verwenden, ist die Zweckbindung bereits auf technischer Ebene sichergestellt. Sofern keine zentrale Datenspeicherung beim Datentreuhänder stattfindet,[54] sind ebenso die Pflichten gemäß Artikel 12 Buchst. h DGA unproblematisch, da eine angemessene Weiterführung der Erbringung der Datenvermittlungsdienste möglich wäre und keine Mechanismen einzurichten wären, die es Dateninhabern und Datenempfängern ermöglichen, Zugang zu ihren Daten zu erhalten, diese zu übertragen oder abzurufen und im Fall der Erbringung von Datenvermittlungsdiensten zwischen betroffenen Personen und Datenempfängern, ihre Rechte auszuüben. 45

Im Übrigen ist mit Blick auf das Verhältnis von DGA und DS-GVO unerheblich, inwiefern eine Auftragsverarbeitung (Artikel 28 DS-GVO) oder eine gemeinsame Verantwortung (Artikel 26 DS-GVO) zwischen Datentreuhand, Datenempfänger und/oder Datenempfänger in Betracht kommt. Aus Erwgr. 28 DGA lässt sich entnehmen, dass ein Datenvermittlungsdienst sowohl Verantwortlicher der Datenverarbeitung als auch Auftragsverarbeiter iSd 28 DS-GVO sein 46

[51] Siehe etwa *Verbraucherzentrale Bundesverband e.V.* „Neue Datenintermediäre, Anforderungen des vzbv an „Personal Information Management Systems" (PIMS) und Datentreuhänder", 15.9.2020, abrufbar unter: https://www.vzbv.de/sites/default/files/downloads/2020/04/06/20-02-19_vzbv-positionspapier_pims.pdf, (abgerufen am 5.12.2024), S. 6, Siehe zu „Datenagenten" Specht-Riemenschneider/Blankertz/Sierek/Schneider/Knapp/Henne MMR-Beil. 2021, 25 (27) mit Verweis auf das Gutachten der *Datenethikkommission*, 23.10.2019, abrufbar unter: https://www.bmi.bund.de/SharedDocs/downloads/DE/publikationen/themen/it-digitalpolitik/gutachten-datenethikkommission.pdf?__blob=publicationFile&v=8 (abgerufen am 5.12.2024), S. 133 sowie auf die Ausführungen von *Wendehorst/Schwamberger/Grinzinger* in Pertot, Rechte an Daten, 2020, S. 105.

[52] Richter ZEuP 2021, 634 (654); Hennemann/von Ditfurth NJW 2022, 1905 (1908). Im Übrigen ist auch die Verarbeitung nicht personenbezogener Daten (Art. 2 Nr. 4 DS-GVO) nicht ausgeschlossen.

[53] Hennemann/von Ditfurth NJW 2022, 1905 (1908).

[54] Siehe zum transaktionsbasierten Modell Buchheim/Augsberg/Schrenk in diesem Band → § 14 Rn. 3 (Kapitel III); Alldrige § 13 Rn. 19.

kann.[55] Der DGA unterscheidet daher nicht zwischen Auftragsverarbeiter und Verantwortlichem und lässt beide Möglichkeiten zu. Er nimmt ebensowenig Bezug auf eine gemeinsame Verantwortlichkeit gemäß Artikel 26 DS-GVO – trotz der zugrundeliegenden „gemeinsamen" Datennutzung.

VI. Verantwortlichkeit

1. Grundsätze der DS-GVO[56]

47 Verantwortlicher iSv Artikel 4 Nr. 7 DS-GVO ist, wer allein oder gemeinsam über die Zwecke und Mittel der Verarbeitung personenbezogener Daten entscheidet. Es müssen jedoch nicht alle gemeinsamen Verantwortlichen gleichwertig an der Datenverarbeitung beteiligt sein.[57]

48 Gemäß Artikel 4 Nr. 8 DS-GVO ist ein Auftragsverarbeiter eine natürliche oder juristische Person, Behörde, Einrichtung oder anderen Stelle, die personenbezogene Daten im Auftrag des Verantwortlichen verarbeitet. Das Kriterium der Weisungsgebundenheit eines Auftragsverarbeiters ist gemäß Artikel 28 Abs. 3 Buchst. a DS-GVO erfüllt, solange eine Datentreuhand dazu verpflichtet ist, ihr anvertraute Daten geheim zu halten, diese nur zu vorab festgelegten Zwecken zu verarbeiten und diese nur an einen bestimmten Empfängerkreis herauszugeben.[58]

49 Die Frage ist also, wer die wesentlichen Entscheidungen im Rahmen der Datenverarbeitung trifft.[59] Wesentlich ist dabei wiederum die Entscheidungsbefugnis über das Ob, Wofür und Wieweit einer Datenverarbeitung.[60]

50 Wenn gemäß Artikel 4 Nr. 7 DS-GVO eine (Mit)Entscheidung über die Mittel und Zwecke der verarbeiteten personenbezogenen Daten erfolgt, die Datentreuhand dementsprechend nicht nur an die Vorgaben etwa des verantwortlichen Datengebers gebunden ist, kann eine gemeinsame Verantwortlichkeit gemäß Artikel 26 DS-GVO in Betracht kommen. Die Konsequenz wäre, dass eine Datentreuhand als Auftragsverarbeiter gemäß Artikel 82 DS-GVO gegenüber Betroffenen zwar einer Haftung unterliegen kann. Als (gemeinsam) Verantwortlicher gemäß Artikel 26 DS-GVO muss ein Datentreuhänder aber darüber hinaus alle Pflichten eines Verantwortlichen einer Datenverarbeitung erfüllen, zB Betroffenenrechte

---

[55] Kühling ZfDR 2021, 1 (16) verweist jedoch darauf, dass für die Datentreuhänder eine bloße Auftragsverarbeitung ausscheiden sollte, da diese „gerade das überlegene Wissen über die Mittel der Datenverarbeitung haben", was sich die Betroffenen erhofften.

[56] Siehe zu den Grundsätzen der DS-GVO und zur Frage der Verantwortung in einem transaktionsbasierten Datentreuhänder außerdem die Ausführungen von Buchheim/Augsberg/Schrenk in diesem Band → § 14 Rn. 33.

[57] Siehe zu Fanpages *EuGH* EuZW 2018, 534 ff. (mAnm Petri).

[58] Specht-Riemenschneider/Blankertz/Sierek/Schneider/Knapp/Henne MMR-Beil. 2021, 25 (45) mit Verweis auf Hey/Hermeler WM 2002, 213 (219).

[59] Siehe hierzu bereits die Ausführungen der Artikel 29-Datenschutzgruppe in ihrer Stellungnahme 1/2010 zu den Begriffen „für die Verarbeitung Verantwortlicher" und „Auftragsverarbeiter", angenommen am 16.2.2010, WP 169, S. 11 ff.

[60] Artikel 29-Datenschutzgruppe, Stellungnahme 1/2010 zu den Begriffen „für die Verarbeitung Verantwortlicher" und „Auftragsverarbeiter", angenommen am 16.2.2010, WP 169, S. 15 (17 ff.).

(etwa Informations- und Auskunftsrechte, §§ 12 ff. DS-GVO), Sicherheit der Verarbeitung (Artikel 32 DS-GVO) Meldung von Datenschutzverstößen und Benachrichtigung (Artikel 33, 34 DS-GVO), Datenschutz-Folgenabschätzung (Artikel 35 DS-GVO), Datenschutz durch Technikgestaltung (Artikel 25 DS-GVO). In diesem Zusammenhang ist zu beachten, wie wichtig eine Vereinbarung zwischen den Verantwortlichen ist, in der die einzelnen Pflichten und Verantwortlichkeiten festlegt sind.[61] Werden Daten aufgrund eines berechtigten Interesses gemäß Artikel 6 Abs. 1 S. 1 Buchst. f DS-GVO verarbeitet, müssen außerdem die Widerspruchsrechte gegen die Verarbeitung beachtet werden. Es kann ebenso eine Auskunftspflicht über „das Bestehen einer automatisierten Entscheidungsfindung einschließlich Profiling" bestehen („aussagekräftige Informationen über die involvierte Logik sowie die Tragweite und die angestrebten Auswirkungen einer derartigen Verarbeitung für die betroffene Person"; Artikel 15 Abs. 1 Buchst. f DS-GVO). Eine Datentreuhand wäre insoweit "Herrin der Daten" und hätte eigene Bestimmungsrechte über die verarbeiteten Daten.

2. Verarbeitung anonymer Daten

Vorstellbar wäre, dass die Datentreuhand keinen Zugriff auf personenbezogene 51
Daten erhält, da die Daten durch eine Verschlüsselungstechnik derart „gesichert" sind, dass weder Zugriff auf noch Einsicht in personenbezogene Daten möglich ist.[62] Daher stellt sich die Frage, unter welchen Voraussetzungen von *anonymen* Daten auszugehen ist. Die Voraussetzungen der Anonymisierung sind nicht legal definiert. In der DS-GVO erfolgt lediglich eine Definition der Pseudonymisierung (Artikel 4 Nr. 5 DS-GVO) und in Erwgr. 26 S. 5 DS-GVO wird beschrieben, was unter anonymen Informationen zu verstehen ist.[63] So soll die Möglichkeit der faktischen Anonymisierung unverändert weiter gelten, wenn eine Re-Identifizierung aufgrund eines unverhältnismäßig großen Aufwands nicht zu erwarten ist.[64] Insgesamt steht die Identifizierungswahrscheinlichkeit im Fokus.[65] Umstritten ist hierbei, ob ein absoluter oder relativer Personenbezug zugrunde zu legen ist.[66]

---

[61] Siehe hierzu auch Buchheim/Augsberg/Schrenk in diesem Band → § 14 Rn. 34 ff. (Kapitel III 3 a).

[62] Siehe zum transaktionsbasierten Modell Buchheim/Augsberg JZ 2024, 365 ff.; Buchheim/Augsberg/Schrenk in diesem Band → § 14 Rn. 4 ff.; Alldrige § 13 Rn. 25 ff. („blinder Dirigent"), Rn. 41, Rn. 51 ff.

[63] Danach sollten die Grundsätze des Datenschutzes nicht für Informationen gelten, „die sich nicht auf eine identifizierte oder identifizierbare natürliche Person beziehen, oder personenbezogene Daten, die in einer Weise anonymisiert worden sind, dass die betroffene Person nicht oder nicht mehr identifiziert werden kann".

[64] Auernhammer/Eßer DS-GVO Artikel 4 Rn. 73. Dabei sind alle Mittel zu berücksichtigen, die von dem Verantwortlichen oder einer anderen Person nach allgemeinem Ermessen wahrscheinlich genutzt werden, um die natürliche Person zu identifizieren (Kühling/Buchner/Klar/Kühling DS-GVO Artikel 4 Nr. 1 Rn. 20).

[65] Kühling/Buchner/Klar/Kühling DS-GVO Artikel 4 Nr. 1 Rn. 22.

[66] Siehe *Fokusgruppe Datenschutz*, Whitepaper, „Whitepaper zur Pseudonymisierung der *Fokusgruppe Datenschutz*, Leitlinien für die rechtssichere Nutzung von Pseudonymisierungslösungen unter Berücksichtigung der Datenschutz-Grundverordnung", 6.2017, abrufbar unter: https://www.bmi.bund.de/SharedDocs/downloads/DE/veroeffentlichungen/2017/digital-gipfel-onepager-fokusgruppe.html, (abgerufen am 5.12.2024), S. 13. Siehe aber auch Kühling/Buchner/

Dabei ist das maßgebliche Wissen und Mittel des Verantwortlichen zu berücksichtigen. So verweist Erwgr. 26 auf die Mittel, die nach allgemeinem Ermessen im Rahmen einer Identifizierung wahrscheinlich genutzt werden. Hierbei handelt es sich um einen objektiven Maßstab und die Nutzung des Mittels muss unter „rein abstrakt zu beurteilenden Gesichtspunkten" wahrscheinlich sein.[67] Wird daher eine Technik genutzt, die einem Verantwortlichen einen Zugriff auf Daten *nicht* erlaubt, so verfügt der Verantwortliche nicht über das maßgebliche Wissen und Mittel. Umstritten ist jedoch, inwieweit das Wissen und Mittel anderer Personen zu berücksichtigen sein könnten.[68] Eine absolute Anonymisierung derart, dass die Wiederherstellung des Personenbezugs für niemanden möglich ist, ist jedoch häufig nicht möglich und im Regelfall datenschutzrechtlich nicht gefordert.[69] Der EuGH stellt sich insgesamt auf den Standpunkt, dass alle Mittel außer Betracht bleiben sollen, die eine Identifizierung nicht ermöglichen, etwa weil sie einen unverhältnismäßigen Aufwand an Zeit, Kosten und Arbeitskraft erfordern würden.[70] Das Risiko einer Identifizierung müsse „de facto vernachlässigbar" erscheinen.[71] Es ist danach zwar nicht erforderlich ist, dass sich alle zur Identifizierung der betreffenden Person erforderlichen Informationen in den Händen einer einzigen Person befinden, aber es ist entscheidend, ob eine Verknüpfungsmöglichkeit mit den Zusatzinformationen Dritter besteht und ob diese Möglichkeit vernünftigerweise zur Bestimmung der betreffenden Person eingesetzt werden kann.[72]

52 Aus Erwgr. 26 DS-GVO lässt sich daher insgesamt nicht ableiten, dass bei der Frage der Identifizierbarkeit jedwedes Wissen zugrunde zu legen wäre. Insgesamt spricht der Wortlaut eher für ein relatives Verständnis.[73] Dies bedeutet, dass der Grundsatz „ein Datum ist entweder anonym oder es ist nicht anonym",[74] durch die Frage zu relativieren ist, ob es wahrscheinlich ist, dass ein Datentreuhänder die in dem Datum bezuggenommenen natürlichen Personen identifizieren kann. Auch wenn diese Ausführungen einen relativen Personenbezug nahelegen, ist in der Praxis zu empfehlen, das angedachte Verfahren vorab mit den Aufsichtsbehörden abzustimmen und durch diese bewerten zu lassen, insbesondere auch mit

---

Klar/Kühling DS-GVO Artikel 4 Nr. 1 Rn. 25. Siehe außerdem *Weichert*, „Datenverarbeitung und Datenschutz bei Tesla-Fahrzeugen, Kfz-Automation und informationelle Selbstbestimmung", 19.10.2020, mit Verweis auf die objektive Sichtweise, abrufbar unter: https://www.netzwerk-datenschutzexpertise.de/sites/default/files/gut_2020tesla.pdf, (abgerufen am 5.12.2024), S. 11.

[67] Kühling/Buchner/Klar/Kühling DS-GVO Artikel 4 Nr. 1 Rn. 21, 23.

[68] Kühling/Buchner/Klar/Kühling DS-GVO Artikel 4 Nr. 1 Rn. 21, 25.

[69] So der *BfDI*, Positionpapier, „Positionspapier zur Anonymisierung unter der DSGVO unter besonderer Berücksichtigung der TK-Branche", 29.6.2020, abrufbar unter: https://www.bfdi.bund.de/SharedDocs/Downloads/DE/Konsultationsverfahren/1_Anonymisierung/Positionspapier-Anonymisierung.html (abgerufen am 5.12.2024), S. 4.

[70] EuGH NJW 2016, 3579 (3581).

[71] Kühling/Buchner/Klar/Kühling DS-GVO Artikel 4 Nr. 1 Rn. 22 mit Verweis auf EuGH NJW 2016, 3579 (3581).

[72] EuGH NJW 2016, 3579 (3581).

[73] Kühling/Buchner/Klar/Kühling DS-GVO Artikel 4 Nr. 1 Rn. 26, die darauf hinweisen, dass sich aus Erwägungsgrund nicht ableiten lasse, dass das „gesamte Weltwissen" zugrunde zu legen wäre.

[74] Kühling/Buchner/Klar/Kühling, 4. Aufl. 2020, DS-GVO Artikel 4 Nr. 1 Rn. 31 mit Verweis auf Karg DuD 2015, 520 (523).

Blick auf die vernünftigen Erwartungen einer betroffenen Person im Rahmen einer Interessenabwägung.

3. Einfluss auf die Vertragsgestaltung

Handelt es sich um anonyme Daten, sind keine datenschutzrechtlichen Anforderungen zu berücksichtigen. Dennoch ist eine detaillierte Beschreibung der technischen Voraussetzungen und der Verschlüsselungstechnik wichtig, da sich aus ihr eine Risikobeurteilung mit Blick auf die Identifizierungswahrscheinlichkeit schlussfolgern lässt. Diese würde insbesondere auch für eine Prüfung durch die Aufsichtsbehörden eine wichtige Grundlage darstellen. Hinsichtlich der Risikobeurteilung ist darüber hinaus gleichermaßen relevant, welche sonstigen, etwa vertraglichen Rechte der Datentreuhand eingeräumt werden (müssen). Soll ein Datentreuhänder etwa auch eine Kontrollfunktion wahrnehmen, kann damit im Einzelfall ebenso der Zugriff auf personenbezogene Daten notwendigerweise verbunden sein. 53

Zu berücksichtigen ist ebenso, dass es sich bei dem Vorhaben um ein vertragliches Gesamtkonstrukt mit mehreren beteiligten Akteuren handelt, insbesondere, wenn außerdem ein Dienstleister eingebunden ist, der den Algorithmus für eine Datenauswertung zur Verfügung stellt. Einerseits müssen daher insgesamt die vertraglichen, technischen und organisatorischen Maßnahmen ausreichend sein, um den Personenbezug für den Datentreuhänder auszuschließen. Andererseits dürfen auch keine rechtlichen Möglichkeiten für den Datentreuhänder bestehen, die Re-Identifizierung verlangen zu dürfen.[75] So kann sich etwa auch die Frage stellen, ob eine Datentreuhand zur Erfüllung etwaiger Interoperabilitätspflichten (Artikel 12 Abs. 1 Buchst. i DGA) personenbezogene Metadaten benötigen könnte. 54

Im Falle von anonymen Daten müsste außerdem weder ein Vertrag zur Auftragsverarbeitung geschlossen werden, noch käme eine (gemeinsame) Verantwortlichkeit in Betracht, *sofern* die Datentreuhand nicht selbst am Anonymisierungsvorgang beteiligt ist. Allerdings wurde der Begriff des „Verantwortlichen" bereits unter der Richtlinie 95/46/EG weit ausgelegt (Artikel 2 Buchst. d), um einen umfassenden Schutz der betroffenen Personen zu gewährleisten.[76] In diesem Sinne soll es nicht erforderlich sein, dass alle Mitverantwortlichen eigene Verarbeitungshandlungen vornehmen oder Zugriffsrechte auf die verarbeiteten Daten haben, so dass bereits das „hintergründige Organisieren und Koordinieren einer fremden Datenverarbeitung" zur Mitverantwortlichkeit gemäß Artikel 26 DS-GVO ausreichen könne.[77] Gemäß dieser Definition wäre damit auch unter der Annahme, dass kein Zugriff auf personenbezogene Daten möglich ist, eine datenschutz- 55

[75] Vgl. EuGH NJW 2016, 3579 ff.

[76] EuGH ZD 2018, 357 Rn. 28 mit Verweis auf EuGH ECLI:EU:C:2014:317 = ZD 2014, 350 Rn. 34 – Google Spain mAnm Karg. Siehe außerdem Specht-Riemenschneider/Blankertz/Sierek/Schneider/Knapp/Henne MMR-Beil. 2021, 25, (45/46) mit dem Hinweis, dass der EuGH die Anforderungen an die gemeinsame Entscheidung über die Mittel und Zwecke einer Datenverarbeitung, die zur Begründung einer gemeinsamen Verantwortlichkeit gemäß Art. 26 Abs. 1 S. 1 DS-GVO erforderlich ist, sukzessive gesenkt habe.

[77] Specht-Riemenschneider/Blankertz/Sierek/Schneider/Knapp/Henne MMR-Beil. 2021, 25 (45) mit Verweis auf *EuGH* ZD 2018, 469.

rechtliche Verantwortung seitens des Datentreuhänders nicht ausgeschlossen.[78] Es müssen keine gleichwertigen Beiträge geleistet, um eine gemeinsame Verantwortlichkeit zu bejahen. Die Frage ist dennoch, ob die vom EuGH entschiedenen Fälle auf den vorliegenden Sachverhalt übertragbar sind. Im Falle der Facebook Fanpages wurde eine gemeinsame Verantwortlichkeit bejaht, da der Betreiber der Webseite einen Beitrag zur Entscheidung über die Zwecke und Mittel der Verarbeitung der personenbezogenen Daten der Besucher der Fanpage leiste und zur Verarbeitung der personenbezogenen Daten der Besucher seiner Seite beitrage.[79]

56 Auch aus dem Grunde muss die vertragliche Leistungspflicht des Datentreuhänders klar definiert sein, insbesondere in Abgrenzung dazu, was er *nicht* leisten soll. Stellt er zwar die Infrastruktur bereit, hat aber weder Einfluss auf die Parametrierung von Daten noch generiert er einen eigenen Mehrwert aus dieser Verarbeitung, etwa in Form einer eigenen Datenauswertung – auch nicht in statistischer bzw. anonymer Form, so kann dies die Einordnung als Verantwortlicher gemäß Artikel 26 DS-GVO oder Artikel 4 Nr. 7 DS-GVO beeinflussen. So soll nach Auffassung des EuGH eine natürliche oder juristische Person, die aus Eigeninteresse auf die Verarbeitung personenbezogener Daten Einfluss nimmt und damit an der Entscheidung über die Zwecke und Mittel dieser Verarbeitung mitwirkt, als für die Verarbeitung Verantwortlicher iSv Art. 2 Buchst. d RL 95/46 angesehen werden.[80] Im Umkehrschluss könnte dies bedeuten, dass derjenige, der keinen eigenen Vorteil oder Mehrwert generiert, nicht Verantwortlicher einer Datenverarbeitung ist. Dieses Kriterium hat vor allem im Rahmen der Abgrenzung zwischen Verantwortlichen und Auftragsverarbeiter Relevanz.[81]

57 Mit Blick auf die Einbindung einer Datentreuhand als Auftragsverarbeiter (Art. 28 DS-GVO), könnte zudem die Weisungsgebundenheit problematisch sein, wenn die Anonymisierung der Daten von der Weisungsgebundenheit umfasst ist und damit auch wieder seitens der jeweiligen Datengeber im Rahmen einer gemeinsamen Datennutzung rückgängig gemacht werden könnte. Dennoch würde nichts gegen eine Weisungsgebundenheit sprechen, wenn die Weisung lauten würde, diese Daten – auch nicht gegenüber dem Verantwortlichen – zu offenbaren. Sofern die Weisung darin besteht, auch gegenüber dem Auftraggeber die Daten nicht offenzulegen, liegt auch darin eine Weisung.

58 Letztendlich wird im Rahmen der Vertragsgestaltung immer eine große Rolle spielen, inwieweit eine Datentreuhand einer Haftung unterliegen kann. Allerdings muss grundsätzlich auch ein Dienstleister den Datenschutz einhalten (Art. 28 DS-GVO) und Betroffene können sich bei Schadensersatzansprüchen direkt an ihn wenden (Art. 82 Abs. 1 S. 2 DS-GVO), selbst wenn im Innenverhältnis zwischen Verantwortlichem und Auftragsverarbeiter eine Haftungsfreistellung erfolgt. Dennoch können Haftungsfreistellungen im Innenverhältnis dazu beitragen, das Modell der Datentreuhand zu fördern.

---

[78] Buchheim/Augsberg/Schrenk in diesem Band, → § 14 Rn. 37 (Kapitel III 3 b).
[79] Siehe EuGH ZD 2018, 357 Rn. 31.
[80] EuGH ZD 2018, 469 Rn. 68.
[81] Kühling/Buchner/Hartung DS-GVO Art. 26 Rn. 12. Bereits die Artikel-29-Datenschutzgruppe verwies in ihrer Stellungnahme 1/2010 in diesem Zusammenhang auf einen funktionellen Ansatz (Artikel-29-Datenschutzgruppe, Stellungnahme 1/2010 zu den Begriffen „für die Verarbeitung Verantwortlicher“ und „Auftragsverarbeiter, angenommen am 16.2.2010, WP 169, S. 14, 38).

VII. Zusammenfassung

Datenschutzrechtlich relevant sind die einzelnen Datentreuhandmodelle, wenn sie sich auf „personenbezogene Daten“ beziehen. Handelt es sich um anonyme Daten sind keine datenschutzrechtlichen Anforderungen zu berücksichtigen. Allerdings ist der Begriff der anonymen Daten umstritten. **59**

„Aus vertragsrechtlicher Sicht kann eine Datentreuhand als Auftragnehmer agieren. Sind jedoch Datengeber und/oder Datenempfänger nicht (mehr) ‚Herr der Daten‘, ist die Datentreuhand die verantwortliche Stelle i.S.d. Datenschutzrechts.“ **60**

Auch die im Data Governance Act vorgesehenen Vermittlungsdienste zur gemeinsamen Datennutzung können als Datentreuhand klassifiziert werden. Sollten sich diese zukünftig in der breiten Öffentlichkeit etablieren, kann dies die datenschutzrechtliche Auslegung der „vernünftigen Erwartungen der betroffenen Person“ beinflussen. Dies entbindet den oder die Verantwortlichen jedoch nicht von der Sicherstellung eines transparenten Prozesses zum Schutz der Grundrechte und Grundfreiheiten der betroffenen Personen. Transparenz spielt daher eine wesentliche Rolle, gerade mit Blick auf eingesetzte Algorithmen zur Datenauswertung. Vor allem, wenn diese Algorithmen von einem weiteren Dienstleister zur Verfügung gestellt werden, kann der Datentreuhänder die Funktion einer Konrollinstanz erfüllen. **61**

62

63

Das Modell eines Datentreuhänders kann den Datenschutz grundsätzlich fördern, ebenso die Kontrollrechte der betroffenen Personen unterstützen, zur Vertrauensbildung beitragen sowie als „Garant“ für die Einhaltung der datenschutzrechtlichen Grundsätze einstehen. Handelt eine Datentreuhand transaktionsbasiert, vermeidet dies zudem die Bildung von zentralen Datenpools mit langfristig gespeicherten Daten, die ein besonderes Gefährdungsrisiko für die Persönlichkeitsrechte von Betroffenen beinhalten können. **64**

§9
Vorgaben des Data Governance Act

Für die Daten-Compliance von Datentreuhändern ist der Data Governance Act (kurz DGA)[1] neben der DS-GVO das wichtigste Gesetz. Relevant werden vor allem das Kapitel II (Weiterverwendung bestimmter Kategorien geschützter Daten im Besitz öffentlicher Stellen), das Kapitel III (Anforderungen an Datenvermittlungsdienste) und das Kapitel IV (Datenaltruismus). Das Thema Datenaltruismus wird in diesem Handbuch in einem eigenen Kapitel bearbeitet (→ §7) und kann deshalb an dieser Stelle ausgeklammert werden. 1

Das Kapitel III – Anforderungen an Datenvermittlungsdienste – ist für Datentreuhänder zentral. Datentreuhänder sind immer in der Sphäre von betroffenen Personen oder Dateninhabern einerseits und Datennutzern andererseits tätig, weshalb eine Qualifikation als Datenvermittlungsdienste iSd Art. 2 Nr. 11 DGA in aller Regel zumindest im Raum stehen wird. Unter welchen Umständen ein Datentreuhänder tatsächlich als Datenvermittlungsdienste iSd Art. 2 Nr. 11 DGA zu qualifizieren ist und welche Rechtsfolgen dies nach sich zieht ist deshalb der Schwerpunkt dieses Abschnitts (→ Rn. 5 ff.). 2

Das Kapitel II – Weiterverwendung bestimmter Kategorien geschützter Daten im Besitz öffentlicher Stellen – ist ein weiterer für Datentreuhänder unter Umständen relevanter Regelungsabschnitt des DGA. Relevant ist einerseits, ob und unter welchen Umständen Datentreuhänder als öffentliche Stelle iSd Kapitels zu qualifizieren sind. Andererseits stellt sich unabhängig davon die Frage, ob und mit welchen Verpflichtungen es einhergeht, wenn Datentreuhänder Weiterverwender iSd Kapitels sind. Diesen Fragen wird in einem weiteren Abschnitt dieses Kapitels nachgegangen (→ Rn. 68 ff. und 78 ff.). Die Relevanz für die Daten-Compliance des Datentreuhänders hängt stark davon ab, ob relevante Verpflichtungen für öffentliche Stellen geschaffen werden, die die Weiterverwendung von geschützten Daten in ihrem Besitz erlauben. 3

Zuletzt wird ein kurzer Überblick über das Verhältnis des DGA zum Datenschutzrecht gegeben (→ Rn. 83 f.). 4

I. Anwendbarkeit der Anforderungen an Datenvermittlungsdienste

Die Anforderungen an Datenvermittlungsdienste aus Art. 10 S. 1 DGA gelten nur dann für Datentreuhänder, wenn es sich bei ihnen um Datenvermittlungsdienste iSd Art. 2 Nr. 11 DGA handelt, sie sich einer der Kategorien des Art. 10 5

[1] Verordnung (EG) Nr. 2022/868 des Europäischen Parlaments und des Rates vom 30.5.2022 über europäische Daten-Governance und zur Änderung der Verordnung (EG) 2018/1724 (Daten-Governance-Rechtsakt) (ABl. 2022 L 152, 1–44).

Buchst. a–c DGA zuordnen lassen und sie nicht gem. Art. 15 DGA durch die vorrangigen Regelungen zum Datenaltruismus verdrängt werden. Die Kategorien des Art. 10 Buchst. a–c DGA sind dabei entgegen dem ersten Anschein keine Einschränkung. Bei all diesen Überlegungen sind die einschlägigen Erwgr. 27–33 DGA zu berücksichtigen. Schließlich gilt der DGA im Gegensatz zu anderen Verordnungen[2] für große und kleine Vermittler unabhängig von ihrer Größe. Eine Differenzierung der Anforderungen nach der Marktstellung der Vermittler im europäischen Binnenmarkt findet nicht statt.[3]

1. Datenvermittlungsdienst iSd Art. 2 Nr. 11 DGA

6 Der Begriff des Datenvermittlungsdienstes ist in Art. 2 Nr. 11 DGA legaldefiniert als „Dienst, mit dem durch technische, rechtliche oder sonstige Mittel Geschäftsbeziehungen zwischen einer unbestimmten Anzahl von betroffenen Personen oder Dateninhabern einerseits und Datennutzern andererseits hergestellt werden sollen, um die gemeinsame Datennutzung, [...] zu ermöglichen".

a) Herstellen von Geschäftsbeziehungen

7 Voraussetzung für die Anwendbarkeit der Regelungen auf Datentreuhänder ist damit zunächst, dass durch den Datentreuhänder Geschäftsbeziehungen hergestellt werden sollen. An diese Herstellung der Geschäftsbeziehungen sind keine hohen Voraussetzungen zu stellen. Der Wortlaut „durch technische, rechtliche oder sonstige Mittel" legt vielmehr ein weites Verständnis nahe.[4] Jede wie auch immer geartete Form der Hilfestellung bzw. Unterstützung beim Zustandekommen einer Geschäftsbeziehung reicht aus.[5] Ob eine Geschäftsbeziehung kommerzieller Natur sein muss (hierfür könnte Art. 12 Nr. 1 Buchst. b DGA sprechen)[6], ist fraglich. Bei Dienstleistungen im Drei-Personen-Verhältnis mit Dateninhaber[7] und Datennutzer[8] wird diese Voraussetzung schnell gegeben sein. Erfasst sind etwa das Betreiben

---

[2] Siehe etwa Art. 3 Nr. 1 Buchst. a DMA, Verordnung (EG) 2022/1925 des Europäischen Parlaments und des Rates vom 14.9.2022 über bestreitbare und faire Märkte im digitalen Sektor und zur Änderung der RL (EG) 2019/1937 und (EG) 2020/1828 (Gesetz über digitale Märkte) (OJ 2022 L 265, 1–66).

[3] Insoweit kritisch Gellert/Graef TILEC Discussion Paper 2021-006, 12; Richter GRUR International 2023, 458 (465); Baloup ua CiTiP Working Paper Series 2021, 32ff.

[4] Insbesondere der Begriff „sonstige Mittel" soll wohl Spielraum für künftige Entwicklungen in diesem Bereich offen halten Carovano/Finck CLSR 2023, 1 (7).

[5] Ebenso Schütrumpf RDi 2023, 373 Rn. 10; Schreiber/Pommerening/Schoel Der neue DGA § 3 Rn. 13; Richter GRUR International 2023, 458 (462).

[6] Zur Frage, ob der Preis eine ausreichende oder notwendige Bedingung für eine Geschäftsbeziehung ist Carovano/Finck CLSR 2023, 1 (5).

[7] Legaldefiniert in Art. 2 Nr. 8 DGA: „Dateninhaber" [ist] eine juristische Person, einschließlich öffentlichen Stellen und internationalen Organisationen oder natürlichen Person, die in Bezug auf die betreffenden Daten keine betroffene Person ist, welche nach geltendem Unionsrecht oder geltendem nationalen Recht berechtigt ist, Zugang zu bestimmten personenbezogenen Daten oder nicht personenbezogenen Daten zu gewähren oder diese Daten weiterzugeben. Hierzu Schreiber/Pommerening/Schoel Der neue DGA § 3 Rn. 10; HK-DGA/Specht-Riemenschneider DGA Art. 2 Rn. 50.

[8] Legaldefiniert in Art. 2 Nr. 9 DGA: „Datennutzer" [ist] eine natürliche oder juristische Person, die rechtmäßig Zugang zu bestimmten personenbezogenen oder nicht personenbezogenen

einer Plattform oder Datenbank, die die gemeinsame Datennutzung ermöglicht, das Bereitstellen von Infrastruktur, auf der sich Dateninhaber und Datennutzer vernetzen können oder Betroffene ihre Rechte aus der DS-GVO ausüben können, die technische Durchführung oder Unterstützung einer Transaktion oder das Vermitteln von passenden Geschäftspartnern.[9] Dies gilt unabhängig davon, ob der Dienstleister überhaupt selbst mit den Daten in Berührung kommt.[10] Selbst vollkommen dezentrale Lösungen, bei denen nur ein neutrales Match-Making erfolgt, sind erfasst.[11] Beispielhaft für solche Dienste nennt Erwgr. 28 DGA das Betreiben von Datenmarktplätzen und -ökosystemen. Der Anwendungsbereich des DGA ist dabei nicht auf solche Fälle beschränkt, bei denen das Match-Making durch technische Mittel erfolgt. Theoretisch sind auch solche Fälle erfasst, in denen der Kontakt vollständig im analogen angebahnt wird und außer der Herstellung des Kontakts keine weitere rechtliche oder technische Hilfestellung geleistet wird.[12] Für die allermeisten Ausgestaltungen von Datentreuhändern bedeutet dies, dass nach dem Verständnis des Art. 2 Nr. 11 DGA regelmäßig Geschäftsbeziehungen hergestellt werden.

Die einzige Möglichkeit, als Datentreuhänder keine Geschäftsbeziehungen herzustellen, ist es, sich auf die Bereitstellung von technischen Werkzeugen (Cloud-Speicher, Analysediensten, Software zur gemeinsamen Datennutzung, von Internetbrowsern oder Browser-Plug-ins oder von E-Mail-Diensten) zu beschränken und weder selbst die Vernetzung von Dateninhaber und Datennutzer zu ermöglichen noch Informationen (etwa durch Verlinkungen zu einem Match-Making Dienst) diesbezüglich bereitzuhalten.[13] In diesem Fall ist die Qualifizierung als Datenvermittlungsdienst eigentlich ausgeschlossen. Eine klare Abgrenzung zwischen einem rein technischen Dienst und der Herstellung von Geschäftsbeziehungen wird sich aber regelmäßig als so schwierig erweisen, dass eine Qualifizierung als Datenvermittlungsdienst kaum sicher ausgeschlossen werden kann.[14] Dies gilt insbesondere vor dem Hintergrund, dass die in der Entwurfsfassung noch enthaltene Begrenzung des Anwendungsbereichs des DGA auf Dienste, „deren *Hauptziel* in der Herstellung einer […] Beziehung" besteht, in der beschlossenen Fassung des DGA nicht mehr enthalten ist.[15] Es kann deshalb auch bei absolut untergeordneter Vermittlungsfunktion nicht ausgeschlossen werden, dass eine Qualifizierung als Datenvermittlungsdienst erfolgt. 8

Daten hat und im Fall personenbezogener Daten, unter anderem nach der Verordnung (EU) 2016/679, berechtigt ist, diese Daten für kommerzielle oder nichtkommerzielle Zwecke zu nutzen. Hierzu Schreiber/Pommerening/Schoel Der neue DGA § 3 Rn. 11; HK-DGA/Specht-Riemenschneider DGA Art. 2 Rn. 52.

[9] Schütrumpf RDi 2023, 373 Rn. 10; Schreiber/Pommerening/Schoel Der neue DGA § 3 Rn. 13; vgl. auch Art. 10 Buchst. a DGA.

[10] Hierzu Buchheim/Augsberg/Gehring JZ 2022, 1139; Buchheim/Augsberg JZ 2024, 365.

[11] Hennemann/v. Ditfurth NJW 2022, 1905 Rn. 14; Schütrumpf RDi 2023, 373 Rn. 10; Schreiber/Pommerening/Schoel Der neue DGA § 3 Rn. 13.

[12] Schreiber/Pommerening/Schoel Der neue DGA § 3 Rn. 14; v. Ditfurth/Lienemann CRNI 2022, 270 (280).

[13] Schütrumpf RDi 2023, 373 Rn. 10; Schreiber/Pommerening/Schoel Der neue DGA § 3 Rn. 17; vgl. auch Erwgr. 28 DGA.

[14] Zu dieser Schwierigkeit Carovano/Finck CLSR 2023, 1 (5 f.).

[15] Schütrumpf RDi 2023, 373 Rn. 10; eine solche Begrenzung dennoch befürwortend (durch Auslegung des DGA, insbesondere des Wortes „abzielen") Hennemann/v. Ditfurth NJW 2022, 1905 (Rn. 16); v. Ditfurth/Lienemann CRNI 2022, 270 (281).

9 Teilweise wird aus dem Wortlaut zusätzlich die Voraussetzung abgeleitet, dass die Herstellung von Geschäftsbeziehungen in subjektiver Hinsicht mit Absicht erfolgen muss.[16] Dies wird an der Formulierung „Dienst, mit dem […] Geschäftsbeziehungen […] hergestellt werden sollen" aus Art. 2 Nr. 11 DGA festgemacht.[17] Hierfür spreche auch der Erwgr. 28 DGA, der bei der Wiedergabe der Definition den Zusatz „deren Ziel darin besteht" ergänzt.[18] Als subjektiven Tatbestand Absicht hinsichtlich der Herstellung von Geschäftsbeziehungen zu fordern, ist mit Blick auf den weiten Anwendungsbereich sinnvoll und lässt sich insbesondere durch das Wort *sollen* im Wortlaut der Definition und dem Telos der Norm auch gut begründen. Allein der Umkehrschluss aus Art. 2 Nr. 11 Buchst. d DGA könnte dagegensprechen, dieser verbietet sich allerdings.[19] Das subjektive Element kann Auslegungsfragen bezüglich der Absicht von Datenmittlern aufwerfen.

b) Ermöglichung der gemeinsamen Datennutzung

10 Eine weitere Voraussetzung ist, dass die Herstellung der Geschäftsbeziehung stattfindet, um die gemeinsame Datennutzung zu ermöglichen. Vieles spricht dafür, dass sich die Absicht hinsichtlich der Herstellung von Geschäftsbeziehungen auch auf die Zwecksetzung der Ermöglichung der gemeinsamen Datennutzung erstrecken muss.[20] Die Ermöglichung der „gemeinsamen Datennutzung" darf allerdings nicht so verstanden werden, dass die gemeinschaftliche Verwendung der Daten durch Dateninhaber und Datennutzer das Ziel der Vermittlungstätigkeit sein muss. Obwohl der (in der deutschen Übersetzung gewählte) Begriff dies nahelegt, ist ausweislich der Legaldefinition in Art. 2 Nr. 10 DGA[21] die Bereitstellung der Daten durch die betroffene Person oder den Dateninhaber für den Datennutzer ausreichend.[22] In der Regel wird der Hauptzweck des Datentreuhänders gerade in der Ermöglichung der gemeinsamen Datennutzung im so verstandenen Sinne liegen. Einzig bei Modellen, bei denen keine Bereitstellung der Daten zu Gunsten des Datennutzers erfolgt (etwa dem sog. transaktionsbasierten Datentreuhänder), könnte daran gezweifelt werden, ob die Voraussetzung erfüllt ist.[23]

---

[16] Schreiber/Pommerening/Schoel Der neue DGA § 3 Rn. 18.
[17] Schreiber/Pommerening/Schoel Der neue DGA § 3 Rn. 18.
[18] Schreiber/Pommerening/Schoel Der neue DGA § 3 Rn. 18.
[19] Vgl. hierzu ausführlich → Rn. 16.
[20] Schreiber/Pommerening/Schoel Der neue DGA § 3 Rn. 18.
[21] Dieser definiert die „gemeinsame Datennutzung" als entgeltliche oder unentgeltliche Bereitstellung von Daten durch eine betroffene Person oder einen Dateninhaber an einen Datennutzer für die gemeinschaftliche oder individuelle Nutzung dieser Daten auf der Grundlage freiwilliger Vereinbarungen, des Unionsrechts oder des nationalen Rechts, sowohl direkt als auch über einen Mittler, etwa im Rahmen von gebührenpflichtigen oder gebührenfreien offenen oder kommerziellen Lizenzen.
[22] Ebenso Schütrumpf RDi 2023, 373 Rn. 9; Schreiber/Pommerening/Schoel Der neue DGA § 3 Rn. 15 f.; Carovano/Finck CLSR 2023, 1 (4); vgl. außerdem die weniger missverständlichen Begriffe der englischen und französischen Sprachfassung „data sharing" und „partage de données".
[23] Buchheim/Augsberg/Gehring JZ 2022, 1139; Buchheim/Augsberg JZ 2024, 365; Augsberg/Buchheim/Schrenk Teil 2 § E.

c) Unbestimmte Anzahl von Nutzern

Außerdem müssen die Geschäftsbeziehungen ausweislich des Wortlauts des Art. 2 Nr. 11 DGA zwischen einer unbestimmten Anzahl von betroffenen Personen oder Dateninhabern einerseits und Datennutzern andererseits hergestellt werden. Voraussetzung ist damit jedenfalls, dass der Dienst einer unbestimmten Anzahl von betroffenen Personen oder Dateninhabern offensteht. Nicht in den Anwendungsbereich fallen damit solche Dienste, die nur Daten eines Datengebers (betroffene Person oder Dateninhaber) oder einer geschlossenen Gruppe von Datengebern bereitstellen.[24] Ob der Dienst darüber hinaus auch einer unbestimmten Anzahl von Datennutzern offenstehen muss, lässt sich dem Wortlaut nicht unzweifelhaft entnehmen. In diesem Fall wären auch Dienste, die nur für geschlossene Gruppen von Datennutzern tätig werden, nicht vom Anwendungsbereich erfasst.[25] Bei der Frage, wann sich ein Dienst an die erforderliche unbestimmte Anzahl von Nutzern richtet, kann es zu Abgrenzungsfragen kommen. Jedenfalls erfasst sind konzeptionell geschlossene Dienste. Sektorspezifisch arbeitende Datentreuhänder, die in einem Sektor mit einer überschaubaren Anzahl von Akteuren aktiv sind, könnten argumentieren, dass sich ihr Dienst faktisch nicht an eine unbestimmte Anzahl von Nutzern richtet.[26] Ob diese Argumentation tatsächlich verfängt oder nicht doch jeder Dienst, der sich dem Grunde nach an eine unbestimmte Anzahl von Nutzern richtet und diese nur durch abstrakte Merkmale eingrenzt, als Datenvermittlungsdienst iSd Art. 2 Nr. 11 DGA qualifiziert werden muss, wird sich zeigen. 11

d) Ausnahmetatbestände

Die Erbringung eines Datenvermittlungsdienst iSd Art. 2 Nr. 11 DGA ist dann nicht gegeben, wenn eine der Ausnahmen eingreift. Ausgenommen sind „Dienste, in deren Rahmen Daten von Dateninhabern eingeholt und aggregiert, angereichert oder umgewandelt werden, um deren Wert erheblich zu steigern, und Lizenzen für die Nutzung der resultierenden Daten an die Datennutzer vergeben werden, ohne eine Geschäftsbeziehung zwischen Dateninhabern und Datennutzern herzustellen“ (Buchst. a); „Dienste, deren Schwerpunkt auf der Vermittlung urheberrechtlich geschützter Inhalte liegt“ (Buchst. b); „Dienste, die ausschließlich von einem Dateninhaber genutzt werden, um die Verwendung von im Besitz dieses Dateninhabers befindlichen Daten zu ermöglichen, oder die von mehreren juristischen Personen in einer geschlossenen Gruppe, einschließlich Lieferanten- oder Kundenbeziehungen oder vertraglich festgelegter Kooperationen, genutzt werden, insbesondere wenn deren Hauptziel darin besteht, Funktionen von Gegenständen und Geräten im Zusammenhang mit dem Internet der Dinge sicherzustellen“ (Buchst. c) und „Datenvermittlungsdienste, die von öffentlichen Stellen ohne die Absicht der Herstellung von Geschäftsbeziehungen angeboten werden“ (Buchst. d). 12

[24] Eine andere Interpretation der Norm knüpft statt an die Unbestimmtheit der Teilnehmerzahl an die Zugangsmodalität (offen und diskriminierungsfrei) an; Carovano/Finck CLSR 2023, 1 (6); Richter GRUR International 2023, 458 (462).

[25] Dieses Verständnis selbstverständlich zu Grunde legend Schreiber/Pommerening/Schoel Der neue DGA § 3 Rn. 22.

[26] Ablehnend Schreiber/Pommerening/Schoel Der neue DGA § 3 Rn. 23.

13 Die Dienste iSd Art. 2 Nr. 11 Buchst. a DGA werden als Datenaufbereitungs- und Lizensierungsdienste oder auch als Datenbroker bezeichnet.[27] Ihr Geschäftsmodel ist der Ankauf von Daten, um diese zu aggregieren oder aufzubereiten und im Anschluss weiterzuverkaufen. Für eine Einordnung als Datenvermittlungsdienst fehlt es somit ohnehin typischerweise an der Anbahnung von Geschäftsbeziehungen im charakteristischen Drei-Personen-Verhältnis. Dienste iSd Art. 2 Nr. 11 Buchst. a DGA werden vielmehr selbst unmittelbar mit den Nutzern in Geschäftsbeziehungen eintreten, sodass sie schon nach der allgemeinen Definition kein Datenvermittlungsdienst sind.[28] Datentreuhänder fallen unzweifelhaft nicht unter diesen Ausnahmetatbestand, denn sie nehmen gerade nicht selbst unmittelbar und im eigenen wirtschaftlichen Interesse an den Transaktionen teil.

14 Art. 2 Nr. 11 Buchst. b DGA enthält eine echte Ausnahme vom Tatbestand des Datenvermittlungsdienstes für sog. Content-Intermediäre.[29] Datenvermittlungsdienste, deren Schwerpunkt auf Daten liegt, deren Inhalte urheberrechtlich geschützt sind, sind von den Regelungen ausgenommen.[30] Hierzu zählen ausweislich des Erwgr. 29 DGA insbesondere „Diensteanbieter für das Teilen von Online-Inhalten" iSd Art. 2 Nr. 6 der Richtlinie (EU) 2019/790. Content-Intermediäre unterliegen anderen Logiken als typische Datenvermittlungsdienste und ihre Tätigkeit weist eigene Risiken auf, weshalb sie gesonderten Regen unterworfen sind.[31] Neben diesen gesonderten Regeln sollen Content-Intermediäre nicht noch zusätzlich den weniger gut passenden Regelungen im DGA unterworfen sein, weshalb sie von diesen ausgenommen sind.[32] Für den Umgang mit Daten, die einen urheberrechtlich geschützten Inhalt haben, wird man regelmäßig keinen Datentreuhänder brauchen, weil das Urheberrecht die Wahrung der Interessen der Beteiligten verspricht. Die Ausnahme wird für Datentreuhänder deshalb allenfalls untergeordnete Relevanz haben.

15 Die Dienste iSd Art. 2 Nr. 11 Buchst. c DGA zeichnet es aus, dass sie ausschließlich von einem Dateninhaber oder einer geschlossenen Gruppe genutzt werden. Es fehlt somit an der Offenheit für eine unbestimmte Anzahl von Nutzern, teilweise werden sie deshalb als geschlossene Datensysteme bezeichnet.[33] Sie fallen, genauso wie die Dienste iSd Art. 2 Nr. 11 Buchst. a DGA, schon nicht unter die allgemeine Definition der Datenvermittlungsdienste.[34] Beispielhaft wird dies klargestellt für Dienste, die dem Dateninhaber die Verwendung von in seinem Besitz befindlicher Daten ermöglichen oder solche, die in Lieferanten- oder Kundenbeziehungen oder vertraglich festgelegten Kooperationen eingesetzt werden. Hierunter fallen auch Dienste, deren Hauptziel es ist, Funktionen von Gegenständen und Geräten im Zusammenhang mit dem Internet der Dinge sicherzustellen. Obwohl es sich

---

[27] „Datenaufbereitungs- und Lizensierungsdienste" Schütrumpf RDi 2023, 373 Rn. 9; „Datenbroker" Hennemann/v. Ditfurth NJW 2022, 1905 Rn. 14; Schreiber/Pommerening/Schoel Der neue DGA § 3 Rn. 24.
[28] Schreiber/Pommerening/Schoel Der neue DGA § 3 Rn. 26.
[29] Vgl. zur Terminologie Schütrumpf RDi 2023, 373 Rn. 9; Steinrötter EU-Plattformregulierung-HdB/Savary § 19 Rn. 19.
[30] Schreiber/Pommerening/Schoel Der neue DGA § 3 Rn. 28.
[31] Richter ZEuP 2021, 634 (652); Schreiber/Pommerening/Schoel Der neue DGA § 3 Rn. 30.
[32] Richter ZEuP 2021, 634 (652); Schreiber/Pommerening/Schoel Der neue DGA § 3 Rn. 30.
[33] Vgl. zur Terminologie Schütrumpf RDi 2023, 373 Rn. 9; Steinrötter EU-Plattformregulierung-HdB/Savary § 19 Rn. 19.
[34] Schreiber/Pommerening/Schoel Der neue DGA § 3 Rn. 27.

erneut nicht um eine echte Ausnahme handelt, ist diese Ausnahme für Datentreuhänder, die sich nur an eine geschlossene Gruppe von Nutzern richten, relevant. Die Ausnahme kann bei der Abgrenzung, wann sich ein Dienst nicht an eine unbestimmte Anzahl von Nutzern richtet und deshalb kein Datenvermittlungsdienst darstellt, eine wichtige Auslegungshilfe sein.

Datenvermittlungsdienste, die von öffentlichen Stellen ohne die Absicht der Herstellung von Geschäftsbeziehungen angeboten werden, sind gem. Art. 2 Nr. 11 Buchst. d DGA ebenfalls ausgenommen. Die Absicht der Herstellung von Geschäftsbeziehungen ist jedoch wesentliches Merkmal der allgemeinen Definition der Datenvermittlungsdienste, sodass die formulierte Ausnahme wie schon bei den Diensten iSd Art. 2 Nr. 11 Buchst. a und Buchst. c DGA keine echte Ausnahme darstellt. Die Formulierung in Art. 2 Nr. 11 Buchst. d DGA unterscheidet sich von den Formulierungen in Art. 2 Nr. 11 Buchst. a bis Buchst. c DGA insoweit, als dass sie einleitend nicht das Wort „Dienste", sondern das Wort „Datenvermittlungsdienste" enthält. Hieraus wird zum Teil abgeleitet, dass es die Norm in diesem Fall nicht offenlasse, ob die Dienste die allgemeine Definition erfüllen können oder nicht.[35] In diesem Fall sei deshalb theoretisch auch der Umkehrschluss zulässig. Die Norm würde davon ausgehen, dass es auch Datenvermittlungsdienste gebe, die ohne die Absicht, Geschäftsbeziehungen herzustellen, erbracht werden.[36] Richtigerweise verbietet sich dieser Umkehrschluss aber, weil er die zuvor gegebene allgemeine Definition durch diesen völlig entkernen würde. Richtigerweise lässt die Norm auch in diesem Fall offen, ob die beschriebenen Dienste die allgemeine Definition erfüllen können oder nicht und nimmt sie höchstvorsorglich aus dem Begriff des Datenvermittlungsdienstes aus.[37] Möglicherweise ist Art. 2 Nr. 11 Buchst. d DGA vor dem Hintergrund des Erwgr. 29 DGA dahingehend auszulegen, dass die Ermöglichung der Weiterverwendung in ihrem Besitz befindlicher Daten durch eine öffentliche Stelle (in Anwendung der Vorschriften des Kapitels II des DGA) allein nicht die Qualifizierung als Datenvermittlungsdienst auslösen soll.[38] Für Datentreuhänder, selbst für solche in öffentlicher Hand, spielt diese Ausnahme dennoch keine Rolle. Die Idee eines Datentreuhänders ist es gerade, nicht nur die im eigenen Besitz befindlichen Daten verfügbar zu machen. 16

Eine weitere Ausnahme von der Anwendbarkeit enthält Art. 15 DGA, der jedoch nicht die Qualifizierung als Datenvermittlungsdienst iSd Art. 2 Nr. 11 DGA entfallen lässt, sondern den Regelungen zum Datenaltruismus den Vorrang gegenüber den Regeln des Kapitels III einräumt, sodass diese verdrängt werden. Diese Vorrangregelung wird deshalb im Anschluss gesondert diskutiert. 17

Ausweislich des Erwgr. 29 DGA sollen außerdem Bereitsteller konsolidierter Datenträger iSd Art. 2 Abs. 1 Nr. 35 der Verordnung (EU) Nr. 600/2014 und Kontoinformationsdienstleister im Sinne von Art. 4 Nr. 19 der Richtlinie (EU) 2015/2366 nicht als Datenvermittlungsdienst iSd DGA gelten. Eine Klarstellung im Verordnungstext findet sich hierzu aber nicht. Im Erwgr. 29 DGA nennt der Verordnungsgeber als Beispiele für sonstige Dienste, mit denen keine Geschäfts- 18

[35] Schreiber/Pommerening/Schoel Der neue DGA § 3 Rn. 31.
[36] Schreiber/Pommerening/Schoel Der neue DGA § 3 Rn. 31; ausführlich zu der Frage, inwieweit Art. 2 Nr. 11 DGA Absicht hinsichtlich der Definitionsmerkmale voraussetzt Schreiber/Pommerening/Schoel Der neue DGA § 3 Rn. 18–21.
[37] Schreiber/Pommerening/Schoel Der neue DGA § 3 Rn. 31, 19–21.
[38] Schreiber/Pommerening/Schoel Der neue DGA § 3 Rn. 33.

beziehungen hergestellt werden sollen und die deshalb nicht unter die Definition des Datenvermittlungsdiensts fallen, Archive zur Ermöglichung der Weiterverwendung von wissenschaftlichen Forschungsdaten im Einklang mit den Grundsätzen des offenen Zugangs.

2. Kategorisierung nach Art. 10 DGA

19 Die Datenvermittlungsdienste müssen sich einer der Kategorien des Art. 10 Buchst. a–c DGA zuordnen lassen, wobei dies nicht als Einschränkung des Anwendungsbereichs zu verstehen ist. Art. 10 DGA ist im Lichte des ursprünglichen Vorschlags zu betrachten, in dem Datenvermittlungsdienste nicht definiert waren, wie dies nun in Art. 2 Nr. 11 DGA der Fall ist.[39] Unterschieden werden drei Kategorien. Die erste Kategorie (Art. 10 Buchst. a DGA) erfasst Vermittlungsdienste zwischen Dateninhabern und potenziellen Datennutzern, wobei zu diesen Diensten insbesondere der zwei- oder mehrseitige Austausch von Daten oder die Einrichtung von Plattformen oder Datenbanken, die den Austausch oder die gemeinsame Nutzung von Daten ermöglichen, sowie die Einrichtung anderer spezieller Infrastrukturen für die Vernetzung von Dateninhabern mit Datennutzern zählen. Die zweite Kategorie (Art. 10 Buchst. b DGA) erfasst Vermittlungsdienste zwischen betroffenen Personen[40], die ihre personenbezogenen Daten[41] zugänglich machen wollen, oder natürlichen Personen, die nicht personenbezogene Daten[42] zugänglich machen wollen, und potenziellen Datennutzern, wobei diese Dienste insbesondere die Ausübung der Rechte betroffener Personen ermöglichen sollen. Die dritte Kategorie (Art. 10 Buchst. c DGA) erfasst Dienste von Datengenossenschaften.

20 Neu ist an dieser Stelle neben den aus der DS-GVO bekannten Begrifflichkeiten nur der in Art. 2 Nr. 15 DGA legaldefinierte Begriff der „Dienste von Datengenossenschaften".[43] Hierunter sind Datenvermittlungsdienste zu verstehen, die von einer Organisationsstruktur angeboten werden, welche sich aus betroffenen Personen, Ein-Personen-Unternehmen oder KMU, die in dieser Struktur Mitglied sind, zusammensetzt. Der Hauptzweck muss in der Unterstützung ihrer Mitglieder bei der Ausübung ihrer Rechte in Bezug auf bestimmte Daten liegen. Dies kann etwa das Treffen einer sachkundigen Entscheidung vor der Einwilligung in die Datenverarbeitung, der Meinungsaustausch über den die Interessen ihrer Mitglieder im Zusammenhang mit ihren Daten am besten entsprechende Zweck und Bedingungen der Datenverarbeitung oder das Aushandeln der Bedingungen der Datenverarbeitung im Namen der Mitglieder sein.

[39] Dazu Carovano/Finck CLSR 2023, 1 (7). Der restriktive Charakter von Art. 10 im Verhältnis zum Art. 2 Nr. 11 DGA ist jedoch umstritten; hierzu Richter GRUR International 2023, 458 (462); Hartl/Ludin MMR 2021, 534 (537).

[40] Art. 2 Nr. 7: „betroffene Person" [ist] eine betroffene Person im Sinne von Art. 4 Nr. 1 [DS-GVO].

[41] Art. 2 Nr. 3: „personenbezogene Daten" [sind] personenbezogene Daten iSd Art. 4 Nr. 1 [DS-GVO].

[42] Art. 2 Nr. 4: „nicht personenbezogene Daten" [sind] Daten, die keine personenbezogenen Daten sind.

[43] Zu Datengenossenschaften vgl. auch Erwgr. 31 DGA; COM(2020) 66 final, 12.

Obwohl die Kategorisierung keine Einschränkung des Anwendungsbereichs (mehr)[44] darstellt und jeder Datenvermittlungsdienst einer der Kategorien zugeordnet werden kann, kann nicht dahinstehen, in welche Kategorie der Datentreuhänder einzuordnen ist, wenn er unter den Begriff des Datenvermittlungsdiensts fällt.[45] Die Unterscheidung wird etwa im Anmeldeverfahren relevant, in dem angegeben werden muss, in welche Kategorie des Art. 10 DGA der Datenvermittlungsdienst fällt.[46] Dies kann den Datentreuhänder vor erhebliche Schwierigkeiten stellen, wenn sich der erbrachte Dienst nicht eindeutig einer Kategorie zuordnen lässt. Insbesondere, wenn natürliche Personen Daten zugänglich machen wollen, ist eine exakte Abgrenzung zwischen den Kategorien nicht möglich.[47] Die Problematik entsteht dadurch, dass natürliche Personen (in der beschlossenen Fassung)[48] sowohl unter die Legaldefinition von Dateninhaber in Art. 2 Nr. 8 DGA fallen und damit unter Art. 10 Buchst. a DGA, als auch gesondert von Art. 10 Buchst. b DGA adressiert werden. 21

Einige Ausführungen in den Erwägungsgründen des DGA knüpfen ebenfalls an spezielle Kategorien von Datenvermittlungsdiensten an. Mangels Gesetzeskraft sind diese Ausführungen nur unverbindliche Vorstellungen des Verordnungsgebers, denn die Vorstellungen haben sich im Verordnungstext nicht niedergeschlagen. Erwgr. 30 etwa bezieht sich auf Datenvermittlungsdienste, die unter Art. 10 Buchst. b DGA fallen und beschreibt die Vorstellung, dass solche Datenvermittlungsdienste die Handlungsfähigkeit betroffener Personen und insbesondere die Kontrolle von Einzelpersonen in Bezug auf die sie betreffenden Daten verbessern wollen. Was das voraussetzt und wie das funktioniert, ist in den folgenden Sätzen des Erwägungsgrundes im Detail beschrieben. Erwgr. 31 bezieht sich hingegen auf die Datengenossenschaften, enthält aber im Vergleich zur ohnehin umfangreichen Legaldefinition wenig neue Vorstellungen des Verordnungsgebers zu deren Tätigkeit. 22

3. Vorrangigkeit der Regelungen zum Datenaltruismus (Art. 15 DGA)

Wie sich aus Art. 15 DGA ergibt, sollen die Regelungen des Kapitels III nicht für anerkannte datenaltruistische Organisationen und andere Einrichtungen ohne Erwerbszweck gelten, soweit deren Tätigkeit darin besteht, für Ziele von allgemeinem Interesse Daten zu erheben, die von natürlichen oder juristischen Personen auf der Grundlage des Datenaltruismus zur Verfügung gestellt werden, es sei denn, diese Organisationen und Einrichtungen sind bestrebt, Geschäftsbeziehungen zwischen einer unbestimmten Zahl von betroffenen Personen und Dateninhabern einerseits und Datennutzern andererseits herzustellen. Die Regelung 23

[44] Ausführlich zur entsprechenden Vorschrift im Kommissionsentwurf, der in Bezug auf die Anmeldepflicht noch eine begrenzende Funktion zukam Schreiber/Pommerening/Schoel Der neue DGA § 3 Rn. 40; Richter ZEuP 2021, 634 (649 ff.).

[45] Schreiber/Pommerening/Schoel Der neue DGA § 3 Rn. 39.

[46] Art. 11 Abs. 6 Buchst. f DGA – hierzu sogleich unter → Rn. 31 ff.

[47] Schreiber/Pommerening/Schoel Der neue DGA § 3 Rn. 41.

[48] Vgl. zur Entwicklung des Problems seit dem Kommissionsentwurf Schreiber/Pommerening/Schoel Der neue DGA § 3 Rn. 40 f.

des Art. 15 DGA erweckt zunächst den Anschein, nach der Definition tatsächlich erfasste Fälle aus dem Anwendungsbereich des Kapitels III auszunehmen. Durch die auf „es sei denn" folgende Einschränkung wird allerdings eine so umfassende Rückausnahme von dem Grundsatz, dass die Regelungen des Kapitels III nicht für anerkannte datenaltruistische Organisationen und vergleichbare Einrichtungen anzuwenden sind, statuiert, dass keine von der Definition erfassten Fälle aus dem Anwendungsbereich des Kapitels III ausgenommen werden. Wie schon die in Art. 2 Nr. 11 Buchst. a und c DGA werden nur solche Fälle ausgenommen, die ohnehin nicht unter den Begriff des Datenvermittlungsdiensts fallen.[49] Diese Rückausnahme war im Kommissionsentwurf noch nicht enthalten.[50] Sie verkehrt den Regelungsgehalt der im Kommissionentwurf enthaltenen Regelung, dass die Regelungen des Kapitels III auf anerkannte datenaltruistische Organisationen und vergleichbare Einrichtungen nicht anzuwenden sind, sogar ins Gegenteil, denn durch Art. 15 DGA wird nunmehr klar, dass auch anerkannte datenaltruistische Organisationen und vergleichbare Einrichtungen nicht nur den Regelungen des Kapitels IV zum Datenaltruismus unterliegen, sondern daneben auch denen Bestimmungen des Kapitels III, wenn sie unter die Definition des Datenvermittlungsdiensts fallen.[51] Für Datentreuhänder bedeutet dies, dass die Reglungen des Kapitels III für sie relevant bleiben, auch wenn sie eine anerkannte datenaltruistische Organisation oder vergleichbare Einrichtung sind.

II. Anmeldungserfordernis für Datenvermittlungsdienste

24 Datentreuhänder, deren Tätigkeit in der Europäischen Union als Datenvermittlungsdienst einzustufen ist, müssen sich gem. Art. 11 Abs. 1 DGA bei der zuständigen nationalen Behörde anmelden. Das Anmeldeverfahren ist der Mittelweg zwischen den ebenfalls erwogenen Optionen eines freiwilligen Kennzeichnungssystems oder eines obligatorischen Zertifizierungssystems[52] und dient laut Erwgr. 38 DGA dazu, eine Daten-Governance zu etablieren, die Grundlage vertrauenswürdiger Datenweitergaben in der Union sein kann, gleichzeitig unnötige Hindernisse für KMU, Start-up-Unternehmen und Organisationen der Zivilgesellschaft vermeidet[53] und dem Grundsatz der Nichtdiskriminierung genügt.

25 Die Beurteilung, ob der Datentreuhänder als Datenvermittlungsdienst zu qualifizieren ist und deshalb gem. Art. 11 Abs. 1 DGA angemeldet werden muss,

[49] Schreiber/Pommerening/Schoel Der neue DGA § 3 Rn. 35; HK-DGA/Specht-Riemenschneider DGA Art. 15 Rn. 18.

[50] Die entsprechende Vorschrift (Art. 14 DGA-E) sah eine solche nicht vor, vgl. hierzu auch Schreiber/Pommerening/Schoel Der neue DGA § 3 Rn. 34.

[51] Schreiber/Pommerening/Schoel Der neue DGA § 3 Rn. 36; HK-DGA/Specht-Riemenschneider DGA Art. 15 Rn. 25.

[52] Zu den anderen von der Kommission erwogenen Optionen vgl. Schreiber/Pommerening/Schoel Der neue DGA § 3 Rn. 48–50; Gellert/Graef TILEC Discussion Paper 2021-006, 8 f.; Carovano/Finck CLSR 2023, 1 (7); SWD(2020) 295 final 25 ff.; COM(2020) 767 final, 5.

[53] Diskutiert wird, ob die Regelung diesem Ziel gerecht wird oder nicht doch ein Hindernis für die zukünftige Gestaltung dieses Marktes darstellt Ditfurth/Lienemann CRNI 2022, 270 (291); Baloup ua CiTiP Working Paper Series 2021, 31.

hat der Datentreuhänder selbst auf eigene Verantwortung durchzuführen.[54] Die Vornahme der formellen Anmeldung des Dienstes (Art. 11 Abs. 4 DGA) reicht aber aus, um die Tätigkeit aufnehmen zu dürfen.[55] Eine ausdrückliche Entscheidung im Prüfungsverfahren oder ein Verwaltungsakt der zuständigen nationalen Behörde muss nicht abgewartet werden. Das heißt auch, dass die Kontrolle, ob der Datentreuhänder die Bedingungen aus Art. 12 DGA einhält, nicht *ex ante* und damit bevor die Tätigkeit aufgenommen werden darf erfolgt, sondern erst nachdem mit der Tätigkeit begonnen werden durfte eine Prüfung *ex post* durch die Behörde erfolgen kann.[56] Dieses Verfahren soll dem soeben beschriebenen – in Erwgr. 38 DGA festgehaltenen – Ziel des Verordnungsgebers dienen, dem Marktteilnehmer unnötige bürokratische Hindernisse zu ersparen und einen guten Kompromiss zwischen freiwilligem Kennzeichnungssystem und obligatorischem Zertifizierungssystem zu finden.[57] Der Lösungsansatz geht freilich zu Lasten des primären Ziels des DGA, Vertrauen auf der Seite der betroffenen Personen und Dateninhabern zu schaffen, weil diese selbst bei angemeldeten Datenvermittlungsdiensten nicht sicher sein können, ob diese die Bedingungen aus Art. 12 DGA für die Erbringung erfüllen.[58] Eine Abmilderung dieser Unsicherheit erreicht der DGA dadurch, dass die Behörde gem. Art. 11 Abs. 9 S. 1 DGA auf Antrag des Datenvermittlungsdiensts die Konformität desselben mit den Bedingungen aus Art. 12 DGA bestätigen muss. Eine solche Bestätigung birgt für den Datentreuhänder außerdem den Anreiz, dass er nach dem Erhalt der Bestätigung gem. Art. 11 Abs. 9 S. 2 DGA das Label „in der Union anerkannter Anbieter von Datenvermittlungsdiensten" sowie ein entsprechendes Logo verwenden darf.[59] Für Einrichtungen, die bereits am 23.6.2022 einen Datenvermittlungsdienst erbracht haben, gilt hinsichtlich der Anmeldung außerdem gem. Art. 37 DGA eine Übergangfrist bis zum 24.9.2025.

1. Anbieten von Datenvermittlungsdiensten in mehreren Mitgliedsstaaten

Die Anmeldung als Datenvermittlungsdienst muss gem. Art. 11 Abs. 5 DGA (e. contr.) in der Union nur in einem Mitgliedsstaat erfolgen. Muss sich der Datentreuhänder gem. Art. 11 Abs. 1 DGA anmelden, muss dies gem. Art. 11 Abs. 2 DGA bei der zuständigen Behörde des Mitgliedstaats erfolgen, in der der Datentreuhänder seine Hauptniederlassung hat. Die Hauptniederlassung einer juristischen Person ist nach der Legaldefinition des Art. 2 Nr. 14 DGA der Ort, **26**

[54] Schütrumpf RDi 2023, 373 Rn. 17; Schreiber/Pommerening/Schoel Der neue DGA § 3 Rn. 50; Steinrötter EU-Plattformregulierung-HdB/Savary § 19 Rn. 25.
[55] Schütrumpf RDi 2023, 373 Rn. 17; Schreiber/Pommerening/Schoel Der neue DGA § 3 Rn. 50; Steinrötter EU-Plattformregulierung-HdB/Savary § 19 Rn. 26; Carovano/Finck CLSR 2023, 1 (7); v. Ditfurth/Lienemann CRNI 2022, 270 (281 f.).
[56] Schütrumpf RDi 2023, 373 Rn. 17; Schreiber/Pommerening/Schoel Der neue DGA § 3 Rn. 50; Steinrötter EU-Plattformregulierung-HdB/Savary § 19 Rn. 26; v. Ditfurth/Lienemann CRNI 2022, 270 (282); Gellert/Graef TILEC Discussion Paper 2021-006, 9.
[57] Schütrumpf RDi 2023, 373 Rn. 17; Schreiber/Pommerening/Schoel Der neue DGA § 3 Rn. 50.
[58] Schütrumpf RDi 2023, 373 Rn. 17.
[59] Vgl. hierzu auch Schütrumpf RDi 2023, 373 Rn. 17.

an dem sich ihre Hauptverwaltung in der Union befindet. Der Erwgr. 41 DGA führt hierzu aus, dass zur Bestimmung der Hauptniederlassung eines Anbieters von Datenvermittlungsdiensten in der Union objektive Kriterien herangezogen werden sollen; ein Kriterium sollte dabei die effektive und tatsächliche Ausübung von Verwaltungstätigkeiten sein. Ist die Anmeldung im richtigen Mitgliedsstaat erfolgt, kann der Datentreuhänder gem. Art. 11 Abs. 5 DGA in allen Staaten der Europäischen Union seine Datenvermittlungsdienste anbieten. Diese Regelung soll den Verwaltungsaufwand der Anbieter begrenzen und gem. Erwgr. 39 DGA die Möglichkeit gewährleisten, grenzüberschreitend Datenvermittlungsdienste effektiv zu erbringen.[60]

2. In Drittstaaten niedergelassene Datentreuhänder

27 Ist ein Datentreuhänder gar nicht in der Europäischen Union niedergelassen, bietet aber dennoch Datenvermittlungsdienste in der Europäischen Union an und ist deshalb als Datenvermittlungsdienst anmeldungspflichtig, muss dieser gem. Art. 11 Abs. 3 UAbs. 1 DGA einen gesetzlichen Vertreter in einem der Mitgliedsstaaten benennen, in dem er seine Dienste anbietet.[61] Dies ist nach der in Erwgr. 42 S. 3 DGA niedergelegten Auffassung des Vorordnungsgebers notwendig, da solche Anbieter von Datenvermittlungsdiensten personenbezogene Daten sowie vertrauliche Geschäftsdaten verarbeiten, weshalb die Einhaltung dieser Verordnung durch die Anbieter von Datenvermittlungsdiensten eng überwacht werden muss.

28 Für die Prüfung, ob ein Datentreuhänder Datenvermittlungsdienste in der Europäischen Union anbietet, soll es gem. Erwgr. 42 DGA darauf ankommen, ob er offensichtlich beabsichtigt, Personen in einem oder mehreren Mitgliedstaaten Datenvermittlungsdienste anzubieten. Die bloße Zugänglichkeit der Website oder einer E-Mail-Adresse und anderer Kontaktdaten des Anbieters von Datenvermittlungsdiensten in der Union oder die Verwendung einer Sprache, die in dem Drittland, in dem der Anbieter von Datenvermittlungsdiensten niedergelassen ist, allgemein gebräuchlich ist, sollte hierfür laut Erwgr. 42 kein ausreichender Anhaltspunkt sein. Nach diesem könnten jedoch andere Faktoren wie die Verwendung einer Sprache oder Währung, die in einem oder mehreren Mitgliedstaaten gebräuchlich ist, in Verbindung mit der Möglichkeit, Dienste in dieser Sprache zu bestellen, oder die Erwähnung von Nutzern in der Union darauf hindeuten, dass der Anbieter von Datenvermittlungsdiensten beabsichtigt, in der Union Dienste anzubieten. Die maßgeblichen Kriterien entsprechen damit denen, die die EuGH-Rechtsprechung in anderen Bereichen für ein „gezieltes ansprechen" herausgearbeitet hat.

29 Muss der Datentreuhänder einen gesetzlichen Vertreter benennen, muss er diesen gem. Art. 11 Abs. 3 UAbs. 2 S. 1 DGA beauftragen, neben ihm oder an seiner Stelle für Datenvermittlungsdienste zuständigen Behörden oder betroffenen Personen und Dateninhabern bei Fragen im Zusammenhang mit den erbrachten

---

[60] Vgl. zur Anmeldung im Mitgliedsstaat der Hauptniederlassung und Benennung eines gesetzlichen Vertreters insges. Schreiber/Pommerening/Schoel Der neue DGA § 3 Rn. 51 ff.

[61] Schreiber/Pommerening/Schoel Der neue DGA § 3 Rn. 57; HK-DGA/Specht-Riemenschneider DGA Art. 11 Rn. 4; Steinrötter EU-Plattformregulierung-HdB/Savary § 19 Rn. 44.

Datenvermittlungsdiensten als Anlaufstelle zu dienen. Gem. Art. 11 Abs. 3 UAbs. 2 S. 2 DGA muss der gesetzliche Vertreter mit den für Datenvermittlungsdienste zuständigen Behörden zusammenarbeiten und ihnen auf Verlangen umfassend darlegen, welche Maßnahmen und Vorkehrungen der Anbieter von Datenvermittlungsdiensten getroffen hat, um die Einhaltung dieser Verordnung sicherzustellen. Diese Regelungen ändern aber nichts an der Verantwortung des Datentreuhänders für die Einhaltung der Bedingungen des DGA (Art. 11 Abs. 3 UAbs. 3 S. 2 DGA). Allerdings wird die rechtliche Zuständigkeit des Mitgliedstaats, in dem sich der gesetzliche Vertreter befindet, durch die Benennung begründet (Art. 11 Abs. 3 UAbs. 3 S. 1 DGA).

Materielle Anforderungen an den gesetzlichen Vertreter finden sich weder in Art. 11 DGA noch in der Legaldefinition des Begriffs in Art. Art. 2 Nr. 21 DGA.[62] Nach dieser ist ein gesetzlicher Vertreter eine in der Union niedergelassene natürliche oder juristische Person, die ausdrücklich benannt wurde, um im Auftrag eines nicht in der Union niedergelassenen Anbieters von Datenvermittlungsdiensten oder einer Einrichtung, die von natürlichen oder juristischen Personen auf der Grundlage des Datenaltruismus für Ziele von allgemeinem Interesse zur Verfügung gestellte Daten erhebt, zu handeln, und an die sich die für die Datenvermittlungsdienste zuständigen Behörden und die für die Registrierung datenaltruistischer Organisationen zuständigen Behörden hinsichtlich der Verpflichtungen nach dieser Verordnung ausschließlich oder zusätzlich zu den betreffenden Anbietern von Datenvermittlungsdiensten bzw. den betreffenden Einrichtungen wenden, auch um gegen einen nicht in der Union niedergelassenen Anbieter von Datenvermittlungsdiensten oder eine nicht in der Union niedergelassene Einrichtung, der bzw. die die Vorschriften nicht einhält, Durchsetzungsverfahren einzuleiten. 30

3. Erklärung der Anmeldung, Änderung und Abmeldung

Für die Anmeldung iSd Art. 11 Abs. 1 DGA ist eine formlose Erklärung ausreichend, aus der hervorgeht, dass der Datentreuhänder beabsichtigt, Datenvermittlungsdienste in der Europäischen Union zu erbringen.[63] Die Erklärung muss allerdings die in Art. 11 Abs. 6 DGA genannten folgenden Angaben enthalten: 31

a) den Namen des Anbieters von Datenvermittlungsdiensten,
b) den Rechtsstatus, die Rechtsform, die Eigentümerstruktur, die relevanten Tochtergesellschaften und, sofern der Anbieter von Datenvermittlungsdiensten in einem Handelsregister oder einem anderen vergleichbaren öffentlichen nationalen Register eingetragen ist, die Registernummer des Anbieters von Datenvermittlungsdiensten,
c) die Anschrift der Hauptniederlassung des Anbieters von Datenvermittlungsdiensten in der Union, falls zutreffend, und die Anschrift einer etwaigen

[62] Schreiber/Pommerening/Schoel Der neue DGA §3 Rn. 56; Baloup ua CiTiP Working Paper Series 2021, 30.
[63] Schreiber/Pommerening/Schoel Der neue DGA §3 Rn. 59; Steinrötter EU-Plattformregulierung-HdB/Savary §19 Rn. 25; Carovano/Finck CLSR 2023, 1 (7).

Zweigniederlassung in einem anderen Mitgliedstaat oder des gesetzlichen Vertreters,

d) eine öffentliche Website mit vollständigen und aktuellen Informationen über den Anbieter von Datenvermittlungsdiensten und seine Tätigkeiten, einschließlich mindestens der Informationen gemäß den Buchstaben a, b, c und f,

e) die Kontaktpersonen und Kontaktangaben des Anbieters von Datenvermittlungsdiensten,

f) eine Beschreibung des Datenvermittlungsdienstes, den der Anbieter von Datenvermittlungsdiensten zu erbringen beabsichtigt, und Angaben dazu, unter welche der in Art. 10 DGA genannten Kategorien dieser Datenvermittlungsdienst fällt,

g) den voraussichtlichen Tag der Aufnahme der Tätigkeit, falls dies ein anderer als der Tag der Anmeldung ist.

32 Die meisten Angaben sind nach den vorangegangenen Erläuterungen selbsterklärend und bedürfen keiner weiteren Ausführung.

33 Eine Besonderheit stellt allerdings Art. 11 Abs. 6 Buchst. d DGA dar. Die Vorschrift enthält nicht nur die Verpflichtung, in der Anmeldung eine öffentliche Website anzugeben, sondern enthält auch Vorgaben dazu, wie diese Website inhaltlich gestaltet werden muss. Art. 11 Abs. 6 Buchst. d DGA enthält folglich (etwas versteckt) Anforderungen an Datenvermittlungsdienste, die über den Inhalt der Anmeldung hinausgehen und besser in Art. 12 DGA verortet gewesen wären.[64] Die Website muss nämlich aktuelle Informationen über den Anbieter von Datenvermittlungsdiensten und seine Tätigkeiten enthalten, diese müssen mindestens die Informationen gemäß den Buchstaben a, b, c und f umfassen. Während sich die Pflicht, die Informationen gemäß den Buchstaben a und c auf der Website zur Verfügung zu stellen, ohnehin auch aus anderen geltenden Anforderungen an die inhaltliche Gestaltung von Websites ergibt (siehe etwa § 5 Abs. 1 TMG), geht die Verpflichtung, die Informationen gemäß den Buchstaben b und f aus der Website zu veröffentlichen, über die zuvor geltenden Anforderungen hinaus.[65] Die Angaben iSd Art. 11 Abs. 6 Buchst. b DGA sind der Rechtsstatus (die Abgabe, ob sich der Datenvermittlungsdienst in Gründung oder in Liquidation befindet),[66] die Rechtsform, die Eigentümerstruktur, die relevanten Tochtergesellschaften und, sofern der Anbieter von Datenvermittlungsdiensten in einem Handelsregister oder einem anderen vergleichbaren öffentlichen nationalen Register eingetragen ist, die Registernummer des Anbieters von Datenvermittlungsdiensten. Diese Angaben dienen dazu zu überprüfen, ob die Datenvermittlungsdienste wie vorgesehen von einer gesonderten juristischen Person bereitstellt werden und somit dem Gebot der strukturellen Trennung von Datenvermittlungsdiensten und anderen Diensten entsprochen wird.[67] Die strukturelle Trennung soll ausweislich des Erwgr. 33 DGA Interessenkonflikten vorbeugen (S. 5), die Neutralität der Anbieter der Datenvermittlungsdienste sicherstellen und auf diesem Wege das Vertrauens in

---

[64] Schreiber/Pommerening/Schoel Der neue DGA § 3 Rn. 68; HK-DGA/Specht-Riemenschneider DGA Art. 11 Rn. 51 f.

[65] Vgl. Schreiber/Pommerening/Schoel Der neue DGA § 3 Rn. 68; HK-DGA/Specht-Riemenschneider DGA Art. 11 Rn. 54.

[66] Schreiber/Pommerening/Schoel Der neue DGA § 3 Rn. 62; HK-DGA/Specht-Riemenschneider DGA Art. 11 Rn. 42.

[67] Schreiber/Pommerening/Schoel Der neue DGA § 3 Rn. 63.

und die Kontrolle über Datenvermittlungsdienste stärken (S. 2). Indem diese Angaben nicht nur in der Anmeldung enthalten sein müssen, sondern auch auf einer Website zu veröffentlichen sind, ermöglicht es der DGA nicht nur der zuständigen nationalen Behörde Gefahren für die Neutralität, die sich aus der wirtschaftlichen Struktur ergeben, zu erkennen und die erforderlichen Maßnahmen zu ergreifen, sondern darüber hinaus jedem anderen, sich auf Basis dieser Informationen ein eigenes Bild zu machen.[68] Gleiches gilt für die Beschreibung des Datenvermittlungsdiensts, den der Anbieter von Datenvermittlungsdiensten zu erbringen beabsichtigt, und die Angaben dazu, unter welche der in Art. 10 DGA genannten Kategorien dieser Datenvermittlungsdienst fällt (Art. 11 Abs. 6 Buchst. f DGA).

Neben der Anmeldung ist dann eine Mitteilung an die zuständige nationale Behörde erforderlich, wenn sich Angaben ändern, die der Datentreuhänder gem. Art. 11 Abs. 6 DGA in der Anmeldung machen musste (Art. 11 Abs. 12 DGA) oder wenn der Datentreuhänder die Erbringung von Datenvermittlungsdiensten einstellt (Art. 11 Abs. 13 DGA). Die Frist hierfür beträgt bei Änderungen 14 Tagen ab dem Tag der Änderung (Art. 11 Abs. 12 DGA) und bei Abmeldung 15 Tage (Art. 11 Abs. 13 DGA). 34

4. Bestätigungen der Behörde

Der Datentreuhänder kann bei der zuständigen nationalen Behörde zwei verschiedene Bestätigungen beantragen. Einerseits die Anmeldebestätigung und andererseits die Anerkennung. Mit der Anmeldungsbestätigung (Art. 11 Abs. 8 DGA) bestätigt die Behörde, dass der Datentreuhänder die gem. Art. 11 Abs. 1 DGA erforderliche Anmeldung ordnungsgemäß vorgenommen hat und dass die Anmeldung die in Art. 11 Abs. 6 DGA genannten Informationen enthält. Mit der Anerkennung (Art. 11 Abs. 9 UAbs. 1 S. 1 DGA) bestätigt die Behörde darüber hinaus, dass der Datentreuhänder die Bedingungen, denen die Erbringung von Datenvermittlungsdiensten gem. Art. 12 DGA unterliegt, erfüllt. Die Anerkennung darf nicht mit der Zertifizierung als datenaltruistische Organisationen verwechselt werden, die einem ganz eigenen Verfahren unterliegt.[69] 35

a) Anmeldebestätigung

Die Anmeldebestätigung gibt die zuständige Behörde auf Antrag des Anbieters innerhalb einer Woche nach einer ordnungsgemäß und vollständig abgeschlossenen Anmeldung als standardisierte Erklärung ab (Art. 11 Abs. 8 DGA). Wie bereits vorweggenommen bestätigt die Behörde mit der Anmeldebestätigung iSd Art. 11 Abs. 8 DGA, dass der Datentreuhänder die gem. Art. 11 Abs. 1 DGA erforderliche Anmeldung ordnungsgemäß vorgenommen hat und dass die Anmeldung die in Art. 11 Abs. 6 DGA genannten Informationen enthält. 36

Teilweise wurde Art. 11 Abs. 8 DGA in der Literatur so verstanden, dass der Antrag auf Ausstellung einer Anmeldebestätigung bereits bei Anmeldung gestellt 37

[68] Schreiber/Pommerening/Schoel Der neue DGA § 3 Rn. 64 f.
[69] Vgl. hierzu Art. 19 DGA.

werden muss.[70] Für ein solches Verständnis findet sich jedoch kein Anhaltspunkt im Wortlaut. Die Einschränkung, dass der Antrag bereits bei Anmeldung gestellt werden muss, wird bisher einhellig abgelehnt.[71] Beachtenswert ist, dass selbst jenen, die Art. 11 Abs. 8 DGA diese Einschränkung entnehmen, die Einschränkung letztendlich aus teleologischen Gesichtspunkten ablehnen.[72] Selbstverständlich spricht nichts dagegen, dass ein Datentreuhänder dennoch höchstvorsorglich gleich mit der Anmeldung die Anmeldebestätigung beantragt. Es ist allerdings nicht damit zu rechnen, dass dieser im Rechtsverkehr eine wichtige Rolle zukommt. Wie bereits beschrieben ist der Zugang der Anmeldebestätigung keine Voraussetzung für die Aufnahme der Tätigkeit, die Datenvermittlungsdienste dürfen schon ab der Vornahme der Anmeldung erbracht werden.[73] Die Anmeldebestätigung kann deshalb allenfalls dazu dienen gegenüber den Stakeholdern die Anmeldung nachzuweisen. Obwohl an diese Anmeldung bereits die Erlaubnis zur Erbringung von Datenvermittlungsdiensten geknüpft ist, erscheint es durchaus möglich, dass die Anmeldebestätigung mangels materieller Prüfung der Behörde nicht in der Lage ist, bei den Stakeholdern Vertrauen in den Datenvermittlungsdienst herzustellen.

b) Anerkennung

38 Dieses Defizit gleich die Anerkennung iSd Art. 11 Abs. 9 UAbs. 1 S. 1 DGA aus, mit der die zuständige Behörde auf Antrag nach materieller Prüfung zusätzlich zur Anmeldung iSd Art. 11 Abs. 1 DGA auch die Erfüllung der Bedingungen aus Art. 12 DGA bestätigt. In der Literatur wurde angemerkt, dass das Verfahren zum Erhalt der Anerkennung mit Ausnahme des Antragserfordernisses nicht geregelt sei.[74] Zumindest hinsichtlich des Umfangs der materiellen Prüfung gibt der Inhalt der Bestätigung einen Mindestprüfungsumfang vor – die Erfüllung der Bedingungen aus Art. 12 DGA. Inwieweit sich zusätzliche Prüfungspunkte (über Art. 12 DGA hinaus) aus dem Wortlaut des Erwgr. 40 DGA ergeben, ist noch nicht geklärt.[75] Ebenso geht aus dem Wortlaut des Art. 11 Abs. 9 DGA nicht eindeutig hervor, ob die Behörde nur die von den Unternehmen im Antrag gemachten Angaben zu Grunde legen soll oder ob sie diese selbst überprüfen kann.[76] Schließlich bleibt zu klären, wie die Behörde bestätigen kann, dass der Anbieter die Bestimmungen von Art. 12 DGA einhält, wenn einige Bestimmungen des Art. 12 erst nach einer angemessenen Betriebszeit sinnvoll überprüft werden können (zB Art. 12 Buchst. b und o DGA).

39 Der Erhalt der Anerkennung kann außerdem nach außen dadurch kommuniziert werden, dass die solchen Diensten gem. Art. 11 Abs. 9 UAbs. 1 S. 2 DGA vorbehaltene Bezeichnung „in der Union anerkannter Anbieter von Datenvermittlungsdiensten“ geführt und ein dazugehöriges Logo verwenden darf. Der

[70] Schreiber/Pommerening/Schoel Der neue DGA § 3 Rn. 77.
[71] Schreiber/Pommerening/Schoel Der neue DGA § 3 Rn. 77; HK-DGA/Specht-Riemenschneider DGA Art. 11 Rn. 67.
[72] Schreiber/Pommerening/Schoel Der neue DGA § 3 Rn. 77.
[73] Vgl. hierzu bereits → Rn. 31 f. und 35.
[74] Schreiber/Pommerening/Schoel Der neue DGA § 3 Rn. 87; HK-DGA/Specht-Riemenschneider DGA Art. 11 Rn. 72.
[75] Erwgr. 40 DGA; hierzu Carovano/Finck CLSR 2023, 1 (8).
[76] Carovano/Finck CLSR 2023, 1 (8).

folgende Unterabsatz (Art. 11 Abs. 9 UAbs. 2 S. 2) kann und muss richtigerweise so verstanden werden, dass nach der Anerkennung sogar eine Verpflichtung dazu besteht das gemeinsame Logo deutlich und gut sichtbar auf jeder mit ihren Datenvermittlungsdiensten verbundenen Online- und Offline-Veröffentlichung zu verwenden.[77] Die freiwillige Anerkennung ist damit nicht lediglich rechtlich vorteilhaft, sondern geht auch mit Verpflichtungen einher. Ob die Anerkennung für Datentreuhänder zu empfehlen ist, lässt sich zum gegenwärtigen Zeitpunkt noch nicht absehen und ist letztendlich voraussichtlich im Einzelfall zu entscheiden. Es ist fraglich, welche Bedeutung Stakeholder der Anerkennung zumessen. Sie bestätigt genau genommen nur die Einhaltung ohnehin zwingender rechtlicher Regelungen. Andererseits könnte genau dies für Stakeholder entscheidend sein und letztendlich einen Wettbewerbsvorteil bieten.[78]

5. Gebühren

Die zuständige nationale Behörde kann gem. Art. 11 Abs. 11 S. 1 DGA nach Maßgabe des nationalen Rechts Gebühren für die Anmeldung erheben. Der europäische Recht stellt insofern allerdings in Art. 11 Abs. 11 S. 2 DGA die Anforderung, dass die Gebühren verhältnismäßig und objektiv sind und auf den Verwaltungskosten beruhen, die durch die Überwachung der Einhaltung der Vorschriften und andere Marktkontrolltätigkeiten der für Datenvermittlungsdienste zuständigen Behörden in Bezug auf Anmeldungen von Anbietern von Datenvermittlungsdiensten entstehen. Gem. Art. 11 Abs. 11 S. 3 DGA kann die zuständige nationale Behörde im Falle von KMU und Start-up-Unternehmen eine ermäßigte Anmeldegebühr verlangen oder auf die Gebühr verzichten. **40**

III. Anforderungen an Datenvermittlungsdienste

Datentreuhänder, deren Tätigkeit in der Europäischen Union als Datenvermittlungsdienst einzustufen ist, müssen außerdem die Anforderungen des Art. 12 DGA erfüllen. Diese Anforderungen sind das „Herzstück des Regulierungsrahmens für Datenvermittlungsdienste".[79] Interessant ist, dass der Wortlaut von Art. 12 DGA nicht die „Pflichten", sondern die „Bedingungen" für die Erbringung von Datenvermittlungsdiensten nennt. Daraus könnte geschlossen werden, dass die Sanktion im Falle eines Verstoßes die Aussetzung der Erbringung der Dienste sein sollte. Diese Auslegung ist kohärenter mit Art. 14 Nr. 4, der die Zuständigkeit der Behörden für die Überwachung der Einhaltung der Vorschriften regelt.[80] **41**

---

[77] Eine Verpflichtung ebenfalls bejahend Schreiber/Pommerening/Schoel Der neue DGA § 3 Rn. 86.

[78] Vgl. zum Mehrwert der Anerkennung ebenso Schreiber/Pommerening/Schoel Der neue DGA § 3 Rn. 85.

[79] Schreiber/Pommerening/Schoel Der neue DGA § 3 Rn. 89; Carovano/Finck CLSR 2023, 1 (8); Richter GRUR International 2023, 458 (463 f.).

[80] Baloup ua CiTiP Working Paper Series 2021, 30 ff.

1. Strenge Zweckbindung (Art. 12 Buchst. a DGA)

42 Die erste Anforderung enthält Art. 12 Buchst. a DGA. Dieser enthält die Bestimmung, dass der Anbieter von Datenvermittlungsdiensten die Daten, für die er Datenvermittlungsdienste erbringt, für keine anderen Zwecke verwendet darf als sie den Datennutzern zur Verfügung zu stellen. Durch diese strenge Zweckbindung möchte der Verordnungsgeber ausweislich des Erwgr. 32 Abs. 1 DGA die „neuartige europäische Art der Daten-Governance" ermöglichen, bei der die Bereitstellung, die Vermittlung und die Nutzung von Daten in der Datenwirtschaft getrennt wird. In der Literatur wird genau dies aus der strengen Zweckbindung abgeleitet, der Datentreuhänder als Datenvermittlungsdienst dürfe keine zusätzlichen datenbezogenen Dienstleistungen anbieten.[81] Hierzu würden beispielsweise die Analyse der ausgetauschten Daten im Auftrag des Datennutzers zählen.[82] Etwas anderes soll nach Art. 12 Buchst. e DGA und Erwgr. 32 Abs. 2 DGA für datenbezogene Leistungen des Datenvermittlungsdiensts für Dateninhaber oder betroffene Personen gelten, die ausschließlich der Erleichterung des Datenaustauschs dienen. Dies kann etwa die vorübergehende Speicherung, Pflege, Konvertierung, Anonymisierung und Pseudonymisierung sein. Diese Werkzeuge und Dienste sollten jedoch nur auf ausdrücklichen Antrag oder mit der Zustimmung des Dateninhabers oder der betroffenen Person verwendet werden. Es ist in diesem Zusammenhang sogar zulässig, Werkzeuge Dritter anzubieten, solange diese die Daten zu keinen anderen Zwecken verwenden. Nach Art. 12 Buchst. d DGA ist die Anpassung der ausgetauschten Daten durch den Anbieter von Datenvermittlungsdiensten ebenfalls zulässig, um auf Wunsch des Datennutzers deren Nutzbarkeit zu verbessern oder Interoperabilität herzustellen, beispielsweise durch Konvertierung der Daten in bestimmte Formate. Für Datentreuhänder ist das Anbieten von zusätzlichen datenbezogenen Dienstleistungen nach Art. 12 Buchst. e oder d DGA dennoch immer ein Risiko. Es ist eine mit erheblichen Rechtsunsicherheiten behaftete Frage des Einzelfalls, welche datenbezogenen Dienstleistungen nun genau unter die Ausnahmen fallen und welche eben nicht, bis sich hierzu eine gerichtlich bestätigte Praxis entwickelt hat.

2. Strukturelle Trennung (Art. 12 Buchst. a DGA)

43 Art. 12 Buchst. a DGA enthält die weitere Bestimmung, dass Datenvermittlungsdienste über eine gesonderte juristische Person bereitgestellt werden müssen. Dieses Gebot der strukturellen Trennung soll ausweislich des Erwgr. 33 DGA Interessenkonflikten vorbeugen (S. 5),[83] die Neutralität der Anbieter

[81] Vgl. Schreiber/Pommerening/Schoel Der neue DGA § 3 Rn. 91; Kerber DGA – Einige Bemerkungen Aus Ökonomischer Sicht 2021, abrufbar unter https://www.uni-marburg.de/de/fb02/professuren/vwl/wipol/pdf-dateien/kerber_dga_einige-bemerkungen_21012021.pdf; v. Ditfurth/Lienemann CRNI 2022, 270 (282 ff.).

[82] Hennemann/v. Ditfurth NJW 2022, 1905 (1908), ebenso Schreiber/Pommerening/Schoel Der neue DGA § 3 Rn. 91.

[83] Näher zu Interessenkonflikten SWD(2020) 295 final, 26; Knapstad J.E.C.L. 2023, 394 (406); Gellert/Graef TILEC Discussion Paper 2021-006, 12.

der Datenvermittlungsdienste sicherstellen und auf diesem Wege das Vertrauen in und die Kontrolle über Datenvermittlungsdienste stärken (S. 2).[84] Die Bedingung, dass der Datenvermittlungsdienst über eine gesonderte juristische Person bereitgestellt werden muss, setzt allerdings nicht automatisch eine Weisungsfreiheit oder wirtschaftliche Unabhängigkeit der juristischen Person voraus.[85] Der DGA fordert folglich nur die strukturelle Trennung, aber keine vollständige Unabhängigkeit.

Teilweise wird diskutiert, ob dem Gebot der strukturellen Trennung zu entnehmen sei, dass Datenvermittlungsdienste nur von juristischen Personen erbracht werden dürfen.[86] Dem Begriff des Datenvermittlungsdiensts an sich ist eine solche Einschränkung nicht zu entnehmen, aber das Gebot der strukturellen Trennung impliziert eine solche Einschränkung durchaus. Datentreuhänder werden in aller Regel juristische Personen sein, sodass diese Frage von untergeordneter Bedeutung ist. **44**

Die strenge Zweckbindung und die strukturelle Trennung aus Art. 12 Buchst. a DGA versucht die innovative und dynamische Entwicklung der Datenökonomie in vorgezeichnete Bahnen zu lenken, indem Akteuren die Kombinationen von Vermittlung, Bereitstellung und Nutzung weitestgehend unmöglich gemacht wird und nur „reine" Datenvermittlungsdienste wirklich rechtssicher betrieben werden können.[87] Obwohl Datentreuhänder auf den ersten Blick oft „reine" Datenvermittlungsdienste sein wollen, beschränken die Vorgaben die konkreten Ausgestaltungsmöglichkeiten doch ganz wesentlich.[88] **45**

3. Partielles Kopplungsverbot (Art. 12 Buchst. b DGA)

Die kommerziellen Bedingungen, einschließlich der Preisgestaltung, für die Erbringung von Datenvermittlungsdiensten für einen Dateninhaber oder Datennutzer darf der Anbieter von Datenvermittlungsdiensten gem. Art. 12 Buchst. b DGA nicht davon abhängig machen, ob der Dateninhaber oder Datennutzer andere Dienste desselben Anbieters oder eines verbundenen Unternehmens nutzt, und wenn dies der Fall ist, in welchem Umfang der Dateninhaber oder Datennutzer diese anderen Dienste nutzt. Ausgenommen von diesem Kopplungsverbot sind Geschäfte mit betroffenen Personen, bei diesen ist die Kopplung zulässig.[89] Damit ermöglicht es der Verordnungsgeber einerseits, dass natürliche Personen, die ihre personenbezogenen Daten zur Nutzung durch Datennutzer zur Verfügung zu stellen, von Kopplungsgeschäften profitieren können.[90] Andererseits soll das **46**

[84] Näher zur Neutralität SWD (2020) 295 final, 26; Baloup ua CiTiP Working Paper Series 2021, 33 ff.; Richter ZEuP 2021, 634 (654 ff.).
[85] Schreiber/Pommerening/Schoel Der neue DGA § 3 Rn. 92; v. Ditfurth/Lienemann CRNI 2022, 270 (284); Hennemann/v. Ditfurth NJW 2022, 1905 (1909).
[86] Schreiber/Pommerening/Schoel Der neue DGA § 3 Rn. 93 f.; HK-DGA/Specht-Riemenschneider DGA Art. 12 Rn. 2.
[87] Schütrumpf RDi 2023, 373 Rn. 10 f.
[88] v. Ditfurth/Lienemann CRNI 2022, 270 (289); Baloup ua CiTiP Working Paper Series 2021, 34.
[89] Schreiber/Pommerening/Schoel Der neue DGA § 3 Rn. 95.
[90] Schreiber/Pommerening/Schoel Der neue DGA § 3 Rn. 96, Hennemann/v. Ditfurth NJW 2022, 1905 (1909).

partielle Kopplungsverbot eine Übertragung von Marktmacht aus anderen Bereichen der Digitalwirtschaft auf diesen Bereich der Datenökonomie verhindern und so letztendlich wettbewerbswidrigen Praktiken vorbeugen.[91]

4. Nutzungsbeschränkung für Metadaten (Art. 12 Buchst. c DGA)

47 Die Daten, die in Bezug auf Tätigkeiten einer natürlichen oder juristischen Person zur Erbringung des Datenvermittlungsdienstes erhoben werden, einschließlich Datum, Uhrzeit und Geolokalisierungsdaten, Dauer der Tätigkeit sowie Verbindungen zu anderen natürlichen oder juristischen Personen, die von der den Datenvermittlungsdienst nutzenden Person hergestellt werden (Metadaten), dürfen gem. Art. 12 Buchst. c DGA nur für die Entwicklung dieses Datenvermittlungsdienstes verwendet werden, was die Nutzung von Daten für die Aufdeckung von Betrug oder im Interesse der Cybersicherheit umfassen kann. Eine anderweitige Nutzung ist unzulässig. Dieses Verbot dient auch der Verhinderung der potenziell wettbewerbswidrigen gegenseitigen Nutzung von Daten.[92] Die Metadaten sind außerdem den Dateninhabern auf Anfrage zur Verfügung zu stellen.

5. Umwandlungsvorbehalt für Datenformate (Art. 12 Buchst. d DGA)

48 Der Datentreuhänder muss gem. Art. 12 Buchst. d DGA als Anbieter von Datenvermittlungsdiensten den Austausch der Daten in dem Format, in dem er diese von einer betroffenen Person oder vom Dateninhaber erhält, ermöglichen und darf die Daten nur in bestimmte Formate umwandeln, um die Interoperabilität innerhalb und zwischen Sektoren zu verbessern, wenn der Datennutzer dies verlangt, wenn das Unionsrecht dies vorschreibt oder wenn dies der Harmonisierung mit internationalen oder europäischen Datennormen dient.[93] Die Privilegierung der genannten Umwandlungsgründe soll den Datenaustausch erleichtern.[94] Der Datentreuhänder muss als Anbieter von Datenvermittlungsdiensten außerdem den betroffenen Personen oder Dateninhabern die Möglichkeit anbieten, auf diese Umwandlungen zu verzichten („opt out“), sofern sie nicht durch das Unionsrecht vorgeschrieben sind.

49 Der Umwandlungsvorbehalt aus Art. 12 Buchst. d DGA, der regelt, in welche Datenformate der Datentreuhänder Daten unter welchen Umständen umwandeln darf, ist, genauso wie Art. 12 Buchst. a und b DGA, Ausdruck des vom DGA verfolgten Ziels, die Neutralität von Datenvermittlungsdiensten sicherzustellen.[95] Umwandlungen sind nur dann zulässig, wenn sie die Weitergabe von Daten

---

[91] Schreiber/Pommerening/Schoel Der neue DGA § 3 Rn. 96; Hennemann/v. Ditfurth NJW 2022, 1905 (1909); v. Ditfurth/Lienemann CRNI 2022, 270 (284 f.).
[92] Baloup ua CiTiP Working Paper Series 2021, 32; Carovano/Finck CLSR 2023, 1 (8).
[93] Vgl. hierzu auch die Erwgr. 32 und 34 DGA.
[94] v. Ditfurth/Lienemann CRNI 2022, 270 (285).
[95] Schreiber/Pommerening/Schoel Der neue DGA § 3 Rn. 99.

fördern; Lock-in-Effekte durch mangelhafte Interoperabilität sollen gerade vermieden werden.[96]

6. Zusätzliche spezifische Werkzeuge (Art. 12 Buchst. e DGA)

Das Angebot zusätzlicher spezifischer Werkzeuge für Dateninhaber oder betroffene Personen durch Datentreuhänder, die als Datenermittlungsdienst einzustufen sind, ist gem. Art. 12 Buchst. e DGA zulässig, insbesondere um den Datenaustausch zu erleichtern. Das Angebot zusätzlicher spezifischer Werkzeuge kann etwa die vorübergehende Speicherung, Pflege, Konvertierung, Anonymisierung und Pseudonymisierung sein. Diese Werkzeuge dürfen nur auf ausdrücklichen Antrag oder mit Zustimmung des Dateninhabers oder der betroffenen Person verwendet werden. In diesem Zusammenhang angebotene Werkzeuge Dritter dürfen für keine anderen Zwecke verwendet werden.[97] 50

Das Angebot zusätzlicher spezifischer Werkzeuge steht in einem gewissen Spannungsverhältnis zur strengen Zweckbindung des Art. 12 Buchst. a. Die Möglichkeit, zusätzliche spezifische Werkzeuge anzubieten, ist genau genommen eine Ausnahme von dem Grundsatz, dass die Daten für keine anderen Zwecke verwendet werden dürfen als sie den Datennutzern zur Verfügung zu stellen. Außerdem wird durch die Möglichkeit, zusätzliche spezifische Werkzeuge anzubieten, wenn auch in sehr begrenztem Rahmen, die vorgesehene Neutralität des Datentreuhänders eingeschränkt, die etwa in Art. 12 Buchst. a und Buchst. d DGA zum Ausdruck kommt.[98] Diese Einschränkung nimmt der DGA jedoch nur dort in Kauf, wo Qualität und Nutzen des Datenvermittlungsdiensts verbessert werden und die Dateninhaber und betroffenen Personen über den Einsatz dieser zusätzlichen spezifischen Werkzeuge frei entscheiden können.[99] 51

7. Fairness, Transparenz und Nichtdiskriminierung (Art. 12 Buchst. f DGA)

Der Datentreuhänder muss gem. Art. 12 Buchst. f. DGA als Anbieter von Datenvermittlungsdiensten außerdem sicherstellen, dass das Verfahren für den Zugang zu seinem Dienst sowohl für betroffene Personen und Dateninhaber als auch für Datennutzer – auch in Bezug auf die Preise und die Geschäftsbedingungen – fair, transparent und nichtdiskriminierend ist.[100] Eine Diskriminierung ist 52

[96] v. Ditfurth/Lienemann CRNI 2022, 270 (285); Schreiber/Pommerening/Schoel Der neue DGA § 3 Rn. 99.

[97] Ausführlich hierzu Carovano/Finck CLSR 2023, 1 (8); Richter GRUR International 2023, 458 (463).

[98] Schreiber/Pommerening/Schoel Der neue DGA § 3 Rn. 102.

[99] Richter GRUR International 2023, 458 (463); Schreiber/Pommerening/Schoel Der neue DGA § 3 Rn. 102.

[100] Zum Verhältnis dieser Verpflichtung zur Neutralität und der Vermeidung von Wettbewerbsverzerrungen vgl. Richter GRUR International 2023, 458 (463); v. Ditfurth/Lienemann CRNI 2022, 270 (286 f.); Baloup ua CiTiP Working Paper Series 2021, 34.

in jeder nicht sachlich gerechtfertigten Ungleichbehandlung zu sehen.[101] Diskutabel erscheinen vor dem Hintergrund dieser Regelung auch die Aufnahme von Exklusivitätsvereinbarungen zu Lasten der Nutzer. Solche Klauseln könnten als unfair angesehen werden, da sie die Möglichkeiten der Nutzer einschränken, verschiedene Anbieter zu nutzen.[102]

8. Prävention gegen Betrug und Missbrauch (Art. 12 Buchst. g DGA)

53 Anbieter von Datenvermittlungsdiensten müssen gem. Art. 12 Buchst. f. DGA außerdem über ein Verfahren verfügen, um betrügerische oder missbräuchliche Praktiken in Bezug auf Parteien zu verhindern, die über seine Datenvermittlungsdienste Zugang zu erlangen suchen. Der Datentreuhänder muss folglich präventiv tätig werden. Hinsichtlich der Gewährleistung der IT-Sicherheit finden sich explizitere Anforderungen in Art. 12 Buchst. l DGA.[103] Eine Maßnahme könnte ausweislich des Erwgr. 36 DGA etwa der Ausschluss von Datennutzern sein, die gegen die Geschäftsbedingungen oder geltendes Recht verstoßen. Datentreuhänder sollten diese Möglichkeit in ihren Geschäftsbedingungen vorsehen, damit die wirksame Verhängung der Maßnahmen sichergestellt werden kann.[104]

9. Vorsorge für den Insolvenzfall (Art. 12 Buchst. h DGA)

54 Als Anbieter von Datenvermittlungsdiensten müssen Datentreuhänder gem. Art. 12 Buchst. h DGA gewährleisten, dass im Falle ihrer Insolvenz die Erbringung ihrer Datenvermittlungsdienste angemessen weitergeführt werden und, sofern dieser Datenvermittlungsdienst die Speicherung von Daten sicherstellt, Mechanismen einrichten, die es Dateninhabern und Datennutzern ermöglichen, Zugang zu ihren Daten zu erhalten, diese zu übertragen oder abzurufen und im Fall der Erbringung von Datenvermittlungsdiensten zwischen betroffenen Personen und Datennutzern, ihre Rechte auszuüben.

55 Die Umsetzung dieser Anforderungen wird Datentreuhänder in der Praxis regelmäßig vor Herausforderungen stellen.[105] Diese ergeben sich aus dem Zielkonflikt des Insolvenzrechts und den Anforderungen es DGA im Falle einer Insolvenz. Während der DGA das Ziel verfolgt, eine „angemessene Weiterführung" zu gewährleisten und Nutzern auch im Falle einer Insolvenz des Datentreuhänders den Zugang, die Übertragung und den Abruf ihrer dort gespeicherten Daten zu ermöglichen und Betroffenenrechte ausüben zu können, dient das Insolvenzrecht im Wesentlichen der Befriedigung der Gläubigerinteressen. Wie sich dieser Konflikt auflösen lassen könnte, ist bisher ungeklärt. Eine vertragliche Ausgestaltung entsprechender Rechte der Nutzer wird in aller Regel nicht ausreichen. Entspre-

---

[101] Vgl. Schreiber/Pommerening/Schoel Der neue DGA § 3 Rn. 103.
[102] v. Ditfurth/Lienemann CRNI 2022, 270 (286).
[103] Zum Verhältnis vgl. Schreiber/Pommerening/Schoel Der neue DGA § 3 Rn. 104.
[104] Schreiber/Pommerening/Schoel Der neue DGA § 3 Rn. 104.
[105] Ebenso v. Ditfurth/Lienemann CRNI 2022, 270 (290).

chende Verträge über die Erbringung von Datenvermittlungsdiensten werden gewöhnlich als Dauerschuldverhältnisse ausgestaltet sein, die zudem meistens nicht von beiden Seiten vollständig erfüllt wurden. Dem Insolvenzverwalter steht in diesen Fällen ein Wahlrecht gem. § 103 InsO zu, den Vertrag nach § 103 Abs. 1 InsO zu erfüllen oder die Erfüllung abzulehnen, wodurch er hinsichtlich seiner Forderungen wegen der Nichterfüllung zum Insolvenzgläubiger wird. Vertraglich zugestandene Rechte auf Zugang, Übertragung und Abruf von Daten sind damit nicht insolvenzfest.[106] Diskutiert wird im Moment, wie aussichtsreich es ist, Zugang, Übertragung und Abruf der Daten dadurch sicherzustellen, dass der Nutzer eine Position an den Daten erhält, die zur Aussonderung berechtigt.[107] Ob eine solche Position *de lege data* überhaupt besteht und wie sie erlangt werden kann, ist allerdings noch ungeklärt.[108]

10. Gewährleistung von Interoperabilität (Art. 12 Buchst. i DGA)

Gem. Art. 12 Buchst. i DGA müssen Anbieter von Datenvermittlungsdiensten außerdem geeignete Maßnahmen treffen, um die Interoperabilität mit anderen Datenvermittlungsdiensten zu gewährleisten. Dies kann unter anderem mithilfe von allgemein verwendeten offenen Standards in dem Sektor, in dem der Anbieter von Datenvermittlungsdiensten tätig ist, geschehen. Verwiesen sei an dieser Stelle außerdem auf Erwgr. 34 und die Vorschriften des DGA zum Europäischen Dateninnovationsrat. Der Europäische Dateninnovationsrat soll gegebenenfalls der Einführung zusätzlicher Industriestandards den Weg ebnen, die entsprechenden Maßnahmen für die Interoperabilität sollen dann wiederum die Anbieter von Datenvermittlungsdiensten umsetzen (Art. 30 Buchst. g und h DGA).[109] Diese Bestimmungen zielen darauf ab, die Möglichkeit der Nutzer, den Dienst zu wechseln, in gleicher Weise zu schützen wie Art. 12 lit. b und f DGA.[110] 56

11. Prävention gegen rechtswidrige Datenübertragungen und -zugriffe (Art. 12 Buchst. j DGA)

Datentreuhänder, die Anbieter von Datenvermittlungsdiensten sind, müssen gem. Art. 12 Buchst. j DGA angemessene technische, rechtliche und organisatorische Maßnahmen ergreifen, um die Übertragung nicht personenbezogener Daten oder den Zugang zu diesen Daten zu verhindern, die nach Maßgabe des Unionsrechts oder des nationalen Rechts des jeweiligen Mitgliedstaats rechtswidrig sind. 57

Für den Umgang mit personenbezogenen Daten ergibt sich die Anforderung, geeignete technische und organisatorische Maßnahmen zu treffen, um ein dem Risiko angemessenes Schutzniveau zu gewährleisten, ohnehin aus Art. 32 DS- 58

[106] Insgesamt Schreiber/Pommerening/Schoel Der neue DGA § 3 Rn. 106.
[107] Schreiber/Pommerening/Schoel Der neue DGA § 3 Rn. 107.
[108] Schreiber/Pommerening/Schoel Der neue DGA § 3 Rn. 107.
[109] Baloup ua CiTiP Working Paper Series 2021, 48 f.; Richter GRUR International 2023, 458 (464).
[110] v. Ditfurth/Lienemann CRNI 2022, 270 (279).

GVO.[111] Hinsichtlich der verschiedenen in Betracht kommenden technischen, rechtlichen und organisatorischen Maßnahmen kann auch hinsichtlich der nicht personenbezogenen Daten auf die Literatur zu Art. 32 DS-GVO zurückgegriffen werden.

59 Vereinzelt wird vertreten, dass sich aus Art. 12 Buchst. j DGA eine „weitreichende Pflicht zur Gewährleistung rechtskonformen Nutzerverhaltens“ ergebe.[112] Der Anbieter von Datenvermittlungsdiensten sei „damit in der Sache verpflichtet, die Datentransaktionen seiner Nutzer grundsätzlich zu überwachen und Rechtsverstöße selbst zu unterbinden“.[113] Diese sehr weitgehende Auffassung wird zu Recht in Frage gestellt. Es wird darauf hingewiesen, dass die Vorschrift nur zum Ergreifen *angemessener* technischer, rechtlicher und organisatorischer Maßnahmen verpflichte.[114] Zwar müssten diese Maßnahmen „grundsätzlich geeignet sein und darauf abzielen, Rechtsverstöße durch die Nutzer und externe Dritte zu verhindern“, eine unbedingte Verpflichtung, jeden Erfolg abzuwenden oder stets den optimalen Schutz zu gewährleisten, lasse sich der Norm aber nicht entnehmen.[115] Die rechtswidrige Datenübertragung oder der rechtswidrige Datenzugang allein begründet noch nicht den Verstoß gegen Art. 12 Buchst. j DGA.[116] Datentreuhänder sollen gerade auch mit dem Blick auf die teilweise sehr weitgehende Interpretation des Art. 12 Buchst. j DGA die Angemessenheit der geplanten bzw. ergriffenen technischen, rechtlichen und organisatorischen Maßnahmen genaustens prüfen. Die Angemessenheit sollte außerdem regelmäßig überprüft werden, insbesondere mit Blick auf neu entwickelte technische, rechtliche oder organisatorische Maßnahmen.

12. Unterrichtung bei unbefugten Datenübertragungen und -zugriffen (Art. 12 Buchst. k DGA)

60 Die Dateninhaber müssen außerdem gem. Art. 12 Buchst. k DGA vom Datentreuhänder über unbefugte Übertragungen, unbefugte Zugriffe oder unbefugte Nutzungen der von ihm geteilten nicht personenbezogenen Daten unverzüglich unterrichtet werden, wenn der Datentreuhänder als Datenvermittlungsdienst zu qualifizieren ist. Diese Bestimmung ist Teil der technischen, organisatorischen und rechtlichen Garantien, die Art. 12 DGA für Datenvermittlungsdienste vorsieht und die auch in Art. 12. Buchst. g, j, l und o DGA zum Ausdruck kommen.[117] Bei personenbezogenen Daten ergibt sich eine vergleichbare Verpflichtung aus Art. 34 DS-GVO.[118]

---

[111] Schreiber/Pommerening/Schoel Der neue DGA § 3 Rn. 110.
[112] Hennemann/v. Ditfurth NJW 2022, 1905 (1909f.); Bezug nehmend auf Gellert/Graef TILEC Discussion Paper 2021-006, 11 f.; auch Carovano/Finck CLSR 2023, 1 (12).
[113] Hennemann/v. Ditfurth NJW 2022, 1905 (1909f.).
[114] Schreiber/Pommerening/Schoel Der neue DGA § 3 Rn. 111.
[115] Schreiber/Pommerening/Schoel Der neue DGA § 3 Rn. 111.
[116] Schreiber/Pommerening/Schoel Der neue DGA § 3 Rn. 111.
[117] Richter GRUR International 2023, 458 (464); Carovano/Finck CLSR 2023, 1 (8).
[118] Ebenso Schreiber/Pommerening/Schoel Der neue DGA § 3 Rn. 112; Steinrötter EU-Plattformregulierung-HdB/Savary § 19 Rn. 39.

13. Gewährleistung des Sicherheitsniveaus (Art. 12 Buchst. l DGA)

Der Datentreuhänder muss, wenn er Anbieter von Datenvermittlungsdiensten ist, gem. Art. 12 Buchst. l DGA die notwendigen Maßnahmen treffen, um ein angemessenes Sicherheitsniveau bei der Speicherung, Verarbeitung und Übermittlung nicht personenbezogener Daten zu gewährleisten. Er muss ferner das höchste Sicherheitsniveau bei der Speicherung und Übermittlung sensibler wettbewerbsrelevanter Informationen sicherstellen. 61

Während es auch hinsichtlich des Sicherheitsniveaus bei der Speicherung, Verarbeitung und Übermittlung nicht personenbezogener Daten in der Regel bei dem aus Art. 12 Buchst. h und j DGA bekannten Maßstab der Angemessenheit bleibt, wird für sensible wettbewerbsrelevante Informationen ein anderer Maßstab festgelegt. Bei der Speicherung, Verarbeitung und Übermittlung solcher Informationen muss das höchste Sicherheitsniveau sichergestellt werden. Die hierfür notwendigen Maßnahmen können nur die optimalen Maßnahmen sein. Die Speicherung, Verarbeitung und Übermittlung solcher Informationen wird für den Datentreuhänder in der Folge mit ganz erheblichen Kosten und großem Aufwand verbunden sein.[119] In der Praxis wird der Datentreuhänder möglicherweise Schwierigkeiten haben oder gar nicht dazu in der Lage sein zu erkennen, ob und wann sensible wettbewerbsrelevante Informationen betroffen sind.[120] Dies kann dazu führen, dass sich Datentreuhänder dazu entscheiden im Zweifel für alle Datenvermittlungsdienste die optimalen Sicherheitsmaßnahmen zu ergreifen, wodurch die erheblichen Kosten und der große Aufwand dieser Maßnahmen beim Anbieten von Datenvermittlungsdiensten generell anfallen.[121] Auch unabhängig von diesem Problem ist Art. 12 Buchst. l DGA weitgehend unbestimmt hinsichtlich der zu ergreifenden Maßnahmen, konkrete Beispiele werden auch in den Erwägungsgründen nicht genannt. Vor dem Hintergrund, dass die Vorschrift gem. Art. 14 Abs. 4 Buchst. a DGA sanktionsbewehrt ist, ist die Festlegung der konkret zu ergreifenden Maßnahmen durch den Datentreuhänder stets mit Risiken verbunden.[122] 62

14. Pflichten bei Erleichterung der Ausübung von Betroffenenrechten (Art. 12 Buchst. m DGA)

Die Datentreuhänder, die Datenvermittlungsdienste für betroffene Personen anbieten, müssen bei der Erleichterung der Rechtsausausübung durch die betroffenen Personen gem. Art. 12 Buchst. m DGA im besten Interesse der betroffenen Personen handeln. Insbesondere muss der Datentreuhänder die betroffenen Personen in prägnanter, transparenter, verständlicher und leicht zugänglicher Weise 63

[119] Vgl. hierzu auch Schreiber/Pommerening/Schoel Der neue DGA §3 Rn. 114; Carovano/Finck CLSR 2023, 1 (10f.).

[120] Zum Beispiel für die Dienste, die Daten nicht zentral speichern oder nur verschlüsselte Daten zentral speichern, für die sie keine Entschlüsselungsschlüssel besitzen Carovano/Finck CLSR 2023, 1 (10); Buchheim/Augsberg/Gehring JZ 2022, 1139; Buchheim/Augsberg JZ 2024, 365.

[121] Schreiber/Pommerening/Schoel Der neue DGA §3 Rn. 116.

[122] Vgl. Schreiber/Pommerening/Schoel Der neue DGA §3 Rn. 115.

über die beabsichtigte Nutzung der Daten durch Datennutzer und die üblichen Geschäftsbedingungen für solche Nutzungen informieren und –soweit erforderlich – beraten, bevor die betroffenen Personen ihre Einwilligung erteilen. Die Pflichten, die das Tätigwerden im besten Interesse der betroffenen Person sicherstellen sollen, wenn betroffenen Personen die Rechtsausausübung erleichtert wird, werden in der Literatur auch als *„treuhänderische Pflichten" bezeichnet und die entsprechenden Intermediäre als „Datentreuhänder"*.[123]

15. Neutralität in Bezug auf die Bereitstellung von Werkzeugen (Art. 12 Buchst. n DGA)

64 Stellt ein Datentreuhänder Werkzeuge zur Einholung der Einwilligung betroffener Personen oder der Erlaubnis zur Verarbeitung der von Dateninhabern zur Verfügung gestellten Daten bereit, so muss er gem. Art. 12 Buchst. n DGA gegebenenfalls das Hoheitsgebiet des Drittlandes angeben, in dem die Datennutzung stattfinden soll, und den betroffenen Personen Werkzeuge zur Erteilung und zum Widerruf der Einwilligung sowie Dateninhabern Werkzeuge zur Erteilung und zum Widerruf der Erlaubnis zur Verarbeitung von Daten zur Verfügung stellen. Art. 12 Buchst. n DGA dient wie Art. 12 Buchst. m DGA der Wahrung der Rechte von Einzelpersonen in Bezug auf ihre Daten.[124]

16. Protokollierung (Art. 12 Buchst. o DGA)

65 Datentreuhänder müssen außerdem gem. Art. 12 Buchst. o DGA ein Protokoll über die Datenvermittlungstätigkeit führen, wenn sie als Anbieter von Datenvermittlungsdiensten zu qualifizieren sind.

17. Gewährleistung der Einhaltung des Wettbewerbsrechts

66 Im Entwurf des DGA war noch die Anforderung enthalten, dass Anbieter von Datenvermittlungsdiensten über ein Verfahren verfügen müssen, das die Einhaltung des Wettbewerbsrechts der Union und der Mitgliedsstaaten sicherstellt (Art. 11 Nr. 9 DGA-E). Diese Bestimmung ist in der beschlossenen Fassung des DGA weggefallen. Der DGA statuiert in dieser Fassung stattdessen in Art. 1 Abs. 4 DGA, dass die Anwendung des Wettbewerbsrechts vom DGA unberührt bleibt. Die Regelung, dass Anbieter von Datenvermittlungsdiensten Maßnahmen ergrei-

[123] *„Treuhänderische Pflichten"* Erwgr. 33 DGA; Richter GRUR International 2023, 458 (460); Schreiber/Pommerening/Schoel Der neue DGA § 3 Rn. 117; v. Ditfurth/Lienemann CRNI 2022, 270 (275); Cohen/Wendehorst ALI-ELI Principle for a Data Economy: Data Transactions and Data Rights (2021), 111–112, abrufbar unter https://www.europeanlawinstitute.eu/fileadmin/user_upload/p_eli/Publications/ALI-ELI_Principles_for_a_Data_Economy_Final_Council_Draft.pdf; „treuhänderische Pflichten" und „Datentreuhänder" Beise RDi 2021, 597 (602), jedoch noch zum Entwurf des DGA.
[124] Richter GRUR International 2023, 458 (464).

fen sollen, um die Einhaltung des Wettbewerbsrechts sicherzustellen, findet sich allerdings noch im Erwgr. 37 DGA. Aus dem Erwägungsgrund ist jedoch keine dahingehende Pflicht des Datentreuhänders abzuleiten, dass dieser die Einhaltung sämtlicher kartellrechtlicher Anforderungen sämtlicher Nutzer seiner Dienste sicherstellen muss.[125]

IV. Besondere Anforderungen des Kapitels II DGA

Ein weiterer für Datentreuhänder unter Umständen relevanter Regelungsabschnitt des DGA ist das Kapitel II. Dieses enthält Regelungen zur Weiterverwendung bestimmter Kategorien geschützter Daten im Besitz öffentlicher Stellen. In Bezug auf dieses Kapitel stellen sich für Datentreuhänder zwei wesentliche Fragen. Einerseits stellt sich bei Datentreuhändern in öffentlicher Hand die Frage, ob diese als öffentliche Stelle iSd Kapitels zu qualifizieren sind. Andererseits stellt sich unabhängig davon, ob der Datentreuhänder in öffentlicher Hand ist, die Frage, ob Datentreuhänder als Weiterverwender iSd Kapitels in Betracht kommen und mit welchen Verpflichtungen dies einhergehen würde. 67

1. Datentreuhänder als öffentliche Stellen iSd Art. 2 Nr. 17 DGA

Zunächst zu der Frage, ob Datentreuhändern in öffentlicher Hand öffentliche Stelle iSd Kapitels sein können und damit primärer Adressat der Regelungen des Kapitels II. Eine öffentliche Stelle ist gem. Art. 2 Nr. 17 DGA jeder Staat, jede Gebietskörperschaft, jede Einrichtung des öffentlichen Rechts und jeder Verband, der aus einer oder mehreren dieser Körperschaften oder einer oder mehreren dieser Einrichtungen des öffentlichen Rechts besteht. Diese und die folgenden Begriffsbestimmungen finden sich auch in Art. 2 Nr. 1 und Nr. 2 Open Data-Richtlinie, die wiederum die Begriffe der Vergaberichtlinien übernommen haben.[126] Der Begriff des Staats und der Gebietskörperschaft ist hier wenig relevant, hierunter fallen Datentreuhänder ersichtlich nicht. Datentreuhänder in öffentlicher Hand könnten deshalb allenfalls dann primärer Adressat der Regelungen des Kapitels II sein, wenn sie als Einrichtungen des öffentlichen Rechts iSd Art. 2 Nr. 18 DGA einzuordnen sind. 68

---

[125] Ebenso Schreiber/Pommerening/Schoel Der neue DGA §3 Rn. 121; v. Ditfurth/Lienemann CRNI 2022, 270 (287); Gellert/Graef TILEC Discussion Paper 2021-006, 2, 13, 15.

[126] Vgl. hierzu Erwgr. 29 Open Data-Richtlinie 2019/1024/EU des Europäischen Parlaments und des Rates vom 20.6.2019 über offene Daten und die Weiterverwendung von Informationen des öffentlichen Sektors, OJ 2019 L 172, 56–83; und die Vergaberichtlinien 14/24/EG des Europäischen Parlaments und des Rates vom 16.2.2014 über die öffentliche Auftragsvergabe und zur Aufhebung der RL 04/18/EG, OJ 2014 L 94, 65–242 (Art. 2 Nr. 1 (4) und Erwgr. 10) und 14/25/EG des Europäischen Parlaments und des Rates vom 26.2.2014 über die Vergabe von Aufträgen durch Auftraggeber im Bereich der Wasser-, Energie- und Verkehrsversorgung sowie der Postdienste und zur Aufhebung der RL 04/17/EG, OJ 2014 L94, 243–374 (Art. 3 Nr. 4 und Erwgr. 12); ausführlich Schreiber/Pommerening/Schoel Der neue DGA §2 Rn. 8.

69 Gem. Art. 2 Nr. 18 DGA sind unter Einrichtungen des öffentlichen Rechts solche Einrichtungen zu verstehen, die (a) zu dem besonderen Zweck gegründet wurden, im allgemeinen Interesse liegende Aufgaben zu erfüllen, und keinen gewerblichen oder kommerziellen Charakter haben; (b) Rechtspersönlichkeit besitzen; (c) überwiegend vom Staat, von Gebietskörperschaften oder von anderen Einrichtungen des öffentlichen Rechts finanziert werden, hinsichtlich ihrer Leitung der Aufsicht dieser Körperschaften oder Einrichtungen, oder haben ein Verwaltungs-, Leitungs- beziehungsweise Aufsichtsorgan, das mehrheitlich aus Mitgliedern besteht, die vom Staat, von Gebietskörperschaften oder von anderen Einrichtungen des öffentlichen Rechts ernannt worden sind unterstehen. Diese drei Bedingungen müssen kumulativ erfüllt sein.[127] Diese Definition ist – genau wie im Vergaberecht – funktionell und weit auszulegen, damit das Ziel des DGA, dass öffentlich finanzierte und kontrollierte Daten unter fairen Bedingungen weiterverwendet werden können, erreicht wird.[128]

70 Datentreuhändern in öffentlicher Hand können durchaus unter diese Definition fallen. Die Gründung zur Erfüllung im allgemeinen Interesse liegender Aufgaben (Buchst. a) liegt bei Datentreuhändern dann vor, wenn die Tätigkeit des Datentreuhänders nicht nur individuellen, privaten Interessen Einzelner oder bestimmter Personengruppen (etwa einiger Nutzer) dient, sondern – wie der DGA – auch übergeordnete Ziele verfolgt, wie die Stärkung des Vertrauens in den Datenaustausch oder die Verbesserung der Datenverfügbarkeit.[129] Dies wird ganz regelmäßig der Fall sein. Der Begriff des Allgemeininteresses iSd DGA, darf nicht mit dem Begriff des öffentlichen Interesses aus dem deutschen Recht gleichgesetzt werden.[130] Dennoch ist bei juristischen Personen des öffentlichen Rechts und juristischen Personen des Privatrechts, die „vom Staat für die Erfüllung ihrer Aufgaben eine marktbezogene Sonderstellung erhalten", zu vermuten, dass diese zur Erfüllung von im allgemeinen Interesse liegenden Aufgaben gegründet wurden.[131] Zur Erfüllung welcher Aufgaben eine Einrichtung gegründet wurde, kann sich sowohl aus der Satzung oder dem Gesetz, das zur Gründung erlassen wurde, als auch aus der tatsächlich ausgeübten Tätigkeit ergeben.[132] Es kommt für die Beurteilung jedoch nicht allein auf den Gründungszeitpunkt an, sonst könnte die Vorschrift durch nachträgliche Zweckänderung einer zu anderen Zwecken gegründeten Einrichtung leicht umgangen werden. Richtigerweise ist deshalb auch die nachträgliche Zweckänderung zu berücksichtigen.[133]

---

[127] Zum kumulativen Faktor der drei Bedingungen verwendet Art. 12 Nr. 18 DGA einen ähnlichen Wortlaut wie Art. 2 Nr. 1. (4) RL 14/24/EG. Hinsichtlich dieser Norm ist der EuGH zum gleichen Ergebnis gekommen EuGH 12.9.2013 – C-526/11 Rn. 19 – IVD/Ärztekammer Westfalen-Lippe.

[128] Schreiber/Pommerening/Schoel Der neue DGA § 2 Rn. 8.

[129] Schreiber/Pommerening/Schoel Der neue DGA § 2 Rn. 12; Bezug nehmend auf die allgemeine Rechtsprechung des EuGH hierzu: EuGH NZBau 2003, 396 Rn. 44f.; 2001, 403 Rn. 33f.

[130] Schreiber/Pommerening/Schoel Der neue DGA § 2 Rn. 12; HK-DGA/Specht-Riemenschneider DGA Art. 2 Rn. 127.

[131] Schreiber/Pommerening/Schoel Der neue DGA § 2 Rn. 12.

[132] Ausführlich hierzu Schreiber/Pommerening/Schoel Der neue DGA § 2 Rn. 15f.; Odachowski EJEF 2018, 31 (34ff.).

[133] Schreiber/Pommerening/Schoel Der neue DGA § 2 Rn. 15f.; HK-DGA/Specht-Riemenschneider DGA Art. 2 Rn. 132.

71 Die Voraussetzung, dass eine Einrichtung des öffentlichen Rechts iSd Art. 2 Nr. 18 DGA Rechtspersönlichkeit besitzen muss, wird zumindest bei solchen Datentreuhändern, die Datenvermittlungsdienst iSd Art. 2 Nr. 11 DGA sind, der Fall sein, denn dies ist gem. Art. 12 Buchst. a DGA vorgeschrieben.

72 Die unter Buchst. c beschriebene besondere Staatsgebundenheit von Einrichtungen des öffentlichen Rechts iSd Art. 2 Nr. 18 DGA grenzt die Definition auf solche Datentreuhänder ein, die hier als in öffentlicher Hand befindlich umschrieben wurden. Voraussetzung ist eine besondere Verbindung zum Staat, etwa durch überwiegende Finanzierung (mind. 50%) oder Kontrolle (tatsächliche Einwirkungsmöglichkeit bzw. potentielle Einflussnahme).[134] Eine tatsächliche Einflussnahme ist nicht erforderlich.[135]

73 Abzugrenzen ist der Begriff der Einrichtungen des öffentlichen Rechts dabei jedoch vom öffentlichen Unternehmen iSd Art. 12 Nr. 19 DGA. Diese sind – anders als im Vergaberecht[136] – gem. Art. 3 Abs. 2 Buchst. a DGA aus dem Anwendungsbereich des Kapitels II ausgenommen. Gem. Art. 12 Nr. 19 DGA ist ein öffentliches Unternehmen ein Unternehmen, auf das öffentliche Stellen aufgrund ihres Eigentums, ihrer finanziellen Beteiligung oder der für das Unternehmen geltenden Bestimmungen unmittelbar oder mittelbar einen beherrschenden Einfluss ausüben können; von einem beherrschenden Einfluss der öffentlichen Stellen ist im Sinne dieser Begriffsbestimmung in jedem der folgenden Fälle auszugehen, in denen diese Stellen unmittelbar oder mittelbar (a) die Mehrheit des gezeichneten Kapitals des Unternehmens halten, (b) über die Mehrheit der mit den Anteilen am Unternehmen verbundenen Stimmrechte verfügen, (c) mehr als die Hälfte der Mitglieder des Verwaltungs-, Leitungs- oder Aufsichtsorgans des Unternehmens ernennen können.

74 Es ist zu vermuten, dass sich die Abgrenzung zwischen Einrichtungen des öffentlichen Rechts iSd Art. 2 Nr. 18 DGA und öffentlichen Unternehmen iSd Art. 12 Nr. 19 DGA in der Praxis oft als schwierig erweisen wird. Für Datentreuhänder in öffentlicher Hand ist es allerdings die entscheidende Abgrenzung. Etwas Erleichterung verspricht das eingrenzende Kriterium, dass die Einrichtungen des öffentlichen Rechts nicht nur zur Erfüllung im allgemeinen Interesse liegende Aufgaben gegründet worden sein müssen, sondern auch keinen gewerblichen oder kommerziellen Charakter haben dürfen. Auf den Gewerbebegriff des deutschen Rechts kann nicht zurückgegriffen werden.[137] In unionsrechtsautonomer Auslegung des Begriffs handelt ein Datentreuhänder dann gewerblich, wenn er „unter normalen Marktbedingungen tätig ist, Gewinnerzielungsabsicht hat und die mit ihrer Tätigkeit verbundenen Verluste trägt".[138] Für die Abgrenzung, ob es sich bei einem Datentreuhänder in öffentlicher Hand um eine Einrichtung des

---

[134] HK-DGA/Specht-Riemenschneider DGA Art. 2 Rn. 138; Schreiber/Pommerening/Schoel Der neue DGA §2 Rn. 18.
[135] HK-DGA/Specht-Riemenschneider DGA Art. 2 Rn. 138; Usai EPPPL 2014, 70 (71 f.).
[136] Schreiber/Pommerening/Schoel Der neue DGA §2 Rn. 13.
[137] Schreiber/Pommerening/Schoel Der neue DGA §2 Rn. 14; Bezug nehmend auf Immenga/Mestmäcker/Dreher GWB §99 Rn. 61 f.; HK-DGA/Specht-Riemenschneider DGA Art. 2 Rn. 135.
[138] EuGH NZBau 2004, 223 Rn. 82; 2003, 396 Rn. 51; vgl. auch Erwgr. 10 RL 14/24/EG; ebenso auf diese EuGH-Rechtsprechung verweisend Schreiber/Pommerening/Schoel Der neue DGA §2 Rn. 14.

öffentlichen Rechts oder ein öffentliches Unternehmen iSd DGA handelt, bedarf es einer genauen Betrachtung der ökonomischen Umstände.

75 Nimmt eine Datentreuhänder verschiedene Aufgaben war, ist zumindest für den Teil, in dem er im Allgemeininteresse liegende nichtgewerbliche Aufgaben übernimmt, der Anwendungsbereich des Kapitels II des DGA eröffnet.[139] Es kommt nicht auf das Verhältnis zu sonstigen Aufgaben an, denn der Tatbestand ist bereits erfüllt, wenn die Einrichtung solche Aufgaben überhaupt wahrnimmt.[140]

76 Ist ein Datentreuhänder eine Einrichtung des öffentlichen Rechts und damit öffentliche Stelle iSd Art. 3 DGA, ist das Kapitel II grundsätzlich auf ihn anwendbar. Das Kapitel betrifft allerdings nur die Weiterverwendung geschützter Daten im Besitz der öffentlichen Stelle. Was unter geschützten Daten zu verstehen ist, wird in Art. 3 Abs. 1 DGA konkretisiert.[141] Hinsichtlich der Frage, welche Daten sich „im Besitz öffentlicher Stellen" befinden, sei auf die einschlägige Literatur verwiesen.[142] In Art. 3 Abs. 2 DGA finden sich außerdem einige Ausnahmen aus dem Anwendungsbereich. Was unter der erfassten Handlung – der Weiterverwendung – zu verstehen ist, ist in Art. 2 Nr. 2 DGA legaldefiniert.[143] Liegt eine Weiterverwendung geschützter Daten, die sich im Besitz einer öffentlichen Stelle befinden vor, sieht das Kapitel II DGA ein grundsätzliches Verbot von Ausschließlichkeitsvereinbarungen vor (Art. 4 DGA),[144] Bedingungen für die Weiterverwendung (Art. 5 DGA),[145] Regelungen zu Gebühren (Art. 6 DGA)[146] und Regelungen zu unterstützenden Stellen (Art. 7 DGA).[147] Ist ein Datentreuhänder öffentliche Stelle iSd Art. 3 DGA und hat er geschützte Daten im Besitz, deren Weiterverwendung in Rede steht, gilt es all diese Reglungen zu beachten.

77 Für eine sinnvolle Daten-Compliance des Datentreuhänders ist jedoch zentral nicht aus den Augen zu verlieren, dass der DGA gem. Art. 1 Abs. 2 S. 1 DGA selbst keine Verpflichtung für öffentliche Stellen begründet, die Weiterverwendung von Daten zu erlauben und befreit öffentliche Stellen auch nicht von ihren Geheimhaltungspflichten nach dem Unionsrecht oder dem nationalen Recht. Wie Erwgr. 11 DGA richtig feststellt, obliegt es damit den Mitgliedstaaten zu entscheiden, ob und in welchem Umfang Daten öffentlicher Stellen bereitgestellt werden.[148] Selbst wenn ein Datentreuhänder öffentliche Stelle iSd Art. 3 DGA ist und geschützte

---

[139] Schreiber/Pommerening/Schoel Der neue DGA § 2 Rn. 15.

[140] Schreiber/Pommerening/Schoel Der neue DGA § 2 Rn. 15.

[141] Schreiber/Pommerening/Schoel Der neue DGA § 2 Rn. 26–34; vgl. hierzu auch die Legaldefinition von „Daten" in Art. 2 Nr. 1 DGA.

[142] Etwa Baloup ua CiTiP Working Paper Series 2021, 15 ff.; Bravo Erdal 2022, 13 (18 ff.); Schreiber/Pommerening/Schoel Der neue DGA § 2 Rn. 35–37.

[143] Schreiber/Pommerening/Schoel Der neue DGA § 2 Rn. 38–41; HK-DGA/Specht-Riemenschneider DGA Art. 2 Rn. 36.

[144] Hierzu näher Bravo Erdal 2022, 13 (19 f.); Schreiber/Pommerening/Schoel Der neue DGA § 2 Rn. 42–61; HK-DGA/Specht-Riemenschneider DGA Art. 4 Rn. 24.

[145] Hierzu näher Bravo Erdal 2022, 13 (20 ff.); Schreiber/Pommerening/Schoel Der neue DGA § 2 Rn. 62–83.

[146] Hierzu näher Bravo Erdal 2022, 13 (23 f.); Schreiber/Pommerening/Schoel Der neue DGA § 2 Rn. 84–86.

[147] Hierzu näher Bravo Erdal 2022, 13 (24); Schreiber/Pommerening/Schoel Der neue DGA § 2 Rn. 87–99.

[148] Vgl. hierzu Bravo Erdal 2022, 13 (19, 25); Schreiber/Pommerening/Schoel Der neue DGA § 2 Rn. 3; HK-DGA/Specht-Riemenschneider DGA Art. 1 Nr. 2 und Erwgr. 11 DGA.

Daten im Besitz hat, kann die Relevanz der Regelungen des Kapitels II als Folge dieses Umstands dennoch gering sein.

2. Regelungen für die Weiterverwendung

Ist ein Datentreuhänder nicht öffentliche Stelle iSd Kapitels und damit primärer Adressat der Regelungen des Kapitels II, betreffen ihn das Gros der dort getroffenen Regelungen höchstens mittelbar. 78

Möglich erscheint, dass der Datentreuhänder der Weiterverwender geschützter Daten im Besitz einer öffentlichen Stelle wird. Eine Weiterverwendung ist gem. Art. 2 Nr. 2 DGA die *Nutzung* von Daten, die im Besitz öffentlicher Stellen sind, durch natürliche oder juristische Personen für kommerzielle oder nichtkommerzielle Zwecke, die sich von dem ursprünglichen Zweck im Rahmen des öffentlichen Auftrags, für den die Daten erstellt wurden, unterscheidet. 79

Der DGA adressiert in Art. 5 Abs. 9 und Abs. 14 explizit den Weiterverwender. Die Regelungen betreffen die Übertragung von weiterverwendeten Daten in ein Drittland. Art. 5 Abs. 9 S. 1 DGA enthält die Pflicht des Weiterverwenders, die öffentliche Stelle bereits zum Zeitpunkt der Beantragung der Weiterverwendung darüber zu unterrichten, falls er die Übertragung von geschützten Daten iSd Art. 3 Abs. 1 DGA in ein Drittland beabsichtigt und den hiermit verfolgten Zweck offenzulegen. Außerdem ist gem. Art. 5 Abs. 9 S. 2 DGA im Falle einer Weiterverwendung gem. Art. 5 Abs. 6 DGA[149] die juristische Person, deren Rechte und Interessen beeinträchtigt werden können, über diese Absicht, den Zweck und die angemessenen Schutzvorkehrungen zu unterrichten. Gem. Art. 5 Abs. 9 S. 3 DGA ist außerdem die Gestattung der Weiterverwendung durch die öffentliche Stelle in diesen Fällen von der Erlaubnis der Übertragung durch die juristische Person abhängig. 80

In Art. 5 Abs. 14 DGA wird der Weiterverwender nochmals direkt adressiert. Dort wird dem Weiterverwender nicht personenbezogener Daten verboten, die Daten in Drittländer zu übertragen, die die Anforderungen der Absätze 10, 12 und 13 nicht erfüllen. Die Umschreibung des Regelungsgehalts der Absätze 10, 12 und 13 als Anforderungen an Drittländer ist nicht sehr treffend. Die Absätze 10, 12 und 13 enthalten vielmehr die Voraussetzungen, unter denen eine öffentliche Stelle nicht personenbezogene vertrauliche Daten oder durch Rechte des geistigen Eigentums geschützte Daten an einen Weiterverwender übermitteln darf. Art. 15 Abs. 14 DGA ist deshalb dahingehend zu verstehen, dass ein Weiterverwender die Daten nicht in ein solches Drittland übermitteln darf, bei dem die Voraussetzungen aus den Absätzen 10, 12 und 13, unter denen eine öffentliche Stelle nicht personenbezogene vertrauliche Daten oder durch Rechte des geistigen Eigentums geschützte Daten an einen Weiterverwender übermitteln darf, nicht erfüllt sind. 81

Andere Regelungen des Kapitels II betreffen Datentreuhänder als Weiterverwender allenfalls mittelbar. Beispielsweise betrifft Art. 4 DGA den Weiterverwender nur insoweit, dass die Behörde grundsätzlich weder zu seinen Gunsten noch zu seinen Lasten Ausschließlichkeitsvereinbarungen abschließen darf. Die 82

[149] Zur Frage, wann eine Weiterverwendung iSd Art. 5 Abs. 6 DGA vorliegt, vgl. Steinrötter EU-Plattformregulierung-HdB/Savary § 19 Rn. 67 ff.

Regelung richtet sich zwar an die öffentliche Stelle, aber der Weiterverwender ist dennoch mittelbar betroffen. Gleiches gilt etwa auch für andere Regelungen wie die Bedingungen für die Weiterverwendung aus Art. 5 DGA oder die Regelungen zu Gebühren in Art. 6 DGA. Verwiesen sei insoweit auf die einschlägige Literatur.[150]

V. Verhältnis zum Datenschutzrecht

83 Der DGA sieht in erheblichem Umfang die Verarbeitung von Daten vor. Unter diesen Daten können auch Daten mit Personenbezug sein, in diesem Fall überschneidet sich der Anwendungsbereich von DGA und DS-GVO bzw. anderen Datenschutzgesetzen.[151] Diese Überschneidung adressiert der DGA durch punktuelle Inbezugnahme des DS-GVO und allgemeiner in Art. 1 Abs. 3 DGA. Dort heißt es, dass das Unionsrecht und das nationale Recht über den Schutz personenbezogener Daten (insbes. die DS-GVO) für alle personenbezogenen Daten, die im Zusammenhang mit der vorliegenden Verordnung verarbeitet werden, gilt. Im Fall eines Konflikts zwischen dem DGA und dem Unionsrecht über den Schutz personenbezogener Daten oder dem entsprechend diesem Unionsrecht erlassenen nationalen Recht soll das einschlägige Unionsrecht bzw. das nationale Recht über den Schutz personenbezogener Daten Vorrang haben. Der DGA schaffe außerdem keine Rechtsgrundlage für die Verarbeitung personenbezogener Daten, noch berührt er die in der DS-GVO festgelegten Rechte und Pflichten. Ausweislich dieser Regelung sollen der DGA und die DS-GVO nebeneinander gelten, wobei im Konfliktfall ein Vorrang der DS-GVO angeordnet ist. Regelungen des DGA sind folglich unter keinen Umständen eigenständige datenschutzrechtliche Rechtsgrundlagen und auch keine unionsrechtlichen gesetzlichen Verpflichtungen iSd Art. 6 Abs. 1 Buchst. c DS-GVO.[152] Die Verarbeitung personenbezogener Daten ist damit letztendlich doch vorrangig am Maßstab der DS-GVO zu beurteilen.[153] Dies verkompliziert praktische Anwendungsfälle des DGA nicht unerheblich und wurde deshalb bereits vielfach kritisiert.[154] Hinzu kommt, dass das Verhältnis der Rechtsakte trotz der vermeintlich klaren Vorrangregelung bei genauerer Betrachtung dennoch Fragen aufwirft. So unterscheidet sich etwa die Definition

---

150 Baloup ua CiTiP Working Paper Series 2021, 15 ff.; Bravo Erdal 2022, 13.

151 Wobei nach dem DGA gem. Art. 2 Nr. 1 nur digitale Darstellungen Daten sein können, sodass sich der Anwendungsbereich von DGA und DS-GVO nicht überschneidet, wenn personenbezogene Daten analog, nicht-automatisiert, aber systematisch verarbeitet werden. In diesem Fall ist nur die DS-GVO anwendbar (Art. 2 Abs. 1, Art. 4 Nr. 1 DS-GVO); Richter GRUR International 2023, 458 (466 f.); Schreiber/Pommerening/Schoel Der neue DGA § 1 Rn. 25; zu Datenschutz und Datentreuhändern Augsberg/Buchheim/Schrenk Teil 2 § E; Riechert Teil 2 § D.

152 Vgl. Schreiber/Pommerening/Schoel Der neue DGA § 1 Rn. 28.

153 Steinrötter EU-Plattformregulierung-HdB/Savary § 19 Rn. 16; offenlassend für den Fall, dass „DGA und DS-GVO zwar nicht im klaren Konflikt stehen – dann ginge die DS-GVO vor –, aber eben auch nicht ganz deckungsgleiche Vorgaben enthalten" Schreiber/Pommerening/Schoel Der neue DGA § 1 Rn. 28.

154 Baloup ua CiTiP Working Paper Series 2021, 14 f.; Bravo Erdal 2022, 13 (25 ff.); Gellert/Graef TILEC Discussion Paper 2021-006, 2 ff.

von Daten in DGA und DS-GVO deutlich voneinander und dennoch verweist der DGA für die Definition der personenbezogenen Daten auf die DS-GVO.[155] Es ist völlig unklar, ob die Definition von Daten im DGA den Verweis auf die Definition der DS-GVO einschränkt oder der Verweis auf die DS-GVO die Definition von Daten im DGA erweitert. Diese Frage wird von geringer praktischer Relevanz sein, weil ohnehin regelmäßig beide Definitionen erfüllt sein werden. Fragen zur datenschutzrechtlichen Zulässigkeit von Zweckänderungen (vgl. Art. 6 Abs. 4 DS-GVO) im Rahmen einer Weiterverwendung iSd DGA oder zu den Rechtsgrundlagen, auf die sich altruistische Organisationen bei der Verarbeitung personenbezogener Daten berufen können,[156] sind hingegen von höchster Relevanz.[157] Die Zweckbindung im DGA scheint strenger zu sein als in der DS-GVO, da Art. 12 Buchst. a DGA die Verarbeitungszwecke und eventuelle Änderungen nach Erteilung der Einwilligung einschränkt.[158]

Eine weitere Querschnittsmaterie zum Datenschutzrecht ist die im DGA **84** vorgesehene Ausübung der Betroffenenrechte nach der DS-GVO durch Genossenschaften. Der DGA enthält hierzu weder in Art. 2 Nr. 15 noch in Erwgr. 31 genauere Regelungen.[159] In Erwgr. 31 heißt es lediglich, dass die Rechte gemäß der DS-GVO persönliche Rechte der Betroffenen sind und dass die Betroffenen nicht auf diese Rechte verzichten können.[160]

---

[155] Der DGA definiert Daten als „jede digitale Darstellung von Handlungen, Tatsachen oder Informationen sowie jede Zusammenstellung solcher Handlungen, Tatsachen oder Informationen auch in Form von Ton-, Bild- oder audiovisuellem Material", während die DS-GVO Daten mit Informationen gleichsetzt (vgl. Art. 4 Nr. 1 DS-GVO); hierzu Baloup ua CiTiP Working Paper Series 2021, 9 f.; Schreiber/Pommerening/Schoel Der neue DGA § 1 Rn. 27.

[156] Richter GRUR International 2023, 458 (467); v. Ditfurth/Lienemann CRNI 2022, 270 (275 f.); Schreiber/Pommerening/Schoel Der neue DGA § 4 Rn. 79.

[157] Es werden auch andere Fragen diskutiert. Zur Kollision zwischen DS-GVO und DGA hinsichtlich der Kategorie personenbezogener und nicht-personenbezogener Daten Gellert/Graef TILEC Discussion Paper 2021-006, 4 ff.; zum Verhältnis zwischen Verantwortlichem nach DS-GVO und Datenvermittlungsdienst nach DGA Carovano/Finck CLSR 2023, 1 (12 f.); auch Richter GRUR International 2023, 458 (467).

[158] Richter GRUR International 2023, 458 (467); Richter ZEuP 2021, 634 (654 f.); Schreiber/Pommerening/Schoel Der neue DGA § 2 Rn. 79.

[159] Zu dieser Kritik Baloup ua CiTiP Working Paper Series 2021, 30; Richter GRUR International 2023, 458 (463, 467).

[160] Der Wortlaut des Erwgr. 31 DGA in der ursprünglichen Fassung (Erwgr. 24) des Vorschlags war stärker: „In diesem Zusammenhang ist es wichtig anzuerkennen, dass die Rechte gemäß der VO (EU) Nr. 679/2016 nur von der jeweiligen Einzelperson selbst ausgeübt und nicht an eine Datengenossenschaft übertragen oder delegiert werden können", COM(2020) 767 final, 20.

Teil 3
Exemplarische Anwendungsfelder der Datentreuhand

§ 10
Förderung der Informationsfreiheit

Der Umgang des Staates mit den von ihm kontrollierten Informationen und Daten hat sich historisch gewandelt. Wo früher das Prinzip des Aktengeheimnisses herrschte, hat in den letzten Jahrzehnten ein Paradigmenwechsel stattgefunden. Amtliche Informationen unterfallen in Folge von Informationsfreiheits- und Open Government-Bestrebungen nun überwiegend dem Öffentlichkeitsprinzip. Dem gegenüber stehen berechtigte Vertraulichkeitsinteressen, die die Einlösung dieses Transparenzversprechens häufig unmöglich machen. Die jüngeren Entwicklungen im Bereich der Datentreuhand werfen auch hier neue Fragen auf, etwa ob bestimmte Modelle geeignet sind, amtliche Informationen für die Öffentlichkeit oder bestimmte ihrer Teile nutzbar zu machen und damit den Paradigmenwechsel hin zur Öffentlichkeit staatlicher Informations- und Datenbestände auch *in praxi* zu vollziehen. 1

Staatliche Stellen verfügen teils über beachtliche Informationsbestände, die sie in Erfüllung öffentlicher Aufgaben schaffen und pflegen. Diese Daten können auch für nichtstaatliche Akteure von besonderem Interesse sein, sei es für wissenschaftliche Forschung, zu journalistischen, wirtschaftlichen oder politischen Zwecken oder aus bloßem Interesse an der Behördentätigkeit. Staatliche Wissensbestände für die gesellschaftliche Nutzung zu öffnen, ist – etwa unter dem Stichwort „Open Data" – ein drängendes Anliegen.[1] Die Übersetzung dieses Anliegens in Rechtsnormen hat jedoch zu einer verworrenen Rechtslage geführt, in der ein Bündel objektivrechtlicher Transparenzvorgaben sowie subjektivrechtlicher Zugangsansprüche einem kaum weniger klaren Geheimnisschutz-, Vertraulichkeits- und Datenschutzregime gegenübersteht. Das oftmals unklare Verhältnis dieser Normen zueinander und die schwierige Abwägung der widerstreitenden Interessen erschweren oftmals die praktische Umsetzung des normativen Anspruchs von Open Data. Datentreuhandmodelle können hier eine Erleichterung bringen und Informationsinteressen befriedigen, ohne dabei Vertraulichkeitsinteressen zurückstehen zu lassen. Statt des vorherrschenden Alles-oder-Nichts-Prinzips beim Zugang zu amtlichen Informationen könnten Datentreuhänder der allgemeinen Öffentlichkeit einen kanalisierten und gegen Missbräuche gesicherten Zugang zu Informationen gewähren, die sich aus ansonsten vertraulichen Datensätzen ergeben. Dieses Potenzial der Datentreuhänderschaft zur besseren Erschließung staatlicher Datenbestände lotet der folgende Beitrag aus, zunächst allgemein in 2

---

[1] Vgl. Europäische Datenstrategie, COM(2020) 66 final, Nr. 4; Erwgr. 6 zum Data Governance Act (Verordnung (EU) 2022/868 des Europäischen Parlaments und des Rates vom 30.5.2022 über europäische Daten-Governance und zur Änderung der Verordnung (EU) 2018/1724).

seiner grundsätzlichen Funktionsweise und anschließend konkret am Beispiel der Mikrodaten der Bundesbank und der auf sie anwendbaren besonderen Vertraulichkeitsregime (BStatG; Aufsichtsgeheimnis).

I. Begriffsklärungen: Informationsfreiheit, Transparenz und Open Data

3 Die Diskussion um das Ob und Wie der Zugänglichkeit von amtlichen Informationen wird unter verschiedenen Überbegriffen geführt, denen zum Teil unterschiedliche Konzepte und Zielvorstellungen zugrunde liegen. Der Begriff der Transparenz bezeichnet das primäre, nicht aber das einzige Anliegen, das durch die Konzepte der Informationsfreiheit und Open Data erreicht werden soll. Im Kern geht es darum, dass staatliches Handeln durch die Sichtbarmachung der internen Vorgänge prüfbar (Kontrollfunktion) und politisch verhandelbar (Partizipationsfunktion) gemacht wird.[2] Transparenz ist das Gegenmodell zum Aktengeheimnis, bei dem der Staat seine Informationsbestände vor Außenstehenden abschirmt.[3]

4 Das historisch ältere Konzept zur Herstellung von Transparenz ist die Informationsfreiheit.[4] Konzeptionell folgt sie einem Antragsmodell, was bedeutet, dass amtliche Informationen in der Regel nur denjenigen offenbart werden, die aktiv danach fragen. Der Zugang selbst ist jedoch nicht an spezifische Voraussetzungen gebunden, insbesondere bedarf es in der Regel keiner Darlegung der mit der Antragstellung verfolgten Zwecke. Durch das Antragsmodell sind die Informationsfreiheitsregime dennoch spezifisch auf diejenigen zugeschnitten, die bereits ein hinreichend verdichtetes Interesse an bestimmten amtlichen Informationen haben und somit in der Lage sind, einen hinreichend bestimmten Antrag zu stellen.

5 Die Hauptforderungen der Open-(Government-)Data-Bewegung gehen darüber hinaus und richten sich auf die proaktive Veröffentlichung amtlicher Informationen (typischerweise in maschinenlesbarer Form) und das Recht der freien Weiterverwendung dieser Informationen. Diese Doppelbedeutung kann zu Missverständnissen führen; im Kontext des nationalen Rechts wird der Begriff zumeist auf Ebene des Informationszugangs verwendet[5], während er sich im europäischen Recht auf die freie Weiterverwendung bezieht.[6] Mit der zunehmenden Verwirklichung des Open-Data-Anliegens wird die Transparenz staatlichen Handelns zwar ebenfalls gefördert, die Effekte gehen jedoch darüber hinaus.

6 In den Fokus gerückt ist etwa die Nachnutzung von staatlich erhobenen Daten durch die Digitalwirtschaft, die auf dieser Grundlage eigene Produkte entwickelt

---

[2] Schoch, IFG, 3. Aufl. 2024, Einl. Rn. 49 ff.

[3] Zur Geschichte der Arkantradition der Verwaltung Wegener, Der geheime Staat (2002), S. 31 ff.

[4] Gemeint ist hier die einfachrechtliche, nicht die grundrechtliche Informationsfreiheit, dazu → Rn. 27 f.

[5] Vgl. § 12a Abs. 1 EGovG, der das „Ob" und „Wie" der Veröffentlichung von Daten behandelt, näher dazu → Rn. 25 f.

[6] So trägt die PSI-RL, die auch als Open-Data-RL bezeichnet wird (Richtlinie (EU) 2019/1024), den Begriff „Open Data" bzw. „offene Daten" bereits im Namen.

und/oder verbessert.[7] Weniger sichtbar, aber nicht weniger bedeutsam sind die Interessen der Wissenschaft, die (auch) mit amtlichen Informationen und Daten Forschung betreibt.[8] Ähnliche Effekte, aber in Bezug auf Daten der privaten Datenwirtschaft, erhofft sich auch der europäische Gesetzgeber, der im Data Act einen (an Voraussetzungen geknüpften) Zugangsanspruch zu Daten geschaffen hat, die bei der Nutzung von vernetzten Geräten erzeugt werden.[9]

II. Zugangseröffnende Normen

Begehrt man Zugang zu amtlichen Informationen, sieht man sich mit einem komplexen Geflecht an Transparenz- und Informationsfreiheitsregelungen konfrontiert. Die folgende Darstellung beschränkt sich auf die wichtigsten Normen, die den Zugang zu amtlichen Informationen „voraussetzungslos“ gewährleisten. Nicht behandelt werden status- und interessenabhängige Zugangsansprüche wie Akteneinsichtsrechte von Verfahrensbeteiligten[10] und Drittinteressierten[11], presserechtliche Auskunftsansprüche[12] oder die Ansprüche aus dem Data Act. Ebenfalls unberücksichtigt bleiben Einsichtsrechte in Register und Archive.[13] 7

1. Informationsfreiheitsgesetz

Aus dem Informationsfreiheitsgesetz des Bundes (IFG) ergibt sich die Verpflichtung aller Bundesbehörden sowie der sonstige in §1 Abs. 1 IFG genannten Stellen, auf Antrag Zugang zu amtlichen Informationen zu eröffnen (Informationsanspruch). 8

7 https://www.bmwk.de/Redaktion/DE/Artikel/Digitale-Welt/open-data.html (alle Links zuletzt abgerufen am 21.11.2024).

8 Datentreuhänderschaft zu Forschungszwecken im Bereich der Medizindaten → Gummersbach/Nestor/Molnar-Gabor §12 Rn. 22ff.; siehe auch das Eckpunktepapier des geplanten Forschungsdatengesetz (FDG) https://www.bmbf.de/SharedDocs/Downloads/de/2024/240306_eckpunktepapier-forschungsdaten.pdf; zum Forschungsdatenzentrum der gesetzlichen Krankenversicherungen Kipker/Voskamp SozDatenschutz-HdB/Schäfer Kap. 7 Forschung Rn. 85.

9 Dazu Schmidt-Kessel MMR 2024, 75.

10 Vgl. etwa §100 Abs. 1 VwGO; 299 Abs. 1 ZPO; §13 Abs. 1 FamFG; §120 Abs. 1 SGG; §20 BVerfGG.

11 §475 Abs. 1 StPO; §299 Abs. 2 ZPO (auch iVm den einschlägigen Verweisungsnormen wie etwa §173 S. 1 VwGO o. §4 InsO).

12 Landesrechtliche Ansprüche der Presse finden sich beispielsweise in §3 Abs. 1 HPresseG, §4 PresseG BW; zur fehlenden Kompetenz der Landesgesetzgeber, auch Bundesbehörden zur Auskunft zu verpflichten BVerwG NVwZ 2022, 248 Rn. 18f.; zum durch die Rspr. anerkannten verfassungsunmittelbaren Auskunftsanspruch der Presse s. BVerwG NVwZ 2020, 305; NVwZ-RR 2021, 663; NVwZ 2024, 573.

13 Eine Übersicht diesbezüglich findet sich bei Stelkens/Bonk/Sachs/Kallerhoff/Mayen, 10. Aufl. 2023, VwVfG §29 Rn. 20a.

a) Antragserfordernis

9 Der Antrag ist grundsätzlich formlos möglich und muss nicht explizit das IFG benennen, er muss jedoch den Anspruchsteller erkennen lassen[14] und sich auf identifizierbare, bei der Behörde vorhandene Akten beziehen[15].

10 Während die Antragsstellung selbst also relativ niedrigschwellig ausgestaltet ist, liegt die eigentliche Hürde für Antragsstellende darin, relevante Akten zu finden, um sie im Antrag konkretisieren zu können – es fehlt an Meta-Datenbanken, mit denen man einen Überblick über verfügbare Datensätze erlangen könnte[16] und längst nicht jede Behörde macht ihren Informationsbestand transparent.[17] Zwar muss die Behörde Antragsstellenden im Fall eines zu unbestimmten Antrags Gelegenheit zu einer Präzisierung geben und schuldet generell die in § 25 Abs. 1 u. 2 VwVfG umrissenen Beratungsleistungen.[18] Dennoch obliegt es zunächst den Antragsstellenden, ihr Informationsinteresse zu fassen, zu bezeichnen und infrage kommende Informationsquellen zu benennen.

11 Eine vorbereitende Leistung eines Datentreuhänders könnte sein, selbst Meta-Daten zu indexieren oder an bestehende Meta-Datenbanken anknüpfen, um für Antragsstellende eine zentrale Anlaufstelle zu bieten, dezentralen Informationsbestände zusammenzuführen und überhaupt erst darüber zu informieren, welche typisierbaren Erkenntnisinteressen aus gegebenen amtlichen Datenbeständen bedient werden könnten.

b) Automatisierung und Orchestrierung von Anträgen

12 Zu beobachten ist, dass die Antragstellung zunehmend auch durch nichtstaatliche Organisationen unterstützt und angeleitet wird. Prominent ist das Portal FragDenStaat.de, das ein Online-Formular bereithält, mit dem sich Informationsfreiheitsanträge online stellen lassen. Antragsstellende können ihre Behördenkorrespondenz und Auskünfte anschließend niederschwellig auf dem Portal veröffentlichen. Damit verbunden ist eine gewisse Orchestrierung der Anträge, in deren Rahmen FragDenStaat selbst Kampagnen betreibt, bei denen Bürgerinnen angeregt werden, Anfragen zu gewissen Themen zu stellen. Die Zulässigkeit dieses Vorgehens ist zwar vereinzelt bezweifelt worden.[19] Da die IFG-Ansprüche jedoch unabhängig von den Motiven der Antragsstellenden bestehen, ist selbst die Teilnahme an koordinierten Kampagnen und erst recht die Inanspruchnahme von unterstützenden Dienstleistern zulässig.[20] Von dieser Niederschwelligkeit des

---

[14] BVerwG 20.3.2024 – 6 C 8.22 Rn. 55 ff. = NVwZ 2024, 1163 (1169 ff.); nach aA fehlt es an der datenschutzrechtlichen Erforderlichkeit, dazu Schoch IFG § 7 Rn. 14 ff.

[15] BVerwG NVwZ 2023, 1755 Rn. 13.

[16] Eine solche Metadatenbank für Umweltinformationen soll etwa beim Umweltbundesamt mit dem Portal umwelt.info geschaffen werden.

[17] § 11 IFG soll dem zwar entgegenwirken, kann dieses Versprechen aber nicht einlösen, s. BeckOK InfoMedienR/Schnabel, 44. Ed. 1.11.2023, IFG § 11 Rn. 16.

[18] Schoch NVwZ 2019, 257 (258).

[19] Infolgedessen sah sich der BfDI zu einem Versand eines Rundschreibens veranlasst https://www.bfdi.bund.de/SharedDocs/Downloads/DE/DokumenteBfDI/Rundschreiben/Allgemein/2022/Rundschreiben-Lobbyregister-selbst-gemacht.pdf; rechtspolitische Kritik am „Funktionswandel" des IFG übt Kluth NVwZ 2024, 24.

[20] So auch die hM, vgl. VGH München 7.8.2020 – 5 CS 20.1302 Rn. 19 f. = BeckRS 2020, 20595; krit. Becker LMuR 2020, 57 (59 ff.) unter Verweis auf überwirkende Schutzpflichten

IFG würden auch Datentreuhänder profitieren, die sich neutral vermittelnd und ermöglichend[21] zwischen Behörden und Antragsstellende positionieren.

c) Informationsgewährung

Gegenstand des IFG ist der Zugang zu amtlichen Informationen (§2 Nr. 2 IFG), die ungeachtet der Art ihrer Speicherung bei der Verwaltung vorliegen.[22] 13

Der Anspruch kann durch Auskunft, Akteneinsicht oder eine sonstige Weise der Zurverfügungstellung von Informationen erfüllt werden (§1 Abs. 2 S. 1 IFG). Die Auswahl der Art der Erfüllung liegt grundsätzlich im Ermessen der Behörde, das jedoch durch ein ausgeübtes Wahlrecht des Antragsstellers (§1 Abs. 2 S. 2 IFG) dahingehend beschränkt wird, dass nur wichtige Gründe es erlauben, von der beantragten Art abzuweichen.[23] 14

Die Varianten der Auskunft und der Akteneinsicht sind tradierte Formen der Informationsverschaffung durch Behörden und als Rechtsbegriffe aus diversen anderen (meist verfahrensrechtlichen) Normen bekannt und konturiert.[24] Akteneinsicht bedeutet danach, dass den Antragsstellenden Zugang zur Originalakte oder einer Kopie davon eingeräumt wird, sie also einen möglichst unmittelbaren Einblick in die Akte erhalten.[25] Nicht vom Recht auf Akteneinsicht umfasst ist hingegen das unbeschränkte Weiterblättern in der Akte und auch die Beschränkung auf die Einsicht in teilgeschwärzte Kopien ist im Rahmen der Zugänglichmachung durch das behördliche Organisationsermessen gedeckt.[26] 15

Im Gegensatz dazu ist die Auskunftsgewährung ein vermittelter Zugang zu den Informationen der Akte. Im Wege der Auskunft können sowohl sehr kleinteilige Informationsgehalte (zB ein spezifisches Datum aus einem umfangreichen Datensatz) als auch die Zusammenfassung umfangreicher Akten an die Antragsstellenden gelangen. Im Rahmen dessen kann die Behörde präziser als bei der Akteneinsicht steuern, welche Informationen nach außen gelangen.[27] Bei entgegenstehenden Interessen ist diese Art der Informationsgewährung also theoretisch besonders nützlich, in der Praxis können umfangreiche Auskunftsbegehren jedoch am prohibitiven Verwaltungsaufwand scheitern.[28] 16

Das Zurverfügungstellen in sonstiger Weise als Erfüllungsmodalität macht das IFG flexibel für alternative Varianten der Informationsverschaffung. Hierunter fällt etwa die Veröffentlichung der Information, aber auch andere, innovative 17

---

und datenschutzrechtliche Vorgaben; zur Möglichkeit rechtfertigungsloser Geltendmachung als Kernmerkmal subjektiver Rechte Voßkuhle/Eifert/Möllers GVwR/Buchheim/Möllers §46 Rn. 163 u. 185.

[21] Zur Ermöglichungsfunktion neutraler Datentreuhänder Buchheim/Augsberg/Gehring JZ 2022, 1139 (1145).

[22] Zu dieser Voraussetzung etwa auch BVerfGE 145, 365 Rn. 23.

[23] Brink/Polenz/Blatt/Brink IFG §1 Rn. 105, 115ff.

[24] Bspw. aus §§25 u. 29 VwVfG.

[25] Schoch IFG §1 Rn. 259.

[26] BeckOK InfoMedienR/Debus, 43. Ed. 1.2.2024, IFG §1 Rn. 169.

[27] Schoch IFG §1 Rn. 256.

[28] Ein unverhältnismäßiger Verwaltungsaufwand ist, in analoger Anwendung des §7 Abs. 2 S. 1 IFG, als Versagungsgrund durch die hM anerkannt, BVerwG NVwZ 2023, 1755 Rn. 20f.; unter dem Vorbehalt einer restriktiven Auslegung des Begriffs BeckOK InfoMedienR/Sicko, 44. Ed. 1.5.2024, IFG §7 Rn. 53.

Formen der Informationsverschaffung lassen sich zwanglos darunter fassen.[29] Gebräuchlich ist bislang hauptsächlich die Beantragung einer Übersendung der Akte in digitaler Form.[30] Allerdings ließe sich auch die Nutzung der Dienste eines Datentreuhänders unter diese Auffangvariante fassen. Eine Einschaltung transaktionsbasierter Datentreuhänder[31] würde es erlauben, konkrete Informationsanliegen durch algorithmische Auswertung von – ggf. mittels solcher Treuhänder erschlossenen und zusammengeführten – staatlichen Datenbeständen *ad hoc* zu befriedigen und so eine neue Form der Informationsgewährung eröffnen. Möglich wird das, indem nicht die algorithmisch „eingesehenen" Daten beschränkt werden, sondern das informationsgenerierende Werkzeug (also ein Algorithmus) eindeutig definiert wird.[32]

18 Aus der Vielgestaltigkeit und Flexibilität der Zugangsmodalitäten wird offenbar, dass der Gesetzgeber mit dem IFG einen pragmatischen Ansatz zur Herstellung von Transparenz verfolgt. Das agnostische Verhältnis des Gesetzgebers zum konkreten Interesse, das die Antragsstellenden verfolgen, wird hier konsequent fortgeführt. Es wird den Antragstellenden grundsätzlich freigestellt, welche der Zugangsarten sie als für die Erfüllung ihres Anliegens adäquat erachten, also ob sie einen möglichst breiten und unmittelbaren Zugang zu amtlichen Akten benötigen oder ob eine kleinteiligere oder zusammenfassende Auskunft geeigneter erscheint. In diese Linie fügt sich auch § 7 Abs. 2 IFG ein, nach dessen *ratio* Ansprüche jedenfalls weitestmöglich erfüllt werden sollen, sofern eine umfassende Erfüllung aus rechtlichen Gründen zu versagen ist.[33]

19 Das gegenwärtig häufig praktizierte „ganz oder gar nicht"[34] der Informationsgewährung trägt also nicht dem gesetzgeberischen Anliegen der Informationsfreiheit Rechnung, sondern liegt in den Limitationen der tradierten Zugangswege begründet. Lassen sich diese Limitationen mit neuen, innovativen Mitteln überwinden, führt dies bereits *de lege lata* zu einer faktischen Erweiterung der rechtlichen Informationszugänglichkeit. Eine konsequentere Implementierung von „Informationsfreiheit by design", konkret das Verfügbarmachen von Informationen in strukturierten Datensätzen[35], ist daher geboten, um dieses Innovationspotenzial auch zu realisieren.

---

[29] Brink/Polenz/Blatt/Brink IFG § 1 Rn. 112.

[30] Schoch IFG § 1 Rn. 266.

[31] Zur Erläuterung des Konzepts der transaktionsbasierten Datentreuhand → Gehring/Laakmann/Person/Seidemann § 2 Rn. 18; Buchheim/Augsberg/Gehring JZ 2022, 1139 (1141 ff.); zur technischen Funktionsweise → Alldridge § 13 Rn. 7 ff.; zu den kennzeichnenden Funktionselementen auch → Buchheim/Augsberg/Schrenk § 14 Rn. 3 ff.; Buchheim/Augsberg JZ 2024, 365 (366 ff.).

[32] Zu dieser Umkehrung der Informationsabschirmungsstrategie Buchheim/Augsberg JZ 2024, 365 (366 ff.); → Buchheim/Augsberg/Schrenk § 14 Rn. 9 ff.

[33] Vgl. BT-Drs. 15/4493, 15.

[34] Goldhammer NVwZ 2017, 1809 (1812).

[35] Dazu Konferenz der Informationsfreiheitsbeauftragten (IFK), Prinzipien der Informationsfreiheit und Umsetzungshinweise zur „Informationsfreiheit by Design" vom 25.7.2024, S. 10 ff.

2. Landesrecht

Auch die meisten Länder haben inzwischen Informationsfreiheitsgesetze erlassen, teilweise sind Informationsfreiheitsansprüche sogar in die Landesverfassungen aufgenommen worden.[36] Die Spannbreite des Umfangs der Informationsfreiheit variiert so von Land zu Land. Überhaupt keinen Anspruch auf Zugang zu amtlichen Informationen kennt inzwischen nur noch Niedersachsen. In Bayern findet sich ein allgemeiner Zugangsanspruch zu amtlichen Informationen im Datenschutzgesetz (Art. 39 BayDSG), der allerdings unter der Bedingung steht, dass Antragsstellende ein berechtigtes Interesse an der Information darlegen. Hieran sind keine hohen Anforderungen zu stellen, allerdings soll die bloße Neugierde nicht als berechtigtes Interesse ausreichen.[37] In Hessen schließt das Bestehen eines rein wirtschaftlichen Interesses an den Informationen den Zugang zu selbigen aus (§ 82 Nr. 5 HDSIG). Da der Antragsteller seinen Antrag nach § 85 Abs. 3 HDSIG überhaupt nur begründen muss, wenn sich sein Antrag auf personenbezogene Daten Dritter richtet, ist der tatsächliche Anwendungsbereich des Ausschlussgrundes im Übrigen klein.[38] 20

3. Sektorenspezifische Informationsfreiheitsregime

a) Umweltinformationen

Älter als das allgemeine IFG ist die Zugangseröffnung zu Umweltinformationen, die auf der europäischen Umweltinformationsrichtlinie[39] beruht, welche sowohl im Bundes-[40] als auch im Landesrecht[41] umgesetzt wurde. Als erstes Regime dieser Art war es auch ein gesetzgeberisches Vorbild für spätere, nicht unionsrechtlich veranlasste allgemeine Informationsfreiheitsgesetze. Neben öffentlichen Stellen adversiert es auch private Stellen, sofern sie öffentliche Aufgaben wahrnehmen oder Dienstleistungen erbringen, die im Zusammenhang mit der Umwelt stehen (§ 2 Abs. 1 Nr. 2 UIG). Die bundesrechtliche Anspruchsgrundlage auf Zugang zu Umweltinformationen findet sich in § 3 Abs. 1 S. 1 UIG. Der Begriff der Umweltinformation ist wiederum in § 2 Abs. 3 UIG legaldefiniert und wird angesichts des Ziels einer wirksamen Herstellung von Transparenz staatlichen Handelns im Umweltbereich weit verstanden.[42] Insbesondere umfasst er auch solche Daten, die bei umweltbezogenen Tätigkeiten und Maßnahmen einer 21

[36] Seit 2022 hat auch der Freistaat Sachsen ein Transparenzgesetz erlassen; in Hessen wurde 2018 das Datenschutzgesetz um einen informationsfreiheitsrechtlichen Teil zum HDSIG ergänzt.

[37] VG Augsburg BeckRS 2020, 25080 Rn. 33.

[38] Lück/Penski ZD 2018, 525 (529 f.) sprechen sich sogar für eine pauschale Anerkennung des „Allgemeininteresse[s] an einer transparenten Verwaltung sowie deren Kontrolle" aus, was den Ausschlussgrund gegenstandslos werden ließe.

[39] Richtlinie 2003/4/EG des Europäischen Parlaments und des Rates vom 28.1.2003 über den Zugang der Öffentlichkeit zu Umweltinformationen und zur Aufhebung der Richtlinie 90/313/EWG des Rates (ABl. 2003 L 41, 26).

[40] Dort im Umweltinformationsgesetz (UIG).

[41] Zur Umsetzung auf Landesebene Schomerus/Tolkmitt NVwZ 2007, 1119.

[42] BVerwG NVwZ 2008, 791 Rn. 11.

Behörde anfallen, auch wenn die Daten an sich keinen unmittelbaren Umweltbezug aufweisen.[43] Angesichts dieser sektorspezifischen Regelung und Stärkung der Transparenz und Informationszugänglichkeit können gerade im Bereich der Umweltinformationen erhebliche Potenziale der Datentreuhänderschaft liegen.

b) Verbraucherinformationen

22 Das Recht der Verbraucherinformationen setzt für die Schaffung von Transparenz auf ein hybrides Modell, schafft also sowohl einen Zugangsanspruch auf Antrag als auch eine proaktive Veröffentlichungspflicht für gewisse Informationen. Verglichen mit den allgemeinen und umweltbezogenen Informationsfreiheitsregimen ist der individuelle Informationsanspruch zu Verbraucherinformationen weniger zergliedert, denn er ist vollständig auf Bundesebene durch das Verbraucherinformationsgesetz (VIG) geregelt. Seinen Anwendungsbereich bestimmt § 1 VIG, der auf Begriffe des Lebens- und Futtermittelrechts (§ 1 Nr. 1 VIG) sowie der Produktsicherheit (§ 1 Nr. 2 VIG) verweist. Da beide Rechtsgebiete eine europarechtliche Prägung haben, findet auf diese Weise ein Transfer von europäischen Wertungen in das VIG statt[44], das selbst jedoch keine europäische Richtlinie umsetzt. Der Begriff der Verbraucherinformationen ist durch seine sektorielle Begrenzung enger gefasst, als man es nach dem allgemeinen Sprachgebrauch erwarten würde. Dieser enge Anwendungsbereich rührt daher, dass der Anspruch aus § 2 Abs. 1 VIG im Übrigen sehr weit geht, insbesondere nur durch wenige entgegenstehende private Belange beschränkbar ist.[45] In Bezug auf die Verpflichteten sind, wie auch im UIG, privatrechtlich organisierte Stellen ebenso erfasst (§ 2 Abs. 2 Nr. 2 VIG).

23 Neben der Möglichkeit, durch Antrag individuellen Zugang zu Verbraucherinformationen zu erlangen, findet sich in § 40 LFGB eine proaktive Veröffentlichungspflicht für gewisse Informationen. Die behördliche Veröffentlichung zumindest eines Teils der Informationen soll die Schwächen des Antragsmodells ausgleichen.[46]

4. Verhältnis der Zugangsansprüche zueinander

24 Die verschiedenen Informationsfreiheitsgesetze sind nicht aufeinander abgestimmt, sondern haben überlappende Anwendungsbereiche. Die Abgrenzung wird weiterhin dadurch erschwert, dass es zwar Kollisionsregeln gibt, diese aber ebenfalls nicht aufeinander abgestimmt sind und daher ihre Bedeutung für das Gefüge des Informationsfreiheitsrechts ungewiss bleibt. Exemplarisch ist § 1 Abs. 3 IFG zu nennen, nach dem spezielleren Zugangsnormen ein verdrängender Vorrang zukommt, während nach § 3 Abs. 1 S. 2 UIG andere Ansprüche auf Informations-

[43] Vgl. § 2 Abs. 3 Nr. 3 UIG; dazu BeckOK InfoMedienR/Karg, 43. Ed. 1.8.2021, UIG § 2 Rn. 66.
[44] BeckOK InfoMedienR/Rossi, 44. Ed. 1.2.2024, VIG § 1 Rn. 7.
[45] Vgl. Aufzählung in § 3 Nr. 2 VIG.
[46] Prommer/Rossi GewArch 2013, 97 (104).

zugang unberührt bleiben sollen.[47] Wo gesetzliche Abgrenzungsregeln fehlen, ist bei der Überschneidung der Bestimmungen im Regelfall von einer parallelen Anwendbarkeit auszugehen.[48] Gut beratene Antragstellerinnen sollten – prospektiv unter Einschaltung von Datentreuhändern – ihr Anliegen also mit allen in Betracht kommenden Anspruchsgrundlagen begründen.

5. Open Data: § 12a EGovG

Während das Informationsfreiheitsrecht den Zugang zu amtlichen Informationen auf Antrag regelt, ergibt sich aus § 12a EGovG eine proaktive Bereitstellungspflicht für Rohdaten der Bundesbehörden.[49] Im Unterschied zu den Informationsfreiheitsgesetzen bezieht sich § 12a EGovG also auf Informationen in einer bestimmten syntaktischen Form, nämlich elektronisch gespeicherte, im Wesentlichen unveränderte und hinreichend strukturierte Datensätze der Bundesverwaltung.[50] Nicht hinreichend strukturiert sind insbesondere Fließtexte, selbst wenn sie als E-Mail-Verlauf oder Bestandteil einer elektronischen Akte zumindest grob vorstrukturiert sind.[51] Als Rechtsfolge kennt § 12a EGovG nur die unbeschränkte Veröffentlichung der Datensätze, weshalb notwendigerweise auch die Ausschlusstatbestände weiter gefasst sind, als im Informationsfreiheitsrecht. Da nahezu jedes anerkannte Vertraulichkeitsinteresse der Veröffentlichung entgegensteht, ist der Großteil der behördlichen Datenbestände nicht von § 12a EGovG umfasst, weshalb sein Nutzen, jedenfalls im Hinblick auf das Transparenzanliegen, begrenzt bleiben muss. 25

Weiterhin soll nach § 12a Abs. 1 S. 2 EGovG kein Anspruch auf Bereitstellung von Daten in dieser Form bestehen. Die Auswirkung dieser Beschränkung ist jedoch minimal, da die von § 12a Abs. 1 S. 1 EGovG erfassten Datensätze schon nach dem Wortlaut von § 12 Abs. 3 Nr. 1 Buchst. a EGovG dem weiten Begriff der amtlichen Informationen nach § 2 Nr. 1 IFG unterfallen müssen. Mit einem IFG-Antrag, der auf Zurverfügungstellung „in sonstiger Weise", nämlich in Form von maschinenlesbaren Daten lautet, ist die Pflicht des § 12a Abs. 1 S. 1 EGovG jedenfalls (mittelbar) teilweise subjektiv-rechtlich bewehrt. Das Bestehen einer objektiv-rechtlichen Bereitstellungspflicht der Behörde lässt zudem die individuelle Zurechenbarkeit der öffentlichen Leistung gemäß § 10 Abs. 1 S. 1 IFG, § 3 Abs. 1, 2 Bundesgebührengesetz (BGebG) entfallen, weshalb den Antragsstellenden auch keine Gebühren auferlegt werden dürfen. 26

[47] Eiding/Hofmann-Hoeppel, Verwaltungsrecht, 3. Aufl. 2022, § 2 Informationszugang nach IFG Rn. 28.
[48] Ramsauer AnwBl 2013, 410 (412); differenzierend Rossi DVBl 2010, 554 (557 f.).
[49] Seit dem 23.7.2021 gilt § 12a EGovG nicht mehr ausschließlich für die unmittelbare Bundesverwaltung, sondern umfasst nun auch Körperschaften, Stiftungen und Anstalten des Öffentlichen Rechts.
[50] Vgl. § 12a Abs. 2 Nr. 1, 3, 4 EGovG.
[51] Richter NVwZ 2017, 1408 (1409).

6. Grundrechtliche Informationsfreiheit

27 Auch die grundrechtliche Informationsfreiheit wirkt sich auf die Transparenzpflicht des Staates aus. So gewährleistet Art. 5 Abs. 1 S. 1 Alt. 2 GG den Zugang zu allgemein zugänglichen Quellen.

28 Mit der grundsätzlichen Verpflichtung aller Stellen des Bundes, einen Zugang zu amtlichen Informationen zu eröffnen, trifft der einfache Gesetzgeber eine elementare Weichenstellung, indem er diese Informationsbestände zu im Rechtssinn „allgemein zugänglichen Quellen“ iSd Art. 5 Abs. 1 S. 1 Alt. 2 GG erhebt, was einen verfassungsrechtlichen Schutz dieses Zugangs bewirkt.[52] Das IFG nimmt also eine Art Widmung vor, indem es einen grundsätzlich voraussetzungslosen Zugang zu amtlichen Informationen einrichtet, die das Grundrecht wiederum in sich aufnimmt.[53] Nicht in den Schutzbereich des Art. 5 Abs. 1 S. 1 Alt. 2 GG fallen nach der Rechtsprechung des BVerfG nur solche Informationen, für die der Gesetzgeber eine Bereichsausnahme[54] geschaffen hat. Die übrigen Beschränkungen durch die einfachgesetzlichen Informationsfreiheitsregime gestalten nicht den grundrechtlichen Schutzbereich aus,[55] sondern sind Beschränkungen der grundrechtlichen Gewährleistung in Gestalt von Zugangsmodalitäten. Stützt die Behörde also die Versagung des Informationszugangs auf eine solche Norm, liegt darin ein rechtfertigungsbedürftiger Grundrechtseingriff, der im Einzelnen zu begründen ist.[56] Dabei muss die Behörde eine konkrete Abwägung zwischen den konfligierenden Interessen vornehmen.

7. Ausblick: Bundestransparenzgesetz?

29 Um der problematischen Zersplitterung des Informationsfreiheitsrechts zu begegnen, war im Koalitionsvertrag des Jahres 2021 vereinbart, das allgemeine und die sektorenspezifischen Informationsfreiheitsgesetze zu einem Bundestransparenzgesetz zusammenzufassen.[57] Auch wenn die Umsetzung dieser Pläne gescheitert ist, bleibt das Anliegen rechtspolitisch drängend. Dabei spricht einiges dafür, den präziseren, aber nicht unmittelbar verständlichen Begriff der Informationsfreiheit durch den Begriff der Transparenz zu ersetzen, um die Akzeptanz der Bürgerinnen zu fördern.

---

[52] BVerfGE 145, 365 Rn. 20 f.

[53] Nolte NVwZ 2018, 521 (523 ff.); aA HK-IFG NRW/Pabst, 1. Aufl. 2022, IFG Einl. vor § 1 Rn. 19 ff.

[54] zB § 3 Nr. 8 IFG (nachrichtendienstliche Tätigkeit).

[55] Zu Figur und Rechtsfolgen der Grundrechtsausgestaltung Kingreen/Poscher JZ 2022, 961 (962 ff.).

[56] Hierzu BVerfGE 145, 365 Rn. 20 f.

[57] Vgl. Koalitionsvertrag 2021-2025 von SPD, BÜNDNIS 90/DIE GRÜNEN u. FDP, S. 9 (Fassung SPD) bzw. 11 (Fassung DIE GRÜNEN u. FDP).

8. Zwischenfazit: Potenziale der Datentreuhand im Bereich der Informationsfreiheit

Das Informationsfreiheitsrecht ist aufgrund der weiten Fragmentierung seiner Anspruchsgrundlagen ein kaum zu überschauendes Rechtsgebiet. Das erschwert zum einen die behördliche Prüfung, ob und in welcher Art der Zugang zu amtlichen Informationen eröffnet werden muss. Vor allem aber schafft die überwiegend an konkrete Anträge gebundene Informationsbereitstellungspflicht ein fundamentales Problem und Defizit bei der Informationsanbahnung und Nachfrage aufseiten der Bürgerinnen. Dieses Nachfrage- und Anbahnungsproblem lässt sich durch neue Pflichten zur proaktiven Bereitstellung amtlicher Informationen und Daten nach dem Vorbild der Open Data-Richtlinie nicht in den Griff bekommen. Denn die völlig unbeschränkte Veröffentlichung amtlicher Informationen und Daten birgt unter Voraussetzung moderner Auswertungsmöglichkeiten solche informatorischen Risiken, dass sie zwangsläufig auf besonders abstrakte und wenig informationshaltige Daten beschränkt bleiben wird. In diese Lücke können Datentreuhandmodelle stoßen, die es erstens erlauben die Zugänglichkeit und Nutzbarkeit von Informationen und Daten zu graduieren (nur für diesen Personenkreis, nur unter diesem Erkenntnisgesichtspunkt, nur mit diesem Zweck usw) und zweitens als institutionelle Vermittler das Anbahnungsproblem zwischen datenbeherrschenden staatlichen Stellen und informationsinteressierter Bürgerin durch Standardisierungs- und Vermittlungsleistungen reduzieren können. Eine solche Einschaltung neuer Akteure in die informationsfreiheitsrechtliche Praxis ist schon *de lege lata* grundsätzlich möglich: In der Regel verfügen die Informationsfreiheitsgesetze über Spielräume bezüglich der Zugangsmodalitäten und zeigen sich so hinreichend flexibel für den Einsatz neuer Modelle wie den Zugang über Datentreuhänder. **30**

III. Zugangsbeschränkende Normen

Aufgrund des weiten Anwendungsbereichs der Informationsfreiheitsansprüche ist die Konturierung der zulässigen Versagungsgründe in der Praxis von höchster Bedeutung. Alle einfachrechtlichen Informationsfreiheitsgesetze regeln Beschränkungen des Auskunftsanspruchs für konkrete Situationen, in denen öffentliche oder private Interessen und Rechte mit dem informationsfreiheitlichen Interesse kollidieren. Die föderale und sachliche Zergliederung des Informationsfreiheitsrechts kann dabei in ähnlichen Sachfragen zu unterschiedlichen Ergebnissen führen.[58] Dies steht einer umfassenden Darstellung entgegen, weshalb hier schwerpunktmäßig die Schrankenregelungen des IFG aufgezeigt und daraufhin untersucht werden, welche Anforderungen die jeweiligen Schranken an die Informationsweitergabe stellen. Daran ist zu messen, ob und inwieweit diesen Anforderungen auch durch die Nutzung eines Datentreuhänders genügt werden kann. **31**

[58] Fehling DVBl 2017, 79 (81 f.).

1. Schutz von besonderen öffentlichen Belangen und des behördlichen Entscheidungsprozesses (§§ 3 u. 4 IFG)

32 Die Schranken der §§ 3 u. 4 IFG knüpfen ein enges Netz von absoluten (§ 3 IFG) und relativen (§ 4 IFG) Schutzgründen zur Wahrung verschiedener Gemeinwohlinteressen, die der Informationsgewährung entgegenstehen können. Überwiegend handelt es sich um Einschränkungen des dem Grunde nach bestehenden Informationsanspruchs, lediglich § 3 Nr. 8 IFG enthält eine echte Bereichsausnahme zugunsten der dort genannten Behörden.[59] Um das gesetzgeberische Anliegen des IFG nicht zu gefährden, müssen die Schrankenregelungen eng ausgelegt werden.[60] Beruft sich eine Behörde auf entgegenstehende öffentliche Interessen, so trägt sie diesbezüglich die Darlegungslast.[61] Von hoher praktischer Bedeutung sind die öffentlichen Belange im Rahmen der Banken- und Finanzaufsicht, zu denen bereits einiges an Rechtsprechung ergangen ist.[62]

2. Datenschutz (§ 5 IFG)

33 Umfassen die amtlichen Informationen auch personenbezogene Daten, muss die Behörde die Vorgaben des § 5 IFG und die allgemeinen Anforderungen der DS-GVO erfüllen. Das Zugänglichmachen personenbezogener Daten an Antragsstellende ist regelmäßig eine rechtfertigungsbedürftige, zweckändernde Datenverarbeitung. Dass eine solche Zweckänderung zulässig sein kann, ergibt sich aus Art. 6 Abs. 4 und 86 DS-GVO, mit denen sich das europäische Datenschutzrecht für den Erlass von europäischen und mitgliedsstaatlichen Gesetzen öffnet, die Einklang zwischen Aktenöffentlichkeit und dem Schutz personenbezogener Daten herstellen.[63] Ein solches Gesetz ist die Regelung des § 5 IFG, der die Abwägung zwischen Informationsfreiheitsinteresse und Datenschutz anleitet.

34 Sofern ein erfolgreicher Antragssteller eine eigene Verarbeitung (etwa Speicherung) der erlangten Daten vornimmt, die in den Anwendungsbereich der DS-GVO fällt, wird er selbst zum Verantwortlichen. Die Antragsstellenden sind allerdings nicht an den ursprünglichen, behördlichen Erhebungszweck gebunden. Stattdessen setzen sie mit ihrer Informationsfreiheitsanfrage einen eigenen, neuen Zweck, an dem die Rechtmäßigkeit der nachgelagerten Datenverarbeitungen zu messen ist. Aus behördlicher Sicht besteht in Bezug auf den späteren Umgang mit den beauskunfteten personenbezogenen Daten in Händen der Antragsstellenden jedoch nicht per se eine Schutzpflicht.[64] Grundlage für die Interessenabwägung nach § 5 IFG muss stattdessen im Regelfall die Annahme sein, dass Antragsstellen-

---

[59] BeckOK InfoMedienR/Schirmer, 44. Ed. 1.5.2024, IFG § 3 Rn. 194a.
[60] Fehling DVBl 2017, 79 (83).
[61] Schmitz/Jastrow NVwZ 2005, 984 (991); Schoch ZGI 2021, 3.
[62] Dazu → Rn. 64 ff.
[63] Wolff LMuR 2020, 1 (2).
[64] AA Becker LMuR 2020, 57 (61).

de den für sie geltenden datenschutzrechtlichen Vorgaben hinreichend Beachtung schenken.[65]

3. Schutz des geistigen Eigentums (§6 S.1 IFG)

Eine weitere Konfliktlinie verläuft zwischen der Informationsfreiheit und dem Schutz des geistigen Eigentums, insbesondere des Urheberrechts, der nach dem Wortlaut des §6 IFG einen absoluten Ausschlussgrund darstellt und daher oft pauschal gegen IFG-Anträge ins Feld geführt wird.[66] Diese Behördenpraxis ist mit dem Zweck des Informationsfreiheitsrechts unvereinbar und verkennt, dass die Prüfung des §6 S.1 IFG regelmäßig eine IFG-externe Abwägung erforderlich macht.[67] 35

a) Urheberrecht

Das IFG öffnet sich für die Wertungen des Urheberrechts, indem es den Anspruch ausschließt „soweit der Schutz geistigen Eigentums entgegensteht" (§6 S.1 IFG); die erforderliche Abwägung ist eine urheberrechtliche und wird folglich durch die Struktur des UrhG angeleitet.[68] 36

aa) Anwendungsbereich und Bereichsausnahme für bestimmte amtliche Werke (§5 UrhG)

Grundbedingung des urheberrechtlichen Schutzes ist, dass die amtliche Information als Werk im Sinne der §§1ff. UrhG zu qualifizieren ist.[69] 37

Eine wesentliche Einschränkung des urheberrechtlichen Schutzes sieht §5 UrhG vor, der bestimmte amtliche Werke vom Anwendungsbereich des UrhG ausnimmt. Streitig ist dabei hauptsächlich die Frage, ab wann amtliche Werke „im amtlichen Interesse zur allgemeinen Kenntnisnahme veröffentlicht worden sind" (§5 Abs.2 UrhG) und somit der Bereichsausnahme unterfallen. Literatur und Rechtsprechung verfolgen jedoch eine restriktive Linie und fordern, dass nur solche Werke darunterfallen, bei denen es gerade auf eine freie und ungehinderte Verbreitung der Werke ankommt und diese nicht bereits durch die amtliche Veröffentlichung erreicht wird.[70] 38

[65] Für das VIG siehe VG München BeckRS 2019, 43049 Rn.64; zur strukturell ähnlichen grundsätzlichen Annahme, dass die Presse bei Veröffentlichung von ihr zur Verfügung gestellten Informationen die dafür geltenden Anforderungen wahrt BVerfG, Beschl. v. 23.6.2020 – 1 BvR 1716/17 Rn.17f. = GRUR 2020, 1011.

[66] Dazu Raue JZ 2013, 280; Kraetzig GRUR 2022, 1707.

[67] Kraetzig ZGI 2023, 259 (262f.).

[68] Kraetzig ZGI 2023, 259 (262f.) mwN.

[69] Zum Werkbegriff des UrhG Wandtke/Bullinger/Bullinger, 6.Aufl. 2022, UrhG §2 Rn.15ff.

[70] Dreier/Schulze/Dreier, 7.Aufl. 2022, UrhG §5 Rn.10 mwN.

bb) Entgegenstehen des urheberrechtlichen Schutzes

39 Liegt ein urheberrechtlich geschütztes Werk vor, ist dies kein pauschaler Trumpf gegen die Informationsfreiheit. Dem Urheberrecht ist nur insoweit Vorzug zu gewähren, als es der Informationsfreiheit auch entgegensteht. Zweck des Urheberrechts ist insbesondere der wirtschaftliche Schutz der Kreativen, nicht jedoch der Schutz staatlicher Geheimnisse.[71] An einem Entgegenstehen fehlt es daher, wenn das Werk nicht in urheberrechtlich relevanter Weise verwendet wird, es bloß „genossen", also wahrgenommen wird. Die Informationsgewährung in Form der Akteneinsicht ist daher urheberrechtsfrei.[72] Der Urheberin ist nicht der informatorische Inhalt des Werkes in seiner Gesamtheit, sondern nur die Form des Werkes zugewiesen, weshalb sie die Nutzung des nicht-schöpferischen Informationsgehalts durch Dritte zu dulden hat.[73]

40 Ebenfalls steht das Urheberrecht jedenfalls insoweit nicht entgegen, wie die informationspflichtige Behörde selbst veröffentlichungsberechtigt iSd § 12 Abs. 1 UrhG ist, da sie dieses Recht im Sinne der Informationsfreiheit ausüben kann und muss.[74] Auf die Rechte des Datenbankherstellers können sich öffentliche Stellen wegen § 2 Abs. 5 DNG – in dessen Anwendungsbereich – schon gar nicht berufen.

cc) Vervielfältigung durch Nutzung transaktionsbasierter Datentreuhänder?

41 Auch für urheberrechtlich geschützte Werke könnte die Nutzung einer transaktionsbasierten Datentreuhand einen der Akteneinsicht gleichzustellenden, urheberrechtsfreien Weg für die Informationsgewährung eröffnen. Dafür spricht, dass die herrschende Meinung die algorithmische Auswertung von urheberrechtlich geschützten Werken der menschlichen Kenntnisnahme gleichstellt.[75]

42 In der Folge würden lediglich die dafür nötigen Vorbereitungen eigene Fragen aufwerfen, etwa ob die geschützten Werke zum Zweck der Auswertung in einer urheberrechtlich relevanten Weise temporär vervielfältigt werden.[76] Die Besonderheit der transaktionsbasierten Datentreuhand im Vergleich zu herkömmlichen digitalen Vervielfältigungstechniken ist hierbei, dass diese temporären „Kopien" grundsätzlich ungeeignet sind, durch Menschen wahrgenommen zu werden[77] und auch nicht dazu genutzt werden können, über einen Computer wahrnehmbar gemacht zu werden[78]. Damit entfällt die vervielfältigungsspezifische Beeinträchtigung des Urhebers, die darin zu sehen ist, dass der Werkgenuss einem

[71] Düwel, Das Urheberrecht als Mittel staatlicher Geheimhaltung (2020), S. 207 ff.; aA Lerach GRUR-Prax 2020, 299 (301).
[72] Kraetzig ZGI 2023, 259 (265); Dreier/Schulze/Schulze UrhG § 15 Rn. 20; BeckOK InfoMedienR/Sicko, 43. Ed. 1.2.2024, IFG § 7 Rn. 75.
[73] Raue GRUR 2017, 11 (13); Schoch IFG § 6 Rn. 42.
[74] BVerwG NJW 2015, 3258 Rn. 38.
[75] Wulf/Löbeth GRUR 2024, 737 (738 f.) mwN.
[76] Vgl. Spindler GRUR 2016, 1112 (114 f.).
[77] Dies wird jedoch als Voraussetzung der Vervielfältigung gefordert, vgl. Schricker/Loewenheim/Loewenheim, 6. Aufl. 2020, UrhG § 16 Rn. 5; Wandtke/Bullinger/Heerma, 6. Aufl. 2022, UrhG § 16 Rn. 4.
[78] Insoweit unterscheidet sich das Modell auch von der temporären Speicherung von Kopien im Arbeitsspeicher, dazu BGH GRUR 2017, 266 Rn. 38.

größeren Personenkreis möglich wird und weitere Vervielfältigungen drohen.[79] Ginge man hingegen von einer vollständigen Gleichbehandlung von menschlicher und algorithmischer „Wahrnehmung" aus, auch für die Bestimmung dessen, ob eine Vervielfältigung vorliegt, wäre die in §§ 44b bzw. 60 UrhG vorgesehenen Privilegierung des Text und Data Minings einschlägig.[80]

b) Sonstige gewerbliche Schutzrechte

Gegenüber dem Urheberrecht spielen sonstige gewerbliche Schutzrechte[81] aufgrund des Publizitätsgrundsatzes keine große Rolle, da sie typischerweise in Registern voraussetzungslos einsehbar sind. Sie sind daher grundsätzlich ungeeignet, Informationsfreiheitsansprüche zu beschränken. Insoweit die betreffenden Informationen in Registern ohne Weiteres abrufbar sind, dürfen sie auch im Rahmen von Informationsfreiheitsbegehren nicht zurückgehalten werden.[82] 43

4. Betriebs- und Geschäftsgeheimnisse (§ 6 S. 2 IFG)

Ebenfalls beschränkt wird die Informationsfreiheit zum Schutz der Inhaber von Betriebs- und Geschäftsgeheimnissen. § 6 S. 2 IFG soll insbesondere verhindern, dass Unternehmen ihre Wettbewerber durch gezielte IFG-Anträge ausforschen können.[83] Neben dem Schutz Dritter soll die Ausnahme auch die Funktionsfähigkeit der Verwaltung schützen, die durch den Vertrauensverlust der Unternehmen im Falle einer Offenlegung ihrer Betriebs- und Geschäftsgeheimnisse behindert würde.[84] 44

a) Schutzumfang

Dem Informationsfreiheitsrecht liegt ein eigener, öffentlich-rechtlicher Begriff der Betriebs- und Geschäftsgeheimnisse zugrunde.[85] Die Legaldefinition des Geschäftsgeheimnisses in § 2 Nr. 1 Geschäftsgeheimnisgesetz (GeschGehG) und die Rechtsprechung diesbezüglich sind aufgrund der anderen Zweckrichtung dieses Gesetzes nur bedingt übertragbar.[86] 45

Der Schutz von Betriebs- und Geschäftsgeheimnissen ist im IFG absolut geschützt, insbesondere ist das Geheimhaltungsinteresse der Inhaber nicht gegen das Informationsinteresse der Antragenden abzuwägen.[87] Erforderlich ist, dass es sich 46

---

79 Zum Schutzzweck Schricker/Loewenheim/Loewenheim UrhG § 16 Rn. 1.
80 Dazu Wandtke NJW 2019, 1841 (1842).
81 Also Marken-, Patent-, Gebrauchsmuster- und Geschmacksmusterrechte, s. BT-Drs. 15/4493, 14.
82 Schoch IFG § 6 Rn. 30 ff.; zu den Ausnahmen Schoch IFG § 6 Rn. 37 f.
83 Kloepfer/Greve NVwZ 2011, 577 (579).
84 Fehling DVBl 2017, 79 (80).
85 Römling NVwZ 2022, 463.
86 Das BVerwG erkennt im GeschGehG gleichwohl einen Mindeststandard, vgl. BVerwG BeckRS 2020, 18641 Rn. 16; Kritik daran übt Schoch ZGI 2023, 251 (255 ff.).
87 Brink/Polenz/Blatt/Blatt IFG § 6 Rn. 6; Abwägungsklauseln finden sich hingegen in § 9 Abs. 1 S. 1 UIG u. zT in den Informationsfreiheitsgesetzen der Länder, dazu Brink/Polenz/Blatt/Blatt IFG § 6 Rn. 73.

bei dem Geheimnis um unternehmensbezogene Informationen handelt, die nicht bereits offenkundig sind und an denen ein berechtigtes Geheimhaltungsinteresse und -wille besteht.[88]

47 Der Geheimnisschutz umfasst nicht bloß die unmittelbare Kenntnisnahme, sondern soll bereits dann greifen, wenn aus den offenbarten Informationen Rückschlüsse auf Betriebs- oder Geschäftsgeheimnisse gezogen werden können.[89] Während die Gewährung von Akteneinsicht (zumindest ohne Schwärzung von betroffenen Passagen) oder die sonstige Offenbarung des Geheimnisses eine Verletzung darstellt, ist der Schutzgehalt von § 6 S. 2 IFG im Übrigen schwierig zu bestimmen. Da es sich um einen absoluten Ausschlussgrund handelt, ist insbesondere mit der Auslegung des Tatbestands Zurückhaltung geboten, insbesondere wenn es um die Einordnung bloßer Rückschlüsse auf Geheimnisse geht.[90]

48 Auch für Betriebs- und Geschäftsgeheimnisse ist der Einsatz eines transaktionsbasierten Datentreuhänders denkbar. Möglich wäre es, aus einer hinreichend großen Anzahl von Berufs- und Geschäftsgeheimnissen verschiedener Akteure, die etwa bei einer Aufsichtsbehörde vorliegen könnten, allgemeine Aussagen (etwa über die Marktlage) zu generieren.[91] Sofern diese Informationen selbst keinen konkreten Unternehmensbezug mehr aufweisen, wären sie weder selbst geschützte Geheimnisse noch erlaubten sie Rückschlüsse auf solche. Fehlt es an der hierfür erforderlichen kritischen Masse, könnte die Datentreuhand potenziell auch dafür verwendet werden, um den Datenzugang so auszugestalten, dass berechtigte Geheimhaltungsinteressen gewahrt, und zugleich solche Teilinformationen offenbart werden können, an denen keine berechtigten Geheimhaltungsinteressen bestehen.

49 Das bloße Verarbeiten von Geschäftsgeheimnissen in der Umgebung des transaktionsbasierten Treuhänders zu den oben genannten Zwecken berührt den Geheimnisschutz nicht, da die Wahrnehmbarkeit der dem Geheimnisschutz unterfallenden Informationen wirksam ausgeschlossen ist und der für den Geschäftsgeheimnisschutz erforderliche Unternehmensbezug somit nicht hergestellt werden kann.[92]

b) Einwilligung

50 Soweit der Geheimnisträger seine Einwilligung erteilt, steht der Geheimnisschutz dem Informationsbegehren ebenfalls nicht entgegen, da der subjektive Geheimhaltungswille aufgegeben wird. Mit der Nutzung von Treuhandmodellen, insbesondere der transaktionsbasierten Datentreuhand könnte auch die Reichweite der Einwilligung zunehmend feinsteuerbar werden; Geheimnisträger könnten ihre Einwilligung so für sehr spezifische Anfragen erteilen, statt einer umfassenden Einsichtnahme zuzustimmen.

[88] Zum sog. viergliedrigen Schutztatbestand Schoch IFG § 6 Rn. 78 ff.
[89] Zum UIG BVerwG NVwZ 2010, 189 Rn. 55.
[90] Näher Fehling DVBl 2017, 79 (83 f.); aA Brink/Polenz/Blatt/Blatt IFG § 6 Rn. 6.
[91] Brink/Polenz/Blatt/Blatt IFG § 6 Rn. 43.
[92] Zum datenschutzrechtlichen Parallelproblem ausführlich Buchheim/Augsberg/Schrenk → § 14 Rn. 12 ff.; Buchheim/Augsberg JZ 2024, 365 (368 ff.).

5. Weitere Vertraulichkeitsregime

Neben den dargestellten Zugangsschranken gibt es noch eine kaum überschaubare Anzahl an fachrechtlichen Vertraulichkeitsvorschriften, die den Informationszugang beschränken können und oftmals komplexe Fragen aufwerfen. Als für die Praxis besonders relevant hat sich das Informationsfreiheitsrecht im Bereich der Finanzaufsicht erwiesen, die verschiedene Vertraulichkeitspflichten zu beachten hat.[93] Auch aus sonstigen Rechtsmaterien können sich Beschränkungen ergeben; so lässt sich ein kartellrechtlich unzulässiger Informationsaustausch etwa nicht durch Gestaltung als Informationsfreiheitsantrag über die behördliche Bande spielen (vgl. § 3 S. 1 Nr. 1 Buchst. d IFG).[94] 51

6. Zwischenfazit: Potenziale der Datentreuhand zur partiellen informatorischen Erschließung geschützter Datenbestände

Eine genaue Betrachtung der Zugangsschranken zeigt, dass selbst die absoluten Schranken des IFG nur vor spezifischen Beeinträchtigungen schützen und im Übrigen viel Raum für die treuhänderische Informationsgenerierung und -verschaffung lassen. Das Datenschutzrecht ist etwa in solchen Fällen nicht anwendbar, in denen es zu keiner Identifizierung der Betroffenen kommen kann,[95] während das Urheberrecht algorithmischen Auswertungen nicht per se entgegensteht. Auch der Schutz von Betriebs- und Geschäftsgeheimnissen steht nur dem Bekanntwerden der Geheimnisse entgegen, nicht der Möglichkeit, aus den Geheimnissen Informationen zu generieren, die ihrerseits nicht schutzwürdig sind. Die Veröffentlichung von aggregierten Daten berührt die rechtlich anerkannten Interessen der Betroffenen oftmals selbst dann nicht, wenn die zur Berechnung genutzten Daten geschützt sind.[96] Aus diesen Gründen gibt es ein erhebliches Potenzial von aus amtlichen Daten generierbaren Informationsgehalten, welche ihrerseits veröffentlicht werden dürften, deren Hebung aber bislang mit einem zu großen Aufwand verbunden ist. Die betreffenden Informationen müssten behördlicherseits in abgeschirmten internen Prozessen zunächst aufwendig aus den behördlichen Datenbeständen generiert werden,[97] ehe sie anfragenden Bürgerinnen zugänglich gemacht werden könnten. Das setzt aufseiten der Behörden große informationstechnische Kapazitäten, Datenauswertungskompetenz und 52

---

[93] Bereits Schoch NVwZ 2012, 85; zur Veranschaulichung der Probleme in diesem Bereich → Rn. § 56 ff.

[94] Zum Kartellrecht als Anforderung an und Schranke für kooperative Datennutzung im Wege der Datentreuhand s. etwa → Kling/Burghardt/Gramkow § 16 Rn. 18 ff.; Kling/Thomas, Kartellrecht (2. Aufl. 2016), S. 599 (zur Hub-and-Spoke-Problematik).

[95] Riechert → § 8 Rn. 51 f.; für die transaktionsbasierte Datentreuhand Buchheim/Augsberg JZ 2024, 365.

[96] Vgl. etwa Erwgr. 26 zur DS-GVO.

[97] Der allgemeine Anspruch wird in der Regel auf „vorhandene Informationen" beschränkt Schoch IFG § 1 Rn. 37 ff.; was das heißt, liegt nicht auf der Hand, weil bei hinreichend konkreter Anfrage jedenfalls manche leicht zu generierenden Informationen behördlich generiert werden müssen.

Standardisierungsleistungen[98] voraus, die unmöglich jenseits weniger datenmächtiger und -kompetenter Stellen (statistische Ämter; Bundesbank) bereitgehalten werden können. Angesichts dessen kommt die theoretisch und rechtlich bestehende Möglichkeit einer Generierung nicht geschützter Informationen aus sensiblen amtlichen Datenbeständen in der bisherigen informationsfreiheitlichen Praxis kaum zur Anwendung. Datentreuhandmodelle wie die transaktionsbasierte Datentreuhand können helfen, den prohibitiven Verwaltungsaufwand zu senken und so den Zugang zu Informationen eröffnen, die schon im geltenden Recht beauskunftet werden dürften.

53 Der Gewinn dieses initialen Aufwands ist, dass sich im Wege des treuhänderischen Zugangs Informationsinteressen so spezifisch zuschneiden lassen, dass schutzbedürftige Vertraulichkeitsinteressen durch die neue Möglichkeit der Informationseröffnung über den Treuhänder gar nicht mehr betroffen sind. Das verschlankt nicht nur den behördlichen Aufwand für die Bearbeitung von Anträgen, sondern schafft gleichzeitig ein Mehr an Informationsfreiheit, ganz ohne die geltenden rechtlichen Maßstäbe zu modifizieren. Die konsequente Umsetzung der viel geforderten „Informationsfreiheit by design" könnte durch die transaktionsbasierte Datentreuhand für alle Beteiligten besonders einträglich sein.

IV. Verwendung der Informationen

54 Wird Privaten der Zugang zu hoheitlich erhobenen Informationen gewährt, stellt sich auf zweiter Ebene die Frage, zu welchen Zwecken diese verwendet werden dürfen. Die Reichweite der Nutzung wird durch das Datennutzungsgesetz (DNG) in Umsetzung der PSI-Richtlinie[99] sowie den kürzlich in Kraft getretenen Data Governance Act (DGA)[100] bestimmt. Weder DNG noch DGA begründen dabei eigene Zugangsansprüche, sondern regeln lediglich die nachgelagerte Verwendung der erlangten Daten oder Informationen.

55 Der Zuschnitt der Anwendungsbereiche von PSI-RL und DGA sollen ein Exklusivitätsverhältnis der Rechtsakte bezwecken.[101] Abzugrenzen sind die Rechtsakte im Grunde danach, ob die Daten frei verfügbar sind (Art. 1 Abs. 1 u. 2 PSI-RL und § 2 Abs. 1 u. 3 DNG) oder aus einem der in Art. 3 Abs. 1 Buchst. a–d DGA genannten Gründe besonders geschützt sind. Schwierigkeiten bereitet hierbei, dass der deutsche Gesetzgeber das DNG dogmatisch in die deutsche Informationsrechtsordnung eingepasst hat, während der DGA die europarechtliche Systematik, auf der auch die PSI-Richtlinie basiert, fortführt.[102] Der freihändige Umgang der Gesetzgeber mit den Begriffen Datum, Information und Dokument verunklaren so die Abgrenzung der Rechtsakte. Hinsichtlich des gesetzgebe-

---

[98] Zu den infrastrukturellen und standardisierungsbezogenen Voraussetzungen des Datenteilens näher Person → § 3 Rn. 5 ff.
[99] Richtlinie (EU) 2019/1024.
[100] Verordnung (EU) 2022/868; zu den allgemeinen Anforderungen des DGA für bestimmte Datentreuhandmodelle Jetzen/Villablanca → § 9 Rn. 5 ff.
[101] Vgl. Erwgr. 10 zum DGA.
[102] Richter ZD 2022, 3 (7).

rischen Ziels ist jedoch ein gewisser Gleichlauf zu erkennen, der weitgehende Möglichkeiten zur Nutzung von hoheitlichen Daten durch Private vorsieht.[103]

V. Fallbeispiel: Verbesserter Öffentlichkeitszugang zu Mikrodaten der Bundesbank über transaktionsbasierte Datentreuhänder

Zur Veranschaulichung der Fragen, die neue Datentreuhandmodelle an das geltende Recht stellen, und der Möglichkeiten, die sie eröffnen, soll im Weiteren ein konkreter Anwendungsfall skizziert werden, der einen besonders wirtschaftlich relevanten und informationshaltigen staatlichen Datenbestand betrifft, nämlich denjenigen der Bundesbank. Mit diesem Beispiel soll verdeutlicht werden, welche Hürden das Recht für neue Technologien bereithält, zum anderen aber aufgezeigt werden, dass eine verständige Auslegung des bestehenden Fachrechts nicht selten zu tragfähigen Lösungen führt. Konkret geht es um die Frage, ob das Modell der transaktionsbasierten Datentreuhand als eine besondere Form der Datentreuhand geeignet ist, Informationsinteressen – etwa denen empirisch Forschender, aber auch journalistische und persönliche – durch abgeschirmten Zugriff auf die besonders geschützten Mikrodaten der Bundesbank, die diese im Rahmen ihrer Tätigkeit als Bankenaufsicht ansammelt, zu bedienen. Soweit sich die Tauglichkeit neuartiger Datentreuhänder für eine partielle, erkenntnisspezifische Zugänglichkeit solcher, durch verschiedene Vertraulichkeitsregime besonders geschützter Datenbestände erweist, könnten die hieraus generierten Erkenntnisse auch die datentreuhänderische Vermittlung weniger absolut und spezifisch geschützter behördlicher Datenbestände informieren. Insoweit ist auch vorstellbar, mit Blick auf weniger sensible Datenbestände technisch weniger komplexe Datentreuhandmodelle zum Einsatz zu bringen, die nicht in derselben Weise gegen eine missbräuchliche Datennutzung durch den Datentreuhänder als solchen gesichert sind. 56

1. Ausgangslage und Fragestellung

Die Bundesbank ist eine unabhängige oberste Bundesbehörde und zugleich Teil des Europäischen Systems der Zentralbanken (ESZB). Aus ihrer Aufsichtstätigkeit und statistischen Erhebungen verfügt sie über umfassende Mikrodatensätze über die von ihr beaufsichtigten Kreditinstitute, die von großer wirtschaftspolitischer Bedeutung und Aussagekraft sind. Bislang finden wissenschaftliche Forschungsvorhaben mit diesen Mikrodaten der Bundesbank regelmäßig in physischen Forschungsdatenräumen auf Servern der Bundesbank mit formal anonymisierten Datensätzen[104] statt. Das Verfahren der Zugangsgewährung ist voraussetzungsreich und setzt eine aufwendige Prüfung der beantragenden Forschenden, ihrer jeweiligen Forschungsvorhaben, -ansätze und Forschungsergebnisse voraus. Der 57

[103] Dazu Hartl/Ludin MMR 2021, 534.
[104] Zu den verschiedenen Anonymisierungsgraden → Rn. 75 f.

Forschungsdatenzugang besteht fast ausschließlich vor Ort, beschränkt einen Remote-Zugang auf seltene Fälle und ist damit sowohl für Forschende als auch für die Bundesbank sehr ressourcenintensiv. Die diesen Zugang ermöglichenden Vorkehrungen aufseiten des Forschungsdatenzentrums der Bundesbank[105] sind personell voraussetzungsreich und so nur von wenigen staatlichen Stellen mit herausragender Datenaufbereitungs-, -management und auswertungskompetenzen praktisch umsetzbar. Die Zugangsgewährung ist nicht nur äußerst voraussetzungsvoll, sondern von vornherein auf wissenschaftlich Forschende beschränkt, sodass die breite Öffentlichkeit von einer Zugangsmöglichkeit ausgeschlossen bleibt. An diese Ausgangssituation sehr begrenzter informatorischer Nutzbarkeit der Bundesbank-Mikrodaten schließt sich die Frage, ob und wie eine informatorische Nutzung dieser Daten durch die Öffentlichkeit und deren Teile mittels neuer Datentreuhandmodelle gestärkt werden könnte.

2. Relevanz der Informationsfreiheit für die Frage der Bereitstellung von Bundesbankdaten

58 Zunächst stellt sich insoweit die Frage, auf welcher rechtlichen Grundlage die Bundesbank Mikrodaten, die sie im Rahmen ihrer Aufsichtstätigkeit erhebt, über neue Datentreuhandmodelle bereitstellen könnte und inwiefern für eine solche Mitwirkung auch grundrechtliche Gründe bestehen.

59 Die oben skizzierte Komplexität des fragmentierten Informationszugangsrechts wird hier um eine weitere Dimension ergänzt, da sowohl Regelungen des nationalen (1.) als auch des europäischen Rechts (2.) zu beachten sind. Eine diesen rechtlichen Flickenteppich überspannende Funktion erfüllt hierbei die grundrechtliche Informationsfreiheit, die jenseits der konkreten einfachrechtlichen Herleitung und Umsetzung jedenfalls das Interesse an der Zugänglichkeit der bei der Bundesbank vorhandenen amtlichen Informationen grundrechtlich schützt und absichert. Dieses grundrechtliche Interesse ist bei der Handhabung der die Bundesbank betreffenden rechtlichen Vertraulichkeits- und Datenschutzregime interpretationsleitend in Rechnung zu stellen.

a) Grundsätzliche Zugänglichkeit amtlicher Informationen kraft IFG

60 Die Bundesbank fällt in den Anwendungsbereich des IFG, insoweit sie öffentlich-rechtliche Verwaltungsaufgaben auf Grundlage des nationalen Rechts wahrnimmt.[106] Der Gesetzgeber verzichtete hier bewusst auf die Aufnahme einer

[105] Vgl. Gemeinsame Gastforschungsregeln FDZ DESTATIS sowie FDSZ der Bundesbank, Technical Report 2023-04, DOI: 10.12757/75722.1.

[106] So ausdrücklich die Gesetzgebungsmaterialien: BT-Drs. 15/4493, 7 f.; fraglich ist allenfalls, ob sich der durch das IFG eröffnete, grundrechtlich geschützte Informationszugang auch auf solche Fälle erstreckt, in denen die Bundesbank in ihrer Funktion als integraler Bestandteil des ESZB agiert. Nach einer Ansicht sind auf unionsrechtlicher Grundlage erhobene Daten dem deutschen Gesetzgeber entzogen (etwa NK-BbankG/Berger/Rübsamen, 2. Aufl. 2014, II. Rn. 28 ff.). Überzeugend widersprechen Teile der Literatur (ua Schoch IFG § 1 Rn. 147; Brink/Polenz/Blatt/Brink IFG § 1 Rn. 98) mit dem Argument, dass die Verpflichtung nach dem Wortlaut der Norm nicht davon abhängt, welchem Rechtsregime die Tätigkeit der Behörde zuzuordnen ist. Hierfür spricht, dass die Erfüllung dieser Aufgaben bewusst bei den

Bereichsausnahme.[107] Folglich fallen auch solche Informationen in den Anwendungsbereich des IFG, die die Bundesbank im Rahmen ihrer Aufgaben erhebt, die sie in einer für eine Verwaltungsbehörde atypischen Weise unabhängig wahrnimmt.[108]

Aus dem IFG und der grundrechtlichen Informationsfreiheit (Art. 5 Abs. 1 S. 1 61
Hs. 2 GG) ergibt sich damit ein grundsätzlicher Anspruch, Zugang zu amtlichen Informationen – auch der Bundesbank – gewährt zu bekommen. Einschränkungen dieser Zugangsmöglichkeit – wie sie in Gestalt der Zugangsvoraussetzungen und Beschränkungen des IFG bestehen – sind grundrechtlich rechtfertigungspflichtig und in Rücksicht auf die dadurch beschränkte grundrechtliche Informationsfreiheit zu interpretieren und handzuhaben. Das Bestimmungsrecht der Bundesbank über die von ihr kontrollierten Mikrodaten ist daher keineswegs absolut, sondern grundrechtlich umfassend an den Verhältnismäßigkeitsgrundsatz gebunden. Eine neue Möglichkeit, die grundsätzlich rechtlich anerkannten Informationszugangsinteressen der Allgemeinheit und ihrer Teile an Mikrodaten der Bundesbank zu verwirklichen, wird durch die Infrastruktur der transaktionsbasierten Datentreuhand eröffnet. Es steht nicht im freien Ermessen der Bundesbank, diese Möglichkeit wahrzunehmen oder nicht, sondern sie müsste wichtige Gründe darlegen, sofern sie der Ansicht ist, einem solchen Antrag nicht entsprechen zu können.

b) Bereichsspezifische Transparenzregeln

Für bestimmte Dokumente im Besitz der Bundesbank richtet sich die Heraus- 62
gabe nach Art. 5 Abs. 1 *Beschluss der Europäischen Zentralbank über den Zugang der Öffentlichkeit zu Dokumenten der Europäischen Zentralbank* (EZB/2004/3), der für die Bundesbank rechtsverbindlich ist.[109] Die EZB ist in diesen Fällen in das Verfahren der Informationsverschaffung eingebunden und insoweit nach den allgemeinen europäischen Transparenzregeln (etwa Art. 15 AEUV, Art. 42 GRCh, Art. 2 Verordnung (EG) Nr. 1049/2001) verpflichtet.[110]

In Bezug auf die Zielrichtung der Regelung, nämlich ein angemessenes Maß 63
an Transparenz staatlichen Handelns zu erreichen, besteht zwischen nationalem und europäischem Gesetzgeber Einigkeit. Der EuGH stellt insbesondere klar, dass Informationen der Finanzmarktaufsicht nicht generell als vertraulich einzuordnen sind.[111] Insoweit dürfte bei der Reichweite der europäischen Transparenznormen das für das IFG Gesagte entsprechend gelten. Im Ergebnis kommt es auch hier für die grundsätzliche grundrechtliche, also verfassungswertige Unterfütterung der auf Mikrodaten bezogenen Informationszugangsinteressen nicht darauf an, welche Voraussetzungen und Grenzen einfachrechtlicher Informationsansprüche mit Blick auf die Mikrodatenbestände der Bundesbank europäischer Provenienz

---

Zentralbanken der Mitgliedsstaaten angesiedelt sind, deren Handeln (auch) dem nationalen Recht unterworfen ist.

[107] Schoch IFG Einl. Rn. 263 f.

[108] Schoch IFG § 1 Rn. 147.

[109] Berger/Rübsamen, 2. Aufl. 2014, BBankG Einl. Rn. 30.

[110] Zum Verhältnis der Normen von der Groeben/Schwarze/Urban, 7. Aufl. 2015, Satzung ESZB/EZB Art. 7 Rn. 5 ff.

[111] EuGH 19.6.2018 – C-15/16 Rn. 25 = NJW 2018, 2615 – Baumeister.

im Einzelnen bestehen. Vielmehr ist entscheidend, dass die Daten auch nach den Vorgaben des europäischen Rechts grundsätzlich der Öffentlichkeit zugänglich sind. Zugangsbeschränkungen sind daher auch nach dem Unionsrecht der grundrechtlich begründungsbedürftige Fall.[112]

3. Vertraulichkeitsregime als Beschränkungen der Informationsfreiheit

64 Sowohl die Bundesbank als Aufsichtsbehörde, als auch die für sie tätigen Amtswalterinnen unterliegen allerdings einer Vielzahl von rechtlichen Vertraulichkeitspflichten, deren Verhältnis zur Informationsfreiheit bereits Gegenstand von nationaler und europäischer Rechtsprechung war.[113] Das Bankenaufsichtsrecht ist hier durch das europäische Mehrebenensystem komplex, Vertraulichkeitserfordernisse können sich sowohl aus dem europäischen Recht als auch aus dem nationalen Recht ergeben. Die folgende Darstellung kann daher keinen Anspruch auf Vollständigkeit erheben, sondern lediglich einzelne Vertraulichkeitsregime umreißen.

a) Aufsichtsgeheimnis

65 Gemeinsam mit der BaFin ist die Aufsicht über Kredit- und Zahlungsdienstleister, Fonds, Wertpapierinstitute und andere Akteure des Finanzmarkts Aufgabe der Bundesbank. Die dafür erhobenen Daten müssen aufgrund von europarechtlichen Vorgaben grundsätzlich geheim gehalten werden (Art. 76 Abs. 1 MiFID II-Richtlinie[114]). Mit dem Versagungsgrund des § 3 Nr. 4 IFG öffnet sich das Informationsfreiheitsrecht für die Anforderungen des höherrangigen Rechts und ermöglicht so einen Gleichlauf zwischen dem Informationsfreiheitsrecht und den Wertungen des Aufsichtsrechts.[115]

66 Die nationale Umsetzung des Aufsichtsgeheimnisses erfolgt unter anderem durch § 9 Abs. 1 KWG[116], der jedoch systematisch missglückt ist, insofern dort behördliche Rechtspflichten und Amts(walter)pflichten vermengt werden.[117]

67 § 9 Abs. 1 KWG umfasst sämtliche nicht-öffentliche Informationen, deren Bekanntwerden entweder die Belange derjenigen Person beeinträchtigen würde, die die Informationen geliefert hat, oder aber die Funktion des unionsrechtlichen Finanzmarktaufsichtsrechts beeinträchtigen kann.[118] Negativ formuliert fallen daher solche Informationen nicht unter den Schutz des Berufsgeheimnisses, de-

---

[112] Vgl. Heselhaus/Nowak EU-Grundrechte-HdB/Kühling, 2. Aufl. 2020, § 27 Rn. 20 f.

[113] Bspw. EuGH NJW 2018, 2615 – Baumeister; BVerwG NVwZ 2021, 646; 2011, 1012; vgl. auch Gurlitt NZG 2018, 1097.

[114] Richtlinie 2014/65/EU des Europäischen Parlaments und des Rates vom 15.5.2014 über Märkte für Finanzinstrumente sowie zur Änderung der Richtlinien 2002/92/EG und 2011/61/EU.

[115] Weiglin EuZW 2019, 236 (237).

[116] Viele andere aufsichtsrechtliche Normen, die eine Verschwiegenheitspflicht vorsehen, zeichnen § 9 KWG nach oder verweisen darauf, bspw. § 10 BörsG, § 21 WpHG.

[117] Daher wird § 9 Abs. 1 KWG richtlinienkonform erweitert, vgl. BVerwG 4.11.2015 – 7 C 4/14 Rn. 15 ff. = NVwZ 2016, 1335 in Reaktion auf VGH Kassel BeckRS 2014, 48106 Rn. 72.

[118] EuGH 19.6.2018 – C-15/16 Rn. 35, 46 = NJW 2018, 2615 – Baumeister; BVerwG 30.10.2019 – 10 C 20/19 Rn. 17 = BKR 2020, 199.

ren Offenlegung die oben genannten Interessen tatsächlich nicht beeinträchtigen kann. Es gibt keinen absoluten Schutz sämtlicher Informationen, die im Rahmen der Aufsichtstätigkeit bei den beaufsichtigten Unternehmen erhoben werden. Stattdessen sind die Informationen nur in ihrem Potenzial schutz- und geheimhaltungsbedürftig, Interessen der beaufsichtigten Institute oder der Aufsichtstätigkeit zu verletzen. Werden sie in einer Weise bereitgestellt oder genutzt, die dieses Potenzial verlässlich ausschließt, greifen insoweit auch keine Verschwiegenheitspflichten. Hieraus folgt auch, dass grundsätzlich nur aktuell noch relevante Informationen geschützt sind. Nach dem Ablauf von fünf Jahren wird nach der Rechtsprechung des EuGH widerlegbar vermutet, dass Informationen nicht mehr geeignet sind, die oben aufgeführten Interessen zu beeinträchtigen.[119]

b) Grundsätzliche Vereinbarkeit transaktionsbasierter Datentreuhand-Auswertungen und §9 Abs. 1 KWG

Die Nutzung einer transaktionsbasierten Datentreuhand zur informatorischen Erschließung der Mikrodaten der Bundesbank macht es erforderlich, dass diese vom Geheimnisschutz erfassten Informationen in der Infrastruktur des Datentreuhänders verarbeitet und mit Blick auf das jeweilige Erkenntnisinteresse[120] ausgewertet werden. Dieser Mechanismus wirft die Frage nach der Vereinbarkeit mit dem Schutzregime des §9 Abs. 1 KWG auf. Um eine Antwort zu geben, müssen die verschiedenen Verletzungsmodalitäten des Geheimnisschutzes aufgefächert werden.[121] 68

aa) Offenbarung

Offenbaren setzt voraus, dass die geschützte Information einem Dritten zu dessen Wahrnehmung zugänglich gemacht wird. Bestimmte Datentreuhandmodelle, insbesondere die transaktionsbasierte Datentreuhand verhindern jedoch die menschliche Kenntnisnahme der geschützten Informationen, die letztlich ein bloßes Potenzial der verarbeiteten Daten bleiben. Durch die Gestaltung der klar definierten Auswertungen lässt sich sicherstellen, dass nur solche Informationen die Umgebung der Datentreuhand verlassen können, die nicht dem Schutzregime des §9 Abs. 1 KWG unterfallen. 69

Die Kontrolle über die vertraulichen Informationsgehalte der Mikrodaten verbleibt sowohl in technisch-tatsächlicher als auch in rechtlicher Hinsicht bei der Bundesbank. Die Sphäre der Bundesbank verlässt lediglich ein algorithmisch erstellter Report, der so ausgestaltet sein muss, dass er – hinreichend robust – gewährleistet, dass keine Rückschlüsse auf die konkreten Kreditinstitute möglich sind. Ein solcher Report unterfällt selbst nicht der Geheimhaltungspflicht des 70

---

[119] EuGH 19.6.2018 – C-15/16 Rn. 46 = NJW 2018, 2615 – Baumeister.

[120] Buchheim/Augsberg JZ 2024, 365 (366 ff.) für den Zuschnitt transaktionsbasierter Datentreuhand-Auswertungen auf spezifische Erkenntnisinteressen.

[121] Darüber hinaus wäre auch die Auslieferung des Analyseergebnisses an die Forschenden an §9 Abs. 1 KWG zu messen. Das ist jedoch keine Besonderheit des Datentreuhandmodells, sondern wird auch bei der konventionellen Zugangsgewährung im Rahmen einer „Outputkontrolle" geprüft.

§ 9 Abs. 1 KWG, sondern kann den Antragenden rechtlich ohne Weiteres zugänglich gemacht werden.

bb) Verwertung

71 Problematischer ist die Frage, ob in der algorithmischen Auswertung der Daten eine „Verwertung" der durch das Aufsichtsgeheimnis geschützten Informationen liegt. Zur Bestimmung des Verwertungsbegriffs des § 9 Abs. 1 KWG verweist die Literatur auf den gleichlautenden § 204 Abs. 1 StGB.[122] Das Verwerten ist danach die Nutzbarmachung von geschützten Informationen im eigenen oder fremden Interesse, ohne dass eine Offenbarung vorliegt.[123] Voraussetzung hierfür ist eine Gewinnerzielungsabsicht.[124] Nach überzeugender Ansicht ist zudem ein Eingriff in das Vermögensinteresse der Betroffenen zu fordern.[125]

72 Die Personen, denen über das Mittel der transaktionsbasierten Datentreuhand die Möglichkeit von Analysen anhand der Mikrodaten der Bundesbank eröffnet werden soll, sind aktuell wissenschaftliche Forschungseinrichtungen und auch perspektivisch andere Mitglieder der interessierten Öffentlichkeit, bei denen eine Gewinnerzielungsabsicht regelmäßig nicht unterstellt werden kann. Zudem könnte die Bundesbank die Zugänglichkeit der Mikrodaten auch mit der Bedingung versehen, dass eine Gewinnerzielung mittels dieser Datennutzung ausgeschlossen sein soll. Entsprechende Grenzen ließen sich vertraglich vereinbaren, durch Vertragsstrafen absichern, durch Auskunftsansprüche über die Datenverwendung überwachen und gegebenenfalls auch durch eine Zertifizierung der zur Datentreuhandinfrastruktur zugelassenen Teilnehmenden absichern.[126] Vor allem aber betrifft und schmälert eine solche algorithmische Auswertung der geschützten Mikrodaten der Bundesbank nicht die Vermögensinteressen Dritter. Denn die Gesamtheit der bei der Bundesbank anfallenden Mikrodaten ist kein Gegenstand des Vermögensinteresses der betroffenen Institute. Diese haben auf die betreffende Datengesamtheit ebenfalls keinen eigenen Zugriff, der eine wirtschaftliche Verwertung erlauben würde. Wenn überhaupt wäre die wirtschaftliche Verwertung der Mikrodaten der Bundesbank ein Potenzial der Bundesbank selbst, die hierfür aber keine Kompetenz und Aufgabe besitzt. Es handelt sich daher bei den durch transaktionsbasierte Treuhandauswertung gegebenenfalls ermöglichten wirtschaftlich wertschöpfenden Datennutzung um eine Verwertung, die sonst schlechthin unterbliebe, mit keiner anderen Verwertung konkurriert und dementsprechend niemandes Interessen schmälern kann.

cc) Befugnis zur Offenbarung bzw. Verwertung

73 Folgt man entgegen dieser Ansicht der Annahme, dass die Einbringung der Daten in die Infrastruktur eines transaktionsbasierten Datentreuhänders im Grunde ein Offenbaren oder Verwerten darstellt, muss man sich der Frage nach der

---

[122] Erbs/Kohlhaas/Häberle, 239. EL 2021, KWG § 9 Rn. 5.
[123] Fischer 2024, StGB § 204 Rn. 4 f.
[124] Fischer StGB § 204 Rn. 4 f. mit Verweis auf die Rspr. des BayObLG NStZ 1984, 169.
[125] Fischer StGB § 204 Rn. 5; MüKoStGB/Graf, 4. Aufl. 2021, StGB § 204 Rn. 11.
[126] Zu diesen Möglichkeiten und Aufgaben transaktionsbasierter Datentreuhänder Buchheim/Augsberg/Gehring JZ 2022, 1139 (1145).

Rechtswidrigkeit dieses Handelns stellen. § 9 Abs. 1 S. 4 KWG enthält eine Aufzählung von Stellen, an die eine Übermittlung von geschützten Informationen aus den dort genannten Gründen zulässig ist. Datentreuhänder sind freilich bislang nicht explizit umfasst, jedoch ist die Liste der Stellen nicht abschließend. Eine zulässige Weitergabe kann auch an andere als die ausdrücklich genannten Stellen erfolgen, sofern hierfür ein besonderes Interesse besteht. Ein solches kann das berechtigte Interesse der Personen sein, die Interesse an den aus Mikrodaten erzielbaren informatorischen Erträgen haben und über die transaktionsbasierte Treuhand ein Informationsersuchen stellen. Jedenfalls das gewichtige Interesse der Wissenschaft an der Forschung anhand der von der Bundesbank erhobenen Daten dürfte – selbst wenn man eine Interessenberührung der beaufsichtigten Stellen annimmt – regelmäßig das bloß geringe Interesse der Institute überwiegen, dass sie betreffende Daten nicht in technisch abgeschirmter Weise zu wissenschaftlichen Zwecken ausgewertet werden, zumal eine Identifizierung der Institute ausgeschlossen ist. Ähnliches gilt aber auch, wenn über Treuhandlösungen andere Nutzergruppen erschlossen werden, etwa Journalistinnen in Wahrnehmung ihrer Pressefreiheit oder interessierte Bürgerinnen kraft ihrer Informationsfreiheit. Jeweils ist bei einer entsprechend technisch und rechtlich gesicherten Treuhandlösung nicht ersichtlich, welches materielle Interesse an einer Nichtnutzung der betreffenden Datenbestände solchen Ersuchen entgegengehalten werden könnte.

c) Statistische Geheimhaltung

Die Bundesbank kann zudem zur Erfüllung ihrer Aufgaben sowohl als Teil des ESZB nach dem europäischen, als auch als nationale Zentralbank nach dem deutschen Recht Daten erheben, um Statistiken zu erstellen. Die Einzelangaben sind durch ein besonderes Vertraulichkeitsregime geschützt, das sich für die Tätigkeit im Rahmen des ESZB aus Art. 8 Abs. 1 Verordnung (EG) Nr. 2533/98 und im Bereich des nationalen Rechts aus § 18 S. 2 BBankG iVm § 16 Bundesstatistikgesetz (BStatG) ergibt. Zweck der statistischen Vertraulichkeit ist die Sicherung der Datenqualität. Dem liegt die Annahme zugrunde, dass nur eine strikte Zweckbindung und Vertraulichkeit der erhobenen Daten sicherstellen können, dass die betroffenen Institute wahrheitsgemäße Informationen übermitteln.[127] 74

aa) Anonymisierungsgrade

Im nationalen Recht besteht für wissenschaftliche Zwecke ein Erlaubnistatbestand, wonach faktisch anonymisierte statistische Einzelangaben übermittelt und formal anonymisierte Einzelangaben vor Ort eingesehen werden dürfen. Faktisch anonymisiert sind Einzeldaten, wenn sie aus Sicht der Empfängerin nicht oder nur mit unverhältnismäßig großem Aufwand deanonymisiert werden können (§ 16 Abs. 6 Nr. 1 BStatG). Erreicht wird diese Stufe der Anonymisierung typischerweise durch eine weitreichende informatorische Verarmung und Verfremdung des betreffenden Datenmaterials. 75

Die formale Anonymisierung wird durch das Entfernen von Namen, Anschrift und ähnlichen Daten erreicht, die eine unmittelbare Identifizierung ermög- 76

[127] Erwgr. 18 zur Verordnung (EG) Nr. 2533/98.

lichen. Als schwächere Form der Anonymisierung muss die Reidentifizierung dabei durch zusätzliche Maßnahmen verhindert werden. Gegenwärtig darf die Datenverarbeitung daher nur in den Räumlichkeiten der Bundesbank erfolgen, wo Sicherungseinrichtungen eine Deanonymisierung in tatsächlicher Hinsicht erschweren. Diese beiden Anonymisierungsstrategien indizieren die Wirksamkeitsanforderungen, die auch an alternative Wege der abgeschirmten Informationsverschaffung und -nutzung zu stellen sind. Der mittelbare Informationszugang, den die transaktionsbasierte Datentreuhand eröffnet, verhindert die Kenntnisnahme der Mikrodaten durch die Nutzenden vollständig; er ist daher nicht nur ein Funktionsäquivalent zu tradierten Anonymisierungstechniken, sondern bietet einen darüber hinausgehenden Schutz, ohne diesen durch eine informatorische Verarmung der Rohdaten erkaufen zu müssen.

bb) Zulässigkeit der Einbringung von Daten in die Infrastruktur des Treuhänders

77 Die Besonderheit der transaktionsbasierten Datentreuhand gegenüber den konventionellen Informationszugängen ist es, dass der Treuhänder als dritte Person zwischengeschaltet ist und der Informationsverarbeitungsprozess in seiner Infrastruktur stattfindet. Generelle Bedenken gegen die behördliche Nutzung externer IT-Dienstleistungen bestehen nicht, sofern die einschlägigen Anforderungen und Mindeststandards eingehalten werden.[128] Ob die Nutzung eines transaktionsbasierten Datentreuhänders jedoch mit den Wertungen des Statistikgeheimnisses vereinbar ist, hängt vom genauen Schutzgehalt dieses fachgesetzlichen Vertraulichkeitsschutzes ab. Aus den gesetzlich genannten Ausnahmen ergibt sich, dass jedenfalls die „Übermittlung von Einzelangaben" (§ 16 Abs. 2 BStatG) den Geheimnisschutz berührt. Dies wirft die grundlegende Frage auf, ob das Bereitstellen von behördlichen Daten in einer geschützten Infrastruktur Dritter möglicherweise selbst eine rechtfertigungsbedürftige Übermittlung darstellt.

78 Schon die Vorstellung von einer klassischen Übermittlung legt nahe, zwischen der Empfängerin und dem „Mittler" (also demjenigen, der die Information von der einen zur anderen Stelle trägt, ohne selbst zum Empfänger zu werden) zu differenzieren. Die Übergabe einer (mit konventionellen Methoden oft bloß rudimentär, etwa durch einen Briefumschlag) gegen Einsichtnahme geschützten Information an einen Mittler würde das Statistikgeheimnis folglich nicht berühren, sofern hinreichende technische und organisatorische Maßnahmen sicherstellen, dass die Informationen nicht unbefugt empfangen werden (§ 16 Abs. 8 S. 3 BStatG). Das entspricht der anerkannten Definition der „Übermittlung", die für den Empfänger jedenfalls die Verschaffung der Möglichkeit zur Kenntnisnahme der Einzelangaben fordert, weshalb eine Information jedenfalls nicht als an denjenigen Akteur übermittelt gelten kann, dem diese Möglichkeit fehlt (hier dem Datentreuhänder).[129] Seine Einschaltung schafft auch kein höheres Risiko als die tradierten Methoden, sondern verhindert den Geheimnisbruch im Gegenteil äußerst wirksam. Dass die Dienstleistungen der transaktionsbasierten Datentreu-

---

[128] Das BSI legt den Mindeststandard zur Nutzung externer Cloud-Dienste nach § 8 Abs. 1 S. 1 BSIG fest, https://www.bsi.bund.de/dok/MST-Cloud.

[129] Der Begriff ist der Terminologie des BDSG entlehnt, vgl. BT-Drs. 8/2517, 16; zum datenschutzrechtlichen Übermittlungsbegriff Sydow/Marsch/Marsch BDSG § 25 Rn. 1.

hand in atypischer Weise über die eines regulären Mittlers (etwa eines Postboten oder Internetproviders) hinausgehen, ändert an dieser Wertung nichts.

Die Übertragung der über den Treuhänder auszuwertenden statistischen Einzelangaben in die Auswertungsinfrastruktur des Datentreuhänders wäre daher nur eine Übermittlung im Rechtssinn, wenn man diesen Begriff quasi-dinglich verstünde und auf die tatsächliche Belegenheit der und Kontrolle über die jeweils verwendete Datenverarbeitungshardware abstellen wollte. Dies verträgt sich erstens nicht mit der üblichen Nutzung von externen IT-Dienstleistern auch durch Behörden und dem dort üblichen Remote-Zugang von Angestellten. Zweitens passt es nicht zu datenschutzrechtlichen Wertungen, die die Auftragsverarbeitung – etwa im EU-Ausland – ausdrücklich nicht den für eine Übermittlung geltenden Anforderungen unterstellen.[130] Schließlich vermengt dieses dingliche Verständnis der Datenübermittlung technische Datensicherheitsanforderungen mit der Frage der Datenzugänglichkeit und der Erlaubnis zur Datenverarbeitung, obwohl diese Ebenen regulatorisch zu trennen sind und getrennt werden. Allenfalls wäre es denkbar, immer dann eine „Übermittlung" statistischer Einzelangaben anzunehmen, wenn sich der infrastrukturelle Verarbeitungskontext so verändert, dass dadurch neue Angriffsflächen und Risiken eines missbräuchlichen Datenzugriffs entstehen. Diese Risiken sind durch die bloß flüchtige Auswertung im Rahmen einer Transaktion und die besondere Sicherung der Verarbeitungsumgebung transaktionsbasierter Datentreuhänder jedoch deutlich abgesenkt, wobei dieses Schutzniveau nicht hinter den auf Seiten der Bundesbank praktizierten Sicherheitsvorkehrungen[131] zurückstehen dürften. 79

4. Ergebnis und Ausblick

Die Nutzung des Modells der transaktionsbasierten Datentreuhand zur Auswertung von Mikrodaten der Bundesbank ist eine vielversprechende Möglichkeit, bereits im Rahmen des geltenden Rechts einen weitergehenden Informationszugang zu ermöglichen. Die rechtlichen Fragen, die das Modell aufwirft, ähneln sich dabei oft. Sie zu beantworten erfordert es, die Reichweite der Schranken der Informationsfreiheit präzise zu entfalten und die Funktionen des Modells denen der tradierten Zugangswege gegenüberzustellen. Diese funktionale Sichtweise zeigt auf, dass *de lege lata* kaum unüberwindbare Hürden für innovative Technik im Bereich der Datentreuhand und der Informationsfreiheit besteht. Für eine weitergehende Akzeptanz dieses neuen Wegs wäre es allerdings wünschenswert, die Begrifflichkeiten der einschlägigen Vertraulichkeitsregime auch ausdrücklich für die Möglichkeiten der neuen Technologien zu öffnen. 80

---

[130] Vgl. BeckOK DatenschutzR/Aßhoff, 49. Ed. 1.11.2021, BDSG § 25 Rn. 9 mwN.

[131] Auch die regelmäßig stattfindenden Sicherheitstests legen nahe, dass die relevantesten Angriffsvektoren sich aus Anwendungs- und Konfigurationsfehlern in Bezug auf die *eigene* IT-Infrastruktur der Bundesbank ergeben, vgl. https://www.bundesbank.de/de/presse/gastbeitraege/tiber-de-eine-erfolgsgeschichte-zum-schutz-kritischer-infrastrukturen-im-finanzsektor-905950#tar-5.

§ 11
Automatisierte Geldwäschebekämpfung[1]

I. Einleitung

Mit der EuroDaT GmbH[2] hat das Land Hessen einen transaktionsbasierten Datentreuhänder für den Finanzsektor gegründet. Vorbereitet wurde dies unter anderem im juristischen Teilprojekt GovLegal[3], welches die einzelnen Use Cases in einem zweijährigen Entwicklungszeitraum rechtswissenschaftlich begleitet hat. Einer der ursprünglichen Use Cases war auf eine föderative Erkennung von Betrug und Finanzkriminalität für Banken unter Einsatz des transaktionsbasierten Datentreuhandmodells ausgelegt.[4] Dieser Beitrag basiert auf den Analysen der Regulatorik im Bereich der Geldwäschebekämpfung, namentlich des GwG und untergesetzlicher Vorgaben und Gerichtsentscheidungen, die in der Begleitung des Use Cases zur Verbesserung der Geldwäschebekämpfung durch Banken nach dem Geldwäschegesetz entstanden. Er soll aufzeigen, wie Abläufe zur Geldwäschebekämpfung aufgebaut sind, wie darin ein transaktionsbasierter Datentreuhänder nach dem Modell von EuroDaT eingesetzt werden kann und welche Grenzen für den Einsatz durch das Recht de lege lata gezogen sind. 1

II. Ein Überblick über das System der Geldwäschebekämpfung

Die Grundlage der Geldwäschebekämpfung, die unter anderem den Finanzinstituten durch das GwG[5] und weitere Normen, Vorgaben und Richtlinien auferlegt wurde, ist gemäß § 3a GwG die sogenannte risikobasierte Arbeitsweise. Diese entstammt der Empfehlung Nr. 1 der Financial Action Task Force (FATF)[6] und kann zusammengefasst werden als die effiziente Allokation der begrenzten Geldwäschebekämpfungsressourcen eines Landes aufgrund der Schwerpunkte, 2

---

[1] Der Verfasser dankt den Verantwortlichen des EuroDaT-Teilvorhabens „Föderative Betrugserkennung" der Eviden Germany GmbH für die intensiven Diskussionen und den erkenntnisfördernden Austausch über die technische Ausgestaltung von Algorithmen und deren Einsatzmöglichkeiten in der Geldwäschebekämpfung.

[2] https://www.eurodat.org/

[3] https://zevedi.de/themen/eurodat/

[4] Ein Überblick über das Vorhaben des Use Case findet sich unter https://www.eurodat.org/foederative-erkennung-von-betrug-und-finanzkriminalitaet.

[5] Gesetz über das Aufspüren von Gewinnen aus schweren Straftaten (Geldwäschegesetz – GwG) vom 23.6.2017 (BGBl. I 1822), zuletzt geändert durch Art. 34 Abs. 21 des Gesetzes vom 22.12.2023 (BGBl. I Nr. 411).

[6] FATF, International Standards on Combating Money Laundering and the Financing of Terrorism & Proliferation, Paris, 2012–2023 (https://www.fatf-gafi.org/en/publications/Fatfrecommendations/Fatf-recommendations.html), 10.

die sich aus einer Bewertung der identifizierten für das Land spezifischen Geldwäsche- und Terrorismusfinanzierungsrisiken ergeben. Um diese Empfehlungen weiter umzusetzen, hat der Deutsche Bundestag in seiner Sitzung vom 12.10.2023 in zweiter und dritter Beratung das Gesetz zur Stärkung der risikobasierten Arbeitsweise der Zentralstelle für Finanztransaktionsuntersuchungen beschlossen[7], das am 13.11.2023 in Kraft getreten ist[8]. Nachdem bereits die Verpflichteten und die Aufsichtsbehörden vollständig auf den risikobasierten Ansatz ausgerichtet wurden, folgte mit diesem Gesetz auch die Verankerung in der Arbeit der Ermittlungsbehörde FIU. Dies holte allerdings eher eine bereits in den Vorjahren aufgekommene Umstellung der Arbeitsweise der FIU mit der Bildung von Risikoschwerpunkten nach[9], die bisher aber nicht entsprechend im GwG verankert war. Auf die Auswirkungen der risikobasierten Arbeitsweise wird in der folgenden Darstellung einzugehen sein.

3 Da das GwG neben Unternehmen, die dem Finanzsektor zuzurechnen sind – wie etwa Kredit-, Finanzdienstleistungs- und Zahlungsinstitute (§ 2 Abs. 1 Nr. 1, 2, 3 GwG) – auch beispielweise Versicherungsunternehmen (Nr. 7), Kapitalverwaltungsgesellschaften (Nr. 9), Rechtsanwälte (Nr. 10) und Immobilienmakler (Nr. 14) verpflichtet, muss dieser Beitrag sich, der Ausrichtung der betrachteten Use Cases folgend, auf die Banken und die für sie geltenden Regeln, beschränken. Sonderregeln für andere Verpflichtete bleiben unberücksichtigt.

4 Grundsätzlich kann die Geldwäschebekämpfung durch Banken in zwei Bereiche unterteilt werden: das interne Risikomanagement und die Erkennung und Bearbeitung von Verdachtsfällen.

1. Internes Risikomanagementsystem der Finanzinstitute

5 Die verpflichteten Banken müssen gemäß § 4 Abs. 1 GwG zur Verhinderung von Geldwäsche und von Terrorismusfinanzierung über ein wirksames Risikomanagement verfügen, das der Art und dem Umfang ihrer Geschäftstätigkeit angemessen ist. Dieses umfasst nach § 4 Abs. 2 GwG eine bankinterne Risikoanalyse sowie interne Sicherungsmaßnahmen. Darüber hinaus haben Banken einen Geldwäschebeauftragten zu benennen. Im Rahmen des Risikomanagements werden den Banken im Umgang mit ihren Kunden zusätzlich Sorgfaltspflichten auferlegt. Die Verpflichtung des § 4 GwG ist in weiten Teilen identisch mit der Verpflichtung des § 25h Kreditwesengesetz (KWG)[10] über die internen Sicherungsmaßnahmen für Finanzinstitute.

a) Risikoanalyse

6 Die Risikoanalyse soll für die Banken die Grundlagen schaffen, Geschäftsvorfälle zu erkennen, bei denen ein Geldwäsche- und Terrorismusfinanzierungsver-

[7] BT-Plenarprotokoll 20/128, 16060B-16060C.
[8] Gesetz zur Stärkung der risikobasierten Arbeitsweise der Zentralstelle für Finanztransaktionsuntersuchungen vom 13.11.2023 (BGBl. I Nr. 311).
[9] FIU, Jahresbericht 2019, S. 32 f.
[10] Gesetz über das Kreditwesen (Kreditwesengesetz – KWG) vom 9.9.1998 (BGBl. I 2776), zuletzt geändert durch Art. 6 des Gesetzes vom 22.12.2023 (BGBl. I Nr. 411).

dacht auftreten kann, indem diese im Vorhinein möglichst präzise beschrieben werden. In den Anlagen 1 und 2 des GwG werden Risikofaktoren aufgezählt, anhand derer eine Einordnung von Geschäftsvorfällen vorgenommen werden soll.

Anlage 1 des GwG liefert Faktoren für ein potenziell geringeres Risiko, dass ein 7
Geschäftsvorfall mit Geldwäsche oder Terrorismusfinanzierung zusammenhängen könnte. Als besonders risikolose Kunden gelten etwa öffentliche, börsennotierte Unternehmen, öffentliche Verwaltungen oder Unternehmen und Kunden, die in Staaten mit einem geringeren Risiko leben. Produktbezogen ist das Risiko beispielsweise niedriger, wenn es sich um Lebensversicherungen mit niedrigen Prämien oder bestimmte Renten- oder Pensionspläne handelt. Geographisch wird das Risiko als geringer eingestuft, wenn der Kunde etwa in einem Mitgliedsstaat der Europäischen Union oder einem Drittstaat mit funktionierendem System zur Bekämpfung von Geldwäsche seinen Sitz hat.

Anlage 2 des GwG beschreibt Faktoren und Anzeichen für ein potenziell hö- 8
heres Risiko der Geldwäsche und Terrorismusfinanzierung. Auch hier werden Faktoren bezüglich des Kundenrisikos, des Produktrisikos und des geographischen Risikos unterschieden. In Bezug auf die Kunden sind außergewöhnliche Umstände der Geschäftsbeziehung, juristische Personen der privaten Vermögensverwaltung, bargeldintensive Unternehmen und Unternehmen mit ungewöhnlicher oder übermäßig komplizierter Eigentumsstruktur ein besonderer Risikofaktor. Bei den Produkten ist die Betreuung vermögender Privatkunden ebenso ein Risikofaktor wie Produkte und Transaktionen, die Anonymität begünstigen könnten oder ohne persönliche Kontakte oder Mittel der elektronischen Identitätsfeststellung durchgeführt werden sowie der Eingang von Zahlungen unbekannter Dritter. Darüber hinaus sind auch neue Produkte und die Nutzung neuer Technologien, aber auch Transaktionen in Bezug auf wertvolle Güter ein Risikofaktor für Geldwäsche. Als geographisches Risiko gelten solche Staaten, in denen entweder keine funktionierende Geldwäschebekämpfung existiert, in denen Korruption und andere kriminelle Tätigkeiten signifikant stark ausgeprägt sind, Staaten gegen die seitens der Europäischen Union oder der Vereinten Nationen Sanktionen verhängt wurden oder solche, die Terrorismus finanziell oder anderweitig unterstützen.

b) Interne Sicherungsmaßnahmen

Basierend auf den Ergebnissen der Risikoanalyse gemäß § 5 Abs. 1 GwG haben 9
die verpflichteten Finanzinstitute dann geschäfts- und kundenbezogene interne Sicherungsmaßnahmen zu entwickeln, die angemessen sind, um die Risiken von Geldwäsche und Terrorismusfinanzierung zu steuern und zu mindern. Die Maßnahmen können in Form von Grundsätzen, Verfahren und Kontrollen ausgestaltet sein. Angemessen sind Maßnahmen dann, wenn sie der in der Risikoanalyse gefundenen Situation entsprechen und diese hinreichend abdecken. Hier besteht ein laufender Überwachungs- und Aktualisierungsbedarf.

In § 6 Abs. 2 GwG sind eine Reihe von internen Sicherungsmaßnahmen auf- 10
geführt, die zunächst der Konkretisierung der Grundsätze, Verfahren und Kontrollen dienen, indem sie verschiedene gesetzliche Pflichten aufzählen, für die diese zu entwickeln sind. Dabei geht es neben dem Umgang mit Risiken auch um die Erfüllung der Kundensorgfaltspflichten nach §§ 10 ff. GwG (s. unten bei d)) und den Umgang mit der Meldepflicht nach § 43 Abs. 1 GwG (s. unten bei 2.). Eine

weitere interne Sicherungsmaßnahme stellt die Benennung eines Geldwäschebeauftragten gemäß § 7 GwG dar (s. unten bei c)). Auch sind mit Blick auf die Zuverlässigkeit von Mitarbeitenden Personalkontroll- und Beurteilungssysteme einzurichten und die Mitarbeitenden sind laufend über Typologien und aktuelle Methoden der Geldwäsche und Terrorismusfinanzierung sowie über die einschlägigen Rechtsnormen zu unterrichten.

c) Bestellung eines Geldwäschebeauftragten

11 Verpflichtete Banken müssen gemäß § 7 GwG einen Geldwäschebeauftragten sowie einen Stellvertreter bestellen. Dieser muss organisatorisch ungebunden sein und darf nur der Geschäftsführung unterstellt sein. Der Geldwäschebeauftragte ist Ansprechpartner für Strafverfolgungs- und Aufsichtsbehörden. Er muss mit ausreichendem Mitteln ausgestattet werden und muss Zugang zu allen Informationen, Daten, Aufzeichnungen und Systemen haben, die für sie Erfüllung seiner Aufgaben von Bedeutung sein können. Das Direktionsrecht der Geschäftsleitung ist für beabsichtigte Meldungen nach § 43 Abs. 1 GwG und für die Beantwortung von Auskunftsersuchen der FIU nach § 30 Abs. 3 GwG für den Geldwäschebeauftragten ausgesetzt. Außerdem besteht für den Geldwäschebeauftragten ein gesetzlicher Benachteiligungs- und Kündigungsschutz.

d) Sorgfaltspflichten in Bezug auf Kunden

12 Gegenüber ihren Kunden haben verpflichtete Finanzinstitute gewisse Sorgfaltspflichten zu erfüllen. Hierbei folgen sie dem „Know-your-customer"-Prinzip[11], das besagt, dass Banken ihre Kunden identifizieren müssen und auch über die Geschäfte, die Kunden über die Bank abwickeln, informiert sein sollen. Den Umfang der Sorgfaltspflichten kann man anhand von Kriterien grob in für alle Kunden geltende allgemeine Sorgfaltspflichten, vereinfachte Sorgfaltspflichten gegenüber Kunden mit einem geringen Risiko der Geldwäsche und in verstärkte Sorgfaltspflichten für Kunden mit einem erhöhten Risiko, in Geldwäsche oder Terrorismusfinanzierung involviert zu sein, unterteilen.

aa) Allgemeine Sorgfaltspflichten

13 Allgemeine Sorgfaltspflichten gelten gegenüber allen Kunden, unabhängig von der Erfüllung bestimmter Risikofaktoren und sind der Standard, nach dem alle Kunden zunächst bearbeitet werden. Wenn diese Standardangaben, die bei der Kontoeröffnung erhoben werden, auf einen besonderen Risikofaktor hindeuten, können verstärkte Sorgfaltspflichten greifen. Wenn keine Risikofaktoren erfüllt sind, können vereinfachte Sorgfaltspflichten ausreichen.

bb) Vereinfachte Sorgfaltspflichten

14 Vereinfachte Sorgfaltspflichten müssen die verpflichteten Banken nur dann erfüllen, wenn sie unter Berücksichtigung Risikofaktoren, die in Anlage 1 und 2 des GwG aufgezählt werden, zu dem Ergebnis kommen, dass mit Blick auf gewisse

[11] Begründung RegE Geldwäschebekämpfungsgesetz, BT-Drs. 14/8739, 12.

Kunden, Transaktionen oder Produkte davon auszugehen ist, dass nur ein geringes Risiko für Geldwäsche oder Terrorismusfinanzierung besteht. Auch in Bezug auf den einzelnen Sachverhalt haben sich die Verpflichteten zu vergewissern, dass das Risiko von Geldwäsche und Terrorismusfinanzierung tatsächlich niedriger ist. Auf Verlangen müssen sie den Aufsichtsbehörden darlegen können, dass die Zugrundelegung vereinfachter Sorgfaltspflichten angemessen war.

Als Vereinfachung der Sorgfaltspflichten kommen gemäß § 14 Abs. 2 GwG eine angemessene Reduzierung des Umfangs der Maßnahmen und lassen insbesondere eine Identifizierung der Kunden anhand anderer Dokumente zu, die nicht in der Auflistung von Ausweispapieren gemäß § 12 Abs. 1 GwG geführt werden, aber dennoch aus glaubwürdigen und unabhängigen Quelle stammen und für die Identitätsfeststellung geeignet sind. 15

cc) Verstärkte Sorgfaltspflichten

Sofern die Risikoanalyse zu dem Ergebnis kommt, dass Faktoren vorliegen, die auf ein höheres Risiko für Geldwäsche oder Terrorismusfinanzierung hindeuten oder im Einzelfall Risikofaktoren gemäß Anlage 1 und 2 des GwG erfüllt werden, so muss die verpflichtete Bank gemäß § 15 GwG verstärkte Sorgfaltspflichten gegenüber dem betreffenden Kunden erfüllen. Den Umfang der zu ergreifenden Maßnahmen bestimmen die Banken hierbei selbst, haben die Angemessenheit aber den Aufsichtsbehörden darzulegen. 16

Von einem höheren Risiko ist in den von § 15 Abs. 3 GwG in einer nicht abschließenden Aufzählung genannten Fällen auszugehen. Diese umfassen in Bezug auf den Kunden oder dessen Vertragspartner die Eigenschaft einer politisch exponierten Person, die in § 1 Abs. 12 GwG definiert wird, und Transaktionen und Geschäftsbeziehungen, die einen Bezug zu Drittstaaten mit hohem Risiko aufweisen. Auch sind solche Transaktionen umfasst, die besonders komplex oder ungewöhnlich groß sind, einem ungewöhnlichen Muster folgen oder bei denen ein wirtschaftlicher oder rechtmäßiger Zweck nicht erkennbar ist. 17

Gemäß § 15 Abs. 4 GwG umfassen die verstärkten Sorgfaltspflichten in Bezug auf politisch exponierte Persönlichkeiten mindestens folgende Maßnahmen: Es bedarf erstens der Zustimmung eines Mitglieds der Führungsebene, um eine Geschäftsbeziehung zu begründen oder fortzuführen. Außerdem ist durch angemessene Maßnahmen sicherzustellen, dass die Herkunft von Vermögenswerten bestimmt werden kann, die für Transaktionen eingesetzt werden. Drittens ist die Geschäftsbeziehung einer verstärkten kontinuierlichen Überwachung zu unterziehen. 18

Wenn eine Transaktion oder eine Geschäftsbeziehung einen Drittstaatsbezug aufweist, müssen gemäß § 15 Abs. 5 GwG zunächst zusätzliche Informationen eingeholt werden über den Kunden und dessen Vertragspartner, die angestrebte Art der Geschäftsbeziehung, die Herkunft der Vermögenswerte und des Vermögens des Kunden sowie des Vertragspartners, die Gründe für die geplante oder durchgeführte Transaktion und über die spätere Verwendung der zum Einsatz kommenden Vermögenswerte. Auch Geschäftsbeziehungen mit einem Drittstaatsbezug bedürfen der Zustimmung eines Mitglieds der Führungsebene und diese Geschäftsbeziehungen müssen durch häufigere und intensivere Kontrollen und die Auswahl von Transaktionsmustern, die einer weiteren Prüfung bedürfen, 19 überwacht werden. Ergänzend können gemäß § 15 Abs. 5a GwG auch die zuständigen Aufsichtsbehörden weitere durch die Banken zu erfüllende Sorgfaltspflichten anordnen.

20 Für auffällige Transaktionen ist gemäß § 15 Abs. 6 GwG als verstärkte Sorgfaltspflicht vorgeschrieben, dass die Transaktion sowie deren Zweck und Hintergrund mit angemessenen Mitteln zu untersuchen ist, um sowohl das Geldwäscherisiko zu überprüfen als auch festzustellen, ob eine Verpflichtung zur Meldung der Transaktion gemäß § 43 Abs. 1 GwG vorliegt. Außerdem ist die gesamte Geschäftsbeziehung einer verstärkten kontinuierlichen Überwachung zu unterziehen.

21 Die Aufsichtsbehörde kann gemäß § 15 Abs. 8 GwG auch für andere Transaktionen und Geschäftsbeziehungen verstärkte Sorgfaltspflichten anordnen, wenn die Annahme gerechtfertigt werden kann, dass für diese ein höheres Geldwäscherisiko besteht.

22 Kann eine Bank die verstärkten Sorgfaltspflichten nicht erfüllen, so darf eine Geschäftsbeziehung nicht aufgenommen werden, eine Transaktion darf nicht durchgeführt werden und bestehende Geschäftsbeziehungen sind zu kündigen.

2. Umgang mit Verdachtsfällen

23 Durch die Maßnahmen des internen Risikomanagementsystems spüren die Banken außergewöhnliche Transaktionen auf, bei denen nicht von Vorneherein klar ist, woher die transferierten Vermögensgegenstände stammen und ob sie einen rechtlichen oder wirtschaftlich nachvollziehbaren Anlass haben. Wenn sich bei den Geldwäschebeauftragten der einzelnen Banken nun die Ansicht einstellt, dass die auffällige Transaktion mit Geldwäsche in Verbindung stehen könnte, so sind sie nach den Regeln des § 43 Abs. 1 GwG verpflichtet, diese an die FIU zu melden. Die FIU hat dann gemäß § 28 Abs. 1 Nr. 2 GwG die Aufgabe, die entgegengenommenen Meldungen zu analysieren und gemäß Nr. 6 die Ergebnisse dieser Analysen an die zuständigen inländischen öffentlichen Stellen weiterzuleiten. Im Folgenden soll der Vorgang der Meldung und der weitere Umgang mit Verdachtsfällen dargestellt werden.

a) Meldung von Verdachtsfällen durch die Verpflichteten

24 Der für die hier darzustellenden Verfahren zunächst relevante § 43 Abs. 1 Nr. 1 GwG lautet:

> *„Liegen Tatsachen vor, die darauf hindeuten, dass*
> *1. ein Vermögensgegenstand, der mit einer Geschäftsbeziehung, einem Maklergeschäft oder einer Transaktion im Zusammenhang steht, aus einer strafbaren Handlung stammt, die eine Vortat der Geldwäsche darstellen könnte,*
> *[…]*
> *so hat der Verpflichtete diesen Sachverhalt unabhängig vom Wert des betroffenen Vermögensgegenstandes oder der Transaktionshöhe unverzüglich der Zentralstelle für Finanztransaktionsuntersuchungen zu melden.“*

Es muss nach dem Wortlaut der Norm zunächst Anhaltspunkte in Bezug auf den Gegenstand einer Transaktion geben, dass dieser aus einer Vortat der Geldwäsche stammen könnte. Wenn diese vorliegen, wobei das Gesetz dazu schweigt, wie gefestigt der Verdacht sein muss, haben die Banken unverzüglich eine Meldung an die FIU zu erstatten. 25

Die Meldung selbst erfolgt über ein Web-Portal, dass die FIU zur Verfügung stellt. Hier haben sich die Verpflichteten zunächst zu registrieren und können ihre Verdachtsmeldungen anschließend als XML-Upload in das System geben oder in der Web-Maske ausfüllen. Anlagen, die den Sachverhalt weiter ausleuchten, sind auf eine Dateigröße von 20 MB begrenzt.[12] 26

Mit der Abgabe der Meldung hat der Geldwäschebeauftragte seine Aufgabe zunächst erfüllt. Weitere Informationen zu einer Meldung können unter Angabe des FIU-Aktenzeichens über das Web-Portal als Nachmeldung eingereicht werden. Diese können entweder durch eigene Erkenntnisse der Bank entstehen oder von der FIU explizit angefordert werden. 27

aa) Mögliche Vortaten der Geldwäsche

Nach dem „all-crimes-Ansatz" in der Neufassung des Straftatbestands des § 261 StGB sind als mögliche Vortaten der Geldwäsche nun alle Straftatbestände erfasst.[13] Die damit einhergehende Befürchtung, dass es deshalb zu einem starken Anstieg der Meldungen und damit auch der Strafverfahren kommen könnte[14], lässt sich nur schwer überprüfen, denn während es tatsächlich seit 2018 einen starken Anstieg der Verdachtsmeldungen gegeben hat, ist dieser mit großer Wahrscheinlichkeit auf andere Ursachen, die hier noch behandelt werden, zurückzuführen und nicht auf die Ausweitung des Vorstrafenkatalogs. Insbesondere für die Geldwäschebeauftragten ist zu sagen, dass sie eine Meldung schon deutlich vor der Subsumtion eines Sachverhalts unter einen bestimmten Straftatbestand abzugeben haben. 28

bb) Keine eigene Ermittlungsbefugnis und geringe Verdachtsschwelle

Denn fraglich erscheint aufgrund fehlender Konkretisierungen im Gesetzeswortlaut, wann ein Verdacht ausreichend ist, um die Meldeverpflichtung auszulösen. Die BaFin als zuständige Aufsichtsbehörde der Banken beantwortet diese Frage in ihren aktuellen Auslegungs- und Anwendungshinweisen zum Geldwäschegesetz[15] so: 29

[12] Meldungsabgabe und Sonstiges in goAML Web, Hinweise der Financial Intelligence Unit, 2024, S. 11.

[13] Gesetz zur Verbesserung der strafrechtlichen Bekämpfung der Geldwäsche vom 9.3.2021, (BGBl. I 327).

[14] Neuheuser NZWiSt 2020, 439 (443); Schindler NZWiSt 2020, 457 (468 f.); Travers/Michaelis NZWiSt 2021, 125 (132); Bülte GWuR 2021, 8 (9); Scherp/Wrocklage CB 2021, 186; Gazeas NJW 2021, 1041 (1046).

[15] Bundesanstalt für Finanzdienstleistungsaufsicht (BaFin), Auslegungs- und Anwendungshinweise zum Geldwäschegesetz, Stand Oktober 2021, S. 73.

„Für das Vorliegen eines meldepflichtigen Sachverhalts ist erforderlich, aber auch ausreichend, dass Tatsachen vorliegen, die auf das Vorliegen der in § 43 Abs. 1 GwG genannten Sachverhalte hindeuten. […]

Ein Verpflichteter hat insbesondere weder das Vorliegen sämtlicher Tatbestandsmerkmale des § 261 StGB oder einer seiner Vortaten oder einer Terrorismusfinanzierung zu prüfen oder gar den Sachverhalt 'auszuermitteln', noch eine rechtliche Subsumtion des Sachverhalts unter die entsprechenden Straftatbestände vorzunehmen. Dies ist Sache der Strafverfolgungsbehörden.

Der Verpflichtete hat vielmehr, ggfs. durch seine Beschäftigten, einen Sachverhalt nach allgemeinen Erfahrungen und dem ggfs. bei seinen Beschäftigten vorhandenen beruflichen Erfahrungswissen unter dem Blickwinkel der Ungewöhnlichkeit und Auffälligkeit im jeweiligen geschäftlichen Kontext zu würdigen."

30 Mit dieser für die Banken bindenden Regelung schränkt die BaFin die Befugnisse der Banken, einen Verdachtsfall selbst zu überprüfen, sehr weit ein. Die Geldwäschebeauftragten einer Bank haben zwar die Möglichkeit sich einen Überblick über den Sachverhalt zu verschaffen. Wenn sich während dieser Sachverhaltsrekonstruktion aber bereits abzeichnet, dass die betrachtete Transaktion ungewöhnlich oder auffällig, also nur in irgendeiner Art und Weise anders ist als vergleichbare Transaktionen, die der Geldwäschebeauftragte oder seine Mitarbeiter aus ihrer Erfahrung kennen, bedeutet das bereits eine Verpflichtung zur Abgabe einer Meldung.

cc) Unverzüglichkeit der Meldung

31 Eine Verdachtsmeldung der Banken an die FIU muss darüber hinaus auch „unverzüglich" erfolgen, was bedeutet, dass sie ohne schuldhaftes Zögern zu tätigen ist, sobald die sehr niedrig angesetzte Verdachtsschwelle überschritten ist. Auch bei der vorherigen Beurteilung müssen schuldhafte Verzögerungen vermieden werden[16]. Dieses Erfordernis erzeugt einen zusätzlichen zeitlichen Druck für die Geldwäschebeauftragten, sowohl bei der Sachverhaltserkennung als auch bei der Einordnung dieses Sachverhaltes in ihr Erfahrungswissen und bei der Bewertung nicht länger als unbedingt nötig zu warten, bevor sie eine Entscheidung über die Abgabe einer Verdachtsmeldung treffen.

dd) Beschluss des OLG Frankfurt a. M.

32 Zugespitzt wird die durch GwG und BaFin vorgegebene Situation noch durch einen Beschluss des OLG Frankfurt a. M. aus dem Jahr 2018.[17] Mit dieser Entscheidung hat das OLG die Auslegung der BaFin bestätigt und in Teilen sogar noch weiter verschärft. So müsse nach dem Beschluss für jede Transaktion eine „in jeder Hinsicht gesetzeskonforme Herkunft" der Vermögenswerte nachgewiesen werden, um nicht Anlass zu einer Meldung nach § 43 GwG zu sein.[18] Dies wiederum führt im Zusammenspiel mit der Beschneidung der Ermittlungsmöglich-

[16] Bundesanstalt für Finanzdienstleistungsaufsicht (BaFin), Auslegungs- und Anwendungshinweise zum Geldwäschegesetz, Stand Oktober 2021, S. 74.
[17] OLG Frankfurt a. M. NStZ-RR 2019, 16.
[18] OLG Frankfurt a. M. NStZ-RR 2019, 16 (17).

keiten dazu, dass jede irgendwie zu Rückfragen Anlass gebende Transaktion zu einer Meldung an die FIU verpflichtet. Damit stellt der Beschluss eine Pflicht für die Geldwäschebeauftragten auf, für jede Transaktion, die von der Bank durchgeführt wird, einen legitimen Ursprung der verwendeten Geldmittel nachzuweisen, statt auf Hinweise nach Anzeichen für Geldwäsche zu suchen. Dies verkehrt das durch das Gesetz verfolgte und in § 43 Abs. 1 Nr. 1 GwG beschriebene Verfahren in sein Gegenteil und ist weder mit dem Wortlaut noch mit dem Telos des GwG in Einklang zu bringen.[19]

Der Beschluss geht im Übrigen noch weiter, indem er klargestellt hat, dass die **33** Geldwäschebeauftragten der Banken für die Verzögerungen, sofern sie aus der Sicht des OLG vermeidbar waren, auch persönlich haften. Durch einen Fehlschluss, dass die Geldwäschebeauftragten durch ein Unterlassen einer Meldung die gesetzlich angeordnete Leistung, für die sie bezahlt würden, nicht erbrächten und so einen wirtschaftlichen Vorteil erlangten, hat das OLG den Rahmen für zu verhängende Ordnungsgelder in eindeutig unangemessener Weise erhöht.[20]

ee) Zwischenergebnis zur Meldung von Verdachtsfällen

Das System der Meldung von Verdachtsfällen gemäß § 43 Abs. 1 GwG ist in **34** vielen einzelnen Aspekten verbesserungsbedürftig und gerade das Zusammenspiel aus einer geringen Verdachtsschwelle, einer Umkehrung der Nachweispflichten, der persönlichen Haftung der Geldwäschebeauftragten für Verzögerungen und die weitgehende Folgenlosigkeit für die Abgabe eigentlich unverdächtiger Transaktionen macht es in großem Ausmaß dysfunktional. Die Kombination der angesprochenen Punkte führt dazu, dass es in den vergangen Jahren zu einer Schwemme von Verdachtsmeldungen an die FIU gekommen ist.[21] Die Auswirkungen dieses enormen Aufkommens an Verdachtsmeldungen auf die Arbeitsweise der FIU und wie der Gesetzgeber darauf reagiert hat, sollen im folgenden Abschnitt dargestellt werden.

b) Weitere Analyse durch die FIU

Nachdem die Meldungen bei der FIU eingegangen sind, werden diese unter **35** Anwendung der risikobasierten Arbeitsweise weiter analysiert. Eine erste Analyse findet automatisiert statt, bei der die gemeldeten Daten mit Datenbanken abgeglichen werden.[22] Dabei handelt es sich um eine Stichwortsuche, deren Ausgereiftheit im Evaluationsbericht des internationalen Gremiums zur Bekämpfung von Geldwäsche (Financial Action Task Force – FATF) bezweifelt wird.[23]

---

[19] So auch Barreto da Rosa/Diergarten, Anmerkung zu OLG Frankfurt a. M.: Rechtzeitige Verdachtsmitteilung des Geldwäschebeauftragten, NStZ 2020, 173 (177).

[20] OLG Frankfurt a. M. NStZ-RR 2019, 16 (18 f.).

[21] Seit 2015 hat sich die Zahl der Verdachtsmeldungen verzehnfacht, im Jahr 2022 gingen bei der FIU 337.186 Verdachtsmeldungen ein, eine Steigerung um 13 Prozent im Vergleich zum Vorjahr, davon kamen rd. 326.000 Meldungen aus dem Finanzsektor, vgl. FIU-Jahresbericht 2022, S. 14 ff.

[22] FIU-Jahresbericht 2020, S. 14.

[23] FATF, Anti-money laundering and counter-terrorist financing measures Germany – Fourth Mutual Evaluation Report, Paris, 2022 (http://www.fatf-gafi.org/publications/mutualevaluations/documents/mer-germany-2022.html), S. 69.

36 Grundlage für diese automatisierte Analyse ist §30 Abs. 2 S. 3 GwG, der die FIU berechtigt, solche Anwendungen für die risikogerechte Identifikation von Meldungen und Informationen zu benutzen. Die Datenbanken, mit denen ein automatisierter Abgleich erfolgt, liegen nicht nur bei der FIU selbst, sondern umfassen auch den polizeilichen Informationsverbund (§31 Abs. 4 GwG), das Zentrale Staatsanwaltliche Verfahrensregister (§31 Abs. 4a GwG), die von Bundes- und Länderfinanzbehörden vorgehaltenen Informationen (§31 Abs. 5 GwG) und Daten aus dem Melderegister (§31 Abs. 7 GwG). Die Erstbewertung beinhaltet zudem eine Priorisierung der Meldungen. Wenn eine Meldung einem Arbeits- oder Risikoschwerpunkt der FIU zugeordnet werden kann, so wird diese unmittelbar an die vertiefte Analyse weitergeleitet. Wenn sie nicht zugeordnet werden kann, verbleibt sie in einem Datenpool und wird für eine spätere Verwendung vorgehalten, wobei immer wieder kontrolliert werden soll, ob sich neue Anhaltspunkte ergeben, die eine vertiefte Analyse ermöglichen.[24]

37 Die Risikoschwerpunkte umfassen Fallgruppen, die aus Sicht der FIU besonders häufig zur Geldwäsche genutzt werden, bei denen besonders hohe Geldsummen bewegt werden oder die besonders komplex und deshalb besondere Aufmerksamkeit benötigen. Die derzeit von der FIU bearbeiteten Risikoschwerpunkte sind mit hohen Transaktionssummen einhergehende und in Eigentumsverhältnissen oft komplexe Immobiliengeschäfte, der Kauf von hochwertigen Gütern mit Bargeld, Fälle unter Ausnutzung der Komplexität des internationalen Handelsverkehrs, Glücksspiele und Wetten, Geldwäsche durch Clans, die der organisierten Kriminalität zuzuordnen sind, sogenannte Umsatzsteuerkarusselle und schließlich gewerbsmäßiger Betrug unter Ausnutzung von Identitätsdiebstahl und anderen auf wiederholende Begehung ausgerichtete Tatmodelle.[25]

38 Wenn sich bei einer tiefergehenden Analyse herausstellt, dass ein Sachverhalt einen Geldwäschebezug hat, wird ein Analysebericht des Sachverhaltes an die Strafverfolgungs- und sonstigen zuständigen Behörden weitergegeben.[26]

39 Wie viele der eingegangenen Meldungen einer tiefergehenden Analyse zugeführt werden und wie viele im Datenpool landen, darüber schweigen die Berichte der FIU. Was jedoch angegeben wird, ist die Zahl der an die Behörden übermittelten Ergebnisse der tiefergehenden Analysen. Von den rund 337.000 eingegangenen Meldungen im Jahr 2022 wurden 51.700 Analyseergebnisse an die Behörden weitergeleitet, was etwa 15,3 Prozent entspricht.[27] Die FATF spricht in ihrem Evaluationsbericht davon, dass rund 75 Prozent der Meldungen in den Datenpool gegeben werden.[28]

---

[24] FIU-Jahresbericht 2020, S. 14.
[25] FIU-Jahresbericht 2022, S. 32.
[26] FIU-Jahresbericht 2020, S. 15.
[27] FIU-Jahresbericht 2022, S. 19.
[28] FATF, Anti-money laundering and counter-terrorist financing measures Germany – Fourth Mutual Evaluation Report, Paris, 2022 (http://www.fatf-gafi.org/publications/mutualevaluations/documents/mer-germany-2022.html), S. 69.

aa) Problematische Anwendung der risikobasierten Arbeitsweise bei Analysen durch die FIU

Die Bildung von Risikoschwerpunkten durch die FIU ist Ausdruck der auch für sie übernommenen risikobasierten Arbeitsweise, wie sie in Empfehlung 1[29] des internationalen Gremiums zur Bekämpfung von Geldwäsche (Financial Action Task Force – FATF) beschrieben wird und die mit dem Inkrafttreten des Gesetzes zur Stärkung der risikobasierten Arbeitsweise der Zentralstelle für Finanztransaktionsuntersuchungen[30] seit November 2023 über den neuen § 30 Abs. 2 S. 2 GwG auch zwingende Vorgabe für operative Analysen der FIU ist. 40

Dies ist deshalb problematisch, weil es eine Diskrepanz zwischen der Empfehlung der FATF über die risikobasierte Arbeitsweise und der Empfehlung über die Einrichtung einer FIU gibt. 41

Auf der einen Seite adressiert nämlich die Empfehlung 1 zunächst einmal die Staaten, die mit der risikobasierten Arbeitsweise ein ausgewogenes Verhältnis zwischen einer effektiven Geldwäschebekämpfung und den dafür einsetzbaren knappen wirtschaftlichen Mitteln herstellen müssen. Hierfür ist ein Ansatz, der das Auffinden von Sachverhalten an bestimmte Risikofaktoren knüpft, ein geeigneter Weg. Die meisten Empfehlungen der FATF werden mit als Interpretationshilfe gedachten Hinweisen veröffentlicht. Die Hinweise der Empfehlung 1[31] konkretisieren nun, dass die risikobasierte Arbeitsweise bei der Erkennung von Sachverhalten mit Geldwäschebezug Unternehmen des Finanzsektors sowie designierte andere Unternehmen und Berufsgruppen adressiert und dass diese ihre knappen Ressourcen so möglichst zielgerichtet einsetzen können. Eine Anwendung der risikobasierten Arbeitsweise durch die FIU oder andere staatliche Stellen wird hier nicht angesprochen. 42

Auf der anderen Seite enthält Empfehlung 29 Vorgaben für die Errichtung und die Tätigkeit einer FIU.[32] Nach diesen Vorgaben soll die FIU die zentrale Stelle für die Entgegennahme und Analyse von Meldungen zu Geldwäscheverdachtsfällen, sowie für weitere Informationen, die einen Geldwäschebezug aufweisen, sein. Außerdem soll sie für die Verbreitung der Ergebnisse ihrer Analysen sorgen. Hierfür benötigt sie umfassenden Zugang zu weiteren Informationen von den meldenden Institutionen und von Strafverfolgungsbehörden. Weder die Empfehlung 29 noch die zugehörigen Interpretationshinweise[33] geben für die Analysen der FIU die risikobasierte Arbeitsweise vor. Vielmehr wird der FIU in den Hinweisen freigestellt, ob sie ihre Analyse auf jeden einzelnen Sachverhalt fokussieren 43

[29] FATF, International Standards on Combating Money Laundering and the Financing of Terrorism & Proliferation, Paris, 2012-2023 (https://www.fatf-gafi.org/en/publications/Fatfrecommendations/Fatf-recommendations.html), S. 10.

[30] Gesetz zur Stärkung der risikobasierten Arbeitsweise der Zentralstelle für Finanztransaktionsuntersuchungen vom 13.11.2023 (BGBl. I Nr. 311).

[31] FATF, International Standards on Combating Money Laundering and the Financing of Terrorism & Proliferation, Paris, 2012-2023 (https://www.fatf-gafi.org/en/publications/Fatfrecommendations/Fatf-recommendations.html), S. 31.

[32] FATF, International Standards on Combating Money Laundering and the Financing of Terrorism & Proliferation, Paris, 2012-2023 (https://www.fatf-gafi.org/en/publications/Fatfrecommendations/Fatf-recommendations.html), S. 24.

[33] FATF, International Standards on Combating Money Laundering and the Financing of Terrorism & Proliferation, Paris, 2012-2023 (https://www.fatf-gafi.org/en/publications/Fatfrecommendations/Fatf-recommendations.html), S. 106 ff.

oder auf angemessen ausgewählte Informationen. Dies wird von der Menge der Informationen und von der erwarteten Nutzung nach Verbreitung der Information abhängig gemacht. Auch soll die FIU angehalten werden, automatische Analyseverfahren anzuwenden, um eine große Zahl an Informationen effizienter zu verarbeiten und relevante Verbindungen zwischen Transaktionen herstellen zu können. Im weiteren Verlauf wird in den Hinweisen zu Empfehlung 29 dargestellt, dass die FIU in ihrer Aufgabenerfüllung unabhängig sein müsse, um ihre Aufgaben erfüllen zu können. Dies beinhaltet auch die Autonomie, frei darüber zu entscheiden, welche Informationen analysiert werden, welche Informationen dafür notwendig sind und auch welche Analyseergebnisse später weitergegeben werden. Hierfür ist die FIU mit ausreichend Personal und finanziellen Mitteln auszustatten.

44 Im Ganzen lesen sich die Empfehlung und die zugehörigen Interpretationshinweise mit einem deutlich anderen Schwerpunkt für die Arbeitsweise der FIU als dies im derzeit geltenden Geldwäschegesetz vorgegeben ist. Weder ist die durch das Gesetz festgeschriebene risikobasierte Arbeitsweise mit der Autonomie der FIU über die Durchführung ihrer Analysen vereinbar, noch scheint es, als sei die FIU in den vergangenen Jahren immer ausreichend ausgestattet gewesen, um ihre Aufgaben auch erfüllen zu können.

45 Dieses Ergebnis wird auch durch die FATF selbst gestützt, die es als unklar ansieht, ob das Analysesystem mit der Bildung von Risikoschwerpunkten ausreichend differenziert ist, um das Potenzial, dass in den Verdachtsmeldungen steckt, auszuschöpfen. So werden 75 Prozent der Meldungen ausgefiltert und in den Datenpool gegeben, von dem jedoch für weitere Analysen nur sehr begrenzter Gebrauch gemacht werde.[34]

bb) Personalmangel, Bearbeitungsrückstände und Fristversäumnisse

46 Begründet liegt die Fokussierung auf Risikoschwerpunkte in der Überforderung der FIU mit der Zahl der bei ihr eingehenden Meldungen und Informationen. So stieg die Zahl der Meldungen von rund 60.000 Meldungen im Jahr 2017 auf rund 337.000 im Jahr 2022,[35] die Gründe dafür sind oben bereits aufgeführt. Dass die FIU erst im Jahr 2026 ihre Sollstärke von 720 Planstellen erreichen soll und 2022 einen Stand von 572 Stellen hatte, wobei rund 200 Aushilfskräfte[36] eingesetzt wurden und nur drei Mitarbeiter aus dem Strafverfolgungsbereich kamen[37], zeigt, dass die Behörde personell nur unzureichend ausgestattet ist. Dies wird auch dadurch belegt, dass die FIU spätestens ab dem Jahr 2019 einen Rückstand bei der Bearbeitung von ca. 50.000 eingegangenen Verdachtsmeldungen

[34] FATF, Anti-money laundering and counter-terrorist financing measures Germany – Fourth Mutual Evaluation Report, Paris, 2022 (http://www.fatf-gafi.org/publications/mutualevaluations/documents/mer-germany-2022.html), S. 69.

[35] FIU-Jahresbericht 2022, S. 14.

[36] Aussage des Leiters der FIU, Christof Schulte vor dem Finanzausschuss des Bundestages, 16.2.2022.

[37] FATF, Anti-money laundering and counter-terrorist financing measures Germany – Fourth Mutual Evaluation Report, Paris, 2022 (http://www.fatf-gafi.org/publications/mutualevaluations/documents/mer-germany-2022.html), S. 69.

hatte[38], die sich in der Folge bis 2023 auf rund 290.000 unbearbeitete Verdachtsmeldungen erweiterte[39].

In diesem Zuge kam es auch zu Ermittlungen gegen Mitarbeiter der FIU, denen vorgeworfen wurde, sich durch das Unterlassen der Weiterleitung von Fristfällen nach § 46 Abs. 1 S. 1 Nr. 2 GwG an die zuständigen Strafverfolgungsbehörden wegen Strafvereitelung im Amt und Geldwäsche durch Unterlassen strafbar gemacht zu haben.[40] 47

cc) Fazit zur Bearbeitung von Verdachtsmeldungen durch die FIU

Dieser nur an der Oberfläche kratzende Blick auf die Arbeit der FIU zeigt, dass die Behörde für die Masse an Verdachtsfällen, die sie zu bearbeiten hat, nicht ausreichend ausgestattet ist. Um das Problem zu kaschieren, hat der Gesetzgeber sich dazu entschieden, lieber eine künstliche Einschränkung der Analysebefugnisse einzuführen, indem die überhaupt nicht für diesen Bereich der Geldwäschebekämpfung erdachte risikobasierte Arbeitsweise auch für die FIU Geltung findet, statt mit ausreichender Mittel- und Personalausstattung dafür zu sorgen, dass die FIU ihre Analysen anhand eigener Kriterien angemessen und unabhängig erfüllen kann. 48

Dass die Menge an Verdachtsmeldungen auch ein Teil des Problems ist, ist gar nicht zu bestreiten und die Ausführungen oben haben auch gezeigt, welche Mittel dem Gesetzgeber zur Verfügung stünden, um die ständig steigende Zahl an Verdachtsmeldungen in den Griff zu bekommen. So könnte den Banken auferlegt werden, Sachverhalte genauer auszuleuchten, bevor sie gemeldet werden müssen. Auch eine Einschränkung der persönlichen Haftung der Geldwäschebeauftragten, die derzeit nach der Devise „Melden macht frei!" arbeiten, wäre ein Ansatzpunkt, um die Zahl der Meldungen zu verringern. Und schließlich wäre es am Gesetzgeber, die Umkehrung der Nachweispflichten weg von „Anhaltspunkte auf Geldwäschebezug" hin zu „in jeder Hinsicht rechtskonforme Herkunft", die BaFin und OLG Frankfurt a. M. kreiert haben, durch Klarstellungen im Gesetzeswortlaut wieder einzufangen. 49

Ein weiterer wichtiger und bis dato noch vollkommen unterentwickelter Baustein ist aber auch, die Analyse von Verdachtsmeldungen weiter zu automatisieren und die Bereitstellung von Daten für die an der Geldwäschebekämpfung Beteiligten zu verbessern. Ein erster Schritt wurde im Rahmen des Gesetzes zur Stärkung der risikobasierten Arbeitsweise der Zentralstelle für Finanztransaktionsuntersuchungen vom 13.11.2023 gemacht, in dem erstmals ein Rechtsrahmen für 50

[38] BT-Drs. 19/16595, 1.

[39] Die Zahl ergibt sich aus rd. 101.000 Fällen, die bis zum 30.9.2022 aufgelaufen seien, vgl. Schäfers, Geldwäsche: 100.000 offene Verdachtsfälle, FAZ v. 24.10.2022, und zusätzlichen rd. 189.000 Fällen, die durch die Schlussbewertung des BMF zu den Bearbeitungsrückständen bei der FIU, vgl. Ausschuss Drs. 20(7)-0268, Anl. 1, 14, aufgedeckt wurden.

[40] Besondere Aufmerksamkeit erlangten in diesem Zusammenhang die Durchsuchungen im Bundesfinanz- und -justizministerium durch die Staatsanwaltschaft Osnabrück am 9.9.2021 und damit knapp zwei Wochen vor der Bundestagswahl im Zusammenhang mit Ermittlungen gegen Beamte der FIU. Das Verfahren wurde im Mai 2023 eingestellt, vgl. Staatsanwaltschaft Osnabrück, Pressemitteilung vom 31.5.2023 (https://www.staatsanwaltschaft-osnabrueck.niedersachsen.de/startseite/aktuelles/presseinformationen/pressemitteilung-vom-31-05-2023-222666.html).

den Einsatz von automatisierten Anwendungen zur Datenanalyse durch die FIU vorgesehen wurde.

III. Mögliche Einsatzszenarien für den transaktionsbasierten Datentreuhänder

51 Nachdem der status quo der Maßnahmen zur Bekämpfung von Geldwäsche und Terrorismusfinanzierung, die Banken und FIU nach dem GwG vornehmen müssen, aufgearbeitet ist, ist in einem nächsten Schritt zu klären, wie der transaktionsbasierte Datentreuhänder in den einzelnen Phasen eingesetzt werden kann. Hierbei ist neben der Bestimmung der Rollenverteilung insbesondere zu begründen, welche Notwendigkeit sich ergibt, dass ein neutraler Datenmittler eingesetzt werden muss.

52 Beschränkungen, die sich aus dem geltenden Recht ergeben, sollen in dieser Sammlung von angedachten Use Cases noch nicht berücksichtigt werden und erst in der gesonderten rechtlichen Bewertung Eingang finden, um auch die Vorschläge, die im Rahmen des EuroDaT-Forschungsprojektes angedacht, aber von Vorneherein als rechtlich abwegig einzuordnen sind, nachzeichnen zu können und Chancen aufzuzeigen, die sich durch Anpassungen des geltenden Rechts bieten könnten.

53 Auf eine genaue Beschreibung des Aufbaus und der Rollenverteilung im EuroDaT-Modell wird hier verzichtet und auf die weiteren Ausführungen im vierten Teil dieses Bandes verwiesen[41].

1. Einsatzszenarien innerhalb des internen Risikomanagements

54 Eine erste Idee besteht darin, das interne Risikomanagementsystem der Banken zu verbessern, indem man die Daten verschiedener Banken zusammenführt, um so zu wirtschaftlich Berechtigten, die Konten bei mehreren Banken unterhalten, ein Gesamtbild zu erhalten, mittels dem man Finanzströme eines Kunden nachverfolgen und Geldwäscheverdachtsfälle leichter identifizieren könnte.

55 Die Banken sollten hier sowohl als Datengeber als auch als Analysenehmer auftreten. Daten, die zur Verfügung gestellt werden, sollten den gesamten Datensatz von Kunden umfassen, die bei anderen am Verfahren teilnehmenden Banken ebenfalls Kunde sind. So werden solche Kunden nicht berücksichtigt, die nur bei der eigenen Bank ein Konto haben oder weitere Konten bei Banken, die nicht am Verfahren teilnehmen. Als Analyseergebnis könnte an alle beteiligten Banken regelmäßig ausgegeben werden, ob ein Kunde irgendwo im Verbund eine Angabe getätigt hat, die dazu führt, dass für sie verstärkte Sorgfaltspflichten angewendet werden müssen.

56 Ein externer Datendienstleister könnte den notwendigen Algorithmus liefern, der die Analysen in der gesicherten Umgebung des transaktionsbasierten Datentreuhänders durchführt. Hierbei könnte er sowohl auf die Anforderungen, die

[41] S. zum allgemeinen Aufbau der EuroDaT-Strukturen Alldrigde → § 13.

von einzelnen Banken gestellt werden, eingehen als auch für die gesamte Gruppe von analysenehmenden Banken gemeinsame Parameter erstellen, nach denen Kundendaten auf ihre Bedeutung für die Einordnung in ein Sorgfaltspflichtenregime hin untersucht werden.

Ein Vorteil wäre, dass durch den Einsatz des transaktionsbasierten Datentreuhänders nur solche Daten für die Zusammenschau genutzt werden, die auch aussagekräftig sind, um ein Bild der Risikofaktoren des Kunden zu erstellen und dass keine Bank jemals ein vollständiges Kundenprofil, auf der die Risikoeinschätzung beruht, sieht. Auch mit Blick auf die Wahrung von Betriebs- und Geschäftsgeheimnissen ist es für die Banken vorteilhaft, wenn sie die Daten nicht unmittelbar miteinander teilen, sondern ein neutraler Treuhänder dazwischengeschaltet wird. 57

2. Zweitverwendung von Datensätzen zu Testzwecken

Eine weitere Möglichkeit, die Daten mehrerer Banken zusammen zu nutzen und den Vorteil eines möglichst großen Datensatzes zu entfalten, liegt darin, einen Zugang für Entwickler von Algorithmen zur Geldwäschebekämpfung zu Echtdaten zu schaffen. Ein Problem, das sich für die Entwickler von Algorithmen zur Erkennung von Geldwäschemustern stellt, ist, dass diese oft keine Möglichkeit haben, ihre Produkte an ausreichend großen und authentischen Datensätzen zu erproben. So war eine Überlegung, ob der Datentreuhänder nicht echte Daten über Verdachtsfälle für solche Testzusammenhänge zur Verfügung stellen könnte. Hierbei sollten die Banken als Datengeber über die Datentreuhandinfrastruktur echte Kundendaten bereitstellen, an denen dann in der gekapselten Verarbeitungsumgebung testweise in der Entwicklung befindliche Algorithmen ausprobiert werden könnten. Als Ergebnis würde den Entwicklern der Algorithmen dann ein Bericht zur Verfügung gestellt, ob der Algorithmus seiner intendierten Funktion entsprechende Ergebnisse aus den Daten herauslesen konnte. Die Ergebnisse der algorithmischen Untersuchungen sollten nicht unmittelbar zur Erkennung von Verdachtsfällen oder zur Ausermittlung von Geldwäschesachverhalten verwendet werden. Vielmehr sollten so die Analysefähigkeiten von Algorithmen präzisiert und Fehler ausgeräumt werden. Der Einsatz der Algorithmen mit dem Ziel der Erkennung echter Verdachtsfälle könnte dann später durch die verpflichteten Banken oder die FIU stattfinden.[42] 58

3. Einsatzszenarien im Rahmen des Umgangs mit Verdachtsmeldungen

Im Kontext der Meldung von Verdachtsfällen an die FIU erscheint ein Einsatz des transaktionsbasierten Datentreuhänders ebenfalls möglich. Über die bloße Meldung des Verdachtsfalls hinaus könnte ein entsprechender Use Case auch unter Hinzuziehung weiterer Daten sowohl der meldenden als auch weiterer Banken eine Analyse des Verdachtsfalls durchführen und so etwa Ringbuchungssysteme 59

[42] Erste Überlegungen zu diesem Use Case finden sich bereits in Buchheim/Augsberg/Gehring JZ 2022, 1139 (1140).

und andere Auffälligkeiten, die nur in der Zusammenschau vieler Finanztransaktionen erkennbar sind, aufdecken.

a) Mittelherkunftsabfragen

60 Ein möglicher Anwendungsfall, der vor der Abgabe einer Verdachtsmeldung liegt, ist die Abfrage bei einer Bank, von der eine Transaktion eingeht, ob diese die Herkunft der Mittel, die in der Transaktion verschoben wurden, identifizieren kann. Während diese derzeit noch ausgeführt wird, indem telefonisch Einzelfälle abgefragt werden, erscheint es möglich, die Abfrage auch über den Einsatz des Datentreuhänders automatisiert und digital ablaufen zu lassen. So soll es technisch ermöglicht werden, dass eine beteiligte Bank bei einer anderen eine automatisierte Anfrage über eine Finanztransaktion stellt, wenn diese bei der empfangenden Bank aufgrund der Höhe, der ungewöhnlichen Umstände oder anderer Faktoren auffällt. Die Ursprungsbanken sollen dann als Datengeber dem Datentreuhänder Zugang zu ihren Kundendaten gewähren, sodass dieser mit Hilfe eines Algorithmus die Herkunft der Mittel, die in der Finanztransaktion verschoben wurden, ermitteln kann und das Ergebnis der Empfängerbank zur Verfügung stellen kann. So können die Banken, die sich an diesem System beteiligen die Herkunft der Mittel schneller und ohne aufwendigen Personaleinsatz ermitteln und so auch Verdachtsmeldungen schneller und präziser abgeben. Ein weiterer Vorteil ist, dass durch den Einsatz des Datentreuhänders die datengebenden Banken die Kontrolle über ihre Daten nie aus der Hand geben und die anfragenden Banken nur die tatsächlich für die Bewertung des abgefragten Sachverhalts notwendigen Daten als Ergebnisbericht vom Datentreuhänder erhalten.

b) Analyse von Verdachtsmomenten durch die Banken vor Abgabe einer Verdachtsmeldung an die FIU

61 Ein oben bereits dargestelltes Problem, dem sich das System der Geldwäschebekämpfung gegenübersieht, ist, dass die Zahl der Verdachtsmeldungen seit Jahren steigt, die Zahl der eingeleiteten Strafverfahren allerdings nicht schritt hält. Ein Grund hierfür könnte nach den Überlegungen im Forschungsvorhaben EuroDaT sein, dass die Qualität der Verdachtsmeldungen, die bei der FIU eingehen, nicht besonders hoch ist und auch viele Sachverhalte gemeldet werden, die bei genauerer Überprüfung gar keine Bezüge zur Geldwäsche enthalten. Hier könnte ein Ansatzpunkt sein, dass die Banken vor Abgabe von Verdachtsmeldungen eine Überprüfung der Sachverhalte vornehmen, bei der eine Finanztransaktion unter Einbeziehung der Daten anderer Banken analysiert wird, um erste Verdachtsmomente entweder zu bestätigen oder auszuräumen. Die beteiligten Banken könnten als Datengeber und Analysenehmer gleichzeitig auftreten und sowohl ihre als auch die Verdachtsmeldungen der anderen Banken qualitativ verbessern. Der Algorithmus könnte ähnlich wie bei der Mittelherkunftsabfrage verschiedene Transaktionsmuster aufdecken, aber darüber hinaus auch andere Daten miteinander abgleichen, die zu einem Kunden bei unterschiedlichen Banken vorliegen. Auch hier wäre der Einsatz des Datentreuhänders notwendig, da die Banken ihre Daten nicht offen miteinander teilen werden und nur die Daten, die zur Bewertung des Verdachtsfalls notwendig sind, der einzelnen Bank zur Verfügung gestellt würden.

c) Analyse von gemeldeten Verdachtsfällen durch die FIU unter automatisiertem Rückbezug auf die Banken

Eine ähnliche Idee, bei der jedoch die FIU und nicht die Banken selbst die Analysenehmer sind, besteht darin, die von den einzelnen Banken eingehenden Verdachtsmeldungen durch die FIU selbst mit den Datenbanken der Banken abgeglichen werden. Die Banken treten auch hier als Datengeber auf und stellen ihre Daten für den Zugriff des Datentreuhänders zur Verfügung. So könnten eingehende Verdachtsmeldungen in einen größeren Kontext eingeordnet werden und Transaktionsmuster, die auf Geldwäsche hinweisen, erkannt werden. 62

In einer Erweiterung des Use Case wäre es auch möglich, neben den Daten der Banken als Analysegrundlage auch weitere Daten zu verwenden, die der FIU in ihrem Bestand zur Verfügung stehen, also solche aus anderen Verdachtsmeldungen von Banken, die zunächst nicht am System teilnehmen, oder von Behörden, die gemäß § 31 Abs. 1 GwG erhoben wurden. 63

Der Einsatz des transaktionsbasierten Datentreuhänders würde hier eine einheitliche Schnittstelle zu den Datenbanken der Banken bieten und durch die gekapselte Verarbeitung sicherstellen, dass der FIU nur die Daten zur Verfügung gestellt werden, die auch für die Bewertung des jeweiligen Sachverhalts notwendig sind. Obwohl die FIU gemäß § 30 Abs. 3 GwG berechtigt ist, Informationen von Verpflichteten einzuholen, so ist mit dem Einsatz des transaktionsbasierten Datentreuhänders dennoch sichergestellt, dass der Datenabfluss die Grenzen der Erforderlichkeit nicht überschreitet, indem solche Daten, die für die Bewertung eines Sachverhalts nicht notwendig sind, zurückgehalten werden. 64

IV. Einbettung der möglichen Einsatzszenarien in das Recht der Geldwäschebekämpfung de lege lata

Nachdem nun einzelne Einsatzszenarien, in denen der Einsatz des transaktionsbasierten Datentreuhänders zur Verbesserung der Bemühungen zur Geldwäschebekämpfung technisch möglich ist, ist nun auf die rechtliche Zulässigkeit dieser Ideen zu schauen. Dies soll vorrangig mit einem Blick auf das bestehende Recht der Geldwäschebekämpfung des deutschen GwG geschehen, um aufzuzeigen, welche Anwendungsfälle ohne Tätigwerden des Bundesgesetzgebers bereits heute möglich sind und auch, um festzustellen, wo durch welche Neuregelung der Einsatz von Datentreuhändern verbessert oder auch erst ermöglicht werden kann. 65

1. Die Überwachung von Kunden unter Einbezug von Daten dritter Banken

Das beschriebene Szenario, die internen Sicherungsmaßnahmen durch die Verknüpfung von Daten verschiedener Banken zu verbessern, hat das grundlegende Problem, dass auf dieser ersten Ebene der Überwachung die Eingriffsintensität hier besonders groß ist, da hier auf alle Daten des Kundenstamms zugegriffen 66 wird, um diesen anhand von Risikofaktoren (Anlage 1 u. 2 GwG) in verschiedene Kategorien einzuordnen. Die meisten dieser Faktoren sind unmittelbar personenbezogen und die Bewertung findet bereits bei der Kontoeröffnung statt.

67 Im weiteren Verlauf der Überwachung von Geschäftsbeziehungen sind die Banken durch § 25h Abs. 2 KWG[43] zwar verpflichtet, Datenverarbeitungssysteme zu betreiben,

> *„mittels derer sie in der Lage sind, Geschäftsbeziehungen und einzelne Transaktionen im Zahlungsverkehr zu erkennen, die auf Grund des öffentlich und im Kreditinstitut verfügbaren Erfahrungswissens über die Methoden der Geldwäsche, […] im Verhältnis zu vergleichbaren Fällen besonders komplex oder groß sind, ungewöhnlich ablaufen oder ohne offensichtlichen wirtschaftlichen oder rechtmäßigen Zweck erfolgen“ (§ 25h Abs. 2 KWG).*

68 Die Einschränkungen, denen diese Datenverarbeitungssysteme unterworfen sind, sind allerdings aus dem obenstehenden Normtext bereits ersichtlich. Die Systeme dürfen nur Wissen einsetzen, das bei den Banken selbst oder öffentlich verfügbar vorliegt. Damit sind insbesondere die Risikofaktorenbeschreibungen der Europäischen Bankenaufsichtsbehörde EBA[44] gemeint, die für die Banken einen verbindlichen Rahmen für die Vorgehensweise dieser Risikobewertungen absteckt und auf die auch die Bundesanstalt für Finanzdienstleistungsaufsicht (BaFin) in ihren Auslegungs- und Anwendungshinweisen verweist[45]. Ergänzend erstellt die FIU regelmäßig für neue Vorgehensweisen von Geldwäschetätern Typologiebeschreibungen.[46] Da hier von einem Wissen aus anderen Quellen nicht die Rede ist, muss davon ausgegangen werden, dass der Einsatz von Wissen, das von anderen Stellen als den genannten kommt, von den Banken nicht verlangt werden kann.

69 Auch sind die Kriterien, aufgrund derer die Datenverarbeitungssysteme anschlagen sollen, zwar nicht frei von Interpretationsspielräumen ausgestaltet, aber doch in einem abgeschlossenen Katalog festgeschrieben, über den nicht hinausgegangen werden kann.

70 In § 25h Abs. 2 S. 2 KWG wird den Banken zwar auch ausdrücklich die Verarbeitung personenbezogener Daten gestattet, jedoch nur in dem Rahmen, der zur Erfüllung ihrer Pflicht erforderlich ist. Erforderlich ist eine Maßnahme immer dann, wenn die Erreichung des verfolgten Zwecks nicht durch ein milderes Mittel möglich ist. Die Erstellung eines umfassenden Kundenprofils, das sich aus den Daten nicht nur einer, sondern einer Vielzahl von Geldinstituten und womöglich weiterer Quellen speist, geht weit darüber hinaus. Es soll hier gerade nicht ein

---

[43] Gesetz über das Kreditwesen (Kreditwesengesetz – KWG) vom 9.9.1998 (BGBl. I 2776), zuletzt geändert durch Artikel 6 des Gesetzes vom 19.12.2022 (BGBl. I 2606).

[44] European Banking Authority (EBA), Leitlinien nach Artikel 17 und Artikel 18 Absatz 4 der Richtlinie (EU) 2015/849 über Sorgfaltspflichten und die Faktoren, die Kredit- und Finanzinstitute bei der Bewertung des mit einzelnen Geschäftsbeziehungen und gelegentlichen Transaktionen verknüpften Risikos für Geldwäsche und Terrorismusfinanzierung berücksichtigen sollten („Die Leitlinien zu den Risikofaktoren für Geldwäsche und Terrorismusfinanzierung“), zur Aufhebung und Ersetzung der Leitlinien JC/2017/37, Stand 1.3.2021, S. 7 ff.

[45] Bundesanstalt für Finanzdienstleistungsaufsicht (BaFin), Auslegungs- und Anwendungshinweise zum Geldwäschegesetz, Stand Oktober 2021, S. 11 f.

[46] FIU-Jahresbericht 2021, S. 30 ff.

konkreter Verdacht bearbeitet werden, der sich auf die Geschäftsbeziehungen eines Kunden auch bei weiteren Banken beruft, sondern verdachtsunabhängig eine Einschätzung vorgenommen werden, welches Risiko der Geldwäsche von einem Geschäftskontakt ausgeht. Eine Auswertung von Kundendaten, die der Bank vorliegen, durch einen Algorithmus unter Einbeziehung von Daten anderer Banken erscheint vor diesem Hintergrund nicht das mildeste Mittel zur Erreichung des gesetzlich vorgegebenen Zwecks zu sein, der in § 25h Abs. 2 KWG als Erkennung von außergewöhnlichen Sachverhalten beschrieben wird. Hier ist eine bankinterne, automatische Überprüfung von Transaktionen vollkommen ausreichend und auch das Vorgehen der Banken, bei Begründung einer Geschäftsbeziehung ihren Neukunden bestimmte Fragen zu stellen, ohne deren Beantwortung und die Vorlage von entsprechenden Nachweisen kein Konto eröffnet werden kann, sind hier deutlich mildere, aber gleich geeignete Mittel.

2. Nutzung echter Kundendaten für die Schulung von Algorithmen zur Geldwäscheerkennung

Einer Nutzung von echten Kundendaten zum Erproben von Algorithmen zur Geldwäschebekämpfung steht zunächst aus Sicht des Rechts der Geldwäschebekämpfung nichts entgegen. Da sichergestellt wird, dass die Banken die Herrschaft über ihre Kundendaten nicht verlieren, sondern diese lediglich für die Verarbeitung in der verkapselten Umgebung des Datentreuhänders zur Verfügung gestellt werden, ist von einer pflichtwidrigen Weitergabe von Informationen über Geldwäscheverdachtsfälle gemäß § 47 Abs. 1 GwG hier nicht auszugehen, zumal andere Beteiligte keinen Einblick in die zur Analyse herangezogenen Daten erhalten. 71

Auch das datenschutzrechtlich zu bewertende Problem der Verwendung von Kundendaten zu einem nicht von den Kunden gebilligten Zweck ist hier zumindest nicht unüberwindbar. Der Personenbezug einer Verarbeitung von Bankkundendaten mit dem Ziel, einen Algorithmus zu testen, ist nach der hier vertretenen prozessbezogenen Betrachtung von Datenverarbeitung[47] abzulehnen, womit die Nutzung der Kundendaten hier auch nicht ausgeschlossen ist und auch nicht von der Zustimmung der Kunden abhängig gemacht werden muss. 72

3. Verbesserung der Abfrage von Mittelherkünften

Die Abfrage der Mittelherkünfte ist eine Maßnahme bei der Bewertung von auffälligen Transaktionen, die von den Banken bereits jetzt ausgeführt wird, indem eine empfangende Bank bei der Bank, von der die Transaktion ausgeht, telefonisch erfragt, woher die Mittel, die transferiert wurden, stammen. Gemäß § 47 Abs. 1 GwG ist es untersagt, Kunden, den Auftraggeber einer Transaktion oder andere Dritte darüber in Kenntnis zu setzen, dass eine Verdachtsmeldung beabsichtigt ist. Die telefonische Abfrage zu einer auffälligen Transaktion muss 73

[47] Vertiefend zum prozessbezogenen Verständnis des Personenbezugs bei der Datenverarbeitung Buchheim/Augsberg/Schrenk, → § 14 Rn. 21 ff., die ebenfalls auf das hier dargestellte Beispiel rekurrieren.

so verstanden werden, dass eine Verdachtsmeldung beabsichtigt ist. Gemäß §47 Abs. 2 Nr. 5 GwG ist jedoch in den Fällen, in denen sich die Informationen auf eine Transaktion beziehen, an der beide Banken beteiligt sind, gestattet.

74 Eine Frage, die sich in Erweiterung dieses Use Case stellt, ist, wie mit den Erkenntnissen aus der Anfrage umzugehen ist. So könnte man es technisch unproblematisch darstellen, alle am System teilnehmenden Banken darüber zu informieren, dass sie mit einem Konto an einer Transaktionskette, zu der eine Mittelherkunftsabfrage gestellt wurde, beteiligt sind und dass sie deshalb ihrerseits Transaktionen zu prüfen und Verdachtsmeldungen abzugeben haben könnten. Zu erörtern sind hier dann zwei Aspekte. Zum einen könnte es sich bei einer solchen automatischen Rückmeldung an alle beteiligten Banken um einen Verstoß gegen das Verbot der Informationsweitergabe gemäß §47 Abs. 1 GwG handeln, da es hier nicht nur um die Information über die Absicht einer Verdachtsmeldung geht, sondern auch darüberhinausgehende Informationen mit Banken geteilt werden, die ursprünglich nichts mit der Transaktion zu tun hatten, für die die digitale Herkunftsabfrage gestartet wurde. Zum anderen könnte eine solche Vorgehensweise die Anzahl der zu erstattenden Verdachtsmeldungen drastisch erhöhen.

75 Zum ersten Punkt lässt sich sagen, dass Verpflichtete zwar gemäß §47 Abs. 1 GwG verpflichtet sind, keine Informationen über beabsichtigte oder erstattete Verdachtsmeldungen, Ermittlungsverfahren und Auskunftsersuchen an Dritte weiterzugeben, dass dieses Verbot aber neben §47 Abs. 2 Nr. 5 GwG weitere Ausnahmen kennt, von denen hier §47 Abs. 5 GwG greifen dürfte, demgemäß Verpflichtete andere Informationen als die in Abs. 1 genannten an andere Banken weitergeben dürfen, wenn dies für die Beurteilung des Risikos für diese Banken nützlich sein könnte. Für den hier diskutierten Sachverhalt bedeutet das, dass aus einer Mittelherkunftsabfrage zwischen zwei Banken einer dritten Bank gemeldet werden dürfte, dass einer ihrer Kunden im Kontext einer auffälligen Transaktionskette erfasst wurde. Da diese Information sich nicht unmittelbar auf die Absicht oder die Abgabe einer Verdachtsmeldung bezieht, ist dies eine andere Information im Sinne des Abs. 5 und darf somit der dritten Bank zur Beurteilung des eigenen Risikos zur Kenntnis gegeben werden.

76 Daraus folgt zwar noch keine Pflicht der so informierten Bank, ihrerseits eine Verdachtsmeldung abzugeben, aber es sollte für einen pflichtbewussten Geldwäschebeauftragten, der seine persönliche Haftung ausschließen möchte, ein ausreichender Anlass sein, seinerseits den Kunden, der im Kontext der auffälligen Transaktionskette steht, genauer zu überprüfen. Dass dies dann der zweiten Befürchtung entsprechend dazu führen kann, dass eine Vielzahl an zusätzlichen Verdachtsmeldungen aufkommt, ist dabei weniger dem automatisierten Verfahren der Mittelherkunftsabfragen als vielmehr dem dargestellten dysfunktionalen Verdachtsmeldewesen geschuldet.

77 Wenn man dies als Problem für die Arbeitsfähigkeit der FIU betrachtet, sollte man also viel weniger darauf schauen, dass die Zahl der Verdachtsmeldungen durch die Einführung automatisierter Verfahren nicht gesteigert wird, sondern die dargestellten notwendigen Anpassungen am Verdachtsmeldesystem oder der Ausstattung der FIU vornehmen.

4. Verbesserungen der Qualität von Meldungen gemäß § 43 GwG

Die Idee, die Qualität der Verdachtsmeldungen, die an die FIU gegeben werden sollen, zu verbessern, erscheint vor dem Hintergrund der großen Zahl von Verdachtsmeldungen zunächst sinnvoll, jedoch wurde bereits oben dargestellt, dass den Banken für die Abgabe von Verdachtsmeldungen nur ein sehr eingeschränkter Beurteilungsspielraum zur Verfügung steht. Die Vorgaben der BaFin und die Auswirkungen des Beschlusses des OLG Frankfurt a. M. lassen eine genauere Analyse von auffälligen Transaktionen vor Abgabe einer unverzüglich zu erstattenden Verdachtsmeldung gemäß § 43 Abs. 1 GwG nicht zu, ohne dass ein persönlich haftender Geldwäschebeauftragter in die Gefahr geriete, eine Ordnungswidrigkeit zu begehen. Im Grunde würde, sofern dieser Beurteilungsspielraum erweitert würde, nichts dagegensprechen, eine tiefergehende Analyse unter Einbeziehung der Daten Dritter, die auch über die Mittelherkunftsabfrage hinausgeht, und Kundendaten verschiedener Banken abgleicht, zuzulassen. Grundsätzlich können auch diese automatisierten Abfragen vor dem Hintergrund des Verbotes der Weitergabe von Informationen über Verdachtsmeldungen gemäß § 47 Abs. 1 GwG durch die Ausnahmen der § 47 Abs. 2 Nr. 5 und Abs. 5 GwG gerechtfertigt werden. Wobei auch hier durch den Einsatz des transaktionsbasierten Datentreuhänders sichergestellt wäre, dass nur für die Bewertung der Sachverhalte erforderliche Daten an die anderen Banken weitergegeben werden. 78

5. Einsatz zur Analyse von Verdachtsfällen durch die FIU

Für den Einsatz des transaktionsbasierten Datentreuhänders für die Analyse von eingegangenen Verdachtsfällen unter der Einbeziehung von Daten der Banken, die der FIU noch nicht vorliegen, ist zunächst klarzustellen, dass ein solches Vorgehen im Rahmen des § 30 Abs. 3 GwG derzeit für einzelne Daten bereits erlaubt ist und dass die Banken verpflichtet sind, der FIU Daten, die diese zur Erfüllung ihrer Aufgaben benötigt, zu übermitteln. Den Banken steht auch kein Beurteilungsspielraum über die Übersendung der angeforderten Daten an die FIU zu, sodass einer Automatisierung dieser Art von Datenübermittlung auch nichts entgegensteht. 79

Ein Problem für diese Ausgestaltung des Use Cases kam erst mit dem Gesetz zur Stärkung der risikobasierten Arbeitsweise der Zentralstelle für Finanztransaktionsuntersuchungen in den neuen § 29 Abs. 2a und 2b GwG. Hierin wurden Vorgaben über die Zulässigkeit des Einsatzes von automatisierten Anwendungen zur Datenanalyse aufgenommen, sodass diese zwar nun erstmalig im Gesetz explizit geregelt sind, dabei aber einige Einschränkungen für diese Systeme mit sich bringen. 80

So dürfen automatisierte Anwendungen zur Datenanalyse zwar gemäß § 29 Abs. 2a Nr. 2 GwG grundsätzlich auch zur operativen Analyse von Verdachtsfällen genutzt werden. Es wird jedoch bei der Bestimmung der für die Verarbeitung zugelassenen Daten auf Abs. 1 Bezug genommen, der besagt, dass die FIU personenbezogene Daten verarbeiten darf, die aufgrund des GwG übermittelt, erhoben oder abgefragt werden. Automatisiert verarbeitet werden dürfen nur Datenarten, 81 die im abschließenden Katalog des Abs. 2a S. 3 aufgezählt sind. Dieser umfasst unter anderem Namen, Geburtsdaten, Anschriften und Erreichbarkeiten und Kontodaten. Personenbezogene Daten aus allgemein zugänglichen Quellen, etwa dem Internet, dürfen nicht verarbeitet werden.

82 Bereits hier ist ein Problem damit zu sehen, dass der Use Case auch Daten automatisiert verarbeiten soll, die von der FIU nicht bereits erhoben wurden. Dass wiederum nur bestimmte Datenarten verarbeitet werden dürfen, ist dagegen kein großes Problem, da die wichtigen Identifikationsmerkmale und Kontodaten in der Aufzählung enthalten sind. Auch gemäß § 29 Abs. 2b GwG dürfen automatisierte Datenverarbeitungsanwendungen, bei denen eine Bewertung oder Identifizierung durchgeführt wird, ob es Anhaltspunkte gibt, dass ein Geldwäschebezug besteht, nur auf Meldungen und sonstige Informationen im Datenbestand der FIU angewandt werden. Dies hat zur Folge, dass ein automatisierter Einbezug von Daten, die bei der FIU noch nicht vorliegen, auch vom Wortlaut dieser Norm nicht umfasst sind, was eine Argumentation für den Einsatz des Datentreuhänders mit genau diesem Ziel nur schwer möglich macht. Ein Versuch, dies über die Norm des § 30 Abs. 3 GwG dennoch zu rechtfertigen, zumal hier kein Beurteilungsspielraum der Banken besteht, ob sie die Daten zur Verfügung stellen, vermag nicht zu überzeugen.

83 Auch die Art und Weise der Analyse und das zu verfolgende Ziel werden in § 29 Abs. 2b S. 3 GwG genau beschrieben. Expressis verbis ausgeschlossen sind zwar gemäß § 29 Abs. 2b S. 4 GwG nur selbstlernende und automatisierte Systeme, die eigenständig Gefährlichkeitsaussagen über Personen treffen können, aber es ist davon auszugehen, dass der Gesetzgeber mit der Definition von zulässigen Abläufen für automatisierte Anwendungen zur operativen Analyse ausschließen wollte, dass andere Modelle, die darüber hinausgehen, verwendet werden. Die Regelungen des § 29 Abs. 2a und 2b GwG machen eine Analyse von Verdachtsmeldungen durch die FIU unter Einbeziehung von weiteren Bankdaten somit unmöglich.

V. Fazit und Ausblick

84 Der Einsatz der transaktionsbasierten Datentreuhand in der Bekämpfung der Geldwäschebekämpfung ist ein zunächst wegen der Vorteile der Verknüpfbarkeit von Daten vieler verschiedener Beteiligter weiter zu verfolgendes Ziel. Dass sich in ein bestehendes System, dass über viele Jahre immer weiterentwickelt wurde und für das auch entsprechend komplexe Regelungsstrukturen geschaffen wurden, ein solches Modell nicht ohne Weiteres implantieren lässt, war ebenfalls zu erwarten. Dass sich das hier betrachtete System der Geldwäschebekämpfung allerdings in seinem status quo als so dysfunktional dargestellt hat, dass die immer wieder angestrengten Reformen nur wie die Bekämpfung von Symptomen von fundamentalen Konstruktionsproblemen wirken, hat dann doch überrascht. So stellt sich neben der Frage, welche Detailregelungen man ändern müsste, um den Einsatz von treuhandgestützten Algorithmen für die Geldwäschebekämpfung über die aufgezeigten vergleichsweise kleinen Anwendungsfälle der automatisierten Mittelherkunftsabfrage und der Verwendung echter Kundendaten zu Testzwecken hinaus zu ermöglichen, auch die viel größere Frage, ob nicht mit grundlegenden Weichenstellungen wie der Überarbeitung des Verdachtsmeldewesens oder der Rolle und Ausstattung der FIU noch viel größere Schritte zur Verbesserung der Geldwäschebekämpfung nach dem GwG gegangen werden könnten. Eine grundlegende Reform müsste sowohl anerkennen, dass die Banken, um wirtschaftlich zu sein, risikobasiert arbeiten müssen, als auch, dass dies für eine Behörde, die als Vorstufe zur Strafverfolgung gedacht ist, nicht der richtige Maßstab sein kann, wenn dies bedeutet, dass viele Fälle zu lange unbearbeitet liegen bleiben. Die transaktionsbasierte Datentreuhand kann diese Behörde dann dabei unterstützen, die zu erwartenden großen Mengen an Daten zügig und effizient unter Einbeziehung aller notwendigen Quellen zu verarbeiten und in die richtigen Bahnen zu lenken. Eine solche Reform ist jedoch derzeit nicht in Sicht.

§ 12
Dateninfrastrukturen für die Forschung mit Gesundheitsdaten*

I. Einleitung

1 Das Gesundheitswesen erfährt zurzeit eine datenbasierte Transformation. Um die an unterschiedlichen Stellen erhobenen Daten mit Gesundheitsbezug in der Versorgung und Forschung nutzen zu können, werden technische Infrastrukturen benötigt, die Daten verknüpfen und den Zugang zu ihnen ermöglichen können. So wurde in Deutschland mit dem Gesetz für sichere digitale Kommunikation und Anwendungen im Gesundheitswesen (E-Health-Gesetz) in 2015 der Grundstein für den Aufbau der Telematikinfrastruktur gelegt,[1] die heute im Versorgungsalltag mit Anwendungen, wie der elektronischen Patientenakte (ePA), genutzt wird[2]. Für den Forschungsbereich sollen Daten über die Nationale Forschungsdateninfrastruktur besser verfügbar gemacht werden. Die Entwicklung schreitet auch in anderen Mitgliedstaaten der EU voran.

2 Trotz mitgliedstaatlicher Initiativen konstatiert die Europäische Kommission in ihrer Datenstrategie von 2020 einen Mangel an grenzüberschreitend verfügbaren Daten.[3] Einer der Gründe dafür sei Rechtsunsicherheit beim Umgang mit Daten, gerade bei sensiblen Daten wie Gesundheitsdaten.[4] Ferner erschwere die Fragmentierung der Infrastrukturen eine fruchtbare, sektor- oder mitgliedstaatübergreifende Nutzung von Daten.[5] In der Datenstrategie der EU wurde deshalb der Aufbau von gemeinsamen, interoperablen Datenräumen vorgesehen mit dem Ziel einen einheitlichen europäischen Datenraum zu schaffen.[6] Unter neun strategischen Sektoren[7] wird mit dem Europäischen Raum für elektronische Gesundheitsdaten (European Health Data Space, EHDS) die Errichtung des einheitlichen europäischen Datenraums eingeleitet.[8] Die Bundesregierung unterstützt dieses

---

* Dieser Beitrag ist im Rahmen des BMBF-geförderten Verbundvorhabens „Datenschutzrechtliches Reallabor für eine Datentreuhand in der Netzwerkmedizin – TrustDNA“ entstanden, FKZ: 16DTM108A.

[1] BMG, Digitalisierung im Gesundheitswesen, Stand: 17.1.2025, abrufbar unter https://www.bundesgesundheitsministerium.de/themen/digitalisierung/digitalisierung-im-gesundheitswesen.html (abgerufen am: 29.4.2025).

[2] Vgl. § 334 Abs. 1 S. 2 Nr. 1 SGB V.

[3] COM(2020) 66 final, 7.

[4] Vgl. COM(2020) 66 final, 8 f.

[5] Vgl. COM(2020) 66 final, 7, 14.

[6] SWD(2022) 45 final, 2 mit Verweis auf COM(2020) 66 final, siehe insb. 5.

[7] COM(2020) 66 final, 26 f.

[8] Vgl. Europäische Kommission, Europäischer Raum für Gesundheitsdaten (EHDS), abrufbar unter https://health.ec.europa.eu/ehealth-digital-health-and-care/european-health-data-space_de (abgerufen am: 29.4.2025).

Vorhaben.[9] Sie ist ebenfalls bestrebt die vorhandenen nationalen Infrastrukturen zu erweitern, miteinander zu verbinden und zu konsolidieren.[10] Im Folgenden werden deshalb die für den Gesundheitsbereich relevanten legislativen Entwicklungen mit Auswirkungen auf Dateninfrastrukturen auf europäischer und nationaler Ebene, insbesondere für den Bereich der medizinischen Forschung, im Fokus der Untersuchung stehen.

3 Mit dem Aufbau von Dateninfrastrukturen wird nicht nur die Absicht verbunden den Datenbedarf für verschiedene Sektoren zu bedienen, sondern auch dies unter Einhaltung einschlägiger Normen und Standards im Bereich der Datensicherheit und des Datenschutzes umzusetzen. Um dieses Ziel bestmöglich zu erreichen, sind neue Akteure in den Vordergrund der Diskussion um einen (rechts-) sicheren Datenzugang getreten: Datentreuhänder. Der vorliegende Beitrag zum Rechtshandbuch Datentreuhand befasst sich mit ihrer Bedeutung und (zukünftigem) Einsatz im Zusammenhang mit Dateninfrastrukturen und behandelt einschlägige datenschutzrechtliche Fragestellungen. Dazu wird zunächst definiert, worum es sich bei Dateninfrastrukturen handelt und wie sie von Datenräumen abgegrenzt werden können; es werden aktuelle Initiativen in diesem Bereich näher beleuchtet und der relevante legislative Rahmen einleitend geschildert (II.). Dieser wird sodann näher untersucht mit einem Fokus auf die Einbindung von Datentreuhändern, ihre Aufgaben sowie die Auswirkungen der legislativen Vorgaben auf bereits bestehende oder zukünftig umzusetzende Dateninfrastrukturen. Herausgearbeitet wird dabei die Bedeutung von Datentreuhändern für die Umsetzung des Datenschutzes und der damit einhergehenden Förderung von Rechtssicherheit bei der gemeinsamen Datennutzung mittels Dateninfrastrukturen (III.). Als gesetzliche Grundlagen kommen de lege lata die *Datenschutz-Grundverordnung* (DS-GVO)[11], der *Data Governance Act* (DGA)[12], der *Data Act* (DA)[13] und sektorspezifisch die kürzlich in Kraft getretene *Verordnung über den europäischen Gesundheitsdatenraum* (EHDS-VO)[14] auf europäischer Ebene sowie das *Gesundheitsdatennutzungsgesetz* (GDNG)[15] auf nationaler Ebene in Betracht. Abschließend werden die Erkenntnisse der Analyse des gesetzlichen Rahmens zusammengefasst dargestellt und ein Fazit zur Verbindung von Datentreuhändern und Dateninfrastrukturen gezogen (IV.).

---

[9] Bundesregierung, Fortschritt durch Datennutzung, abrufbar unter https://bmdv.bund.de/SharedDocs/DE/Anlage/K/nationale-datenstrategie.pdf?__blob=publicationFile (abgerufen am: 29.4.2025), S. 17, 19f.; zur Unterstützung von Datenräumen und ihrer Vernetzung allgemein siehe Bundesregierung, Fortschritt durch Datennutzung, abrufbar unter: https://bmdv.bund.de/SharedDocs/DE/Anlage/K/nationale-datenstrategie.pdf?__blob=publicationFile (abgerufen am: 29.4.2025), S. 28ff.; siehe spezifisch für den Gesundheitssektor BMG, Gemeinsam digital – Digitalisierungsstrategie für das Gesundheitswesen und die Pflege, abrufbar unter https://www.bundesgesundheitsministerium.de/fileadmin/Dateien/3_Downloads/D/Digitalisierungsstrategie/BMG_Broschuere_Digitalisierungsstrategie_bf.pdf (abgerufen am: 29.4.2025).

[10] Bundesregierung, Datenstrategie der Bundesregierung, Kabinettfassung, 27.1.2021, abrufbar unter https://www.publikationen-bundesregierung.de/pp-de/publikationssuche/datenstrategie-der-bundesregierung-1845632 (abgerufen am: 29.4.2025), S. 12.

[11] VO (EU) 2016/679.

[12] VO (EU) 2022/868.

[13] VO (EU) 2023/2854.

[14] VO (EU) 2025/327.

[15] BGBl. 2024 I Nr. 102, Berichtigung in: BGBl. 2024 I Nr. 102a.

II. Datenzugang und -nutzung mittels Dateninfrastrukturen in Deutschland und auf europäischer Ebene

1. Dateninfrastrukturen und Datenräume

Eine *Dateninfrastruktur* kann, laut Datenstrategie der Bundesregierung aus 2021, als eine vernetzte technische Infrastruktur begriffen werden, die sich aus Komponenten und Diensten zusammensetzt und den Datenzugang, -austausch, die Datennutzung und -speicherung ermöglicht.[16] Hinzutritt, gerade für Forschungsvorhaben relevant, das Ermöglichen der Suche nach und die Auffindbarkeit von Daten mithilfe der Infrastruktur.[17] Für die folgende Untersuchung sollen Dateninfrastrukturen als technisch-organisatorische Architekturen verstanden werden, die durch Dienste und Komponenten den Zugang zu und die Nutzung von Daten für verschiedene Akteure auf nationaler, europäischer und/oder internationaler Ebene ermöglichen. 4

Nach der europäischen Datenstrategie werden gemeinsame europaweite *Datenräume* aufgebaut, um technische und rechtliche Hindernisse der Weitergabe von Daten zu beseitigen, indem erforderliche Infrastrukturen und Instrumente mit Strukturen und Mechanismen kombiniert und Vertrauensfragen etwa durch gemeinsame Vorgaben geregelt werden.[18] Ein gemeinsamer europäischer Datenraum vereint mithin relevante Governance-Rahmenwerke und Dateninfrastrukturen um die Bündelung und gemeinsame Nutzung von Daten zu ermöglichen.[19] Datenräume können demnach als eine umfassende (im Sinne von „*comprehensive*") Einheit verstanden werden, die aus Dateninfrastrukturen heraus entstehen und so von ihnen abgegrenzt werden können.[20] 5

Je nach Anwendungsbereich muss die Dateninfrastruktur bestimmten technischen und rechtlichen Anforderungen genügen. Für den Datenschutz sind das insbesondere die Vorgaben der DS-GVO, was zum Beispiel Datenschutz durch Technikgestaltung und durch datenschutzfreundliche Voreinstellungen gemäß Art. 25 DS-GVO miteinschließt[21]. Ferner sind sektorspezifische Vorgaben zu beachten. Auf die Anforderungen für den medizinischen Forschungskontext wird später noch eingegangen. Bei der Ausgestaltung von Dateninfrastrukturen sind 6

[16] Bundesregierung, Datenstrategie der Bundesregierung, Kabinettfassung, 27.1.2021, abrufbar unter https://www.publikationen-bundesregierung.de/pp-de/publikationssuche/datenstrategie-der-bundesregierung-1845632 (abgerufen am: 29.4.2025), S. 107. Im Kontext der EOSC Association, Strategic Research and Innovation Agenda of the European Open Science Cloud, Version 1.2, abrufbar unter https://eosc.eu/wp-content/uploads/2023/12/20231114_SRIA_1.2_final2.pdf (abgerufen am: 29.4.2025) wird eine Dateninfrastruktur als eine institutionelle, nationale oder internationale Infrastruktur verstanden, „[which] stores, handles and provides a level of access to (possibly FAIR and open) research data", S. 209. Damit werden auch die vielfältigen räumlichen Dimensionen einer Dateninfrastruktur deutlich.

[17] Schickhardt/Winkler/Sax/Buchner Bundesgesundheitsbl 2023, 160 (161).

[18] COM(2020) 66 final, 20; SWD(2022) 45 final, 2.

[19] SWD(2022) 45 final, 2.

[20] Siehe weiterführend zum Verständnis von Datenräumen Reiberg/Niebel, White Paper „What Is a Data Space?" abrufbar unter https://gaia-x-hub.de/wp-content/uploads/2023/11/GX-White-Paper-Data-Space.pdf (abgerufen am: 29.4.2025).

[21] Dazu auch SWD(2022) 45 final, 4.

vor diesem Hintergrund Parameter wie Art und Umfang der Daten, die in der Infrastruktur bereitgestellt werden sollen, zu bedenken. Soll die Infrastruktur nicht-personenbezogene oder besonders zu schützende personenbezogene Daten, wie Gesundheitsdaten oder genetische Daten (vgl. Art. 9 Abs. 1 DS-GVO), bereitstellen? Im letzteren Fall finden besondere datenschutzrechtliche Vorgaben Anwendung (vgl. Art. 9 DS-GVO). Ferner ist zu klären, wie die Infrastruktur technisch umgesetzt werden soll und welche (datenschutz-)rechtlichen Folgefragen und Herausforderungen sich daraus ergeben, so zum Beispiel welche technischen und organisatorischen Maßnahmen (TOMs) gemäß Art. 32 Abs. 1 DS-GVO (wie Verschlüsselung und Pseudonymisierung) bei der Datenverarbeitung im Fall von personenbezogenen Daten zur Anwendung kommen. Geprüft werden müsste dabei auch inwieweit neue Technologien und deren Weiterentwicklung (zB Cloud-Lösungen[22], Künstliche Intelligenz[23]) Berücksichtigung finden. Ein Aspekt, der im Diskurs zu Dateninfrastrukturen im Bereich des Forschungsdatenzugangs vermehrt angesprochen wird ist die Befolgung der „Five Safes“[24] und der „FAIR“-Prinzipien[25],[26] die ein effektives Teilen und die gemeinsame Nutzung von Daten ermöglichen, da sie die organisatorischen und technischen Voraussetzungen dafür liefern. Hinzukommt die Frage nach einer möglichen Anbindung von nationalen an europäische oder internationale Infrastrukturen, was eine technische[27] und rechtliche[28] Interoperabilität[29] voraussetzt. Dazu treten Haftungsfragen im Rahmen der Verarbeitung personenbezogener Daten, gerade wenn im Rahmen der Nutzung von Dateninfrastrukturen mehrere Akteure in Datenverarbeitungsprozessen involviert sind. Um die gemeinsame Datennutzung durch Dateninfrastrukturen zu erleichtern, müssen diese und weitere Fragen unter Berücksichtigung sektorspezifischer Besonderheiten sowie bisheriger und absehbarer, zukünftiger Herausforderungen technischer und rechtlicher Art geklärt werden. Inwieweit der europäische und deutsche Gesetzgeber diesen Herausforderungen im Rahmen von Infrastrukturlösungen unter Einbeziehung von Datentreuhändern begegnen möchte, wird im Folgenden näher untersucht.

---

[22] Siehe dazu die in der Europäischen Datenstrategie aufgeführten Herausforderungen auf Angebots- und Nachfrageseite, COM(2020) 66 final, 10f.

[23] Dazu im Ausblick RfII, “Federated Data Infrastructures for Scientific Use. NFDI, EOSC, Gaia-X, and the European Data Spaces: Comparison and Recommendations for a Committed Engagement to Shape the European Research Data Ecosystem“, abrufbar unter https://rfii.de/download/federated-data-infrastructures-for-scientific-use/ (abgerufen am: 29.4.2025), S. 67; beachte dazu auch VO (EU) 2024/1689.

[24] Desai/Ritchie/Welpton, Economics Working Paper Series “Five Safes: Designing data access for research”, abrufbar unter https://www2.uwe.ac.uk/faculties/BBS/Documents/1601.pdf (abgerufen am: 29.4.2025) S. 5.

[25] Wilkinson/Dumontier/Aalbersberg et al. Scientific Data 2016, 160018.

[26] Dazu insbesondere Specht-Riemenschneider/Wehde ZGI 2022, 3.

[27] Zur Interoperabilitäts-Governance im Gesundheitswesen auf nationaler Ebene siehe BGBl. 2024 I Nr. 279.

[28] Mit „rechtlicher Interoperabilität“ ist gemeint, dass eine Infrastruktur im Verhältnis zu verschiedenen rechtlichen Anforderungen über unterschiedliche Rechtssysteme hinweg konsistent funktioniert, sodass ein Datenfluss zwischen technischen und rechtlichen Systemen rechtssicher möglich ist, vgl. Bernier/Molnár-Gábor/Knoppers Journal of Law and the Biosciences 2022, 1 (2).

[29] Zu „interconnection und interoperability“ in den einheitlichen Europäischen Datenräumen siehe SWD(2022) 45 final, 4.

2. Aktuelle Infrastrukturinitiativen auf europäischer und nationaler Ebene in Deutschland

a) Aktuelle europäische Entwicklungen

In den letzten Jahren haben sich auf europäischer Ebene verschiedene Dateninfrastrukturinitiativen und zugehörige Dachorganisationen gebildet, um den Datenzugang und -austausch zu fördern.[30] 7

Zu den frühen europäischen Initiativen gehört *ELIXIR*.[31] Dabei handelt es sich um eine zwischenstaatliche Organisation bestehend aus 21 Mitgliedstaaten, dem EMBL-EBI und drei Beobachterstaaten.[32] Gegründet im Dezember 2013, hat ELIXIR das Ziel, lebenswissenschaftliche Ressourcen, wie Software Tools, Datenbanken und Cloud Storage, in einer Infrastruktur zu bündeln, um Wissenschaftlern das Auffinden, die gemeinsame Nutzung und Analyse von Daten zu erleichtern.[33] Dazu ist ELIXIR in einer *Hub* und *Nodes* Struktur aufgebaut, in der ersterer die Infrastruktur koordiniert, welche wiederum aus Diensten besteht, die von den *Nodes* der Mitgliedstaaten betrieben werden.[34] 8

Eine weitere, für den Bereich der Forschung im Gesundheitsbereich sehr relevante Initiative ist die *Europäische Cloud für offene Wissenschaft* (European Open Science Cloud, EOSC). Ziel von EOSC ist es wissenschaftliche Publikationen, Forschungsdaten und zugehörige Dienste besser auffindbar und nutzbar zu machen.[35] Bis 2030 soll dafür ein „open, trusted virtual environment for researchers in Europe to store, share and reuse research digital objects including data, publications and software across borders and disciplines" geschaffen werden.[36] Die Umsetzung von EOSC ist ein langjähriger Prozess (seit 2015) der Koordinierung und Abstimmung zwischen der Europäischen Kommission und den vielen Akteuren der europäischen Forschungslandschaft, an dessen Ende die Entwicklung eines „Web of FAIR Data and services" stehen soll.[37] Von der europäischen 9

---

[30] Für einen direkten Vergleich von EOSC, der deutschen NFDI, European Data Spaces und dem (hier nicht behandelten) Gaia-X Vorhaben siehe RfII, „Federated Data Infrastructures for Scientific Use. NFDI, EOSC, Gaia-X, and the European Data Spaces: Comparison and Recommendations for a Committed Engagement to Shape the European Research Data Ecosystem", abrufbar unter https://rfii.de/download/federated-data-infrastructures-for-scientific-use/ (abgerufen am: 29.4.2025).

[31] ELIXIR, abrufbar unter https://elixir-europe.org/ (abgerufen am: 29.4.2025).

[32] ELIXIR, Who we are, abrufbar unter https://elixir-europe.org/about-us/who-we-are (abgerufen am: 29.4.2025).

[33] ELIXIR, About us, abrufbar unter https://elixir-europe.org/about-us (abgerufen am: 29.4.2025); ELIXIR, What we do, abrufbar unter https://elixir-europe.org/about-us/what-we-do (abgerufen am: 29.4.2025).

[34] ELIXIR, Data protection in ELIXIR, abrufbar unter https://elixir-europe.org/about-us/data-protection#personal-data (abgerufen am: 29.4.2025).

[35] BMBF, Aufbau der European Open Science Cloud, Stand 3.3.2021, abrufbar unter https://www.bildung-forschung.digital/digitalezukunft/de/wissenschaft_und_forschung/open-access/aufbau-der-european-open-science-cloud/aufbau-der-european-open-science-cloud_node.html (abgerufen am: 29.4.2025).

[36] EOSC Association, "Paving the way for a synergetic implementation of EOSC", abrufbar unter https://eosc.eu/sites/default/files/2022-02/2022-02-02_EOSC-TE_Public%20report%20from%20Tripartite%20event%202021_FINAL.pdf (abgerufen am: 29.4.2025), S. 1.

[37] Europäische Kommission, „European Open Science Cloud (EOSC)", abrufbar unter https://research-and-innovation.ec.europa.eu/strategy/strategy-2020-2024/our-digital-future/open-science/european-open-science-cloud-eosc_en (abgerufen am: 29.4.2025).

Datenstrategie aufgegriffen wird die Vernetzung der anvisierten sektorspezifischen Datenräume mit EOSC.[38] Sie soll ferner die Basis für einen *Datenraum für Wissenschaft, Forschung und Innovation* bilden, in dem Daten aus Innovations- und Forschungsprogrammen zusammenfließen und eine Vernetzung und Verknüpfung mit den sektorspezifischen Datenräumen stattfindet.[39] Zur Entwicklung von Kernbereichen in der Umsetzung der Cloud wurden Arbeitsgruppen von der EOSC leitenden *Association* eingesetzt,[40] darunter auch eine Health Data Task Force, deren Hauptziele ua die Identifizierung von Regularien und speziellen Voraussetzungen sowie die rechtlichen und ethischen Grundlagen für eine „faire" (gemeint ist zB gerechte und unvoreingenommene) und sichere Verarbeitung von und entsprechenden Datenzugang zu Gesundheitsdaten im Rahmen von EOSC umfassen.[41] Auf deutscher Seite wird die Nationale Forschungsdateninfrastruktur einen entscheidenden Beitrag zur EOSC leisten.[42]

b) Aktuelle Entwicklungen in Deutschland

10 Auf nationaler Ebene sind drei zentrale Infrastrukturen im Gesundheitsbereich hervorzuheben, die stetig ausgebaut und weiterentwickelt werden: die Telematikinfrastruktur für den Versorgungsbereich (inkl. ePA), die Nationale Forschungsdateninfrastruktur, dabei insbesondere NFDI4health und das Deutsche Humangenom-Phänomarchiv/German Human Genome-Phenome Archive, sowie die genomDE Infrastruktur für den Bereich der Genommedizin.

11 Die *Telematikinfrastruktur* (TI) stellt die zentrale Plattform für Digitalanwendungen im Gesundheitswesen in Deutschland dar. Gesetzlich verankert ist die Infrastruktur in Kapitel XI des SGB V (§§ 306 ff. SGB V) und wird gleich zu Beginn definiert (§ 306 Abs. 1 S. 2 SGB V).[43] Die TI umfasst ausweislich des § 306 Abs. 2 SGB V eine dezentrale und eine zentrale Infrastruktur sowie eine Anwendungsinfrastruktur, wobei erstere aus Komponenten zur elektronischen Signatur, zur Authentifizierung, zur Ver- und Entschlüsselung sowie zur sicheren Datenverarbeitung in der zentralen Infrastruktur besteht (Abs. 2 Nr. 1).[44] Vor

---

[38] COM(2020) 66 final, 20.

[39] COM(2020), 66 final, 39.

[40] EOSC Association, "EOSC-A Task Forces", abrufbar unter https://eosc.eu/eosc-task-forces/ (abgerufen am: 29.4.2025).

[41] EOSC Association, „Health Data Task Force", abrufbar unter: https://eosc.eu/advisory-groups/health-data-task-force/ (abgerufen am: 29.4.2025); siehe auch die auf dieser Seite abrufbaren Terms of Reference, 2 f.

[42] BMBF, „Aufbau der European Open Science Cloud", abrufbar unter https://www.bildung-forschung.digital/digitalezukunft/de/wissenschaft_und_forschung/open-access/aufbau-der-european-open-science-cloud/aufbau-der-european-open-science-cloud_node.html (abgerufen am: 29.4.2025; siehe zur Nationalen Forschungsdateninfrastruktur → Rn. 12).

[43] „Die Telematikinfrastruktur ist die interoperable und kompatible Informations-, Kommunikations- und Sicherheitsinfrastruktur, die der Vernetzung von Leistungserbringern, Kostenträgern, Versicherten und weiteren Akteuren des Gesundheitswesens sowie der Rehabilitation und der Pflege dient und insbesondere 1. erforderlich ist für die Nutzung der elektronischen Gesundheitskarte und der Anwendungen der Telematikinfrastruktur, 2. geeignet ist a) für die Nutzung weiterer Dienste und Anwendungen der Telematikinfrastruktur ohne Nutzung der elektronischen Gesundheitskarte nach § 327 und b) für die Verwendung für Zwecke der Gesundheits- und pflegerischen Forschung.", § 306 Abs. 1 S. 2 SGB V.

[44] Die zentrale Infrastruktur besteht aus „a) sicheren Zugangsdiensten als Schnittstelle zur dezentralen Infrastruktur und b) einem gesicherten Netz einschließlich der für den Betrieb

dem Hintergrund der in der TI verarbeiteten Gesundheitsdaten, die unter Art. 9 DS-GVO fallen können, ist ferner der Hinweis in Absatz 3 zur Gewährleistung von TOMs zu beachten. Für den Datenschutz ebenfalls relevant ist, dass alle technischen Komponenten und Dienste einer Zulassung durch die gematik GmbH[45] bedürfen, die den Nachweis der Datenschutzkonformität erfordert, bevor sie in der TI eingesetzt werden.[46] Die datenschutzrechtliche Verantwortlichkeit bezüglich der Verarbeitung personenbezogener Daten durch die Komponenten der TI, im Betrieb der Zugangsdienste und der Dienste der Anwendungsinfrastruktur sowie die Verantwortlichkeit der Gesellschaft für Telematik (gematik GmbH) (§§ 310 ff. SGB V) ist in § 307 SGB V geregelt. Zu den Anwendungen der TI gehört etwa die ePA nach § 341 SGB V (§ 334 Abs. 1 Nr. 1 SGB V), die ab 2025 für alle gesetzlich Versicherten bereitgestellt werden soll („*ePA für alle*").[47] Relevanz erlangt die ePA als Anwendung der TI nicht nur im Versorgungsbereich, sondern auch als Datenquelle für die Forschung gemäß § 363 SGB V.

Für den Forschungsbereich wurde im Jahr 2020 die *Nationale Forschungsdateninfrastruktur* (NFDI)[48] gestartet, um übergreifende Strukturen für das Forschungsdatenmanagement in enger Kooperation mit der Fachgemeinschaft in Deutschland zu etablieren. In der NFDI werden die Datenbestände der Forschung und Wissenschaft „für das gesamte deutsche Wissenschaftssystem systematisch erschlossen, vernetzt und nachhaltig sowie qualitativ nutzbar gemacht".[49] Dazu engagieren sich die einzelnen wissenschaftlichen Fachbereiche bei NFDI in sog. Konsortien, in denen sie sich vernetzen und gemeinsam an fachinternen und -übergreifenden Themen arbeiten.[50] Ziele der Partnerschaften in den Konsortien sind die systematische, nachhaltige und qualitative Nutzbarmachung, Sicherung und Erschließung von Forschungsdaten via regionale und vernetzte Wissensspeicher, ein Forschungsdatenmanagement nach den FAIR-Prinzipien zu etablieren sowie die Vernetzung und Anbindung zu internationalen Initiativen (wie zum Beispiel EOSC)[51].[52] Zu den Konsortien der ersten Förderrunde, die für den Zugang zu Gesundheitsdaten relevant sind, gehören das *German Human Genome-Phenome Archive* 12

notwendigen Dienste" (Abs. 2 Nr. 2). Die Anwendungsinfrastruktur wiederum enthält Dienste für die in Kapitel XI vorgesehenen Anwendungen (Abs. 2 Nr. 3).

[45] Gematik GmbH, abrufbar unter https://www.gematik.de (abgerufen am: 29.4.2025).

[46] Gematik GmbH, White Paper „Wir sorgen für die Sicherheit der Gesundheitsdaten", Stand: Juni 2021, abrufbar unter https://www.gematik.de/media/gematik/Medien/Newsroom/Publikationen/Informationsmaterialien/gematik_Whitepaper-Datenschutz_web_202106.pdf (abgerufen am: 29.4.2025), S. 10.

[47] BMG, Die elektronische Patientenakte für alle, abrufbar unter https://www.bundesgesundheitsministerium.de/epa-vorteile/ (abgerufen am: 29.4.2025).

[48] NFDI, „For a FAIR data future: Die Nationale Forschungsdateninfrastruktur (NFDI)", Stand: 28.5.2024, abrufbar unter https://www.nfdi.de/wp-content/uploads/2024/05/NFDI-Verein-Kurzinfo-v10.pdf (abgerufen am: 29.4.2025).

[49] Heuveline/Bisheh E-Science-Tage 2021 Share Your Research Data/Kraft et al. S. 374.

[50] NfDI, abrufbar unter https://www.nfdi.de (abgerufen am: 29.4.2025); für Informationen aus einem „Werkstattbericht aus der Praxis für die Praxis" siehe Schickhardt et al. Bundesgesundheitsbl 2023, 160.

[51] Siehe dazu EOSC Association, "Challenges and opportunities for EOSC development in Germany: A conversation with York Sure-Vetter", Stand: 5.1.2024, abrufbar unter https://eosc.eu/news/2024/01/challenges/opportunities/eosc-development/germany/ (abgerufen am: 29.4.2025).

[52] Heuveline/Bisheh E-Science-Tage 2021 Share Your Research Data/Kraft S. 374 (375).

(GHGA) und *NFDI4Health*,[53] deren Dateninfrastrukturvorhaben im Folgenden näher betrachtet werden.

13 Mit *GHGA* soll ein nationales Genomarchiv für den Zugriff, die sichere Speicherung und die Analyse humaner Omics-Daten (zum Beispiel Transkriptome, Genome) in einem einheitlichen rechtlich-ethischen Rahmen mit Potential zur internationalen Vernetzung aufgebaut werden. Um eine interoperable, harmonisierte Infrastruktur zu etablieren, baut GHGA auf existierenden, deutschen Omics-Datenlieferanten und ihre IT-Infrastrukturen auf.[54]

14 *NFDI4Health* hat zum Ziel eine Forschungsdateninfrastruktur für personenbezogene Gesundheitsdaten in Deutschland aufzubauen. Deutsche Public-Health-Daten, klinische Studiendaten und epidemiologische Daten sollen nach den FAIR-Prinzipien national und international zugänglich gemacht werden.[55] Zu den Aufgaben von NFDI4Health zählt „die Auffindbarkeit von und [den] Zugang zu strukturierten Gesundheitsdaten [zu] ermöglichen", den „Austausch und [die] Verknüpfung von personenbezogenen Daten unter Wahrung des Datenschutzes [zu] ermöglichen" und „automatisierte Dienste (z.B. Suche, Analysetools) [zu] etablieren".[56]

15 Eine weitere bedeutende nationale Infrastrukturinitiative stellt *genomDE* dar. Mit der Initiative genomDE, bei der GHGA beteiligt ist,[57] soll unter anderem eine bundesweite Plattform für in der Diagnostik erhobene genetische Daten entworfen und aufgebaut werden, die Forschung und Gesundheitsversorgung miteinander verbindet.[58] So soll genomDE einen wichtigen Beitrag zur künftigen Forschungsdateninfrastrukur im deutschen Gesundheitswesen leisten.[59] Gesetzlicher Anknüpfungspunkt ist das Modellvorhaben Genomsequenzierung gem. § 64e SGB V, für das genomDE unter anderem das Dateninfrastrukturkonzept entwickelt hat und sich unterstützend bei dessen Aufbau beteiligen wird.[60] Das ursprünglich bis Ende 2024 laufende Pilotprojekt genomDE wird 2025 fortgeführt und soll unter anderem für die Daten des Modellvorhabens eine sichere Verarbeitungsumgebung konzipieren.[61]

16 Neben diesen drei zentralen Infrastrukturen gibt es weitere Initiativen, um Gesundheitsdaten für eine bessere Versorgung und Forschung verfügbar zu machen.[62]

---

[53] Heuveline/Bisheh E-Science-Tage 2021 Share Your Research Data/Kraft S. 374 (375 ff.).

[54] Heuveline/Bisheh E-Science-Tage 2021 Share Your Research Data/Kraft S. 374 (376).

[55] Heuveline/Bisheh E-Science-Tage 2021 Share Your Research Data/Kraft S. 374 (380).

[56] Ibid.

[57] Siehe Auflistung der Projekt-Beteiligten GenomDE, „Genommedizin. Chancen nutzen. Menschen helfen.", abrufbar unter https://www.genom.de/de/genommedizin-chancen-nutzen-menschen-helfen (abgerufen am: 29.4.2025).

[58] GenomDE, FAQs zu genomDE, abrufbar unter https://www.genom.de/de/faqs-zu-genomde (abgerufen am: 29.4.2025).

[59] Siehe GenomDE, „Genommedizin. Chancen nutzen. Menschen helfen.", abrufbar unter: https://www.genom.de/de/genommedizin-chancen-nutzen-menschen-helfen (abgerufen am: 29.4.2025).

[60] GenomDE, „§ 64e SGB V – Modellvorhaben regelt die rechtlichen Grundlagen", abrufbar unter https://www.genom.de/de/ss-64e-sgb-v-modellvorhaben-regelt-die-rechtlichen-grundlagen (abgerufen am: 29.4.2025).

[61] GenomDE, „Pilotprojekt genomDE wird fortgeführt", 1.4.2025, abrufbar unter https://www.genom.de/de/presse/pilotprojekt-genomde-wird-fortgefuehrt (abgerufen am: 29.4.2025).

[62] Beispielhaft zu nennen ist hier etwa die *Medizininformatik-Initiative* (MII), deren Ziel es ist, deutschlandweit einen Austausch von Versorgungs- und Forschungsdaten zwischen Universi-

In Deutschland entstand so in den letzten Jahren eine Fülle privater und öffentlicher Dateninfrastrukturen mit eigenen Rahmenbedingungen und Standards.[63] Wie in der Datenstrategie der Bundesregierung angekündigt, wird angestrebt die bestehenden Infrastrukturen zu konsolidieren.

3. Legislativer Rahmen

a) Europäische Vorhaben

Auf europäischer Ebene hat die Kommission mit dem DGA ein erstes Gesetzesvorhaben ihrer Datenstrategie umgesetzt. Mit den Vorschriften des DGA soll die Datenverfügbarkeit gesteigert werden, indem Mechanismen zum Teilen von Daten in der Union verstärkt werden und Vertrauen in Datenintermediäre gefördert wird.[64] Der DGA führt dabei zwei neue Akteure in die Datenwirtschaft ein, auf die im Rahmen der Untersuchung des DGA zu Datentreuhändern im Folgenden näher eingegangen wird. **17**

Anfang 2024 ist der DA in Kraft getreten, der wie der Titel bereits deutlich macht „harmonisierte Vorschriften für einen fairen Zugang und eine faire Datennutzung" von personenbezogenen und nicht personenbezogenen Daten beinhaltet (Art. 1 Abs. 1 und 2 DA). Die Vorschriften des DA ergänzen den DGA insofern, als dass der DA klarstellt, „wer unter welchen Bedingungen aus Daten einen Wert schaffen kann" („create value from data").[65] Der DA ist ein wichtiger Baustein in der Datenstrategie der Europäischen Union,[66] im Kontext der vorliegenden Untersuchung vor allem, da er Anforderungen an die Interoperabilität von gemeinsamen europäischen Datenräumen festlegt (Art. 33 DA). Darüber hinaus wird er aber in der folgenden Untersuchung nicht näher untersucht werden. **18**

Für die vorliegende Untersuchung von besonderem Interesse ist die kürzlich in Kraft getretene EHDS-VO. Mit der EHDS-VO wird der EHDS errichtet, indem sie gemeinsame Standards, Infrastrukturen, Regeln und einen Governance-Rahmen für den Zugang zu elektronischen Gesundheitsdaten für die Primär- und Sekundärnutzung festlegt (Art. 1 Abs. 1 EHDS-VO). In der folgenden Untersuchung werden die Regeln des Kapitels IV für den Datenzugang zu Zwecken der Sekundärnutzung und die darin vorgesehene Governance und Infrastruktur näher beleuchtet. **19**

Strukturell zeichnet sich ab, dass die Kommission mit DGA und DA allgemeine Regeln für den Zugang zu und die Nutzung von Daten festlegt, die durch sektor- **20**

---

tätskliniken zu etablieren, siehe dazu Medizininformatik-Initiative, „Über die Initiative", abrufbar unter https://www.medizininformatik-initiative.de/de/ueber-die-initiative (abgerufen am: 29.4.2025).

[63] Bundesregierung, Datenstrategie der Bundesregierung, Kabinettfassung, 27.1.2021, abrufbar unter https://www.publikationen-bundesregierung.de/pp-de/publikationssuche/datenstrategie-der-bundesregierung-1845632 (abgerufen am: 29.4.2025), S. 11.

[64] Europäisches Parlament, Legislative Train Schedule „A European Strategy for Data", Stand: 20.3.2025, abrufbar unter https://www.europarl.europa.eu/legislative-train/theme-a-europe-fit-for-the-digital-age/file-european-data-strategy (abgerufen am: 29.4.2025).

[65] Europäische Kommission, Data Act, Stand: 10.10.2024, abrufbar unter https://digital-strategy.ec.europa.eu/en/policies/data-act (abgerufen am: 29.4.2025).

[66] Ibid.

spezifische Regelungen, wie der EHDS-VO, ergänzt werden.[67] Den Vorgaben für den Schutz personenbezogener Daten durch die DS-GVO soll dabei entsprochen werden.[68] Bezüglich der Vorschriften zu Datentreuhändern und Infrastrukturvorgaben, wird eine entsprechende Analyse folgen.

b) Deutsche Gesetzesvorhaben im Gesundheitsbereich

21 Am Standort Deutschland ist im Lichte der Digitalisierungsstrategie[69] des Bundesministeriums für Gesundheit das *Digital-Gesetz* (DigiG)[70] und das GDNG eingebracht worden, die in 2024 in Kraft getreten sind. Der deutsche Gesetzgeber verfolgt hierbei das Ziel, mit digitalen Lösungen die Forschungsmöglichkeiten und den Versorgungsalltag zu verbessern.[71] Die Vorgaben des DigiG betreffen den Versorgungsbereich. Zentraler Regelungsgegenstand des Gesetzes ist die Einrichtung der *„ePA für alle"*, die die Nutzung und den Austausch von Gesundheitsdaten antreiben soll.[72] Das GDNG soll Deutschland in einem ersten Schritt auf die Anbindung an den EHDS vorbereiten.[73] Im Zuge dessen wurden die in Deutschland bereits gesetzlich etablierten Infrastrukturen für den Datenzugang zu Gesundheitsdaten, insbesondere diejenigen im Datentransparenzverfahren nach §§ 303a ff. SGB V und im Modellvorhaben nach § 64e SGB V sowie für die Verarbeitung von Daten der ePA zu Forschungszecken gemäß § 363 SGB V, entsprechend angepasst. Im datenbasierten Gesundheitswesen sollen die Gesetzesnovellen so die barrierefreie Weiternutzung und Verfügbarkeit der erhobenen Daten zu Forschungszwecken gewährleisten.[74]

---

[67] Raji ZD 2023, 3 (5); SWD(2022) 45 final, 20f.

[68] SWD(2022) 45 final, 6; Zur Kritik am Kommissionsentwurf siehe EDSA/EDSB, „Gemeinsame Stellungnahme 3/2022 des EDSA und des EDSB zum Vorschlag für eine Verordnung über den europäischen Raum für Gesundheitsdaten", abrufbar unter https://www.edpb.europa.eu/system/files/2023-04/edpb_edps_jointopinion_202203_europeanhealthdataspace_de.pdf (abgerufen am: 29.4.2025); siehe ferner DSK, „Stellungnahme der Konferenz der unabhängigen Datenschutzaufsichtsbehörden des Bundes und der Länder vom 27. März 2023", abrufbar unter https://www.datenschutzkonferenz-online.de/media/st/2023-03-27_DSK-Stellungnahme_EHDS.pdf (abgerufen am: 29.4.2025).

[69] BMG, „Gemeinsam digital – Digitalisierungsstrategie für das Gesundheitswesen und die Pflege", abrufbar unter https://www.bundesgesundheitsministerium.de/fileadmin/Dateien/3_Downloads/D/Digitalisierungsstrategie/BMG_Broschuere_Digitalisierungsstrategie_bf.pdf (abgerufen am: 29.4.2025).

[70] BGBl. 2024 I Nr. 101, Berichtigung in: BGBl. 2024 I Nr. 101a.

[71] BMG, Bundestag verabschiedet Digitalgesetze für bessere Versorgung und Forschung im Gesundheitswesen, abrufbar unter https://www.bundesgesundheitsministerium.de/presse/pressemitteilungen/bundestag-verabschiedet-digitalgesetze-pm-14-12-23 (abrufbar am: 29.4.2025).

[72] BMG, Gesetz zur Beschleunigung der Digitalisierung des Gesundheitswesens (Digital-Gesetz – DigiG), Stand: 10.4.2025, abrufbar unter https://www.bundesgesundheitsministerium.de/ministerium/gesetze-und-verordnungen/guv-20-lp/digig.html (abgerufen am: 29.4.2025).

[73] BT-Drs. 20/9046, 2.

[74] Werry/Ntanas MMR 2024, 641 (643). Im kürzlich unterzeichneten Koalitionsvertrag der neuen Bundesregierung sind auch ein Forschungsdatengesetz (S. 79) und ein Registergesetz (S. 111) vorgesehen, die bereits auf der Agenda der vorherigen Bundesregierung standen, CDU/CSU/SPD, „Verantwortung für Deutschland – Koalitionsvertrag zwischen CDU, CSU und SPD", 21. Legislaturperiode, abrufbar unter https://www.spd.de/fileadmin/Dokumente/Koalitionsvertrag2025_bf.pdf (abgerufen am: 29.4.2025); siehe zum Forschungsdatengesetz bereits BMBF, Eckpunkte BMBF Forschungsdatengesetz, Stand: 28.2.2024, abrufbar unter https://www.bmbf.de/SharedDocs/Downloads/DE/gesetze/forschungsdatengesetz/sonstige/

III. Datentreuhänder und ihre Bedeutung für den Datenschutz in Dateninfrastrukturen

1. Datentreuhänder als neue Akteure für einen „ermöglichenden Datenschutz"

Datentreuhänder wurden in der Fortführung der Datenstrategie der Bundesregierung in 2023 als Mittel für einen „ermöglichenden Datenschutz" beschrieben, der eine nutzerinnenfreundliche, innovative und verantwortungsvolle Datennutzung möglich macht und gleichzeitig den Schutz personenbezogener Daten gewährleistet.[75] Sie waren auch bereits Teil der Datenstrategie von 2021, laut derer sie „einen wichtigen Beitrag zur Sicherung des Datenzugangs- und -austauschs" leisten können.[76] Die Bundesregierung ist darin der Ansicht, dass Datentreuhänder durch vielfältige Ausgestaltung das Datenteilen ermöglichen und vereinfachen können, zum Beispiel in dem sie sicherstellen, dass datenschutzrechtliche Vorschriften eingehalten werden.[77] Als Instanz zwischen Datengeber und Datennutzer können sie die Geltendmachung von Betroffenenrechten (Art. 12 ff. DS-GVO) unterstützen sowie bei der Pseudonymisierung oder Anonymisierung zum Einsatz kommen.[78] Datentreuhänder können in allen Sektoren eingesetzt werden, auch sektorübergreifend.[79] Ihr Einsatz wird auch im Koalitionsvertrag der neuen Bundesregierung thematisiert.[80] 22

Die Europäische Kommission sieht ein erhebliches Potenzial in Datentreuhändern als „neutrale Vermittler" für die Stärkung von Einzelpersonen bei der Wahrnehmung ihrer datenbezogenen Rechte und verweist auf das Gutachten der Datenethikkommission der Bundesregierung (DEK),[81] in der Datentreuhandsystemen ebenfalls großes Potenzial ausgesprochen wurde, sofern diese robust, praxisgerecht und datenschutzkonform ausgestaltet sind[82]. Durch ihren Einsatz solle der Einzelne von überfordernden Entscheidungen entlastet, zur Kontrolle über seine personenbezogenen Daten befähigt und vor vermeintlichen Interes- 23

Eckpunktepapier.pdf?__blob=publicationFile&v=3 (abgerufen am: 29.4.2025); zum Thema Registergesetz etwa TMF, Pressemitteilung, „Registertage 2024: Chancen und Herausforderungen aktueller Gesetzgebungsverfahren für Register", abrufbar unter https://www.tmf-ev.de/news/registertage-2024-pressemitteilung (abgerufen am: 29.4.2025).

[75] Bundesregierung, Fortschritt durch Datennutzung, Stand: August 2023, abrufbar unter https://bmdv.bund.de/SharedDocs/DE/Anlage/K/nationale-datenstrategie.pdf?__blob=publicationFile (abgerufen am: 29.4.2025), S. 20.

[76] Bundesregierung, Datenstrategie der Bundesregierung, Kabinettfassung, 27.1.2021, abrufbar unter https://www.publikationen-bundesregierung.de/pp-de/publikationssuche/datenstrategie-der-bundesregierung-1845632 (abgerufen am: 29.4.2025), S. 34.

[77] Ibid.

[78] Ibid.

[79] Ibid; beispielhaft zum Einsatz eines Datentreuhänders im Mobilitätssektor Martini/Roeingh NJW 2024, 2379 (2382 f.).

[80] CDU/CSU/SPD, „Verantwortung für Deutschland – Koalitionsvertrag zwischen CDU, CSU und SPD", 21. Legislaturperiode, abrufbar unter https://www.spd.de/fileadmin/Dokumente/Koalitionsvertrag2025_bf.pdf (abgerufen am: 29.4.2025), S. 69.

[81] COM(2020), 66 final, 11 f. mit Verweis auf das Gutachten der Datenethikkommission der Bundesregierung in Fn. 32.

[82] Gutachten der Datenethikkommission der Bundesregierung, Oktober 2019, S. 21, 140.

senwaltern geschützt werden, die „in Wahrheit vorrangig wirtschaftliche Eigeninteressen oder Interessen Dritter vertreten". Datentreuhänder könnten so in der Praxis „die Funktion einer wichtigen Schnittstelle zwischen Belangen des Datenschutzes und der Datenwirtschaft zukommen". Essentiell bei der Entwicklung von Datentreuhandsystemen sei aber eine begleitende europäische Regulierung, um die Interessen und Rechte aller Beteiligten zu wahren.[83] Dieser Aufforderung ist die Kommission in ihrer Datenstrategie nachgekommen.

24 Vor diesem Hintergrund werden Datentreuhänder im Folgenden verstanden als Akteure, die zur datenschutzkonformen Bereitstellung von personenbezogenen Daten zwischen Datengeber bzw. betroffener Person und Datennutzer beitragen bzw. diese erleichtern. Eine allgemeingültige Definition von Datentreuhändern hat sich bisher nicht etabliert.[84] Je nach Einsatzbereich können sie unterschiedliche Funktionen innehaben und entsprechende Aufgaben erfüllen.

2. Die normative Einbindung von Datentreuhändern

25 Für die Untersuchung der gesetzlichen Vorgaben zu Datentreuhändern mit Bezug zu Gesundheitsdateninfrastrukturen wird im Folgenden näher auf die Vorschriften des in der europäischen Datenstrategie und der Datenstrategie der Bundesregierung vorgesehenen legislativen Rahmens eingegangen, der für den Bereich der medizinischen Forschung relevant ist.

a) DGA

26 Der DGA schafft einen sektorübergreifenden Governance-Rahmen für die Erleichterung der gemeinsamen Datennutzung. Ziel des DGA ist ua die Stärkung des Vertrauens in den Datenaustausch.[85] Dazu führt er zwei neue Akteure in die Datenwirtschaft ein: *Anbieter von Datenvermittlungsdiensten* und *anerkannte datenaltruistische Organisationen.*

---

[83] Ibid.

[84] Die Bundesregierung spricht von Datentreuhändern als „vertrauenswürdige Intermediäre", Bundesregierung, Datenstrategie der Bundesregierung, Kabinettfassung, 27.1.2021, S. 34, abrufbar unter https://www.publikationen-bundesregierung.de/pp-de/publikationssuche/datenstrategie-der-bundesregierung-1845632 (abgerufen am: 29.4.2025); siehe auch den Eintrag zu Datentreuhändern im Glossar S. 110; in der Literatur werden Datentreuhänder unterschiedlich verstanden, siehe etwa Buchholtz/Brauneck/Schmalhorst NVwZ 2023, 206 (206f.); Buchholtz/Brauneck/Schmalhorst JuS 2023, 414; Weichert, Datenschutzrechtliche Rahmenbedingungen medizinischer Forschung, S. 67ff., abrufbar unter https://library.oapen.org/bitstream/id/671ad747-59fe-48a6-adac-6a2a9c585e1b/external_content.pdf (abgerufen am: 29.4.2025); Kühling/Buchner DuD 2021, 777; Specht-Riemenschneider et al. MMR-Beil. 2021, 25 (35); Richter ZEuP 2021, 634 (641f.); Richter DSB 2021, 47; Blankertz/Specht „Wie eine Regulierung für Datentreuhänder aussehen sollte", S. 9, abrufbar unter https://www.stiftung-nv.de/sites/default/files/regulierung_fuer_datentreuhaender.pdf (abgerufen am: 29.4.2025).

[85] Europäische Kommission, Europäisches Daten-Governance-Gesetz, Stand: 10.10.2024, abrufbar unter: https://digital-strategy.ec.europa.eu/de/policies/data-governance-act (abgerufen am: 29.4.2025).

aa) Anbieter von Datenvermittlungsdiensten

Ein neuer Akteur sind *Anbieter von Datenvermittlungsdiensten.* Sie werden in Kapitel III geregelt (Art. 10 ff. DGA) und in Art. 2 Nr. 11 DGA als „Dienst[e], mit [denen] durch technische, rechtliche oder sonstige Mittel Geschäftsbeziehungen zwischen einer unbestimmten Anzahl von betroffenen Personen oder Dateninhabern[86] einerseits und Datennutzern[87] andererseits hergestellt werden sollen, um die gemeinsame Datennutzung[88], auch für die Zwecke der Ausübung der Rechte betroffener Personen in Bezug auf personenbezogene Daten, zu ermöglichen" definiert (beachte den Ausschluss bestimmter in Art. 2 Nr. 11 Buchst. a–d DGA aufgelisteter Dienste). Hervorzuheben ist dabei die Funktion von Datenvermittlungsdiensten Geschäftsbeziehungen über die gemeinsame Datennutzung von betroffenen Personen bzw. Dateninhabern mit Datennutzern herzustellen.[89] Darunter fallen laut Erwgr. 28 S. 4 DGA auch „Orchestrierer von Ökosystemen zur gemeinsamen Datennutzung, die allen Interessierten, etwa im Zusammenhang mit gemeinsamen europäischen Datenräumen, offenstehen". 27

In Kapitel III werden drei Formen von Datenvermittlungsdiensten bestimmt, die einem Anmeldeverfahren unterliegen (Art. 10 DGA).[90] Anbieter von Datenvermittlungsdiensten sollen „bei der Erleichterung der Rechteausübung durch die betroffenen Personen im besten Interesse der betroffenen Personen" handeln (Art. 12 Buchst. m DGA), was durch treuhänderische Pflichten gegenüber den betroffenen Personen sichergestellt werden soll (Erwgr. 33 S. 10 DGA). Zur Erleichterung des Datenaustausches können Anbieter von Datenvermittlungsdiensten auch spezifische Werkzeuge und Dienste wie die Pseudonymisierung und Anonymisierung anbieten (Art. 12 Buchst. e DGA). Dabei handelt es sich um ein zusätzliches Angebot, das „nur auf ausdrücklichen Antrag oder mit Zustimmung des Dateninhabers oder der betroffenen Person" (Buchst. e Hs. 2) erfolgt. Dies macht die in Kapitel III angelegte Trennung von Diensten zur Datenvermittlung und davon abzugrenzenden datenbezogenen Diensten bzw. Datenverarbeitungsdiensten deutlich,[91] was einer Qualifizierung als Datentreuhänder aber grundsätzlich nicht entgegensteht. Mit Blick auf die genannten Vorschriften können Datenvermittlungsdienste als Datentreuhänder verstanden werden.[92] 28

[86] Art. 2 Nr. 8 DGA.
[87] Art. 2 Nr. 9 DGA.
[88] Art. 2 Nr. 10 DGA.
[89] HK-DGA/Specht-Riemenschneider Art. 2 Rn. 66.
[90] „(…) a) Vermittlungsdienste zwischen Dateninhabern und potenziellen Datennutzern (…); zu diesen Diensten können auch (…) die Einrichtung von Plattformen oder Datenbanken, die den Austausch oder die gemeinsame Nutzung von Daten ermöglichen, sowie die Einrichtung anderer spezieller Infrastrukturen für die Vernetzung von Dateninhabern mit Datennutzern gehören; b) Vermittlungsdienste zwischen betroffenen Personen, die ihre personenbezogenen Daten zugänglich machen wollen (…), und potenziellen Datennutzern, (…) , sowie insbesondere Ermöglichung der Ausübung der in der Verordnung (EU) 2016/679 verankerten Rechte betroffener Personen; c) Dienste von Datengenossenschaften.", Art. 10 DGA.
[91] Reiberg/Appelt/Smoleń/Kraemer, White Paper „Datentreuhänder, Datenvermittlungsdienste und Gaia-X", S. 13 abrufbar unter https://gaia-x-hub.de/wp-content/uploads/2024/02/WP-GX-Datentreuhaender.pdf (abgerufen am: 29.4.2025); dazu auch Schütrumpf RDi 2023, 373 (375).
[92] Dabei ist zu beachten, dass Anbieter von Datenvermittlungsdiensten im Anwendungsbereich der DS-GVO explizit an datenschutzrechtliche Bestimmungen gebunden sind (Erwgr. 35 S. 3 DGA); siehe zum Verhältnis von DGA und DS-GVO etwa HK-DGA/Specht-Riemenschnei-

bb) Datenaltruismus

29 Im Gegensatz zu Datenvermittlungsdiensten sollen *anerkannte datenaltruistische Organisationen*[93] Ziele von allgemeinem Interesse fördern und dürfen Daten zu diesen Zwecken verarbeiten.[94] Zu diesen Zielen gehören unter anderem die Gesundheitsversorgung und die Unterstützung der wissenschaftlichen Forschung.[95] Anerkannte datenaltruistische Organisationen unterliegen spezifischen Transparenzanforderungen (Art. 20 DGA) und besonderen Anforderungen zum Schutz der Interessen und Rechte betroffener Personen und Dateninhabern hinsichtlich ihrer Daten (Art. 21 DGA). Sowohl die Transparenzanforderungen als auch die besonderen Anforderungen zum Schutz der Betroffeneninteressen und -rechten könnten der Umsetzung der datenschutzrechtlichen Vorgaben zu Betroffenenrechten und entsprechenden Pflichten von Verantwortlichen und Auftragsverarbeitern (Art. 12 ff. DS-GVO) im Einzelfall zu Gute kommen.[96]

30 Für die Umsetzung datenschutzrechtlicher Verpflichtungen im Bereich der technischen und organisatorischen Maßnahmen, bleibt abzuwarten, wie die Kommission das Regelwerk nach Art. 22 DGA ausgestalten wird. Hierin sollen unter anderem geeignete technische Anforderungen und Sicherheitsanforderungen enthalten sein (Abs. 1 Buchst. b). Als zusätzliche Schutzmaßnahmen sollten ausweislich Erwgr. 46 S. 6 DGA anerkannte datenaltruistische Organisationen eine sichere Verarbeitungsumgebung[97] für die Verarbeitung von einschlägigen Daten bereitstellen, was im Regelwerk Berücksichtigung finden könnte. Durch die Ausgestaltung des Regelwerks hat die Kommission die Möglichkeit, die Wahl geeigneter technischer und organisatorischer Maßnahmen im Einzelfall zu unterstützen, wo bisherige Rechtsunsicherheit eine Datenverarbeitung von vorherein hindern würde. Eine Konkretisierung datenschutzrechtlicher Bestimmungen durch Vorgaben des DGA ist durchaus möglich, sofern die DS-GVO entsprechende Öffnungsklauseln oder unbestimmte Rechtsbegriffe vorsieht.[98] Ein Beispiel für unbestimmte Rechtsbegriffe ist im Rahmen der Bestimmung von TOMs (Art. 32 Abs. 1 DS-GVO) vorzufinden. Die DS-GVO listet zwar in Art. 32 Abs. 1 Buchst. a–d DS-GVO Maßnahmen, die als TOMs fungieren können, auf. Eine Prüfung der „Geeignetheit“ der Maßnahmen hat dennoch im Einzelfall zu erfolgen. Hier entzieht sich die DS-GVO konkreterer Vorgaben. Eine Verhältnismäßigkeitsprüfung zur weiteren Bestimmung von TOMs soll durchgeführt werden.

---

der Art. 1 Rn. 40 ff.; Schreiber/Pommerening/Schoel Der neue DGA § 1 Rn. 23 ff.; Richter GRUR-Int 2023, 458 (466 f.); Kühling ZfDR 2021, 1 (22 f.).

[93] Datenaltruismus wird in Art. 2 Nr. 16 DGA definiert; siehe zum Datenaltruismus ferner die Vorschriften der Art. 16 ff. DGA.

[94] Vgl. Erwgr. 50 DGA.

[95] Erwgr. 45 DGA.

[96] An dieser Stelle ist anzumerken, dass eine Prüfung datenschutzrechtlicher Vorgaben trotz Einhaltung besagter Vorschriften des DGA nicht unterbeleiben kann, vgl. Art. 1 Abs. 3 DGA.

[97] Definiert in Art. 2 Nr. 20 DGA.

[98] Ein solches „konfliktfallgebundenes“ Verständnis im Fall einer Unberührtheitsklausel, wie in Art. 1 Abs. 3 S. 3 DGA, ist gegenüber einem absoluten Verständnis vorzugswürdig, da ansonsten Vorgaben des DGA, die Pflichten der DS-GVO verschärfen (wie bspw. Art. 12 Buchst. m DGA), ohne Anwendungsbereich wären, was wohl nicht vom Gesetzgeber beabsichtigt sein dürfte, HK-DGA/Specht-Riemenschneider Art. 1 Rn. 42, näher zum „konfliktfallgebundenen Verständnis“ insbes. Rn. 45 ff.

Der DGA sieht auch ein europäisches Einwilligungsformular für Datenaltruismus vor (Art. 25 DGA)[99], dass betroffenen Personen ermöglichen soll, damit ihre DS-GVO-konforme Einwilligung zu einem bestimmten Datenverarbeitungsvorgang zu erteilen und widerrufen zu können (Abs. 3). In Anbetracht des im EHDS vorgesehenen Opt-Out-Verfahrens für die Bereitstellung von Gesundheitsdaten für die Sekundärnutzung mag dies hinfällig erscheinen. Zu beachten ist allerdings, dass in Deutschland die Möglichkeit der freiwilligen Datenspende zu ausgewählten Forschungszwecken besteht (vgl. § 363 Abs. 8 SGB V), wofür ein einheitliches Einwilligungsformular durchaus hilfreich sein wird und die Rechtssicherheit beim Umgang mit datenschutzrechtlichen Vorschriften für Einwilligungs- und Widerrufserklärungen im medizinischen Forschungsbereich fördern könnte. **31**

Zusammenfassend lässt sich sagen, dass anerkannte datenaltruistische Organisationen durchaus als eine Form von Datentreuhändern gemäß der genannten Definition verstanden werden können. Ihr Beitrag zu einer datenschutzkonformen Bereitstellung von Daten wird jedoch entscheidend davon abhängig sein, wie die Kommission die ihr durch den DGA eröffneten Regelungsmöglichkeiten (Regelwerk, europäisches Einwilligungsformular) nutzt. **32**

b) EHDS-VO

Der EHDS wird als erster der in der EU-Datenstrategie anvisierten gemeinsamen EU-Datenräume umgesetzt.[100] Er soll „ein vertrauenswürdiges Umfeld für den sicheren Zugang zu einem breiten Spektrum von Gesundheitsdaten und deren Verarbeitung“ bieten.[101] Die entsprechende Verordnung schafft die rechtlichen Grundlagen für Infrastrukturen und einen Governance-Rahmen für die Primär-[102] und die Sekundärnutzung[103] von elektronischen Gesundheitsdaten. Aufbauend auf den Vorschriften der DS-GVO, des DGA, des DA und der Richtlinie über Netz- und Informationssysteme enthält die EHDS-VO zusätzliche, sektorspezifische Vorschriften, die der Sensibilität von Gesundheitsdaten Rechnung tragen.[104] **33**

---

[99] Siehe auch Erwgr. 52 DGA.

[100] Europäische Kommission, Europäischer Raum für Gesundheitsdaten (EHDS), abrufbar unter https://health.ec.europa.eu/ehealth-digital-health-and-care/european-health-data-space_de (abgerufen am: 29.4.2025).

[101] Europäische Kommission, Europäischer Raum für Gesundheitsdaten (EHDS), abrufbar unter https://health.ec.europa.eu/ehealth-digital-health-and-care/european-health-data-space_de (abgerufen am: 29.4.2025).

[102] Primärnutzung gem. Art. 2 Abs. 2 Buchst. d EHDS-VO: „‚Primärnutzung‘ bezeichnet die Verarbeitung elektronischer Gesundheitsdaten für die Gesundheitsversorgung zur Beurteilung, Erhaltung oder Wiederherstellung des Gesundheitszustands der natürlichen Person, auf die sich diese Daten beziehen, einschließlich der Verschreibung, Abgabe und Bereitstellung von Arzneimitteln und Medizinprodukten, sowie für die einschlägigen Sozialleistungen und für die einschlägigen Dienste der Verwaltung oder Kostenerstattung;“

[103] Sekundärnutzung gem. Art. 2 Abs. 2 Buchst. e EHDS-VO: „‚Sekundärnutzung‘ bezeichnet die Verarbeitung elektronischer Gesundheitsdaten für die in Kapitel IV der vorliegenden Verordnung genannten Zwecke, sofern es sich nicht um die Zwecke handelt, für die sie ursprünglich erhoben oder erstellt wurden;“

[104] Europäische Kommission, Europäischer Raum für Gesundheitsdaten (EHDS), abrufbar unter https://health.ec.europa.eu/ehealth-digital-health-and-care/european-health-data-space_de (abgerufen am: 29.4.2025).

Die EHDS-VO macht deutlich, dass Datenräume und Dateninfrastrukturen umfassend gesetzlich etabliert werden können, indem die Governance-Struktur, Regeln für den Datenzugang, die Datennutzung und beteiligte Akteure sowie die Dateninfrastruktur legislativ ausgestaltet werden (siehe Abbildung 1).

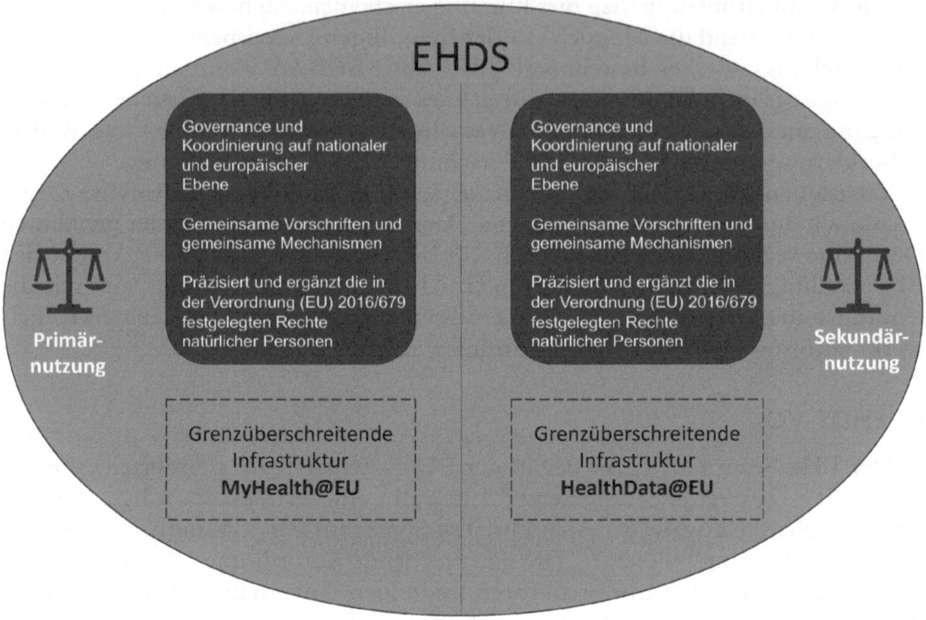

Abbildung 1: Regelung der Primär- und Sekundärnutzung im EHDS (eigene Darstellung)

aa) Zugangsstellen für Gesundheitsdaten

34 Im Bereich der Sekundärnutzung sollen *nationale Zugangsstellen für Gesundheitsdaten* den sicheren Datenzugang zu den in Art. 51 EHDS-VO genannten Daten für die in Art. 53 EHDS-VO vorgesehenen Zwecke, einschließlich der Datenverarbeitung zu wissenschaftlichen Forschungszecken im Bereich des Gesundheitswesens, ermöglichen. Die Governance-Struktur im Bereich der Sekundärnutzung wird in Abschnitt 2 des Kapitels IV festgelegt. An prominenter Stelle werden direkt zu Beginn die Zugangsstellen für Gesundheitsdaten in Art. 55 EHDS-VO als neue Akteure eingeführt.[105] Die nationalen Zugangsstellen entscheiden auf Antrag über Datengenehmigungen gem. Art. 68 EHDS-VO und stellen die in Art. 51 EHDS-VO genannten Gesundheitsdaten entsprechend der Genehmigung den Datennutzenden in einer sicheren Verarbeitungsumgebung[106] (siehe dazu

[105] Es handelt sich dabei um nationale, öffentliche Stellen („*public sector bodies*"), die von den Mitgliedstaaten benannt werden sollen, Art. 55 Abs. 1 S. 1 f. EHDS-VO.

[106] Gemäß Art. 73 Abs. 4 EHDS-VO soll den besonderen Anforderungen an den Schutz von sensiblen Gesundheitsdaten dadurch Rechnung getragen werden, dass sichere Verarbeitungsumgebungen, die von anerkannten datenaltruistischen Organisationen genutzt werden, ebenfalls den in Art. 73 Abs. 1 Buchst. a–f EHDS-VO vorgesehenen Sicherheitsmaßnahmen entspre-

Art. 73 EHDS-VO) bereit. Diese soll ausweislich Art. 73 Abs. 1 S. 1 EHDS-VO technischen und organisatorischen Maßnahmen unterliegen. Technische und organisatorische Maßnahmen im datenschutzrechtlichen Sinne müssen gem. Art. 32 Abs. 1 DS-GVO getroffen werden, um ein angemessenes Schutzniveau für die Rechte und Freiheiten von natürlichen Personen zu gewährleisten und gehören damit zu zentralen Pflichten der datenschutzrechtlich Verantwortlichen und Auftragsverarbeiter. Die Entscheidung über geeignete TOMs ist damit ein zentraler Bestandteil einer datenschutzkonformen Verarbeitung personenbezogener Daten. Näheres zu den technischen und organisatorischen Anforderungen sowie die Anforderungen an den Datenschutz für die sichere Verarbeitungsumgebung im Bereich der Sekundärnutzung im zukünftigen EHDS soll im Wege von Durchführungsrechtsakten durch die Kommission festgelegt werden (Art. 73 Abs. 5 S. 1 EHDS-VO). Wie die technischen und organisatorischen Anforderungen der sicheren Verarbeitungsumgebung sowie die Anforderungen an den Datenschutz in diesem Kontext durch die Kommission weiter konturiert werden, bleibt abzuwarten.[107] Hervorgehoben werden sollte an dieser Stelle aber die in Art. 73 EHDS-VO normierte Zuständigkeit der Zugangsstelle für die datenschutzrechtlich relevante Verarbeitungsumgebung. Eine weitere zentrale Aufgabe der nationalen Zugangsstellen betrifft die Beantwortung von Datenanfragen gem. Art. 69 EHDS-VO in einem anonymen statistischen Format.

Datenschutzrechtlich besonders interessant ist, dass die EHDS-VO explizit **35**
auf die Pflichten der Zugangsstellen gegenüber natürlichen Personen (Art. 58 EHDS-VO), ihr Verhältnis zu Datenschutzaufsichtsbehörden (Art. 65 EHDS-VO),

---

chen müssen. In Erwgr. 78 EHDS-VO ist vorgesehen, dass das Regelwerk nach Art. 22 DGA zusätzliche Kriterien zum Schutz sensibler Daten mit aufnehmen sollte, einschließlich der Einhaltung der Vorgaben der EHDS-VO zur sicheren Verarbeitungsumgebung, sofern eine solche im Regelwerk vorgesehen ist. Auf der anderen Seite sollen Zugangsstellen bei Bedarf mit den für Datenaltruismus zuständigen Behörden kooperieren, Art. 57 Abs. 2 Buchst. c EHDS-VO.

[107] Kritisch angemerkt von der Datenschutzkonferenz (DSK) wurde zum ursprünglichen Entwurf die zentrale Zusammenführung von Klardaten bei der Zugangsstelle, da sie hohe Risiken bürge, eine Pseudonymisierung oder Anonymisierung der Daten vor der temporären und anlassbezogenen Zusammenführung sei laut DSK notwendig, DSK, „Stellungnahme der Konferenz der unabhängigen Datenschutzaufsichtsbehörden des Bundes und der Länder vom 27. März 2023", abrufbar unter https://www.datenschutzkonferenz-online.de/media/st/2023-03-27_DSK-Stellungnahme_EHDS.pdf (abgerufen am: 29.4.2025), S. 7 f.; mit Verweis auf DSK, „Petersberger Erklärung zur datenschutzkonformen Verarbeitung von Gesundheitsdaten in der wissenschaftlichen Forschung", Stand 24.11.2022, abrufbar unter https://www.datenschutzkonferenz-online.de/media/en/20221124_en_06_Entschliessung_Petersberger_Erklaerung.pdf (abgerufen am: 29.4.2025)). Die geäußerte Kritik zum Kommissionentwurf der EHSD-VO hat für die in Kraft getretene Verordnung bestand. Die Zugangsstelle soll zwar sicherstellen, dass Gesundheitsdaten von Gesundheitsdateninhabern „in dem durch die Datengenehmigung festgelegten Format" (also pseudonymisiert oder anonymisiert, vgl. Art. 66 Abs. 2 und 3 EHDS-VO, Art.67 Abs. 2 Buchst. e EHDS-VO, Art. 68 Abs. 1 Buchst. c EHDS-VO) in die sichere Verarbeitungsumgebung hochgeladen werden sollen (Art. 73 Abs. 2 UAbs. 1 EHDS-VO). Allerdings sind die Zugangsstellen auch weiterhin für die Zusammenstellung der angeforderten Daten, deren Empfang und Aufbereitung, Pseudonymisierung und Anonymisierung zuständig (Art. 57 Abs. 1 Buchst. b EHDS-VO), sodass sie zwangsläufig mit Klardaten in Berührung kommen könnten. In diesem Zusammenhang zu ergänzen ist aber, dass gem. Erwgr. 72 S. 5 EHDS-VO „[u]nter Berücksichtigung der spezifischen Zwecke der Verarbeitung (…) die personenbezogenen elektronischen Gesundheitsdaten so früh wie möglich in den Prozess der Bereitstellung von Daten für die Sekundärnutzung pseudonymisiert oder anonymisiert werden" sollten.

Datenminimierung und Zweckbindung (Art. 66 EHDS-VO), das Opt-Out-Recht natürlicher Personen (Art. 71 EHDS-VO) sowie die Verantwortlichkeit (Art. 74 EHDS-VO) eingeht. Gemäß Art. 55 Abs. 1 UAbs. 2 EHDS-VO sind Zugangsstellen grundsätzlich verpflichtet, einen Beitrag zur einheitlichen Anwendung der EHDS-VO in der gesamten Union zu leisten, wozu sie untereinander sowie mit der Kommission und „in Fragen des Datenschutzes" mit den zuständigen Aufsichtsbehörden zusammenarbeiten sollen (siehe auch Erwgr. 65 EHDS-VO). Im Rahmen der Vorgaben zu ihren Aufgaben wird ebenfalls normativ festgehalten, dass sie bei der Wahrnehmung ihrer Aufgaben mit den Aufsichtsbehörden gemäß DS-GVO in Bezug auf personenbezogene Gesundheitsdaten zusammenarbeiten (Art. 57 Abs. 2 Buchst. a EHDS-VO). Bei einem möglichen Verstoß gegen die DS-GVO durch Gesundheitsdatennutzer oder -inhaber muss die Zugangsstelle die Aufsichtsbehörden unterrichten und ihnen alle relevanten Informationen übermitteln (Art. 63 Abs. 2 UAbs. 2 EHDS-VO). Ferner haben sie im Fall von Beschwerden von natürlichen oder juristischen Personen mit der zuständigen Aufsichtsbehörde gemäß DS-GVO zu kooperieren (Art. 81 Abs. 4 EHDS-VO). Gemäß Art. 58 Abs. 1 Buchst. d EHDS-VO müssen Zugangsstellen Informationen bezüglich der Modalitäten zur Ausübung der Rechte natürlicher Personen entsprechend Kapitel III der DS-GVO öffentlich bereitstellen. Daneben enthält die Vorschrift auch Informationsbereitstellungspflichten zur Rechtsgrundlage für die Gewährung des Datenzugangs der Datennutzer (Buchst. a), zu technischen und organisatorischen Maßnahmen (Bucht. b) und geltenden Rechten natürlicher Personen im Rahmen der Sekundärnutzung ihrer Gesundheitsdaten (Bucht. c) sowie bezüglich der Identität und den Kontaktdaten der Zugangsstelle (Buchst. e) und wer zu welchen Gesundheitsdatensätzen zu welchen Zwecken Zugang erhalten hat (Buchst. f). Aufgrund des verfahrensrechtlichen Charakters dieser Vorschrift kann sie unproblematisch neben der DS-GVO Anwendung finden.[108] Eine materiell-rechtliche Vorgabe findet man in Abs. 3 S. 3: hier ist in der in Kraft getretenen Verordnung im Vergleich zum Kommissionsentwurf nun auch das Recht natürlicher Personen gewährleistet, über wesentliche Befunde zu ihrer Gesundheit nicht informiert zu werden. Bei welcher Stelle das Recht ausgeübt werde kann, geht jedoch aus dem Normtext nicht hervor.[109] Die EHDS-VO entzieht sich auch einer näheren Beschreibung des Begriffs „wesentlich". Einzig in Art. 94 Abs. 2 Bucht. c EHDS-VO wird darauf hingewiesen, dass der EHDS-Ausschuss Leitlinien herausbringen soll, um Gesundheitsdatennutzern zu helfen, ihre Pflichten zu erfüllen „*und insbesondere um zu bestimmen, ob ihre Befunde klinisch wesentlich sind*". In Deutschland hat das Recht auf Nichtwissen vor allem im Bereich der Humangenetik Bedeutung erlangt.[110] Aus datenschutzrechtlicher Perspektive ist hierbei insbesondere problematisch und bisher ungelöst die Betroffenheit von Familienmitgliedern durch genetische Befunde. Im Gesundheitsbereich erlangt das Recht auf Nicht-

[108] Beachte, wie beim DGA, auch hier die Unberührtheitsklausel in Art. 1 Abs. 3 EHDS-VO.

[109] Gemäß Erwgr. 67 S. 3 EHDS-VO können Mitgliedstaaten Bedingungen zur Ausübung des Rechts nicht über wesentliche Befunde informiert zu werden festlegen.

[110] Siehe dazu BGH NJW 2014, 2190 Rn. 14; OLG Koblenz MedR 2014, 168 (172); Duttge MedR 2016, 664 (666); Duttge/Lenk Das sogenannte Recht auf Nichtwissen/Molnár-Gábor S. 83 ff.; Normativ verankert ist das Recht auf Nichtwissen in Deutschland in § 9 Abs. 2 Nr. 5, § 11 Abs. 4 GenDG.

wissen existenzielle Bedeutung,[111] denn Patienten möchten gegebenenfalls nicht mit lebensbestimmenden Befunden konfrontiert werden. So ist es grundsätzlich begrüßenswert, dass sich der europäische Gesetzgeber für die explizite Nennung des Rechts auf Nichtwissen im Kontext der Sekundärnutzung entschieden hat. Kritisch anzumerken ist aber besagter Mangel einer näheren Beschreibung der Wesentlichkeit eines Befundes. Der Zugangsstelle kommt durch die Vorgaben der EHDS-VO hierbei nur die Funktion eines Informationsübermittlers zu. Sie dient als Informationsschnittstelle zwischen Gesundheitsdatennutzer, der sie über einen wesentlichen Befund informiert, und dem Gesundheitsdateninhaber, an den sie diesen Befund weitergibt (Art. 58 Abs. 3 S. 1 EHDS-VO). Ihr kommt dabei kein Entscheidungsspielraum oder eine Prüfung der Wesentlichkeit zu.

Datenschutzrechtlich relevant ist auch die Verantwortlichkeit der involvierten Akteure im Bereich der Sekundärnutzung, zu der sich der Europäische Gesetzgeber in Art. 74 EHDS-VO äußert. Die Datenschutzkonferenz (DSK) betonte in ihrer Stellungnahme zum Entwurf von 2022 noch, dass „die datenschutzrechtlichen Verantwortlichkeiten aller beteiligten Stellen lückenlos festzulegen [sind], damit betroffene Personen ihre Datenschutzrechte wirksam ausüben können".[112] Art. 74 Abs. 1 EHDS-VO enthält in der in Kraft getretenen Version eine im Vergleich zur Entwurfsversion aus 2022 nuancierte Verantwortlichkeitsregelung. Waren im Kommissionsentwurf Zugangsstellen noch zusammen mit Datennutzern als gemeinsam Verantwortliche für die Verarbeitungen von Gesundheitsdaten entsprechend der Datengenehmigung vorgesehen, gelten sie gem. Art. 74 Abs. 1 UAbs. 2 EHDS-VO als Verantwortliche für die Verarbeitungen von personenbezogenen Gesundheitsdaten im Rahmen ihrer Aufgabenwahrnehmung gemäß der EHDS-VO. Ungeachtet dessen sind sie Auftragsverarbeiter der Datennutzer für die Verarbeitung bei der Bereitstellung der Daten in der sicheren Verarbeitungsumgebung im Rahmen der Datengenehmigung und für die Verarbeitung zur Beantwortung der Datenanfrage gemäß Art. 69 EHDS-VO (Abs. 1 UAbs. 3). Die legislative Regelung durch den europäischen Gesetzgeber hat das Potenzial für mehr Rechtssicherheit bei der Einführung der neuen Akteure zu sorgen. Ohne diese Regelung wäre die häufig mit Rechtsunsicherheit behaftete Feststellung einer bestimmten datenschutzrechtlichen Rolle anhand des faktischen Einflusses auf die Entscheidung über Zwecke und Mittel der Verarbeitung im Einzelfall dem Rechtsanwender überlassen. Die Rollenverteilung de lege lata kommt auch betroffenen Personen, aber auch Datengebern und -nutzern, zugute, da sie insbesondere datenschutzrechtliche Verantwortlichkeiten und Haftungsfragen zwischen den im Kontext der Bereitstellung von Daten für die Sekundärnutzung involvierten Akteure regelt. Die gesetzliche Regelung der datenschutzrechtlichen Rollenverteilung ist damit geradezu essenziell, um das durch die Kommission in ihrer 36

[111] Duttge/Lenk Das sogenannte Recht auf Nichtwissen/Molnár-Gábor S. 83 f.; weiterführend aus der umfangreichen Literatur zum Beispiel Knoppers/Zawati/Sénécal Nat Rev Genet 2015, 553 abrufbar unter https://www.nature.com/articles/nrg3960 (abgerufen am: 29.4.2025); Schaefer/Savulescu Hastings Cent Rep. 2018, 22 abrufbar unter https://pmc.ncbi.nlm.nih.gov/articles/PMC6354896/ (abgerufen am: 29.4.2025); Cozzi BioLaw Journal 2021, 79.

[112] DSK, „Stellungnahme der Konferenz der unabhängigen Datenschutzaufsichtsbehörden des Bundes und der Länder vom 27. März 2023", abrufbar unter https://www.datenschutzkonferenz-online.de/media/st/2023-03-27_DSK-Stellungnahme_EHDS.pdf (letzter Aufruf: 29.4.2025), S. 7.

Datenstrategie vorgesehene Ziel eines einheitlichen europäischen Datenraums, in dem „europäische Vorschriften und Werte, insbesondere in Bezug auf den Schutz personenbezogener Daten (...) uneingeschränkt geachtet werden“[113], zu erreichen.

37 Als zentrale Funktion der Zugangsstellen für Gesundheitsdaten lässt sich insgesamt die Förderung des Datenzugangs und der gemeinsamen Datennutzung unter Gewährleistung datenschutzrechtlicher Normen festhalten, womit nationale Zugangsstellen gem. Art. 55 EHDS-VO als eine Form von Datentreuhändern zu qualifizieren sind. Die genannten Vorschriften betreffen insbesondere die Einbindung dieser Datentreuhänder in nationale Strukturen, worauf im Rahmen der Untersuchung des GDNG näher eingegangen wird. Daneben sollen Zugangsstellen im Bereich der Sekundärnutzung auch eine Brücke zur grenzüberschreitenden Infrastruktur *HealthData@EU* schlagen (Art. 57 Abs. 1 UAbs. 1 Buchst. i EHDS-VO), auf die im Folgenden näher eingegangen wird.

bb) HealthData@EU

38 Die im Bereich der Sekundärnutzung von Gesundheitsdaten vorgesehene, obligatorische grenzüberschreitende Infrastruktur *HealthData@EU*, wird in Abschnitt 4 (Art. 75 EHDS-VO) geregelt. Vorgesehen ist, dass jeder Mitgliedstaat eine nationale Kontaktstelle benennt, die als technische und organisatorische Schnittstelle („Zugangstor“) fungiert, um elektronische Gesundheitsdaten für die grenzüberschreitende Sekundärnutzung verfügbar zu machen (Art. 75 Abs. 1 S. 1 und 2 EHDS-VO). Von europäischer Seite übernimmt der durch die EHDS-VO neu eingeführte Zugangsdienst der EU (Art. 56 EHDS-VO) die Funktion der EU-Kontaktstelle bei der Kommission (Art. 75 Abs. 2 EHDS-VO). Die nationalen Kontaktstellen und die EU-Kontaktstelle sollen den grenzüberschreitenden Datenzugang für befugte Teilnehmer erleichtern (Art. 75 Abs. 3 S. 2 EHDS-VO), die neben Drittländern und internationalen Organisationen (Abs. 5) auch gesundheitsbezogene Forschungsinfrastrukturen miteinschließen können (Abs. 4). Wie die technische Anbindung umgesetzt werden könnte, soll die Kommission in Durchführungsrechtsakten festlegen (Art. 75 Abs. 12 UAbs. 1 Buchst. a EHDS-VO). Dabei soll der Schutz elektronischer Gesundheitsdaten sichergestellt werden (Buchst. a am Ende).

39 HealthData@EU wird von den Mitgliedsstaaten und der Kommission aufgebaut, die nationale Kontaktstellen mit befugten Teilnehmern in der Infrastruktur verbinden (Art. 75 Abs. 7 EHDS-VO). Dazu ist vorgesehen, dass von der Kommission eine zentrale Plattform eingerichtet und betrieben wird, die IT-Dienste für den Austausch von Informationen als Teil der grenzüberschreitenden Infrastruktur zwischen den im vorherigen Abschnitt erläuterten nationalen Zugangsstellen bereitstellt (Art. 75 Abs. 8 S. 1 EHDS-VO). Ferner ist vorgesehen, dass die Kommission eine sichere Verarbeitungsumgebung bereitstellt, sofern dies von mindestens zwei nationalen Kontaktstellen angefragt wird (Art. 75 Abs. 9 S. 1 EHDS-VO). Die sichere Verarbeitungsumgebung soll den Anforderungen des im vorherigen Abschnitt behandelten Art. 73 EHDS-VO genügen.

40 Bezüglich der datenschutzrechtlichen Rollenverteilung nimmt die EHDS-VO auch für Verarbeitungen in der grenzüberschreitenden Infrastruktur für die

---

[113] COM(2020) 66 final, 6.

Sekundärnutzung eine Normierung vor. Sollten zwei oder mehr nationale Kontaktstellen oder befugte Teilnehmer elektronische Gesundheitsdaten in die sichere Verarbeitungsumgebung einfügen, sind sie als gemeinsame Verantwortliche, die Kommission als Auftragsverarbeiterin, für die Zwecke der Datenverarbeitung in der sicheren Verarbeitungsumgebung anzusehen (Abs. 9 S. 2). Die nationalen Kontaktstellen sind abgesehen davon gemeinsame Verantwortliche für Verarbeitungsvorgänge in HealthData@EU, bei denen sie involviert sind, ohne Auswirkungen auf die Aufgaben der nationalen Zugangsstellen vor und im Nachgang zu diesen Verarbeitungsvorgängen (Abs. 10). Näheres zu den Zuständigkeiten der Verantwortlichen und Auftragsverarbeitern, die in der grenzüberschreitenden Infrastruktur teilnehmen, sowie ihrer Zuständigkeiten bezüglich der sicheren Verarbeitungsumgebung soll die Kommission im Wege von Durchführungsrechtsakten festlegen (Art. 75 Abs. 12 UAbs. 1 Buchst. d und e EHDS-VO). Die Formulierung ist an dieser Stelle jedoch sehr vage gehalten und eröffnet der Kommission einen weiten Spielraum. Es ist wegen der Bedeutung der Rollenausgestaltung für die Betroffenenrechte beachtlich, dass die Kommission die Zuständigkeiten der in der DS-GVO festgelegten Rollen hier weiter ausdifferenzieren wird. Dies wird seine Grenzen in den Schranken der datenschutzrechtlichen Pflichten für Verantwortliche und Auftragsverarbeiter nach DS-GVO finden, die die Vorgaben des Art. 7 und Art. 8 GRCh konkretisieren. Denn im Verhältnis zur DS-GVO ist in Anwendung der Vorschriften der EHDS-VO stets zu berücksichtigen, dass die EHDS-VO die datenschutzrechtlichen Vorschriften der DS-GVO, und damit auch die Pflichten der Verantwortlichen und Auftragsverarbeiter, unberührt lässt (vgl. Art. 1 Abs. 3 EHDS-VO). Bei den von der Kommission zu erlassenden Durchführungsrechtsakten kann es sich also nur um eine Konkretisierung grundsätzlich bestehender Pflichten aus der DS-GVO handeln. Dies ist, in Anlehnung an das im Rahmen des DGA vertretene Verständnis, im Fall von Öffnungsklauseln oder unbestimmten Rechtsbegriffen, wie der „Geeignetheit" von TOMs, möglich. Diesbezüglich wäre eine Konkretisierung durch die Kommission also möglich, was allerdings geprüft werden müsste.

Kritisch anzumerken ist, dass die EHDS-VO nicht näher auf das Verhältnis **41** zwischen den nationalen Kontaktstellen und den nationalen Zugangsstellen eingeht, was bei der Umsetzung der Verordnung möglicherweise zu Unklarheiten bei der Verteilung der Befugnisse bezüglich Aufgaben und Datenverarbeitungen in den Mitgliedstaaten führen könnte. In Art. 75 Abs. 1 S. 3 EHDS-VO wird darauf hingewiesen, dass die Funktion der nationalen Kontaktstelle auch durch die Koordinierungsstelle für den Zugang zu Gesundheitsdaten übernommen werden kann, bei der es sich um eine Zugangsstelle unter mehreren von einem Mitgliedstaat benannte Zugangsstellen handelt, die für die Koordinierung der Aufgaben mit anderen Zugangsstellen im Mitgliedsstaat und mit solchen in anderen Mitgliedsstaaten zuständig ist (Art. 55 Abs. 1 UAbs. 1 S. 4 EHDS-VO). Gibt es jedoch in einem Mitgliedstaat keine Koordinierungsstelle oder wird eine andere als die Koordinierungsstelle als Kontaktstelle benannt, ist unklar, wie diese beiden Stellen miteinander in HealthData@EU interagieren sollen, wenn es um die Erleichterung der grenzüberschreitenden Sekundärnutzung geht. Art. 57 Abs. 1 UAbs. 1 Buchst. i EHDS-VO besagt, dass der grenzüberschreitende Zugang zu Gesundheitsdaten für die Sekundärnutzung über HealthData@EU durch die nationalen Zugangsstellen erleichtert wird. In Art. 75 Abs. 3 S. 2 EHDS-VO heißt es wiederum, dass die Kontaktstellen den grenzüberschreitenden Zugang zu Gesundheitsdaten für die Sekundärnutzung für die verschiedenen befugten Teilnehmer in HealthData@EU erleichtern sollen. Mithin sind beide Stellen für die Erleichterung des grenzüberschreitenden Datenzugangs für die Sekundärnutzung zuständig. Dass eine verarbeitungstechnische Trennung zwischen Zugangs- und Kontaktstelle vorliegen soll, macht indes Absatz 10 deutlich. Hier unterscheidet der europäische Gesetzgeber zwischen den Verarbeitungsvorgängen der Kontaktstellen in HealthData@EU und den Aufgaben der Zugangsstellen vor und nach diesen Verarbeitungsvorgängen. Somit kann man die Kontakt- und Zugangsstellen als zwei voneinander getrennte Verarbeitungseinheiten betrachten. Auch die Bereitstellung von Daten in einer sicheren Verarbeitungsumgebung gegenüber der Kommunikation über die Plattform der Kommission zeichnet eine Trennung beider Stellen ab (siehe Abbildung 2).

Abbildung 2: Akteure in HealthData@EU (eigene Darstellung)

42 Abgesehen davon geht aus dem Normtext nicht hervor, wie die Erleichterung des Datenzugangs in HealthData@EU konkret umgesetzt werden soll und welche Stelle hier welche Aufgaben und Datenverarbeitungen übernimmt. Eine Klärung des Verhältnisses von Kontakt- und Zugangsstellen in dieser Hinsicht durch die Kommission im Rahmen besagter Durchführungsrechtsakte zu den Zuständigkeiten ist mithin dringend nötig. Dies betrifft insbesondere die datenschutzrechtlich relevanten Verarbeitungstätigkeiten der beiden Akteure im Rahmen von HealthData@EU.

43 Für HealthData@EU ist ferner vorgesehen, dass die Kommission und die Mitgliedstaaten Interoperabilität mit anderen relevanten europäischen Datenräumen gewährleisten sollen, wie es im DGA und dem DA vorgesehen ist (Art. 75 Abs. 11 EHDS-VO). Gemeint ist hierbei primär die technische Interoperabilität der ge-

meinsamen europäischen Datenräume,[114] die eine Verwendung von kompatiblen und genormten Protokollen und Formaten voraussetzt, welche eine interoperable und kohärente Erfassung und Verarbeitung von Daten von unterschiedlichen Quellen sektorübergreifend ermöglicht, bisher aber mit Problemen für Datennutzer und -erzeuger behaftet war, wodurch „ein Kombinieren von Daten aus verschiedenen Quellen schon innerhalb von Wirtschaftssektoren und erst recht sektorübergreifend verhinder[t]" wurde.[115] Im Arbeitspapier zu den gemeinsamen europäischen Datenräumen ist jedenfalls die Rede von einer gemeinsamen technischen Infrastruktur, die sektorspezifischen Rahmenbedingungen gebührend Rechnung tragen muss sowie unter anderem „data protection by design and by default" Pflichten der DS-GVO wird integrieren müssen.[116] Die Kommission ist aufgefordert im Wege von Durchführungsrechtsakten gemeinsame Spezifikationen für die Interoperabilität von HealthData@EU mit anderen europäischen Datenräumen aufzustellen (Art. 75 Abs. 12 Buchst. f EHDS-VO). Im Rahmen der Durchführungsrechtsakte könnte sie neben einer technischen auch auf eine rechtliche Interoperabilität hinwirken und dabei gemeinsame Konkretisierungen der Vorgaben der DS-GVO, zum Beispiel im Bereich von TOMs, vornehmen.

c) GDNG

Das GDNG geht einen ersten Schritt in Vorbereitung des deutschen Gesundheitswesens auf die Anbindung an den EHDS.[117] Durch die Maßnahmen zum Ausbau der in Deutschland bereits vorhandenen dezentralen Gesundheitsdateninfrastruktur wird den maßgebend im EHDS erwarteten Anforderungen europarechtskonform vorgegriffen, um so frühzeitig eine Anschlussfähigkeit Deutschlands sicherstellen zu können.[118] Dazu schafft das GDNG zusammen mit dem DigiG Regelungen, um dem bisherigen Mangel an verfügbaren Daten für die Sekundärnutzung in Deutschland zu begegnen.[119] Eine wesentliche Maßnahme dabei ist die Umsetzung des Opt-Out-Verfahrens für die Bereitstellung von ePA-Daten für die Verarbeitung zu Forschungszwecken (vgl. den geänderten § 363 Abs. 1 SGB V). Vereinfacht gesagt werden Patientendaten nun nicht wie bisher auf Basis einer (regelmäßig mit Rechtsunsicherheit behafteten)[120] Einwilligung der Forschung zugänglich gemacht, sondern aus der ePA ausgeleitet, beim For- 44

[114] COM(2020) 66 final, 14 f.; laut Europäischer Datenstrategie kann dies im Einklang mit den FAIR-Grundsätzen geschehen, COM(2020) 66 final, 15, mit Verweis auf https://force11.org/info/the-fair-data-principles/ (abgerufen am: 29.4.2025).
[115] COM(2020) 66 final, 10.
[116] SWD(2022) 45 final, 4.
[117] BT-Drs. 20/9046, 2; für eine Analyse des GDNG aus datenschutzrechtlicher Sicht, siehe Kühling/Schildbach ZfDR 2024, 1 (19 ff.).
[118] BT-Drs. 20/9046, 4.
[119] BT-Drs. 20/9046, 1; vgl. auch BMG, „Bundestag verabschiedet Digitalgesetze für bessere Versorgung und Forschung im Gesundheitswesen", Stand: 14.12.2023, abrufbar unter https://www.bundesgesundheitsministerium.de/presse/pressemitteilungen/bundestag-verabschiedet-digitalgesetze-pm-14-12-23 (abgerufen am: 29.4.2025).
[120] Siehe zur Diskussion um „broad" und „dynamic" consent Bronner/Wiedemann ZD 2023, 77 (81) mwN; Hofmann DuD 2022, 756 (757 f.) mwN; Kühling/Schildbach ZfDR 2024, 1 (13); EDSA, Leitlinien 05/2020 zur Einwilligung gemäß Verordnung 2016/679, Version 1.1, angenommen am 4.5.2020, abrufbar unter https://www.edpb.europa.eu/sites/default/files/files/file1/edpb_guidelines_202005_consent_de.pdf (abgerufen am: 29.4.2025), Rn. 154 ff.;

schungsdatenzentrum Gesundheit (FDZ Gesundheit) pseudonymisiert gesammelt und der Forschung auf Antrag bereitgestellt, sofern Versicherte der Datenübermittlung nicht widersprochen haben. Für die Bereitstellung der ePA wird auf die bereits in → Rn. 11) eingehend behandelte TI zurückgegriffen (vgl. § 334 Abs. 1 S. 2 Nr. 1 SGB V). Gemäß § 341 Abs. 3 SGB V ist hierzu eine Zulassung der für die ePA erforderlichen Dienste und Komponenten durch die Gesellschaft für Telematik nach § 325 SGB V nötig. Die Einbindung der Daten der ePA als Datenquelle für die Forschung erfolgt über das Verfahren der Datentransparenz (§ 303a bis 303f SGB V) durch das FDZ Gesundheit unter Mitwirkung der Vertrauensstelle (§ 363 Abs. 3 und 4 SGB V).

45 Zentrale Akteure im Datentransparenzverfahren, das bereits vor in Krafttreten des GDNG in den §§ 303a ff. SGB V vorgesehen war, sind die Vertrauensstelle (§ 303c SGB V) und das FDZ Gesundheit (§ 303d SGB V). Für die Vertrauensstelle war bisher allein die Zuständigkeit für die Erstellung periodenübergreifender Pseudonyme bezüglich der von den Krankenkassen übermittelten Daten vorgesehen. Mit dem GDNG wird sie nun auch bei der Verknüpfung und Verarbeitung von Gesundheitsdaten gemäß § 4 GDNG eingebunden (§ 303c Abs. 4 S. 1 SGB V). Näheres dazu wird durch eine Rechtsverordnung geregelt (§ 4 Abs. 9 S. 1 Nr. 1 Buchst. e GDNG). Eine gesetzliche Rechtsgrundlage für die Verarbeitung der für den Zweck der Mitwirkung bei der Verarbeitung und Verknüpfung von Gesundheitsdaten nach § 4 GDNG erforderlichen Daten ist im neu eingefügten § 303c Abs. 4 S. 2 SGB V zu finden. Die der Vertrauensstelle zukommende Aufgabe der Pseudonymisierung ist datenschutzrechtlich bedeutend, da die Pseudonymisierung als geeignete Garantie für die Freiheiten und Rechte betroffener Personen und zur Gewährleistung der Achtung des Datenminimierungsgrundsatzes im Bereich der Datenverarbeitung zu wissenschaftlichen Forschungszwecken gemäß Art. 89 Abs. 1 S. 1–3 DS-GVO in Betracht kommen kann. Indem die Vertrauensstelle die Pseudonymisierung vornimmt, leistet sie einen Beitrag zur datenschutzkonformen Bereitstellung personenbezogener Daten und kann deshalb als Datentreuhänder verstanden werden.

46 Nachdem die von den Kranken- und (neuerdings auch) Pflegekassen übermittelten personenbezogenen Daten entsprechend pseudonymisiert wurden, gelangen sie zum FDZ Gesundheit, das ua für die Prüfung der Anträge auf Datennutzung und die beantragten Daten den Nutzungsberechtigten zugänglich zu machen, zuständig ist (§ 303d Abs. 1 Nr. 3 und 4 SGB V). Dabei soll sie das spezifische Reidentifikationsrisiko der beantragten Daten bewerten und durch geeignete Maßnahmen minimieren (§ 303d Abs. 1 Nr. 5 SGB V). Ausweislich der Website zum FDZ Gesundheit „werden die Daten am FDZ Gesundheit durch diverse technische und organisatorische Maßnahmen geschützt, um Datenschutz und Datensicherheit gemäß dem neuesten Stand der Technik zu gewährleisten", wobei die TOMs „in Abstimmung mit der Bundesbeauftragten für den Datenschutz und die Informationsfreiheit (BfDI) sowie dem Bundesamt für Sicherheit in der Informationstechnik (BSI) entwickelt und überprüft" werden.[121] Vor diesem Hintergrund, insbesondere mit Blick auf die Bewertung des spezifischen Reidenti-

---

Molnár-Gábor DuD 2021, 799 (803) mwN; überblicksartig zu den Einwilligungsmodellen Lorenz GuP 2023, 132 (142).

[121] FDZ Gesundheit, Datenschutz am FDZ Gesundheit, abrufbar unter https://www.forschungsdatenzentrum-gesundheit.de/datenschutz-1 (abgerufen am: 29.4.2025).

fikationsrisikos durch das FDZ Gesundheit, kann es ebenfalls als Datentreuhänder verstanden werden. Nähere Informationen zu einer vom FDZ Gesundheit bereitgestellten oder genutzten Dateninfrastruktur sieht das SGB V, auch in der durch das GDNG geänderten Fassung, nicht vor. Da sich das FDZ Gesundheit ausweislich seiner Website noch im Aufbau befindet,[122] wird abzuwarten sein, welcher Dienste und Komponenten es sich zu seiner Aufgabenwahrnehmung bedienen wird. § 20 Abs. 1 S. 2 Nr. 2 *Forschungsdatenzentrum Gesundheit-Verordnung* (FDZGesV)[123] sieht jedenfalls eine sichere Verarbeitungsumgebung („gesicherten virtuellen Umgebung unter Kontrolle des Forschungsdatenzentrums") für die Bereitstellung von Einzeldatensätzen oder aggregierten Datensätzen in pseudonymisierter oder anonymisierter Form vor. Zu beachten ist, dass pseudonymisierte Daten ausdrücklich nur in der sicheren Verarbeitungsumgebung bereitgestellt werden, wozu die erforderlichen spezifischen, organisatorischen und technischen Maßnahmen durch das FDZ Gesundheit im Einvernehmen mit dem BSI festlegt werden (§ 20 Abs. 4 FDZGesV).

Als erster Anwendungsfall für eine Verknüpfung von Gesundheitsdaten sol- **47**
len laut § 4 GDNG die Daten des FDZ Gesundheit mit Daten der klinischen Krebsregister der Länder verknüpft werden können, um für Forschungsvorhaben verarbeitet werden zu können. Das FDZ Gesundheit entscheidet im Rahmen der Verknüpfung über Zugangsanträge bezogen auf die zu verknüpfenden, bei ihr vorliegenden Daten (§ 4 Abs. 2 Nr. 2 GDNG) und übermittelt die jeweiligen Daten im Falle einer erteilten Genehmigung der Datenzugangs- und Koordinierungsstelle an eine vorher festgelegte sichere Verarbeitungsumgebung (§ 4 Abs. 7 GDNG). Eine entsprechende Verarbeitungsgrundlage für das FDZ Gesundheit für das Verfahren der Verknüpfung findet man in § 303d Abs. 1 Nr. 11 SGB V. Näheres regelt, wie bereits für die Vertrauensstellen angemerkt, auch bezogen auf die Einbindung des FDZ Gesundheit in § 4 GDNG eine Rechtsverordnung (§ 4 Abs. 9 S. 1 Nr. 1 Buchst. a GDNG).

Das GDNG etabliert ferner einen neuen Akteur: Die beim Bundesinstitut für **48**
Arzneimittel und Medizinprodukt (BfArM) eingerichtete *Datenzugangs- und Koordinierungsstelle* (DZKS) soll in der nationalen Gesundheitsdateninfrastruktur eine zentrale Funktion übernehmen.[124] Als Mittler zwischen datenhaltenden Stellen und Datennutzenden übernimmt sie koordinierende Aufgaben bei Anträgen auf Zugang zu Gesundheitsdaten und Datenverknüpfung.[125] Dabei ist sie insbesondere für die Beratung und Unterstützung von Datennutzenden[126] beim Zugang zu Gesundheitsdaten zu Forschungszwecken und weiteren im Gesetz benannten Zwecken zuständig (§ 3 Abs. 1 und 2 S. 1 GDNG). Zu ihren Aufgaben gehört ebenfalls, Konzepte „zur Nutzung von sicheren Verarbeitungsumgebungen als Maßnahme zur Verbesserung des Datenschutzes und der Datensicherheit im

---

[122] Siehe FDZ Gesundheit, Das FDZ Gesundheit, abrufbar unter https://www.forschungsdatenzentrum-gesundheit.de/das-fdz (abgerufen am: 29.4.2025); die technische Infrastruktur des FDZ Gesundheit soll „in enger Abstimmung mit dem BSI aufgebaut" werden, FDZ Gesundheit, Datenschutz am FDZ Gesundheit, abrufbar unter https://www.forschungsdatenzentrum-gesundheit.de/datenschutz-1 (abgerufen am: 29.4.2025).

[123] BGBl. 2025 I Nr. 27, Artikel 1.

[124] BT-Drs. 20/9046, 3.

[125] BT-Drs. 20/9046, 3 im Licht von § 3 GDNG („Anträge auf Zugang zu Gesundheitsdaten").

[126] Definiert in § 2 Nr. 4 GDNG.

Rahmen der Weiterverarbeitung von Gesundheitsdaten zu Forschungszwecken und weiteren im Gemeinwohl liegenden Zwecken" (§3 Abs.2 Nr.9 Buchst. a GDNG) zu erstellen. Außerdem ist die DZKS zentral bei der Verknüpfung von pseudonymisierten Daten des FDZ Gesundheit mit pseudonymisierten Daten der klinischen Krebsregister der Länder eingebunden (§3 Abs.2 Nr.10 iVm §4 GDNG). Hierbei entscheidet sie auf Antrag über Genehmigungen für die Verknüpfung und Verarbeitung der genannten Daten für Forschungsvorhaben (§4 Abs.2 GDNG). Die Erteilung der Genehmigung erfordert unter anderem, dass „schutzwürdige Interessen der betroffenen Person nicht beeinträchtigt werden oder das öffentliche Interesse an der Forschung das Geheimhaltungsinteresse der betroffenen Person überwiegt und das spezifische Reidentifikationsrisiko in Bezug auf die beantragten Daten bewertet und unter angemessener Wahrung des angestrebten wissenschaftlichen Nutzens durch geeignete Maßnahmen minimiert worden ist" (§4 Abs.2 S.2 Nr.3 GDNG). Wird die Genehmigung erteilt werden die zu verknüpfenden Daten gemäß §4 Abs.5 S.1 GDNG in einer durch die DZKS festzulegenden sicheren Verarbeitungsumgebung pseudonymisiert zugänglich gemacht. In der nachfolgenden Beschreibung einer sicheren Verarbeitungsumgebung (S.2) greift das GDNG die in Art.89 Abs.1 S.2 DS-GVO geforderten Garantien bezüglich TOMs auf und legt ferner fest, dass „insbesondere ein Kopieren der Daten verhindert werden kann". Das Bundesministerium für Gesundheit (BMG) wird ermächtigt, diese Anforderungen sowie Kriterien für die Auswahl der Verarbeitungsumgebung durch Rechtsverordnung unter anderem im Benehmen mit dem oder der BfDI zu regeln (§4 Abs.9 S.1 Nr.2, S.2 GDNG).

49 Abgesehen von diesem Anwendungsfall, hat die DZKS allerdings (noch) nicht die von der EHDS-VO für Zugangsstellen vorgesehene zentrale Kompetenz der Entscheidung über Datengenehmigungen und Datenfragen inne. Anders als in der EHDS-VO vorgesehen, werden Anträge auf Datenzugang an die datenhaltende Stelle gerichtet, wobei die DZKS Unterstützung bietet (§3 Abs.2 S.2 Nr.3–5 GDNG).[127] Es wird sich zeigen, ob und wenn ja wie im Rahmen ihrer Weiterentwicklung gemäß Art.3 Abs.2 Nr.9 Buchst. b GDNG ihre Aufgaben erweitert werden. Die DSK hatte in ihrer Stellungnahme zum EHDS-Kommissionsentwurf bereits angemerkt, dass die Aufgaben bei der Zugangsstelle im EHDS so ausgestaltet sein müssten, dass vor allem die Grundsätze der Erforderlichkeit und Datenminimierung gemäß Art.5 Abs.1 Buchts. c und e DS-GVO gewahrt werden und Betroffenenrechte ohne Hindernisse ausgeübt werden können.[128] Deshalb sollten laut DSK die Aufgaben auf unterschiedliche Verantwortliche aufgeteilt werden, etwa Vertrauensstellen für die Pseudonymisierung der Gesundheitsdaten, Zugangsstellen für die Verwaltung und Koordinierung der Dateninfrastruktur und für die Bearbeitung der Antragsverfahren sowie Treuhandplattformen für die Bereitstellung der Gesundheitsdaten in einer sicheren Verarbeitungsumgebung.[129] Für die datenschutzrechtliche Verantwortlichkeit der Zugangsstelle ist hier wiederum auf die Vorgaben in Art.74 Abs.1 UAbs.2 und 3 EHDS-VO zu verweisen.

[127] Werry/Ntanas MMR 2024, 641 (645).

[128] DSK, „Stellungnahme der Konferenz der unabhängigen Datenschutzaufsichtsbehörden des Bundes und der Länder vom 27. März 2023", abrufbar unter https://www.datenschutzkonferenz-online.de/media/st/2023-03-27_DSK-Stellungnahme_EHDS.pdf (abgerufen am: 29.4.2025), S.7.

[129] Ibid.

In Anbetracht der dargelegten Aufgaben der DZKS, die einen Beitrag zur datenschutzkonformen Bereitstellung personenbezogener Gesundheitsdaten für die Forschung leisten können, insbesondere hinsichtlich der Nutzung von sicheren Verarbeitungsumgebungen, kann die DZKS als Datentreuhänder verstanden werden. 50

Ein weiterer Teilbereich der deutschen Gesundheitsdateninfrastruktur betrifft das Modellvorhaben nach § 64e SGB V zur umfassenden Diagnostik und Therapiefindung mittels Genomsequenzierung bei seltenen und bei onkologischen Erkrankungen. Das Dateninfrastrukturkonzept für das Modellvorhaben wurde von der eingangs vorgestellten Initiative genomDE entwickelt.[130] Normiert ist unter anderem, dass das BfArM als *Plattformträger* der durch das GDNG vorgesehenen, zentralen Plattform für das Modellvorhaben (Abs. 9 S. 1) die in Genomrechenzentren und klinischen Datenknoten gespeicherten Daten Nutzungsberechtigten unter bestimmten Voraussetzungen für wissenschaftliche Forschungszwecke zugänglich macht (Abs. 11) bzw. bereitstellt (Abs. 11a), was gemäß Abs. 10c über automatisierte, informationstechnische Lösungen (Datendienste) erfolgt. Eine Datenverarbeitung zum Zweck der wissenschaftlichen Forschung (§ 64e Abs. 11 S. 3 Nr. 4 SGB V) bedarf der Einwilligung durch den Versicherten (Abs. 6 S. 2), für die der Plattformträger „eine datenschutzkonforme, barrierefreie und einheitliche Ausgestaltung der Erklärung" sicherstellt (Abs. 6 S. 4). Ferner obliegt es dem Plattformträger im Falle der Bereitstellung pseudonymisierter Einzeldatensätze festzustellen, ob „durch geeignete technische und organisatorische Maßnahmen sichergestellt wird, dass die Verarbeitung durch den Nutzungsberechtigten auf das erforderliche Maß beschränkt und insbesondere ein Kopieren der Daten ausgeschlossen ist" (§ 64e Abs. 11a S. 3 Nr. 2 SGB V). Durch die Umsetzung dieser Vorgaben durch den Plattformträger kann er zur datenschutzkonformen Bereitstellung von personenbezogenen Daten zwischen Datengeber bzw. betroffener Person und Datennutzer beitragen bzw. diese erleichtern und ist somit als Datentreuhänder zu qualifizieren. Eingebunden in das Modellvorhaben ist auch eine beim Robert-Koch-Institut eingerichtete *Vertrauensstellen* (§ 64e Abs. 9c SGB V). Ihr obliegt die datenschutzrechtlich relevante Pseudonymisierung der Daten im Modellvorhaben entsprechend den Vorgaben in Absatz 9c. Das Verfahren zur Pseudonymisierung wird von ihr im Einvernehmen mit dem oder der BfDI und dem BSI festgelegt (Abs. 9c S. 6). Durch ihren Beitrag zur datenschutzkonformen Bereitstellung von Daten im Modellvorhaben, kann die Vertrauensstelle auch als Datentreuhänder verstanden werden. 51

3. Dateninfrastruktureinbindung auf europäischer und nationaler Ebene

Die vorangegangene Analyse der legislativen Entwicklung zeichnet ein einheitliches Bild für sich aktuell entwickelnde Infrastrukturlösungen zur Sekundärnutzung von Gesundheitsdaten: dezentral vorgehaltene Gesundheitsdaten werden 52

[130] GenomDE, „§ 64e SGB V – Modellvorhaben regelt die rechtlichen Grundlagen", abrufbar unter https://www.genom.de/de/ss-64e-sgb-v-modellvorhaben-regelt-die-rechtlichen-grundlagen (abgerufen am: 29.4.2025).

über eine zentrale Stelle für die Forschung zugänglich gemacht. Dabei bedient sich der europäische und nationale Gesetzgeber verschiedener Datentreuhänder (nationale Zugangsstelle, DZKS, FDZ Gesundheit, Plattformträger, Vertrauensstellen), um in technisch sicheren Verarbeitungsumgebungen die Bereitstellung von Gesundheitsdaten für die Forschung unter gewissen Voraussetzungen zu organisieren. Die Daten sollen dabei grundsätzlich anonymisiert sein. Auf nationaler Ebene in Deutschland ist bisher allerdings noch eine „doppelte Pseudonymisierung“[131] vorgesehen. Die sichere Verarbeitungsumgebung muss entsprechende Sicherheitsmaßnahmen zum Schutz personenbezogener Daten erfüllen. Ihre konkrete Ausgestaltung ist auf europäischer Ebene der Kommission durch Durchführungsrechtsakt und auf nationaler Ebene dem BMG durch Rechtsverordnung überlassen.

53 Ferner sind Anknüpfungsmöglichkeiten zu bereits etablierten Forschungsinfrastrukturen möglich und ein grenzüberschreitender Austausch von Daten wird gefördert (siehe HealthData@EU). Eine direkte Anbindung an HealthData@EU als befugter Teilnehmer ist für gesundheitsbezogene Forschungsinfrastrukturen zukünftig möglich, sofern ihre Arbeit auf dem Unionsrecht beruht. Das sind etwa Infrastrukturen, die als „Konsortium für eine europäische Forschungsinfrastruktur (ERIC)“[132] oder als „Konsortium für europäische Digitalinfrastrukturen (EDIC)“[133] gegründet wurden oder „Infrastrukturen im Rahmen des Europäischen Strategieforums für Forschungsinfrastrukturen“ (ESFRI) und „Infrastrukturen unter dem Dach der Europäischen Cloud für offene Wissenschaft“, die eingangs bereits vorgestellt wurde (Erwgr. 80 S. 6 EHDS-VO). An dieser Stelle würde auch eine Anbindung und Vernetzung zu internationalen Initiativen durch nationale Infrastrukturen wie NFDI (damit auch GHGA und NFDI4Health) ansetzen können. Die ebenfalls eingangs vorgestellte ELIXIR ist Teil des EHDS2Pilot Projektes (2022–2024), das eine Pilotversion von HealthData@EU erstellt.[134] Zudem soll die von EOSC eingesetzte Health Data Task Force durch die Identifizierung von gemeinsamen Formaten und Services die Interoperabilität von EOSC mit der grenzüberschreitenden EHDS Infrastruktur für die Sekundärnutzung (HealthData@EU) fördern.[135] Ergebnisse der Arbeitsgruppe wurden auf der Website der *Association* im Macro-Roadmap Katalog zur Umsetzung von EOSC bisher nicht veröffentlicht.[136] Um Synergien mit dem im Entstehen begriffenen EHDS zu erzeugen, soll auch ein *EOSC Interoperability Framework* geschaffen werden, der relevante Infrastrukturanbindungen und Schnittstellen beinhaltet.[137]

54 Die nationale Gesundheitsdateninfrastruktur in Deutschland ist mit dem GDNG darauf angelegt, dezentral bei unterschiedlichen Datenquellen vorgehaltene Daten zu verknüpfen und unter Einbindung datenschutzfördernder Dienste (Pseudonymisierung durch Vertrauensstellen, Verarbeitung in sicherer Verarbei-

---

[131] Werry/Ntanas MMR 2024, 641 (645).
[132] Gemäß VO (EG) Nr. 723/2009.
[133] Gemäß Beschl. (EU) 2022/2481.
[134] ELIXIR, „EU Projects“, abrufbar unter https://elixir-europe.org/about-us/how-funded/eu-projects (abgerufen am: 29.4.2025).
[135] EOSC Association, Health Data Task Force, abrufbar unter https://eosc.eu/advisory-groups/health-data-task-force/ (abgerufen am: 29.4.2025).
[136] EOSC, Macro-Roadmap, abrufbar unter https://eosc.eu/eosc-macro-roadmap/ (abgerufen am: 29.4.2025).
[137] SWD(2022) 45 final, 35.

tungsumgebung) der Forschung zugänglich zu machen. So wird etwa die TI mit der „*ePA für alle*" eine umfangreiche Datenbasis ermöglichen, die Antragstellenden aus der Forschung ab Mitte diesen Jahres pseudonymisiert oder anonymisiert über das FDZ Gesundheit zur Verfügung gestellt werden kann.[138] Wie genau vorhandene und im Entstehen begriffene Forschungsdateninfrastrukturen, wie NFDI-4Health, mit der „*ePA für alle*" und weiteren Daten der Public-Health-Forschung harmonisiert und verknüpft werden könnten, muss noch koordiniert werden.[139] Die für die ePA verantwortliche gematik GmbH (Nationale Agentur für digitale Medizin) ist zusammen mit dem BMG, der TMF – Technologie und Methodenplattform für die vernetzte medizinische Forschung e.V. und dem BfArM bzw. dem FDZ Gesundheit auf deutscher Seite in TEHDAS2 („Second Joint Action Towards the European Health Data Space")[140] zur Vorbereitung der Sekundärnutzung elektronischer Gesundheitsdaten im EHDS beteiligt.[141]

Gesetzlich vorgesehen ist im GDNG in Vorbereitung des EHDS, dass Daten- **55**
infrastrukturen als sog. datenhaltende Stellen über die DZKS in die Sekundärnutzung eingebunden werden. Die DZKS hat dabei eine Mittlerfunktion, indem sie Anträge auf Zugang zu Gesundheitsdaten der Datennutzenden entgegennimmt und die Anträge „im Wege der Weiterleitung an die zuständigen datenhaltenden und mittelnden Stellen" übermittelt (§ 3 Abs. 2 S. 2 Nr. 4 GDNG). Die DZKS hat ferner als Aufgabe, Konzepte „zur Verknüpfung und gemeinsamen Verarbeitung von pseudonymisierten Gesundheitsdaten verschiedener datenhaltender Stellen" zu erstellen (§ 3 Abs. 2 S. 2 Nr. 9 Buchst. c GDNG) und soll die Bundesregierung „beim Aufbau einer vernetzten Gesundheitsdateninfrastruktur auf Bundesebene und in der Europäischen Union" unterstützen (§ 3 Abs. 2 S. 2 Nr. 8 GDNG).

Datenhaltende Stellen sind legaldefiniert gemäß § 2 Nr. 3 Hs. 1 GDNG als „na- **56**
türliche und juristische Personen einschließlich deren Zusammenschlüsse im Sinne von Datenplattformen oder Dateninfrastrukturen, die berechtigt oder verpflichtet sind, Gesundheitsdaten für Forschungszwecke und weitere in diesem Gesetz genannte Zwecke Dritten zur Verfügung zu stellen". Dazu gehören ausweislich der Begriffsbestimmung (2. Hs.) insbesondere normativ geregelte datenhaltende Stel-

[138] Ina, Forschen im nationalen und europäischen Gesundheitsdatenraum, abrufbar unter https://www.ina.gematik.de/themenbereiche/interoperabilitaet-in-der-forschung (abgerufen am: 29.4.2025).

[139] Ina, Forschen im nationalen und europäischen Gesundheitsdatenraum, abrufbar unter https://www.ina.gematik.de/themenbereiche/interoperabilitaet-in-der-forschung (abgerufen am: 29.4.2025); im Bericht zum NFDI4Health-Jahrestreffen 2024 in Potsdam heißt es: „NFDI4Health sieht sich als wichtige Plattform, um deutsche Gesundheitsdaten nach FAIR-Prinzipien in den europäischen Kontext zu integrieren. (…) Die Teilnehmenden betonten die Notwendigkeit, bestehende Infrastrukturen weiterzuentwickeln, internationale Kooperationen zu stärken und die Strukturen und Services von NFDI4Health in den EHDS zu integrieren." NFDI4Health, „NFDI4Health-Jahrestreffen 2024 in Potsdam", abrufbar unter https://www.nfdi4health.de/aktuelles/news/nfdi4health-jahrestreffen-2024-in-potsdam.html (abgerufen am: 29.4.2025).

[140] Das Projekt startete im Mai 2024, für mehr Informationen siehe Projekt-Website, abrufbar unter https://tehdas.eu (abgerufen am: 29.4.2025); zur Übersicht der EU Kommission zum Projekt: https://ec.europa.eu/info/funding-tenders/opportunities/portal/screen/opportunities/projects-details/43332642/101176773/EU4H (abgerufen am: 29.4.2025).

[141] TMF, „Gemeinsam zum Europäischen Gesundheitsdatenraum (EHDS): TEHDAS2 geht an den Start!", abrufbar unter https://www.tmf-ev.de/news/tehdas2-geht-den-start (abgerufen am: 29.4.2025).

len wie das Zentrum für Krebsregisterdaten am Robert-Koch-Institut, das FDZ Gesundheit gem. §303d SGB V sowie die Plattform im Modellvorhaben gem. §64e Abs. 9 SGB V. Gemäß §3 Abs. 3 S. 1 Nr. 4 GDNG wird das BMG ermächtigt durch Rechtsverordnung näheres zu den „Kriterien für die Eignung von datenhaltenden und datenmittelnden Stellen zur Einbeziehung in die Sekundärnutzung" und „zur Bereitstellung transparenter Informationen über diese Kriterien" zu regeln. Geplante Regelungen sollen im Benehmen mit Vertretern der jeweiligen datenhaltenden Stellen (§3 Abs. 3 S. 2 GDNG) und mit dem Bundesministerium für Arbeit und Soziales im Anwendungsbereich des Rechts des Sozialgesetzbuchs (§3 Abs. 3 S. 3 GDNG) getroffen werden. Vertreter der datenhaltenden Stellen sind darüber hinaus auch Teil des Arbeitskreises zur Gesundheitsdatennutzung gem. §3 Abs. 4 GDNG, der beratend an der Ausgestaltung, Evaluation und Weiterentwicklung der Aufgabenwahrnehmung der DZKS mitwirkt.

57 Mit Blick auf die kürzlich in Kraft getretene EHDS-VO wird abzuwarten sein, inwieweit die durch das GDNG geschaffenen Einbindung von Dateninfrastrukturen weiterentwickelt wird, um letztlich die Anbindung an den EHDS und die Umsetzung seiner Vorgaben für Deutschland im Bereich der Sekundärnutzung zu gewährleisten.

IV. Fazit

58 Gesundheitsdateninfrastrukturen ermöglichen als technisch-organisatorische Architekturen die Datenverarbeitung auf nationaler und grenzüberschreitender Ebene. Sie sorgen, je nach Ausgestaltung, für die technisch mögliche Auffindbarkeit, die Verknüpfung, den Zugang zu und die Nutzung von Daten etwa zu Forschungszwecken. Mit der technischen Möglichkeit der Datenverarbeitung ist aber noch nicht sichergestellt, dass diese auch rechtssicher im Sinne des Datenschutzes vorgenommen wird. Um dies zu erreichen, werden Datentreuhänder normativ eingebunden.

59 Die vorangegangene Analyse, der durch die europäische Datenstrategie auf den Weg gebrachten legislativen Entwicklung und entsprechender Reaktionen durch den nationalen Gesetzgeber, bestätigt die weite Definition von Datentreuhändern als Akteure, die zur datenschutzkonformen Bereitstellung von personenbezogenen Daten zwischen Datengeber bzw. betroffener Person und Datennutzer beitragen bzw. diese erleichtern. Sowohl technische Dienste wie Pseudonymisierungsstellen als auch organisatorische Akteure wie die Datenzugangs- und Koordinierungsstelle werden als Datentreuhänder nach dieser Definition qualifiziert. So sind Datentreuhänder weniger ein singulärer Akteur als vielmehr als ein Konzept zu verstehen, das verschiedene Anwendungsmöglichkeiten bereithält und als eine datenschutzrechtliche Compliance ermöglichende technische und/oder organisatorische Maßnahme im Gesundheitsbereich etabliert wird. Es handelt sich um ein Konzept, das sicherlich noch nicht abschließend konturiert, aber zumindest in seiner Bedeutung für die datenschutzkonforme Bereitstellung von Gesundheitsdaten bereits jetzt gefestigt ist.

Mit der Etablierung des weiten Begriffs der Datentreuhänder wird für die technische und organisatorische Entlastung der Datengeber und Datennutzer gesorgt. Ein zentraler Punkt, der sich hier widerspiegelt, ist die Möglichkeit Vertrauen in etwaige datenverarbeitende Prozesse durch datenschutzrechtliche Verarbeitungssicherheit zu erhöhen und damit auch die Bereitschaft von Datengebenden ihre Daten zur Verfügung zu stellen, zu steigern. Ferner stellt die Gewährleistung der Compliance durch Auslagerung von Maßnahmen an bestimmte Akteure eine Operationalisierung der Balancierung der DS-GVO zwischen freiem Verkehr von personenbezogenen Daten und Datenschutz (Art. 1 DS-GVO) dar. Wenn Akteure und Stellen in diesem Sinne mit technischen und compliance-bezogenen datenschutzrechtlichen Maßnahmen betraut werden, können sie im verwaltungsorganisationsrechtlichen Sinne als Treuhänder bezeichnet werden. **60**

Mithin gibt es nicht „Den Datentreuhänder“, sondern eine ganze Ansammlung an Akteuren (neu ins Leben gerufene und bereits bestehende), die dazu beitragen, den Datenschutz im sich entwickelnden Gesundheitsdatenraum auf nationaler und europäischer Ebene zu organisieren, Aufgaben und entsprechend datenschutzrechtliche Verantwortung übernehmen und so zur Förderung der gemeinsamen Datennutzung mittels Dateninfrastrukturen durch einen „ermöglichenden Datenschutz“ beitragen. **61**

Teil 4
Transaktionsbasierte Datentreuhand als neuartiges Treuhandmodell

§ 13
Technische Konzeption und Umsetzung[1]

I. Die paradoxe Wirkung der Nützlichkeit von Daten

Es ist hinlänglich bekannt, dass die Fortschritte in der Computertechnik und der künstlichen Intelligenz die Bedeutung von Daten erhöht haben: Die Gewinnung neuer Erkenntnisse und somit sowohl kommerziell, akademisch oder politisch nutzbaren Werts aus vormals unüberschaubaren, unstrukturierten oder schlicht übermäßig großen Datenbeständen, scheint in Reichweite – und bleibt doch oft letztlich ungreifbar. 1

Denn aus der allgemeinen Verwendbarkeit und Nützlichkeit von Daten ergibt sich paradoxerweise auch das größte Hindernis zu ihrer Nutzung. Oftmals entstünde der größte informative Mehrwert aus der Kombination oder Verknüpfung verschiedener Datenbestände, die in der Hand unterschiedlicher Institutionen oder Unternehmen liegen. 2

Die Wiederverwendbarkeit einmal übergebener Informationen birgt jedoch aus Sicht der Daten gebenden Organisation Risiken. Aus Sicht des Daten empfangenden Unternehmens bringt sie den Anreiz, die einmal erhaltenen Daten möglichst umfassend für die eigenen Zwecke zu nutzen. 3

Unter der Annahme, dass zwei Organisationen, die Daten austauschen wollen, beide einen ähnlichen fachlichen Bezug zu den übermittelten Daten haben – also zB Unternehmen in der gleichen Branche sind oder allgemeiner einem ähnlichen Zweck dienen – begründet diese Asymmetrie regelmäßig einen Interessenkonflikt und ist oftmals auch der Ursprung rechtlicher Herausforderungen. Wie an anderer Stelle in diesem Sammelband ausgeführt, können diese etwa mit Bezug auf den Datenschutz bestehen[2], der ggf. eine Zweckbindung oder eine -angemessenheit zur Voraussetzung für die Zulässigkeit der Verarbeitung macht oder zumindest zur wichtigen Randbedingung erhebt. Sie können aber aus anderen Rechtsnormen erwachsen, die den Austausch vertraulicher Informationen einschränken oder an 4

[1] Der Autor ist Geschäftsführer der EuroDaT GmbH, die im Eigentum des Landes Hessens steht und Anbieterin eines transaktionsbasierten Datentreuhänders ist, der im Rahmen eines durch das BMWK geförderten Verbundforschungsprojekts entwickelt wurde, vgl. https://eurodat.org.

[2] Dazu allgemein Riechert → § 8 Rn. 13 ff. sowie speziell zum hier vorgestellten Datentreuhandmodell, Buchheim/Augsberg/Schrenk → § 14 Rn. 4 ff.

spezifische Zwecke binden können, wie beispielsweise im Zusammenhang mit wettbewerbsrechtlichen Regelungen.[3]

5 Letztlich ergeben sich solcherlei Hürden für die kollaborative Nutzung oder den Austausch von Daten also einerseits aus der Möglichkeit und andererseits aus dem Anreiz, übermittelte Daten jenseits eines für die Übermittlung gewählten Anlasses zu verwenden. Eine rechtssichere Lösung für diese Zielkonflikte muss mindestens diese (Fehl-)Anreizstrukturen auflösen und die Zweckbindung der Datenverarbeitung systematisch sicherstellen.[4] Dazu gehören sowohl organisatorische, vertragliche, kommerzielle, als auch technische Maßnahmen, die sich im hier vorgestellten Lösungsansatz aber allesamt auf ein gemeinsames Konzept stützen – auf das der transaktionsbasierten Datentreuhand.

6 In diesem Beitrag wollen wir aus allgemeinen Prinzipien herleiten, wie dieses Konzept aus der Anforderung hervorgeht, eine im Hinblick auf Branche und Verarbeitungslogik universelle Lösung der oben erwähnten grundlegenden Widersprüche und Fehlanreize bereitzustellen. Sodann wollen wir erläutern, wie diese Grundidee im EuroDaT-Vorhaben in eine technische Konzeption übersetzt und konkret implementiert wurde.

II. Vom Vertrauen in einer transaktionalen Beziehung

7 In diesem Abschnitt wollen wir uns dem Wortungetüm der „transaktionsbasierten Datentreuhand“ nähern, indem wir herleiten, wie sich die beiden Bestandteile – Datentreuhand und Transaktionen – aus der Zielvorstellung einer Institution ergeben, die ganz allgemein in der Lage ist, die Widersprüche und Zielkonflikte bei Datenverarbeitungen aufzulösen.

8 Ausgangspunkt unserer Überlegungen sollen dabei wiederum die eingangs beschriebenen Fehlanreize bei der Verarbeitung von Daten sein. Sie entstehen aus der Verquickung von Rollen: Diejenige Organisation, die die Daten verarbeitet, erhält zugleich die Kontrolle über die Daten. Eine Institution, die diesen Fehlanreizen nicht unterliegen soll, darf folglich diese Kontrolle nicht haben und bestenfalls auch nicht anstreben, maW muss sie (im Hinblick auf die Nutznießer, den Wert und die Natur der Verarbeitung) *neutral* sein und aus der Position der Neutralität heraus die Trennung und Wahrung von Rollen im Prozess der Datenverarbeitung sicherstellen.

9 Dies schließt aber bereits weitgehend aus, dass die die Verarbeitung ausführende Organisation überhaupt Einblick in die Verarbeitung nimmt, denn damit würde sie schon Kontrolle über die Daten erhalten. Sie muss die Verarbeitung also gewissermaßen „blind“ ausführen und somit auch kein eigenes Interesse an ihrem Ergebnis verfolgen, jenseits dessen, dass es auf die vereinbarte Weise erstellt und an die vereinbarten Adressaten ausgeliefert wird.

10 Die so skizzierte Blind- oder Dunkelverarbeitung ist bereits ein wichtiger Aspekt „treuhänderischen“ Handelns: Der Treuhänder führt eine Verarbeitung für

[3] Zu den kartellrechtlichen Anforderungen an die Nutzung eines transaktionsbasierten Datentreuhänders Kling/Gramkow/Burghardt → § 16 Rn. 9 f. sowie 11 ff.

[4] Buchheim/Augsberg JZ 2024, 365 (366); Buchheim/Augsberg/Schrenk → § 14 Rn. 11, 47 II. 1.

die Auftraggeber (die Empfänger der Ergebnisse) treu, ohne Einblick zu nehmen und ohne im eigenen Interesse Kontrolle auszuüben, durch. Um aber sicherzustellen, dass aus dem Angebot der Verarbeitung nicht Interesse an deren spezifischen Ergebnissen erwächst, muss es auch eine Rollentrennung zwischen Treuhänder und Verarbeitungs-Anbieter geben: Der Treuhänder stellt die *allgemeine* Möglichkeit der Dunkelverarbeitung und die Mittel zu deren Durchführung für Dritte – ist aber nicht selbst „Datendienstleister", im Sinne von: Anbieter des jeweiligen Algorithmus, der eine *spezifische* Verarbeitung beinhaltet.

Die Entflechtung der Verantwortlichkeiten bei der Datenverarbeitung führt daher zu den folgenden separaten Rollenbildern[5]: 11

- *Datengeber*: Rechtssubjekte, die in einer Verarbeitung Daten bereitstellen;
- *Ergebnisnutzer* oder *Analysenehmer*: Rechtspersonen, die das Ergebnis einer Verarbeitung erhalten und diese ggf. auch anstoßen;
- *Datendienstleister*: Rechtssubjekte, die eine Software zur Datenverarbeitung bereitstellen;
- *Datentreuhänder*: Rechtssubjekt[6], das im Auftrag des Analysenehmers die Software-Applikation des Datendienstleisters auf den Daten der Datengeber ausführt und das Ergebnis dem Analysenehmer zur Verfügung stellt.

In den Mittelpunkt dieses Rollengeflechts tritt also der Datentreuhänder als diejenige Organisation, die die Verantwortung für die Kontrolle und Einhaltung der Rollenzuweisungen und die treue Erfüllung des Datenverarbeitungsauftrags übernimmt. 12

Die zu Anfang formulierte Hauptanforderung der Neutralität schlägt sich in der Wahrnehmung dieses Pakets an Aufgaben in vielerlei Hinsicht nieder: Die Organisationsform und Governance des Datentreuhänders müssen darauf ausgelegt sein, seine Neutralität zu wahren.[7] Gleiches gilt für die preisliche und vertragliche[8] Ausgestaltung, die nicht systematisch bestimmte Datenverarbeitungsanwendungen oder bestimmte Marktteilnehmer gegenüber anderen über das hinaus, was bereits im Markt an Ungleichverteilungen vorhanden ist, bevorzugen darf. 13

Nicht zuletzt müssen auch die technischen Mittel des Datentreuhänders darauf ausgelegt sein, sein Dienstversprechen zu erfüllen. Die Fokussierung auf eine automatisierte, technische Umsetzung ergibt sich hierbei einerseits aus der technischen Natur der Datenverarbeitung an sich und andererseits aus der oben erwähnten Notwendigkeit einer „Blindverarbeitung", die einer händischen Umsetzung von Verarbeitungsschritten wenn schon nicht direkt widerspricht, so doch zumindest tendenziell zuwider steht, wenn man der Maschine ein geringes Eigeninteresse an der Nutzung der Daten für eigene Zwecke unterstellen darf. 14

In diesem Beitrag wollen wir den Fokus auf die technische Ausgestaltung legen, da den anderen Aspekten in diesem Band bereits ausführliche und fachlich kompetentere Beiträge gewidmet sind. Dabei wollen wir Technik aber nicht zu ein- 15

---

[5] Vgl. Präambel der Musterverträge Walter/Waldbröl/Frisse → § 17.

[6] Zu den Rechtsformen, die sich für den Betrieb eines Datentreuhänders eignen Möslein/Tuschhoff → § 6.

[7] Zum Begriff der Neutralität Buchheim/Augsberg/Gehring JZ 2022, 1139 (1143 f.); näher zu den gesetzlichen Anforderungen im Anwendungsbereich des DGA Möslein/Tuschhoff → § 6 Rn. 20 ff. II.2.a).

[8] Musterverträge bei Walter/Waldbröl/Frisse → § 17.

seitig auf der Umsetzungsebene auffassen, sondern als Zusammenspiel von einer logisch-mathematischen Konzeption mit ihrer informatischen Implementierung.

16 Kern der technischen Konzeption ist der Begriff der Transaktion, dessen Bedeutung und Notwendigkeit für eine im Hinblick auf Anwendbarkeit universelle Datentreuhand wir nun ebenfalls herleiten wollen.

17 Die treuhänderische Natur der Verarbeitung von Daten legt die spezifische *Natur*, den *Zweck*, die *Teilnehmer* und deren *Rollen* in der Verarbeitung fest. Gleichzeitig muss, wie bereits ausgeführt, der Treuhänder hinsichtlich deren spezifischer Ausgestaltung agnostisch sein – woraus sich die Notwendigkeit ergibt, die treuhänderische Verarbeitung als logische Einheit auszuführen, innerhalb derer dieser Festlegungen (also des „Was?" – „Wofür?" – „Mit wem?" – und „In welcher Rolle?") unveränderlich fixiert sind (und zwar nachweislich und belegbar). Solche Zuweisungen müssen ferner von ihrer Natur aus vorübergehend und von den Beteiligten frei wählbar sein – folglich ergibt sich an die als logische Einheit ausgeführten Verarbeitungen die Anforderung, dass sie zeitlich abgeschlossen sind.

18 Diese zeitlich abgeschlossenen Einheiten also, in denen die Datenverarbeitung mit fixen Teilnehmern und Rollenzuweisungen ausgeführt wird, bezeichnen wir als (Daten-) *Transaktionen*.[9] Sie sind das Gegenkonzept zu einer im Hinblick auf den Anlass unbestimmten und zeitlich unbefristeten Datensammlung, die der ausführenden Institution faktisch weitgehende Hoheit zur Sekundärnutzung gibt. Transaktionen bilden somit als Kernelement für die operative Arbeit des transaktionsbasierten Datentreuhänders EuroDaT die Grundlage für dessen technische Konzeption und Umsetzung, auf die im Folgenden genauer eingegangen werden soll.

III. Vom Reißbrett zur Werkbank: die technische Konzeption des transaktionsbasierten Datentreuhänders

19 Das Konzept der transaktionsbasierten Datentreuhand basiert auf der Idee eines neutralen Dritten, der die Kontrolle über die Datenverarbeitung übernimmt und die Rollen der beteiligten Parteien klar trennt. Diese neutrale Instanz, der Datentreuhänder, ermöglicht eine „blinde" Verarbeitung der Daten und stellt sicher, dass die Daten nur zweckgebunden genutzt werden.

20 Wie wir festgestellt haben, ist in unserer Auffassung von Datentreuhand mit ihrem universellen Anspruch der Begriff der (Daten-) Transaktion ein wesentliches Element, gewissermaßen als die atomare Einheit, innerhalb derer Datenverarbeitung durch den Treuhänder erfolgen kann. Betreiben wir nun eine Taxonomie der gewissermaßen subatomaren Komponenten, aus denen sich diese Einheiten zusammensetzen.

21 Nach unserer obigen Herleitung bezeichnet eine Transaktion eine logisch zusammenhängende Gruppe von Verarbeitungsschritten mit insgesamt wohldefiniertem Anfang und Ende, zu Beginn derer die folgenden Festlegungen getroffen und über den Verlauf hinweg festgehalten werden:

[9] Vgl. Buchheim/Augsberg/Gehring JZ 2022, 1139 (1141 ff.).

- Verarbeitungsschritte (*workflows*) welcher Version welcher Applikation (*app*) ausgeführt werden können;
- welche Teilnehmer (*participants*) in welcher Rolle (*role*) an der Verarbeitung teilnehmen, insbesondere welcher Teilnehmer die Transaktion gestartet hat (und somit beenden kann) (*transaction initiator*).

Voraussetzung für den Start einer Transaktion ist somit das Vorliegen 22

- einer passenden Applikation, sowie
- der Teilnehmer, die entsprechende Verträge abgeschlossen haben, die sie zur Teilnahme an einer entsprechenden Transaktion berechtigen.

Eine Applikation definiert dabei 23

- mögliche Verarbeitungsschritte;
- eine Liste vordefinierter Nachrichten, die aus Verarbeitungsschritten heraus an Teilnehmer versandt werden können;
- ein Datenmodell für Eingabe-, Ausgabe- und Intermediärdaten; sowie
- ein Regelwerk, nach dem Rollenzuweisungen bei Transaktionsstart an Teilnehmer vergeben werden.

Zum Verständnis dieser Komponenten sind weitere Erläuterungen nötig. 24

1. Der blinde Dirigent: die Koordination von Transaktions-Verarbeitungsschritten

Eine Grundherausforderung des transaktionsbasierten Datentreuhänders ist seine Universalität, die komplexe Herausforderungen an seine Konzeption stellt. Nirgends zeigt sich dies so deutlich wie bei dem Thema der Ablaufkontrolle. 25

Es liegt nahe, dass es kein allgemeines Ablaufmuster gibt, dem jede Datenverarbeitung folgt. In vielen Fällen ist eine Koordination zwischen Teilnehmern erforderlich, zumal zu Beginn einer Verarbeitung vielleicht nicht im einzelnen abzusehen ist, ob und wenn, wann welcher Teilnehmer Daten einliefern muss. Auch, welche Daten dann eingeliefert werden müssen, kann im Einzelfall sehr unterschiedlich und vor allem schwer vorhersagbar sein. 26

Zwei typische Beispielszenarien seien im folgenden umrissen: das der Abstimmung in Runden und das der Mehrparteien-Suche. Im ersten Szenario ermittelt die Applikation zB eine statistische Verteilung der von mehreren eingelieferten Datenpunkten, gibt aber den Teilnehmern die Möglichkeit, ihre Einlieferung nach Bekanntgabe eines ersten Ergebnisses anzupassen – so zB beim Pricing illiquider Assets, bei dem ein Durchschnittspreis durch als Konsens ausgelieferter Einzelpreise entsteht und die Teilnehmer die Möglichkeit erhalten, ihren eigenen Preis an den Markt anzunähern. Hierbei besteht die Notwendigkeit, gleichzeitig allen Teilnehmern den Start der ersten Abstimmungsrunde mitzuteilen, ebenso das Vorliegen der vorläufigen Ergebnisse, den Start der zweiten Runde und das Vorliegen des Endergebnisses. 27

Im zweiten Szenario sucht die Applikation vielleicht iterativ nach einem Ergebnis in Datenbeständen, die miteinander logisch verknüpft, aber physisch über mehrere Teilnehmer verteilt sind, wie zB Rechnungen oder Lieferscheine in einer Lieferkette. Ein anderer Fall, in dem dieses Szenario auftritt, ist, wenn die Applikation iterativ verknüpfte, aber verteilte Datenbestände aufsammelt oder aggre- 28 giert, um aus dem gesammelten Bestand ein Muster zu extrahieren, wie zB bei der Bestimmung des Geldflusses im Rahmen der Geldwäschebekämpfung, bei dem die Buchungsverläufe über mehrere teilnehmende Banken hinweg nachverfolgt und eingesammelt werden.[10] In diesem zweiten Szenario muss die Applikation den einzelnen Teilnehmern mitteilen können, wenn sie von ihnen Daten benötigt.

29 Aus diesen Beispielen wird ersichtlich, dass die Verarbeitungsschritte innerhalb einer Datentransaktion teils komplexe, iterative Interaktionen zwischen technischen Komponenten erfordern, die sich einerseits außerhalb (Client-seitig) und andererseits innerhalb (Server-seitig) des Datentreuhänders befinden, und zudem über Nachrichten in irgendeiner Form koordiniert werden. Weiterhin ist die genaue Natur der Client-seitigen Komponenten abhängig von der Applikation. Um all dies im Rahmen vereinbarter Spielregeln umsetzen zu können, sind weitgehende Festlegungen darüber erforderlich, über welche Schnittstellen und in welchem Format Daten- und Nachrichtenaustausch, sowie, wie die Zugriffserteilung und Berechtigung der beteiligten Parteien erfolgen.

30 Die Schnittstellen für den Datenaustausch sind in unserer Konzeption des transaktionsbasierten Datentreuhänders klar geregelt: Die Clients der Teilnehmer können Daten über einen dedizierten Endpunkt ein- und ausspielen. Dabei muss die Zuordnung der Daten zu der jeweiligen Transaktion übergeben werden, sie werden dann für die interne Verarbeitung nur für die Verarbeitungsschritte bereitgestellt, die zu der jeweiligen Transaktion gehören. Das heißt, wenn ein Client Daten für eine gegebene Transaktion einliefert, sind sie nur für die Verarbeitungsschritte der gleichen Transaktion zugreifbar. Umgekehrt kann ein Datum, das ein Verarbeitungsschritt einer gegebenen Transaktion als (Teil-) Ergebnis ausgibt, nur von Clients der Teilnehmer der Transaktion abgerufen werden (falls sie die entsprechende Rolle innehaben, siehe unten).

31 Das genaue Format der Daten, die so ausgetauscht werden können, ist durch die Applikations-Definition festgelegt. Hierbei folgen wir dem Paradigma relationaler Datenbanken und sehen eine Strukturierung der Daten in Tabellenform vor, da dieses eine feine Kontrolle über die Struktur der ausgetauschten Daten ermöglicht. Die Spezifikation des Datenformats bedeutet also die Festlegung

- welche Tabellen es gibt;
- welche davon Eingabe-, welche Intermediär- und Ausgabedaten sind; sowie,
- welche Spalten in den Tabellen vorkommen, mit welchem Namen und welchem Datentyp.

32 Die Aufgliederung in Eingabe-, Intermediär- und Ausgabedaten bestimmt die Lese- und Schreibrechte der Teilnehmer nach Rolle: Datengeber können Eingabedaten schreiben; Analysenehmer können Ausgabedaten lesen; Verarbeitungsschritte können Eingabedaten lesen, Ausgabedaten schreiben und Intermediärdaten lesen und schreiben. Ausgabedaten können weiterhin so strukturiert werden, dass nur bestimmte Analysenehmer bestimmte Teile (bestimmte Zeilen in den Tabellen) lesen können, die ihnen zugeordnet sind.

33 Bleibt also festzulegen, welche Art der Nachrichten aus Verarbeitungsschritten heraus versendet werden können. Sie sollen lediglich, wie in den genannten Beispielen, der Koordination dienen, aber nicht die Möglichkeit eröffnen, darüber

[10] Zum Einsatz der transaktionsbasierten Datentreuhand im Bereich der Geldwäschebekämpfung Ferber → § 11 Rn. 51 f.

hinausgehende Informationen auszutauschen. Daher sind sie bewusst einfach gehalten und bestehen lediglich aus

- einer im Rahmen der Applikation festgelegten Kennzeichnung (*message label*); sowie
- einem global eindeutigen Korrelationsschlüssel (*correlation id*).

Nachrichten werden nur aus Verarbeitungsschritten heraus an Teilnehmer (dh von innen nach außen) versandt. Die Kennzeichnungen werden beim Versand durch den Nachrichten-Vermittlungsdienst des Datentreuhänders validiert: Entspricht die Kennzeichnung der Applikation? Ist der Empfänger Teilnehmer der Transaktion? Eine Semantik erhalten die Nachrichten-Kennzeichnungen im Kontext der Applikation: Dies können durchaus sprechende Bezeichner sein, etwa „data_requested", „voting_completed", „report_ready" usw. Wie sie Client-seitig interpretiert werden, hängt aber allein von einer Client-seitig von Datendienstleistern zu implementierenden Applikationslogik ab. Aus Sicht des Treuhänders haben sie keine weitergehende Bedeutung. 34

Der Korrelationsschlüssel wird durch den Vermittlungsdienst festgelegt und erlaubt es, aus der Verarbeitung heraus weitergehende Informationen mit Bezug zu der Nachricht bereitzustellen, die über den Schlüssel identifiziert werden können. So kann zB ein Teilnehmer aus der Verarbeitung zur Anlieferung weiterer Daten benachrichtigt werden. Darüber hinausgehende Meta-Informationen, wie Kriterien zur Auswahl der zu liefernden Daten, können über die Datenschnittstelle unter dem Korrelationsschlüssel hinterlegt werden. Dafür ist die Form und Struktur dieser Kriterien aber im Vorfeld in der Applikation durch den Datendienstleister zu definieren. Dies schränkt die Möglichkeiten unberechtigten Datenaustauschs ein und ermöglicht Datendienstleistern, Exfiltrationen durch entsprechende Kontrollen auf Applikationsebene zu unterbinden. 35

2. Rollenzuweisungen in Transaktionen

Im vergangenen Abschnitt haben wir erläutert, durch welche Festlegungen bezüglich der Schnittstellen einerseits flexible, applikationsabhängige Abläufe möglich sind und gleichzeitig weitgehende Festlegungen über die Struktur der ausgetauschten Daten erfolgen können. Nun möchten wir uns damit auseinandersetzen, wie der Zugriff auf Datenbestände und allgemeiner Rechte von Teilnehmern im Gesamtzusammenhang einer mehrschrittigen Datenverarbeitung auf dem Datentreuhänder verwaltet werden können. 36

Basis dafür bilden die Rollenzuweisungen zu Beginn einer Transaktion. Sie legen fest, wie Teilnehmer an einer Transaktion teilnehmen können, und bilden somit die Grundlage für die Zugriffssteuerung. Eine allgemeingültige Definition kann nicht für auf jeden Anwendungsfall angepasste, feingranular ausspezifizierte Rollen beinhalten, sondern muss sich auf grobe, flexibel einsetzbare beschränken. Entsprechend beschränken wir uns bei der Definition auf die folgenden einfachen Rollen, in denen Teilnehmer an Transaktionen im Datentreuhänder partizipieren können: 37

- als *Initiator* (*initiator*), der die Transaktion startet, die Rollen definiert und die Transaktion beenden kann;

- als *Datengeber* (*provider*), die Daten anliefern können;
- als *Analysenehmer* (*consumer*), die (Zwischen-) Ergebnisse der Datenverarbeitung abrufen können;
- als Verarbeitungsschritt-Ausführer (*workflow executor*) für einen oder mehrere der im Rahmen der Applikation definierten Verarbeitungsschritte.

38 Diese Rollen werden nach Kriterien vergeben, die zur Applikationsdefinition gehören. Demnach kann der Initiator beim Start der Applikation eine explizite Auswahl von Teilnehmern mit Rollenzuweisungen übermitteln. Das Regelwerk für die Rollenzuweisung validiert diese Zuweisung und ergänzt bzw. schränkt sie ein. Dabei kommen die folgenden Typen von Regeln zur Anwendung:

- die Rolle wird nur vom Initiator eingenommen (*only initiator*);
- nur die Teilnehmer, denen die Rolle explizit zugewiesen wird, erhalten sie (*only specified*);
- alle für die Applikation in der Rolle angemeldeten Teilnehmer erhalten die Rolle (*all registered*).

39 Mit diesen einfachen Regelvarianten lassen sich sehr unterschiedliche Modi der kollaborativen Datenverarbeitung effektiv darstellen, über Fälle, bei denen die Daten eines Teilnehmers ggf. mit Zwischenverarbeitung an einen Adressaten geleitet werden (zB Analysenehmer ist nur der Initiator, der Datengeber muss explizit angegeben werden), über Fälle, bei denen die Daten einer Gruppe von Teilnehmern für einen Analysenehmer aggregiert werden (Analysenehmer ist nur der Initiator, Datengeber sind alle für die Applikation in der Rolle angemeldeten Teilnehmer), bis hin zu Szenarien, bei denen alle Teilnehmer einer Applikation für die Erstellung des Ergebnisses kollaborieren und ggf. auch alle ein Ergebnis erhalten (alle Angemeldeten sind Datengeber und Analysenehmer).

IV. Von der Werkbank zur Fertigungsstraße: die technische Umsetzung des Datentreuhänders

40 Die technische Konzeption des transaktionsbasierten Datentreuhänders basiert auf der Idee einer Transaktion als atomare Einheit der Datenverarbeitung. Eine Transaktion umfasst Verarbeitungsschritte, Teilnehmer mit definierten Rollen und ein Regelwerk für die Rollenzuweisung. Die Ablaufkontrolle erfolgt über Nachrichten, die zwischen den Teilnehmern und dem Datentreuhänder ausgetauscht werden. Datenformat und die Zugriffskontrolle werden durch die Applikationsdefinition festgelegt. Damit sind die Konzepte, die die transaktionale Verarbeitung ermöglichen, klar.

41 Die bisherigen Ausführungen auf konzeptioneller Ebene gehen jedoch implizit davon aus, dass die Verarbeitung von Daten auf dem Treuhänder derart ausgestaltet ist, dass ein Zugriff auf die Daten und den Ablauf der Verarbeitung nicht anders als durch die beschriebenen Rollenbilder möglich ist. Dies beinhaltet auch die Annahme einer „Blindverarbeitung", bei der ein solcher Zugriff durch Personal des Datentreuhänders, wenn nicht vollkommen unmöglich ist, so doch aufgrund entsprechender Sicherungsmechanismen technisch derart aufwändig wäre, dass er als ausgeschlossen gelten kann.

Eine solche Sicherung beinhaltet zum einen technische Maßnahmen, die den Zugriff unterbinden oder extrem erschweren, und zum anderen Überwachungsmaßnahmen, die ungewöhnliches und nicht autorisiertes Verhalten erkennen und entsprechend verantwortlichem Personal melden. Letztere gehören zum Standardrepertoire der IT-Sicherheit und sind keine Besonderheit des Datentreuhänders, weswegen wir hier den Fokus darauf legen wollen, welche technologischen Möglichkeiten in der konkreten Umsetzung durch EuroDaT wie eingesetzt werden, um den spezifischen Anforderungen der transaktionsbasierten Datentreuhand zu begegnen. 42

1. Externe Zugriffskontrolle durch transaktionsbezogene Programmierschnittstellen

Wir haben oben im Zusammenhang mit dem Austausch von Daten und Nachrichten auf konzeptioneller Ebene bereits einiges zur Definition von Schnittstellen ausgeführt. Um zu verstehen, wie die Interaktion an diesen Schnittstellen sicher erfolgen kann, ist es erforderlich, auf die technische Umsetzungsebene abzusteigen. 43

Interaktionen mit dem Datentreuhänder EuroDaT können grundsätzlich User- oder Client-basiert erfolgen, dh Handelnde können natürliche Personen oder Maschinen sein. Diese Szenarien treten im Datentreuhänder EuroDaT in klar abgegrenzten Fällen auf: User-basierte Interaktionen dienen ausschließlich der Verwaltung der Teilnehmerkonten durch entsprechend autorisiertes Personal der Teilnehmer-Unternehmen, sowie der Verwaltung der Verträge zwischen Teilnehmern und dem Datentreuhänder. Alle anderen Interaktionen, insbesondere alles, was die Verarbeitung von Daten in Transaktionen betrifft, sind rein Client-basiert. 44

Die bisherigen Ausführungen beziehen sich ausschließlich auf die Client-basierte, maschinelle Interaktion, da sich an dieser Stelle die Besonderheiten des transaktionsbasierten Datentreuhänder-Ansatzes manifestieren. Wir werden uns auch im weiteren darauf fokussieren, da die User-basierten Interaktionen weitgehend bekannten Mustern folgen. (Mehr dazu weiter unten.) 45

Client-basierte Interaktionen mit EuroDaT erfolgen ausschließlich über sogenannte REST-Programmierschnittstellen (REST APIs). Diese bilden ein Software-Architekturmuster, das aufbauend auf dem HTTP-Protokoll vom Informatiker R. Fielding in seiner Dissertation[11] für das Design zustandsloser Web-Applikationen vorgeschlagen wurde und heutzutage (in abgewandelter Form) als de-facto-Standard gilt. Ein wesentliches Merkmal solcher APIs ist ihr ressourcenorientierter Aufbau (ROA, *resource-oriented architecture*), dh sie sind rund um eine Ontologie aus Ressourcen, dh von HTTP-adressierbaren Objekten, strukturiert, und erlauben deren Manipulation mit Hilfe der HTTP-Methoden (GET – lese, POST – schreibe neu, PUT – ersetze vollständig, PATCH – ersetze teilweise, DELETE – lösche, usw). Einfacher ausgedrückt besteht die Sprache einer solchen API aus den Ressourcen als Nomen[12] und den HTTP-Methoden als Verben. 46

---

[11] Fielding, Architectural Styles and the Design of Network-based Software Architectures, University of California, Irvine (2000).

[12] Obwohl in dieser Metapher die Nomen häufig als Subjekte bezeichnet werden, wäre es wohl richtiger, von direkten Objekten zu sprechen– um weiterer Verwirrung vorzubeugen, bleiben wir bei den Wortarten und verzichten auf die Bezeichnung mit Begriffen für Satzglieder.

47 Sie erlaubt es daher, in einer standardisierten Weise mit Ressourcen, die durch eine Applikation verwaltet werden, umzugehen. Attraktiv daran ist, dass Anwendungen (wie der Datentreuhänder) somit einerseits frei in der Definition einer anwendungsspezifischen Ontologie (um welche Ressourcen geht es?) sind, aber andererseits die Möglichkeit zum Umgang damit in einheitlicher Weise mit einer REST API bereitstellen können. Damit ist zugleich die Möglichkeit verbunden, Zugriffsrechte von Clients auf die API auf Anwendungsebene separat für jede Ressource und jede Methode (also jedes Nomen und jedes Verb) zu definieren.[13] Dies ist bei der Verwendung anderer Protokolle oder bei der Verwendung anderer Designmuster für APIs nicht uneingeschränkt möglich.

48 Nicht zufällig lassen sich gemäß diesem allgemeinen Muster die den Rollen von Teilnehmern des transaktionsbasierten Datentreuhänders zugeordneten Zugriffsrechte darin übersetzen, welche HTTP-Methoden die entsprechenden Teilnehmer-Clients auf welche Ressourcen anwenden dürfen. So zB kann ein Client eines Teilnehmers die HTTP-Methoden POST auf der Transaktionsressource für eine Applikation ausführen, um eine Transaktion zu starten, falls ein entsprechend gültiger Vertrag für die Applikation vom Teilnehmer abgeschlossen wurde. Analog kann ein Teilnehmer-Client einen POST auf die Transaktionsdaten-Ressource mit Eingabedaten für eine gegebene Transaktion ausführen, um diese in eine Eingabedaten-Tabelle zu schreiben, falls der Teilnehmer als Datengeber an der Transaktion teilnimmt. Auf diese Weise lassen sich alle in der Konzeption festgelegten Rollen und Rechte vollständig in Aussagen darüber übersetzen, welche Methoden von einem Client auf welche Ressourcen in der API des Treuhänders angewandt werden dürfen – und diese so übersetzten Zugriffsrechte können standardisierten, sicheren Protokollen folgend beim Zugriff erteilt, erneuert und überprüft werden.

49 Durch die Entscheidung, alle Interaktionen mit dem Datentreuhänder EuroDaT über dessen REST API erfolgen zu lassen, und durch die Strukturierung dieser API entlang der Ressourcen, die den Objekten der technischen Konzeption entsprechen – Applikationen, Transaktionen, Verarbeitungsschritte und Transaktionsdaten – ist somit eine effektive technische Absicherung der Einhaltung der Rollen-spezifischen Zugriffsbeschränkungen möglich.

50 Ein weiterer Vorteil des einheitlichen externen Zugriffs auf den Datentreuhänder vom Standpunkt der IT-Sicherheit ist, dass für den externen Zugriff nur ein einziger Zugriffspunkt gesichert werden muss. Eine Herausforderung, die sich gleichzeitig daraus ergibt, ist, wie die Datenflüsse verschiedener Clients und die Datenverarbeitungen innerhalb verschiedener Transaktionen voneinander isoliert werden können. Diesem Thema widmet sich der nächste Abschnitt.

2. Kapselung der Datenverarbeitung im Treuhänder

51 Wir haben bereits viel darüber erfahren, wie die Rollenzuteilung der (aus Sicht des Datentreuhänders externen) Teilnehmer erfolgt und die entsprechenden Zugriffsbeschränkungen technisch umgesetzt werden. Was aber geschieht innerhalb des Datentreuhänders und was ist damit überhaupt gemeint?

[13] ZB durch Anwendung von auf HTTP aufsetzenden Protokollen für die Autorisierung des Zugriffs auf Ressourcen wie OAuth 2.

Eine grundlegende Fähigkeit des Datentreuhänders besteht darin, auf Anfrage eines Teilnehmer-Clients automatisch eine Transaktion zu starten und die Möglichkeit zu schaffen, innerhalb der Transaktion Verarbeitungsschritte auszuführen. Diese Verarbeitungsschritte sollen pro Applikation frei definierbar sein und vom Datendienstleister unter Wahrung der Schutzrechte ausgeliefert werden können. Folglich kann es hierbei nur um die Auslieferung von ausführbaren Programmteilen gehen und nicht um die Bereitstellung von Quellcode, der ja immer im Klartext geliefert werden würde. 52

Eine Form der Auslieferung ausführbarer Programmteile, die sich in den letzten Jahren als de facto-Standard für Client-Server-Applikation etabliert hat, sind sogenannte (Docker-) Containerabbilder (*container images*). Hierbei handelt es sich um Binärdateien, die neben dem in einer Betriebssystemumgebung ausführbaren Binärcode auch die Betriebssystemumgebung selbst in einer Form mit beinhalten, in der sie mit Hilfe entsprechender Virtualisierungstechnologie auf einer Maschine ausgeführt werden kann, auf der selbst ein anderes Betriebssystem läuft. Container Images sind gewissermaßen in sich abgeschlossen und benötigen keine weiteren Softwarebestandteile, die installiert werden müssen, um sie auszuführen. 53

Dies bedeutet, dass sie ausgeführt und wieder abgeschaltet werden können, ohne dass der Kontext, in dem sie ausgeführt werden, über den Ressourcenverbrauch der Container hinaus tangiert würde. 54

Diese Konstellation ist aus Sicht des Datentreuhänders ideal, so dass in der technischen Umsetzung bei EuroDaT entschieden wurde, Verarbeitungsschritte von Applikationen durch Container Images darzustellen. Folgerichtig ist die EuroDaT-Anwendung, die die Basis zur Ausführung solcher Verarbeitungsschritte bietet, auf Basis einer Technologie konstruiert, die einen Ausführungskontext für Container Images beinhaltet: Kubernetes. 55

Der Begriff Kubernetes leitet sich von dem altgriechischen Begriff für „Steuermann" ab und ist eine Technologie, die es erlaubt, den Lebenszyklus (ua Bereitstellung, Start, Neustart, Stopp) von Container-basierten Ressourcen zu orchestrieren und HTTP-basierte Anfragen zwischen diesen Diensten zu steuern. 56

Dies beinhaltet die Möglichkeit, durch entsprechende Einstellungen Gruppen von Containern netzwerktechnisch voneinander zu isolieren, so dass keine Daten von der einen zur anderen fließen können. Diese Möglichkeit macht sich EuroDaT zunutze, um die Verarbeitungsschritte verschiedener Transaktionen voneinander zu separieren. Ein Datenaustausch zwischen Verarbeitungs-Containern verschiedener Transaktionen ist nicht möglich, sie sind netzwerktechnisch voneinander getrennt. 57

Daten können also nicht von einem Verarbeitungs-Container einer Transaktion zu einem Verarbeitungs-Container einer anderen geschickt werden. Als nächstes stellt sich die Frage, wie die Daten auf dem Weg von einem Teilnehmer zu einem Verarbeitungs-Container bzw. auf dem umgekehrten Weg gesichert werden können. 58

Wir haben oben ausgeführt, dass Daten von oder zur Teilnehmerseite nur über eine entsprechende Transaktionsdaten-Ressource ausgetauscht werden können. Datenaustausch mit Verarbeitungs-Containern wiederum erfolgt über eine Transaktions-Datenbank, die vom Datentreuhänder intern betrieben wird. Das heißt, es gibt keinen direkten Austausch der Daten zwischen Teilnehmern und Verarbeitungs-Containern, sondern dieser Austausch ist über die Transaktionsdaten-Ressource und die Transaktions-Datenbank vermittelt. 59

60 Wie bereits beschrieben, dient die Transaktionsdaten-Ressource der Einschränkung der Zugriffsrechte. Die Transaktions-Datenbank ihrerseits dient der Definition der Applikations-bezogenen Schnittstellen. Diese Maßnahmen zur Zugriffskontrolle und zum Datenaustausch sind erforderlich und nützlich, jedoch eröffnen sie wiederum Zugriffspunkte und Lieferstrecken, die zur Daten-Exfiltration missbraucht werden könnten, die also folglich adressiert und gegen eine Exfiltration gesichert werden müssen.

61 Beginnen wir mit der Berechtigungssteuerung. Diese ist insbesondere auf der Ebene der Datenbank eine wichtige Frage. Obwohl Teilnehmer nicht direkt auf die Datenbank zugreifen können, werden Benutzerkonten pro Teilnehmer auf der Datenbank durch EuroDaT verwaltet. Komplementär dazu wird jeweils zu Beginn einer Transaktion ein Konto für die Verarbeitungs-Container angelegt, die zu der Transaktion gehören. Die Zugangsdaten für letztere werden vom Verarbeitungskontext in die jeweiligen Container als Umgebungsvariablen injiziert. (Analog wird für den Zugriff auf den Nachrichten-Vermittlungsdienst verfahren.)

62 Zu Beginn einer Transaktion werden in einem logisch separierten Bereich der Datenbank die Tabellen für Eingabe-, Intermediär- und Ausgabedaten nach der in der Applikation hinterlegten Definition angelegt. Den Benutzerkonten der Teilnehmer und Verarbeitungs-Container werden entsprechende Zugriffsrechte gegeben. Sie werden zum Ende der Transaktion wieder entzogen.

63 Die Rechtezuweisungen erfolgen mit Hilfe eines Dienstes, der administrativen Zugriff auf die Datenbank hat. Die Zugangsdaten für diesen Dienst werden autogeneriert und sind nicht in einem externen Schlüsselmanagementsystem hinterlegt, was den Zugriff durch Personal des Datentreuhänders erheblich erschwert. Der Dienst, der die Rechtezuweisungen an die Benutzerkonten vornimmt, sorgt auch dafür, dass die Zugangsdaten aller Datenbank-Benutzer kurzlebig sind und häufig rotiert (also neu generiert) werden.

64 Soweit zu den Rechtezuweisungen, die vorgenommen werden. Nun zu der Nutzung der jeweiligen Datenbank-Benutzerkonten: Der Zugriff auf die Datenbank durch die Transaktionsdaten-Ressource erfolgt unter Verwendung des Benutzerkontos des jeweiligen Teilnehmers. Damit wird sichergestellt, dass nicht versehentlich auf Datenbestände zugegriffen wird, auf die das jeweilige Konto keine Zugriffsberechtigung besteht. Gäbe es aber nur eine Instanz der Transaktionsdaten-Ressource, hätte diese potenziell über alle Teilnehmerkonten letztlich doch sehr weitgehende Zugriffsrechte.

65 Um dies zu vermeiden, enthält der Zugriffspfad auf die Transaktionsdaten-Ressource den Teilnehmer-Identifier. Dies ermöglicht es, das Routing von Teilnehmer-Anfragen an die Transaktionsdaten-Ressource nach einer Replik der Ressource pro Teilnehmer aufzuspalten. Dh, jeder Teilnehmer erhält nur Zugriff auf die Replik, die ihm zugeordnet ist. Diese dem gegebenen Teilnehmer zugeordnete Replik erhält die Zugangsdaten für den entsprechenden Datenbank-Benutzer – und sonst für keinen anderen – und greift mit dem Benutzerkonto und folglich mit den Rechten auf die Datenbank zu, die zu dem gleichen Teilnehmer gehören. Es gibt also eine Transaktionsdaten-Ressource pro Teilnehmer. Damit kann eine Überschneidung der Zugriffsrechte vermieden werden.

66 Mit dem Thema der Replikation der Transaktionsdaten-Ressource haben wir auch bereits das Thema der Datenübermittlungsstrecken angesprochen, das wir nun weiter vertiefen wollen. Wie oben bereits erklärt, werden durch die Replika-

tion die Zugriffe von Teilnehmern an dedizierte, ihnen zugeordnete Ressourcen geroutet. Das Autorisierungsschema vermeidet den Zugriff eines Teilnehmers auf die Ressource eines anderen. Intern greifen die pro Teilnehmer dedizierten Ressourcen mit dedizierten Benutzerkonten und folglich auch mit eigenen Datenbank-Verbindungen auf die Datenbank zu. Auf dieser Strecke sind also nicht nur die Berechtigungen, sondern auch die Netzwerkrouten pro Teilnehmer getrennt.

Auf der anderen Seite greifen Verarbeitungs-Container mit den in sie injizierten Zugangsdaten auf die Datenbank zu. Die Verarbeitungs-Container werden per se pro Transaktion bzw. sogar pro Ausführung eines Verarbeitungsschritts bereitgestellt. Das heißt, verschiedenen Transaktionen der gleichen Applikation entsprechen dennoch verschiedene Container-Instanzen. Auch hier sind die Datenvermittlungsstrecken also getrennt (pro Transaktion) und folglich eine ungewollte Akkumulation von Daten ausgeschlossen. **67**

Zusammenfassend haben wir erklärt, wie wir durch Rollenzuweisungen und Netzwerkrouting Datenflüsse isolieren können. Wie bereits eingangs erwähnt, sind damit die Dienste, die für diese Isolation zuständig sind, sensible Angriffsziele. Wir möchten auf zwei wichtige Kategorien ungewollten Zugriffs hierauf eingehen. Diese bestehen aus dem „Einbruch" in einen der genannten Dienste aus der Infrastruktur des Datentreuhänders heraus bzw. aus dem Dienst heraus auf die Infrastruktur des Treuhänders. Dafür besonders relevante Dienste sind ua die Repliken der Transaktionsdaten-Ressource, die Transaktions-Datenbank und die Verarbeitungs-Container. **68**

Der ersten Kategorie von Zugriffen – dem Einbruch aus der Infrastruktur auf einen Dienst – begegnet der Datentreuhänder EuroDaT im wesentlichen durch zwei Kategorien von Maßnahmen, von der die erste die Segmentierung von Netzwerken ist, das heißt, das Aufstellen und Umsetzen von Netzwerkregeln, die bestimmte Zugriffsrouten (wie ua zwischen Verarbeitungs-Containern verschiedener Transaktionen) ausschließen. Dadurch wird der Zugriff auf Ressourcen aus dem Netzwerk des Treuhänders erschwert. Selbst innerhalb des virtuellen Kubernetes-Netzwerks sind Eingriffe auf einer Need-to-Know-Basis definiert und dadurch stark eingeschränkt, was ungewollte Zugriffe deutlich aufwändiger macht. **69**

Die zweite Maßnahmen-Kategorie ist die Verwendung von Verschlüsselungstechnik. Ebenso wie jeglicher Netzwerkverkehr sind die Daten in der Transaktionsdatenbank allesamt verschlüsselt und ein Zugriff auf die entsprechenden Schlüssel ist abgesichert. Dies stellt die Verschlüsselung von Daten bei der Übertragung und der Speicherung sicher. Für die Verschlüsselung bei der Verwendung wird für die Bereitstellung aller Dienste des Datentreuhänders auf sogenannte Confidential-Compute-Knoten zurückgegriffen. Diese verwenden Techniken, durch die Daten im Arbeitsspeicher bei der Verarbeitung verschlüsselt bleiben, mit dem Effekt, dass ein böswilliger Akteur, der in die (virtuelle) Maschine einbricht, auf der ein Verarbeitungs-Container ausgeführt wird, zwar ein Speicherabbild (*memory dump*) des entsprechenden Speicherbereichs erstellen kann, dieses aber aufgrund dessen Verschlüsselung nicht zur Extraktion von Daten nutzen kann. **70**

Der umgekehrte Weg – aus einem Dienst in die Infrastruktur – muss ebenfalls abgesichert werden. Die entscheidende Maßnahme hierbei ist, dass der Kontext, in dem Container ausgeführt werden (sowohl Verarbeitungs-Container als auch die Container, durch die die Dienste des Treuhänders bereitgestellt werden), diesen **71** nicht zu hohe Zugriffsrechte gibt. Alle Dienste des Datentreuhänders EuroDaT sind entsprechend konfiguriert, und es gibt auch Dienste, die überprüfen, dass an dieser Stelle keine Eskalation der Zugriffsrechte erfolgt.

72 Zusammenfassend kann man sagen, dass die Kapselung von Datenverarbeitungen auf dem transaktionsbasierten Datentreuhänder – also die technische Einlösung des Versprechens, dass Transaktionen atomare Einheiten der Datenverarbeitung sind, die blind vom Datentreuhänder ausgeführt werden – durch eine Palette von Maßnahmen aus den Kategorien des Identitäts- und Zugriffsmanagement, der Netzwerksegmentierung und der Kryptographie sichergestellt wird.

3. Ablauf der Registrierungsprozesse und Transaktionen

73 Zum Abschluss unserer detaillierten Ausführungen zur Funktionsweise des transaktionsbasierten Datentreuhänders EuroDaT möchten wir kurz darauf eingehen, wie die Registrierung von Teilnehmern erfolgt und den Ablauf von Datenverarbeitungs-Transaktionen skizzieren.

74 Wie bereits oben erwähnt, besitzt EuroDaT eine administrative Oberfläche, auf der Teilnehmerkonten verwaltet werden können. Alles beginnt mit der Anmeldung einer durch das jeweilige Unternehmen berechtigten Person, die das Teilnehmerkonto des Unternehmens verwalten soll. Diese richtet ein Konto mit Unternehmensstammdaten ein und bestätigt die Anmeldung mit einer qualifizierten elektronischen Unterschrift (QES) auf dem Anmeldeformular. Im Zuge dessen muss die Person sich mit Hilfe des Personalausweises (eID oder VideoIdent) identifizieren. Sie bestätigt auch Angaben zu einem Kreis von wirtschaftlich Berechtigten des Unternehmens, die für die Unterzeichnung aller weiteren Verträge verantwortlich sind. Das Konto wird durch die Unterzeichnung der Onboarding-AGB mit QES aktiviert. Die wirtschaftlich Berechtigten müssen sich analog ausweisen und bestätigen mit Ihrer Unterschrift ihre Berechtigung und Funktion im Unternehmen.

75 Sobald das Unternehmenskonto angelegt ist, können Applikationen ausgewählt und die hinterlegten Verträge für diese unterzeichnet werden. Analog kann auch eine Kooperationsvereinbarung geschlossen werden, durch die Teilnehmer zu Datendienstleistern werden. Sie können dann neue Applikationen anlegen und die Kooperationsverträge für diese schließen.

76 Administrative User von Teilnehmern können einen Client für die Maschinen-bezogene Interaktion mit dem Treuhänder registrieren. Dafür müssen Sie ein Schlüsselpaar generieren und den öffentlichen Schlüssel bei EuroDaT hinterlegen. Dies erlaubt EuroDaT die sichere Authentifizierung der Clients, wenn diese auf die API zugreifen. Für die Implementierung der Clients (die im einzelnen je nach Applikation unterschiedlich aussehen mögen) ist der Treuhänder nicht verantwortlich.

77 Transaktionen mit dem registrierten Client verlaufen nun immer nach dem gleichen Schema:

- Der Client startet über die EuroDaT API die Transaktion und macht dabei Angaben zur Applikation, zu den Teilnehmern und den Rollenzuweisungen.
- Anhand der vorliegenden Verträge und der für die Applikation definierten Regeln (siehe oben) werden die Angaben validiert und ggf. ergänzt.

- Es wird ein auf die Transaktion bezogener Bereich in der Datenbank mit Tabellen für die transaktionsbezogenen Daten angelegt.
- Es wird ein Nutzerkonto für die transaktionsbezogenen Verarbeitungs-Container angelegt und ihm wird Zugriff auf die entsprechenden Tabellen gegeben.
- Den Teilnehmern der Transaktion werden entsprechend der Rollenzuweisungen Zugriffsrechte auf die transaktionsbezogenen Tabellen gegeben.
- Im Verlauf der Transaktion können Teilnehmer mit den entsprechenden Rechten Verarbeitungsschritte anstoßen, Eingabe-Daten schreiben, Ausgabe-Daten lesen und Nachrichten empfangen.
- Der Client des Initiators der Transaktion beendet die Transaktion.
- Verarbeitungs-Container werden beendet.
- Die Zugriffsrechte werden entzogen.
- Das Konto für Verarbeitungs-Container wird gelöscht.
- Die Tabellen mit Transaktionsbezug und der entsprechende Bereich in der Datenbank werden gelöscht.

Durch die oben im einzelnen beschriebenen technischen Maßnahmen ist sichergestellt, dass die Verarbeitung verkapselt ist, Teilnehmer in keiner anderen als der definierten Rolle auf Daten zugreifen bzw. Verarbeitungsschritte anstoßen können und keine anderen als die durch die Applikation definierten Daten ausgetauscht werden können. **78**

V. Fazit

Das transaktionsbasierte Datenvertrauensmodell ist eine effektive Methode zur Bewältigung vielfältiger regulatorischer und juristischer Herausforderungen, die bei der kollaborativen Nutzung von Daten auftreten. Das Modell dient als wirksames Instrument zur Beseitigung von Hindernissen und Risiken, die sich aus der Vermischung von Rollen bei der Datennutzung ergeben. **79**

Mit der Implementierung dieses Modells können Systeme entwickelt werden, die eine transparente und sichere Verwaltung von Rollenzuweisungen und Zugriffsrechten gewährleisten. Dies trägt dazu bei, ein hohes Maß an rechtlicher Sicherheit und Transparenz in der Datennutzung zu gewährleisten und zeigt, wie technische Lösungen dazu beitragen können, regulatorische und juristische Hindernisse zu überwinden. **80**

Das Modell umfasst eine Vielzahl an Maßnahmen – von der organisatorischen Struktur, über die Governance, bis hin zur technischen Kapselung der Datenverarbeitung. Diese Maßnahmen sorgen für eine rechtskonforme Datenverarbeitung sowie für Transparenz über den Umgang mit insbesondere personenbezogenen oder vertraulichen Daten. **81**

Immer mehr Unternehmen erkennen die zunehmende Bedeutung von Daten, und das transaktionsbasierte Modell bietet eine vielversprechende Lösung für den Aufbau von Vertrauen und die Ermöglichung von datengetriebenen Innovationen. Bereits in Betrieb befindliche Anwendungen geben einen ersten Ausblick auf das Potenzial des Modells und wecken die Hoffnung, dass es einen wesentlichen Beitrag zur Nutzung des unerschlossenen Potenzials von Daten leisten kann, ohne **82** dabei missbräuchliche oder schädliche Verwendungen zu fördern. Im weiteren bleibt zu zeigen, dass der Ansatz skaliert und in verschiedenen Kontexten und für verschiedene Anwendungsfälle ein tragfähiges Lösungsmodell bleiben kann.

§ 14
Datenschutz durch Datentreuhand[1]

I. Datentreuhänder: Geschöpfe des Datenschutzrechts mit datenschutzrechtlichem Klärungsbedarf

Die an Fahrt aufnehmende Diskussion um Datentreuhänder[2] ist in ihrem Kern eine Reaktion auf Anforderungen des allgemeinen Datenschutzrechts und insofern dessen „Geschöpf".[3] Denn mit seinen allgemeinen Grundsätzen der Datenminimierung (Art. 5 Abs. 1 Buchst. c DS-GVO), Zweckbindung (Art. 5 Abs. 1 Buchst. b DS-GVO) und Rechenschaftspflicht (Art. 5 Abs. 2 DS-GVO) stellt das Datenschutzrecht erhebliche Hürden für wirtschaftliche oder anderweitige Nutzung personenbeziehbarer Datenbestände auf. Während ein Teil aktueller datennutzungsbezogener Diskussionen und Gesetzgebungsvorhaben darauf abzielt, die durch das traditionelle Datenschutzrecht gezogenen Grenzen zu verschieben,[4] versuchen Datentreuhandmodelle, ohne grundlegendere Veränderungen dieser Rahmenbedingungen Möglichkeiten der Datenzusammenführung und -nutzung durch neue Akteure, rechtliche und technische Infrastrukturen und Vermittlungsdienste auszubauen. Dass solchen Versuchen keine prinzipiellen datenschutzrechtlichen Bedenken entgegenstehen, dürfte spätestens mit den auf Datenintermediäre ausgerichteten Vorschriften des Data Governance Act (v. a. dessen Art. 10 ff.) deutlich geworden sein. Allerdings können sie nur dann nachhaltig Erfolg haben, wenn sie rechtliche Anforderungen an Datenverarbeitungen schon in die Konzeption neuer Lösungen zur umfassenderen Datenbereitstellung und -nutzung integrieren. Transaktionsbasierte Datentreuhandmodelle sind ein Schritt in diese Richtung, wobei für bestimmte Einsatzszenarien und Sektoren auch schon der Übergang von der Konzeption zur tentativen Realität erfolgt ist.[5] Die sich hierbei stellenden allgemeinen datenschutzrechtlichen Fragen, Probleme, aber auch die daraus erwachsenden Impulse für das Datenschutzrecht werden nachfolgend erörtert. Dadurch sollen die in den datenschutzrechtlichen Parallelbeiträgen[6] erörterten allgemeinen datenschutzrechtlichen Vorgaben und Einordnungen für Datentreuhandmodelle an einem konkreten Modell spezifiziert, vertieft und anschaulich gemacht werden. Daran zeigt sich auch, dass die 1

---

[1] Der Beitrag basiert auf, erweitert und vertieft die Ausführungen in Buchheim/Augsberg JZ 2024, 365.

[2] Borges/Keil Big Data-HdB/Borges, 1. Aufl. 2024, § 5 Rn. 146 ff.

[3] Buchholtz/Brauneck/Schmalhorst NVwZ 2023, 206; Richter DSB 2021, 47 (47 f.).

[4] S. etwa Art. 59 AI Act; § 6 Gesundheitsdatennutzungsgesetz (GDNG); vgl. auch Kapitel IV des Entwurfs der European Health Data Space-Verordnung (EHDS).

[5] Die EuroDaT GmbH als öffentliches Unternehmen des Landes Hessen bietet ihren Dienst als transaktionsbasierte Datentreuhand inzwischen etwa für Zwecke der Geldwäscheerkennung an, vgl. https://www.eurodat.org. Sie ist eine Ausgründung aus einem Verbundforschungsprojekts, für das die Autoren tätig waren.

[6] Riechert → § 8 Rn. 1 ff.; Buchholtz → § 5 Rn. 38 ff.

datenschutzrechtliche Einordnung der in sich sehr unterschiedlich ausgestaltbaren Datentreuhänder viele Schattierungen kennt. Mithin verbieten sich pauschale Aussagen zu datenschutzrechtlicher Zulässigkeit und Grenzen der Datentreuhänderschaft – ebenso wie typische juristische[7] und spezifisch datenschutzrechtliche Abwehrreflexe[8] gegenüber neuen Formen und Möglichkeiten der Datennutzung.

2 Im Weiteren schildern wir zunächst den Kerngedanken des Modells transaktionsbasierter Datentreuhand, um den darin liegenden Paradigmenwechsel von der Daten- zur Prozessanonymisierung zu verdeutlichen (II.). Im Hauptteil des Beitrags (III.) untersuchen wir die hiermit verbundenen datenschutzrechtlichen Folgerungen, insbesondere für den Begriff der personenbezogenen Datenverarbeitung (III.1.), die Anwendbarkeit der DS-GVO (III.2.), die datenschutzrechtlichen Verantwortlichkeiten (III.3.) und Erlaubnistatbestände (III.4.), sowie in einem Seitenblick ergänzende Vorgaben aus dem Data Governance Act und dem Data Act (IV.). Am Ende steht ein Ausblick auf die allgemeinen Lehren für das Datenschutzrecht (V.).

II. Grundkonzept der transaktionsbasierten Datentreuhand: Paradigmenwechsel statt Teilreform

3 Das „Zauberwort“[9] *Datentreuhand* ist in rechtlicher Hinsicht weitgehend offen[10] und ein normativ wenig geschärfter, zunächst vor allem heuristisch hilfreicher Begriff. Um ihn rechtlich handhabbar zu gestalten, ist eine nähere Differenzierung hilfreich. Demnach sind prinzipiell unterschiedliche Treuhandmodelle konstruierbar und voneinander zu unterscheiden.[11] Das hier näher vorgestellte und untersuchte Modell ist die „transaktionsbasierte Datentreuhand“[12].

1. Spezifika transaktionsbasierter Datentreuhand

4 Dieses Treuhandkonzept löst sich von der Vorstellung des Anhäufens und Hortens von Datenbeständen – mit dem dann zwangsläufig potenzierten Miss-

---

7 Zu innovationshemmenden Reflexen der Jurisprudenz aber auch zum Innovationspotential des Rechts Hoffmann-Riem AöR 131 (2006), 255 (258 ff., 271 ff.); Hoffmann-Riem, Innovation und Recht – Recht und Innovation. Recht im Ensemble seiner Kontexte, 2016, S. 29 ff., 367 ff.; Kahl ZRPh 2004, 1 ff.

8 Zu datenschutzrechtlichen „Aversionen“ Lassahn Der Staat 61 (2022), 407 (410 ff.).

9 Gehring, Datentreuhänder – dauern Wunder etwas länger?, FAZ v. 10.3.2024; → Gehring/Laakmann/Person/Seidemann § 2 Rn. 9 f.

10 Vgl. etwa Buchholtz/Brauneck/Schmalhorst NVwZ 2023, 206 ff.; Kempny/Krüger/Spindler NJW 2022, 1646 ff.; Specht-Riemenschneider ua MMR-Beil. 2021, 25 ff.; Kühling ZfDR 2021, 1 ff.; Richter ZEuP 2021, 634 (641 f.); Martini ua MMR-Beil. 2021, 3 ff.; ebenfalls unklar etwa das Gutachten der Datenethikkommission vom 23.10.2019, S. 146, abrufbar unter https://www.bmj.de/SharedDocs/Downloads/DE/Themen/Fokusthemen/Gutachten_DEK_DE.html.

11 Dazu → Gehring/Laakmann/Person/Seidemann § 2 Rn. 11 ff.

12 Hierzu → Gehring/Laakmann/Person/Seidemann § 2 Rn. 17 ff.; Buchheim/Augsberg/Gehring JZ 2022, 1137.

brauchspotential.[13] Es zielt stattdessen darauf, über einen zwischengeschalteten besonderen Akteur und eine spezifisch dafür entworfene Verarbeitungsinfrastruktur im Einzelfall – daher transaktionsbasiert – Einmal-Datensätze für bestimmte Datenanalysen zu generieren, die anschließend wieder gelöscht werden. So werden dezentral gespeicherte Datenbestände einer oder mehrerer datengebender Stellen ausschließlich zum Zweck einer einmaligen und vorab klar definierten, algorithmischen Auswertung virtuell zusammengeführt und ausgewertet. Aufgabe der Datentreuhandstruktur ist es, die jeweils analyserelevanten Datenbestände in einer hierfür geschaffenen digitalen Umgebung gesichert zusammenzuführen, für die jeweils anvisierte Datenanalyse bereitzustellen und anschließend zu löschen. Hierfür stellt der Treuhänder eine technische und rechtliche Infrastruktur bereit, die es den Beteiligten ermöglicht, standardisiert ausgesuchte der von ihnen kontrollierten Datensätze für bestimmte Datennutzungen durch bestimmte Systemteilnehmer freizugeben.[14]

Daraus ergeben sich unter datenschutzrechtlichem Gesichtspunkt zwei Besonderheiten, die das Modell auszeichnen: 5

Das erste relevante Kennzeichen des transaktionsbasierten Datentreuhandmodells liegt darin, den konkreten Datenbestand, der für eine bestimmte Analyse genutzt werden soll, erst unmittelbar vor und spezifisch nur für eine bestimmte Analyse zu bilden und anschließend wieder zu löschen. Der so geschaffene Einmaldatensatz kann von einzelnen, mehreren oder zahlreichen Datengebern zusammengeführt werden. Gleichzeitig können potenzielle Nutzer bestimmte, für sie attraktive Datenanalysedienste über den Treuhänder anfragen und hierfür – gegebenenfalls entgeltlich – geeignete Datengeber finden. Der Treuhänder leistet insofern einen besonders aufwendigen und voraussetzungsreichen Vermittlungsdienst zwischen Datengebern, Bereitstellern von Datenanalysediensten und Nutzern solcher Datenanalysen. Der wesentliche Vorteil der transaktionsbasierten Bildung der Datenbestände liegt darin, eine besonders gezielte und bewusste Datenbereitstellung für anvisierte Zwecke zu ermöglichen und im Moment der Zusammenführung noch nicht bekannte, unabsehbare künftige Datennutzungen von vornherein auszuschließen. Das erschwert einerseits Big-Data-Anwendungen, die gerade auf der Unvorhersehbarkeit zukünftiger Mustererkennung aufbauen. Es reduziert andererseits aber die aus dem Informationspotential großer Datenbestände entstehenden Risiken und unterbindet ein Datensammeln als verselbständigten Zweck. Die Transaktionsgebundenheit des Datensatzes ist damit eine institutionelle Sicherung und Forcierung des Zweckbindungsgrundsatzes.[15] Sie transformiert ihn von einer normativen Vorgabe zur technisch implementierten Realität. 6

Das zweite charakteristische Element der transaktionsbasierten Datentreuhand ist die besondere Art des anschließenden Datenanalyseprozesses: Der Datentreuhänder ermöglicht eine „gekapselte", also gegen jede Form der Zweckentfremdung abgeschirmte Auswertung des Einmaldatensatzes. Damit wird sichergestellt, 7

[13] Vgl. dazu etwa Deutscher Ethikrat, Big Data und Gesundheit – Datensouveränität als informationelle Freiheitsgestaltung, 2017, S. 86 ff.

[14] Zu dieser – auch rechtlichen – Typologisierungsleistung → Walter/Waldbröl/Frisse § 17 Rn. 5.

[15] Zum datenschutzrechtlichen Zweckbindungsgrundsatz vgl. Ziegenhorn/Schulz-Große ZD 2023, 581 ff. mwN.

dass die Datenanalyse nur und genau die Art informatorischer Erträge bringen können soll, mit Blick auf die die Datenanalyse gestattet wurde. Mithin geht es auch hier darum, Zweckbindung institutionell her- und sicherzustellen. Während der Einmal-Datensatz die Zweckbindung in zeitlicher Hinsicht sichert (der ausgewertete Datensatz existiert als solcher vor und nach der Analyse schlichtweg nicht), sichert die Verkapselung die Zweckbindung in sachlich-gegenständlicher Hinsicht. Das Analyseinstrument ist von vornherein so eingerichtet, dass die Datenauswertung nur diejenige Art der Information generieren kann, für die das Analyseinstrument auch entwickelt und von den Beteiligten konkret beauftragt und freigegeben wurde.

8 Um diese Vorgehensweise zu verdeutlichen, hilft das Beispiel einer Wärmebildkamera, mit der man aus der Ferne auf einen Raum Tanzender blickt. Hier wäre völlig gleichgültig, ob die Tanzenden Namensschilder mit ihrem Geburtsort und -jahrgang trügen und beim Tanzen alte Anekdoten austauschten. Die betreffenden Informationen könnten die Person mit der Wärmebildkamera nicht erreichen. Sie sähen nur vage Konturen sich bewegender Menschen. Je nach Referenzwissen oder Bildgebung könnten sie auch auf Körpertemperatur, ungefähren Gesundheitszustand und Fitness der Tanzenden schließen. Rhythmusgefühl der Tanzenden vorausgesetzt, könnte man womöglich noch Takt und Genre der gespielten Musik erraten. Hingegen erlaubte mir die Wärmebildkamera keine Rückschlüsse auf individuelle (Identifikations-)Merkmale wie Gesichtszüge, Haare uÄ. Kurzum: Das Analyseraster, mit dem man auf die Wirklichkeit der Tanzenden blickte, wäre schlechthin ungeeignet, bestimmte Informationen über die damit beobachtete Realität zu gewinnen. Niemand, der nicht erkannt werden wollte, müsste sein Gesicht verdecken; der Informationsgehalt der Namensschilder und Gespräche erreichte nur die vor Ort Anwesenden.

2. Paradigmenwechsel: Von der Daten- zur Prozessanonymisierung

9 Das Beispiel zeigt, dass es unterschiedliche Möglichkeiten gibt, um zu vermeiden, dass aus einem Bestand von Datenmaterial (im obigen Beispiel: einer tanzenden Menge) bestimmte Informationen generiert werden können. Man kann auf der Ebene des gesammelten, auszuwertenden Materials ansetzen oder auf der Ebene des Sammlungs- und Auswertungsinstruments. Man kann zB ein Foto einer Angeklagten in einem Strafverfahren erst aufnehmen und dann verpixeln oder eine besondere Kamera entwickeln, die mittels eines entsprechend programmierten elektronischen Filters bereits im Moment der Aufnahme die Optik verwischt. Für die Betrachter des Endprodukts – etwa eine Zeitungsleserin – sind die Ergebnisse beider Verfahrensweisen mit Blick auf die Informationen, die verhüllt bleiben sollen – in diesem Fall die Identität der nicht rechtskräftig Verurteilten – gleichwertig. Im letztgenannten Fall ist aber eine Missbrauchsgefahr dadurch jedenfalls erheblich reduziert, dass gar kein die abzuschirmende Identität offenbarendes Original entsteht.

10 Führt man sich diese beiden in Vielem funktionsäquivalenten Methoden informatorischer Abschirmung vor Augen, fällt auf, wie einseitig viele datenschutzrechtliche Diskussionen und technische Sicherungen bisher vorgehen: Ungeachtet der mit der DS-GVO prominent unterstützten Möglichkeiten der (technischen)

privacy by design[16] überwiegen in der Praxis weiterhin nachträgliche Veränderungen des Datenmaterials, etwa durch Verschlüsselung, Schwärzung oder anderweitige Anonymisierung. Der damit verbundene Aufwand ist hoch. Er wächst (und verliert ggf. dennoch eine hinreichende Sicherheit), je weiter Entschlüsselungs- und Deanonymisierungstechniken voranschreiten und je weniger absehbar ist, mittels welcher Analytik und mit welchem Zusatzwissen gegebene Datenbestände zu einem späteren Zeitpunkt ausgewertet werden. Zugleich verschließen Techniken der Informationsabschirmung, die am Datenmaterial ansetzen, ohne Not und ohne Grund auch die Möglichkeit, unverdächtige und unproblematische Informationsgehalte aus bestimmten Datensätzen zu gewinnen. Denn sind Daten einmal informatorisch verarmt, um bestimmte sensible informatorische Erträge auszuschließen, lassen sich ihnen auch mit anderem Erkenntnisinteresse und anderer Analytik relevante und unverdächtige Informationen nicht mehr entnehmen.

Die frühzeitige technische Implementation der informatorischen Abschir- 11
mungsstrategie bietet deshalb erkennbar erhebliche Vorteile. Anstatt riesige Datenbestände aufwendig bearbeiten zu müssen, um unerwünschte informatorische Rückschlüsse zu verhindern, benötigt man ein einziges spezielles Analyseinstrument, das von vornherein nur bestimmte Arten von Informationen generieren kann. Wenn man beispielsweise – für die Zwecke verbesserter, gezielterer Sozialpolitik – das jeweils verfügbare Nettoguthaben der in der Bundesrepublik bestehenden Bankkonten (ohne personale Zuordnung) wissen wollte, müsste man ein entsprechendes – nicht sonderlich komplexes – automatisch vorgehendes Analyseinstrument bauen, das nur genau diese Information überhaupt lesen und weiterreichen kann (Konto Nr. 1: -2.500 EUR; Konto Nr. 2: 30.000 EUR; Konto Nr. N: x EUR …). Um diese Information zu generieren, müsste das algorithmische Analyseinstrument eine riesige Zahl bei den Banken gespeicherter Kontodaten automatisiert durchforsten, die zahlreiche personenbezogene Informationen enthielten. Dieses Durchforsten geschähe aber ausschließlich unter dem Gesichtspunkt des genannten Erkenntnisinteresses. Andere Informationen und Verknüpfungen würde das Analyseinstrument nicht erzeugen, ebenso wenig wie eine Analyse mittels Wärmebildkamera Gesichtszüge offenlegen kann. Eine einzige – technisch indes anspruchsvolle – Ausgestaltung auf Ebene der Datenanalytik (Programmierung eines entsprechenden, in seiner Lesefähigkeit und seiner epistemischen Ausrichtung klar definierten Algorithmus) machte so Millionen Manipulationen auf Ebene der analysierten Datenbestände (Anonymisierung der vielen Millionen Kontodaten) entbehrlich.

[16] Vgl. Art. 25 DS-GVO; siehe näher etwa Yee (Hrsg.), Privacy Protection Measures and Technologies in Business Organizations: Aspects and Standards/Cavoukian, 2011, S. 170 ff.; Preneel/Ikonomou (Hrsg.)/van Rest/Boonstra/Everts/van Rijn/van Paassen, Privacy Technologies and Policy, 2014, S. 55 ff.; Waldman Cornell International Law Journal 53 (2020), 147 ff.; vgl. dazu auch Bull, Sinn und Unsinn des Datenschutzes, 2015, S. 86 ff.; Simitis/Hornung/Spiecker gen. Döhmann/Hansen, 2. Aufl. 2025, DS-GVO Art. 25 Rn. 5 ff. mwN.

III. Datenschutzrechtliche Einordnung des Modells transaktionsbasierter Datentreuhand

12 Bei der datenschutzrechtlichen Einordnung *transaktionsbasierter Datentreuhand* stellen sich ähnliche Fragen wie in den Parallelbeiträgen,[17] allerdings aufgrund der beschriebenen Spezifika teils mit fundamental anderem Ergebnis. Sie werden im Weiteren näher aufgeschlüsselt. Dabei eröffnet die datenschutzrechtliche Untersuchung zugleich neue Perspektiven auf und Erkenntnisse über das Datenschutzrecht, insbesondere sein zunehmend komplexes Anwendungsregime. Mit der Weiterentwicklung ist insoweit auch eine Rückbesinnung auf datenschutzrechtliche Grundansinnen und -prinzipien verbunden.

1. Fraglicher Personenbezug transaktionsbasierter Datentreuhandverarbeitungen

13 Um die Frage nach der Anwendbarkeit des allgemeinen Datenschutzrechts auf Verarbeitungsvorgänge im Wege transaktionsbasierter Datentreuhand beantworten zu können, ist zunächst ein genauer Blick auf den Zentralbegriff der „Verarbeitung personenbezogener Daten“[18] zu werfen. Dieser wird üblicherweise aufgespalten, „Verarbeitung“ und „personenbezogene Daten“ werden daher meist als eigenständige und isolierte Tatbestandsmerkmale dargestellt. Das liegt zunächst nahe, denn auch der Wortlaut der DS-GVO definiert die Begriffe getrennt voneinander (vgl. Art. 4 Nr. 1 u. 2 DS-GVO). Eine vollständige Scheidung beider Merkmale droht jedoch zu verschleiern, dass der Personenbezug keine ausschließlich dem Datum anhaftende Eigenschaft ist, sondern, wie zu zeigen sein wird, durch die Art der Prozessierung beeinflusst ist. Der Begriff des „personenbezogenen Datums“, der seit der Urfassung des BDSG von 1977 den Gegenstand des Datenschutzrechts und dessen Anwendungsbereich bestimmt, leistet angesichts neuerer sozialer wie technischer Entwicklungen nicht länger die ursprünglich mit ihm verbundene Orientierung, Ordnung und Steuerung. Aus diesem Konturenverlust resultiert für die zentrale Frage der Anwendbarkeit des Datenschutzrechts eine fundamentale Unschärfe.[19] Allerdings lässt sich der sachliche Anwendungsbereich der DS-GVO rekonturieren, indem man den Blick vom Datenmaterial löst und stattdessen auf eine prozessbezogene Bestimmung des Personenbezugs setzt. Diesen Ansatz greift auch das Modell der transaktionsbasierten Datentreuhand auf. Es ermöglicht durch die eingangs beschriebenen technischen Konfigurationen und Sicherungen *nicht personenbezogene Verarbeitungs- und Auswertungsvorgänge mit Blick auf personenbezogenes Datenmaterial.* Damit lassen sich datenschutzrechtliche Rechtfertigungspflichten auf diejenigen Datenverarbeitungsvorgänge begrenzen, die überhaupt personenbezogene Risiken aufwerfen können. Dies wirkt sich auf die datenschutzrechtliche Einordnung maßgeblich aus.[20]

---

[17] Dazu allgemein → Riechert § 8 Rn. 7 ff.; → Buchholtz § 5 Rn. 38 ff.
[18] Vgl. Art. 2 Abs. 1 DS-GVO.
[19] Vgl. Finck/Pallas IDPL 10 (2020), 11 (20).
[20] → Rn. 21 ff.

a) „Personenbezug" als zunehmend unscharfes Merkmal

Die Frage, ob Daten bzw. die daraus generierbaren Informationen personenbezogen sind, ist die zentrale Vorbedingung datenschutzrechtlicher Bindungen. Ihre Beantwortung hat daher größte praktische Bedeutung. Sie setzt eine näher zu bestimmende Beziehung mancher Daten und Informationen zu einer Person voraus – gerade diese Vorstellung von den „eigenen" Daten liegt bekanntlich der Idee der „informationellen Selbstbestimmung" zugrunde.[21] Sie ist deshalb Grundlage wie Voraussetzung für die einfachgesetzlichen Ausgestaltungen des Datenschutzrechts. Weil nicht die Daten oder Informationen als solche, sondern die hinter ihnen stehenden Grundrechtsträger geschützt werden sollen, geht es beim *personenbezogenen Datenschutz* im Kern um einen *datenbezogenen Personenschutz*. Auch die DS-GVO ist ganz in diesem Sinne nur für solche Datenverarbeitungen anwendbar, die bzw. deren mögliche informatorischen Erträge sich auf eine bestimmte oder bestimmbare Person beziehen (Art. 2 Abs. 1 DS-GVO). Diesseits einer hier nicht zu bewertenden Fundamentalkritik an diesem Modell[22] ist zumindest auf die Unsicherheit hinzuweisen, anhand welcher Kriterien dieser Personenbezug zu bestimmen ist. 14

Für das Verständnis der Problematik hilft zunächst ein kurzer Seitenblick auf die Semiotik. Demnach rufen im Sinne des „semiotischen Dreiecks"[23] wahrnehmbare Zeichen (zB eine Buchstabenfolge) bei Beobachtern Begriffe (Vorstellung von einem Gegenstand) hervor, die sich wiederum auf wirkliche Gegenstände (etwa Dinge oder Sachverhalte) beziehen. Bezogen auf Daten, Informationen und zu ihnen (potenziell) in Bezug stehende Personen bedeutet das: Ein „Datum", das als Zeichen ausgedrückt wird, muss sich, um personenbezogen zu sein, einem Begriff zuordnen lassen. Eine für den Beobachter kontextlose Zahlenreihe ist danach aus sich heraus kein personenbezogenes Datum. Erst durch den Kontext kann sich die Zuordnung zu einem Begriff ergeben, etwa indem sie als Identifikationsnummer bestimmt wird („Diese Zahlenfolge steht für ein Geburtsdatum."). Nur wer diese Bestimmung kennt und von ihr Kenntnis erlangen kann, kann aus der Zeichenfolge gedanklich auf den Begriff schließen. Ein Mittel, diese Verbindung zu stören, sind Pseudonymisierungs-, aber auch Verschlüsselungstechniken, bei denen Zeichen so manipuliert werden, dass es ohne spezifisches Zusatzwissen unmöglich ist, aus ihnen auf den Begriff zu schließen.[24] 15

Der durch das Zeichen vermittelte Begriff muss sich seinerseits auf einen Gegenstand, bei personenbezogenen Datenverarbeitungen also auf eine tatsächlich existierende, natürliche Person beziehen (Art. 4 Nr. 1 DS-GVO). Problematisch ist hier die Einordnung solcher Fälle, in denen der Gegenstand der Datenverarbeitung lediglich mittelbar in Bezug zu einer natürlichen Person steht. Ein prominentes 16

[21] Vgl. nur BVerfGE 65, 1; s. dazu etwa S. Augsberg, Regulatorische Verantwortung für den Datenzugang: Entwicklungslinien und Gestaltungsoptionen, in: S. Augsberg/Düwell/Müller (Hrsg.), Datenzugangsregeln. Zwischen Freigabe und Kontrolle, 2024, S. 353 ff.

[22] Vgl. etwa Behrendt, Entzauberung des Rechts auf informationelle Selbstbestimmung, 2023; Ladeur DÖV 2009, 45 ff. Zur Infragestellung der datenschutzrechtlichen Individualfokussierung und der einschlägigen Subjektvorstellungen siehe jetzt auch die Beiträge in: S. Augsberg/Düwell/Müller (Hrsg.), Datenzugangsregeln. Zwischen Freigabe und Kontrolle, 2024.

[23] Grundlegend Ogden/Richards, The Meaning of Meaning, 1989 [1923], S. 9 ff.

[24] Zur Einordnung dieser Ansätze siehe Roßnagel/Scholz MMR 2000, 721 ff.; Roßnagel ZD 2018, 243 ff.

Beispiel hierfür ist die Verarbeitung bestimmter Geodaten – bezieht sich etwa die Adresse ausschließlich auf das Grundstück als Sache (und wäre folglich ein reines Sachdatum) oder auch auf die Person, die dort wohnt?[25] Die Differenzierung dieser beiden Verbindungen (zwischen Zeichen und Begriff; Begriff und Gegenstand) gibt der Diskussion eine greifbare Struktur und zeigt die prinzipielle Schwierigkeit der Frage nach der Bestimmung des Personenbezugs auf, der letztlich immer ein mittelbarer ist.[26] Bei der Frage, ob die Art und Weise der Verarbeitung der Daten im Modell der transaktionsbasierten Datentreuhand die Personenbeziehbarkeit dieses Vorgangs aufhebt, geht es um die erste Verbindung, also zwischen Zeichen und Begriff. Atypisch an dem Modell ist jedoch die Art und Weise, mit welcher diese Verbindung potenziell gestört wird; nicht bloß fehlendes Zusatzwissen, sondern eine technische Kapselung des Datenverarbeitungsprozesses macht es den Beteiligten unmöglich, eine damit referenzierte natürliche Person zu identifizieren.

b) „Relative" Bestimmung des Personenbezugs als dogmatischer Status quo

17 Dass hier ein Graubereich entstehen könnte, hatte der Gesetzgeber in der Urfassung des BDSG noch nicht antizipiert. Zu dieser Zeit waren komplexere Datenverarbeitungen noch so selten, dass eine strikte, allein anhand des jeweiligen Datenmaterials bestimmbare (absolute) Abgrenzung personenbezogener und nichtpersonenbezogener Datenverarbeitungen praktisch keine Probleme verursachte. Computergestützte Datenverarbeitungen waren wenigen Stellen vorbehalten, Speicherplatz und Rechenkapazitäten äußerst begrenzt. Aus diesem Grund war es praktisch gesichert, dass jede datenverarbeitende Stelle diese Daten einsehen und aus ihnen einen Bezug zu den betroffenen Personen herstellen konnte. Konnte sie für ein Datum oder die daraus generierten Informationen keinen Personenbezug herstellen, lag es nahe, anzunehmen, dass es auch sonst niemand konnte. Erst die weite Verbreitung von Computern und insbesondere das Aufkommen des Internets führten dazu, dass Datenverarbeitungen in großem Umfang möglich wurden, bei denen die konkret handelnde Stelle eine betroffene Person nicht zu identifizieren vermochte – obwohl dies grundsätzlich (etwa mit entsprechendem Zusatzwissen) möglich gewesen wäre.[27] Ob in diesen Konstellationen die betreffenden Datenverarbeitungen als personenbezogen gelten, wird seitdem unterschiedlich beantwortet, eine gesetzgeberische Klärung ist ausgeblieben.[28]

18 Theoretisch bewegen sich die vorgeschlagenen Lösungen zwischen zwei Polen, nämlich den Personenbezug absolut[29] oder relativ zu bestimmen. Ersteres setzt voraus, dass sich (alle) Daten anhand objektiver Kriterien für jedermann in personen- und nichtpersonenbezogen kategorisieren lassen. Das ist eine den verworrenen,

---

[25] Die Schwierigkeit diese und ähnliche Fragen zu beantworten zeigt sich in der Diskussion um den Google-Dienst „StreetView", dazu etwa Spiecker gen. Döhmann CR 2010, 311 ff.; Caspar DÖV 2009, 965 ff.; Forgó/Krügel MMR 2010, 17 ff.

[26] Vgl. Zech, Information als Schutzgegenstand, 2012, S. 24 ff.

[27] Bedeutung erlangte hier die Frage nach dem Personenbezug von IP-Adressen, vgl. AG München BeckRS 2008, 23037.

[28] Auch die Erwägungsgründe sind diesbezüglich ambivalent, s. Hofmann/Johannes ZD 2017, 221 ff.

[29] Breyer ZD 2014, 400; Bergt ZD 2015, 365 (369).

oftmals intransparenten und ephemeren Strukturen moderner Datenverarbeitung nicht mehr angemessene, illusorische Vorstellung. Wollte man heute versuchen, den Personenbezug eines Datums absolut zu bestimmen, müsste man inzwischen Wissen und Verarbeitungsmöglichkeiten der gesamten Menschheit einbeziehen. Der Grund hierfür wird am semiotischen Dreieck anschaulich, dessen Basis fehlt – ein direkter, absoluter Bezug zwischen dem Zeichen und dem Gegenstand existiert nicht, eine im Wortsinn absolute Einordnung sämtlicher Daten mit Blick auf deren Personenbezug ist daher unmöglich.[30] Dementsprechend wird inzwischen überwiegend – und zu Recht – der Personenbezug relativ bestimmt.[31] Ein Datum gilt danach als personenbezogen, wenn sein jeweiliger Informationsgehalt von der verantwortlichen Stelle (ggf. unter Hinzuziehung Dritter und zusätzlicher Informationen) einer mit realistischem Aufwand zumindest identifizierbaren, natürlichen Person zugeordnet werden kann.[32] Der verantwortlichen Stelle wird somit nicht das „gesamte Weltwissen" zugerechnet, sondern man betrachtet die tatsächlichen Möglichkeiten personaler Zuordnung aufgrund des vom Verarbeiter erreichbaren Wissens. Auch die Frage der realistischen Möglichkeit der Zuordnung eines Informationsgehalts zu einer bestimmten Person ist indes angesichts der Geschwindigkeit, Intransparenz und vielfachen Verwobenheit digitaler Datenverbreitung und -verarbeitung häufig schwer, bisweilen fast unmöglich zu beantworten.[33]

c) Nicht-epistemische Zuordnungshindernisse

In der hieran knüpfenden Diskussion um die realistische Personenbeziehbarkeit 19
von Daten bzw. auf sie bezogener Verarbeitungsprozesse wird in aller Regel auf das vorhandene oder erlangbare *Zusatzwissen* des Verarbeitungsverantwortlichen abgestellt, etwa zusätzliche Daten, Passwörter oder Listen, die eine Verknüpfung zwischen Pseudonym und dahinter stehenden Personen ermöglichen. Dabei bleibt zumeist außen vor, dass die Personenbeziehbarkeit von Daten auch aus nicht-epistemischen Gründen ausgeschlossen sein oder werden kann, nämlich durch eine Abschirmung des die Information tragenden Datums (also des Zeichens) selbst. Denkbar ist etwa, dass ein Verantwortlicher Systeme einsetzt, die Daten (Zeichen) selbstständig verarbeiten, er die Daten aber selbst nicht einsehen kann. Ein Beispiel hierfür wäre ein Kraftfahrzeug, das mit einer Kamera ausgerüstet ist, die beim Fahren die Umgebung aufnimmt und fortlaufend auswertet, um Hindernisse auf der Fahrbahn zu erkennen. Werden dabei Personen fotografisch aufgenommen, handelt es sich bei diesen Aufnahmen zwar um Daten, anhand derer der Verantwortliche die betroffene Person womöglich ermitteln könnte – diese Möglichkeit

---

[30] Die „absolute" Theorie ist daher ungeeignet, Aussagen über den Personenbezug zu treffen, falls es für ein konkretes Datum nicht bekannt ist, ob es überhaupt Informationen über eine Person enthält.

[31] Vgl. EuGH ECLI:EU:C:2023:837 Rn. 44 ff. – GVA/Scania; EuG ECLI:EU:T:2023:219 Rn. 101 ff.; EuGH EU:C:2016:779 Rn. 43 ff. – Breyer.

[32] Vgl. hierzu etwa Taeger/Gabel/Arning/Rothkegel, DS-GVO – BDSG – TTDSG, 4. Aufl. 2022, DS-GVO Art. 4 Rn. 9; Simitis/Hornung/Spiecker gen. Döhmann/Karg DS-GVO Art. 4 Nr. 1 Rn. 14 ff.; Ehmann/Selmayr/Klabunde, 2. Aufl. 2018, DS-GVO Art. 4 Rn. 7 ff.

[33] Zum Personenbezug dynamischer IP-Adressen aufgrund der rechtlich gesicherten Möglichkeit, diese einem Anschluss und einer Person zuzuordnen EuGH ECLI:EU:C:2016:779 Rn. 31 ff. – Breyer; dazu auch Wildberg/Lee-Wunderlich CCZ 2023, 281.

scheitert jedoch an dem tatsächlichen Hindernis, die Zeichen, in deren Gestalt die Aufnahme codiert vorliegt, überhaupt einzusehen.[34]

d) Ergebnis: Prozessbezogene Bestimmung des Personenbezugs

20 Ob eine konkrete technische Verarbeitung eines gegebenen Datenbestands Personenbezug aufweist, kann demnach nicht allein anhand des Datums an sich und des (realistischerweise erlangbaren) Kenntnisstands der verarbeitenden Stelle beantwortet werden. Selbst bei identischem Kenntnisstand des Verantwortlichen kann vielmehr die Verarbeitung ein und desselben Datensatzes Personenbezug aufweisen oder auch nicht – entscheidend ist die Art der Prozessierung. Erst in der Gesamtschau, die die Verarbeitungsumstände mitberücksichtigt, lässt sich der Personenbezug konkret für die einzelnen Verarbeitungsvorgänge und relativ aus Sicht der verantwortlichen Stelle bestimmen. Die Personenbezogenheit ist daher richtig verstanden eine Modalität von Datenverarbeitungsprozessen, keine Modalität des verarbeiteten Datenmaterials. Daraus folgt: Nicht jede Verarbeitung personenbezogener Daten ist eine personenbezogene Datenverarbeitung. Sie ist es dann nicht, wenn die Gestaltung der jeweils ablaufenden Prozesse und des Analyseinstrumentariums mit der jeweils erforderlichen Sicherheit gewährleistet, dass aus dem konkreten Verarbeitungsvorgang keine Rückschlüsse auf in Bezug genommene natürliche Personen gezogen werden können. Diese Art der – notwendigerweise – prozessbezogenen Bestimmung des Personenbezugs eröffnet insbesondere in Mehrpersonenverhältnissen die Möglichkeit, Verarbeitungsvorgänge so zu gestalten, dass der Personenbezug dieser Prozesse oder einzelner ihrer Schritte trotz Personenbezugs des hierbei prozessierten Datenmaterials wirksam – für alle Teilnehmenden des Prozesses – entfällt. Diesen Umstand nutzt das Modell der transaktionsbasierten Datentreuhand.

2. Partielle Anwendbarkeit des Datenschutzrechts auf transaktionsbasierte Treuhandverarbeitungen

21 Angesichts der beschriebenen funktionellen Äquivalenz gekapselter Datenauswertung zur informatorischen Abschirmung qua Anonymisierung des Datenmaterials stellt sich die Frage, welche der Prozessschritte im Rahmen des beschriebenen Treuhandmodells als „personenbezogene Datenverarbeitungen" im Rechtssinn zu behandeln sind und damit dem Datenschutzrecht unterfallen.[35] Denn die Nichtanwendbarkeit des Datenschutzrechts auf die Prozessierung hinreichend anonymisierter Daten ist seit Langem unstrittig.[36]

a) „Verarbeitung"

22 Für das Modell der transaktionsbasierten Datentreuhand liegt es nahe, die damit verbundenen Vorgänge im Ausgangspunkt als einheitliche Datenverarbeitung

[34] Zu einem solchen „geschlossenen" System siehe auch Schröder ZD 2021, 302 (305); Grages/Plath CR 2017, 791.
[35] Art. 2 Abs. 1 DS-GVO.
[36] Siehe nur Roßnagel/Scholz MMR 2000, 721 ff. mwN.

anzusehen, die durch ein bestimmtes Erkenntnisinteresse angeleitet ist und auf ein vordefiniertes Analyseergebnis zielt. Insoweit findet ein bewusst großzügiges Begriffsverständnis Anwendung, das „jeglichen Vorgang im Zusammenhang mit personenbezogenen Daten, von der Erhebung bis zur Löschung bzw. Vernichtung" erfasst.[37] Es handelt sich daher um eine automatisierte „Verarbeitung" von Daten iSd Art. 4 Nr. 2 DS-GVO.

b) Personenbezug der Verarbeitung

Schon die Legaldefinition des Art. 4 Nr. 2 DS-GVO setzt für die Annahme einer personenbezogenen Datenverarbeitung einen „Zusammenhang mit personenbezogenen Daten" voraus. Für die transaktionsbasierte Datentreuhand bedeutet das, dass je nachdem, welche Informationen in dem ad hoc zusammengeführten und ausgewerteten Datenmaterial codiert sind, sich der Verarbeitungsvorgang auch auf – zumindest in Teilen – personenbezogene Daten bezieht oder sie zumindest einschließt. Das ist nur dann nicht der Fall, wenn das über den Treuhänder ausgewertete Datenmaterial allein Sachinformationen enthält, etwa Datenbestände eines statistischen Amtes (nach der statistischen Aggregierung) oder Daten aus der Aufsichtstätigkeit über Kreditinstitute (keine natürlichen Personen). Nur wenn in dem im Treuhänder prozessierten Datenmaterial auch potenziell personenbeziehbare Informationen codiert sind, stellt sich überhaupt die Frage einer personenbezogenen Datenverarbeitung iSd DS-GVO. 23

Allerdings kann nach der oben dargelegten prozessbezogenen Betrachtung dieser Umstand nicht genügen, um den über den Treuhänder ablaufenden Aggregations- und Analysevorgang als „personenbezogene Datenverarbeitung" zu qualifizieren. Stattdessen muss die Verarbeitung als solche einen Personenbezug aufweisen, also das personenbeziehbare Element des verarbeiteten Datenmaterials – und die damit einhergehenden Risikopotentiale[38] – auch tatsächlich aufgreifen. Dabei geht es nicht darum, von einer formalen Bestimmung der Anwendbarkeit des Datenschutzrechts abzurücken und eine Art materieller Relevanzschwelle zu etablieren, unterhalb derer bestimmte, als eher trivial eingeordnete personenbezogene Datenverarbeitungen nicht datenschutzrechtlich rechtfertigungspflichtig sind.[39] Stattdessen zielt die prozessbezogene Betrachtung darauf, nur und all solche Datenverarbeitungsvorgänge dem Datenschutzrecht zu unterwerfen, die eben wegen ihres Personenbezugs personale Freiheits- und Gleichheitsrisiken bergen können. So wie es für die Anwendbarkeit des grundsätzlichen Verbots nach Art. 9 Abs. 1 DS-GVO darauf ankommt, ob besondere Datenkategorien in ihrer spezifischen Funktion verarbeitet werden,[40] stellt sich auch bei der Verarbeitung „normaler" personenbezogener Daten die Frage des Zusammenhangs zwischen konkretem Verarbeitungsvorgang und abstraktem Gefährdungspotenzial 24

[37] Kühling/Buchner/Kühling/Raab, 4. Auflage 2024, Art. 2 Rn. 13 mwN.

[38] Zu diesen Risikopotenzialen für Freiheit und Gleichheit als raison d'être des Schutzes vor personenbezogenen Datenverarbeitungen schon BVerfG 65, 1; Poscher in Gander ua (Hrsg.), Resilienz in der offenen Gesellschaft, 2012, 167 (173 ff.).

[39] Kritisch zu einem solchen, womöglich allzu formbaren, die potenziellen Datenverknüpfungen außer Acht lassenden „risk-based approach" Simitis/Hornung/Spiecker gen. Döhmann/Hornung/Spiecker gen. Döhmann Einleitung Rn. 276 f.; in diese Richtung wohl Poscher in Gander ua (Hrsg.), Resilienz in der offenen Gesellschaft, 2012, S. 167 (187 ff.).

[40] Plath/Plath, DS-GVO/BDSG/TTDSG, 4. Auflage 2023, DS-GVO Art. 9 Rn. 5.

personenbeziehbarer Datenverarbeitung und -verknüpfung. Im Kern geht es hier also um die Frage der (potenziell) auf Einzelpersonen bezogenen Finalität[41] der Prozesszusammenhänge und -ergebnisse der Treuhandverarbeitung.

25 Diese prozessbezogene Betrachtung führt dazu, dass die Treuhandverarbeitung jedenfalls dann einen Personenbezug aufweist, wenn das Prozessergebnis personenbezogen oder -beziehbar ist. Würde ein transaktionsbasierter Treuhänder beispielsweise eingesetzt, um das bankinterne Erkennen von Geldwäscheverdachtsfällen durch Einbeziehung der Daten mehrerer Banken[42] zielgenauer zu machen, führte dies zum Personenbezug des Gesamtverarbeitungsvorgangs. Denn die Verdachtserkennung zielt gerade darauf ab, im Fall eines Verdachts die individuelle Transaktion näher zu prüfen oder aber die individuelle Transaktion als unverdächtig zu markieren. Würde der transaktionsbasierte Treuhänder hingegen eingesetzt, um generalisierend die Fehlerquote des (gesetzlich verpflichtend vorgegebenen) Verdachtsscreenings auf Grundlage der bankinternen Datenbestände zu ermitteln und taugliche Parameter zu erproben,[43] handelte es sich um ein nicht personenbezogenes Erkenntnisinteresse. Trotz des identischen Datenmaterials würde das – bei hinreichenden Sicherungen gegenüber anderweitiger Verwendung und Verwendbarkeit – den Vorgang als nicht personenbezogene Datenverarbeitung qualifizieren.

26 Die für die datenschutzrechtliche Einordnung praktisch entscheidende Frage betrifft demnach die Fälle, in denen ein personenbezogenes Erkenntnisinteresse und Analyseergebnis gerade fehlen, dieses Ergebnis aber in einer Vorgangsreihe hervorgebracht wird, die auch personenbeziehbares Datenmaterial enthält und verarbeitet. Da die Personen*beziehbarkeit* des Verarbeitungsvorgangs genügt, um dessen Personenbezug herzustellen, stellt sich diese Frage in aller Regel nicht, wenn nur ein Akteur den betreffenden Vorgang beherrscht. Denn dann ist das Datenmaterial aus Perspektive dieses Akteurs entweder personenbeziehbar und bleibt es auch über den Verlauf des Prozesses, oder es besteht für diese Person gerade keine Möglichkeit der Verknüpfung des prozessierten Datenmaterials mit konkreten natürlichen Personen, woran der Verarbeitungsprozess nichts ändern kann. Anders stellt sich dies dar, wenn mehrere Akteure gemeinsam eine Datenverarbeitung ins Werk setzen. Das betrifft auch den Fall der transaktionsbasierten Treuhand, in der Datengeber, Datentreuhänder, Datenanalysedienst und Analysenehmer in jeweils unterschiedlichen Rollen und epistemischen Voraussetzungen sowie mit unterschiedlichem faktischem Datenzugriff beteiligt sind.

27 Aufgrund der unterschiedlichen Wissens- und Zugriffsmöglichkeiten der Beteiligten kann es hier dazu kommen, dass inmitten der grundsätzlich einheitlich zu betrachtenden Vorgangsreihe deren Personenbezug – und damit die basale Anwendungsvoraussetzung der DS-GVO – aus Perspektive aller Verarbeitungsbeteiligten entfällt. Die Daten bzw. die auf sie bezogenen Verarbeitungsschritte sind in diesem Moment anonym und nicht mehr personenbeziehbar – damit ist die DS-GVO nach ihrem Art. 2 Abs. 1 nicht anwendbar. „Fehlt den Daten der Personenbezug, findet für die verantwortliche Stelle, die die Daten trotz des ihr verfügbaren Zusatzwissens keiner Person zuordnen kann, kein Datenschutzrecht

[41] Zur Relevanz der Finalität Poscher/Buchheim DVBl 2015, 1273 (1278 f.).
[42] Hierzu Ferber → § 11 Rn. 51 f.
[43] Zu diesem Anwendungsszenario Buchheim/Augsberg/Gehring JZ 2022, 1139 (1140).

Anwendung."[44] Konsequenterweise entfielen hiermit für die im Treuhänder stattfindenden Auswertungsoperationen sämtliche Pflichten der DS-GVO.

c) Rechtsfolge: partielle Anwendbarkeit des allgemeinen Datenschutzrechts

Aus diesen Erwägungen folgt eine partielle Anwendbarkeit des allgemeinen Datenschutzrechts auf die verschiedenen Prozessschritte, aus denen sich jede Datenverarbeitung im transaktionsbasierten Datentreuhänder zusammensetzt. Eine solche partielle und relative Anwendbarkeit des allgemein-datenschutzrechtlichen Regimes kann alle datenschutzerheblichen Risiken solcher Treuhanddatenverarbeitungen vollumfänglich erfassen und einhegen, ohne dass es einer erweiternden Auslegung und Handhabung bedürfte. 28

aa) Volle Anwendbarkeit auf den Anonymisierungsvorgang

Zunächst ist festzuhalten, dass die DS-GVO zwar nicht auf eine Verarbeitung anonymisierter Daten sowie nicht personenbeziehbare Verarbeitungsvorgänge, aber auf den Anonymisierungsvorgang als solchen anzuwenden ist.[45] Diese allgemeine Erkenntnis hat Auswirkungen auf die transaktionsbasierte Datentreuhand. Denn dort erfolgt eine Anonymisierung durch die Verschlüsselung des Datenmaterials beim Datengeber und die Übermittlung des Datensatzes in die Datentreuhandinfrastruktur. Auch wenn die diese Infrastruktur kontrollierende Stelle technisch an der Entschlüsselung und möglicher Wiederherstellung des Personenbezugs gehindert ist,[46] ist dieser erste Vorgang als Datenverarbeitung iSd Art. 4 Nr. 2 DS-GVO anzusehen und dementsprechend – bei Personenbezug des Datenmaterials – datenschutzrechtlich rechtfertigungspflichtig. Da die Anonymität der im Treuhänder stattfindenden Verarbeitungsvorgänge durch eine Kombination aus vorgängiger Verschlüsselung und anschließender Bereitstellung einer abgekapselten Verarbeitungsumgebung (durch den Treuhänder) hergestellt wird, sind die Anonymisierungsvorkehrungen nicht punktueller Natur, sondern ein fortdauernder Vorgang. Diese komplexen technischen Sicherungen müssen daher für die gesamte Dauer der Prozessreihe aufrechterhalten werden. Dabei bleibt die DS-GVO auf diesen fortlaufenden Prozess der Anonymisierung samt aller ihn betreffenden Pflichten und Verantwortlichkeiten anwendbar. So müssten beispielsweise sowohl der Datengeber als auch der Treuhänder benennen können, auf Grundlage welches Verarbeitungstatbestands sie die Anonymisierung vornehmen. Ebenso müssten Datengeber Datensubjekte nach den Regeln der Art. 13 ff. DS-GVO über die Tatsache der (verschlüsselten) Einbringung der Daten in die Treuhandinfrastruktur unterrichten bzw. beauskunften und im Fall eines Widerspruchs das betreffende Datenmaterial uU von einer Verarbeitung (in Gestalt der Anonymisierung) ausnehmen. Der Treuhänder müsste seinerseits die Systemkomponenten, die die dauernde Anonymität der Verarbeitungsvorgänge gewährleisten sollen, entsprechend den Datensicherheitsvorgaben der DS-GVO einrichten und warten. 29

[44] Roßnagel ZD 2013, 562 (565 mwN).
[45] Vgl. Lukas ZD 2023, 321 ff.
[46] Näher zu den technischen Aspekten der Verkapselung Parallelbeitrag → Alldridge § 13 Rn. 51 ff.

bb) Keine Anwendbarkeit auf die Auswertung in der Datentreuhand-infrastruktur

30 Nachdem die so verschlüsselten Daten vom Datengeber in die Verarbeitungsumgebung des Datentreuhänders gegeben werden, verändert sich das Szenario grundlegend: Jetzt ist es keinem der beteiligten Akteure mehr möglich, die in der Treuhandinfrastruktur ablaufenden Verarbeitungsprozesse auf bestimmte natürliche Personen zu beziehen. Selbst wenn der Datentreuhänder die physischen Speichermedien und Auswertungsinfrastruktur kontrolliert, kann er nicht an die dort gespeicherten und ausgewerteten Daten gelangen, was für eine Reidentifizierung der Betroffenen erforderlich wäre. Umgekehrt verfügt der Datengeber zwar über abstraktes Wissen, das eine Reidentifizierung ermöglichen könnte, nicht aber über einen tatsächlichen Zugriff auf die verschlüsselten Daten in der Treuhandinfrastruktur. Damit sind diese Vorgänge nicht datenschutzrelevant und setzen keine gesonderte Rechtfertigung, insbesondere keine separate Einwilligung, voraus.

31 Selbst für den Fall, dass sich die Anonymisierung des Treuhandverarbeitungsprozesses nachträglich als nicht hinreichend robust herausstellte, sind die Betroffenen nach dieser Lösung nicht schutzlos gestellt. Denn die Reidentifizierung (dh ein Aushebeln der Kapselung) ist selbst eine personenbezogene Datenverarbeitung. In aller Regel ist eine solche nach dem Verarbeitungszweck nicht vorgesehene Wiederherstellung des Personenbezugs anonymisierter Datensätze bzw. Verarbeitungsprozesse den (zuvor) Verantwortlichen und Dritten rechtlich verboten.[47] Der Reidentifikationsmöglichkeit ist seitens der Verarbeitungsverantwortlichen fortlaufend entgegenzuwirken.[48] Orientierung bieten hier die Vorgaben zur Datensicherheit, etwa Art. 32 DS-GVO.

cc) Anwendbarkeit der DS-GVO für die Übermittlung des Auswertungs-ergebnisses

32 Demgegenüber findet hinsichtlich des Analyseergebnisses, das im Treuhänder generiert und an die Beteiligten des kooperativen Verarbeitungsprozesses ausgegeben wird, das Datenschutzrecht nach allgemeinen Regeln Anwendung. Entscheidend ist insoweit, ob das Ergebnis selbst einen Personenbezug aufweist. Ist dies der Fall – etwa, weil das den Gesamtvorgang anleitende Erkenntnisinteresse auf eine personenbeziehbare Information (wie die Verdächtigkeit einer bestimmten Banktransaktion) gerichtet war – so handelt es sich bei der Herstellung und Auslieferung dieses Ergebnisses um eine personenbezogene Datenverarbeitung. Für sie gelten die allgemeinen datenschutzrechtlichen Pflichten und Verantwortlichkeiten. Anders liegen die Dinge, wenn der Datentreuhänder nur vollständig

[47] Zweifelnd Roßnagel/Geminn ZD 2021, 487 (488), die durch das Erlöschen des Zweckbindungsgrundsatzes für zwischenzeitlich anonyme Daten eine Schutzlücke fürchten, da eine Rechtfertigung der Reidentifizierung aus Art. 6 Abs. 1 DS-GVO denkbar sei. Selbst dem ließe sich jedoch im Rahmen der Interessenabwägung Rechnung tragen: Das Interesse der Betroffenen, nicht reidentifiziert zu werden, ist für jede Form der statistischen Auswertung funktionsnotwendig und auch gesetzlich anerkannt (bspw. in Art. 89 DS-GVO), weshalb es ganz regelmäßig überragt; vgl. auch Bull, Sinn und Unsinn des Datenschutzes, 2015, S. 17.

[48] Vgl. näher Simitis/Hornung/Spiecker gen. Döhmann/Hansen DS-GVO Art. 4 Nr. 5 Rn. 45 ff.

aggregierte, anonyme Daten ausliefert.[49] Hier bricht die ursprünglich gegebene Anwendbarkeit der DS-GVO zwischen den einzelnen Vorgängen vollständig und unwiederbringlich ab. Weil die DS-GVO als Schutz natürlicher Personen vor den Risiken automatisierter Datenverarbeitung und -verknüpfung nicht auf den Schutz vor einer Generierung und Verarbeitung Daten gerichtet ist, bei denen der Personenbezug gerade fehlt, findet sie jenseits des vorgelagerten Anonymisierungsprozesses keine Anwendung.

3. Verantwortlichkeiten und Rollenzuweisung für Anonymisierung und Treuhandverarbeitung

Die beschriebene partielle Anwendbarkeit der DS-GVO wirft Folgefragen **33** auf. Zu klären ist etwa, wer im Modell der transaktionsbasierten Datentreuhand welche datenschutzrechtliche Rolle einnimmt.

a) Die unterschiedlichen datenschutzrechtlichen Rollen

Eine solche Einordnung ist für die nachgelagerte Frage der Betroffenenrechte **34** und die Suche nach Schutzlücken von Relevanz. Die Schlüsselrolle nimmt dabei der Verantwortliche (Art. 4 Nr. 7 DS-GVO) ein, der die Zwecke und Mittel der Datenverarbeitung festlegt. Er ist in der datenschutzrechtlichen Systematik der primäre Adressat von Verpflichtungen und muss die Betroffenenrechte achten.

Neben der alleinigen Verantwortlichkeit hat die gemeinsame Verantwort- **35** lichkeit (Art. 26 Abs. 1 S. 1 DS-GVO) durch die großzügige Anwendung dieser Figur in der Rechtsprechung des EuGH[50] an Bedeutung gewonnen. Da die transaktionsbasierte Datentreuhand bereits in ihrem Grundmodell auf dem Zusammenwirken mehrerer Parteien beruht, ist die Klärung der (vorwiegend gemeinsamen) datenschutzrechtlichen Verantwortlichkeiten entscheidend. Je mehr Akteure in die geplante Transaktion miteinbezogen werden, umso komplexer wird ihre Beantwortung, zumal die gerichtliche Maßstabbildung trotz einiger grundlegender Urteile noch in den Kinderschuhen steckt. Während das „Ob" der (gemeinsamen) Verantwortlichkeit nach objektiven Kriterien bestimmt wird und daher nur begrenzt durch die Akteure gestaltet werden kann, können die gemeinsamen Verantwortlichen das „Wie", nämlich die Aufteilung der datenschutzrechtlichen Pflichten, durch Vereinbarung (sog. „Joint Controller Agreement") festlegen (Art. 26 Abs. 1 S. 2, Abs. 2 S. 1 DS-GVO). Der Abschluss einer solchen Vereinbarung ist kein konstitutives Merkmal für die gemeinsame Verantwortlichkeit.[51] Er ist allerdings verpflichtend; unterlassen es die gemeinsamen Verantwortlichen, ein Joint Controller Agreement zu schließen, kann die Aufsichts-

---

[49] Zur komplexen Frage, ab wann aggregierte Daten als anonym gelten vgl. Stellungnahme 5/2014 der Artikel-29-Datenschutzgruppe, 0829/14/DE WP216.

[50] EuGH 5.6.2018 – C-210/16 = ZD 2018, 557 – Facebook Fanpage; EuGH 10.7.2018 – C-25/17 = ZD 2018, 469 – Zeugen Jehovas; EuGH 29.7.2019 – C-40/17 = ZD 2019, 455 – Fashion ID; EuGH 5.12.2023 – C-683/21 = ZD 2024, 209 – Nacionalinis visuomenės sveikatos centras; EuGH 7.3.2024 – C-604/22 = ZD 2024, 328 – TC-String.

[51] EuGH 5.12.2023 – C-683/21 Rn. 44 ff. = ZD 2024, 209 – Nacionalinis visuomenės sveikatos centras.

behörde im Rahmen ihrer Untersuchungs-, Abhilfe- und Sanktionsbefugnisse (Art. 58 u. 83 Abs. 4 Buchst. a DS-GVO) tätig werden.[52]

36 Neben der (gemeinsamen) Verantwortlichkeit regelt die DS-GVO auch die Auftragsverarbeitung (Art. 4 Nr. 8 DS-GVO) als Variante der kooperativen Datenverarbeitung durch mehrere Stellen. Charakteristisch ist die Weisungsgebundenheit des Auftragsverarbeiters, der als „Werkzeug" des Verantwortlichen auftritt, für den er die Datenverarbeitung ausführt. Die Stellung als Verantwortlicher und als Auftragsverarbeiter schließen einander aus. Dh, eine Auftragsverarbeitung kann nicht angenommen werden, wenn der Auftragsverarbeiter nicht bloß unerheblich an der Festlegung von Zwecken und Mitteln mitwirkt. Lediglich in Bezug auf die Festlegung der Mittel ist es möglich, dem Auftragsverarbeiter einen Spielraum zuzugestehen, sofern die Wahl der Mittel für die Verarbeitung unwesentlich ist. Das betrifft insbesondere die Auswahl von Hard- und Software sowie die Ausgestaltung von technischen Sicherheitsmaßnahmen.[53]

b) Anwendung auf die Konstellation der transaktionsbasierten Datentreuhand

aa) Anonymisierungsverarbeitung

37 Aus den beschriebenen allgemeinen Regeln lässt sich die datenschutzrechtliche Rollenverteilung in Bezug auf die vorbereitende Anonymisierung im Modell der transaktionsbasierten Datentreuhand nicht pauschal ableiten. Vielmehr hängt sie von den konkreten Verhältnissen der Beteiligten untereinander ab. In aller Regel wird anzunehmen sein, dass jedenfalls der Datengeber für die in seiner Sphäre stattfindende Anonymisierung einen so beherrschenden Einfluss auf Zweck und Mittel hat, dass er für die Verarbeitung als Verantwortlicher anzusehen ist. Kompliziert ist die Frage nach der Verantwortlichkeit dagegen insbesondere in Konstellationen, in denen die Anonymisierungsverarbeitung unter mehreren datengebenden Stellen abgestimmt wird. Das kann erforderlich sein, wenn die Treuhandverarbeitung für eine Gruppe von datengebenden Stellen erfolgen soll, die aus eigenem Erkenntnisinteresse ihre Datenbestände treuhänderisch auswerten lassen wollen. Taktgebend für die Modalitäten der Verschlüsselung kann hier sowohl die Gruppe selbst, der Datentreuhänder oder ein Dritter (etwa der Ersteller des Auswertungsalgorithmus) sein. Kriterien, ab wann eine solche Standardisierungsleistung zu einer gemeinsamen Verantwortlichkeit führt, wurden bislang in der Rechtsprechung noch kaum entwickelt. Gesichert ist jedoch, dass die Annahme einer gemeinsamen Verantwortlichkeit nicht erfordert, dass alle infrage kommenden Beteiligten auch selbst in der Lage sein müssen, die betroffene Person identifizieren zu können.[54] Weiterhin entschied der EuGH, dass ein Branchenverband, der eine Standardisierung in Bezug auf die Einwilligung in Datenverarbeitungen anbietet und dabei sowohl detaillierte technische als auch inhaltliche Vorgaben macht, jedenfalls dann als gemeinsamer Verantwortlicher gilt, wenn er

---

[52] Simitis/Hornung/Spiecker gen. Döhmann/Petri DS-GVO Art. 26 Rn. 41 ff.

[53] Leitlinien 07/2020 des Europäischen Datenschutzausschusses (EDSA) zu den Begriffen „Verantwortlicher" und „Auftragsverarbeiter" in der DS-GVO (V 2.0), S. 17.

[54] StRspr EuGH 5.6.2018 – C-210/16 Rn. 38 = ZD 2018, 357 – Facebook Fanpage; EuGH 10.7.2018 – C-25/17 Rn. 69 = ZD 2018, 469 – Zeugen Jehovas; EuGH 29.7.2019 – C-40/17 Rn. 69 = ZD 2019, 455 – Fashion ID.

die Datenverarbeitung aus Eigeninteresse beeinflusst.[55] Im Umkehrschluss liegt es nahe, dass eine gemeinsame Verantwortlichkeit für solche Fälle nicht anzunehmen ist, in denen die standardisierende Stelle sich auf eine technische Standardisierung beschränkt und – wie der Treuhänder hier – dem Inhalt der Datenverarbeitung neutral gegenübersteht.[56] Dementsprechend führt die bloße standardisierte Datenverarbeitung in technischer Hinsicht als Vorbereitungshandlung für die Treuhandverarbeitung regelmäßig nicht zu einer gemeinsamen Verantwortlichkeit.

bb) (Nicht-)Berücksichtigung der Treuhandverarbeitung

Für die Treuhandverarbeitung als solche, auf die die DS-GVO unter den oben geschilderten Voraussetzungen nach hier vertretener Ansicht keine Anwendung findet, bleiben die datenschutzrechtlichen Rollen dagegen unbesetzt. Damit ist noch keine Aussage darüber getroffen, ob die Umstände und Ausgestaltung der Treuhandverarbeitung auf den letzten datenschutzrechtlich relevanten Verarbeitungsvorgang (Anonymisierung) ausstrahlen oder ob sie gänzlich unberücksichtigt bleiben. Der EuGH hat sich mit dieser Frage bislang nicht explizit beschäftigt und lediglich festgestellt, dass die Verantwortlichkeit einer Person nur für solche vor- oder nachgelagerten Vorgänge in der Verarbeitungskette bestehen soll, für die sie auch an der Entscheidung über Zwecke und Mittel mitwirkt.[57] In der Literatur hat diese Frage ebenfalls kaum Beachtung gefunden. **38**

Viel spricht jedoch für eine – in dieser Hinsicht – restriktive Auslegung des Tatbestands der gemeinsamen Verantwortlichkeit. Denn bezöge man auch den Einfluss auf die Gestaltung nachgelagerter, nicht-personenbezogener Datenverarbeitungen in die Zweck- und Mittelbestimmung mit ein, uferte die datenschutzrechtliche Verantwortlichkeit aus. Auch der EuGH tendiert nicht zu einer grenzenlosen Ausweitung der Figur, sondern sucht in der Zerstückelung von Verarbeitungsketten in einzelne Vorgänge ein Korrektiv, um die Verantwortlichkeit durch eine feingranulare Bestimmung zu begrenzen.[58] In diese Linie fügt sich der hiesige Vorschlag, zwischen Anonymisierungs- und Treuhandverarbeitung zu differenzieren, gut ein. Auch mit Blick auf die Rechtsfolgen führt dieser Ansatz zu überzeugenden Ergebnissen, soweit sich die Verantwortlichkeit präziser zuweisen lässt. Erneut zeigt sich, dass die Gestaltung der transaktionsbasierten Datentreuhand keine Umgehungsstrategie oder ein Versuch der Regulierungsabwehr ist, sondern – im Gegenteil –normative Erfordernisse durch eine besondere infrastrukturelle Ausgestaltung absichert. **39**

Wer dies anders sieht, müsste eigene Korrektive finden, um den Bedürfnissen der kooperativen menschlichen Wissensgenerierung hinreichend Rechnung zu tragen. Die theoretische Extremposition, bei anonymisierenden Datenverarbeitungen auch lediglich mittelbare Zwecke sowie die bloße Standardisierung von Mitteln als hinreichenden Beitrag für die Zweck- und Mittelbestimmung zu berücksichtigen, würde die datenschutzrechtliche Verantwortlichkeit entgrenzen. **40**

---

[55] EuGH 7.3.2024 – C-604/22 Rn. 77 = ZD 2024, 328 – TC-String.
[56] Zur datenbezogenen Neutralität des Treuhänders Buchheim/Augsberg/Gehring JZ 2022, 1139 (1143).
[57] EuGH 29.7.2019 – C-40/17 Rn. 74 = ZD 2019, 455 – Fashion ID; EuGH 7.3.2024 – C-604/22 Rn. 73 = ZD 2024, 328 – TC-String.
[58] Vgl. EuGH 7.3.2024 – C-604/22 Rn. 75 = ZD 2024, 328 – TC-String.

Das drohte nicht nur sinnvolle Datennutzungen zu erschweren, sondern könnte letztlich die auf klare, kontrollierbare Zuständigkeiten angewiesenen Pflichten leerlaufen lassen.

4. Erlaubnistatbestände

41 Aufbauend auf der – prozessbezogen zu bestimmenden – Anwendbarkeit der DS-GVO auf die über den transaktionsbasierten Treuhänder ermöglichten Verarbeitungsvorgänge stellt sich die Frage nach den jeweils infrage kommenden Erlaubnistatbeständen. Der Anwendungsbereich der DS-GVO umfasst zunächst Anstrengungen zur Herstellung und Aufrechterhaltung der Anonymität der Treuhandverarbeitung, also die Verschlüsselung sowie die Übermittlung der verschlüsselten Daten durch die Datengeber und die Infrastrukturbereitstellung und -absicherung durch den Treuhänder.[59] Da diese Anonymisierungsvorkehrungen Teil einer größeren Vorgangsreihe sind, richtet sich ihre Rechtfertigung nach dem Zweck der Vorgangsreihe insgesamt. Es kommt also im Kern darauf an, welchem Interesse die Einbringung in den Treuhänder dient und ob insoweit Verarbeitungstatbestände bestehen. Ist Datengeberin beispielsweise eine Bank, die zugleich die Ergebnisse der föderierten Datenanalyse erhalten möchte, muss sie die (anonymisierte) Einbringung ihrer Datenbestände gegenüber allen Personen datenschutzrechtlich rechtfertigen können, auf die das eingebrachte Datenmaterial beziehbar ist. Welche Erlaubnistatbestände die Datengeber hierbei heranziehen können, ist eine Frage des Einzelfalls. In Betracht kommen insbesondere die Verarbeitungsgründe der Einwilligung, der überwiegenden berechtigten Interessen oder – im Fall einer Einbringung, die auf eine Verbesserung einer vertraglich versprochenen Leistung zielt – der Vertragserfüllung. Entscheidend ist, dass Bezugspunkt dieser Rechtfertigungspflichten und darin vorausgesetzter Interessenabwägungen die *Einbringung in einen anonymisierten Verarbeitungsprozess* ist. Dessen datenschutzspezifische Risiken sind gegenüber einer Nutzung für nicht-anonymisierte Verarbeitungsvorgänge fundamental herabgesetzt und letztlich von der Leistungsfähigkeit der jeweiligen Verschlüsselungs- und Kapselungsinfrastruktur abhängig. Im Ergebnis dürfte das dazu führen, dass die datenschutzrechtliche Rechtfertigung einer solchen Einbringung in anonymisierte Treuhandverarbeitungsprozesse regelmäßig gelingt.

42 Ist das Erkenntnisziel der Treuhandverarbeitung demgegenüber personenbezogen, etwa im Fall der auf Banktransaktionen bezogenen Verdachtsprüfung, sind zwei datenschutzrechtliche Rechtfertigungen erforderlich. Gegenüber den mit der zu prüfenden Banktransaktion verbundenen Personen ist die Einbringung in die Treuhand als Verarbeitung zum Zweck einer personenbezogenen Datenverarbeitung zu rechtfertigen, was alle mit personenbezogenen Datenverarbeitungen verbundenen Schutzinteressen unvermindert auf den Plan ruft. Das dürfte eine Rechtfertigung häufig ausschließen.[60] Im Übrigen ist zusätzlich die Einbringung in die Treuhand gegenüber allen weiteren Personen, deren Daten in die ihnen

---

[59] So die wohl hM, vgl. nur Hornung/Wagner ZD 2020, 223; Kritik an dieser Ansicht üben Thüsing/Rombey ZD 2021, 548.
[60] → Ferber § 11 Rn. 66 ff.

gegenüber jedoch nicht personenbezogene Treuhandverarbeitung einbezogen werden, als Einbringung in einen anonymisierten Verarbeitungsprozess zu bewerten. Diese zweite Rechtfertigung dürfte – wie oben – regelmäßig gelingen.

5. Transparenz, Informationspflichten und Auskunftsrechte

Soweit die DS-GVO anwendbar ist, bestehen die üblichen Pflichten und Rechte.[61] Werden Bestandsdaten in die Treuhandinfrastruktur eingebracht, kann zwar die Treuhandverarbeitung unter Umständen selbst aus dem datenschutzrechtlichen Regime herausfallen; die datenschutzrechtliche Verantwortlichkeit hinsichtlich der Erhebung und Speicherung dieser Bestandsdaten bleibt dagegen bestehen. Schon bei der Erhebung muss der Verantwortliche die Informationspflichten der Art. 13 bzw. 14 DS-GVO erfüllen. Insbesondere muss der Verantwortliche die „Empfänger" oder „Kategorien von Empfängern" der personenbezogenen Daten benennen (Art. 13 Abs. 1 Buchst. e bzw. Art. 14 Abs. 1 Buchst. e DS-GVO). Da nur derjenige Empfänger ist, dem die personenbezogenen Daten offengelegt werden[62], was zumindest die Möglichkeit einer Einsichtnahme in die Daten erfordert, ist die Nutzung des Modells der transaktionsbasierten Datentreuhand selbst nicht zwingend mitteilungspflichtig. Dem ursprünglichen Erhebungszweck entsprechende Datenverarbeitungen können damit auch ohne eine erneute Information der Betroffenen durchgeführt werden; hingegen begründet eine zweckändernde Weiterverarbeitung stets neue Informationspflichten (Art. 13 Abs. 3 u. Art. 14 Abs. 4 DS-GVO). Auch ohne rechtlich verpflichtet zu sein, empfiehlt es sich, die Betroffenen über die Nutzung der transaktionsbasierten Datentreuhand zu informieren und so einen möglichst transparenten Umgang mit den personenbezogenen Daten zu gewährleisten. Für das Auskunftsrecht aus Art. 15 DS-GVO gilt Entsprechendes. 43

6. Sonstige Betroffenenrechte

Die DS-GVO gewährt den Betroffenen weiterhin das Recht auf Berichtigung, Löschung und Übertragbarkeit der personenbezogenen Daten, auf Einschränkung der Verarbeitung und zum Widerspruch gegen die Verarbeitung. 44

Mit der Wahl einer transaktionsbasierten Datenauswertung, die in der Regel keine persistente Speicherung der Daten voraussetzt, sind die Interessen der Betroffenen in aller Regel schon durch die flüchtige Natur der Verarbeitung kaum tangiert. Der Anspruch auf Löschung (Art. 17 DS-GVO) etwa ist in Bezug auf eine transaktionsbasierte Datenverarbeitung nicht sinnvoll geltend zu machen, da der Inhalt des Anspruchs sich von selbst erfüllt und die Daten technisch bedingt verworfen werden. Der Anspruch auf Löschung wird sich also in der Regel auf die Löschung aus den Bestandsdaten der verantwortlichen Datengeber richten, wobei sich keine Besonderheiten für das hier behandelte Modell ergeben. Gleiches gilt für das Recht auf Berichtigung (Art. 16 DS-GVO); inhaltlich falsche Informationen über eine betroffene Person können im kurzen Lebenszyklus des Datums in der 45

---

[61] → Riechert § 8 Rn. 9 ff.
[62] Vgl. Legaldefinition in Art. 4 Nr. 9 DS-GVO.

geschützten Treuhandumgebung nicht korrigiert werden. Das ist jedoch insofern kein Problem, als die Betroffenen hieraus keinen Nachteil zu fürchten haben, da der falsche Informationsgehalt bei der Treuhandverarbeitung niemandem bekannt werden kann. Das Recht auf Datenübertragbarkeit aus Art. 20 DS-GVO wäre im System der transaktionsbasierten Datentreuhand daher ebenfalls nicht erfüllbar. Auch dieser Umstand ist aus Betroffenensicht kein Manko, sondern Folge der ihn besonders schonenden und schützenden Ausgestaltung der Treuhandverarbeitung, die zur reinen Makulatur würde, schüfe man die Möglichkeit, die Absicherung der Verarbeitungsumgebung zu brechen.

46 Betroffene können allerdings der Verarbeitung ihrer Bestandsdaten nach Art. 21 Abs. 1 DS-GVO widersprechen, sofern der Verantwortliche die Verarbeitung auf eine Einwilligung oder die Wahrnehmung berechtigter Interessen stützt. Die verantwortliche Stelle darf die Daten dann nicht durch den Datentreuhänder auswerten lassen, es sei denn, sie kann zwingende schutzwürdige Gründe für die Verarbeitung nachweisen, die in einer Abwägung die Interessen, Rechte und Freiheiten des Widersprechenden überwiegen.

7. Pflichten des Datentreuhänders, insbesondere technische und organisatorische Sicherungen

47 Die datenschutzrechtlichen Vorzüge des Modells der transaktionsbasierten Datentreuhand basieren im Wesentlichen auf einer technisch abgesicherten Übererfüllung der Anforderungen, die die DS-GVO aufstellt. Der Datentreuhänder ist also in der Pflicht, die von ihm gemachten Versprechungen auch einzulösen und die Absicherung der Treuhandverarbeitungen hinreichend robust auszugestalten. Kommt er dem nicht nach, umfasst der Anwendungsbereich der DS-GVO auch die Treuhandverarbeitung, wenn die Identifizierung einer betroffenen Person nicht mehr mit hinreichender Sicherheit ausgeschlossen werden kann. Um den Interessen der Betroffenen hinreichend Rechnung zu tragen und sie vor Rechtsverletzungen zu schützen, ist also mindestens die Einhaltung der Anforderungen an technische und organisatorische Maßnahmen zu fordern, die in Art. 32 DS-GVO normiert sind. Insbesondere muss der Datentreuhänder fortlaufend sicherstellen können, dass seine Systeme ein angemessenes Schutzniveau bieten.[63] Insoweit der Datentreuhänder die Daten nicht kennt (und im Detail auch nicht kennen darf), wird er eine hohe Schutzbedürftigkeit unterstellen müssen. Bei sorgfältiger Implementierung bietet die transaktionsbasierte Datentreuhand schon in ihrer Grundkonfiguration ein hohes Schutzniveau, das dabei an die Schutzbedarfe des Einzelfalls anpassbar ist und durch flankierende Maßnahmen (etwa die Pseudonymisierung der Rohdatensätze) noch weiter gesteigert werden kann.

---

[63] Vgl. Simitis/Hornung/Spiecker gen. Döhmann/Hansen DS-GVO Art. 32 Rn. 18.

IV. Treuhandrelevante Maßgaben aus dem Data Governance Act und dem Data Act

Neben den beschriebenen, primär der DS-GVO entstammenden Vorgaben **48** sind für die (transaktionsbasierte) Datentreuhand auch normative Erwartungen aus dem Data Governance Act (DGA) und dem Data Act (DA) von Relevanz. Insoweit ist im Grundsatz auf die entsprechenden Ausführungen in den diesen Regelungskomplexen gewidmeten Beiträgen zu verweisen.[64] Hinzuweisen ist indes – in Ergänzung zu den beschriebenen datenschutzrechtlichen Pflichten – jedenfalls darauf, dass die (transaktionsbasierte) Datentreuhand einen Datenvermittlungsdienst iSd Art. 10 DGA darstellen dürfte;[65] damit unterfällt sie den entsprechenden formalen Anforderungen und dem spezifischen Überwachungskonzept der Art. 11–15 DGA. Für die (ab September 2025 geltenden) Regelungen des DA ist die Besonderheit zu beachten, dass gem. dessen Art. 1 Abs. 2 explizit auch nicht-personenbezogene Daten erfasst sind. Diese Abweichung vom datenschutzrechtlichen Standard erklärt sich indes aus der speziellen Zielrichtung der Normen. Mit ihnen sollen, als Reaktion auf erkannte und als problematisch erachtete faktisch und normativ bestehender Hindernisse für die Weitergabe von Daten, Mechanismen etabliert werden, die entsprechende Hindernisse abbauen und so markteröffnend wirken, aber dabei an Fairnessgesichtspunkten orientiert bleiben. Grundsätzlich bedarf es insoweit noch genauerer Klärung, ob der Betrieb eines Datentreuhänders, der zwar eine Vernetzungsfunktion zwischen unterschiedlichen Beteiligten beinhaltet, aber jenseits der Ergebnisse keine Produkte erzeugt oder in Bezug nimmt, überhaupt dem Anwendungsbereich des DA unterfällt und welche Folgefragen hiermit verbunden wären. Von einem „vernetzten Produkt" kann nicht ausgegangen werden; mangels Produkts dürfte auch die Qualifikation als „verbundener Dienst" nicht ernsthaft in Betracht kommen. Zwar erfasst der DA auch „Datenverarbeitungsdienste", aber deren Definition als „digitale Dienstleistung, die einem Kunden bereitgestellt wird und einen flächendeckenden und auf Abruf verfügbaren Netzzugang zu einem gemeinsam genutzten Pool konfigurierbarer, skalierbarer und elastischer Rechenressourcen zentralisierter, verteilter oder hochgradig verteilter Art ermöglicht, die mit minimalem Verwaltungsaufwand oder minimaler Interaktion des Diensteanbieters rasch bereitgestellt und freigegeben werden können", passt nicht recht zur beschriebenen Tätigkeit des Datentreuhänders. Relevant sind aber wohl (zumindest) diejenigen Vorschriften, die speziell an die Qualifikation als Datenvermittlungsdienst iSd DGA anknüpfen.[66]

---

64 → Denga/Köbel § 7; → Jetzen/Villablanca § 9.
65 Vgl. dazu etwa Hennemann/von Ditfurth NJW 2022, 1905 ff.
66 Vgl. BeckOK Datenschutzrecht/Schild DA Art. 2 Rn. 67 ff.

V. Ausblick: Transaktionsbasierte Datentreuhand als Impuls und Inspiration für das Datenschutzrecht

49 Auf unionaler wie auf nationaler Ebene ist in den vergangenen Jahren eine gewisse Umorientierung – weg von einer primär datenschutzbezogenen (und datenverwendungsbegrenzenden) hin zu einer stärker datennutzungsorientierten Perspektive – zu erkennen.[67] Von diesen legislativen Neuorientierungen unterscheidet sich das Modell der transaktionsbasierten Datentreuhand, das das tradierte datenschutzrechtliche Schutzkonzept weniger in Frage gestellt als bestätigt: Es begründet eine technisch abgesicherte, zugleich normativ den Vorgaben des Datenschutzrechts entsprechende *Option der nicht personenbezogenen Verarbeitung und Auswertung (teilweise) personenbeziehbarer Datenbestände.* Das Modell nimmt dadurch die mit dem Personenbezug von Datenverarbeitungsvorgängen verbundenen Schutzintentionen auf und bietet für sie eine technisch-organisatorische Lösung, nicht im Sinne einer Erosion oder des Unterlaufens, sondern zur Stärkung und Wiederherstellung normativer datenschutzrechtlicher Standards.

50 Eine Stärkung datenschutzrechtlicher Schutzinteressen ist mit der transaktionsbasierten Datentreuhand insbesondere deshalb verbunden, weil sie erlaubt, informatorische Begehrlichkeiten zu bedienen, die auf (auch) personenbezogenes Datenmaterial gerichtet sind, ohne selbst ein personenbezogenes Erkenntnisinteresse aufzuweisen. Damit nimmt das Modell dem weit verbreiteten Ansinnen den Wind aus den Segeln, angesichts vielfältiger berechtigter Informationsinteressen datenschutzrechtliche Schutzstandards zu relativieren. Gleichzeitig verhindert es einen selbstzweckhaften, von konkreten Datenverarbeitungsrisiken gelösten Kult um personenbeziehbare Daten,[68] der tatsächliche Chancen intensiverer Datennutzung verhindert.

51 Für das Datenschutzrecht als im Wesentlichen technologieinduzierte Herausforderung[69] liegt es auf der Hand, dass es sinnvoll nur unter Einbeziehung technologischer Lösungen konzipiert, fortentwickelt und bewältigt werden kann.[70] Aufgabe einer innovationsoffenen Rechtswissenschaft[71] ist es, hierfür Anschlussmöglichkeiten, gangbare Wege und weiterführende Routen aufzuzeigen – die Erforderlichkeit eines entsprechenden Weiter- und Vorausdenkens ist schließlich jüngst gerade für den Datenschutz normativ anerkannt und institutionell mit dem „Europäischen Dateninnovationsrat" (Art. 29 f. DGA) abgesichert worden. In diesem Sinne legt die Auseinandersetzung mit dem Modell transaktionsbasierter Datentreuhand zwei Einsichten offen, die für das Datenschutzrecht, seine praktische Umsetzung und den Ausgleich mit dem Interesse an einer Nutzbarkeit von Daten von fundamentaler Bedeutung sind: Erstens wirft das Modell ein

---

[67] Dazu knapp Augsberg, Editorial: Vom Datenschutz zum Datenschatz?, RDi 2023, III.; speziell für Datenintermediäre Schütrumpf RDi 2023, 373.

[68] Zu dieser Kritik etwa Veil NVwZ 2018, 686 (693); Bull, Sinn und Unsinn des Datenschutzes, 2015, S. 14 ff.

[69] Vgl. nur BVerfGE 65, 1 (42 ff.).

[70] Vgl. dazu auch Yee (Hrsg.)/Jaatun/Tøndel/Bernsmed/Ahlmann Nyre, Privacy Protection Measures and Technologies in Business Organizations: Aspects and Standards, 2011, S. 1 ff.

[71] Vgl. nur Hoffmann-Riem, Innovation und Recht – Recht und Innovation, S. 23 ff.; Hoffmann-Riem, in Eifert/Hoffmann-Riem (Hrsg.) Innovation und rechtliche Regulierung, 2002, S. 26 ff.

Schlaglicht darauf, dass wir Informationsabschirmungsinteressen auf verschiedene Weise und nicht nur durch Verarmung von Datenmaterial verwirklichen können. Insbesondere in einer Zeit, in der unser epistemisches Instrumentarium insbesondere in Gestalt algorithmischer Datenanalytik formbar geworden ist, lohnt es sich, diese anderen Wege näher ins Auge zu fassen. Zweitens zeigt sich anhand der transaktionsbasierten Datentreuhand, dass nicht jede Verarbeitung personenbezogener Daten auch eine personenbezogene Datenverarbeitung ist. Stattdessen lässt sich Personenbezug in der heutigen Welt sinnvoll nur prozessbezogen denken und ermitteln. Wenn wir diese Einsicht konsequent zu Ende denken, erhält der Regelungsrahmen der DS-GVO eine neue Stimmigkeit, die der ursprünglichen regulatorischen Weitsicht der Datenschutzidee wieder entspricht.

§15
Vertragsrechtliche Grundfragen

I. Einleitung

Es ist inzwischen immer stärker konsentiert, dass bedeutende Probleme der Datenökonomie durch Intermediation, also die Integration von transaktionsvermittelnden Akteuren, gelöst werden können und sollen.[1] *Buchheim/Augsberg/Gehring*[2] haben jüngst das Modell eines transaktionsbasierten Datentreuhänders als mögliche Funktionsbeschreibung derartiger Intermediäre vorgeschlagen. Dieser löst, auch aus privatrechtlicher Perspektive, einigen Ordnungsbedarf aus, vor allem in Bezug auf das Recht der Schuldverträge:[3] Welches Rechte- und Pflichtenprogramm die einzelnen Parteien einer Transaktion treffen, bedarf gerade bei regelmäßiger Wiederkehr derartiger Programme einer normativen Würdigung.[4] Transaktionen im Rahmen der transaktionsbasierten Datentreuhand sind dabei keine Ausnahme. Der Rechtsverkehr verlangt nach einem vorhersehbaren Rechtsrahmen. Jede Art der Vertragsgestaltung wirft für die Teilnehmenden die Frage nach der rechtlichen Zulässigkeit der jeweiligen Vertragsgestaltung auf. Diese Frage stellt sich nochmals dringlicher, da die Regelungswirkung des tradierten Datenwirtschaftsrechts der Europäischen Union jüngst durch mehrere Rechtsakte amplifiziert wurde, welche komplizierte Fragen ihrer Interdependenz mit dem Vertragsrecht aufwerfen. Eine Auseinandersetzung mit dem Vertragsrecht der transaktionsbasierten Datentreuhand ist somit nicht nur als Beitrag zur Rechtsintegration und -institutionalisierung der transaktionsbezogenen Datentreuhand, sondern gleichfalls zur generellen Erschließung des Datenwirtschaftsrechts angebracht[5]. 1

[1] Einen Überblick über die multiplen Ursachen mangelnder Distributionsbereitschaft liefert Denga ZGR 2023, 611 (614f.).
[2] Buchheim/Augsberg/Gehring JZ 2022, 1139 (1140ff.).
[3] Zu weiteren mit der Datenintermediation verbundenen privatrechtlichen Fragestellungen, insbesondere zur Corporate Governance derartiger Intermediäre siehe Denga ZGR 2023, 611 (612).
[4] So bereits Martinek, Moderne Vertragstypen, Band 1, 1991, S. 3f.
[5] Zu allgemeinen, nicht speziell auf die transaktionsbasierte Datentreuhand bezogenen Ausführungen hinsichtlich der Interdependenz von Datenwirtschafts- und Vertragsrecht siehe V. 2.

II. Untersuchungsgegenstand und Vorverständnis

1. Die transaktionsbezogene Datentreuhand als Vermittlungsinstanz und Infrastruktur

2 Datentreuhandmodelle bzw. Datenintermediäre werden überwiegend mit der Idee neutraler Aggregationsinstanzen assoziiert, die als dauerhafte Depositorien fungieren, in welchen Datensätze konsolidiert und langfristig akkumuliert werden.[6] Im Gegensatz dazu steht bei transaktionsbasierten Treuhandmodellen die punktuelle Verwertbarkeit von Daten für kollaborative Verarbeitungszwecke im Vordergrund. Es erfolgt keine autonome, kontinuierliche Verarbeitung der Daten durch die Intermediäre, und es werden auch keine Daten langfristig aufbewahrt. Stattdessen beziehen die Intermediäre im Auftrag der übrigen Akteure situativ und anlassbezogen Daten aus externen bei verschiedenen Datengebenden vorhandenen Quellen, verknüpfen diese und stellen sie in einer gesicherten Umgebung für konkrete Verarbeitungszwecke bereit. Diese temporären, durch die Intermediäre nicht dauerhaft gespeicherten Datensätze, stellen dabei stets Teilmengen des virtuellen Gesamtdatenvolumens dar, welches aus den von allen beteiligten Datengebenden für die Infrastruktur bereitgestellten Datensätzen besteht. Die aus der Verarbeitung erzielten Ergebnisse werden an die Analysenutzenden ausgeliefert und ebenfalls nicht bei den Intermediären gespeichert. Daraus resultiert eine besondere strukturelle Charakteristik: Das Kernelement der transaktionsbezogenen Datentreuhand ist der Gedanke der Vernetzung.[7] Die Intermediäre ermöglichen wertschöpfende Interaktionen zwischen den beteiligten Nutzenden, wobei die Interaktionen nicht nur durch die bereit gestellte Infrastruktur beeinflusst werden.

a) Die Ausgestaltung der Transaktionsverhältnisse als Austauschvertrag

3 Die Intermediäre intendieren, vergleichbar mit virtuellen Marktplätzen, die Vermittlung und den anschließenden Vollzug von Transaktionen zwischen den beteiligten Marktteilnehmenden.[8] Den jeweiligen Transaktionen liegt dabei ein trilaterales Verhältnis zugrunde, welches nach *Rüfner* in ein Markt- und ein Benutzungsverhältnis ausdifferenziert werden kann[9]: Ersterem sind die im Rahmen der vermittelten Austauschverhältnisse abgeschlossenen Verträge zuzuschlagen.

---

[6] Für einen Überblick über verschiedene unter dem Begriff der Datentreuhand firmierende Akteure siehe Specht-Riemenschneider/Blankertz/Siere et al. MMR-Beilage 2021, 24 (31 ff.); Kühling ZfDR 2021, 1 (5 ff.); Denga ZGR 2023, 614 (626 f.); Datenrepositorien lassen sich – spezifische Zugangsmodalitäten vorausgesetzt – als „Datensilo-Treuhänder" konzipieren. In ähnlicher Weise können Personal Information Management Systeme (PIMS) als treuhänderisch agierende Software-Dienste verstanden werden, die insbesondere im Bereich des Endverbrauchergeschäfts das Einwilligungsmanagement hinsichtlich der Verarbeitung persönlicher und personenbezogener Daten übernehmen;.dazu bereits Buchheim/Augsberg/Gehring JZ 2022, 1139 (1141 ff.).

[7] Genauer zu spezifischen Funktionen der transaktionsbezogenen Datentreuhand Buchheim/Augsberg/Gehring JZ 2022, 1139 (1141 ff.).

[8] Denga ZGR 2023, 614 (620 f. und 641 f.); vgl. auch Specht-Riemenschneider/Kerber, Designing Data Trustees – A Purpose-Based Approach, 2022, S. 12 ff.

[9] Siehe nur Rüfner MMR 2000, 597 (597 ff.).

Sie binden nur die Parteien der jeweiligen Transaktionen. Zugleich stehen die einzelnen Transaktionsparteien jeweils in einer vertraglichen Beziehung zu den Intermediären, aus der ebenfalls bestimmte Rechte und Pflichten folgen (sog. Benutzungsverhältnis). Während das Benutzungsverhältnis jedoch durch einen komplexen, gesetzlich nicht geregelten Vertrag geregelt wird, dessen genauer Inhalt nicht zwangsläufig identische für alle Parteien sein muss,[10] sind die in den Transaktionsverhältnissen abgeschlossene Vereinbarungen zumindest im Grundsatz als klassische Austauschverhältnisse konzipiert und damit einer vertragsrechtlichen Qualifikation zugänglich.[11]

b) Der determinierte Inhalt der Transaktionsbeziehungen

In den Nutzungsverträgen zwischen den einzelnen Teilnehmenden und den Intermediärem finden sich jedoch nicht nur Vereinbarungen, welche das Verhältnis der Parteien betreffen. Neben Bestimmungen zum Zugang, zur Art und Weise der Nutzungen und zur Vergütung enthalten dieser auch spezifische Vorgaben zu Inhalt, Zustandekommen und Durchführungen der vermittelten Transaktionen.[12] Diese betreffen vor allem die Modalitäten der Vertragsschlüsse, nehmen allerdings auch Einfluss auf die Bedingungen, unter denen die Transaktionen konkret ablaufen. Zum Teil müssen die Intermediäre die Bedingungen nicht einmal explizit festlegen, sondern können diese schlicht in die Architektur der technischen Infrastruktur integrieren. Die Nuzenden verpflichten sich mit Abschluss des Nutzungsvertrages gegenüber den Intermediären dazu, die Transaktionen nur unter den durch diese determinierten Bedingungen durchzuführen. Obwohl die Intermediäre also an den vermittelten Transaktionen nicht unmittelbar beteiligt sind, können sie über die spezifische Infrastruktur und die Nutzungsbedingungen Einfluss auf die Konditionen der nutzerseitigen Austauschbeziehungen nehmen. Sie determinieren damit die Konditionen, unter denen die einzelnen Transaktionen jeweils ablaufen und agieren damit vergleichbar mit anderen Personen, welche abstrakt-generelle Normen erlassen.[13] 4

2. Die Gemeinfreiheit von Daten

Der Beitrag orientiert sich am Paradigma einer fehlenden rechtlichen Zuweisung von Daten und datenbezogener Befugnisse durch subjektive Rechte.[14] Daten zeichnen sich durch ihre fehlende Rivalität, Abnutzbarkeit und Exklusivi- 5

[10] Glogowski, Plattformbedingungen, 2022, S. 19; Kumkar ZEuP 2022, 530 (533).
[11] Vgl. Beise RDi 2021, 597 (602 ff.) und Glogowski, Plattformbedingungen, 2022, S. 4.
[12] Vgl. bereits Glogowski, Plattformbedingungen, 2022, S. 4; Buchheim/Augsberg/Gehring bezeichnen diese Musterbedingungen als „Vertragsbaukasten“, siehe Buchheim/Augsberg/Gehring JZ 2022, 1139 (1144).
[13] Teilweise firmieren vergleichbare Subjekte im privatrechtlichen Diskurs unter dem Begriff „private Gesetzgeber“, vgl. etwa Kumkar ZEuP 2022, 530 (532); Schweitzer ZEuP 2019, 1 (3).
[14] Vgl. zur rechtspolitischen Diskussion über die Implementierung eines Dateneigentums Amstutz AcP 218 (2018), 438 ff.; MüKoBGB/Wagner, 9. Aufl. 2022, BGB § 823 Rn. 332 ff.; Prägnant gegen eine rechtliche Zuweisung durch das geltende Recht Beise RDi 2021, 597 (599 f.).

tät[15] aus, weshalb die Vorschriften über das Eigentum inadäquat erscheinen.[16] An diesem grundsätzlichen Befund ändert sich auch nichts, wenn die Daten den für die Anwendbarkeit der DS-GVO erforderlichen Bezug zu einer konkreten Person aufweisen. Ob allerdings datenbezogene Austauschverhältnisse einem anderen rechtlichen Rahmen unterliegen, wenn personenbezogene Daten betroffen sind, wird sich noch zeigen.[17] Zwar können Daten Bestandteil einer Datenbank sein, die Schutz durch das Recht der Herstellenden nach § 87b UrhG genießt. Dieses führt jedoch ausschließlich zu einem Leistungsschutzrecht hinsichtlich der gesamten Datenbank einschließlich der Transaktionen. Zugewiesen werden nicht die gesammelten Daten, sondern nur die Struktur der Datenbank.[18] Daraus folgt, dass datenbezogene Austauschverhältnisse nicht auf die Änderung der dinglichen Rechtslage gerichtet sind, sondern die Parteien lediglich zu rein tatsächlichem Verhalten verpflichten.[19]

III. Die gesetzlichen Vertragstypen im Vertragsrecht

6 Das Bürgerliche Gesetzbuch regelt im Besonderen Schuldrecht einzelne vertragliche Schuldverhältnisse in Form von Vertragstypen. Bevor die einzelnen Vertragsverhältnisse und deren rechtliche Einordnung näher in den Blick genommen werden, soll zunächst eine kurze Bestandsaufnahme über diejenigen Funktionen unternommen werden, welche die Zuordnung bestimmter privater Abreden zu einem der gesetzlich normierten Vertragstypen erfüllt. Die kaum überschaubare Fülle an Einzelaspekten fordert indes eine Beschränkung. Im Folgenden sollen daher in einem gleichsam holzschnittartigen Überblick in systematischer Weise die prägenden Strukturmerkmale des Schuldvertragsrechts in seinen Grundlagen, Funktionen und Formen herausgearbeitet werden.

[15] Allerdings kann durch technische Geheimhaltung faktische Exklusivität hergestellt werden, Pertot/Zech, Rechte an Daten, 2020, S. 91 (93).
[16] Zech GRUR 2015, 1151 (1159); aA Hoeren MMR 2013, 486 (488 f.); siehe aber auch Hoeren MMR 2019, 5 (7 ff.).
[17] Dazu unter V. 2 b).
[18] Zech GRUR 2015, 1151 (1156); Zech, Information als Schutzgegenstand, 2012, S. 360 f.; Beise RDi 2021, 597 (599).
[19] Beise RDi 2021, 597 (600 f.).

1. Vertragsfreiheit als Referenzpunkt

Das deutsche Privatrecht fußt auf dem Grundpfeiler der Privatautonomie.[20] 7
Wichtigster Ausfluss der Privatautonomie ist die Vertragsfreiheit.[21] Die Geburtsstunde des Bürgerlichen Gesetzbuches war die klassische Epoche der freien Marktwirtschaft, welche auf das freie Spiel der Marktmächte setzte. Die Notwendigkeit einer diese Freiheit in rechtlicher Hinsicht respektierenden Privatrechtsordnung wurde als derart selbstverständlich angesehen, dass die Privatrechtsgesetzgebung diese Vertragsfreiheit nicht explizit positiviert, sondern schlicht in § 305 BGB vorausgesetzt hat.[22]

Zu den Bestandteilen dieser Vertragsfreiheit gehören neben der Abschluss- und 8
Formfreiheit auch die Inhaltsfreiheit als das Fehlen bestimmter Typenvorgaben.[23] Die Privatrechtssubjekte haben nicht nur die Entscheidungsfreiheit über das *Ob* einer vertraglichen Bindung, sondern zugleich die Möglichkeit der freien Disposition über das inhaltliche *Wie* der rechtsgeschäftlichen Gestaltung. Der Vorschrift des § 241 Abs. 1 BGB ist dabei zu entnehmen, dass die Privatrechtssubjekte konsensual den Vertragsinhalt willkürlich bestimmen und damit eine ihre Rechte und Pflichten erweiternde *lex contractus* entwerfen können. Die Vertragsinhaltsfreiheit kann in diesem Sinne als Sammelbegriff für die Kompetenzen der Privatrechtssubjekte zur Setzung von Normen verstanden werden.[24]

[20] Dazu allgemein und ausführlich Bydlinski, Privatautonomie und objektive Grundlagen des verpflichtenden Rechtsgeschäfts, 1967, S. 32 ff.; Hofer, Freiheit ohne Grenzen?, 2001, S. 49 ff.; Medicus, Abschied von der Privatautonomie im Schuldrecht?, 1994, S. 32 ff.; Canaris AcP 200 (2000), 273 (273 ff.); zusammenfassend Mankowski AcP 211 (2011), 153 (154); aus der Rechtsprechung siehe BGHZ 125, 206 (209); zum Verhältnis von Privatrecht und Privatautonomie siehe nur Grundmann FS Hopt, 2010, 61 (62 ff.).

[21] Wendland, Vertragsfreiheit und Vertragsgerechtigkeit, 2019, S. 15; zur dogmengeschichtlichen Entwicklung ausführlich Scherrer, Die geschichtliche Entwicklung des Prinzips der Vertragsfreiheit, 1948, passim.

[22] Heinrich, Formale Freiheit und materiale Gerechtigkeit, 2000, S. 46; Busche, Privatautonomie und Kontrahierungszwang, 1999, S. 64; Gegen den Mythos der grenzenlosen Privatautonomie als prägender Grundsatz des Rechts im 19. Jahrhundert siehe Hofer, Freiheit ohne Grenzen?, 2001, S. 15 ff.

[23] Im Schrifttum finden sich je nach Schwerpunktsetzung dabei unterschiedliche Taxierungen der Vertragsfreiheit. Während teilweise nur zwischen Inhalts- und Gestaltungsfreiheit differenziert wird, finden sich an anderer Stelle Unterscheidungen zwischen Vertragsbegründungsfreiheit (Abschluss- und Kontrahentenwahlfreiheit), Vertragsgestaltungsfreiheit (Inhaltsfreiheit), Formfreiheit, Abänderungs- und Vertragsbeendigungsfreiheit. Vgl. hierzu exemplarisch etwa Busche, Privatautonomie und Kontrahierungszwang, 1999, S. 67 ff.; Lorenz, Der Schutz vor dem unerwünschten Vertrag, 1997, S. 17 f. einerseits und MüKoBGB/Busche, 9. Aufl. 2022, BGB vor §§ 145 ff. Rn. 10 andererseits. Zur Differenzierung in die drei Grundkategorien der Abschluss-, Inhalts- und Formfreiheit siehe Heinrich, Formale Freiheit und materiale Gerechtigkeit, 2000, S. 55 ff. und Wendland, Vertragsfreiheit und Vertragsgerechtigkeit, 2019, S. 85 ff.

[24] Kelsen, Reine Rechtslehre, 1960 S. 261 ff.; ähnlich auch Manigk FS Korschaker, 1939, 266; Raiser, Das Recht der allgemeinen Geschäftsbedingungen, 1961, S. 61 ff.; Schmidt, Vertragsfreiheit und Schuldrechtsreform, 1985, S. 56; Adomeit, Gestaltungsrechte, Rechtsgeschäfte, Ansprüche, 1969, S. 21; kritisch zum Verständnis des Vertragsschlusses als Normsetzung vor allem Flume, Allgemeiner Teil des Bürgerliche Rechts, Band 2, 4. Aufl. 1992, S. 4: „Wie der einzelne nicht in eigener Sache Richter sein kann, kann er auch nicht Gesetzgeber sein".

2. Entwicklung der gesetzlichen Vertragstypen

9 Mit dieser grundsätzlich unbeschränkten Normsetzungskompetenz scheinen die im achten Abschnitt des zweiten Buches kodifizierten Vertragstypen in Widerspruch zu stehen.

a) Typenzwang im römischen Recht

10 Die Kodifikation einzelner Vertragstypen geht auf das römische Recht zurück, dem der Grundsatz der Vertragsfreiheit im Sinne einer Inhaltsfreiheit bis in die nachklassische Zeit noch unbekannt war.[25] Das strikt formalistisch und prozessual orientierte altrömische *ius civile* sah nicht das allgemeine Institut der Leistungsklage vor, sondern stattete nur bestimmte Formular- oder Realverträge mit der Möglichkeit einer gerichtlichen Durchsetzung aus.[26] Bei den Formularverträgen hing das Zustandekommen vom Gebrauch bestimmter formelhafter Wendungen ab, während Realverträge bei einer realen Sachhingabe eine mit Klageschutz verstehen Rückgabeverpflichtung begründeten. Erst in der nachklassischen Entwicklung trat für einige durch bloße Willensübereinstimmung zustandekommenden Konsensualverträge, ein von den Prätoren gewährter Klageschutz unter Billigkeitsgesichtspunkten hinzu.[27] Die Einigung der Parteien ohne Beachtung besonderer Förmlichkeiten ermöglichte eine erfolgreiche Verurteilung, bei vier im einzelnen aufgezählten Vertragstypen: *emptio venditio* (Kauf), *locatio conductio* (Miete, Pacht, Dienst- und Werkvertrag), *mandatum* (Auftrag) und *societas* (Gesellschaft).[28] Vereinbarungen, die sich nicht im Rahmen der vorgegebenen Vertragstypen und Formalien hielten, begründeten als *nuda pacata* keine Verurteilungsmöglichkeiten. Eben dieses aktionenrechtliche System des Formularprozesses[29] hat die Ausbildung jenes Systems von Vertragstypen wesentlich gefördert, welches in der Spätantike und im Mittelalter das vertragsrechtliche Denken und Handeln dominierte.[30]

b) Paradigmenwechsel im Vertragsrecht

11 Der Typenzwang, der sich auf ein festes Schema von Vertragsformen nach Maßgabe der *essentialia negotii* bezog, erfuhr erst in der Neuzeit aufgrund verschiedener Entwicklungsströme eine weitgehende Auflockerung. Das kanonische Recht mit seiner Maxime „*pacta sunt servanda*" hatte hierauf einen ebenso großen Einfluss[31] wie die naturrechtsphilosophischen Kodifikationen.[32] In deren Traditionen erfüllen die im Privatrecht kodifizierten Vertragstypen nicht mehr die Funktion

---

[25] Leenen, Typus und Rechtsfindung, 1971, S. 124 ff.; Betti FS Wenger, 1983, 249 (259 ff.); Stoffels, Gesetzlich nicht geregelte Schuldverträge, 2001, S. 50.

[26] Betti FS Wenger, 1983, 249 (257); Martinek, Moderne Vertragstypen, Band 1, 1991, S. 14 f.

[27] Heinrich, Formale Freiheit und materiale Gerechtigkeit, 2000, S. 15.

[28] Liebs, Römisches Recht, 6. Aufl. 2004, S. 247 ff.; Honsell/Fargnoli, Römisches Recht, 9. Aufl. 2021, § 3 I.

[29] Für einen guten Überblick über den Ablauf des Formularprozess siehe Hausmaninger/Selb/Gamauf, Römisches Privatrecht, 2001, S. 374 ff.

[30] Martinek, Moderne Vertragstypen, Band 1, 1991, S. 16.

[31] Dazu Mayer-Maly FS Seidl, 1975, 118 (124).

[32] Dazu Heinrich, Formale Freiheit und materiale Gerechtigkeit, 2000, S. 34 ff. und zur Entwicklung Heinrich, Formale Freiheit und materiale Gerechtigkeit, 2000, S. 28 ff.

eines geschlossenen Katalogs von Vertragsformen im Sinne eines *numerus clausus*. Stattdessen sollte durch die im besonderen Teil des Schuldrechts geregelten Vertragstypen vor allem eine dispositivrechtliche Mustersammlung konzipiert werden, welche an die, aus dem römischen Recht überkommenen Vertragstypen in den durch den *usus modernus* und die Pandektistik gewonnen Formen, angelehnt sein sollte.[33]

3. Funktionen der Vertragstypen

Die typologische Einordnung bestimmter Vertragsverhältnisse ist allerdings 12
trotz des Paradigmenwechsels kein Selbstzweck. Die Zuordnung zu einem der gesetzlichen Vertragstypen bestimmt nach wie vor, wie das Pflichtenprogramm der Parteien ausfällt.[34]

a) Kompensation fragmentarischer Rechtserzeugung

Im modernen Vertragsrecht dienen die normierten Vertragstypen zum einen 13
der Kompensation fragmentarischer Rechtserzeugungsakte.[35] Dadurch, dass die positive Rechtsordnung charakteristische Lücken privater Normsetzung erkennt und für einzelne Vertragstypen entsprechende Regelungen bereithält, vereinfacht sie die Rechterzeugung und reduziert dadurch Transaktionskosten. Fragmentarische Rechtserzeugungsakte sind aus zwei aufeinander aufbauenden Gründen unvermeidbar: Die Parteien der Rechtserzeugung können nicht die Gesamtheit der potentiell möglichen künftigen Entwicklungen vorhersehen und dementsprechend nicht sämtliche Sachverhalte durch einzelne Normen adressieren.[36] Fragmentarische Rechtserzeugungsakte bedürfen jedoch spätestens dann einer Komplettierung, wenn ein unvorhergesehener oder nicht von den Parteien adressierter Umweltzustand eintritt, auf den die Parteien nicht einvernehmlich reagieren können. Die erforderliche Ergänzung des privat erzeugten Pflichtenprogramms erfolgt dann vor allem unter Rückgriff auf das positivierte Pflichtenprogramm.[37]

b) Begrenzung der Rechtserzeugung

Die Zuordnung zu einem bestimmten positivierten Vertragstyp entscheidet je- 14
doch nicht nur darüber, wie fragmentarische privat erzeugte Pflichtenprogramme zu komplementieren sind, sondern bestimmt zugleich (einige) Grenzen für die

[33] Charmatz, Zur Geschichte und Konstruktion der Vertragstypen im Schuldrecht, 1937, S. 149 ff.; Wieackter, Privatrechtsgeschichte der Neuzeit, 3. Aufl. 2016, S. 238 ff.
[34] Siehe nur Schur, Die Lizenzierung von Daten, 2020, S. 7.
[35] Vgl. Möslein, Dispositives Recht, 2011, S. 33 ff.; Wendland, Vertragsfreiheit und Vertragsgerechtigkeit, 2019, S. 89 ff. jeweils mwN.
[36] Unberath/Cziupka AcP 209 (2009), 37 (44 ff.); in der Sache bereits Laband AcP 73 (1888), 161 (162 f.).
[37] Daneben besteht die Möglichkeit der ergänzenden Vertragsauslegung. Zur funktionalen Vergleichbarkeit beider Instrumente siehe Canaris, Die Feststellung von Lücken im Gesetz, 2. Aufl. 1983, S. 53 f.; Canaris AcP 184 (1984), 201 (216 f.); Henckel AcP 159 (1959), 106 (122 ff.).

private Rechtserzeugung.[38] In den speziellen, die einzelne Vertragstypen adressierenden Normkomplexen finden sich mitunter bestimmte zwingende Vorgaben über den Inhalt der von den Parteien zu erzeugenden Normen.[39] Ein mondialer Konsens hinsichtlich der Voraussetzungen, unter denen bestimmte vertragliche Normen als zwingend auszugestalten sind, konnte bisher nicht erzielt werden.[40] Allgemein konsentiert sein dürfte aber, dass sich derart zwingende Vorgaben im Vertragsrecht vor allem durch den Schutz einer unterlegenen Vertragspartei rechtfertigen lassen.[41] Das eine ungleiche Machtverteilung zwischen den an der Rechtserzeugung beteiligten Personen die Äquivalenz der vertraglichen Vereinbarung potentiell in Frage stellt, bezeichnete bereits *Flume* zutreffend als das „ewige Dilemma der Privatautonomie".[42] Beispiele für zwingendes Vertragsrecht findet sich daher vor allem für solche Verträge, welche regelmäßig in Situation sozialer Abhängigkeit abgeschlossen werden.[43]

15 Daneben kommt den vertragsrechtlichen Regelungen eine Leitbildfunktion zu, welche insbesondere[44] über die Normen des § 307 BGB die Möglichkeiten der Rechtserzeugung begrenzen.[45] Die primär zu Kompensationszwecken normierten Pflichtenprogramme der positivrechtlich kodifizierten Vertragstypen dienen hier als Maßstab, an dem sich die tatsächlich von den Parteien zu erzeugenden Normen messen lassen müssen.[46] Der entsprechende Mechanismus beruht auf der Erwägung, dass das positivere Normprogramm gewissermaßen das Idealbild eines angemessen Interessenausgleichs für das jeweilige bi- oder multilaterale[47]

---

[38] Rosenkranz/Scheufen ZfDR 2022, 159 (171); zu den graduellen Unterschieden der Begrenzungen Bachmann JZ 2008, 11 (11 ff.).

[39] Siehe etwa Bruns JZ 2007, 385 (389); Repgen, Die soziale Aufgabe des Privatrechts, 2001, S. 213 ff. Im Rahmen der zunehmenden Überformung des nationalen Vertragsrechts durch das Unionsrecht entstanden zudem zahlreiche teils prozedurale, teils jedoch auch inhaltliche Verbraucherschutzvorschriften, welche die Rechtserzeugungsmöglichkeiten beschränken, dazu Dauner-Lieb, Verbraucherschutzrecht durch Ausbildung eines Sonderprivatrechts für Verbraucher, 1983, S. 66 f. und Seiler, Verbraucherschutz auf elektronischen Märkten, 2006.

[40] Drexl, Die wirtschaftliche Selbstbestimmung des Verbrauchers, 1998, S. 307 ff.; vor allem aus den Grundrechten kann die Verpflichtung zur Kodifikation zwingenden Vertragsrechts erwachsen, siehe nur BVerfGE 39, 1 (41); 46, 160 (164); 49, 89 (142); 53, 30 (57); 56, 54 (73); Canaris AcP 184 (1984), 201 (225 ff.); Canaris, Grundrechte und Privatrecht, 1999, S. 71 ff.; Ruffert, Vorrang der Verfassung und Eigenständigkeit des Privatrechts, 2001, S. 141 ff.

[41] Wendland, Vertragsfreiheit und Vertragsgerechtigkeit, 2019, S. 90.

[42] Flume, Allgemeiner Teil des bürgerlichen Rechts, Band 1, 4. Aufl. 1992, S. 10.

[43] Schapp, Grundfragen der Rechtsgeschäftslehre, 1986, S. 95 ff.; v. Stebut, Der soziale Schutz als Regelungsproblem des Vertragsrechts, 1982, S. 285 ff.; kritisch zur sozialen Abhängigkeit bzw. Unterlegenheit im Mietrecht beispielsweise Honsell AcP 186 (1986), 115 (118 f.).

[44] Zur Maßgeblichkeit vertragsrechtlicher Regelungen im Kontext anderer Vorschriften über die Grenzen privater Rechtserzeugung siehe Benecke, Gesetzesumgehung im Zivilrecht, 2004, S. 95 und Heinrich, Formale Freiheit und materiale Gerechtigkeit, 2000, S. 370 f. (jeweils zu § 138 BGB) sowie Fastrich, Richterliche Inhaltskontrolle im Privatrecht, 1992, S. 26, 285 und 310 f. (zu § 242 BGB).

[45] Siehe (teils noch zur Vorgängernorm des § 9 Abs. 2 Nr. 1 AGBGB) Drexl, Die wirtschaftliche Selbstbestimmung des Verbrauchers, 1998, S. 306; Grundmann RIW 2002, 329 (339); Schapp DB 1978, 621 (621 f.); Tassikas, Dispositives Recht und Rechtswahlfreiheit als Ausnahmebereich der EG-Grundfreiheiten, 2004, S. 107.

[46] Fastrich, Richterliche Inhaltskontrolle im Privatrecht, 1992, S. 284 ff.; Heinrich, Formale Freiheit und materiale Gerechtigkeit, 2000, S. 430 ff.; Oechsler, Gerechtigkeit im modernen Austauschvertrag, 1997, S. 291 ff.

[47] Zu multilateralen Verträgen siehe jüngst Legner, Gestaltung mehrseitiger Austauschverträge, 2024, passim.

Verhältnis darstellt. Aus diesem Grund eignet es sich als Kontrollmaßstab, um den Gerechtigkeitsgehalt divergierender Normenprogramme zu bestimmen.[48]

Diese beiden unterschiedlich strenge Arten der Kompetenzbeschränkung bilden den Annex der vertragstypologischen Einordnung. Können die entsprechenden Verhältnisse als ein aus dem besonderen Schuldrecht anerkannten Vertrag qualifiziert werden, ergibt sich daraus ein Rahmen, den die private Normsetzung nicht verlassen darf. 16

4. Zwischenergebnis

Trotz der aus der Vertragsfreiheit folgenden Inhaltsfreiheit privater Rechtserzeugung ist die Vertragstypologie nicht ohne Bedeutung für die Rechtsfindung. Können die entsprechenden Transaktionsverhältnisse einem der im Schuldrecht geregelten Vertragstypen zugeordnet werden, ergeben sich aus der Einordnung einschlägige Regelungen für den Fall, dass Fragen auftreten, welche die Parteien der Rechtserzeugung nicht antizipiert haben. Daneben gibt die Vertragstypologie durch verschiedene Mechanismen einen Rahmen vor, den die private Rechterzeugung nicht verlassen darf. 17

IV. Die Verhältnisse der Transaktionsparteien und deren rechtliche Einordnung

Eine vertragsrechtliche Einordnung setzt voraus, dass neben der grundsätzlichen Funktionsweise der transaktionsbezogenen Datentreuhand auch der konkrete Ablauf einer einzelnen Transaktion bekannt ist. 18

1. Vertragliche Beziehungen bei einzelnen Transaktionen

Charakteristisch für eine Transaktion im Rahmen der transaktionsbezogenen Datentreuhand ist neben den Intermediären die Beteiligung von bis zu drei weiteren Akteuren:[49] der datengebenden, datennehmenden und analysenutzenden Parteien. Die datennehmenden Parteien erwerben bei den datengebenden dabei näher zu bezeichnende Daten und schließt hierfür einen entsprechenden Vertrag mit diesen (Transaktionsverhältnis). In der Regel haben die analysenutzenden 19

[48] Grundlegend Raiser, Das Recht der allgemeinen Geschäftsbedingungen, 1961, S. 295; vgl. auch Canaris AcP 200 (2000), 273 (285); Drexl, Die wirtschaftliche Selbstbestimmung des Verbrauchers, 1998, S. 305; zu alternativen Kontrollmaßstäben privater Rechtserzeugung siehe Möslein in Riesenhuber/Nishitani (Hrsg.), Wandlungen oder Erosion der Privatautonomie?, 2007, S. 233 (247 ff.); Coester-Waltjen AcP 190 (1990), 1 (17 ff.); Fastrich, Richterliche Inhaltskontrolle im Privatrecht, 1992, S. 9 f., 14 ff.; Knobel, Wandlungen im Verständnis der Vertragsfreiheit, 2000, S. 71 ff.

[49] Jedenfalls gibt es drei verschiedene Rollen, die bei jeder Transaktion besetzt sein müssen, was allerdings nicht ausschließt, dass einzelne Akteure mehrere Rollen gleichzeitig ausfüllen.

Parteien die Art der Daten und häufig auch die übrigen Datengebenden ausgewählt. Ungeachtet der genauen Anbahnungssituation entsteht zwischen den beiden letztgenannten Akteuren jedoch zu keinem Zeitpunkt eine rechtliche Sonderbeziehung.

20 Vom Transaktionsverhältnis ist das Verhältnis zwischen den Datennehmenden und den Analysenutzenden, das Übermittlungsverhältnis, zu unterscheiden. Dieses verpflichtet die Datennehmenden jedenfalls implizit, die von den Datengebenden erhaltenen Daten unter Verwendung eines vertraglich festgelegten Algorithmusses innerhalb der Infrastruktur der Intermediäre zu verarbeiten und das Analyseergebnis an die Analysenutzenden zu übermitteln.

21 Jenseits der Intermediäre besteht somit eine Dreiecksbeziehung, deren Scheitelpunkt die Datennehmenden bilden. Damit ergeben sich zwei genauer in den Blick zu nehmende vertragliche Verhältnisse.

2. Das Transaktionsverhältnis

22 Zunächst soll der Blick auf das eigentliche Transaktionsverhältnis, das heißt die rechtliche Beziehung zwischen den datengebenden und datennehmenden Personen gerichtet werden. Die Einordnung datenbezogener Austauschverhältnisse in das System der gesetzlich kodifizierten Vertragstypen ist Gegenstand einer intensiven Diskussion. Im Einzelnen kann zwischen kaufrechtlichen,[50] pachtrechtlichen[51] und solchen Ansätzen differenziert werden, welche Datenüberlassungsverträge als ungeregelten Vertragstyp (Innominationsvertrag)[52] einordnen.

a) Rechte und Pflichten der Parteien

23 Ausgangspunkt einer Klärung der Rechtsnatur muss ein Blick auf die dem wirtschaftlichen Grundkonzept entsprechende Vertragsgestaltung und die Verteilung von Rechten und Pflichten sein.[53] Für die datengebenden Parteien steht als Hauptpflicht im Mittelpunkt, dass sie der anderen Seite die Gebrauchs- und Nutzungsmöglichkeit an den von ihnen bereit gestellten Daten verschaffen. Das Hauptcharakteristikum besteht dabei darin, dass die datengebenden Personen die Daten der anderen Vertragspartei direkt zur Verfügung stellen, sondern sie auf deren Wunsch direkt an die Intermediäre übermitteln. Die Daten werden verarbeitungsbezogen in die Infrastruktur der Intermediäre eingespeist, dort verarbeitet und anschließend wieder gelöscht. Charakteristisch ist schließlich für das Transaktionsverhältnis, dass sowohl die datennehmenden Parteien als auch die Intermediäre zu keinem Zeitpunkt die Möglichkeit haben, die Beschaffenheit der Daten zu kontrollieren. Dies ergibt sich wiederum aus der besonderen Infrastruktur der Intermediäre, bei denen die Daten vollautomatisch innerhalb eines

---

[50] Hoeren/Pinelli JZ 2020, 879 (880) mwN.

[51] Schicker in Kaulartz/Braegelmann (Hrsg.), Rechtshandbuch Artificial Intelligence und Machine Learning, 2020, § 7.2 Rn. 5. Rosenkranz/Scheufen ZfDR 2022, 159 (173).

[52] Schur, Die Lizensierung von Daten, 2020, S. 174 ff.; Berger ZGE/IPJ 9 (2017), 340 (351 f.); Generell zum Phänomen der Innominatverträge siehe Martinek, Moderne Vertragstypen, Band 2, 1991, S. 10 ff.

[53] Vgl. Leenen AcP 190 (1990), 260 (263 ff.).

geschlossenen Systems verarbeitet werden. Die im Vertrag festzulegende Gegenleistung für die Einräumung der Zugriffsmöglichkeit wird regelmäßig die Form einer monetären Vergütung annehmen, kann im Einzelfall allerdings auch in der Übermittlung eines Analyseergebnisses bestehen. Letztere Gestaltungsmöglichkeit kommt vor allem dann in Betracht, wenn sich mehrere datengebede Akteure zusammenschließen, um die jeweils bei ihnen vorhandenen Daten temporär zu vermengen. Im Wesentlichen handelt es sich somit um die Einräumung einer temporären Nutzungsmöglichkeit gegen Zahlung eines Entgelts.

b) Kaufrechtliche Einordnung

In der Literatur begegnet man häufig Stellungnahmen, wonach Datenüberlassungsverträge als Kaufverträge oder zumindest kaufähnlich, entsprechend dem Kauf sonstiger Gegenstände nach § 453 Abs. 1 Alt. 2 BGB, zu qualifizieren seien.[54] An die Stelle der Rechtsübertragung trete die faktische Eröffnung einer Zugriffsmöglichkeit als Erfüllungshandlung.[55] Unbedenklich ist dabei zunächst, dass §§ 433 ff. BGB auf eine Veräußerung iS einer Entäußerung zugeschnitten sind,[56] während die datengebende Partei auch weiterhin die Zugriffs- und Nutzungsmöglichkeit in Bezug auf die bereitgestellten Daten behalten soll. Es fehlt bei Daten zwar an einer dem Eigentum vergleichen Rechtsposition, die translativ übertragen werden könnte. Allerdings kann, auch wenn der der Austausch rivaler exklusiver und damit eigentumsfähiger Güter gegen ein Entgelt paradigmatischer Anwendungsfall des Kaufvertrages ist, nicht angenommen werden, dass die Abwicklung zwangsläufig mit jedem Verlust der Einwirkungsmöglichkeit auf Seiten der veräußernden Partei einhergehen muss.[57] Es wäre überzogen, den Anwendungsbereich des Kaufrechts auf rivale Güter zu beschränken oder wenigstens zu verlangen, dass die faktische Bereitstellung, zu welcher die verkaufende Partei sich verpflichtet, mit einem Verlust eigener Nutzungsmöglichkeiten einhergehen muss. Sämtliche Normen der §§ 433 ff. BGB können auf die Verschaffung nicht rivaler Güter appliziert werden. Strukturell ist der Kaufvertrag damit auf die dauerhafte Erweiterungen des Kompetenzrahmens der erwerbenden Partei gerichtet und berücksichtigt den Kompetenzrahmen der veräußernden Partei nur insoweit dieser zwangsläufig mit der vereinbarten Kompetenzerweiterung zusammenhängt. Übertragen auf das hier in den Blick genommene Transaktionsverhältnis scheidet eine kaufvertragliche Qualifikation daher nicht allein aus dem Grund aus, dass die datengebende Partei nach wie vor auf die Daten zugreifen und diese nutzen kann bzw. darf. 24

Einer Anwendung des Kaufvertragsrechts der §§ 433 ff. BGB stehen jedoch die grundsätzliche Ausgestaltungsform der transaktionsbezogenen Datentreuhand entgegen. Es ist gerade kennzeichnend, dass die Parteien der Transaktion ihre Beziehung als außerordentlich kurzes Verhältnis konzipieren und mit Vertragsschluss 25

---

[54] Siehe etwa Hoeren/Pinelli JZ 2020, 879 (880).

[55] Specht, Konsequenzen der Ökonomisierung informationeller Selbstbestimmung, 2012, Rn. 502; Ebnet, Der Informationsvertrag, 1995, S. 54 f.; Haberstumpf NJOZ 2015, 793 (702); aA offenbar Schur, Die Lizensierung von Daten, 2020, S. 169 und Hennemann RDi 2021, 61 (64).

[56] Dies betont etwa Martinek, Moderne Vertragstypen, Band 2, 1992, S. 234.

[57] Fries/Scheufen RDi 2023, 419 (423).

kein zeitlich unbegrenzter Zugriff auf die Daten gewährt werden soll. Gegen die Maßgeblichkeit der temporalen Dimension könnte man freilich einwenden, dass Daten ihrer Natur nicht zurückgegeben werden können, eine einmal verschaffte Nutzungsmöglichkeit daher stehts als endgültig zu bewerten ist.[58] Dies mag grundsätzlich zutreffend sein, wenn auch das Fehlen einer tatsächlichen Entzugsmöglichkeit durch Vereinbarung eines Nutzungsverbotes kompensiert werden kann.[59] Jedenfalls für die vertragsbezogenen Datentreuhand liegt die Besonderheit jedoch darin, dass die Daten niemals in den Einflussbereich der datennehmenden Parteien oder der Intermediäre gelangen. Die Verarbeitung erfolgt vollständig automatisch außerhalb des Einflussbereichs einer natürlichen Person. Eine kaufvertragliche Einordnung scheidet somit in jedem Fall aus.

c) Pachtrechtliche Einordnung

26 Die zeitweise Einräumung einer Nutzungsmöglichkeit bzw. Erlaubnis zur Nutzung von Daten, wird heute nach weit verbreiteter, wenn nicht gar herrschender Meinung als Pachtvertrag nach § 581 BGB qualifiziert.[60] Wie beim Kauf sonstiger Gegenstände verzichtet die Pacht auf das Erfordernis einer dinglichen Rechtsänderung und lässt die Einräumung einer Gebrauchsmöglichkeit ausreichen.[61] Neben der Gebrauchsüberlassung ist die verpachtende Partei allerdings verpflichtet, den Genuss der Früchte, die nach den Regeln einer ordnungsgemäßen Wirtschaft bestimmungsgemäß gezogen werden können, aus dem Gebrauch des Pachtgegenstandes zu ermöglichen.[62] Sofern das Eigentum den Gegenstand der Pacht bilden, erfolgt dies durch zusätzliche Erteilung einer dinglichen Aneignungsgestattung nach § 956 Abs. 1 BGB.[63] Bei der Pacht von anderen Rechten wird demgegenüber die Ermächtigung zur Ausübung des Rechts analog § 185 BGB erforderlich sein.[64] Eben diese Befugnis zur Fruchtziehung ist der qualitative Unterschied zu anderen Verträgen, die temporäre Nutzungsmöglichkeiten zum Gegenstand haben und damit zugleich prägend für die Frage, welche Gegenstände mögliches Beziehungsobjekt eines Pachtvertrages sein können.[65]

---

[58] Für eine entsprechende Argumentation in Bezug auf Know-how-Verträge siehe etwa Martinek, Moderne Vertragstypen, Band 3, 1992, S. 267; Greco, Verwertung von Know-how, 2010, S. 116; Gitter Gebrauchsüberlassungsverträge, 1988, S. 447; Haedicke, Rechtskauf und Rechtsmängelhaftung, 2003, S. 302 f.; daran anknüpfend Schur, Die Lizenzierung von Daten, 2020, S. 168 f. und Drabinski, Die vertragliche Datenüberlassung und das Kaufrecht, 2022, S. 144 f.

[59] Vgl. Schur, Die Lizensierung von Daten, 2020, S. 170; Schur ist jedoch der Meinung, dass auch im Fall einer zeitlich unbegrenzten Zugriffsmöglichkeit die Annahme eines Kaufvertrages ausgeschlossen sein soll, insbesondere wenn weitgehende Nutzungs- und Weitergabebeschränkungen vereinbart werden.

[60] Specht, Konsequenzen der Ökonomisierung informationeller Selbstbestimmung, 2012, S. 139 ff.; im Anschluss daran Specht-Riehmenschneider/Werry/Werry, Datenrecht in der Digitalisierung/*Rank-Haedler*, 2020, S. 489; Rosenkranz/Scheufen ZfDR 2022, 159 (173); BeckOK BGB/Zehelein, 71. Ed. 1.8.2024, BGB § 535 Rn. 25.

[61] Steinrötter FS Taeger, 2020, 491 (509); Markendorf ZD 2018, 409 (410); Zur Möglichkeit eines Pachtvertrages ohne Gebrauchsüberlassung siehe MüKoBGB/Harke, 9. Aufl. 2023, BGB § 581 Rn. 2.

[62] Staudinger/Schwab, 2018, BGB § 581 Rn. 206.

[63] Staudinger/Schwab, 2018, BGB § 581 Rn. 233.

[64] Ahlbrecht/Bengsohn Rpfleger 1982, 361 (362).

[65] Für die naheliegende Fokussierung auf die Möglichkeit der Fruchtziehung nach § 99 BGB siehe auch Kraul GRUR-Int 2009, 481 (486).

Der Fruchtbegriff wird durch § 99 BGB konturiert, welcher zwischen unmittelbaren und mittelbaren Sach- und Rechtsfrüchten differenziert. Früchte können damit nach § 99 BGB nur aus dem Eigentum und anderen Rechten gezogen werden. Eben dieser Umstand wird zu Recht zum Anlass genommen, nur Rechte als möglichen Gegenstand eines Pachtvertrages anzusehen.[66] Die den Pachtvertrag konstituierende[67] Pflicht zur Gewährung der Fruchtziehung ist damit eigentlich nicht mit der temporären Nutzungsmöglichkeit von Daten kompatibel, welche lediglich immaterielle Güter und gerade kein Recht darstellen.[68] Um das Pachtrecht dennoch für anwendbar zu befinden, muss das Vertragsrechts vom allgemeinen Teil des bürgerlichen Rechts emanzipiert werden. Das Ergebnis ist dann die Feststellung, dass das, was § 99 BGB als Früchte bezeichnet, nur Ausschnitte eines überpositiven und von § 581 BGB aufgegriffenen Fruchtbegriffs darstellen würde.[69] Insofern sei auch bei immateriellen Gütern wie Daten eine Fruchtziehung möglich, welche in der Gewinnung neuer Erkenntnisse unter Zuhilfenahme der bestehenden Daten bestünde.[70] **27**

Berücksichtigt man allerdings den systematischen Zusammenhang von Vertrags- und Bereicherungsrecht, wird deutlich, dass eine derartige Extension des Pachtvertrages ohne praktischen oder systematischen Mehrwert ist. Sofern Früchte oder andere Nutzungen aus einem überlassenen Gegenstand gezogen werden, können diese aufgrund der materiellen Güterzuweisung[71] denjenigen Personen zugeordnet sein, welche den Gebrauch ursprünglich ermöglicht haben. Werden die Nutzungen von einer anderen Person gezogen, müssen diese dann jedenfalls nach § 812 Abs. 1 S. 1 Alt. 2 BGB herausgegeben werden.[72] Der Pachtvertrag erfüllt nun die Funktion, entsprechende Bereicherungsansprüche auszuschließen, indem er den Rechtsgrund für die durch Eingriff in den Zuweisungsgehalt gezogenen Nutzungen bildet. Daraus folgt jedoch, dass der Erwerb von Nutzungen vertraglich nur dann abgesichert werden muss, wenn diese potenziell den Gegenstand eines Bereicherungsanspruchs bilden können, weil sie einer anderen Person als derjenigen zugewiesen sind, welche die Nutzungen tatsächlich zieht. Die aus der Datenverarbeitung gewonnenen Erkenntnisse sind allerdings niemandem **28**

---

[66] AA Cebulla, Die Pacht nichtsächlicher Gegenstände, 1999, S. 30; Staudinger/Schwab, 2018, BGB § 581 Rn. 7; Drabinski, Die vertragliche Datenüberlassung und das Kaufrecht, 2022, S. 142.

[67] MüKoBGB/Harken, 9. Aufl. 2023, BGB § 581 Rn. 3.

[68] Anders verhält es sich natürlich, wenn an den Daten Immaterialgüterrechte wie Urheber-, Parent- oder Markenrechte bestehen.

[69] Besonders plastisch Staudinger/Schwab, 2018, BGB § 581 Rn. 7: „Entscheidend kann daher letztlich nur die Eignung des Pachtgegenstands Früchte hervorzubringen sein, nicht aber eine Einordnung als Sache oder Recht [Was nach § 99 BGB einzige Quelle für Früchte sein kann]"; mit ähnlichem Ergebnis aber anderer Begründung Cebulla, Die Pacht nichtsächlicher Gegenstände, 1999, S. 56 ff.; Fernandes Fortunato, Früchte und Nutzungen, 2021, S. 222.

[70] Specht, Die Konsequenzen der Ökonomisierung informationeller Selbstbestimmung, 2012, Rn. 527; Drabinski, Die vertragliche Datenüberlassung und das Kaufrecht, 2022, S. 142 ff.; Kraul GRUR-Int 2009, 481 (485); Patzak/Beyerlein MMR 2007, 687 (689); Redeker CR 1989, 670 (671).

[71] Zur Güterzuweisung als eigenständiges Forschungsgebiet der Privatrechtswissenschaft siehe Peukert, Güterzuweisung als Rechtsprinzip, 2008, passim sowie Zech ZGE/IPH 15 (2023), 53 (53 ff.).

[72] Für die Zuweisung von Nutzungen an das Eigentum an einer Sache innehabenden Personen siehe etwa MüKoBGB/Schwab, 9. Aufl. 2024, BGB § 812 Rn. 305 ff.

zugewiesen, da Daten keinerlei bereicherungsrechtlichen Zuweisungsgehalt aufweisen.[73]

29 Es zeigt sich also, dass in erster Linie allein die Gebrauchsgewährungspflicht auf das Transaktionsverhältnis passt. Die Berechtigung zur Fruchtziehung, die typprägend für den Pachtvertrag ist, lässt sich allenfalls mit hohem Begründungsaufwand auf die zeitlich begrenzte Nutzungsmöglichkeit von Daten übertragen. Eine pachtrechtliche Einordnung wird allenfalls vor dem Hintergrund erklärbar, dass die Vorschriften des Mietrechts nach überwiegendem Verständnis nur die Gebrauchsüberlassung von eigentumsfähigen Gegenständen iSv 90 BGB zum Gegenstand haben.[74]

d) Mietrechtliche Einordnung

30 Richtigerweise ist der Mietvertrag aber ohnehin nicht auf die Überlassung eigentumsfähiger Gegenstände nach § 90 BGB beschränkt. Die Rechtsprechung hat bereits in der Vergangenheit – den einschlägigen Judikaten zum Kaufrecht[75] entsprechend – Software, die auf einem körperlichen Datenträger oder über eine Online-Verbindung(sog. *Application Serice Providing Vertrag)* bereit gestellt wurde, dem Mietrecht unterworfen.[76] Spätestens seit des Kodifikation des zur Umsetzung der Digitale-Inhalte-RL[77] neu erlassenen § 548a BGB[78] sind die Vorschriften des Mietrechts selbst nach einem restriktiven Verständnis der §§ 535 ff. BGB nicht mehr auf die Überlassung von eigentumsfähigen Gegenständen beschränkt.[79] Danach erfassen die Vorschriften der §§ 535 ff. BGB grundsätzlich auch die zeitweise entgeltliche Überlassung von digitalen Produkten, also digitalen Inhalten oder Dienstleistungen.[80] Mit digitalen Inhalten sind dabei Daten gemeint, die in digitaler Forme erstellt und bereitgestellt werden und damit auch die hier behandelten Daten.

---

[73] Dies folgt schon aus der fehlenden Zuweisung datenbezogener Handlungsmöglichkeiten. Zum Zusammenhang von subjektivrechtlicher Zuweisung und der Eingriffskondiktion siehe Peukert, Güterzuweisung als Rechtsprinzip, 2008, S. 456 ff.

[74] Weichert NJW 2001, 1463 (1468); Specht, Konsequenzen der Ökonomisierung informationeller Selbstbestimmung, 2012, S. 139 ff.; im Anschluss daran Specht-Riehmenschneider/Werry/Werry, Datenrecht in der Digitalisierung/*Rank-Haedler*, 2020, S. 489; Rosenkranz/Scheufen ZfDR 2022, 159 (173); BeckOK BGB/Zehelein, 1.8.2024, BGB § 535 Rn. 25.

[75] BGH NJW 1988, 406, 407 ff. Zur Entwicklung der Rechtsprechung siehe Zech, Information als Schutzgegenstand, 2012, S. 331 ff.

[76] BGH NJW 1993, 2436 (2437 f.); 2007, 2394 (2394).

[77] Richtlinie (EU) 2019/770 des europäischen Parlaments und des Rates vom 20.5.2019 über bestimmte vertragsrechtliche Aspekte der Bereitstellung digitaler Inhalte und digitaler Dienstleistungen.

[78] Allgemein dazu Gansmeier/Kochendörfer ZfPW 2022, 1 (3 ff.); Riehm RDi 2022, 209 (210).

[79] BeckOGK-BGB/Schmidt, 1.7.2024, BGB § 535 Rn. 248; Rosenkran/Scheufen ZfDR 2022, 159 (174), Riehm RDi 2022, 209 (210).

[80] Gansmeier/Kochendörfer ZfPW 2022, 1 (6); Sattler JZ 2017, 1036 (1037) unter Rekurs auf Zech, Information als Schutzgegenstand, 2012, S. 32 ff.

3. Das Übermittlungsverhältnis

31 Im Anschluss daran soll nun das Verhältnis zwischen den datennehmenden und analysenutzenden Parteien in den Blick genommen werden. Da es hier im Wesentlichem um die Durchführung der Dateanalyse und die Übermittlung des Analyseergebnisses geht, kommt vor allem eine Qualifikation als Dienst- oder Werkvertrag in Betracht.[81] Gegenstandsbezogenen Verträge wie Kauf, Miete oder Pacht müssen demgegenüber ausscheiden.

a) Rechte und Pflichten der Parteien

32 Ein zentrales Element der vertraglichen Leistungspflicht der datennehmenden Parteien besteht darin, einen jeweils individualisierten Algorithmus für die Infrastruktur der Intermediäre bereitzustellen, damit dort unter den näher zu definierten Bedingungen entsprechende Datenanalysen durchgeführt werden können. Der Algorithmus wird im Vorfeld an die Bedürfnisse der Analysenutzenden angepasst und entsprechend konzipiert. Die eigentliche Datenanalyse wird ohne Einflussmöglichkeit der Intermediäre oder Datennehmenden durchgeführt. Nach erfolgreichem Abschluss der Datenanalyse, muss das entsprechende Ergebnis an die Analysenutzenden übermittelt werden. Im Gegenzug sind die diese verpflichtet, die im Vertrag festgelegte monetäre Gegenleistung zu erbringen.

b) Werkvertragsrechtliche Einordnung

33 Insbesondere vor dem Hintergrund zahlreicher Judikate zur vertragsrechtlichen Einordnung von Verträgen über die Erstellung von Gutachten[82] erscheint eine Qualifikation als Werkvertrag nach § 631 BGB naheliegend. Allein das Element der Herstellung eines Analyseergebnisses gegen ein Entgelt macht aus der Abrede aufgrund der spezifischen Situation der transaktionsbezogenen Datentreuhand jedoch nicht zwingend einen Werkvertrag, auch wenn sich dessen essentialia negotii zunächst auf die Herstellung eines Werkes gegen Entgelt beschränken. Ein Vertrag ist nicht schon dann einem gesetzlichen Typus zu unterwerfen, wenn sich der vereinbarte Vertragsinhalt mit den *essentialia negotii* eines normierten Vertragstyps überscheinet.[83]

34 Bei einem Werkvertrag verpflichtet sich eine Partei, der anderen Partei ein Werk zu verschaffen, welches die im Vorfeld vereinbarte und auf deren spezifischen Bedürfnisse zugeschnittene Beschaffenheit aufweist..[84] Die Pflicht zur Verschaffung bzw. Übermittlung aus § 631 Abs. 1 Hs. 1 BGB stimmt mit der Vereinbarung nur insofern überein, als die Datennehmenden den Analysenutzenden das Ergebnis der Datenanalyse zu übermitteln haben. Die Analysenutzenden entrich-

[81] Für die Gegenüberstellung von Dienstleistungs- und Gegenstandbezogenen Verträgen siehe Illmer, Struktur eines Dienstleistungsvertragsrechts, 2022, S. 2 und 220 ff.
[82] Für einen Überblick über die gewaltige Menge an Judikaten und literarischen Stellungnahmen zu Verträgen, welche die Erstellung von Gutachten zum Gegenstand haben siehe BeckOGK/Merkle, 1.7.2024, BGB § 631 Rn. 334a.
[83] Leenen, Typus und Rechtsfindung, 1971, S. 123.
[84] Wicker MMR 2012, 783 (785); zur Eigenständigkeit der Verschaffungspflicht siehe MüKoBGB/Busche, 9. Aufl. 2023, BGB § 631 Rn. 62.

ten im Gegenzug ein Entgelt, was der Zahlungspflicht aus § 631 Abs. 1 Hs. 2 BGB nahesteht. Hierin erschöpft sich jedoch die Kongruenz mit den werkvertraglichen Pflichten. Die Pflicht der datennehmenden Parteien beschränkt sich nämlich darauf, das real existente Analyseergebnis zu übermitteln. Spezifische Vorgaben, welche das Analyseergebnis erfüllen und deren Missachtung eine entsprechenden Gewährleistungspflichten zur Folge hätte, werden explizit ausgeschlossen.

35 Nun ist es der Qualifikation als Werkvertrag nicht *a priori* abträglich, wenn die Gewährleistungspflicht beim Werkvertrag modifiziert wird. Ein Werkvertrag kann grundsätzlich auch dann vorliegen, wenn keine oder nur eine eingeschränkte Gewährleistungspflicht besteht.[85] Im spiegelbildlichen Sinne ist aber durchaus zu berücksichtigen, falls nach Inhalt, Zweck und wirtschaftlicher Bedeutung des Vertrages unter Berücksichtigung der Interessen beider Vertragsparteien eine Gewährleistungspflicht gerade nicht übernommen werden soll.[86]

36 Im Rahmen der typischen Transaktion treffen die Analysenutzenden die eigentliche Investitionsentscheidung, indem sie die Art der auszuwertenden Daten und den Algorhytmus aussuchen bzw. in Auftrag geben. Mit dem eigentlichen Analyseergebnis selbst kommen die datennehmenden Parteien in aller Regel zu keinem Zeitpunkt in Berührung. Wirtschaftlich betrachtet kommt ihnen die reine Funktion zu, den Algorithmus für die Datenanalyse bereit zu stellen und analysefähige Rohdaten zu beschaffen. Den genauen Ablauf des Analyseprozesses können die Datennehmer:innen demgegenüber nicht beurteilen und haben auf ihre Erstellung auch keinen Einfluss. Dieser Aspekt verhält sich konträr zu der hinter der werkvertragsrechtlichen Gewährleistungspflicht stehenden Intention, wonach im Falle eines defizitären Erfüllungsversuchs die leistende Person selbst bestimmen können soll, wie sie versucht den vertragsgemäßen Zustand herzustellen.[87] Aufgrund des vorgenannten Arbeitsteilungsprozesses können die Datennehmer:innen nicht beurteilen, welcher Umstand bei der Analyse ein defizitäres Analyseergebnis zur Folge hat, was den Analysenehmer:innen auch bewusst ist. Eine Einordnung als Werkvertrag entspricht daher nicht der Interessenlage der Parteien.

c) Dienstvertragsrechtliche Einordnung

37 Können und wollen die datennehmenden Parteien erkennbar keine Gewährleistung für das zu übermittelnde Analyseergebnis übernehmen, scheint eine Qualifikation als Dienstvertrag nach § 611 BGB eher passend, wird bei solchen Verträgen doch kein bestimmtes Ergebnis oder ein bestimmter Erfolg, sondern lediglich ein sorgsames Tätigwerden geschuldet.[88] Das bloße Bemühen der datennehmenden Parteien, ein Analyseergebnis zu übermitteln, wird aus Sicht der Analysenutzenden allerdings auch nicht zur vollständigen Vertragserfüllung ausreichend sein.[89] Diese haben die erkennbare Erwartung, dass die datennehmen-

---

[85] Zum dispositiven Charakter der Rechte aus § 634 MüKoBGB/Busche, 9. Aufl. 2023, BGB § 634 Rn. 99.

[86] BGH NJW 1982, 2243; siehe auch Oertmann, Das Recht der Schuldverhältnisse, 1910, S. 520; Stoffels, Gesetzlich nicht geregelte Schuldverträge, 2001, S. 44, 169; Leenen AcP 190 (1990), 260 (266, 269 f.); Roth AcP 190 (1990), 292 (307).

[87] BeckOGK/Preisser, 1.10.2024, BGB § 635 Rn. 26.

[88] BGH NJW 2002, 3323 (3324); Beuthien, Zweckerreichung und Zweckstörung im Schuldverhältnis, 1969, S. 126 ff. mwN.

[89] Vgl. Wicker MMR 2012, 783 (784).

den Parteien jedenfalls einen funktionsfähigen Algorithmus an die Intermediäre übermitteln.

Hier liegt auch der entscheidende Unterschied zu Access-Providing-Verträgen, bei denen der Schwerpunkt der Leistung ausschließlich im Transport von Daten besteht und welche im privatrechtlichen Diskurs überwiegend als Dienstvertrag eingeordnet werden.[90] Gegen eine werkvertragliche Einordung derartiger Vereinbarungen wird vor allem der Gedanke der begrenzten Leistungskapazität angeführt. Da die Parteien wüssten, dass die Übertragungsgeschwindigkeit abhängig von der Netzauslastung divergieren könne, könnte kein konkreter Erfolg, sondern nur ein Bemühen um eine möglichst schnelle Übermittlung geschuldet sein.[91] Übertragen auf das Übermittlungsverhältnis ließe sich argumentieren, dass beide Parteien aufgrund der fehlenden Einflussmöglichkeit auf den Analyseprozess ebenfalls keinen konkreten Erfolg vereinbaren könnten. Das Verhältnis zwischen den Parteien des Übermittlungsverhältnisses ist allerdings von der reinen Transporttätigkeit zu unterscheiden. Neben der Übermittlung des Analyseergebnisses, auf deren Erstellung die datennehmenden Parteien in der Tat keinen Einfluss haben, bildet das zur Verfügung stellen des Algorithmusses den zweiten wesentlichen Inhalt des Vertrages. Die Zurverfügungstellung des Algorithmusses ist, anders als die Erstellung der konkreten Analysen, auch nicht von externen Faktoren wie der Infrastruktur der Intermediäre abhängig und im Nachhinein kontrollierbar. Eine bloß Tätigkeitsbezogene Verpflichtung und damit die Einordnung als Dienstvertrag ist zur genauen Abbildung des Pflichtenprogramms damit ebenfalls inadäquat. 38

d) Einordnung als Vertrag suis generis

Das Verhältnis zwischen Übermittlungsverhältnis weicht somit sowohl von einem Dienstvertrag nach §§ 611 ff. BGB als auch von einem Werkvertrag nach §§ 631 ff. BGB ab. Die Besonderheit des hier behandelten Verhältnisses besteht gerade darin, dass es in einen tätigkeits- und einen erfolgsbezogenen Teil aufgeteilt werden kann, ohne dass eines der beiden Element den Schwerunkt des Vertrages ausmacht. Es ist daher als Vertrag *suis generis* im Sinne eines typengemischten Vertrages zu qualifizieren. Durch den Vertrag werden die datennehmenden Parteien verpflichtet, einen Algorithmus in die Infrastruktur der Intermediäre einzuspeisen. Dieser muss die im Vertrag vereinbarte Beschaffenheit aufweisen. Außerdem sind die datennehmenden Parteien verpflichtet, das Ergebnis einer Datenanalyse an die Analysenutzenden zu übermitteln. Diese sind wiederum verpflichtet, den datennehmenden Parteien das vereinbarte Entgelt zu zahlen. 39

Die Vorgehensweise, bestimmte Verträge nicht von vornherein dem Leitbild eines normierten Vertragstypus zuzuordnen, sieht sich zwar bisweilen dem Vorwurf der Orientierungslosigkeit und damit der Rechtsunsicherheit ausgesetzt.[92] Es ist allerdings nicht so, dass in derartigen Fällen keine Aussage darüber möglich wäre, wie die private Rechtserzeugung komplementiert und begrenzt werden könne. Es gibt inzwischen umfangreiche Untersuchungen bezüglich der Methodologie gesetzlich nicht geregelter Verträge und den damit verbundenen Fragen, 40

[90] BGH NJW 2005, 2076, 2076 f.; für eine suis-generis-Qualifizierung siehe beispielsweise Schuster CR 2006, 444 (450).
[91] BGH NJW 2005, 2076 (2078).
[92] Paradigmatisch für derartige Einwände Brunotte DRiZ 1990, 396 (399).

deren umfassende Rezeption allerdings den Umfang dieses Beitrages sprengen würde.[93] Für die hier behandelte Thematik genügt die Feststellung, dass das Verdikt einer fehlenden kodifikatorischen Orientierung letztendlich nur zur Folge hat, dass die jeweilige Parteivereinbarungen stärker und konsequenter in den Blick zu nehmen ist, als es bei der Zuordnung zu einem normierten Vertragstypen der Fall wäre.[94] Zusätzlich ist auf werkvertragliche Erwägungen insofern zu rekurrieren, als sich die Pflicht der datennehmenden Personen gegenüber den Analysenutzenden nicht darin erschöpft, die Daten bei den datengebenden Parteien zu beschaffen und hiermit irgendeine Art der Analyse durchzuführen. Die aus Sicht der Analysenutzenden entscheidenden Pflichten bestehen vielmehr aus der Herstellung eines funktionsfähigen Algorhytmusses und der Übermittlung eines Analyseergebnisses an diese. Eine originäre Gewährleistungspflicht für das Analyseergebnis ist hiermit jedoch nicht verbunden. Die Analysenutzenden vertrauen von vornherein nicht darauf, dass die datennehmenden Parteien eine eigene Gewährleistung für das Analyseergebnis übernehmen, da diese jenseits der Beisteuerung des Algorithmusses keinen Einfluss auf den Analyseprozess nehmen können. Zu der Pflicht der datennehmenden Parteien, das jeweils erzeugte Analyseergebnis weiter zu leiten, steht dies nicht im Widerspruch; aus Gründen der Privatautonomie können die Privatrechtssubjekte Verschaffungspflichten ohne korrespondierender Sekundärverpflichtungen frei erzeugen.[95]

4. Zwischenergebnis

41 Bei der transaktionsbezogenen Datentreuhand lassen sich zwei relevante Vertragsverhältnisse identifizieren, deren Scheitelpunkt die datennehmenden Parteien bilden. Ihre Beziehung zu den datengebenden Parteien, das Transaktionsverhältnis, ist zumindest im Regelfall als Mietvertrag nach den §§ 548a, 535 ff. BGB zu qualifizieren. Das Verhältnis zwischen den datengebenden und analysenutzenden Parteien, das Übermittlungsverhältnis, lässt sich demgegenüber keinem der kodifizierten Vertragstypen zuordnen. Es ist damit als Vertrag *suis generis* zu qualifizieren.

[93] Generell zum methodologischen Umgang mit gesetzlich nicht geregelter Vertragstypen siehe etwa Soffels, Gesetzlich nicht geregelte Schuldverträge, 2001, S. 161 ff.; Oechsler, Gerechtigkeit im modernen Austauschvertrag, 1997, S. 296 ff.; Kosmides, Providing-Verträge, 2010, S. 120 ff.
[94] Charmatz, Zur Geschichte und Konstruktion der Vertragstypen im Schuldrecht, 1937, S. 347 f.; Laband AcP 73 (1888), 161 (164) (zum 2. Buch des Entwurfs eines bürgerlichen Gesetzbuches); Stoffels, Gesetzlich nicht geregelte Schuldverhältnisse, 2001, S. 106 f.; Cziupka, Dispositives Vertragsrecht, 2009, S. 70.
[95] Siehe etwa Lieb DB 1988, 2495 (2499); siehe auch Omlor in Schimansky/Bunte/Lwowski (Hrsg.), Bankrechts-HB, 6. Aufl. 2022, § 80 Rn. 31; anders allerdings BGH NJW 1974, 1135 (1137); Graf v. Westphalen BB 1988, 1829 (1831).

V. Grenzen der privaten Normerzeugung

Bislang wurde vor allem behandelt, wie datenbezogene Handlungsoptionen zum Gegenstand privater Normsetzung gemacht und wie die verschiedenen Transaktionsverhältnisse bei der transaktionsbezogenen Datentreuhand typologisiert werden können. Das Privatrecht sieht jedoch seit jeher nicht nur Ermöglichungs-, sondern auch Ordnungsstrukturen vor, welche der privaten Rechtserzeugung Grenzen ziehen.[96] Der folgende Abschnitt soll sich deswegen der Frage widmen, welche Grenzen der privaten Rechtserzeugung im Kontext der transaktionsbezogenen Datentreuhand durch die Rechtsordnung gesetzt werden. Einen im datenwirtschaftlichen Kontext besonders virulenten Normkomplex bildet die Inhaltskontrolle nach §§ 138, 242 und 307 ff. BGB.[97] Daneben begrenzt die Vorschrift des § 134 BGB die privatautonome Gestaltung datenbezogener Austauschverhältnisse. Diese Vorschrift ist deswegen von überragender Bedeutung, da die regulatorischen Strukturen des Datenwirtschaftsrechts gleichsam als Verbotsgesetz iSv § 134 BGB eingeordnet werden können. 42

1. Inhaltskontrolle der determinierten Rechtserzeugung

Eine erste, im Kontext der transaktionsbezogenen Datentreuhand besonders virulente Beschränkung der den Privatrechtssubjekten zustehenden Rechtserzeugungskompetenz stellt die inhaltliche Kontrolle der von den Intermediären determinierten Transaktionsbedingungen dar. Eine solche ist vor allem dann angebracht, wenn hinreichende Anhaltspunkte dafür gegeben sind, dass der private Aushandlungsmechanismus gestört ist.[98] Die viel beschworene Richtigkeitsgewähr[99] bzw. Richtigkeitswahrscheinlichkeit[100] des Vertrages ist dann nicht mehr hinreichend hoch.[101] 43

a) Zur Notwendigkeit einer Inhaltskontrolle

Nimmt man die Intermediäre nicht nur in ihrer Rolle als Vermittlungsinstanz, sondern gerade auch in ihrer normsetzenden bzw. normdiktierenden Funktion in den Blick, ergibt sich daraus, dass die Normen, welche die jeweiligen Trans- 44

[96] Zum Konzept des Regulierenden Privatrechts siehe Hellgardt, Regulierung und Privatrecht, 2016, S. 59 ff.; Grundmann FS Canaris, 2017, 907 (910, 942); zur regulativen Dimension des Privatrechts im Kontext datenbezogener Rechtserzeugung Hacker, Datenprivatrecht, 2020, S. 270 ff. und 397 ff.
[97] Scheibenflug, Personenbezogene Daten als Gegenleistung, 2021, S. 349.
[98] Coester-Waltjen AcP 190 (1990), 1 (15 f.); Rittner AcP 188 (1988), 101 (123); Becker, Der unfaire Vertrag, 2003, S. 6; Wendland, Vertragsfreiheit und Vertragsgerechtigkeit, 2019, S. 243 ff.
[99] Schmidt-Rimpler AcP 147 (1947), 130 (149 ff.).
[100] Schmidt-Rimpler FS Raiser, 1974, 3 (12); ähnlich Wolf, Rechtsgeschäftliche Entscheidungsfreiheit und vertraglicher Interessenausgleich, 1970, S. 73 f.; kritisch zur Richtigkeitsgewähr des Vertragsmechanismus Wendland, Vertragsfreiheit und Vertragsgerechtigkeit, 2019, S. 221 ff.
[101] Rittner AcP 188 (1988), 101 (128 f.); Coester-Waltjen AcP 190 (1990), 1 (16); Grundmann/Micklitz/Renner, Privatrechtstheorie, Band 1/Grundmann, 2015, 875, 879 ff.; siehe bereits Schmidt-Rimpler AcP 147 (1941), 130 (131 ff.).

aktionsverhältnisse konturieren, einer inhaltlichen Kontrolle bedürfen. Die Transaktionsregelungen wirken sich zwar nicht unmittelbar in der Beziehung der einzelnen Nutzenden zu den Intermediären aus, die Gestaltungsmacht der letzteren setzt sich aber in den Verhältnissen der einzelnen Transaktionsparteien fort: Diese müssen die von den Intermediären zur Verfügung gestellten Gestaltungsoptionen zugrunde legen, ohne deren Inhalt individuell ausgehandelt zu haben. Es scheint, dass der private Aushandlungsmechanismus des Vertrages dabei nicht hinreichend zur Geltung kommt.

45 Zwar besteht kein offensichtlicher Anreiz für die Intermediäre, die Transaktionsbedingungen in einer Weise vorzugeben, welche eine der Transaktionsparteien typischerweise bevorzugt.[102] Im Gegenteil erscheint es eher naheliegend, dass unausgeglichene Transaktionsbedingungen die Attraktivität der von den Intermediären angebotenen Dienstleistungen reduzieren und damit zu einer Verdrängung aus dem Markt führen würden.[103] Da die Intermediäre grundsätzlich ein Interesse daran haben werden, mit einer ständig steigenden Zahl von Nutzenden über einen langen Zeitraum am Markt aktiv zu sein, könnte man davon ausgehen, dass diese Selbstregulierung des Marktes zu ausgeglichenen Transaktionsbedingungen führen wird.[104] Jüngere ökonomische Erkenntnisse zur Funktionsweise multilateraler Märkte legen allerdings nahe, dass es aus der Perspektive der Intermediäre durchaus sinnvoll sein kann, einzelne Gruppen von Nutzenden durch besonders vorteilhafte Konditionen zulasten der übrigen zu bevorzugen. Eine derartige Bevorzugung ist vor allem dann ökonomisch rational, wenn von der Gruppe starke Netzwerkeffekte ausgehen.[105] Vor diesem Hintergrund scheint eine Inhaltskontrolle der von den Intermediären determinierten Transaktionsbedingungen zwingend.[106]

46 Anders als es etwa *Hellgardt*[107] vorschlägt, lässt sich der Abschluss des zur Nutzung der von den Intermediären bereitgestellten Infrastruktur erforderlichen Nutzungsvertrages auch nicht ohne Weiteres als Rechtswahl zugunsten einer von den Intermediären aufgestellten Marktordnung interpretieren. Eine derartige Deutung wäre nur zulässig, wenn echte Alternativen zur Infrakstruktur der jeweiligen Intermediäre vorhanden wären, was – mit Blick auf die ehergeringe Verbreitung von Datentreuhandmodellen – nicht immer vorausgesetzt werden kann. Freiwilligkeit setzt voraus, dass auch alternative Entscheidungen getroffen werden können, ohne Nachteile zu erleiden. Die von den Intermediären vorgegebenen Transaktionsbedinungen stellen sich für die Transaktionsparteien daher eher als heteronomes Recht, denn als freiwillig gewählte Gestaltungsmöglichkeit dar.[108]

---

[102] Hennemann, Interaktion und Partizipation, 2020, S. 133; Grapentin GRUR 2001, 713 (714); Heiderhoff ZIP 2006, 793 (797).
[103] Glogowski, Plattformbedingungen, 2022, S. 221.
[104] Vgl. Glogowski, Plattformbedingungen, 2022, S. 151.
[105] Armstrong The RAND Journal of Economics 37 (2006), 668 (668 ff.).
[106] Vgl. bereits Kumkar in Croon-Gestefeld/Kuschel/Korch et al. (Hrsg.), Das Private im Privatrecht, 2022, S. 175 ff. Nicht überzeugend ist hingegen die Überlegung, dass die Intermediäre zugleich Partei einer Transaktion sein könnten. Sofern dies der Fall ist, fehlt es an der hier interessierten Besonderheit der determinierten Rechtserzeugung (aA aber Schweitzer ZEuP 2019, 1 (9); Kumkar ZEuP 2022, 535 (537)).
[107] Hellgardt AcP 213 (2013), 760 (808 ff.).
[108] Vgl. Kumkar ZEuP 2022, 530 (532).

Auch die kartellrechtlichen Regelungen zum Missbrauch von Marktmacht[109] 47
machen eine inhaltliche Begrenzung der determinierten Rechtserzeugung nicht entbehrlich. Dies liegt vor allem daran, dass kartellrechtlichen Regelungen – mit Ausnahme von § 19a, 20 GWB – nur greifen, wenn tatsächlich eine marktbeherrschende Stellung vorliegt, woran hohe Anforderungen zu stellen sind.[110] Jedenfalls bei Intermediären, die zwar eine derart feste Stellung innehaben, dass die Nutzung ihrer Angebote wirtschaftlich sinnvoll ist, welche aber noch nicht die Kriterien der Marktbeherrschung erreicht, gäbe es folglich keinen Schutz gegen die benachteiligende Gestaltung der Transaktionsbedingungen. Außerdem bieten die kartellrechtlichen Vorschriften in der dynamischen Digitalökonomie mit Blick auf aufwändige Ermittlungsmaßnahmen und lange Verfahrensdauern ohnehin nur bedingten Schutz.[111] Letzterer Umstand war grade der kodifikatorische Hintergrund der unionalen Plattformregulierung durch den DMA,[112] welche im Gegensatz zum Kartellrecht eine ex ante-Kontrolle normiert.[113]

b) Dogmatische Grundlagen der Inhaltskontrolle

Besteht somit das grundsätzliche Bedürfnis nach einer inhaltlichen Begrenzung 48
der determinierten Rechtserzeugung, stellt sich die Frage, wo eine entsprechende Inhaltskontrolle normativ zu verorten ist. In dogmatischer Hinsicht vollzieht sich die Inhaltskontrolle nach deutschem Recht vor allem durch die Vorschriften über allgemeine Geschäftsbedingungen nach den §§ 307 ff. BGB. §§ 308 und 309 BGB enthalten dabei einen Katalog besonderer, in der Vergangenheit häufig verwendeter unzulässiger Norminhalte, während § 307 BGB generalklauselartig solche Normen für unzulässig erklärt, die eine Vertragspartei in unangemessener Weise benachteiligen. Die Besonderheit dieser Vorschriften besteht wiederum darin, dass sie die Rechtserzeugungsmöglichkeiten nur für den prozeduralen Fall einseitig gestellter, formularmäßiger Vertragsbedingungen einschränken.[114]

Zusätzlich normieren jedoch auch § 242 BGB und § 138 BGB gewisse recht- 49
lichen Beschränkung der Rechtserzeugungsmöglichkeiten.[115] Mit Blick auf die im vorliegenden Kontext interessierten datenbasierten Austauschverhältnisse ergeben sich für § 138 BGB allerdings keine Besonderheiten gegenüber sonstigen Austauschverhältnissen. Insbesondere die Frage, inwieweit § 138 Abs. 1 BGB Grundlage für die zwingende Einhaltung des Äquivalenzverhältnisses[116] im Rahmen

---

109 Siehe hierzu Schweitzer ZEuP 2019, 1 (10 f.).

110 Kumkar ZEuP 2022, 530 (533) mwN.

111 Paal/Kumkar ZfDR 2021, 97 (108) mwN.

112 Omlor/Heine Medienwirtschaft 2022, 16 (20 ff.).

113 Drewes/Meyer/Moss RDi 2024, 310 (314); differenzierter und gegen eine strikte ex ante/ex post-Dichotomie Podszun NJW 2022, 56 (57).

114 Möslein, Dispositives Recht, 2011, S. 212, dazu noch unter → Rn. 50 ff.

115 Überblickweise etwa Becker WM 1999, 709 (710); Coester-Waltjen AcP 190 (1990), 1 (2 ff.); Hellwege, Allgemeine Geschäftsbedingungen, einseitig gestellte Vertragsbedingungen und die allgemeine Rechtsgeschäftslehre, 2010, S. 138 ff. Zur Differenzierung zwischen einer Inhaltskontrolle im engeren und im weiteren Sinne siehe Fastrich, Richterliche Inhaltskontrolle im Privatrecht, 1992, S. 5 f.; zur Begrenzung der Rechtserzeugungsmöglichkeiten nach § 138 BGB siehe nur Lorenz, Der Schutz vor dem unerwünschten Vertrag, 1997, 245 f.; Becker, Der unfaire Vertrag, 2003, S. 8.

116 Das römische und gemeinrechtliche Institut der leasio enormis sah eine objektiv-rechtliche Kontrolle des Äquivalenzverhältnisses unter Verzicht auf subjektive Merkmale vor, nach

privater Rechtserzeugung bilden kann, stellt sich – zumindest in vergleichbarer Weise – bei allen Austauschverhältnissen.[117] Das gleiche gilt für den an die prozedurale Voraussetzung einer zurechenbaren Beeinträchtigung der tatsächlichen Entscheidungsfreiheit anknüpfenden § 138 Abs. 2 BGB.[118]

c) Inhaltskontrolle nach §§ 307 ff. BGB

aa) Sachliche Anwendbarkeit

50 In sachlicher Hinsicht sind die Vorschriften der §§ 307 ff. BGB nur anwendbar, wenn es sich um für eine Vielzahl von Verträgen vorformulierte Vertragsbedingungen handelt, die eine Vertragspartei der anderen bei Abschluss des Vertrages gestellt hat.[119] Weitestgehend unzweifelhaft dürfte die die Qualifikation als vorformulierte Vertragsbedingung sein. Die Transaktionsbedingungen werden durch die Intermediäre für sämtliche Transaktionen erstellt. Dass die Formulierung nicht durch eine an den Transaktionen beteiligte Person erfolgt ist, schadet dabei nicht. Es ist allgemein konsentiert, dass auch von Dritten formulierte Vertragsklauseln von der Norm erfasst sind.[120]

51 Vertragsbedingungen müssen aber, um der Inhaltskontrolle nach §§ 307 ff. BGB zu unterfallen, von einer Partei der anderen Vertragspartei gestellt worden sein.[121] In der damit in den Blick genommenen Einseitigkeit der Auferlegung liegt „der innere Grund und Ansatzpunkt für die rechtliche Sonderbehandlung von AGB gegenüber Individualabreden".[122] Entscheidendes Kriterium für die Zurechnung der Vertragsbedingung als gestellt und damit für die Einseitigkeit der Auferlegung ist das Fehlen einer freien Einbeziehungsentscheidung einer Vertragspartei. Entsprechend betont ein jüngeres Judikat des BGH als entscheidendes Abgrenzungsmerkmal zwischen einem einseitigen Stellen nach § 305 Abs. 1 S. 1 BGB und dem Komplementärbegriff des Aushandelns nach § 305 Abs. 1 S. 3 BGB, dass „die Einbeziehung vorformulierter Vertragsbedingungen in einen Vertrag auf einer freien Entscheidung desjenigen beruht, der vom anderen Vertragsteil mit dem Verwendungsvorschlag konfrontiert wird."[123] Überträgt man diesen Maßstab nun auf die Konstellation der inhaltlichen Determination durch die Intermediäre, ist schnell klar, dass beide Transaktionsparteien keine freie Entscheidung bezüglich der Geltung der einzelnen Normen hatten. Diese gelten vielmehr vor dem Hintergrund einer notwendigen Nutzung der von den Intermediären vorformulierten Musterklauseln. Eine Inhaltskontrolle nach §§ 305 ff. BGB scheidet

---

welcher Verkäufer:innen zur Vertragsaufhebung berechtigt waren, wenn der Kaufpreis den Grundstückswert um mehr als die Hälfte unterschritt. Diese wurde in der Folge auch zugunsten der Käufer:innen angewandt und auf andere Vertragstypen erstreckt, siehe hierzu Becker, Die Lehre von der laesio enormis aus der Sicht der heutigen Wucherproblematik, 1993, S. 10 ff.

[117] Zum Konzept einer „datenbasierten laesio enormis" und insbesondere zur Ermittlung des maßgeblichen Preises siehe Hacker, Datenprivatrecht, 2020, S. 478 ff.

[118] Zur Einordnung von § 138 Abs. 2 BGB als prozedurale Einschränkung der Vertragsfreiheit Möslein, Dispositives Recht, 2011, S. 232.

[119] MüKoBGB/Fornasier, 9. Aufl. 2022, BGB § 305 Rn. 9.

[120] Siehe nur BGHZ 184, 259 (263); MüKoBGB/Fornasier, 9. Aufl. 2022, § 305 Rn. 14.

[121] Miethaner, AGB-Kontrolle versus Individualvereinbarung, 2010, S. 37.

[122] RegE zum AGBG, BT-Drs. 7/3919, 15, dazu Wendland, Vertragsfreiheit und Vertragsgerechtigkeit, 2019, S. 356 ff.

[123] BGH NJW 2010, 1131, 1132.

damit grundsätzlich aus.[124] Die vereinzelt geäußerte Überlegung, die jeweils durch eine Klausel bevorzugte Partei als verwendende Partei anzusehen,[125] stellt eine Rückkehr zur der inzwischen selbst von der Judikative verworfenen dogmatischen Konstruktion der mittelbaren Verwendung dar[126] und ist daher abzulehnen.

bb) Zurechnung wegen Parteinähe der Intermediäre

Erfüllt damit keine der an den konkreten Transkationen beteiligten Parteien unmittelbar die Voraussetzung als verwendende Partei, stellt sich die Frage, ob eine Zurechnung der Gestaltungsmacht der Intermediäre möglich ist. Eine derartige Zurechnung im Rahmen von § 305 BGB wird im privatrechtlichen Diskurs überwiegend für möglich gehalten.[127] Unklar ist lediglich die dogmatische Grundlage. Die normativen Anknüpfungspunkte reichen von § 164 Abs. 1 BGB,[128] über § 166 BGB[129] und § 278 BGB[130] bis zu ungeschriebenen Rechtsgrundsätzen[131]. **52**

Ernsthaft diskussionswürdig erscheint allenfalls § 278 BGB, da sich dessen Funktion im Gegensatz zu den sonstigen genannten Vorschriften gerade nicht auf die Zurechnung kognitiver Inhalte beschränkt, sondern auch tatsächliches Verhalten erfasst.[132] Diese Einordnung entspricht auch der Ratio der Norm, welche es den verpflichteten Personen unmöglich machen soll, Vorteile aus der arbeitsteiligen Erbringung von Leistungen zu ziehen, ohne die daraus resultierende Kumulation von Risiken zu tragen.[133] Bezogen auf die Determination der Vertragsinhalte durch die Intermediäre kommt es folglich darauf an, ob diese einer der Transaktionsbeteiligten typischerweise näherstehen als der anderen. **53**

Für bestimmte Intermediäre findet sich etwa die Erwägung, dass diese typischerweise anteilig an den erzielten Preisen partizipieren würden, was eine einseitige Fokussierung auf die Interessen derjenigen Partei nahelegt, die einen Geldbetrag für angebotene Leistungen erhält.[134] Umgekehrte fokussieren sich **54**

---

124 Ausgeblendet wird an dieser Stelle die recht kontrovers diskutierte Frage, ob die Eigenschaft als vrwendende Partei nach § 310 Abs. 3 Nr. 1 BGB auch dann fingiert werden kann, wenn der jeweilige Vertragsbestandteil durch eine dritte Person eingeführt wurde. Dies würde jedenfalls voraussetzen, dass an den einzelnen Transaktionen auf einer Seite eine Person beteiligt ist, welche als Verbrauchende nach § 13 BGB zu qualifizieren ist; zum Streitstand siehe Glogowski, Plattformbedingungen, 2022, S. 157 ff. mwN.

125 Siehe etwa MüKoBGB/Fornasier, 9. Aufl. 2022, BGB § 305 Rn. 30; Hiergegen BGH NJW 2010, 1131 (1132).

126 Siehe BGH NJW 1979, 1406 (1408); kritisch dazu bereits Canaris NJW 1988, 1243 (1245); Medicus, Zur gerichtlichen Inhaltskontrolle notarieller Verträge, 1989, S. 21 ff.

127 Siehe nur BeckOGK/Lehmann-Richter, 1.9.2024, BGB § 305 Rn. 134; Für die Bestimmung der Eigenschaft als verwendende Person als Zurechnungsakt MüKoBGB/Fornasier, 9. Aufl. 2022, § 305 Rn. 30.

128 Bartsch NJW 1986, 28 (30); Bonacker, Der Widerruf von Fernabsatzverträgen, 2002, S. 21; Kreße, Die Auktion als Wettbewerbsverfahren, 2014, S. 370; Kreße NJW 2015, 448 (449).

129 Schwab, AGB-Recht, 3. Aufl. 2019, Teil 1 Rn. 113.

130 BGH NJW 2011, 514 (515); Bartsch NJW 1986, 28 (30).

131 BGH NJW 1992, 2160 (2162); OLG Dresden BB 1999, 229; MüKoBGB/Fornasier, 9. Aufl. 2022, BGB § 305 Rn. 23.

132 Siehe nur BGH NJW 1976, 712 (713 ff.).

133 Mugdan, Die gesamten Materialien zum Bürgerlichen Gesetzbuch für das Deutsche Reich, Band 2, 1899, Mot. II, S. 16; affirmativ MüKoBGB/Grundmann, 9. Aufl. 2022, BGB § 278 Rn. 3.

134 Hellgardt AcP 213 (2013), 760 (775).

andere Stimmen auf die Möglichkeit besonders lukrativer Erwerbsgeschäfte als Marktvorteil der Intermediäre. Es sei daher naheliegend, dass die Interessen der Konsumierenden vorrangig berücksichtigt würden und die Intermediäre folglich dieser Seite näher stünden. Die Problematik kann jedenfalls nicht unter Hinweis auf die Selbstregulierungswirkung von Märkten aufgelöst werden.[135] Sie präjuziert nicht zwingend die Ausgeglichenheit der Transaktionsbedingungen. Entscheidend ist vielmehr, dass die Transaktionsparteien mitunter mehrere Rollen im Verlauf einer Transaktion einnehmen können. Insbesondere die datengebenden Akteure werden häufig gleichzeitig analysenutzend sein. Die Fluktuation schließt es aus, die Intermediäre als einer Transaktionspartei näherstehend anzusehen.[136] Eine Zurechnung über § 278 BGB muss daher auf Fälle beschränkt bleiben, in denen die Intermediäre selbst oder mit diesen in Zusammenhang stehende Personen zugleich Beteiligte einer Transaktion sind.[137] Bezüglich der Inhaltskontrolle anhand §§ 305 ff. BGB kann somit als Ergebnis festgehalten werden, dass grundsätzlich keine der Transaktionsparteien als verwendender Akteur qualifiziert werden kann.

d) Extension des Anwendungsbereiches der §§ 307 ff. BGB

55 Scheidet nach dem derzeitigen Stand somit eine Anwendung der §§ 307 ff. BGB auf das Transaktionsverhältnis aus, scheint der naheliegende gedankliche Folgeschritt die Erwägung einer teleologischen Extension der Vorschriften zur Inhaltskontrolle nach §§ 307 ff. BGB zu sein. Eine solche setzt voraus, dass die positive Kodifikation lückenhaft und der zu beurteilende Sachverhalt in normativ relevanter Hinsicht mit dem unzweifelhaft geregelten vergleichbar ist. Eine hinreichende Vergleichbarkeit mit dem geregelten Fall ist dann gegeben, wenn ein Großteil der von der Gesetzgebung bei der Normerzeugung abgewogenen Interessen in gleicher Weise betroffen ist.[138] Eine konsentierte Umschreibung des Phänomens der Lücke gibt es nicht. Gängig sind Formulierungen, wonach sich die Gesetzesordnung gemessen am Maßstab der gesamten geltenden Rechtsordnung als unvollständig darstellen muss.[139] Die Gesamtrechtsordnung erweist sich aber als nicht greifbar, sondern ist ein Produkt der harmonisierenden Interpretation einzelner Teilsysteme. Der Nachweis einer Lücke in Abgrenzung zur bloßen Nichtregelung kann daher regelmäßig nur durch die Heranziehung bestimmter gesetzlicher Vorschriften und den Nachweis, dass der ungeregelte Fall dem geregelten rechtsähnlich ist, geführt werden. Die Identifikation einer Nichtregelung als wertungswidrig, bedarf des Rückgriffs auf die hinter einem geregelten Sachverhalt stehende Wertung. Damit zeigt sich, dass die Funktion der Extension nicht auf die Schließung von Gesetzeslücken reduziert werden kann, sondern auch

---

135 So aber Glogowski, Plattformbedingungen, 2022, S. 150 f.
136 Vgl. Kumkar ZEuP 2022, 530 (548 f.).
137 Vgl. Rüfner MMR 2000, 597 (600); kritisch dazu Spindler ZIP 2001, 809 (814.); In dem erstgenannten Fall ist es sogar verfehlt, von einer Zurechnung zu sprechen. Denn die Intermediäre würden in einem solchen Fall Vertragsbedingungen für ein Vertragsverhältnis diktieren, an dem sie unmittelbar beteiligt sind.
138 Würdinger AcP 206 (2006), 946 (949).
139 Siehe nur Canaris, Die Feststellung von Lücken im Gesetz, 2. Aufl. 1983, S. 39.

deren Feststellung dient. Die Feststellung einer Lücke ist also bereits kein rein deduktives Verfahren, sondern bedingt eine Wertung.[140]

aa) Die Unvollständigkeit der §§ 307 ff. BGB vor dem Hintergrund der *ratio legis*

Dem herrschenden Diskurs zur Folge ist der Geltungsgrund der §§ 307 ff. BGB nicht die einseitige Inanspruchnahme von Gestaltungsmacht der verwendenden Parteien[141] oder die intellektuelle Unterlegenheit der anderen Vertragsparteien, sondern das Fehlen eines funktionierenden Wettbewerbs um qualitativ hochwertige Allgemeine Geschäftsbedingungen.[142] Da die nicht verwendenden Vertragsparteien häufig keinen Anreiz haben, die Geschäftsbedingungen zu lesen, geschweige denn sie zum Gegenstand von Vertragsverhandlungen zu machen, können sich die Verwendenden keinen Marktvorteil durch Verwendung besonders qualitativer Vertragsbedingungen verschaffen. In diametrale entgegenstehender Weise würde, da die nichtverwendenden Vertragsparteien aufgrund ihres rationalen Desinteresses ohnehin nicht zwischen guten und schlechten Vertragsbedingungen differenzieren können, die Verwendung ausgewogener Bedingungen wegen des typischerweise damit einhergehenden höheren Preises zu einem Verlust der Konkurrenzfähigkeit führen. Die Nichtanpassung an die Marktübung birgt im Ergebnis also die Gefahr, aus dem Markt gedrängt zu werden. 56

Diesem „negativen Leistungswettbewerb"[143] soll durch die prophylaktischen Regelungen der §§ 307 ff. BGB vorgebeugt werden, indem diese einen rechtlichen Mindeststandard garantieren. Die nichtverwendenden Parteien können deshalb – ökonomisch rational – auf die Lektüre geschweige denn eine Aushandlung der genauen Normfragmente verzichten, ohne befürchten zu müssen, hierdurch erhebliche Nachteile zu erleiden. Der Umstand, dass sich die Vorschriften über die Inhaltskontrolle durch das Fehlen eines funktionalen Marktes rechtfertigen, erklärt auch, warum ihr Anwendungsbereich nicht auf den B2C-Bereich beschränkt ist, sondern – wenn auch mit einigen Abstrichen – auch Verträge zwischen Unternehmenden erfasst[144]: Rationales Desinteresse ist keine Eigenschaft, die Verbrauchenden vorbehalten ist. Der Verzicht auf die Lektüre bzw. auf die 57

[140] Heck, AcP 112 (1912), 1 (161); Canaris, Die Feststellung von Lücken im Gesetz, 2. Aufl. 1983, S. 17.

[141] Der historischen Gesetzgebung schwebte noch die Idee vor Augen, vgl. RegE des AGB-Gesetzes, BT-Drs. 7/3919, 9. Hierauf rekurrieren BGHZ 130, 50 (57); 184, 259 (265); 200, 326 (335); Heinrichts NJW 1977, 1505, Kaufhold BB 2012, 1235 (1236); Ulmer EuZW 1993, 337 (341) und neuerdings Kumkar ZEuP 2022, 530 (543).

[142] Grundlegend bereits Raiser, Das Recht der Allgemeinen Geschäftsbedingungen, 1935, S. 279 ff.; MüKoBGB/Fornasier, 9. Aufl. 2022, BGB Vor § 305 Rn. 4 ff.; Becker JZ 2010, 1098 (1099 ff.); Kötz JuS 2003, 209 (221); Drygala JZ 2012, 983 (984 f.); Kieninger AnwBl 2012, 301 (301 ff.); Leuschner AcP 207 (2007), 491 (494 ff.); Leuschner JZ 2010, 875 (879 f.); Wackerbarth AcP 200 (2000), 45 (69 ff.); zu den ökonomischen Grundlagen der AGB-Kontrolle siehe Leyens/Schäfer AcP 210 (2010), 771 (782 ff.); kritisch zu monistischen Erklärungsansätzen und für eine dualistische Perspektive auf die §§ 305 ff. BGB Hellwege, Allgemeine Geschäftsbedingungen, einseitig gestellte Vertragsbedingungen und die allgemeine Rechtsgeschäftslehre, 2010, S. 540 ff. insbes. 563 ff.

[143] Fornasier, Freier Markt und zwingendes Vertragsrecht, 2013, S. 180.

[144] Hellwege, Allgemeine Geschäftsbedingungen, einseitig gestellte Vertragsbedingungen und die allgemeine Rechtsgeschäftslehre, 2010, S. 585.

Aushandlung von Vertragsbedingungen kann für alle Marktakteure gleichermaßen ökonomisch rational sein.

58 Besteht der Zweck der Inhaltskontrolle nach §§ 307 ff. BGB somit allein darin, einen nicht funktionierenden Konditionenwettbewerb zu kompensieren, erscheint die Beschränkung auf den Fall, dass eine der Vertragsparteien die Regelung einseitig determiniert, vor dem teleologischen Motiv insuffizient. Da es nicht um die Kompensation von Ungleichgewichten bei der Rechtserzeugung geht, kann es nicht darauf ankommen, ob Umstände vorliegen, welche die rechtlich belastbare Vermutung erlauben, dass ein solches Ungleichgewicht besteht.[145] Der Markt ist ungeachtet der Ursache beeinträchtigt, wenn unangemessene Vertragsbedingungen mehrfach in Geltung gesetzt werden, ohne individuell ausgehandelt zu sein.[146] Aus diesem Grund ist nur die Intention zur mehrfachen Verwendung, nicht aber die Zurechnung zu einer der Vertragsparteien entscheidend. Grundsätzlich muss sich die von den Intermediären determinierte Rechtserzeugung daher, um wirksam zu sein, innerhalb der Grenzen der §§ 307 ff. BGB bewegen.

bb) Lückenlose Schranken der Rechtserzeugung aus § 242 BGB

59 Die Notwendigkeit bzw. Zulässigkeit einer extensiven Anwendung der §§ 307 ff. BGB wird mitunter mit dem Hinweis auf die aus § 242 BGB folgenden Grenzen der Rechtserzeugungsmöglichkeiten bestritten.[147] Wie vielleicht keine andere Norm des deutschen Privatrechts steht § 242 BGB für die Konkordanz von Vertragsfreiheit und Vertragsgerechtigkeit und damit für Grenzen der grundsätzlich unbeschränkten Rechtserzeugungsmöglichkeiten. Dort hat bekanntlich auch die speziell unter dem Begriff der AGB-Kontrolle firmierende Beschränkung der Rechtserzeugungsmöglichkeiten ihren Ausgangspunkt genommen.[148] In den Materialien zur den Vorgängervorschriften der §§ 305 ff. BGB im AGBG findet sich der Hinweis, dass die bislang etablierten Möglichkeit einer auf § 242 BGB gestützten Wirksamkeitsbeschränkung, speziell in den vom AGBG ausgenommenen Bereichen, unangetastet bleiben sollen.[149] Insofern sind die Bereichsausnahmen des AGBG nicht als Abweichungen von den sonstigen Grenzen privater Rechtserzeugung anzusehen. Diese Erkenntnis wurde und wird vom Großteil des privatrechtlichen Diskurses derart aufgenommen und verarbeitet, dass das AGBG und später die §§ 307 ff. BGB nur einen positivrechtlichen Ausschnitt der aus § 242 BGB folgenden Grenzen privater Rechtserzeugung darstellen würden.[150] Es ist

---

[145] Hellwege, Allgemeine Geschäftsbedingungen, einseitig gestellte Vertragsbedingungen und die allgemeine Rechtsgeschäftslehre, 2010, S. 570, 585.

[146] Hellwege, Allgemeine Geschäftsbedingungen, einseitig gestellte Vertragsbedingungen und die allgemeine Rechtsgeschäftslehre, 2010, S. 584 f.

[147] Vgl. Burgard WM 2001, 2102 (2108); Heitbaum, Zur Anwendbarkeit des § 156 BGB sowie zur Inhaltskontrolle bei Privaten Online-Auktionen, 2003, S. 200 ff.; Sester CR 2001, 98 (107); Spindler ZIP 2001, 809 (816); Wenzel DB 2001, 2233 (2237); Wenzel NJW 2002, 1550.

[148] Grundlegend BGHZ 22, 90 (90 ff.); Das Reichsgericht hatte eine Unwirksamkeit von Formularverträgen vor allem auf § 138 BGB gestützt, siehe zB RGZ 94, 107 (109 f.); zur Entwicklung der Inhaltskontrolle im 20 Jahrhundert siehe Hellwege, Allgemeine Geschäftsbedingungen, einseitig gestellte Vertragsbedingungen und die allgemeine Rechtsgeschäftslehre, 1. Aufl. 2010, S. 288 ff.

[149] RegE des AGB-Gesetzes, BT-Drs. 7/3919, 41.

[150] BGHZ 1001, 350 (353); Bunte ZIP 1984, 1313 (1315); Fastrich, Richterliche Inhaltskontrolle, 1992, S. 64; Heinrichs NJW 1995, 153 (156); Wiedemann FS Kummer, 1980, 175 (181); Lieb AcP 178 (1978), 196 (197).

daher in Rechtsprechung und rechtswissenschaftlichem Schrifttum weitestgehend konsentiert, dass bei der privaten Rechtserzeugung auch nach Kodifikation der §§ 307 ff. BGB die Grenze des § 242 BGB zu beachten ist.[151] So werden beispielsweise bei Gesellschaftsverträgen von sog. Publikumsgesellschaften[152] oder Satzungen von Vereinen, bei denen Personen auf die Mitgliedschaft angewiesen sind, einzelne Normen auch nach Kodifikation der §§ 307 ff. BGB gemäß § 242 BGB für unwirksam erklärt.

cc) Angemessenheit als maßgebliche Grenze

Führt man sich die Resultate einer aus § 242 BGB abgeleiteten Beschränkung 60
vor Augen, wird deutlich, dass es bei der Wahl zwischen den 307 ff. BGB und § 242 BGB kaum um die Entscheidung für oder gegen einen bestimmten inhaltlichen Kontrollmaßstab, sondern vor allem um dessen methodische Begründung geht. Der Bundesgerichtshof führte zu einer möglichen Unwirksamkeit nach § 242 BGB aus, dass die fragliche privat erzeugte Norm „einer ähnlichen Inhaltskontrolle wie Allgemeine Geschäftsbedingungen"[153] unterläge. Eben diese Grundtendenz zur Orientierung am normativen Programm der §§ 307 ff. BGB wird auch vom Schrifttum weitestgehend gebilligt.[154]

Ungeachtet der normativen Grundlage kommt es also im Wesentlichen auf 61
die Angemessenheit der fraglichen Bestimmung an. Für die Anwendbarkeit der §§ 307 ff. BGB ist nur entscheidend, ob die Regelungen auch für die Erfassung von Normen geeignet sind, deren konkreter Inhalt durch eine dritte, nicht an der Rechtserzeugung beteiligte Person determiniert wurde. Da die Vorschriften für die Kontrolle von Austauschbeziehungen kodifiziert wurden, ist dies uneingeschränkt zu bejahen.[155] Insofern besteht kein Bedürfnis für den, mit etwas größerem Spielraum verbundenen, Rekurs auf § 242 BGB, um die determinierte Rechtserzeugung zu begrenzen.

e) Transparenz- und Angemessenheitsvorgaben

Sind §§ 307 ff. BGB somit auf die durch die Intermediäre determinierten Trans- 62
aktionsbedingungen im jeweiligen Transaktionsverhältnis anwendbar, müssen diese nach dem normativen Programm gewissen Transparenz- und Inhaltsvor-

---

[151] BGH NJW 1988, 1729 (1730); 1988, 1903 (1904); Aus dem Schrifttum vgl. MüKoBGB/Fornasier, 9. Aufl. 2022, BGB § 310 Rn. 120; Heinrich, Formale Freiheit und materiale Gerechtigkeit, 2000, S. 394, 398 f.; MüKoBGB/Schubert, 9. Aufl. 2022, BGB § 242 Rn. 135, 526 ff.; Hacker, Datenprivatrecht, 2020, S. 496; Coester-Waltjen AcP 190 (1990), 1 (16), die allerdings nicht direkt auf § 242 BGB, sondern auf den übergeordneten Grundsatz von Treu und Glauben rekurrieren will.

[152] BGH NJW 1975, 1318 (Gesellschaftsverträge von Publikumsgesellschaften); BGH NJW 2001, 1270 (vorformulierte Verträge für „stille Gesellschafter"). Dazu auch Graf v. Westphalen DB 1983, 2745 (2746 ff.).

[153] BGH NJW 2001, 1270 (1271).

[154] MüKoBGB/Schubert, 9. Aufl. 2022, BGB § 242 Rn. 640; Fastrich, Richterliche Inhaltskontrolle im Privatrecht, 1992, S. 26, 285 und 310 f.; moniert wird lediglich, dass die §§ 308 f. BGB inadäquat für Organisationsverträge seien, siehe etwa Graf v. Westphalen DB 1983, 2745 (2746).

[155] Für die Ausrichtung der §§ 307 ff. BGB an Austauschbeziehungen siehe BT-Drs. 7/3919, 41 und MüKoBGB/Fornasier, 9. Aufl. 2022, BGB § 310 Rn. 124.

gaben entsprechen.[156] Alle §§ 307 ff. BGB unterfallende Normen müssen nach § 307 Abs. 1 S. 2 BGB klar und verständlich formuliert sein. Ziel dieser auf die Klauselrichtlinie zurückgehender Regelung ist es sicherzustellen, dass sich jedenfalls theoretisch die einzelnen Verbrauchenden oder zumindest eine informierte Minderheit über den Norminhalt informieren kann, um darauf bezogen eine Auswahlentscheidung zwischen verschiedenen Angeboten treffen zu können.[157] Das Transparenzgebot soll also zum Marktvergleich befähigen und damit einen Konditionenwettbewerb – konträr zu dem sonstigen Regelungsgehalt der §§ 307 ff. BGB – ermöglichen.

63 Daneben dürfen die von den Privatrechtssubjekten erzeugte Normen die von §§ 307 ff. BGB inkriminierten Merkmale nicht erfüllen. Dabei sind zunächst die speziellen Klauselverbote mit und ohne Wertungsmöglichkeiten zu beachten. Diese enthalten eine Reihe von in der Vergangenheit häufig aufgetretenen Klauseln, die aufgrund ihrer besonders benachteiligenden Wirkung[158] oder aufgrund ihres Inhalts im speziellen vertraglichen Kontext[159] typischerweise für unangemessen und damit für unwirksam erachtet wurden. Greifen die speziellen Klauselverbote nicht ein, so kommt die Generealklausel des § 307 Abs. 1 S. 1 BGB zur Anwendung; danach sind Bestimmungen, die eine Partei entgegen den Geboten von Treu und Glauben unangemessen benachteiligen, unwirksam. Dieses abgestufte Kontrollsystem wird durch § 310 Abs. 1 S. 1 BGB für Normen modifiziert, an deren Erzeugung ausschließlich Unternehmende mitgewirkt haben. Eine unmittelbare Beachtung der §§ 308 und 309 BGB – mit Ausnahme der im Jahr 2014 neu eingefügten § 308 Nr. 1a) und b) BGB[160] – ist danach ausgeschlossen. Damit müssen die von den Intermediären determinierten Rechtsinhalte lediglich dem allgemeine Angemessenheitserfordernis des § 307 Abs. 1 S. 1 BGB entsprechen.

64 Die besondere Herausforderung der Inhaltskontrolle nach § 307 BGB besteht freilich darin, Maßstäbe für eine unzulässige unangemessene Benachteiligung zu entwickeln.[161] Erste Anhaltspunkte liefern in diesem Zusammenhang Judikate des Bundesgerichtshofs zur Inhaltskontrolle im Rechtsverkehr zwischen Unternehmenden. Wenngleich die §§ 308 f. BGB dort nach § 310 Abs. 1 S. 1 keine unmittelbare Geltung beanspruchen, werden die in den speziellen Klauselverboten „zum Ausdruck kommenden Wertungen“[162] von der Judikativen zur Konkretisierung des Angemessenheitsmaßstabes herangezogen, soweit diese übertragbar sind.[163] Im Ergebnis wird damit an die aus § 242 BGB abgeleiteten Grenzen möglicher Rechtserzeugung angeknüpft, wobei die Klauselverbote als gesetzliche Konkretisierung konsequenterweise herangezogen und im Wege einer Indizwirkung mittelbar zur

[156] Gottschalk AcP 206 (2006), 555 (560 ff.); MüKoBGB/Wurmnest, 9. Aufl. 2022, BGB § 307 Rn. 23.
[157] Gottschalk AcP 206 (2006), 555 (563); Köndgen NJW 1989, 943 (947).
[158] MüKoBGB/Wurmnest, 9. Aufl. 2022, BGB § 308 Rn. 3.
[159] MüKoBGB/Wurmnest, 9. Aufl. 2022, BGB § 309 Rn. 2.
[160] Hierzu BT-Drs. 18/1309, 20 f.; Haspl BB 2014, 771 (771); Spitzer MDR 2014, 933 (934 f.).
[161] Zur näheren Konkretisierung dieser Grenze finden sich unterschiedliche Vorschläge siehe Fornasier, Freier Markt und zwingendes Vertragsrecht, 2013, S. 177 ff. mwN.
[162] BGHZ 174, 1 (4).
[163] Grundlegend bereits BGH NJW 1984, 1750 (1751); kritisch zur Indizwirkung Axer, Rechtfertigung und Reichweite der AGB-Kontrolle im unternehmerischen Geschäftsverkehr, 2011, S. 212; Berger ZIP 2006, 2149 (2150).

Anwendung gebracht werden.[164] Daneben kann, wie auch sonst, auf den konkretisierenden § 307 Abs. 2 BGB zurückgegriffen werden, der mit den im Rahmen die Vertragstypisierung für anwendbar befundenden dispositiven Normen weitere Maßstäbe für das Vorliegen einer unangemessenen Benachteiligung liefert. Nach § 307 Abs. 2 Nr. 1 BGB ist eine unangemessene Benachteiligung dann indiziert, wenn eine Bestimmung mit wesentlichen Grundgedanken der gesetzlichen Regelung, von der abgewichen wird, nicht zu vereinbaren ist. Daneben indiziert nach § 307 Abs. 2 Nr. 2 BGB der Verstoß gegen sog. Kardinalpflichten das Vorliegen einer unangemessenen Benachteiligung.

f) Rechtsfolgen

Erfüllen einzelne Transaktionsbedingungen die in §§ 307 ff. BGB inkriminierten Voraussetzungen, entfalten diese keine Wirksamkeit.[165] Der Umfang der übrigen, das Verhalten der Parteien betreffenden Vorgaben bestimmt sich nach § 306 BGB. Die restlichen von den Parteien erzeugten Normen sind nach dessen erstem Absatz in Abkehr von der Regelung des § 139 BGB grundsätzlich wirksam, unabhängig davon, ob dies dem wirklichen oder hypothetischen Willen der Normunterworfenen entspricht.[166] Mögliche, aus der Unwirksamkeit einzelner Normen resultierende Unvollständigkeiten sind nach § 306 Abs. 2 BGB durch gesetzliche Vorschriften oder subsidiäre durch ergänzende Vertragsauslegung zu kompensieren.[167] Damit gewinnt die Vertragstypologie wiederum an Bedeutung. Das übrige Normenprogramm ist nach § 306 Abs. 3 BGB jedoch gleichermaßen unwirksam, wenn selbst bei Berücksichtigung der Kompensationsmöglichkeit nach § 306 Abs. 2 BGB seine Wirksamkeit eine unzumutbare Härte für eine der Normunterworfenen Parteien darstellt.[168] 65

Die Rechtsfolgen einer unangemessenen Benachteiligung durch determinierte Rechtsinhalte bedürfen allerdings in einem Punkten einer genaueren Betrachtung. Fraglich ist, inwieweit eine in ungemessener Weise benachteiligende Transaktionsbedingung durch inhaltliche Revision oder selektive Kassation einzelner Normfragmente vor der Unwirksamkeit bewahrt werden kann. Im privatrechtlichen Diskurs wird eine geltungserhaltende Reduktion unangemessener Normen gemeinhin als mit dem Schutzzweck der §§ 307 ff. BGB unvereinbar abgelehnt,[169] da die verwendenden Parteien andernfalls keinen Anreiz hätten, auf die Verwendung unangemessener Klauseln zu verzichten.[170] Allerdings wird die Kassation 66

[164] Wendland, Vertragsfreiheit und Vertragsgerechtigkeit, 2019, S. 918; zur Kodifikationsgeschichte der speziellen Klauselverbote siehe nur Hellwege, Allgemeine Geschäftsbedingungen, einseitig gestellte Vertragsbedingungen und die allgemeine Rechtsgeschäftslehre, 2010, S. 348 ff.

[165] MüKoBGB/Wurmnest, 9. Aufl. 2022, BGB § 307 Rn. 25.

[166] Hellwege, Allgemeine Geschäftsbedingungen, einseitig gestellte Vertragsbedingungen und die allgemeine Rechtsgeschäftslehre, 2010, S. 325.

[167] Bunte NJW 1984, 1145 (1147); Rüßmann BB 1987, 843 (847); zur deklaratorischen Wirkung der Vorschrift Staudinger/Mäsch, 2022, BGB § 306 Rn. 34.

[168] Dazu Canaris FS Steindorff, 1990, 519 (546, 556); Lass JZ 1997, 67 (74).

[169] BGH NJW 2000, 1110 (1113 f.); Fornasier, Freier Markt und zwingendes Vertragsrecht, 2013, 184 f.; Zu den verschiedenen Möglichkeiten einer geltungserhaltenden Reduktion siehe Uffmann, Das Verbot der geltungserhaltenden Reduktion, 2010, S. 225 ff.

[170] Ergänzend wird auf Transparenzerwägungen zurückgegriffen, siehe etwa BGHZ 84, 109 (116).

einzelner Normfragmente für möglich gehalten, wenn trotz Kassation eine ansonsten vollständige bzw. sinnvolle Norm bestehen bleibt (sog. *blue pencil test*).[171] Diese, wiederum stark an der Kompensation bestehender Ungleichgewichte zwischen den Parteien der Rechtserzeugung ausgerichteten Überlegungen können für die hier behandelten Fälle einer inhaltlichen Determination durch die Intermediäre jedoch nicht uneingeschränkt übernommen werden. Die Intermediäre sind nicht an der Rechtserzeugung beteiligt und daher auch nicht von deren Unwirksamkeit betroffen, weshalb präventive Überlegungen gänzlich unberücksichtigt bleiben müssen. Besteht der normative Geltungsgrund der Inhaltskontrolle ausschließlich in der Garantie einer Mindestqualität der determinierten Vertragsinhalte, spricht nichts dagegen, die jeweils als unangemessen identifizierten Transaktionsbedingungen auf ein angemessenes Maß zu reduzieren.[172] Sofern sich die Unangemessenheit allerdings aus einer Abweichung vom dispositivem Gesetzesrecht ergibt, müssen diese Regelungen als einzig angemessen angesehen werden. Insofern besteht zwischen geltungserhaltender Reduktion und vollständiger Kassation der unangemessenen Norm kein nennenswerter Unterschied.

2. Interdependenz von Datenwirtschafts- und Vertragsrecht

67 Neben §§ 307 ff. BGB limitiert auch § 134 BGB die Möglichkeiten der privaten Rechtserzeugung. Rechtsgeschäft, die gegen ein gesetzliches Verbot verstoßen sind nichtig, wenn sich nicht aus dem jeweiligen Verbotsgesetz etwas anderes ergibt.[173] Das überwiegend unionsrechtlich geregelte Datenwirtschaftsrecht ist integraler Bestandteil des in den Mitgliedsstaaten geltenden Rechts und genießen überdies Anwendungsvorrang vor den Bestimmungen der nationalen Rechtsordnungen.[174] Dessen Normen können daher, sofern sie das Verhältnis der vom Rechtsgeschäft beteiligten Privatrechtssubjekte tangieren, Verbotsgesetz iSd § 134 BGB sein.[175] Die hier relevanten Vorschriften des Datenwirtschaftsrecht beanspruchen als Europäische Verordnungen gem. Art. 288 Abs. 2 AEUV allgemeine und unmittelbare Geltung in allen Mitgliedsstaaten, ohne dass nationale Umsetzungsakte erforderlich wären.[176] Sie sind damit auf das Verhältnis der Transaktionssubjekte grundsätzlich anwendbar. Sowohl dogmatisch als auch praktisch äußert relevant ist daher Frage, inwiefern die Verletzung datenwirtschaftsrechtlicher Vorschriften die Wirksamkeit von privat erzeugten Normen berührt, welche die normmissachtenden Tätigkeiten zum Inhalt haben.

---

[171] BGH NJW 2015, 928, MüKoBGB/Fornasier, 9. Aufl. 2022, § 306 Rn. 22 ff.

[172] Gegen eine Totalkassation in Fällen, in denen die verwendende Partei von der Angemessenheit der verwendeten Klauseln ausgeht Canaris FS Steindorff, 1990, 519 (558); Hager JZ 1996, 175 (177); Kötz NJW 1979, 785 (789); hierzu auch Uffmann, Das Verbot der geltungserhaltenden Reduktion, 2010, S. 91 ff.; Zur Zulässigkeit einer geltungserhaltenden Reduktion bei Inhaltskontrolle nach § 242 BGB siehe BGH NJW 1989, 834 (835).

[173] Beater AcP 197 (1997), 505 (508); Canaris, Gesetzliches Verbot und Rechtsgeschäft, 1983, S. 3.

[174] BVerfG NJW 2010, 3422 (3423).

[175] MüKoBGB/Armbrüster, 9. Aufl. 2022, BGB § 134 Rn. 51 unter Berufung auf BGH NJW 1994, 858.

[176] Ebenso für die DS-GVO Scheibenflug, Personenbezogene Daten als Gegenleistung, 2022, S. 351.

a) Rechtsgrundlagen des Datenwirtschaftsrecht im Kurzüberblick

Das Datenwirtschaftsrecht zeichnet sich durch ein Ineinandergreifen divergierender Rechtsgrundlagen aus, die zum Teil unionalen Ursprungs sind, teilweise aber auch auf nationaler Ebene angesiedelt sind.[177] 68

aa) Datenschutzgrundverordnung

Auf europäischer Ebene bildet die Datenschutz-Grundverordnung (DS-GVO)[178] nach wie vor den Nexus des sekundärrechtlichen Datenwirtschaftsrechts,[179] auch wenn sie primär dem klassischen Sonderbereich des Datenschutzrechts als Persönlichkeitsschutzrecht angehört. Diese soll, als vollharmonisierende Regelung, ein gleichwertiges Schutzniveau hinsichtlich der Rechte und Freiheiten von Personen bei der Verarbeitung ihrer Daten in allen Mitgliedsstaaten sicherstellen.[180] Allerdings wird die intendierte Harmonisierungswirkung durch die zahlreichen Öffnungsklauseln zugunsten der Mitgliedsstaaten unterminiert.[181] Die Literatur wertet die DS-GVO daher als „atypischen hybrid aus Verordnung und Richtlinie"[182] Jedenfalls verweisen die Öffnungsklauseln darauf, dass die Regelungen der DS-GVO allein nicht die Ordnung der digitalen Wirtschaft bewältigen können und sollen.[183] 69

bb) Data Act

Der zweite für das Privatrecht besonders bedeutsame europäische Regelungsakt im Rahmen des Datenwirtschaftsrechts ist der Anfang 2024 in Kraft getretene Data Act (DA).[184] Dieser regelt sektorspezifisch den Umgang mit Daten, die bei der Nutzung von Produkten oder verbundenen Diensten erzeugt werden. Seine besondere Relevanz erfährt der DA dadurch, dass er sowohl auf personenbezogene als auch auf nichtpersonenbezogene Daten gleichermaßen Anwendung findet. Insofern handelt es sich nicht nur um eine Ergänzung zur DS-GVO, welche deren regulative Strukturen weiter verschärft,[185] sondern zugleich um eine teleologische Erweiterung über das tradierte Persönlichkeitsschutzanliegen hinaus. 70

---

177 Steinrötter ZD 2021, 543 (543); Schweitzer GRUR 2019, 569 (570 ff.).
178 Verordnung (EU) 2016/679 des Europäischen Parlaments und des Rates vom 27.4.2016 zum Schutz natürlicher Personen bei der Verarbeitung personenbezogener Daten, zum freien Datenverkehr und zur Aufhebung der Richtlinie 95/46/EG).
179 Zum Datenschutzrechts als Teil des Datenwirtschaftsrechts siehe Schweitzer GRUR 2019, 569 (571); Steinrötter RDi 2021, 480 (482).
180 Zum unionsrechtlichen Hintergrund Spiecker gen. Döhmann/Eisenbarth JZ 2011, 169 (172).
181 Marsch, Das europäische Datenschutzgrundrecht, 2018, S. 342; Kühling/Martini EuZW 2016, 448 (449 f.); Roßnagel DuD 2016, 553 (553).
182 Kühling/Martini EuZW 2016, 448 (449).
183 Hacker, Datenprivatrecht, 2020, S. 89.
184 VO (EU) 2023/2854 des Europäischen Parlaments und des Rates vom 13.12.2023 über harmonisierte Vorschriften für einen fairen Datenzugang und eine faire Datennutzung sowie zur Änderung der Verordnung (EU) 2017/2394 und der Richtlinie (EU) 2020/1828.
185 Specht-Riemenschneider ZEuP 2023, 638 (661).

71 Das Verhältnis von DS-GVO und DA bestimmt sich nach Art. 1 Abs. 5 S. 1 DA.[186] Umstritten ist hier insbesondere, inwiefern die Verpflichtung zum Datenzugang nach dem DA zugleich die datenschutzrechtliche Erlaubnis der für die Gewährung des Datenzugangs erforderlichen Datenverarbeitung darstellt.[187]

b) DS-GVO als Verbotsgesetz nach § 134 BGB

72 Soweit sich entsprechende Verträge auf die Übermittlung personenbezogener Daten beziehen, sind aufgrund des in Art. 1 Abs. 5 S. 5 normierten Vorrangs primär die Vorschriften der DS-GVO zu beachten.

aa) Erlaubnisvorbehalt bezüglich der Verarbeitung von personenbezogenen Daten

73 Das Datenschutzrecht ist gekennzeichnet durch das vor allem in Art. 6 Abs. 1 und Art. 9 Abs. 1 DS-GVO verortete Verbot mit Erlaubnisvorbehalt, wonach jeder Verarbeitungsvorgang und damit auch die Übermittlung an und Auswertung durch die Intermediäre einer Legitimation bedarf.[188] Im privaten Rechtsverkehr kommen als Legitimationstatbestände vor allem die Einwilligung nach Art. 6 Abs. 1 lit. a und Art. 9 Abs. 2 lit. a DS-GVO, die Notwendigkeit zur Vertragserfüllung nach Art. 6 Abs. 1 lit. b DS-GVO oder ein überwiegendes Interesse nach Art. 6 Abs. 1 lit. a DS-GVO in Betracht. Die Einhaltung dieses grundsätzlichen Verbots der Datenverarbeitung[189] ist aufsichtsrechtlich abgesichert und kann Bußgelder bis 20 Mio. Euro bzw. bei Unternehmen 4 % des Jahresumsatzes betragen.[190]

bb) Rechtslage unter dem BDSG aF

74 Bereits vor dem In-Kraft-Treten der DS-GVO war der literarische Diskurs von der Frage geprägt, ob Rechtsgeschäfte, welche auf die Verletzung datenschutzrechtliche Vorschriften – insbesondere die legitimationslose Verarbeitung personenbezogener Daten – abzielen, zur Nichtigkeit des jeweiligen Rechtsgeschäfts führen.[191] Eine explizite Stellungnahme des Bundesgerichtshofs[192] ist,

---

[186] Hierzu Steinrötter GRUR 2023, 216 (216 f.); Hennemann/Steinrötter NJW 2022, 1481 (1483); Götz/Blöink MMR 2024, 451 (452 f.).

[187] Specht-Riemenschneider ZEuP 2023, 638 (662); Hennemann/Steinrötter NJW 2024, 1 (3).

[188] Siehe Ziegenhorn/von Heckel NVwZ 2016, 1585 (1586); Buchner DuD 2016, 155 (157); Langhanke, Daten als Leistung, 2018, S. 31; Veil NVwZ 2018, 686 (688); Golland, Datenverarbeitung in sozialen Netzwerken, 2019, S. 184 f.; kritisch zur Begrifflichkeit Roßnagel NJW 2019, 1 (4 f.) („Erlaubnisprinzip"); siehe auch (Verweis auf Beitrag von Buchheim im Sammelband).

[189] Kritisch zum herrschenden, sich auf ein „Verbot mit Erlaubnisvorbehalt" fokussierenden Diskurses Roßnagel NJW 2019, 1 (2 ff.).

[190] Kühling ZfDR 2021, 1 (17 f.); Neun/Lubitzsch BB 2017, 1538 (1543); Kumkar/Rapp ZfDR 2022, 199 (217).

[191] Gegen die Unwirksamkeit nach § 134 BGB etwa Lüttge NJW 2000, 2463 (2464); Schaffland NJW 2002, 1539 (1540); aA Wengert/Widmann/Wengert NJW 2000, 1289 (1294); Specht, Konsequenzen der Ökonomisierung informationeller Selbstbestimmung, 2012, S. 178 f.

[192] Der Bundesgerichtshof musste sich bis dato nur mit der Frage befassen, ob Vorschriften des BDSG aF als gesetzliches Abtretungsverbot fungieren, wobei das Verdikt negativ war, vgl. BGH 27.2.2007 – XI ZR 195/05 Rn. 25 ff. Das Judikat wurde vereinzelt dahingehend gedeutet, dass

soweit ersichtlich, noch nicht erfolgt, jedoch hat sich das OLG Frankfurt a. M. damit befasst.[193]

Die klagende Person begehrte von der beklagten Insolvenzverwaltung Wertersatz für von dieser verkaufte Daten. Die Übermittlung der Daten, die sich ursprünglich auf einem Server befanden, erfolgte durch Übergabe eines Datenspeichers, ohne dass die Daten auf dem Server gelöscht wurden. Der Server wurde dann, inklusive der dort gespeicherten Daten, anderweitig veräußert und auch genutzt, was einen vermeintlichen Wertverlust der von der klagenden Person erworbenen Daten zur Folge gehabt hatte. Anders als die Vorinstanz verneinte das OLG Frankfurt a. M. das Bestehen eines entsprechenden Ersatzanspruchs. Da weder die erforderliche Einwilligung der Betroffenen eingeholt wurde noch das Listenprivileg des § 28 Abs. 3 S. 2 BDSG aF einschlägig war, fehle es an einem die Datenübermittlung legitimierenden Tatbestand. Der Kaufvertrag sei daher aufgrund eines Verstoßes gegen ein gesetzliches Verbot und sei daher unwirksam. Die Entscheidung des OLG Frankfurt a. M. ist letztlich auch deshalb besonders bemerkenswert, weil die vermeintlich drastischen Folgen, mit welcher die herrschende Meinung damals die Nichtigkeitssanktion für datenschutzwidrige Rechtsgeschäfte ablehnte, überhaupt nicht erörtert werden. Das sticht auch deshalb besonders ins Auge, weil die Billigkeit des Ausschlusses der Kaufpreisrückforderung nach § 817 S. 2 BGB durchaus problematisiert wird.[194] 75

cc) Rechtslage unter DS-GVO

Unter Geltung der DS-GVO spricht sich ein Großteil des privatrechtlichen Diskurses für die Unwirksamkeit von entsprechenden, auf die Verletzung datenschutzrechtlicher Pflichten gerichteten Verträge aus.[195] Eine gänzlich ablehnende Perspektive nimmt lediglich *Berger* ein, der in dem Nichteingreifen eines datenschutzrechtliche Legitimationstatbestandes allenfalls einen Rechtsmangel sieht, der zwar Gewährleistungsansprüche auslöse, die Wirksamkeit des Vertrages ansonsten aber unberührt lässt.[196] Spätestens seit dem Erlass der DIDD-Richtlinie ist dieser Ansatz in seiner Pauschalität allerdings nicht (mehr) haltbar. Denn obgleich 48. Erwägungsgrund der Richtline die Verletzung datenschutzrechtlicher Pflichten als möglichen Anknüpfungspunkt für das Vorliegen eines Mangels im Sinne der Richtlinie expliziert, wird zugleich festgehalten, dass die vorgesehenen Sekundäransprüche nur greifen, solang das nationale Recht dem Vertrag wegen 76

Verstöße gegen das BDSG aF nicht die Unwirksamkeit von Verträgen zur Folge hätten, siehe etwa Weisser, Recht und Steuern 2007, 180 (182).

[193] OLG Frankfurt a. M. 24.1.2018 – 13 U 165/16.

[194] OLG Frankfurt a. M. 24.1.2018 – 13 U 165/16 Rn. 50; siehe auch deutlich Rn. 51: „Dass, wie die Kl. schließlich einwendet, der Bekl., dem gleichermaßen ein Gesetzesverstoß zur Last gelegt werde, im Ergebnis besser gestellt werde als sie, weil er nun den Kaufpreis behalten dürfe, rechtfertigt ebenfalls keine abweichende Beurteilung. Die Vorschrift des § 817 BGB S. 2 versagt zur Verwirklichung des mit einem Verbotsgesetz verbundenen gesetzgeberischen Anliegens die gerichtliche Durchsetzbarkeit von Rückabwicklungsansprüchen aus dem gesetzeswidrigen Rechtsgeschäft. Derjenige, der sich – der Einsicht in die Gesetzeswidrigkeit leichtfertig verschließend – dennoch auf ein derartiges Rechtsgeschäft einlässt, leistet auf eigenes Risiko."

[195] Rosenkranz/Scheufen ZfDR 2022, 159 (179); Winkler, Rechte an Daten im Zivilrecht, 2021, S. 167 f. unter Rekurs auf Specht, Konsequenzen der Ökonomisierung informationeller Selbstbestimmung, 2012; differenzierend Hacker, Datenprivatrecht, 2020, S. 398 ff.

[196] Berger ZGE/IPJ 9 (2017), 340 (351).

des Verstoßes gegen die DS-GVO die Wirksamkeit versagt.[197] Insofern verdient der herrschende Diskurs zumindest im Grundsatz Zustimmung.

(1) Keine Unwirksamkeit bei Verträgen mit berechtigen Personen

77 *Hacker* hat überzeugend nachgewiesen, dass die Wirksamkeit von Normerzeugungsakten, an denen die betroffenen Personen selbst beteiligt ist, nicht von § 134 BGB tangiert wird.[198] Ausgangspunkt ist das den privatrechtlichen Diskurs prägende Paradigma, wonach § 134 BGB privaten Normsetzungsakten nicht die Wirksamkeit versagt, wenn das Verbotsgesetz selbst privatrechtliche Sanktionsinstrumente bereithält.[199] Paradigmatisch für eine unionsrechtliche *lex perfecta* ist Art. 101 AEUV, welche in ihren Abs. 2 selbst die privatrechtlichen Rechtsfolgen einer von Abs. 1 pönalisierten Vereinbarung normiert.[200] Für den Fall datenschutzwidriger Datenverarbeitungen beinhalten die Betroffenenrechte der Art. 15 ff. DS-GVO ein eigenes Abwicklungsregime als Reaktion, welches nicht durch die zusätzliche Nichtigkeit der privat erzeugten Normen komplementiert werden muss. So können die betroffenen Personen nach Art. 17 Abs. 1 lit. d DS-GVO die Löschung der rechtswidrig verarbeiteten Daten und nach Art. 20 Abs. 1 DS-GVO deren Herausgabe verlangen. Diese beiden durch die DS-GVO gewährten subjektiven Rechte, welche jedenfalls gemeinsam vindikationsanaloge Wirkung entfalten,[201] sind der Grund, dass die inkriminierten Normen selbst bei Wirksamkeit keine Steuerungswirkung entfalten können. Entsprechenden, auf die erzeugten Normen gestützte Leistungsbegehren würde die *dolo agit*-Einrede nach § 242 BGB entgegenstehen, weshalb diese keine Erfolgsaussichten haben.[202]

(2) Einschränkung auf besonders intensive Datenschutzverstöße?

78 Anders verhält es sich für datenschutzwidrige Normen, an deren Erzeugung die betroffenen Personen nicht beteiligt sind. Hier wird § 134 BGB nicht durch ein eigenes Abwicklungsregime der DS-GVO verdrängt.[203] Denn die Rechte der Art. 15 ff. DS-GVO geltend zwar gegenüber sämtlichen verantwortlichen Personen, allerdings immer nur in deren Relation zu betroffenen Personen. Für das Verhältnis zwischen Dritten fehlt es in der DS-GVO an privatrechtlichen Sanktionen. Sie beschränkt sich stattdessen auf die Möglichkeit, aufsichtsrechtliche Maßnahmen zu ergreifen.[204] Sowohl für das Verhältnis der Transaktionsparteien zueinander als auch deren Verhältnis zu den Intermediären findet § 134 BGB somit im Regelfall Anwendung.

---

[197] Hacker, Datenprivatrecht, 2020, S. 403; Mischau ZEuP 2020, 334 (340).
[198] Hacker, Datenprivatrecht, 2020, S. 400; aA Scheibenflug, Personenbezogene Daten als Gegenleistung, 2022, S. 353.
[199] BGH NJW 2003, 3692 (3692); MüKoBGB/Armbrüster, 9. Aufl. 2022, BGB § 134 Rn. 3; Palzer JZ 2013, 691 (692).
[200] Zur Verdrängung von § 134 BGB durch Art. 101 Abs. 2 AEUV siehe nur BGH NJW-RR 1989, 998 (999).
[201] Lahusen AcP 221 (2021), 1 (15).
[202] Langhanke, Daten als Leistung, 2018, S. 127; Hacker ZfPW 2019, 148 (161).
[203] Hacker, Datenprivatrecht, 2020, S. 414 f.
[204] Metzger/Schweitzer/Wagner ZfPW 2023, 227 (263 f.); generell zu dualistischen Durchsetzungsregimen Wagner FS Köndgen, 649 (650 ff.) und Wagner ZEuP 2023, 517 (521 f.).

Im literarischen Diskurs gibt es aber Stimmen, welche in Rehabilitation der unter Geltung des BDSG aF herrschende Meinung die starre Nichtigkeitsfolge bei nur geringfügigen Datenschutzverstößen als unbillig angesehen und daher ablehnen.[205] Lediglich für den Fall, dass der Vertrag auf Verarbeitung von sensiblen Daten ohne Eingreifen eines Legitimationstatbestandes nach Art. 9 DS-GVO gerichtet ist, wird die Nichtigkeitssanktion als adäquate rechtliche Reaktion betrachtet.[206] Als Begründung für diese Einschränkung wird wiederum auf die massiven Folgen verwiesen, welche eine „undifferenzierte" Anwendung von § 134 BGB nach sich ziehen würde. Hochkomplexen Transaktionen, wie etwa Unternehmenskäufen, würde stehts die Gefahr datenschutzrechtlicher Verstöße innewohnen, sodass ein unbedingtes Eingreifen der Nichtigkeitssanktion eine Rechtsunsicherheit zur Konsequenz hätte, welche so nicht intendiert sein könnte.[207] Derartige konsequentialistische Überlegungen sind inhaltlich zwar nicht zu beanstanden, jedoch kein Spezifikum datenschutzrechtlich relevanter Normerzeugung.[208] Jedes Verbotsgesetz ist letztlich mit Rechtsunsicherheit behaftet und tangiert damit potentiell die Wirksamkeit komplexer Transaktionen. Warum (nur) bei Verbotsgesetzen der DS-GVO die Unsicherheit eine derart hohe Intensität erreichen soll, müsste noch begründet werden. Über anekdotische Evidenz gegen die Überlegungen jedoch nicht hinaus. **79**

Tragfähiger erscheint *a priori* der Verweis auf eine Entscheidung des Bundesgerichtshofs aus dem Jahr 2007,[209] in dem die Interessen der betroffenen Personen (vermeintlich) hinter diejenigen der Wirtschaft zurücktreten mussten. Ähnlich der Entscheidung des OLG Frankfurt a. M. ging es auch dort um einen Sachverhalt, bei dem das Verhältnis nicht betroffener Personen zueinander tangiert war: Im Rahmen einer Zession hatte die zedierende der erwerbenden Person Kontaktdaten übermittelt, damit diese die Forderung durchsetzen konnte. Diese Informationen waren als personenbezogene Daten im Sinne des BDSG aF zu qualifizieren. Fraglich war nun, ob die entsprechende Zession wirksam war, da § 402 BGB die zedierende Partei dazu verpflichtet, unter Umständen auch personenbezogen Informationen zu übermitteln.[210] **80**

Der XI. Senat entschied, dass selbst bei Verstoß der Kontaktdatenübermittlung gegen datenschutzrechtliche Pflichten § 134 BGB keine Anwendung auf die Zession finden könne, da andernfalls der ökonomisch legitime Handel mit Forderungen und die vom Privatrecht grundsätzlich als möglich angesehene Zession **81**

[205] Bug/Weidert in Borges/Kell (Hrsg.), Rechtshandbuch-Big Data, 2024, § 15 Rn. 98 und Ferling, Digitale Information als Kreditsicherheit, 2023, S. 225 jeweils unter Berufung auf Schur, Die Lizenzierung von Daten, 2021, S. 214 f.

[206] Schur, Die Lizenzierung von Daten, 2020, S. 215; Bug/Weidert in Borges/Kell (Hrsg.), Rechtshandbuch-Big Data, 2024, § 15 Rn. 98; Ferling, Digitale Information als Kreditsicherheit, 2023, S. 226 geht sogar noch weiter und betrachtet die Sanktionsinstrumente der DS-GVO als ausreichend, solange nicht „ein Großteil oder sogar sämtliche von dem Rechtsgeschäft betroffenen Verarbeitungsvorgänge" datenschutzwidrig wären.

[207] Schur GRUR 2020, 1142 (1145); Ferling, Digitale Information als Kreditsicherheit, 2023, S. 226.

[208] Hacker, Datenprivatrecht, 2020, S. 400.

[209] BGH NJW 2007, 2106, dazu Fridgen WM 2008, 1862 (1863 ff.).

[210] Erfasst sind insbesondere auch Informationen über die persönlichen und wirtschaftlichen Verhältnisse der verpflichteten Personen, siehe etwa MüKoBGB/Kieninger, 9. Aufl. 2022, BGB § 402 Rn. 5.

in weiten Bereichen praktisch nicht vollzogen werden könne.[211] Zudem würde ein datenschutzrechtlich radiziertes Abtretungsverbot zu einem unerträglichen Wertungswiderspruch führen, da infolge der Beschränkung des Datenschutzrechts auf Informationen natürlicher Personen, Forderungen gegen juristische Personen nicht ihre Zirkulationsfähigkeit verlieren würden.[212] Jedenfalls unter Geltung der DS-GVO dürfte jedoch, worauf *Hacker* zutreffend hingewiesen hat, das entsprechende Judikat in dieser Form nicht aufrechterhalten bleiben.[213] Denn sofern die an der Rechtserzeugung beteiligten Personen ein berechtigtes Interesse an der Abtretung haben, ist die Übermittlung der nach § 402 BGB erforderlichen Informationen vom legitimationstatbestand des Art. 6 Abs. 1 lit. f DS-GVO gedeckt und damit nicht mehr als Verstoß gegen datenschutzrechtliche Pflichten einzuordnen. Allenfalls eine rechtsmissbräuchliche Verlagerung von Prozess- und Insolvenzrisiken zulasten der verpflichteten Personen könnte als datenschutzwidrig qualifiziert werden und würde damit gleichsam die Nichtigkeit der Zession als Konsequenz nach § 134 BGB nach sich ziehen.[214] Die DS-GVO regelt somit abschließend, in welchem Rahmen Abweichungen von datenschutzrechtlichen Pflichten zulässig sind, und sieht hier mit Art. 6 Abs. 1 lit. f DS-GVO einen flexiblen Anknüpfungspunkt für die Berücksichtigung von Interessen der Wirtschaft vor. Insofern besteht kein Raum, bei § 134 BGB die Intensität des Datenschutzverstoßes zum relevanten Maßstab für die Nichtigkeitssanktion zu erklären. Dies ist weder im Interesse einer vorhersehbaren Rechtsanwendung wünschenswert, noch zeugt es von dogmatischer Präzision.

c) DA als Verbotsgesetz nach § 134 BGB

82 Haben die von den Parteien erzeugte Pflichten demgegenüber die Verarbeitung von nicht-personenbezogene Daten zum Gegenstand, sind primär die Vorschriften des DA zu beachten.

aa) Erlaubnisvorbehalt bezüglich der Verarbeitung von nicht-personenbezogenen Daten

83 Auch der DA stellt – wenn auch weniger prominent – mit Art. 4 Abs. 13 und 14 DA für die Verarbeitung von nicht-personenbezogenen Daten das Erfordernis eines Legitimationstatbestandes auf,[215] dessen Missachtung wiederum aufsichtsrechtliche Folgen nach sich ziehen kann.[216] Die Dateninnehabenden dürfen ohne Weiteres verfügbare Daten nur auf Grundlage einer entsprechenden vertraglichen Vereinbarung mit den Nutzenden verwenden oder an Dritte übermitteln. Im Verhältnis zu Dateninnehabenden sind nicht personenbezogene Daten damit

---

[211] BGH NJW 2007, 2106 Rn. 33.
[212] BGH NJW 2007, 2106 Rn. 31.
[213] Hacker, Datenprivatrecht, 2020, S. 426.
[214] Zur Möglichkeit der Unwirksamkeit einer Zession an eine vermögenslose Klagepartei nach § 138 Abs. 1 BGB siehe BGH NJW 1980, 991 (991) sowie (im Kontext kollektiver Rechtsdurchsetzung) Riehm NJW 2024, 2713 (2716 f.).
[215] Assion/Willeke MMR 2023, 805 (809); Steinrötter GRUR 2023, 216 (219); Wilken/Rammos DB 2022, 1241 (1243); Specht-Riemenschneider MMR 2022, 809 (812).
[216] Hennemann/Steinrötter NJW 2024, 1 (5); Denga ZGR 2023, 614 (645).

grundsätzlich den Nutzenden zugewiesen.[217] Diese Nutzerzentrierung erweist sich als Paradigmenwechsel, weil die Dateninnehabenden derartige Daten bisher auf Grundlage der faktischen Zugriffsmöglichkeit nutzen konnten und durften. Nun dürfen die Dateninnehabenden ohne Erlaubnis nicht auf die Daten zugreifen. Damit ist die Verarbeitung von nicht-personenbezogenen Daten stärker reguliert als diejenige von personenbezogenen Daten, für welche neben einer Einwilligung weitere Umstände die Datenverarbeitung legitimieren können.[218] Entsprechende Ausnahmen fehlen im DA.

bb) Verbotscharakter des Erlaubnisvorbehalts

Anders als zu den Vorschriften der DS-GVO fehlen für Art. 4 Abs. 13 und 14 **84**
DA bisher, soweit ersichtlich, literarische Stellungnamen hinsichtlich der Qualifikation als Verbotsgesetz. Ein erster Einwand gegen die Einordnung von Art. 4 Abs. 13 und vor allem Abs. 14 DA als Verbotsgesetz ist der Adressatenkreis der Vorschrift. Die Relevanz des Adressatenkreises für die Bestimmung eines Verbotsgesetzes finden sich bereits in den Motiven zu § 134 BGB[219] und lässt sich wohl darauf zurückführen, dass rechtstreuen Akteuren nicht die aus der privaten Rechtserzeugung resultierenden Vorteile genommen werden sollen.[220] Art. 4 Abs. 13 und 14 DA richten sich – in Abweichung zu Art. 6 und 9 DS-GVO – nicht an sämtliche Person der Datenwirtschaft, sondern lediglich an Dateninnehabenden.[221] Hierunter fallen nur Personen, welche Daten während der Erbringung eines verbundenen Dienstes abgerufen oder generiert haben. Den beschränkten Adressatenkreis der Normen demonstriert auch an Art. 4 Abs. 14 S. 2 DA, wonach die Dateninnehabenden im Falle eine gerechtfertigten Datenübermittlung die empfangenden Personen vertraglich verpflichten müssen, die erhaltenen Daten nicht erneut weiterzugeben. Hieraus lässt sich ableiten, dass die durch Art. 4 Abs. 13 und 14 DA getroffene Zuordnungsentscheidung Dritte nicht tangiert.[222]

Zudem hätte die Klassifikation des Art. 4 Abs. 14 DA als Verbotsgesetz Frik- **85**
tionen mit der individualschützenden Dimension des Data Act zur Folge. Die Annahme der zivilrechtlichen Unwirksamkeit eines zwischen den Dateninnehabenden und Dritten abgeschlossenen Vertrages liefe auf die bizarre Situation hinaus, dass die Dritten aufgrund des beschränken Adressatenkreises der Vorschriften rechtswidrig erhaltenen Daten nutzen und an weitere Personen übermitteln dürften, obwohl die Dateninnehabenden ihrer in Art. 4 Abs. 14 S. 2 DA statuierten Verpflichtung nachgekommen sind. Sofern die Dateninnehabenden kein Weitergabeverbot verinbart haben, würde die Unwirksamkeit der vertraglich

[217] Schmidt-Kessel MMR 2024, 75 (78).
[218] Zur Kritik an der unterschiedlich Regulierungsintensität siehe Antoine CR 2024, 5 (7); Hennemann/Steinrötter NJW 2024, 1 (5); Schweitzer/Metzger et al., Data access and sharing in Germany and in the EU, 2022, S. 215 f.
[219] Der Vorentwurf von Gebhardt sah noch eine entsprechende formale Differenzierung vor, welche jedoch nicht übernommen wurde. Gleichwohl wird der Kreis der adressierten Personen vom herrschenden Diskurs häufig für die Bestimmung des Verbotscharakters operationalisiert, siehe etwa Taupitz JZ 1994, 221 (224); Ulrici JuS 2005, 1073 (1076); RGZ 60, 273 (276 f.); BGHZ 143, 283 (287); relativierend aber BGHZ 37, 258 (262).
[220] Canaris, Gesetzliches Verbot und Rechtsgeschäft, 1983, S. 23.
[221] Etzkorn RDi 2024, 116 (119 f.).
[222] Schmidt-Kessel MMR 2024, 75 (78).

erzeugten Pflichten zwischen Dateninnehabenden und Dritten die Rechtsstellung der Nutzenden unberührt lassen. Sofern sie ihrer Verpflichtung aber nachgekommen sind, würde die Unwirksamkeit das eigentliche Anliegen der Vorschrift, die Begünstigung der Nutzenden, faktisch ins Gegenteil verkehren. Spätestens in diesem Fall ist zu beachten, dass § 134 BGB nicht die Unwirksamkeit privat erzeugter Normen zur Folge hat, wenn dies konträr zum Schutzzweck eines Verbotsgesetzes laufen würde.[223] In diesem Fall ergibt sich aus der Verbotsnorm „ein anderes“[224].

3. Zusammenfassung

86 Bei der Rechtserzeugung sind die aus §§ 307 ff. BGB folgenden Transparenz- und Angemessenheitsvorgaben zu beachten. Die Vorschriften können auf die im Rahmen der einzelnen Transaktionsverhältnisse zu erzeugenden Normen angewendet werden und ermöglicht hier die Garantie ausgeglichener Transaktionsbedingungen. Ihre Anwendbarkeit scheitert nicht an der Determination der Rechtserzeugung durch die Intermediäre.

87 Hinsichtlich der vertragsrechtlichen Folgen eines Verstoßes gegen unionales Datenwirtschaftsrecht ist zu differenzieren. Privat erzeugte Normen, welche die Übermittlung von nicht-personenbezogenen Daten zum Gegenstand haben, sind nicht nach § 134 BGB wegen Verstoß gegen Art. 4 Abs. 14 DA unwirksam. Dies folgt aus dem vertragsrechtlichen Ansatz des DA und dem Umstand, dass die Nichtigkeit der Normen die Nutzenden gegenüber ihrer Wirksamkeit schlechter stellen und damit die Schutzrichtung des DA ins Gegenteil verkehren würde. Die Argumente gegen eine Anwendung von § 134 BGB greifen jedoch nicht bei Normen, welche die Übermittlung personenbezogener Daten unter Verstoß gegen Art. 6 Abs. 1 DS-GVO zum Gegenstand haben. Hier führt ein Verstoß gegen das Datenwirtschaftsrecht grundsätzlich zur Nichtigkeit gemäß § 134 BGB, da die DS-GVO zur Verwirklichung nicht auf die Wirksamkeit der vertraglichen Normen angewiesen ist. Eine Ausnahme besteht nur für den Fall, dass die Verpflichtung gerade gegenüber den betroffenen Personen begründet werden soll.

[223] BGH NJW 2012, 3424 (3425); Palzer JZ 2013, 691 (692).
[224] MüKoBGB/Armbrüster, 9. Aufl. 2023, BGB § 138 Rn. 119.

§16
Der transaktionsbasierte Datentreuhänder im Kartellrecht

Literaturverzeichnis

Angerbauer, T., Ein neuer Wegweiser zum Informationsaustausch?, NZKart 2024, 526f.; *Bernhardt, L.*, Algorithmen, Künstliche Intelligenz und Wettbewerb, NZKart 2019, 314ff.; *Bixer, V./Heimeshoff, U.*; Künstliche Intelligenz, Preisalgorithmen und ihre wettbewerbspolitischen Implikationen in: Zur Ökonomik von Sport, Entertainment und Medien; Hrsg. Oliver Budzinski, Justus Haucap , Annika Stöhr und Dirk Wentzel, Band 108 der Reihe Schriften zu Ordnungsfragen der Wirtschaft, De Gruyter Oldenbourg, 2021; *Deng, A.*, Smart Contracts and Blockchains: Steroid for Collusion? (September 11, 2018), SSRN: https://ssrn.com/abstract=3187010 or http://dx.doi.org/10.2139/ssrn.3187010; *Doerr, A.*, Algorithmic Tacit Collusion – An Analysis under European Competition Law, Tübingen 2025; *Dreher, M./Hoffmann, J./Kling, M.*, Kartell- und Wettbewerbsrecht der Versicherungsunternehmen, 2. Auflage, München 2016; *Ebers, M.*, Dynamic Algorithmic Pricing: Abgestimmte Verhaltensweise oder rechtmäßiges Parallelverhalten?, NZKart 2016, 554f.; *Furman, J.; Semans, R.*, AI and the Economy, Innovation Policy and the Economy, 2019, p. 161 et seqq.; *Guggenberger, N.*, in: Leupold/Wiebe/Glossner, Münchener Anwaltshandbuch IT-Recht, 4. Auflage 2021, Teil 14.2 Blockchains; *Hoffer R./Mirtchev, K.*, Erfordert die Blockchain ein neues Kartellrecht?, NZKart 2019, 239ff.; *Kling, M.*, Staatliches Handeln, Daseinsvorsorge und Kartellrecht, Schriftenreihe des Forschungsinstitutes für Wirtschaftsverfassung und Wettbewerb (FIW) e.V., Bd. 248, Köln 2014; *Künstner, K.M.*, Preissetzung durch Algorithmen als Herausforderung des Kartellrechts. Verhaltenskoordinierung über Algorithmen und Systeme Künstlicher Intelligenz, GRUR 2019, 36ff.; *Lettl, T.*, Art. 101 Abs. 1 AEUV, §1 GWB und Informationsaustausch zwischen Wettbewerbern und insbesondere Kreditinstituten, WM 2024, 1889ff.; *Louven, S./Saive, D.*, Antitrust by Design – Das Verbot wettbewerbsbeschränkender Abstimmungen und der Konsensmechanismus der Blockchain, NZKart 2018, 348ff.; *Mundt*, Andreas; Algorithmen und Wettbewerb in einer digitalen Welt, ZVertriebsR 2021, 69ff. ; *Niemeyer, H.J./Fritz, C.*, Problemkreise bei der Novellierung der Vertikal-GVO – Ein Überblick, NZKart 2020, 158ff.; *Pike, C.*, Blockchain Technology and Competition Policy – Issues paper by the Secretariat (April 26, 2018). OECD Competition Papers, DAF/COMP/WD, 47, 2018, SSRN: https://ssrn.com/abstract=3487660 or http://dx.doi.org/10.2139/ssrn.3487660; *Roth, Wulf-Henning/Ackermann, Thomas*, Frankfurter Kommentar zum Kartellrecht mit Kommentierung des EU-Kartellrechts, des GWB und einer Darstellung ausländischer Kartellrechtsordnungen, Hrsg. Wolfgang Jaeger, Juliane Kokott, Petra Pohlmann, Dirk Schroeder, Daniela Seeliger, Verlag Dr. Otto Schmidt, Werkstand: 107. Lieferung, 1/2024; *Schneider, G.*, Health Data Pools Under European Data Protection and Competition Law, Berlin 2022; *Schrepel, T.*, Collusion by Blockchain and Smart Contracts (January 14, 2019). Harvard Journal of Law and Technology (33 Harv. J.L. & Tech. 117), https://ssrn.com/abstract=3315182 or http://dx.doi.org/10.2139/ssrn.3315182; *Salaschek, U./Serafimova, M.*, Preissetzungsalgorithmen im Lichte von Art. 101 AEUV, WuW 2018, 8ff.; *Thomas, S.*, "Horizontal Restraints on Platforms: How Digital Ecosystems Nudge into Rethinking the Construal of the Cartel Prohibition", World Competition 44, no. 1 (2021): 53–80; *ders.*, „Auslegung des Kartellverbots bei Kollusion durch Algorithmen", in: Regulierung für Algorithmen und Künstliche Intelligenz (Tagungsband), Baden-Baden 2021, S. 293ff.; *Wiedemann, G.*, Handbuch des Kartellrechts, 4. Auflage München 2020; *Ylinen, J.*, Digital Pricing und Kartellrecht, NZKart 2018, 19ff.

I. Einleitung

1 Der transaktionsbasierte Datentreuhänder wirft verschiedenste Rechtsfragen auf, so auch im Bereich des Kartellrechts. Das betrifft zunächst die Unternehmenseigenschaft des Datentreuhänders und die damit einhergehende Geltung der Kartell- und Missbrauchsverbote des europäischen und des nationalen Kartellrechts, weiter das Problem der kartellrechtlichen Behandlung des Informationsaustausches sowie die kartellrechtliche Behandlung des Einsatzes von Algorithmen bei der Informationsverarbeitung durch Unternehmen.

II. Der Datentreuhänder als Unternehmen im Sinne des Kartellrechts

2 Der transaktionsbasierte Datentreuhänder ist einerseits altruistisch ausgestaltet, um sich nach außen möglichst neutral und vertrauenswürdig zu präsentieren. Andererseits handelt er gewinnorientiert und operiert mit verschiedenen Akteuren, die ihrerseits auf Märkten agieren. Es stellt sich daher zunächst die grundlegende Frage, ob der Datentreuhänder als Unternehmen iSd Kartellrechts zu qualifizieren ist.

1. Einleitung

3 Normadressaten des Kartellrechts sind allein *Unternehmen*. Der Unternehmensbegriff des Kartellrechts wird funktional und weit ausgelegt. Daher werden das staatliche Angebot und (zumindest nach deutschem Rechtsverständnis) die staatliche Nachfrage nach Waren und Leistungen hiervon grundsätzlich erfasst. Das führt zu erheblichen Schwierigkeiten bei der Abgrenzung des originär hoheitlichen Bereichs, der dem Öffentlichen Recht unterliegt, von öffentlich-rechtlichen Sondermaterien wie dem Regulierungsrecht sowie unternehmensrechtlichen Materien wie vor allem dem Kartellrecht. Die Problematik wird durch den Vorrang des Unionsrechts gegenüber dem nationalen Recht zusätzlich verschärft.

4 Der funktionale Unternehmensbegriff führt unstreitig dazu, dass die staatliche Angebotstätigkeit von Waren und Dienstleistungen als eine unternehmerische Tätigkeit im Sinne des Kartellrechts qualifiziert wird. Ein möglicherweise 100%-iger Anteilsbesitz staatlicher Träger ändert daran nichts. Lediglich rein hoheitliche Tätigkeiten werden vom Kartellrecht nicht erfasst (dazu sogleich unter → Rn. 7 f. II.).

5 Soweit unternehmerisch tätig und damit dem Kartellrecht unterworfen, kann in äußerst engen Grenzen die Nichtanwendung des Kartellrechts auf bestimmte öffentliche Unternehmen im Einzelfall nach Art. 106 Abs. 2 AEUV gerechtfertigt sein. Eine „Generalausnahme“ von der „unliebsamen“ Anwendung der Art. 101, 102 AEUV bzw. der §§ 1, 19 ff. GWB ist mit dieser Vorschrift jedoch nicht zu begründen, auch nicht für staatliche oder staatsnahe Unternehmen.

Somit ist der transaktionsbasierte Datentreuhänder bei dem Angebot seiner Dienstleistungen am Markt grundsätzlich als Unternehmen iSd Kartellrechts zu qualifizieren. 6

2. Abgrenzung des unternehmerischen Handelns zum rein hoheitlichen Handeln

Fraglich ist, ob eine Ausnahme wegen rein staatlicher Tätigkeit begründbar ist. Bei rein hoheitlichem Handeln ergeben sich Ausnahmen vom Kartellrecht, da nichtwirtschaftliches (nichtunternehmerisches) Verhalten gegeben ist. Schlagwortartig ist das der Fall bei der Erfüllung von sog. „wesentlichen Staatsaufgaben", dh in jenen Bereichen, in denen der Staat in seiner Funktion als Hoheitsträger tätig wird. Gemäß den grundsätzlichen Aussagen des Generalanwalts *Henri Mayras* in dessen Schlussanträgen zur Rechtssache *Reyners* sind diese Bereiche wie folgt charakterisiert: 7

> *„Die öffentliche Gewalt entspringt der staatlichen Herrschaftsmacht, dem staatlichen Imperium. Sie beinhaltet für denjenigen, der sie ausübt, die Möglichkeit, dem Bürger gegenüber von Sonderrechten, Hoheitsprivilegien und Zwangsbefugnissen Gebrauch zu machen."*[1]

Die bestehenden Restunsicherheiten bei der Identifizierung dieses „staatlichen Imperiums" sind zwar erheblich.[2] Für den Datentreuhänder kann aber konstatiert werden, dass dieser typischerweise keine hoheitlichen Befugnisse ausübt oder hoheitliche Ziele verfolgt, die exklusiv dem Staat vorbehalten sind. Auch wird keine hoheitliche Gewalt aufgrund gesetzlicher Eingriffsbefugnisse ausgeübt. Eine Einordnung der Tätigkeit des Datentreuhänders als rein hoheitlich ist (vor allem auch mit Blick auf den eng auszulegenden Begriff rein hoheitlicher Tätigkeiten) somit auszuschließen. Der Umstand, dass der neutrale Datentreuhänder von einem öffentlich-rechtlichen Rechtsträger gehalten bzw. betrieben wird, ändert daran nichts. 8

3. Einordnung des Datentreuhänders als Unternehmen iSd Kartellrechts

Dem Datentreuhänder kommt somit die Eigenschaft als Unternehmen iSd Kartellrechts zu, sobald er Dienstleistungen auf dem Markt anbietet und sich damit in den Wettbewerb mit Drittanbietern begibt. Verträge, die der Datentreuhänder schließt, werden von den Kartellverboten grundsätzlich erfasst. 9

---

[1] Generalanwalt Mayras, H. Schlussanträge v. 21.6.1974, Slg. 1974, 631 (665) – Jean Reyners/Belgischer Staat; s. ferner Lange WuW 2002, 953 (958): *„Eine solche hoheitliche Tätigkeit liegt demnach insbesondere dann vor, wenn hoheitliche Gewalt oder staatliche Vorrechte ausgeübt werden oder zumindest ein enger Bezug zwischen der Tätigkeit und der hoheitlichen Gewalt besteht."*.

[2] Ausführlich dazu Kling, Staatliches Handeln, Daseinsvorsorge und Kartellrecht, 2014, passim.

10 Die Feststellung einer Wettbewerbsbeschränkung ist allerdings nicht gleichbedeutend mit einem Verbot. Sollte sich der Datenaustausch als wettbewerbsbeschränkend iSd Art. 101 Abs. 1 AEUV, § 1 GWB erweisen, kämen namentlich die in Art. 101 Abs. 3 AEUV, § 2 GWB enthaltenen effizienzbezogenen Rechtfertigungsmöglichkeiten in Betracht.[3]

III. Informationsaustausch und Kartellrecht

1. Grundlagen

11 Der folgende Abschnitt behandelt die kartellrechtliche Einordnung des Austausches von marktrelevanten Informationen zwischen miteinander im Wettbewerb stehenden Unternehmen. Im Kontext des transaktionsbasierten Datentreuhänders ist diese Thematik besonders wichtig, da verschiedene Akteure mit dem Datentreuhänder als Datennehmer und -geber im Austausch stehen. Das Kartellrecht steht dem Austausch von Unternehmensdaten ambivalent gegenüber, weil der Informationsaustausch zwischen Wettbewerbern Chancen und Risiken für den Wettbewerb hat.

12 Das Kartellrecht beruht auf dem Konzept des Geheimwettbewerbs und dem sog. *Selbständigkeitspostulat*. Danach hat jedes Unternehmen selbständig zu bestimmen, welche Politik es auf dem relevanten Markt betreibt. Vereinfacht gesagt gilt der Satz: „Was man als Unternehmen am Markt allein tun kann, soll man auch allein tun." Die Kooperation von Wettbewerbern und damit der Informationsaustausch können aber erlaubt sein, wenn die Vorteile für den Wettbewerb (und letztlich für die Verbraucher) größer sind als die damit verbundenen Nachteile.

13 Der Austausch von Informationen zwischen Wettbewerbern verstößt grundsätzlich gegen das Kartellrecht, wenn er den Grad der Ungewissheit über das fragliche Marktgeschehen verringert und dadurch zu einer Beschränkung des Wettbewerbs zwischen den Unternehmen führt. Die Unionsgerichte gehen von der Vermutung aus, dass Unternehmen die mit ihren Wettbewerbern ausgetauschten Informationen bei der Festlegung ihres Marktverhaltens berücksichtigen werden.[4]

14 Das wurde zB angenommen für ein System des gegenseitigen Austausches von statistischen Unterlagen, das den Rückfluss von individualisierten Unternehmensdaten an die Wettbewerber umfasste.[5] Kartellrechtswidrig sind weiter bestimmte Formen von Marktinformationsverfahren wie sog. *identifizierende Preismeldeverfahren*, dh die Bekanntgabe von Angeboten oder Geschäftsabschlüssen zusammen

---

[3] Schneider, Health Data Pools Under European Data Protection and Competition Law, 2022, Kap. 6 mit dem Fazit auf S. 286: *"(…). that future case law will give explicit consideration to data-driven efficiency outcomes of self-standing data sharing practices for the purposes of the effect-based analysis under art. 101(3) TFEU".*

[4] EuGH ECLI:EU:C:2015:184 Rn. 127 – Dole Food und Dole Fresh Fruit Europe/Kommission; EuG ECLI:EU:T:2019:497 Rn. 32 = NZKart 2019, 425 – Silver Plastics und Johannes Reifenhäuser Holding/Kommission.

[5] EG-Kommission ABl. 1978 L 70, 54 ff. Rn. 65 ff. – Vegetable Parchment; s. auch Hoffer/Mirtchev NZKart 2019, 241 (243).

mit den daran beteiligten Unternehmen. Anders liegt es bei den sog. *nichtidentifizierenden Preismeldeverfahren*, bei denen nur Auskunft über Durchschnittspreise gegeben wird, ohne dass Rückschlüsse auf konkrete Geschäfte möglich sind. Kartellrechtlich unproblematisch ist ferner der Austausch von aggregierten Daten, wie er typischerweise zB zwischen Versicherern stattfindet, die nach dem Gesetz der großen Zahl arbeiten.

Mehr Transparenz kann außerdem zu einer stillschweigenden Koordinierung führen, und zwar ohne dass Unternehmen miteinander in Kontakt treten.[6] Das gilt insbesondere für oligopolistisch strukturierte Märkte. Auf solchen Märkten fallen an sich unverdächtige Informationen auf fruchtbaren Boden, da die Beteiligten diese richtig einzuordnen und zu deuten wissen. Speziell für konkurrierende Kreditinstitute hat der EuGH zuletzt entschieden, dass *„ein vertiefter monatlicher Informationsaustausch auf Gegenseitigkeitsbasis (…), der auf Märkten mit starker Konzentration sowie mit Zutrittsschranken stattfand und der sich auf die für die auf diesen Märkten abgewickelten Geschäfte geltenden Bedingungen, insbesondere die aktuellen und künftigen Kreditaufschläge und Risikoparameter, sowie die individualisierten Produktionszahlen der Teilnehmer an diesem Austausch bezieht, zumindest dann, wenn es sich bei den auf diese Weise ausgetauschten Kreditaufschlägen um diejenigen handelt, die diese Institute künftig anwenden wollen, als bezweckte Wettbewerbsbeschränkung einzustufen ist“.*[7] **15**

Das Kartellverbot des Art. 101 Abs. 1 AEUV ist betroffen, wenn die ausgetauschten Informationen sowohl *vertraulich* (dh nicht bereits jedem Teilnehmer auf dem betreffenden Markt bekannt) als auch *strategisch* sind.[8] Letzteres ist der Fall, wenn die Information, die ggf. in Kombination mit anderen Informationen Aufschluss über die Strategie Beteiligter im Hinblick auf bestimmte Parameter geben kann.[9] **16**

Im Fall des Vorliegens einer *bezweckten* Wettbewerbsbeschränkung sind die wettbewerbswidrigen Auswirkungen des Informationsaustauschs nicht zu prüfen. Dabei genügt es, dass sich der Austausch nur auf einen einzigen Wettbewerbsparameter bezieht, und es reicht aus, dass er lediglich gelegentlich erfolgt. Ferner ist es nicht erforderlich, dass die übermittelten Informationen zur Anpassung des Marktverhaltens genutzt wurden oder genutzt werden können.[10] **17**

2. Informationsaustausch über „neutrale Dritte“ als kartellrechtliches Problem

a) Allgemeines

Die Einschaltung „neutraler Dritter“ ändert an der kartellrechtlichen Bewertung des Informationsaustausches grundsätzlich nichts. Das zeigt sowohl die Normadressateneigenschaft von Unternehmensverbänden (als möglichen Koor- **18**

[6] MAH IT-R/Guggenberger Rn. 38; Pike, Blockchain Technology and Competition Policy, 2018, para. 18; Schrepel Harv. J.L. & Tech. 2019, 117 (145); Deng, Smart Contracts and Blockchains: Steroid for Collusion?, 2018, p. 5.
[7] EuGH ECLI:EU:C:2024:638 = NZKart 2024, 494 – Banco BPN/BIC Português ua.
[8] Lettl WM 2024, 1889 (1890).
[9] Lettl WM 2024, 1889 (1890).
[10] Angerbauer NZKart 2024, 526 (527).

dinatoren zwischen ihren Mitgliedern) als auch die rechtssystematische Erfassung von Sternverträgen und sog. *Hub-and-Spoke*-Konstellationen:

- Wenn mehrere miteinander in Wettbewerb stehende Unternehmen mit demselben Partner Verträge abschließen, die sie untereinander zu gleichförmigem Verhalten zwingen (sog. *Sternverträge*), kann dies eine kartellrechtlich verbotene Verhaltenskoordinierung der Wettbewerber auf horizontaler Ebene zur Folge haben.
- Die *Hub and Spoke*-Dreieckskonstellationen erfassen Fälle, in denen Informationen zwischen den Marktakteuren auf horizontaler Ebene und einer dritten Person ausgetauscht werden. Der Dritte ist in diesem Bild „the Hub“ (die Radnabe), und die Beziehungen zu den einzelnen Wettbewerbern sind „the Spokes“ (die Speichen). Die „Ausstrahlung“ von Informationen über einen Dritten bzw. von einem Dritten kann somit ebenfalls eine verbotene Verhaltensabstimmung zur Folge haben.[11] Die Reichweite von „Hub and Spoke“-Konstellationen auf digitalen Märkten bedarf allerdings der Klärung. Die Literatur vertritt zB die Ansicht, dass die zu *Hub-and-Spoke*-Kartellen entwickelten Grundsätze auf private Blockchains mit zentraler Instanz übertragen werden könnten.[12]

b) Datentreuhänder und Informationsaustausch

19 Zu Datentreuhändern liegen – soweit ersichtlich – zwar keine einschlägigen Studien vor, aber die o. g. Grundsätze lassen sich grundsätzlich übertragen. Es sei allerdings darauf hingewiesen, dass die Rolle von sog. *trusted third parties* im Kartellrecht bislang weitgehend ungesichert ist; die Diskussion hat gerade erst begonnen.[13] Zudem finden sich erste Hinweise darauf, dass die US-amerikanischen Kartellbehörden gerade einen „Strategiewechsel“ in Bezug auf die kartellrechtliche Einordnung des Austausches aggregierter Daten vollziehen. Das DOJ geht ausweislich einer Mitteilung vom 01.10.2024[14] nicht mehr davon aus, dass die Einbeziehung eines Dritten zur Aggregation und Verteilung von Daten, dem Austausch von historischen Daten oder die Aggregation von Daten durch die Parteien selbst zwangsläufig eine Wettbewerbsbeschränkung iSv Section 1 Sherman Act ausschließe.[15]

20 Unseres Erachtens gilt für das europäische und deutsche Kartellrecht derzeit allerdings (noch) Folgendes:

21 Ein Datentreuhänder als „neutraler Dritter“ darf von miteinander in Wettbewerb stehenden Unternehmen nicht dazu missbraucht werden, mittels Infor-

---

[11] BKartA TB 2009/2010, BT-Drs. 17/6640, 70; BKartA WuW 2010, 786 ff.; WuW/E DE-V 1813 (1819) – Kontaktlinsen.

[12] MAH IT-R/Guggenberger Rn. 41; Louven/Saive NZKart 2018, 348 (351); Doerr Algorithmic Tacit Collusion p. 211.

[13] Cf. Furman/Semans Innovation Policy and the Economy 2019, 161 (179).

[14] DOJ, Statement of Interest, abrufbar unter: https://www.justice.gov/atr/media/1371806/dl. Wörtlich heißt es darin: *“Critically, the legality of information exchange depends on whether it tends to suppress competition—and not on the format of the reported data. Whether the shared information is aggregated is thus not a safe harbor from liability.”* (p. 2) sowie ferner *“The United States (...) files this Statement to make clear that (1) information sharing alone can violate Section 1, even without proof of an agreement to fix prices; and (2) information exchanges that report only aggregated data can violate the antitrust laws, even where the information is not linked to specific competitors.”* (p. 3).

[15] Siehe dazu auch Angerbauer NZKart 2024, 526 (527).

mationsaustauschs auf kartellrechtswidrige Weise die Intensität des Geheimwettbewerbs zwischen ihnen spürbar zu verringern. Dabei kommt es entscheidend auf die Qualität der Daten an. Es dürfte davon auszugehen sein, dass allenfalls ein geringer Prozentsatz der ausgetauschten Daten Marktrelevanz besitzt, während die große Mehrzahl (scil. technische Daten, rein personenbezogene Daten usw) *kartellrechtsneutral* ist. Für die nachfolgenden Ausführungen soll aber davon ausgegangen werden, dass es Datensätze geben kann, deren Austausch wettbewerblich relevant ist – zB weil sie sowohl *vertraulichen* als auch *strategischen* Charakter haben – und somit den Geheimwettbewerb zwischen den am Datenaustausch beteiligten Unternehmen beeinträchtigen können.

In Fällen, in denen sich der Datenaustausch als potenziell wettbewerbsbeschränkend erweist, ist weiter klärungsbedürftig, ob Effizienzsteigerungen, die sich aus der Einschaltung des „neutralen Dritten" ergeben, dazu geeignet sind, etwaige Wettbewerbsbeschränkungen „auszugleichen" und somit kartellrechtlich zu rechtfertigen (vgl. Art. 101 Abs. 3 AEUV, § 2 GWB). 22

3. Austausch aggregierter Daten

a) Grundlagen

Eine der Kernaufgaben des Datentreuhänders ist die Aggregation und Bereitstellung von Daten. Der Austausch aggregierter Daten ist im Kartellrecht grundsätzlich erlaubt, da er keine Rückschlüsse auf das Verhalten von Wettbewerbern am Markt zulässt, sondern lediglich eine Art Gesamtüberblick oder Tendenzen bestimmter Marktentwicklungen aufzeigt. Die Horizontalleitlinien der EU-Kommission nehmen gleichwohl auch zu dieser an sich kartellrechtlich unproblematischen Frage Stellung. 23

Der Austausch aggregierter Informationen, bei dem die Zuordnung von Informationen zu bestimmten Unternehmen hinreichend schwierig oder unsicher ist oder bei dem die Daten über eine Reihe verschiedener Produkte aggregiert werden, führt nach der zutreffenden Einschätzung der EU-Kommission in den im Juli 2023 veröffentlichten Horizontalleitlinien nur mit sehr geringerer Wahrscheinlichkeit zu einer Beschränkung des Wettbewerbs.[16] Die Sammlung von aggregierten Marktinformationen bezüglich des Verkaufs, der Kapazitäten, der Kosten von Vorleistungen und Komponenten ist sowohl für die Wettbewerber als auch für deren Kunden zwecks Kostenersparnis und der Erzeugung eines Gesamtbildes der Wirtschaftslage eines Sektors von Vorteil. Nach den Horizontalleitlinien ist es unwahrscheinlich, dass der Austausch solcher aggregierter Informationen zu einer Beschränkung des Wettbewerbs führt.[17] 24

b) Aggregation preisrelevanter Informationen

Das Gleiche gilt grundsätzlich für die Aggregation preisrelevanter Informationen. Da der Begriff der „preisrelevanten Information" jedoch nicht trennscharf abzugrenzen ist, ist auch hier auf den Grundsatz zurückzugreifen, dass jede 25

[16] EU-Kommission, Horizontalleitlinien 2023, ABl. 2023 C 259, 1 Rn. 391.
[17] EU-Kommission, Horizontalleitlinien 2023, ABl. 2023 C 259, 1 Rn. 391.

Informationszusammenführung (ob sie nun im Einzelfall als preisrelevant zu betrachten sei oder nicht) eine Wettbewerbsbeschränkung weder bezwecken noch bewirken darf, was nach den herkömmlichen Kriterien zu beurteilen ist. Ist eine Wettbewerbsbeschränkung nicht anzunehmen – und dies wäre, wie oben gezeigt, bei einer echten Aggregation aller Voraussicht nach nicht der Fall – können sich zB auch Finanzdienstleister an der beschriebenen Datenzusammenführung beteiligen.

c) Verarbeitung preisrelevanter Informationen durch den Datentreuhänder

26 Dass der Treuhänder keine eigenständige kommerzielle Verwertung der Daten vornimmt und „nur" das Aggregat zur Verfügung stellt, führt *nicht* schon dazu, dass der Treuhänder jedwede preisrelevante Information verarbeiten darf. Auch hier kommt es letztendlich darauf an, ob die Daten in einer Weise verwendet werden, die eine Wettbewerbsbeschränkung bezwecken oder bewirken. Sofern eine echte, umfassende Aggregation der Informationen sichergestellt ist und der Datentreuhänder außerdem kein kommerzielles Interesse in der oben beschriebenen Weise hat, liegen aber gewichtige Indizien vor, die eine unzulässige Wettbewerbsbeschränkung sehr unwahrscheinlich erscheinen lassen.

d) Austausch aggregierter Daten im Oligopol

27 Allenfalls innerhalb eines Oligopols kann der Austausch aggregierter Daten problematisch sein. Denn (nur) dort kann nicht ausgeschlossen werden, dass auch der Austausch aggregierter Informationen und Daten auf Märkten mit besonderen Merkmalen ein Kollusionsergebnis begünstigt. So können Mitglieder eines sehr engen, stabilen Oligopols, die aggregierte Informationen austauschen und feststellen, dass der Marktpreis unter ein bestimmtes Niveau fällt, automatisch davon ausgehen, dass ein Unternehmen vom Kollusionsergebnis abgewichen ist, und können auf dem gesamten Markt Vergeltungsmaßnahmen auslösen. Das bedeutet, dass eine Kollusion auch dann stabil bleibt, wenn Unternehmen eines sehr engen, stabilen Oligopols nicht immer wissen, *wer* abgewichen ist. Es reicht aus, zu wissen, dass „jemand" abgewichen ist.[18]

e) Zwischenergebnis

28 Im Grundsatz ist der Austausch aggregierter Daten somit sehr wahrscheinlich als unschädlich zu bewerten,

> *„(…) sofern [er] nicht zwischen einer relativ kleinen Anzahl von Unternehmen mit einem ausreichend großen Anteil am relevanten Markt stattfindet".*[19]

29 Der Informationsaustausch darf dabei keine anderen Informationen betreffen als die Variablen, die für die Erzielung der Effizienzgewinne relevant sind. Dazu führt die EU-Kommission Folgendes aus:

---

[18] EU-Kommission, Horizontalleitlinien 2023, ABl. 2023 C 259, 1 Rn. 391.
[19] EU-Kommission, Horizontalleitlinien 2023, ABl. 2023 C 259, 1 Rn. 391.

„So wäre für Benchmarking-Zwecke ein Austausch unternehmensspezifischer Daten normalerweise nicht unerlässlich, weil z.B. aggregierte Informationen (z.B. durch ein Unternehmensranking) die geltend gemachten Effizienzgewinne genauso gut und mit einer geringeren Gefahr eines Kollusionsergebnisses hervorbringen können."[20]

Die Aggregation von Daten stellt demnach ein weniger wettbewerbsbeschränkendes Mittel dar. Nur wenn die Parteien ein **30**

„sehr enges, nicht komplexes und stabiles Oligopol bilden, könnte sogar der Austausch aggregierter Daten ein Kollusionsergebnis auf dem Markt begünstigen".[21]

Allerdings sinkt auch hier die Wahrscheinlichkeit einer Kollusion, je fragmentierter, instabiler intransparenter und komplexer der Markt ist, auf dem der Informationsaustausch stattfindet.[22] Dies müsste erst recht gelten, wenn die ausgetauschten Informationen zusätzlich aggregiert sind. **31**

4. Austausch anonymisierter Daten

Wie dargelegt, ist von dem Grundsatz auszugehen, dass der Austausch von Informationen zwischen Wettbewerbern kartellrechtlich umso problematischer ist, je eher Rückschlüsse auf Beteiligte und deren Geschäftspolitik möglich sind.[23] Fraglich ist, ob die für aggregierte Daten gemachten Ausnahmen in gleicher Weise auch für anonymisierte Daten gelten. Die Horizontallinien der EU-Kommission scheinen anonymisierte und aggregierte Daten gleich zu behandeln („Erhebung, Anonymisierung und Aggregation der Daten").[24] **32**

Anonymisierte Daten unterscheiden sich allerdings insofern von aggregierten Daten, als der Grad der möglichen Rückführbarkeit der Information auf eine bestimmte Person oder ein bestimmtes Unternehmen geringer bzw. eine Zuordnung – zumindest zunächst – gar nicht möglich ist. Die Anonymisierung wird zB erforderlich, wenn eine Aggregation aufgrund der Art der Daten, die sich ggf. schlecht in einen Datenbestand zusammenfassen lassen, nicht möglich ist, weil zum Beispiel die Daten individuellen Charakter besitzen.[25] **33**

Ob aber die Anonymisierung der Informationen nicht trotzdem zu einem Kartellrechtsverstoß führt, ist in jedem Einzelfall zu prüfen. Denn nicht immer führt die Anonymisierung der Daten zu einer Kartellrechtskonformität. Das gilt insbesondere auf Märkten mit einer oligopolistischen Struktur (namentlich im sog. *engen Oligopol*). Deshalb kann auch der Austausch anonymisierter Informationen identifizierenden Charakter haben, wenn wegen der fehlenden Aggregation dennoch konkrete Rückschlüsse auf die Beteiligten wie Datengeber und -nutzer, auf **34**

[20] EU-Kommission, Horizontalleitlinien 2023, ABl. 2023 C 259, 1 Rn. 426.
[21] EU-Kommission, Horizontalleitlinien 2023, ABl. 2023 C 259, 1 Rn. 429 Beispiel 1.
[22] EU-Kommission, Horizontalleitlinien 2023, ABl. 2023 C 259, 1 Rn. 412.
[23] Dreher/Hoffmann/Kling, Kartell- und Wettbewerbsrecht der Versicherungsunternehmen, 2. Aufl. 2016, § 7 Rn. 31.
[24] EU-Kommission, Horizontalleitlinien 2023, ABl. 2023 C 259, 1 Rn. 429.
[25] Dreher/Hoffmann/Kling, Kartell- und Wettbewerbsrecht der Versicherungsunternehmen, 2. Aufl. 2016, § 7 Rn. 30.

Preisabsprachen, konkrete Geschäfte oder generell die Geschäftspolitik der sich austauschenden Institutionen ermöglicht werden. So entfällt in bestimmten Fällen der identifizierende Charakter auch mit einer Anonymisierung nicht, wenn keine zusätzliche Aggregation erfolgt.[26]

5. Maßnahmen zur Beschränkung und/oder Kontrolle der Datenverwendung

35 Die Horizontalleitlinien legen dar, dass Unternehmen, die Informationen austauschen wollen (oder müssen), Maßnahmen ergreifen können, um den Zugang zu Informationen zu beschränken und/oder zu kontrollieren, wie die Informationen verwendet werden. Solche Maßnahmen können verhindern, dass sensible Geschäftsinformationen das Verhalten eines Wettbewerbers beeinflussen können.[27] So wird beispielsweise der Einsatz eines sog. *Clean Teams* vorgeschlagen, dh einer begrenzten Gruppe von Personen aus einem Unternehmen, die nicht in das Tagesgeschäft eingebunden und an strenge Vertraulichkeitsprotokolle in Bezug auf sensible Geschäftsinformationen gebunden sind. Ein solches Clean Team könnte sicherstellen,

> *„(…) dass die für die Zwecke dieser Zusammenarbeit bereitgestellten Informationen ausschließlich nach dem Grundsatz ‚Kenntnis nur, wenn nötig‘ und in aggregierter Form ausgetauscht werden. Die Beteiligten an einer Vereinbarung über den gegenseitigen Datenaustausch, z.B. einem Datenpool, sollten in der Regel nur Zugang zu ihren eigenen Informationen und zu den endgültigen, aggregierten Informationen der anderen Beteiligten haben. Durch technische und praktische Maßnahmen kann sichergestellt werden, dass ein Beteiligter nicht in der Lage ist, sensible Geschäftsinformationen von anderen Beteiligten einzeln zu erhalten. Die Verwaltung eines Datenpools kann wie dargelegt einem ‚Trustee‘ übertragen werden, der strengen Vertraulichkeitsregeln in Bezug auf die von den Datenpool Beteiligten erhaltenen Informationen unterliegt. Unternehmen, die einen Datenpool verwalten, sollten ferner sicherstellen, dass nur Informationen gesammelt werden, die für die Umsetzung des rechtmäßigen Zwecks des Datenpools erforderlich sind.“*[28]

6. Zwischenfazit zum Austausch aggregierter Daten

36 Der Austausch aggregierter Daten ist aller Wahrscheinlichkeit nach kartellrechtlich zulässig. Das gilt insbesondere, wenn

1. keine Rückschlüsse auf einzelne Daten oder *individuelle Informationen* möglich oder zumindest hinreichend schwierig sind,

[26] Dreher/Hoffmann/Kling, Kartell- und Wettbewerbsrecht der Versicherungsunternehmen, 2. Aufl. 2016, §7 Rn. 35.
[27] EU-Kommission, Horizontalleitlinien 2023, ABl. 2023 C 259, 1 Rn. 406.
[28] EU-Kommission, Horizontalleitlinien 2023, ABl. 2023 C 259, 1 Rn. 407.

2. nach dem *Grundsatz* „Kenntnis nur, wenn nötig" gearbeitet wird und Teilnehmer an einem Datenpool grundsätzlich nur Zugang zu ihren eigenen Informationen und zu den endgültigen, aggregierten Informationen der anderen Teilnehmer haben,
3. der Austausch aggregierter Daten nicht innerhalb eines Oligopols stattfindet, es sei denn, der Austausch findet auf einem intransparenten, fragmentierten, instabilen und komplexen Markt statt.

7. Die Leitlinien des BKartA zum Genossenschaftswesen

a) Allgemeines

Die Leitlinien des BKartA zum Genossenschaftswesen aus dem Jahr 2021 enthalten einige bemerkenswerte Ausführungen des Amtes zu dem Rahmen eines zulässigen Informationsaustausches, deren Bedeutung über den genossenschaftlichen Sektor hinausweist und zumindest auf kleine und mittlere Unternehmen (KMU) erstreckt werden kann.[29] **37**

Zunächst ist auch aus Sicht des BKartA unstreitig, dass *aggregierte Daten*, dh die nicht identifizierende Zusammenfassung der Daten mehrerer Wettbewerber, einerseits einen hinreichend guten Marktüberblick geben, ohne andererseits einen Rückschluss auf die geschäftlichen Erfolge konkreter Wettbewerber zu ermöglichen. Sie sind daher kartellrechtlich typischerweise unproblematisch. **38**

Im Übrigen hängt die „Freistellung" des Datenaustausches vom Kartellrecht von der Erfüllung verschiedener Voraussetzungen ab, für die das Amt eine Reihe von „Faustregeln" formuliert hat. Man muss hierbei beachten, dass diese für das Genossenschaftswesen entwickelt wurden und daher einen engen Bezug zu KMU aufweisen. **39**

Die erste Faustregel lautet: Je älter die Daten sind und je weniger Rückschlüsse die Daten auf konkrete Unternehmen zulassen, desto niedriger das wettbewerbsrechtliche Risiko.[30] **40**

Die zweite Faustregel lautet: Der Kreis der meldenden Unternehmen sollte möglichst groß sein,[31] aber mindestens fünf Unternehmen erfassen[32] (damit im konkreten Einzelfall keine Rückschlüsse auf einzelne Transaktionen oder Anbieter gezogen werden können). **41**

---

[29] BKartA, Genossenschaftsleitlinien 2021, Rn. 111 ff.
[30] BKartA, Genossenschaftsleitlinien 2021, Rn. 122.
[31] BKartA, Genossenschaftsleitlinien 2021, Rn. 122.
[32] OLG Düsseldorf WuW 2002, 1091 = BeckRS 2002, 17391 Rn. 14 – Transportbeton Sachsen: „Richtigerweise ist das von den Beteiligten beabsichtigte Informationssystem rechtlich unbedenklich. Voraussetzung ist allerdings, dass eine Rückmeldung der erhobenen Marktdaten nur dann erfolgt, wenn im jeweiligen Erhebungszeitraum mindestens fünf Transportunternehmen in das Meldegebiet eingeliefert und gemeldet haben, die mit keinem anderen dem Informationssystem angeschlossenen Unternehmen gesellschaftsrechtlich in irgendeiner Weise verbunden sind."; BKartA 29.6.2011 – B2-118/10, – AMI; BKartA 5.2.2000 – B2-140/19, – Unamera, abrufbar in der Entscheidungsdatenbank des Amtes, www.bundeskartellamt.de.

42 Die dritte Faustregel lautet: Marktinformationssysteme (zB Benchmark-Berichte)[33] müssen diskriminierungsfrei ausgestaltet sein.[34] Sofern der Zugang zu ihren Informationen für den Marktzugang wesentlich ist, darf er aktuellen oder potenziellen Wettbewerbern nicht verwehrt werden. Zudem dürfen weder die Teilnahmegebühren noch die technischen Anforderungen derart hoch sein, dass sie Interessierte von der Teilnahme am Marktinformationssystem ausschließen.[35]

b) Bedeutung für den Datentreuhänder

43 Diese kartellrechtlichen Wertungen können grundsätzlich auch für die Tätigkeit transaktionsbasierter Datentreuhänder relevant werden. So dürften zB Testversuche mit älteren Daten, selbst wenn diese seinerzeit Marktrelevanz besaßen, kartellrechtlich meistens unproblematisch sein. Sofern der transaktionsbasierte Datentreuhänder am Markt eine beherrschende Stellung erlangen sollte, wäre insbesondere darauf zu achten, dass er alle an der Beteiligung interessierten Unternehmen nach sachlichen Kriterien gleichbehandelt und nicht einzelne Unternehmen willkürlich ausschließt, um auf diese Weise den kartellrechtlichen Missbrauchsvorwurf von vornherein zu vermeiden.

IV. Algorithmen und Kartellrecht

1. Einführung

44 Der transaktionsbasierte Datentreuhänder arbeitet auf der Basis von Algorithmen. Deren Erfassung durch das Kartellrecht ist vor dem Hintergrund problematisch, dass Wettbewerbsbeschränkungen und missbräuchliche Verhaltensweisen normalerweise von Menschen begangen werden, deren schuldhaftes Verhalten dem Unternehmen, für das sie tätig werden, zugerechnet werden. Nur vorsätzlich oder fahrlässig begangene Kartellverstöße können sanktioniert werden. Wie aber sanktioniert man Verstöße, deren Ursache von (selbstlernenden) Algorithmen gesetzt wurden und bei denen kein Verhaltensvorwurf gegenüber Menschen bzw. Unternehmen formuliert werden kann?

45 Die kartellrechtliche Einordnung bereitet tatsächlich besondere Schwierigkeiten, wenn Wettbewerbsbeschränkungen oder missbräuchliche Verhaltensweisen nicht durch *menschliches* Verhalten, sondern durch *Algorithmen* zustande kommt, also durch eine Software, die (selbständige) „Entscheidungen" trifft.[36]

[33] Die Benchmark-Berichte „stellen einen neuartigen und einzigartigen, umfassenden Marktüberblick dar, der die Mengenplanung der Unternehmen erheblich erleichtert", Genossenschaftsleitlinien Rn. 123.

[34] BKartA, Genossenschaftsleitlinien 2021, Rn. 123.

[35] BKartA, Genossenschaftsleitlinien 2021, Rn. 123.

[36] Bernhardt NZKart 2019, 314ff.; Ebers NZKart 2016, 554f.; Künstner GRUR 2019, 36ff.; Ylinen NZKart 2018, 19ff.; Salaschek/Serafimova WuW 2018, 8ff.; MüKoWettbR/Paschke Art. 101 Rn. 182ff.; Doerr Algorithmic Tacit Collusion, 2025; vgl. außerdem zur Frage der wettbewerbswidrigen Koordination und des Konsensmechanismus durch die Blockchain Louven/Saive GRUR-Int 2019, 537ff.

Unproblematisch erfasst wäre nur der Fall, dass die Algorithmen bereits bewusst so programmiert wurden, dass das Kartellrecht verletzt wird, etwa durch Preisalgorithmen. Dort aber, wo das Kollusionsergebnis ausschließlich auf „selbständig" agierende Algorithmen zurückgeht, weist das Kartellrecht derzeit noch eine offene Flanke auf, zu deren Schließung verschiedene Konzepte entwickelt wurden.

2. Arten von Algorithmen

Es gibt verschiedene Arten von Algorithmen, die je nach Ausgestaltung unterschiedliche Funktionen erfüllen und sich in ihrem Grad der Selbstständig- und Lernfähigkeit unterscheiden. Vereinfachend lassen sich Algorithmen zunächst nach ihrem Aufgabengebiet, ihrer Lernmethode oder nach deren möglicher Interpretierbarkeit, dh nach ihrer Nachvollziehbarkeit für Menschen oder Maschinen, unterscheiden.[37] 46

Im Weiteren unterteilt man die aufgabenspezifischen Algorithmen in Preis(setzungs)algorithmen (zur automatischen Preisanpassung eines Produkts aufgrund vorher festgelegter Regeln), Personalisierungsalgorithmen (zur Platzierung von personalisierten Produktvorschlägen aufgrund historischer Verbraucherdaten und Prognosemodellen) und Ranking-Algorithmen (zur Angebotsplatzierung von höherer Relevanz für Nutzer auf Vergleichsportalen). 47

Kartellrechtlich besonders relevant dürften die Preisalgorithmen sein. Derartige Algorithmen berücksichtigen die Nachfrage und Marktentwicklung. Darauf basiert die prompte Preisanpassung in Abhängigkeit von der Bepreisung von Konkurrenzprodukten.[38] Das geschieht dadurch, dass verschiedene Algorithmen miteinander kommunizieren. Sie sind dazu in der Lage, durch Informationsaustausch Preise festzulegen oder bestehende Preisfestsetzungen zu überwachen (sog. *messenger scenario*). Wenn Algorithmen eingesetzt werden, um über einen Administrator ein Parallelverhalten zu organisieren, liegt die oben bereits angesprochene *Hub-and-Spoke*-Konstellation vor.[39] 48

Die Lernmethode eines Algorithmus kann für die Zurechenbarkeit seiner Handlungen von Bedeutung sein. Algorithmen können nämlich *statisch* oder *selbstlernend* agieren. Erstere Algorithmen behandeln einen immer gleichen Input stets konstant und erzeugen damit immer den gleichen – und somit vorhersehbaren – Output. Demgegenüber wird ein selbstlernender Algorithmus (der weiterhin in *supervised, unsupervised, deep* und *reinforcement learning* unterschieden werden kann) die vorgegebenen Parameter selbstständig verändern und im Ergebnis trotz unverändertem Input variierende Outputs erzeugen. Das führt dazu, dass seine Arbeitsergebnisse unvorhersehbar werden und somit zu der Debatte bezüglich der Zurechnung etwaig ungewollter Ergebnisse beitragen. 49

---

[37] Zur Ökonomik von Sport, Entertainment und Medien/Bixer/Heimeshoff, 2021, S. 275 ff.

[38] Zur Ökonomik von Sport, Entertainment und Medien/Bixer/Heimeshoff, 2021, S. 275; Mundt ZVertriebsR 2021, 69 (70).

[39] Jaeger/Kokott/Pohlmann/Schroeder/Seeliger Frankfurter Kommentar zum Kartellrecht/Roth/Ackermann, 107. Lieferung, 1/2024, Art. 101 AEUV, 4. Abgestimmtes Verhalten Rn. 209b; Doerr Algorithmic Tacit Collusion p. 210 et seq.

3. Keine Anerkennung der sog. ePerson

50 In diesem Zusammenhang wird diskutiert, ob dem verselbständigten Algorithmus eine eigene Rechtssubjektivität zugesprochen werden kann, mit der Folge, dass er als sog. *e-Person* Träger von Rechten und Pflichten wäre. Der Algorithmus wäre damit selbstständig handlungsfähig iSd §§ 104 ff. BGB und Normadressat des Kartellrechts.

51 Träger von Rechten und Pflichten können aber nur natürliche und juristische Personen sein. Die Gleichstellung einer e-Person mit einer natürlichen Person ist im geltenden Zivilrecht nicht möglich, sodass eine Gleichstellung lediglich mit einer juristischen Person in Betracht kommt. Wollte man aber eine Rechtsfähigkeit des Algorithmus gleich einer juristischen Person etablieren, müsste man ihn *de lege ferenda* wie eine juristische Person zumindest mit einer eigenen Haftungsmasse ausstatten.[40] Bei einer Gleichstellung mit einem rechtsfähigen Subjekt wäre zudem die Eintragung in einem öffentlichen Register zu fordern. Nach geltendem Recht sind beide Voraussetzungen nicht gegeben. Es ist daher nur folgerichtig, die Zurechnung mittels Anerkennung der e-Person *de lege lata* abzulehnen.

52 Kurz: Es wäre offensichtlich systemfremd, den Algorithmus als solchen für Wettbewerbsverstöße verantwortlich zu machen, indem man ihn als eigenständige Rechtspersönlichkeit und damit als Normadressaten des Kartellrechts (dh als Unternehmen im kartellrechtlichen Sinn) qualifiziert.

4. Das Problem der „Zurechnung" von Algorithmen

53 Fehlt es an einem menschlichen Verhalten, liegt weder eine Vereinbarung[41] noch eine abgestimmte Verhaltensweise iSd der Kartellverbote gemäß Art. 101 Abs. 1 AEUV und § 1 GWB vor.[42] Es kann somit nur darum gehen, jene Unternehmen, die Algorithmen einsetzen, für Wettbewerbsverstöße (zB Preisfestsetzungen über dem jeweiligen Marktpreis) rechtlich kraft „Zurechnung" verantwortlich zu machen. Für eine „Zurechnung" des Algorithmus zum Unternehmen gibt es derzeit keine ausdrückliche geschriebene Rechtsgrundlage. Art. 23 Abs. 2 VO 1/2003 verlangt für die kartellbehördliche Sanktionierung von Verstößen gegen die Wettbewerbsregeln ein schuldhaftes Verhalten (Vorsatz oder Fahrlässigkeit) und geht dabei implizit von menschlichem Verhalten aus, für das Unternehmen als Normadressaten des Kartellrechts verantwortlich zeichnen.

54 Ob das Kartellrecht dahingehend extensiv ausgelegt werden kann, dass künftig der Einsatz von Preisalgorithmen kartellrechtlich geahndet wird, ist eine offene

---

[40] MüKoBGB/Schubert BGB § 164 Rn. 119.

[41] OECD Roundtable Contribution, "Algorithms and Collusion – Note from the European Union" DAF/COMP/WD(2017)12, para. 33: *"(…) At the same time, at this stage, one cannot fully rule out the possibility that more creative and novel types of interactions could in certain situations meet the definition of ‚communication'."*.

[42] Bisweilen wird dafür auch der Begriff explicit collusion gebraucht, um dieses Verhalten von der sog. tacit collusion, die von Art. 101 Abs. 1 AEUV nicht erfasst wird, abzugrenzen, s. European Union, OECD Roundtable Contribution, "Algorithms and Collusion – Note from the European Union" DAF/COMP/WD (2017)12, para. 18; Wiedemann, Handbuch des Kartellrechts/Ewald, 4. Auflage 2020, § 7 Rn. 87.

und umstrittene Frage.[43] Das Problem stellt sich auf horizontaler Ebene (zB Hardcore-Preiskartell, Informationsaustausch) wie auf vertikaler Ebene (zB vertikale Preisbindung),[44] außerdem bei sog. *Hub-and-Spoke*-Konstellationen[45] und in den Fällen des sog. *Signalling*[46]. Die Fragestellung hat also für das gesamte Kartellrecht Relevanz und ist somit umfassender Natur.

a) Rechtliche Analyse

Vorab sei klargestellt, dass das Kartellrecht nicht als Verhinderungsmechanismus für moderne technische Lösungen dient. Es wäre deshalb einerseits verfehlt, den Einsatz von Algorithmen generell als verboten anzusehen und damit den technischen Fortschritt zu lähmen. Andererseits ist es nach dem geltenden Recht bereits möglich, die Kenntnis von Unternehmen über Preissetzungen durch technische Mittel zur Begründung abgestimmter Verhaltensweisen zu verwenden, wie die *Eturas*-Rechtsprechung des EuGH von 2016 gezeigt hat.[47] Dieser Fall betraf die kartellrechtswidrige Abstimmung zwischen Reisebüros durch den Einsatz technischer Mittel. Er zeigt auf, dass der Einsatz technischer Mittel (hier: Computertechnologie) bei der Koordination zwischen Wettbewerbern kein „Schlupfloch" für Wettbewerbsverstöße bieten soll. Dies widerspräche nämlich dem Effektivitätsgrundsatz des Unionskartellrechts, der von den Unionsorganen sehr strikt angewendet wird. **55**

Würde man auf eine wie auch immer geartete „Steuerung" des Algorithmus durch das Unternehmen, das diesen einsetzt, als verschuldensbegründendes Element abstellen, ergäben sich erhebliche Schwierigkeiten bei der rechtlichen Einordnung. Denn eine kausale Steuerung durch die menschliche Programmierung des Algorithmus ist nicht die einzige Konstellation, in der nicht wettbewerbskonforme Preissetzungen möglich sind. Zu denken ist insbesondere an den Fall, dass sich Algorithmen „verselbständigen" und letztlich kein sie steuerndes menschliches Verhalten dahinter identifizierbar ist, weil es sich um selbstlernende Algorithmen handelt. Auch an einer „Zustimmung" seitens der Unternehmen oder ihrer Kenntnis von der konkreten Preisfestsetzung durch den Algorithmus würde es fehlen. Vom Ergebnis her – einer Festsetzung von Preisen oberhalb des Wettbewerbsniveaus – ergäbe sich allerdings kein Unterschied. **56**

In den Fällen der sog. *tacit collusion*[48] kann nach dem geltenden EU-Kartellrecht eine Sanktionierung von Unternehmen nicht erfolgen, da weder eine Verein- **57**

---

[43] OECD Roundtable Contribution, "Algorithms and Collusion – Note from the European Union" DAF/COMP/WD (2017)12, paras. 8 et seq.

[44] Zur sog. retail price maintenance – RPM s. European Union, OECD Roundtable Contribution, "Algorithms and Collusion – Note from the European Union" DAF/COMP/WD (2017)12, paras. 12 et seq.; zur anstehenden Reform der Vertikal-GVO s. Niemeyer/Fritz NZKart 2020, 158 ff.

[45] OECD Roundtable Contribution, "Algorithms and Collusion – Note from the European Union" DAF/COMP/WD (2017)12, para. 26; Ylinen NZKart 2018, 19 (20 f.); MüKoWettbR/Paschke Art. 101 Rn. 185; Doerr Algorithmic Tacit Collusion, p. 210 et seq..

[46] S. auch OECD Roundtable Contribution, "Algorithms and Collusion – Note from the European Union" DAF/COMP/WD (2017)12, para. 27.

[47] EuGH ECLI:EU:C:2016:42 Rn. 44 f. – Eturas ua/Lietuvos Respublikos konkurencijos taryba.

[48] Wiedemann, Handbuch des Kartellrechts/Ewald, 4. Auflage 2020, § 7 Rn. 87; Doerr Algorithmic Tacit Collusion p. 65 et seqq., p. 149 et seqq., p. 301 et seqq.

barung noch eine abgestimmte Verhaltensweise iSd Art. 101 Abs. 1 AEUV bzw. § 1 GWB vorliegt. Die Lage stellt sich nicht anders dar als bei dem sog. *bewussten Parallelverhalten*, das auf menschlichem Tun beruht. Man könnte darauf spekulieren, diese „Ausnahmen" auch bei dem Einsatz von Algorithmen für sich zu reklamieren. Richtigerweise sind diese aber vorliegend nicht einschlägig. Wie unlängst in der Literatur nachgewiesen wurde, gehen nämlich die Beeinträchtigungen, die durch den Einsatz von Algorithmen erfolgen, über diejenigen, die das bewusste Parallelverhalten zur Folge hat, hinaus.[49]

b) Hub-and-Spoke-Konstellationen bei Algorithmen (indirekter Informationsaustausch)

58 Das Kartellrecht verbietet nicht nur die unmittelbare wettbewerbsschädliche Koordinierung zwischen Wettbewerbern, sondern auch deren Koordinierung über „neutrale" Dritte. Die Europäische Kommission hat in den neuen Horizontalleitlinien[50] vom Juli 2023 das Problem nach der gegenwärtigen Rechtslage umschrieben und zunächst mehrere Umstände unterschieden.

59 Im Einzelnen gilt danach Folgendes:

60 Bestimmte Maßnahmen des indirekten Informationsaustausches können als *Hub-and-Spoke*-Vereinbarungen bezeichnet werden. In solchen Fällen fungiert ein gemeinsamer Anbieter oder Hersteller als Drehscheibe, um Informationen an verschiedene Einzelhändler weiterzuleiten. Es ist aber auch denkbar, dass ein Einzelhändler die Koordination zwischen mehreren Anbietern oder Herstellern ermöglicht. Außerdem kann eine Online-Plattform als Drehscheibe fungieren, wenn sie wettbewerbswidrige Praktiken unter den Nutzern ihrer Plattformdienste ermöglicht, koordiniert oder durchführt.[51] Solche Plattformen können den Informationsaustausch zwischen Plattformnutzern ermöglichen, um bestimmte Gewinnspannen oder Preisniveaus zu sichern. Außerdem können sie dem System Betriebsbeschränkungen auferlegen, die verhindern, dass Plattformnutzer den Endkunden niedrigere Preise oder andere Vorteile anbieten. Ein weiterer indirekter Informationsaustausch kann darin bestehen, dass sich (potenzielle) Wettbewerber auf einen gemeinsamen Optimierungsalgorithmus stützen, der Geschäftsentscheidungen auf der Grundlage sensibler Geschäftsinformationen von verschiedenen Wettbewerbern trifft. Überdies ist denkbar, dass in den einschlägigen automatisierten Werkzeugen abgestimmte/koordinierte Optimierungsfunktionen oder -mechanismen implementiert sind. Während die Verwendung öffentlich zugänglicher Daten zur Einspeisung in eine algorithmische Software nach Ansicht der EU-Kommission kartellrechtskonform ist, kann ihres Erachtens die Zusammenführung sensibler Informationen in einem Preisbildungsinstrument, das von einem einzigen IT-Unternehmen angeboten wird und zu dem mehrere Wettbewerber Zugang haben, einer horizontalen Kollusion gleichkommen.[52]

61 Die Rechtfertigung von durch Algorithmen verursachten Kartell „vereinbarungen" bzw. abgestimmten Verhaltensweisen nach Art. 101 Abs. 3 AEUV bzw.

---

[49] Doerr Algorithmic Tacit Collusion, p. 233: "The hann is likely to be of greater and unprecedented scale."
[50] EU-Kommission, Horizontalleitlinien 2023, ABl. 2023 C 259, 1 Rn. 402.
[51] EU-Kommission, Horizontalleitlinien 2023, ABl. 2023 C 259, 1 Rn. 402.
[52] EU-Kommission, Horizontalleitlinien 2023, ABl. 2023 C 259, 1 Rn. 402.

§ 2 GWB ist allerdings grundsätzlich möglich.[53] Das ist grundsätzlich der Fall, wenn er für die Umsetzung *objektiv notwendig* ist und in einem *angemessenen Verhältnis* zu den Zielen der Vereinbarung steht.[54]

Wie solche Vorteile begründet werden können, wird in den Horizontalleitlinien deutlich. Dort heißt es, der Austausch gleichartiger oder ergänzender Informationen könne Unternehmen ermöglichen, neue oder bessere Produkte oder Dienstleistungen zu entwickeln oder Algorithmen auf einer breiteren, aussagekräftigeren Basis zu verfeinern. Außerdem könne der Informationsaustausch den Verbrauchern direkt zugutekommen, indem er ihre Kosten für Suchanfragen senke und die Auswahl verbessere.[55] **62**

Diese Freistellungsvoraussetzungen dürften bei dem Austausch sensibler Geschäftsdaten allerdings regelmäßig nicht erfüllt sein. Das gilt auch und gerade bei dem Einsatz von Algorithmen. Die Horizontalleitlinien stellen dazu klar, dass der Austausch sensibler Geschäftsinformationen als Methode zur Erhöhung der internen Stabilität einer wettbewerbswidrigen Vereinbarung oder abgestimmten Verhaltensweise auf dem Markt eingesetzt werden kann.[56] Damit ist gemeint, dass durch den Informationsaustausch die Markttransparenz so weit erhöht werden kann, dass die kolludierenden Unternehmen dazu in die Lage versetzt werden, zu kontrollieren, ob andere Unternehmen vom Kollusionsergebnis abweichen und folglich wissen, wann sie „Vergeltungsmaßnahmen“ ergreifen müssen. Dadurch kann ein Kollusionsergebnis auf Märkten erreicht werden, auf denen den Unternehmen dies andernfalls nicht möglich gewesen wäre, oder es kann zumindest die Stabilität eines bereits bestehenden Kollusionsergebnisses auf dem Markt weiter ausgebaut werden.[57] **63**

In den Horizontalleitlinien werden verschiedene Einsatzmöglichkeiten von Algorithmen benannt, die eine Kollusion erleichtern können: **64**

> *„(…) Algorithmen können jedoch auch zur Überwachung (bereits bestehender) wettbewerbswidriger Vereinbarungen zwischen Wettbewerbern verwendet werden. Wenn sie im Rahmen einer Kollusion eingesetzt werden, können Preisüberwachungsalgorithmen die Markttransparenz erhöhen, Preisabweichungen in Echtzeit identifizieren und die Wirksamkeit von Bestrafungsmechanismen erhöhen. Die Unternehmen können auch Algorithmen zur Verhaltenskoordinierung einsetzen, um wesentliche Wettbewerbsparameter zu vereinbaren. Algorithmen werden dann zu einem Mittel, um Kollusion zu erleichtern (Kollusion auf Code-Ebene). Kollusion auf Code-Ebene in Bezug auf wesentliche Wettbewerbsparameter ist in der Regel als Kartell und damit als bezweckte Wettbewerbsbeschränkung anzusehen, unabhängig von den Marktbedingungen.“*[58]

Die zwei wichtigsten Grundsätze im Umgang mit Preisbildungsalgorithmen werden von der EU-Kommission ebenfalls benannt: **65**

---

[53] Ein Beispiel für eine solche Rechtfertigung aus Gründen der überwiegenden Effizienzvorteile für die Verbraucher bietet der Fall „Webtaxi“ der luxemburgischen Kartellbehörde, siehe.https://concurrence.public.lu/dam-assets/fr/decisions/ententes/2018/decision-n-2018-fo-01-du-7-juin-2018version-non-confidentielle.pdf.

[54] EU-Kommission, Horizontalleitlinien 2023, ABl. 2023 C 259, 1 Rn. 369.

[55] EU-Kommission, Horizontalleitlinien 2023, ABl. 2023 C 259, 1 Rn. 373.

[56] EU-Kommission, Horizontalleitlinien 2023, ABl. 2023 C 259, 1 Rn. 379.

[57] EU-Kommission, Horizontalleitlinien 2023, ABl. 2023 C 259, 1 Rn. 379.

[58] EU-Kommission, Horizontalleitlinien 2023, ABl. 2023 C 259, 1 Rn. 379.

> *„Erstens: Sind Preisbildungspraktiken rechtswidrig, wenn sie offline angewendet werden, ist die Wahrscheinlichkeit groß, dass sie auch rechtswidrig sind, wenn sie online angewendet werden.*
>
> *Zweitens: Unternehmen, die an rechtswidrigen Preisbildungspraktiken beteiligt sind, können sich nicht mit der Begründung der Haftung entziehen, dass ihre Preise durch Algorithmen bestimmt wurden. Wie ein Mitarbeiter oder ein externer Berater, der unter der ‚Leitung oder Kontrolle' eines Unternehmens tätig ist, steht ein Algorithmus unter der Kontrolle des Unternehmens, sodass das Unternehmen auch dann haftbar ist, wenn seine Handlungen von Algorithmen beeinflusst wurden."*[59]

66 Außerdem wird in den Horizontalleitlinien die Konstellation der *einseitigen* Offenlegung sensibler Geschäftsinformationen erörtert, die eine abgestimmte Verhaltensweise darstellen kann. Das ist der Fall, wenn Wettbewerber auf eine solche Offenlegung hin handeln und ein kausaler Zusammenhang zwischen der Offenlegung und dem anschließenden Verhalten des Wettbewerbers auf dem Markt besteht. Unerheblich ist, ob nur ein Unternehmen oder ob alle beteiligten Unternehmen sensible Geschäftsinformationen offenlegen.[60] Denn wenn nur ein einziges Unternehmen seinen Wettbewerbern gegenüber sensible Geschäftsinformationen offenlegt, verringert sich dadurch für diese Wettbewerber die Ungewissheit bezüglich des künftigen Marktgeschehens und es erhöht sich die Wahrscheinlichkeit einer Wettbewerbsbeschränkung und eines kollusiven Verhaltens, sofern sich die Wettbewerber nicht öffentlich von der Offenlegung distanzieren. Eine einseitige Offenlegung könne zB im Rahmen von (Chat-) Nachrichten, E-Mails, Telefongesprächen und in Sitzungen erfolgen, aber auch durch Eingabe in ein gemeinsames algorithmisches Tool. Dazu heißt es in den Horizontalleitlinien wie folgt:

> *„(…) Ebenso dürfte die Einführung einer Preisregel in einem gemeinsam genutzten algorithmischen Tool (z. B. einer Regel zur Anpassung an den niedrigsten Preis auf einer bestimmten Online-Plattform oder in einem bestimmten Online-Shop + 5 % oder an den Preis eines bestimmten Wettbewerbers – 5 %) unter Artikel 101 Absatz 1 fallen, selbst wenn keine ausdrückliche Vereinbarung über die Angleichung künftiger Preise vorliegt. (…)".*[61]

67 Zusammenfassend gilt nach der EU-Kommission zum Informationsaustausch zwischen Wettbewerbern über Dritte Folgendes:

> *„Der Austausch sensibler Geschäftsinformationen zwischen Wettbewerbern kann über einen Dritten, z.B. einen Drittdienstleister (einschließlich eines Plattformbetreibers oder eines Anbieters von Optimierungsinstrumenten), eine gemeinsame Stelle (z.B. eine Handelsorganisation), einen Anbieter oder Kunden oder einen gemeinsamen Algorithmus erfolgen (zusammen im Folgenden „Dritte"). Wie beim direkten Informationsaustausch kann auch ein indirekter Austausch die Ungewissheit bezüglich der Handlungen der Wettbewerber verringern und zu einem Kollusionsergebnis auf dem Markt führen. Die Kollusion wird in solchen Fällen entweder durch den Dritten*

[59] EU-Kommission, Horizontalleitlinien 2023, ABl. 2023 C 259, 1 Rn. 379.
[60] EU-Kommission, Horizontalleitlinien 2023, ABl. 2023 C 259, 1 Rn. 396.
[61] EU-Kommission, Horizontalleitlinien 2023, ABl. 2023 C 259, 1 Rn. 397.

erleichtert oder durchgesetzt. Je nach Sachverhalt können sowohl die beteiligten Wettbewerber als auch der Dritte für eine solche Kollusion haftbar gemacht werden. Das Verbot nach Artikel 101 Absatz 1 betrifft nicht ausschließlich die Parteien von Vereinbarungen oder aufeinander abgestimmten Verhaltensweisen, die auf den von den Vereinbarungen oder Verhaltensweisen betroffenen Märkten tätig sind."

Man muss daher davon ausgehen, dass der Dritte – in unserem Fall also der neutrale Datentreuhänder – aus der Sicht der EU-Kommission auch ohne ausdrückliche gesetzliche Regelung für Kartellrechtsverstöße der am Datenaustausch teilnehmenden Unternehmen haftbar gemacht werden kann. **68**

c) Haftung für Algorithmen im Kartellrecht *de lege lata* und *de lege ferenda*

Fraglich ist, ob und wie wettbewerbsfeindliche Ergebnisse, die durch Algorithmen selbständig hervorgerufen werden, zukünftig verhindert und geahndet werden sollen. **69**

aa) Gefährdungshaftung?

De lege ferenda kommt möglicherweise eine Gefährdungshaftung von Unternehmen, die Algorithmen einsetzen, in Betracht. Nach dem gegenwärtigen Rechtsstand wäre eine solche Haftung innerhalb des verschuldensabhängigen Kartellrechts jedoch als systemfremd anzusehen. Da die Gefährdungshaftung aber die typische Reaktion des Gesetzgebers auf das Auftreten besonderer Risiken in der modernen Industriegesellschaft darstellt, wäre eine solche Haftung für die Zukunft allerdings denkbar,[62] sei es als eigenständige Haftung, sei es als eine Haftung innerhalb eines erheblich veränderten Kartellrechts nach einer entsprechenden Reform. Das ist freilich ein spekulativer Ansatz, der hier nicht weiterverfolgt wird. **70**

Zu fragen ist vielmehr: Was ist ein realistisches Szenario für eine künftige kartellrechtliche Haftung von Unternehmen (einschließlich Dritten) bei dem Einsatz von Algorithmen? **71**

bb) OECD Roundtable Discussion

Erste Ansätze einer „Uminterpretation" des Kartellrechts, die ohne das Verschuldenskriterium auskommt, finden sich in den o.g. Horizontalleitlinien der EU-Kommission von 2023. Die Europäische Union hat sich aber schon vorher im Rahmen der OECD Roundtable Discussion *de lege lata* für eine solche kartellrechtliche Verantwortlichkeit von Unternehmen, die Algorithmen verwenden, ausgesprochen, ohne eine präzise rechtliche Einordnung vorzunehmen: **72**

> *"There may be yet another scenario. One could wonder whether pricing algorithms could, without explicit instructions to do so, engage in explicit collusion with each other. This would require algorithms to achieve a sense of communication (for concerted practices) and bargaining and mutual commitment (for reaching 'agreement'). If this is or were to become possible in the future, the firms using such algorithms would remain*

[62] European Union, OECD Roundtable Contribution, "Algorithms and Collusion – Note from the European Union" DAF/COMP/WD(2017)12, para. 28, 38.

liable for their behaviour. It is up to the firms using algorithms to ensure that their algorithms do not engage in illegal behavior.” Und weiter wird ausgeführt:

“(...) Like an employee or an outside consultant working under a firm's ‘direction or control, an algorithm remains under the firm's control, and therefore the firm is liable for its actions.”

73 Der Einsatz von Algorithmen genügt nach dieser Auffassung somit, um eine kartellrechtliche Unternehmensverantwortlichkeit bereits nach dem *gegenwärtigen* Rechtsstand zu begründen, ohne dass dem Unternehmen ein konkreter Fahrlässigkeitsvorwurf gemacht werden müsste. Das ist eine bemerkenswerte Abkehr vom „klassischen“ verschuldensabhängigen Verständnis des Kartellrechts. Aus Unternehmenssicht wird dadurch die Gefahr der kartellrechtlichen Haftung erweitert, weil der Einwand fehlenden Individualverschuldens nicht verfangen würde.

cc) Folgerungen

74 Vor dem Hintergrund der aktuellen Diskussion und Regulierungsaktivitäten der Europäischen
75 Kommission erscheinen die Ausführungen von Deloitte im *Milestone 1 Progress Report* (Ziff. 1.6.1):

„In every situation where competitors cooperate there is a potential violation of anti-trust laws possible. However, the situation might be different in this case because cooperating does not mean coordinating in this case.”

doch arg verkürzt. Die Unterscheidung zwischen Kooperation und Koordination findet sich in den Stellungnahmen und Leitlinien der Kartellbehörden nicht wieder, und es ist deshalb damit zu rechnen, dass Unternehmen, die vortragen, dass sie kooperiert hätten, ohne ihr Verhalten am Markt zu koordinieren, im Fall des Einsatzes von Algorithmen kein Gehör fänden.

dd) Stellungnahmen in der Literatur

76 Die Literatur hat sich mit der Frage der kartellrechtlichen Einordnung von digitalen Ökosystemen bereits intensiv auseinandergesetzt. In diesem Zusammenhang sei *pars pro toto* auf zwei Beiträge von *Stefan Thomas* mit dem Titel *“Horizontal Restraints on Platforms: How Digital Ecosystems Nudge into Rethinking the Construal of the Cartel Prohibition”*[63] sowie *„Auslegung des Kartellverbots bei Kollusion durch Algorithmen“*[64] hingewiesen. *Thomas* hält es für möglich, ein System zu etablieren, in dem schädliche von nützlichen Informationssignalen unterschieden werden, ohne dass auf Begriffe wie die praktische Zusammenarbeit oder andere Umschreibungen der Formen, Mittel und Intentionen der Akteure zurückgegriffen werden muss. Ein solches Konzept würde es erlauben, mit dem Phänomen der autonomen algorithmischen Kollusion umzugehen und dieses unter das Kartellverbot zu subsumieren.

---

[63] Thomas World Competition 2021, 53 (53–80).

[64] Regulierung für Algorithmen und Künstliche Intelligenz (Tagungsband)/Thomas, 2021, S. 293 ff.

Die Kollusion wäre verboten, sobald die damit einhergehenden Nachteile für die Verbraucher größer sind als der Nutzen der verwendeten Informationssignale. Wenn Algorithmen ein kollusives Gleichgewicht herstellen, indem sie miteinander kommunizieren, ohne dass diese Interaktion darauf beruht, dass Verbrauchern notwendige Informationen zur Verfügung gestellt werden, könnte dies mithin als eine unzulässige Verhaltensweise im Sinne des Kartellverbots qualifiziert werden. Wenn umgekehrt eine Vertriebsplattform Informationen gegenüber Kunden erforderlich macht, ohne die das Effizienzpotential der Plattform nicht gehoben werden könnte, würde das Kartellverbot ausscheiden, selbst wenn sich infolgedessen auf der Plattform kollusive Gleichgewichte einstellen würden.

V. Zusammenfassung

1. Der Datenaustausch zwischen Wettbewerbern ist im Kartellrecht ein „heißes Eisen". Der Einsatz von Algorithmen im Zusammenhang mit dem Sammeln, Verarbeiten und Austauschen von Daten erschwert die kartellrechtliche Analyse zusätzlich, da weder entsprechend modernisierte Rechtsgrundlagen noch verbindliche Aussagen des EuGH zu Algorithmen existieren. Es empfiehlt sich daher vorläufig so vorzugehen, dass man sich vorstellt, der Algorithmus sei ein Mensch, dessen wettbewerbswidriges Verhalten dem Unternehmen, für das er tätig wird, als Verstoß „zugerechnet" wird. Obgleich die geltenden kartellrechtlichen Sanktionsregeln eine vorsätzliche oder fahrlässige Begehungsweise verlangen, ist damit zu rechnen, dass bei fehlendem menschlichen bzw. unternehmerischen Verschulden Kartellverstöße, die durch Algorithmen hervorgerufen werden, zu Sanktionen bei dem diese Algorithmen einsetzenden Unternehmen führen würden. 77
2. Bei neutralen Datentreuhändern muss sichergestellt werden, dass durch den Einsatz von Algorithmen entweder keinerlei Koordinierungsaktivität zum Nachteil des Wettbewerbs erfolgt oder zumindest, dass die Vorteile des indirekten Informationsaustauschs die Nachteile für den Wettbewerb so eindeutig überwiegen, sodass bei einer Gesamtwürdigung die Freistellungsvoraussetzungen des Art. 101 Abs. 3 AEUV, § 2 GWB gegeben sind. Anderenfalls würde der Rechtsträger des neutralen Datentreuhänders (zB eine GmbH) haftbar gemacht werden können. 78

§ 17
AGB und Onboarding: Kommentierte Musterverträge für die transaktionsbasierte Datentreuhand

Die Datentreuhandstruktur basiert auf klar definierten Rollen und vertraglichen Beziehungen. Der Datentreuhänder fungiert als neutraler Vermittler und stellt die technische Infrastruktur sowie die notwendigen Verträge bereit. Insoweit „orchestriert" er den Betrieb der Datentreuhandstruktur. Datengeber („**Datengeber**") liefern die Daten, Datendienstleister („**Datendienstleister**") stellen die Analysealgorithmen zur Verfügung, und Analysenehmer („**Analysenehmer**") nutzen die Analyseergebnisse. Die vertraglichen Beziehungen innerhalb der Datentreuhandstruktur werden durch verschiedene, aufeinander abgestimmte Verträge geregelt. Diese umfassen die **Allgemeinen Geschäftsbedingungen – Onboarding** für alle Beteiligten, die **Kooperationsbedingungen** und den **Kooperationsvertrag** zur Integration der Datendienstleister, sowie die **Anwendungsbedingungen** für spezifische Anwendungen. Für jede Transaktion wird ein **Leistungsschein** geschlossen, der die Einzelheiten der Datenübertragung und -auswertung festlegt. Bei dem vorliegenden Muster handelt es sich um die **Allgemeinen Geschäftsbedingungen – Onboarding.** Die Kooperationsbedingungen nebst Kooperationsverträgen, die Anwendungsbedingungen sowie die jeweiligen Leistungsscheine sind anwendungsspezifisch und sollten auf die jeweilige Datentreuhand-Anwendung zugeschnitten werden.

Datentreuhand
Allgemeine Geschäftsbedingungen

Inhaltsverzeichnis

Einführung

A. Die [•••] („**Datentreuhänder**") betreibt eine dezentrale und neutrale Datentreuhandstruktur („**Datentreuhandstruktur**"). Die Datentreuhandstruktur ermöglicht Unternehmen, Wissenschaft und Behörden, sicher, rechtskonform und weitgehend automatisiert Daten anlassbezogen für konsolidierte Analysen zusammenzuführen und damit vorhandene Datenbestände nutzbar zu machen. Die Datentreuhandstruktur wird für verschiedene Anwendungsfälle (diese Anwendungsfälle jeweils „**Anwendungen**") angeboten.

B. Der Datentreuhänder stellt die technische Infrastruktur und das Vertragswerk (*wie in Ziffer 2.5 definiert*) für die Datentreuhandstruktur bereit und koordiniert die Zusammenführung der beteiligten Parteien. Darüber hinaus stellt der Datentreuhänder eine Nutzeroberfläche (User Interface) („**Nutzeroberfläche**") zur Verfügung, über die die Beteiligten vernetzt und die entsprechenden Verträge abgeschlossen werden können.

C. Der Datentreuhänder kooperiert mit einer Reihe von Datendienstleistern (der jeweils relevante Datendienstleister „**Datendienstleister**"), die maßgeschneiderte Algorithmen für die Datenanalyse zur Verfügung stellen. Der Datengeber („**Datengeber**") nutzt eine vom Datentreuhänder bereitgestellte Softwareintegration in der Umgebung des Datengebers und gibt seine verschlüsselten oder unverschlüsselten Daten über diese Softwareintegration in eine vom Datentreuhänder im Rahmen einer Datentransaktion temporär bereitgestellte Datenbank. Die Auswertung der Daten erfolgt auf der Infrastruktur des Datentreuhänders in Containern, die auf vom Datendienstleister zur Verfügung gestellten Containerimages beruhen („**Container**"). Der Datendienstleister legt im Vorfeld fest, in welchen Schritten die Datenauswertung mit den auf Basis des bereitgestellten Containers erfolgt. Diese Auswertungslogik wird mit dem Start der algorithmusbasierten Analyse („**Transaktion**") automatisiert ausgeführt. Auf die in einer Transaktion verwendete Container hat keine der beteiligten Parteien Zugriff. Die Container sind unveränderlich und speichern Daten nur auf der für die Transaktion bereitgestellten Datenbank. Die gesamte Auswertung findet in einer abgeschlossenen, gesicherten Cloud-Umgebung eines zugelassenen Cloud-Anbieters („**Cloud-Anbieter**"; die Cloud-Umgebung „**Cloud-Umgebung**") statt. Aufgrund der technischen Gestaltung des Containers und der Umgebung, in der sie als Container ausgeführt werden, ist sichergestellt, dass weder der Datentreuhänder, der Datendienstleister, der Cloud-Anbieter noch sonstige Dritte Einsicht- oder Zugriffsmöglichkeiten auf die Container haben.

D. Die in der Datentreuhandstruktur stattfindenden Datenübertragungen werden über speziell dafür eingerichtete API-Schnittstellen abgewickelt.

E. Nach Abschluss der Analyse stellt der Datendienstleister dem Analysenehmer („**Analysenehmer**", zusammen mit dem Datengeber „**Nutzer**") das Ergebnis über die Nutzeroberfläche bereit. Das Analyseergebnis wird so aufbereitet, dass keinerlei Rückschlüsse auf die zugrunde liegenden Rohdaten möglich sind, wodurch die Anonymität der Daten gewahrt bleibt.

1. Begriffsbestimmungen[1]

Die folgenden Begriffe haben die ihnen in diesen Bedingungen gegebene Bedeutung:

Analysenehmer	Präambel D
Änderungsstichtag	Ziffer 13.1
Änderungsvorschlag	Ziffer 13.1
Anwendungen	Präambel A
Anwendungsbedingungen	Ziffer 2.3
Bedingungen	Ziffer 2.1
Beteiligte	Ziffer 2.1
Cloud-Anbieter	Präambel C
Cloud-Umgebung	Präambel C
Container	Präambel C
Datendienstleister	Präambel C
Datengeber	Präambel C
Datentreuhänder	Präambel A
Datentreuhandstruktur	Präambel A
DS-GVO	Ziffer 11.1
Kooperationsbedingungen	Ziffer 2.2
Kooperationsvertrag	Ziffer 2.2
Leistungsänderung	Ziffer 6.1
Leistungsschein	Ziffer 2.4
Nutzer	Präambel D
Nutzeroberfläche	Präambel B
Nutzungsvertrag	Ziffer 3
Onboarding-Prüfung	Ziffer 3.1.1
Teilnehmer	Ziffer 2.1
Transaktion	Präambel C
Vertragswerk	Ziffer 2.5

2. Geltungsbereich; Rangfolge; Anlagen

2.1 Die vorliegenden Allgemeine Geschäftsbedingungen – Onboarding[2] („**Bedingungen**") gelten für die vertraglichen Beziehungen zwischen Datentreuhänder, Datendienstleister, Datengeber und Analysenehmer („**Beteiligte**"; die Beteiligten ohne den Datentreuhänder „**Teilnehmer**") zur Nutzung der Datentreuhandstruktur sowie der Nutzeroberfläche. Die Teilnehmer akzep-

[1] Zur besseren Lesbarkeit des Vertragstextes empfiehlt es sich, die wesentlichen vertragsprägenden Begrifflichkeiten zu Beginn aufzulisten. Neben der Beschreibung der einzelnen Verortungen ist es ebenfalls möglich, die Definitionsliste im Vertragstext selbst gleich zu Beginn zu verorten (Auer-Reinsdorff/Conrad IT- und DatenschutzR-HdB/Thalhofer/Żdanowiecki § 19 Rn. 61; Lütcke/Bähr K&R 2001, 82 (84)). Dies hängt aber vom konkreten Einzelfall sowie vom Stil des jeweiligen Bearbeiters ab.

[2] Die Bedingungen sind als Allgemeine Geschäftsbedingungen im Sinne der §§ 305 ff. BGB ausgestaltet. Nach § 305 Abs. 1 BGB sind Allgemeine Geschäftsbedingungen alle für eine Vielzahl von Verträgen vorformulierte Vertragsbedingungen, die eine Vertragspartei der anderen Vertragspartei bei Abschluss des Vertrags stellt. Der Begriff „Stellen" setzt nach § 305 Abs. 1 S. 3 BGB voraus, dass die Vertragsbedingungen zwischen den Vertragsparteien im Einzelnen nicht ausgehandelt wurden. Die vorliegenden Bedingungen werden vom Datentreuhänder einseitig gestellt.

tieren die jeweils geltenden Bedingungen bei erstmaliger Registrierung auf der Nutzeroberfläche.

2.2 Der jeweilige Datendienstleister hat die vom Datentreuhänder gestellten Allgemeine Geschäftsbedingungen – Kooperation („**Kooperationsbedingungen**“) akzeptiert. Auf Grundlage dieser Kooperationsbedingungen schließen Datentreuhänder und Datendienstleister zur Einbindung des Datendienstleisters in die jeweilige Anwendung individuelle Kooperationsverträge („**Kooperationsvertrag**“).

2.3 Für die einzelnen Anwendungen stellt der Datentreuhänder jeweils eigene Bedingungen („**Anwendungsbedingungen**“). Die jeweiligen Anwendungsbedingungen akzeptieren die Teilnehmer vor der ersten Transaktion in der jeweiligen Anwendung.

2.4 Für jede einzelne Transaktion schließen die Teilnehmer unter Einbeziehung der Bedingungen sowie der jeweiligen Anwendungsbedingungen einen Einzelvertrag ab („**Leistungsschein**“). Bei wiederkehrenden Datenübertragungen und -auswertungen im Rahmen von Transaktionen, die auf eine bestimmte Dauer angelegt sind, ist der Abschluss eines Leistungsscheins ausreichend.[3]

2.5 Die vertraglichen Beziehungen der Beteiligten in der Datentreuhandstruktur werden abschließend in diesen Bedingungen, den jeweiligen Anwendungsbedingungen, den einzelnen Leistungsscheinen, den Kooperationsbedingungen sowie den Kooperationsverträgen, jeweils einschließlich etwaiger Anlagen, („**Vertragswerk**“) geregelt. Etwaige Allgemeinen Geschäftsbedingungen des Datendienstleisters, Datengebers oder Analysenehmers finden im Zusammenhang mit diesen Bedingungen, den jeweiligen Anwendungsbedingungen sowie jedem einzelnen Leistungsschein keine Anwendung. Eines ausdrücklichen Widerspruchs der jeweiligen Beteiligten gegen solche Allgemeinen Geschäftsbedingungen bedarf es nicht.

2.6 Bei Widersprüchen zwischen einzelnen Regelungsebenen des Vertragswerks gilt das folgende Rangverhältnis, jeweils einschließlich etwaiger Anlagen:[4]

---

[3] Die vorliegenden Bedingungen bilden den Rahmen für die vertragliche Beziehung der Beteiligten. In einem Leistungsschein regeln die Parteien operative Einzelheiten auf individuell-vertraglicher Ebene. Bei Bedarf bietet der individuelle Abschluss der Leistungsscheine die Möglichkeit, Anpassungen für das vom jeweiligen Leistungsschein abgedeckte Verhältnis vorzunehmen. Die Leistungsscheine bestimmen den eigentlichen Leistungsgegenstand: Sie enthalten die unter diesen Bedingungen jeweils zu erbringenden Einzelleistungen. Erst durch die Leistungsscheine wird das jeweilige vertragliche Verhältnis mit Leben gefüllt (so zu Rahmenverträgen Auer-Reinsdorff/Conrad IT- und DatenschutzR-HdB/Thalhofer/Żdanowiecki § 19 Rn. 55). In den Leistungsscheinen wird geregelt, welche Leistungen im Einzelnen (und insbesondere vom Datendienstleister) zu erbringen sind. Um Streitigkeiten über den konkreten Umfang der zu erbringenden Leistung vorzubeugen, sollten die Beteiligten die jeweils geschuldete Leistung in dem Leistungsschein so präzise wie möglich beschreiben.

[4] Um im Verhältnis der einzelnen Vertragsgrundlagen Widersprüche zu vermeiden, biete es sich an, mit einer entsprechenden Regelung das Rangverhältnis der verschiedenen Vertragsgrundlagen zueinander klarzustellen. Dies gilt erst recht vor dem Hintergrund, dass Zweifel bei der Auslegung Allgemeiner Geschäftsbedingungen zu Lasten des Verwenders, hier also dem Datentreuhänder, gehen (§ 305c Abs. 2 BGB). Wegen der noch im Einzelnen darzustellenden AGB-rechtlichen Themen ist es ratsam, möglichst viele Bestimmungen des Vertrages indivi-

- Leistungsschein beziehungsweise Kooperationsvertrag, soweit anwendbar,
- Kooperationsbedingungen, soweit anwendbar,
- Anwendungsbedingungen,
- Bedingungen.

2.7 Weder aus diesen Bedingungen noch aus den jeweiligen Anwendungsbedingungen lässt sich ein Anspruch auf den Abschluss eines Leistungsscheins ableiten. Gleiches gilt für die Kooperationsbedingungen, aus denen kein Anspruch auf den Abschluss eines Kooperationsvertrags abgeleitet werden kann.

2.8 Die folgenden Anlagen[5] sind Bestandteil dieser Bedingungen:
Anlage 1 | Onboarding-Prüfung
Anlage 2 | Leistungsbeschreibung (*Service Level Agreement*)
Anlage 3 | Datenschutz (*TOM*)

3. Registrierung; Vertragsschluss

Die Nutzung der Datentreuhandstruktur setzt eine einmalige Registrierung auf der Nutzeroberfläche voraus. Mit erfolgreicher Registrierung, wie in dieser Ziffer 3 beschrieben, schließen die Teilnehmer jeweils mit dem Datentreuhänder einen Vertrag zur Nutzung der Datentreuhandstruktur und der Nutzeroberfläche gemäß dieser Bedingungen („**Nutzungsvertrag**").

3.1 Registrierungsvoraussetzungen

3.1.1 Voraussetzung für eine erfolgreiche Registrierung ist eine Identifizierung nach den gesetzlichen Identifizierungspflichten (*Know Your Customer*-Prüfung; „**Onboarding-Prüfung**") durch den Datentreuhänder oder einen von ihm beauftragten qualifizierten Dritten zur Zufriedenheit des Datentreuhänders.

3.1.2 Die Teilnehmer erfüllen die Registrierungsvoraussetzungen, sofern und soweit die folgenden Aspekte gegeben sind:[6]
- [•••]

3.1.3 Die Teilnehmer verpflichten sich, dem Datentreuhänder oder dem qualifizierten Dritten, der die Onboarding-Prüfung durchführt, im Rahmen des Registrierungsprozesses sowie zum Abschluss der Onboarding-Prüfung alle erforderlichen Informationen, Dokumente und/oder sonstigen angeforderten Nachweise im Zusammenhang mit der Identitätsüberprüfung des Teilnehmers, ihrer wirtschaftlich

---

duell zu verhandeln. Hierbei ist allerdings zu beachten, dass es im Vorfeld des Vertragsabschlusses tatsächlich zu einem „Aushandeln" im Sinne von § 305 Abs. 1 S. 3 BGB kommen muss. Für ein Aushandeln reicht es noch nicht aus, dass der andere Teil über die Bedeutung und Tragweite der vorformulierten Klauseln belehrt worden ist (BGH NJW 1992, 2759). Vielmehr muss der Verwender zu Verhandlungen über den Vertragsinhalt bereit sein und dies unzweideutig und ernsthaft gegenüber dem Vertragspartner zum Ausdruck bringen (BGH NJW 1977, 624). Weiterhin muss der Verwender den gesetzesfremden Kerngehalt seiner AGB inhaltlich ernsthaft zur Disposition stellen und dem späteren Vertragspartner Gestaltungsfreiheit zur Wahrung eigener Interessen einräumen (BGHZ 104, 236; BGH NJW 2000, 1110).

[5] Die Anlagen zum Vertragsmuster ist stets vom Verwender selbst zu erstellen und an die spezifischen Anforderungen des jeweiligen Anwendungsfalls anzupassen.

[6] „Die Anforderungen an eine erfolgreiche Registrierung der Teilnehmer kann an bestimmte Voraussetzungen geknüpft werden. Diese Voraussetzungen können sich beispielsweise nach den Anforderungen des jeweiligen Anwendungsfalls (Use Case) richten."

Berechtigten und/oder Vertreter sowie der Herkunft ihrer Mittel in einer vom Datentreuhänder beziehungsweise dem qualifizierten Dritten festgelegten Art und Weise und innerhalb eines von diesen festgelegten Zeitraums zu übermitteln. Die Anforderungen an die Onboarding-Prüfung sind in **Anlage 1 | Onboarding-Prüfung** dargestellt.

3.1.4 Mit der Registrierung bestätigt der Teilnehmer, dass er sowohl technisch als auch normativ die Anforderungen für die Teilnahme an der Datentreuhandstruktur erfüllt. Die jeweils aktuellen Anforderungen sind unter [•••][7] einseh- und abrufbar. Der Teilnehmer verpflichtet sich, diese Anforderungen auch nach der Registrierung, während der gesamten Nutzungsdauer der Datentreuhandstruktur zu erfüllen.

3.1.5 Registrierte Teilnehmer dürfen die Nutzeroberfläche nur für ihre eigenen Zwecke verwenden. Die Registrierung ist höchstpersönlich und darf nicht an Dritte weitergegeben werden. Die Teilnehmer sind verpflichtet, die bei der Registrierung gewählten Zugangsdaten vertraulich zu behandeln, sie keinem Dritten mitzuteilen, und sicherzustellen, dass Dritte keinen Zugriff darauf erhalten. Der Verlust, Diebstahl, Missbrauch oder die sonstige unbefugte Nutzung der Benutzerkennung und/oder des Passwortes ist dem Datentreuhänder unverzüglich nach Bekanntwerden zu melden.

3.2 Registrierungsprozess

3.2.1 Vor der erstmaligen Nutzung der Datentreuhandstruktur haben sich die Teilnehmer zu registrieren. Die Registrierung erfolgt durch

- Erfüllen der in Ziffer 3.1 genannten Registrierungsvoraussetzungen,
- Anlegen eines persönlichen Zugangs zur Nutzeroberfläche,
- Akzeptieren dieser Bedingungen,
- Akzeptieren der Kooperationsbedingungen (im Falle der Registrierung als Datendienstleister), sowie
- Bestätigung der Kenntnisnahme der Datenschutzerklärung des Datentreuhänders.

3.2.2 Der vom Teilnehmer initiierte Registrierungsprozess gilt als Antrag auf Abschluss eines Nutzungsvertrags. Mit der Registrierungsbestätigung und der Freischaltung des Zugangs zur Nutzeroberfläche nimmt der Datentreuhänder diesen Antrag an. Ein Anspruch auf den Abschluss eines Nutzungsvertrags besteht jedoch nicht.

3.2.3 Nach erfolgreicher Registrierung ist der Teilnehmer verpflichtet, seine Daten stets aktuell zu halten und Änderungen in der Nutzeroberfläche zu hinterlegen.[8]

---

[7] An dieser Stelle muss ein Verweis auf die entsprechende Quelle eingefügt werden. Es ist darauf zu achten, dass der Verweis korrekt und aktuell ist, damit der Zugang zu den relevanten Informationen gewährleistet bleibt.

[8] Der Wert eines Datensatzes bestimmt sich maßgeblich danach, ob die enthaltenen Informationen auch korrekt sind – „hängt maßgeblich von der Korrektheit der enthaltenen Informationen ab". Daher ist in dieser Bestimmung die weitgehende Pflicht des Teilnehmers vorgesehen, die Datensätze aktuell zu halten und Fehler – ob selbst erkannt, durch den Abnehmer mitgeteilt oder von Dritten an die zuständige Vertragspartei herangetragen – kurzfristig zu beheben.

3.2.4 Nutzer, also Datengeber und Analysenehmer, haben sich vor der erstmaligen Nutzung der Datentreuhandstruktur zu registrieren.

3.2.5 Datendienstleister haben sich zur Teilnahme an der Datentreuhandstruktur und zum Zwecke der Kooperation mit dem Datentreuhänder zu registrieren. Nach erfolgreicher Registrierung und Abschluss eines Nutzungsvertrags wird dem Datendienstleister über die Nutzeroberfläche und auf der Grundlage der Kooperationsbedingungen (i) der Entwurf eines Kooperationsvertrags für jede beabsichtigte Kooperation in einer oder mehrerer Anwendungen sowie (ii) die für die jeweilige Anwendung erforderlichen technischen Voraussetzungen (als Anlage zum Entwurf des Kooperationsvertrags) bereitgestellt. Mit dieser Bereitstellung wird der Datendienstleister aufgefordert, einen Antrag zum Abschluss des jeweiligen Kooperationsvertrags abzugeben. Mit Kenntnisnahme und Bestätigung dieses Entwurfs stellt der Datendienstleister einen Antrag auf Abschluss des jeweiligen Kooperationsvertrags. Der Datentreuhänder kann diesen Antrag nach eigenem Ermessen [und vorbehaltlich einer Eignungsprüfung][9] annehmen.

3.3 **Transaktionsbezogene Vertragsschlüsse**

Zur Klarstellung wird darauf hingewiesen, dass die Teilnehmer vor jeder Transaktion Einzelverträge in Form von Leistungsscheinen abschließen. Nutzer schließen mit dem jeweiligen Datendienstleister einen Leistungsschein auf Basis der Anwendungsbedingungen ab; Datendienstleister wiederum schließen mit dem Datentreuhänder für jede Anwendung einen Kooperationsvertrag auf der Grundlage der Kooperationsbedingungen.

4. Mitteilungen; Form der Vertragsschlüsse

4.1 Alle Mitteilungen und Erklärungen, die im Zusammenhang mit der Nutzung der Datentreuhandstruktur stehen, werden über die Nutzeroberfläche in Textform (§ 126b Bürgerliches Gesetzbuch) und, sofern erforderlich, unter Verwendung einer elektronischen Signatursoftware (§ 126a Bürgerliches Gesetzbuch) abgegeben.

4.2 Der Datentreuhänder und der Datendienstleister können nach eigenem Ermessen Mitteilungen und Erklärungen als PDF versenden. Hierfür werden die bei der Registrierung angegebenen Kontaktdaten verwendet.

4.3 Diese Ziffer 4 gilt auch für rechtswirksame Mitteilungen, insbesondere auf den Abschluss sowie die Kündigung von Verträgen gerichtete Willenserklärungen.

Eine Überprüfungspflicht des Abnehmers ist hingegen oftmals nicht angezeigt. Im Zweifel kann er gar nicht in jedem Fall feststellen, ob der Datenbestand fehlerhaft ist oder nicht. Für Unvollständigkeiten kann nichts anderes gelten als für fehlerhafte Kenndaten. Etwaige hierbei auftretende Eingabefehler hat der Eingebende durch angemessene, wirksame und zugängliche technische Mittel erkennen und berichtigen zu können (§ 312i Abs. 1 S. 1 Nr. 2 BGB iVm Art. 246c Nr. 1 und 3 EGBGB).

[9] Optional kann der Datentreuhänder die Annahme eines Registrierungsantrags von der Durchführung einer Eignungsprüfung abhängig machen. Hierzu ist denkbar, dass der Datentreuhänder die Eignung des jeweiligen Datendienstleisters anhand von durch den Datentreuhänder festgelegten Prüfungskriterien feststellt.

5. Leistungen des Datentreuhänders[10]

5.1 Der Datentreuhänder betreibt die Datentreuhandstruktur und stellt die Nutzeroberfläche zur Verfügung. Hierzu wird der Datentreuhänder im Rahmen des technisch und wirtschaftlich Zumutbaren alle Maßnahmen ergreifen, um die Nutzeroberfläche für die Teilnehmer verfügbar zu halten. Ein Anspruch auf jederzeitige Verfügbarkeit kann den Teilnehmern jedoch aus technischen Gründen nicht gewährt werden. Insbesondere Wartungs-, Sicherheits- oder Kapazitätsgründe sowie externe Ereignisse können zu einer vorübergehenden Nichterreichbarkeit der Nutzeroberfläche führen. Der Datentreuhänder behält sich vor, den Zugang zur Nutzeroberfläche vorübergehend einzuschränken, sofern dies aufgrund von Kapazitätsgrenzen, zur Sicherung der Datentreuhandstruktur, zur Durchführung technischer Änderungen oder aus sonstigen sachlichen Gründen erforderlich ist.

5.2 Der Datentreuhänder koordiniert die rechtlichen Beziehungen der Beteiligten und bringt sie in der Datentreuhandstruktur zusammen. Hierzu stellt der Datentreuhänder das Vertragswerk und koordiniert die für den jeweiligen Fall, also auch für jede einzelne Transaktion, erforderlichen Vertragsschlüsse über die Nutzeroberfläche. Für den Inhalt und die rechtliche Wirksamkeit des Vertragswerks ist der Datentreuhänder nicht verantwortlich.

5.3 Der Datentreuhänder unterhält die aus seiner Sicht zum Betrieb Datentreuhandstruktur erforderlichen Kooperationen mit den Datendienstleistern und stellt sicher, dass für die jeweilige Anwendung der jeweils erforderliche Algorithmus zur Anwendung kommt.

5.4 Der Datentreuhänder stellt Schnittstellen zur Übermittlung der Daten in den jeweiligen Container bereit. Der Datentreuhänder stellt sicher, dass die Transaktionen in den vom Datendienstleister bereitgestellten Containern in einer gesicherten Umgebung ohne Einsichtsmöglichkeit von außen (auch nicht durch den Datentreuhänder) ausgeführt werden.

---

[10] In diesem Abschnitt werden die Leistungspflichten des Datentreuhänders aufgelistet. Darunter lässt sich eine Vielzahl von unterschiedlichen Pflichten subsumieren, wobei entsprechend den getroffenen Vertragsabsprachen jeweils auf den Einzelfall – abhängig von der jeweiligen Anwendung – abzustellen ist. Da es sich bei dem Bereithalten zum Abruf wohl um eine werkvertragliche Pflicht handelt, steht der Erfolg dieser Leistung des Datentreuhänders im Vordergrund. Der bloße Verweis auf die Abrufbarkeit im Rahmen der „betrieblichen und technischen Möglichkeiten" reicht nicht aus; eine solche Klausel dürfte weder mit § 308 Nr. 4 noch mit § 307 BGB vereinbar sein. Eine Änderung der technischen Standards ist eine Vertragsänderung, die sich an die Grenzen des § 308 Nr. 4 BGB halten muss. Der Abnehmer muss rechtzeitig vorher über die Änderung informiert werden. Im Bereich der Hauptleistungspflichten scheidet eine Inhaltskontrolle aus, soweit zB Beschränkungen auf eine Speicherkapazität bis zu einer gewissen Zahl von Megabytes vorgenommen werden. Auch Staffelungen von Preisen nach Ausmaß des verfügbaren Speicherplatzes sind einer Inhaltskontrolle entzogen. Als problematisch gelten Klauseln, wonach der Datentreuhänder bei Überschreitung der zugewiesenen Speicherkapazität darüberhinausgehende Daten löschen darf. Diese Klauseln sind unangemessen iSv § 307 BGB, da die Löschung ohne vorherige Unterrichtung der Teilnehmer erfolgt und auch keine Rücksicht auf ein evtl. Nichtverschulden der Teilnehmer erfolgt.

5.5 Der Datentreuhänder setzt beim Betrieb der Datentreuhandstruktur voraus, dass entweder (i) keine personenbezogenen Daten[11] verarbeitet[12] werden oder (ii) personenbezogene Daten nicht ohne Einwilligung oder Vorliegen eines sonstigen datenschutzrechtlich anerkannten Grundes verarbeitet werden. Der Datentreuhänder verpflichtet den Datendienstleister in den jeweiligen Kooperationsverträgen zur Einhaltung der datenschutzrechtlichen Bestimmungen.

5.6 Die in dieser Ziffer 4 beschriebenen Leistungen des Datentreuhänders werden in **Anlage 2 | Leistungsbeschreibung** spezifiziert. Die Anwendungsspezifischen Leistungen des Datentreuhänders werden in den jeweiligen Anwendungsbedingungen nebst dortiger Anlage 2 | Leistungsbeschreibung Anwendung und die transaktionsbezogenen Leistungen im jeweiligen Leistungsschein beschrieben.

6. Leistungsänderung

6.1 Der Datentreuhänder behält sich vor, die in Ziffer 4 dieser Bedingungen sowie in den jeweiligen Anwendungsbedingungen beschriebenen Leistungen zu ändern oder abweichende Leistungen anzubieten („**Leistungsänderung**"). Dies gilt nicht, sofern dies für eine Vertragspartei unzumutbar ist.

6.2 Eine Leistungsänderung kommt insbesondere in den folgenden Konstellationen in Betracht:
- Der Datentreuhänder ist zur Leistungsänderung aufgrund einer Änderung der Rechtslage verpflichtet;
- Der Datentreuhänder kommt mit der Leistungsänderung einem gegen sich gerichteten Gerichtsurteil oder einer Behördenentscheidung nach;
- Die Leistungsänderung ist notwendig, um bestehende Sicherheitslücken zu schließen;
- Die Leistungsänderung ist für alle Vertragsparteien lediglich vorteilhaft;
- Die Leistungsänderung ist rein technischer oder prozessualer Natur und wirkt sich auf die jeweiligen Vertragsparteien nicht wesentlich aus.

7. Vergütung

7.1 Für die Leistungen des Datentreuhänders gemäß Ziffer 5 erhält der Datentreuhänder von den Teilnehmern keine Vergütung.

[11] Es ist davon abzuraten, etwaige konkretere Informationen über die Verarbeitung personenbezogener Daten, zu deren Erteilung der datenschutzrechtlich Verantwortliche nach Art. 13, 14 DS-GVO ohne Aufforderung verpflichtet ist, in Allgemeine Geschäftsbedingungen aufzunehmen. Werden nämlich Datenschutzinformationen auch als Allgemeine Geschäftsbedingungen angesehen, so unterliegen sie der vollen Inhaltskontrolle nach den §§ 307 ff. BGB. Das hätte zur Folge, dass deren (Un-) Wirksamkeit zum Gegenstand einer Unterlassungsklage nach § 2 UKlaG gemacht werden könnte (siehe hierzu KG BeckRS 2019, 8570 Rn. 38 ff.).

[12] Es ist davon auszugehen, dass das Geschäftsmodell des Datentreuhänders es nicht erfordert, dass personenbezogene Daten im Profil vorgehalten werden. Es stehen andere Leistungspflichten im Vordergrund. Dem Gebot der Datensparsamkeit, wonach personenbezogene Daten nur um für den jeweiligen legitimen Zweck erforderlichen Umfang verarbeitet werden dürfen (Art. 5 Abs. 1 lit. c DS-GVO; Kühling/Buchner/Herbst Art. 5 Rn. 55 ff.), ist insoweit genügt. Daten, die auch ohne Personenbezug ausgestaltet werden können, sollten durch eine entsprechende unpersönliche Ausgestaltung ausdrücklich zur vertraglichen Verpflichtung gemacht werden. Dies reduziert das Risiko datenschutzrechtlicher Konflikte schon im Ausgangspunkt.

7.2 Hiervon unberührt bleiben transaktionsbezogene Vergütungen des Datentreuhänders und/oder des Datendienstleisters. Die Höhe der transaktionsbezogenen Vergütung hängt von der jeweiligen Anwendung ab und ist in den Anwendungsbedingungen sowie im jeweiligen Leistungsschein beziehungsweise Kooperationsvertrag bestimmt.

8. Personal[13]

8.1 Datentreuhänder, Datendienstleister und Datengeber sind verpflichtet, für die Erbringung der jeweiligen Vertragsleistungen nur qualifiziertes und kompetentes Personal einzusetzen.

8.2 Die Beteiligten haben sicherzustellen, dass die Abwesenheit oder das Ausscheiden von Personal nicht zu nachhaltigen Störungen der Erbringung der jeweiligen Vertragsleistungen führt.

9. Haftung; Haftungsfreistellung[14]

9.1 Der Datentreuhänder haftet für die ordnungsgemäße Erbringung seiner in Ziffer 4 beschriebenen Leistungen. Im Übrigen ist die Haftung ausgeschlossen.

9.2 Der Haftungsausschluss nach Ziffer 9.1 gilt nicht bei[15]
- Vorsatz oder grober Fahrlässigkeit,

---

[13] Die Anforderungen an die personelle Ausstattung und die Qualifikation der Mitarbeiter der Vertragsparteien ist abhängig von der konkreten Vertragsausgestaltung und Anwendung. Es ist zu erwarten, dass die Anforderungen an eingesetztes Personal mit den an die jeweilige Anwendung gestellten Anforderungen – und deren Komplexität – steigen.

[14] Die Haftungsregelungen haben zum einen das Ziel, den Datentreuhänder von der Haftung für durch fehlerhafte Hilfsmittel entstandene Schäden freizustellen und die Haftungsrisiken des Datentreuhänders bei schuldhafter Schadensverursachung den jeweiligen Teilnehmer aufzuerlegen. Je nach Leistung können diese Risiken ganz erheblich sein. Auch der Abschluss einer entsprechenden Haftpflichtversicherung kann im Einzelfall sachgerecht sein. Auch wenn die Kenndaten aus Gründen der Datensparsamkeit und auf Grund des Zuschnitts des Portals keine personenbezogenen Daten enthalten, erfordert die Registrierung und Koordination zumindest die Identifikation des Anmelders in den Registrierungsdaten. Diese sind, anders als die Kenndaten, nicht zur Veröffentlichung bestimmt.

[15] Die Verletzung von Leistungspflichten kann für den Datentreuhänder, nicht zuletzt wegen der Vielzahl von Anwendungsfällen und der Bedeutung der Datentreuhandstruktur für Nutzer, zu hohen Schäden führen. Datentreuhänder werden daher in der Praxis bemüht sein, Haftungsausschlüsse oder -beschränkungen zu vereinbaren. Um dies wirksam für alle Anwendungsfälle in Allgemeinen Geschäftsbedingungen zu regeln, sind die Vorgaben aus § 276 Abs. 3 BGB und § 309 Nr. 7 BGB zu beachten. Letztere Regelung entfaltet auch in Unternehmerverkehr über § 307 BGB Indizwirkung (hierzu im Einzelnen MüKoBGB/Wurmnest, 9. Aufl. 2022, § 309 Nr. 8 Rn. 33 ff.). Hinzuweisen ist darauf, dass die Rechtsprechung (BGH NJW 1980, 1953; BeckOK BGB/Becker, 71. Ed. 1.5.2024, BGB § 309 Nr. 7 Rn. 29) für die Wirksamkeit einer Haftungsbeschränkung bei Verletzung von so genannten Kardinalpflichten (als vertragswesentliche Pflichten; der Begriff der „Kardinalpflichten" mag vermeidbar sein) fordert, dass der Haftungshöchstbetrag in jedem Fall die vertragstypischen, vorhersehbaren Schäden abdeckt. Hierfür existieren keine objektiven Maßstäbe, so dass es rechtliche Risiken birgt, für diesen Fall eine Haftungshöchstgrenze zu formulieren. Dieses Risiko erhöht sich, je niedriger diese Höchstgrenze angesetzt ist. Sehen die Parteien in ihrem *Service Level Agreement* Pönalemechanismen (z. B. Vertragsstrafen oder pauschalisierter Schadensersatz) vor, so ist das Verhältnis dieser zur Haftung klar zu regeln. Wird in dem *Service Level Agreement* der Schadensersatz etwa pauschaliert, so kann dies grundsätzlich als abschließende Regelung verstanden werden (siehe auch Auer-Reinsdorff/Conrad IT- und DatenschutzR-HdB/Thalhofer/Żdanowiecki § 19 Rn. 148). Anderes gilt hinsichtlich einer im *Service Level Agreement* vereinbarten Vertragsstrafe.

- vorsätzlicher oder fahrlässiger Verletzung von Leben, Körper oder Gesundheit,
- zwingender gesetzlicher Haftung, sowie
- der Verletzung einer im Vertragswerk vorgesehenen Einstandspflicht.

9.3 Die Haftung des Datentreuhänders nach Ziffer 9.1 ist gegenüber etwaigen Haftungsansprüchen gegen Dritte nachrangig (*subsidiäre Haftung*). Sollte der Datentreuhänder in diesem Fall dennoch in Anspruch genommen werden, gehen alle im Übrigen bestehenden Haftungsansprüche auf den Datentreuhänder über (*analog § 426 Abs. 2 Bürgerliches Gesetzbuch*).

9.4 Die Teilnehmer stellen den Datentreuhänder von sämtlichen Ansprüchen frei, die sie oder sonstige Dritte gegenüber dem Datentreuhänder wegen der Verletzung ihrer Rechte aufgrund eingestellter Inhalte oder wegen dessen sonstiger Nutzung der Datentreuhandstruktur im Zusammenhang mit dem Abschluss oder der Durchführung von Verträgen geltend machen.

9.5 Die Teilnehmer sind verpflichtet, den Datentreuhänder im Zusammenhang mit der Abwehr von Ansprüchen Dritter entstehenden notwendigen Kosten der Rechtsverteidigung einschließlich aller Gerichts- und Anwaltskosten in angemessener Höhe zu erstatten. Dies gilt nicht, wenn der jeweilige Teilnehmer die Rechtsverletzung nicht zu vertreten hat. Die Teilnehmer sind verpflichtet, den Datentreuhänder im Falle einer Inanspruchnahme durch Dritte unverzüglich, wahrheitsgemäß und vollständig alle Informationen zur Verfügung zu stellen, die für die Prüfung der Ansprüche und eine Verteidigung erforderlich sind.[16]

10. Nachhaltigkeit und Compliance[17]
[•••]

11. Datenschutz[18]

11.1 Die Beteiligten verpflichten sich, jederzeit alle anwendbaren Datenschutzgesetze einzuhalten, insbesondere die Bestimmungen der EU-Datenschutzgrundverordnung (EU/2016/679) („**DS-GVO**") und des Bundesdatenschutzgesetzes. Insbesondere dürfen alle Informationen und Dokumente,

Allerdings kann durch Allgemeine Geschäftsbedingungen die Anrechnung der Vertragsstrafe auf den Schadensersatz nicht ausgeschlossen werden (MüKoBGB/Gottwald, 9. Aufl. 2022, BGB § 341 Rn. 2; BGH NJW 1975, 163; Grüneberg/Grüneberg, 84. Aufl. 2025, § 341 Rn. 1).

[16] Optional wäre noch eine Regelung subsidiärer Haftung. Diese Regelung könnte vorsehen, dass der Datentreuhänder nur dann haftet, soweit kein anderer Beteiligter haftet. Ferner könnten etwaige sonst bestehenden Haftungsansprüche auf den Datentreuhänder übergehen, falls der Datentreuhänder doch in Anspruch genommen wird. Letzteres entspräche dem Gedanken der Gesamtschuldnerschaft, die in § 426 Abs. 2 BGB gesetzlich geregelt ist.

[17] Der Abschnitt 'Nachhaltigkeit und Compliance' sollte nach den individuellen Bedürfnissen und Anforderungen der Vertragsparteien angepasst und gegebenenfalls um spezifische Regelungen erweitert werden.

[18] Das Thema Vertrauen und Datenschutz ist von zentraler Bedeutung für einen Datentreuhändervertrag. Bei der Erstellung der Vertragsdokumente ist daher besondere Sorgfalt erforderlich, um sicherzustellen, dass alle datenschutzrechtlichen Anforderungen, insbesondere im Hinblick auf die DS-GVO und andere relevante Regelwerke, vollständig erfüllt werden. Die vorliegende Formulierung dient lediglich als Beispiel und ersetzt nicht die eigene, sorgfältige Prüfung und Anpassung an die spezifischen Gegebenheiten und Datenflüsse der Parteien.

die vom Datengeber im Rahmen dieses Vertrags zur Verfügung gestellt oder sonst zwischen Datengeber und den übrigen Beteiligten im Zusammenhang mit diesem Vertrag ausgetauscht werden und die personenbezogenen Daten im Sinne von Art. 4 Nr. 1 DS-GVO enthalten, nur in Übereinstimmung mit den geltenden Datenschutzgesetzen und, soweit gesetzlich vorgeschrieben, nur in anonymisierter Form weitergegeben werden.

11.2 Die zur Einhaltung der datenschutzrechtlichen Anforderungen erfolgenden technischen und organisatorischen Maßnahmen sind in **Anlage 3 | Datenschutz (*TOM*)** beschrieben. Die Anwendungs-spezifischen technischen und organisatorischen Maßnahmen sind in den jeweiligen Anwendungsbedingungen genauer beschrieben.

11.3 Im Übrigen wird auf die Datenschutzerklärung des Datentreuhänders verwiesen. Diese ist unter [•••] abruf- und downloadbar.[19]

12. Geltungsdauer dieser Bedingungen[20]

12.1 Diese Bedingungen gelten grundsätzlich für unbestimmte Zeit, jedenfalls aber für die Dauer (i) des Nutzerstatus nach erfolgreicher Registrierung sowie (ii) laufender Transaktionen. In letzterem Fall endet die Geltung dieser Bedingungen mit Beendigung der letzten Transaktion. Neue Leistungsscheine können dann nicht mehr abgeschlossen und Transaktionen in der jeweiligen Anwendung nicht mehr durchgeführt werden.

12.2 Die Geltungsdauer der jeweiligen Anwendungsbedingungen sowie die Laufzeit und Kündigungsmöglichkeit der Leistungsscheine richtet sich nach den Bestimmungen der jeweiligen Anwendungsbedingungen.

13. Änderungen dieser Bedingungen[21]

13.1 Änderungen dieser Bedingungen werden den Teilnehmern spätestens [vier (4)] vor dem beabsichtigten Zeitpunkt ihres Wirksamwerdens („**Änderungsstichtag**") über die Nutzeroberfläche vorgeschlagen (jeweils ein „**Änderungsvorschlag**").

13.2 Jeder Teilnehmer kann den Änderungen vor dem Änderungsstichtag entweder zustimmen oder sie ablehnen. Der Änderungsvorschlag wird wirksam, wenn der jeweilige Teilnehmer dem Änderungsvorschlag durch ausdrück-

[19] Einzufügen ist ein direkter Link zur Datenschutzerklärung (Rücker/Brandt in Bräutigam/Rücker, E-Commerce, 1. Auflage 2017, Abschnitt D Rn. 255). Ausreichend für einen wirksamen verweis auf die Datenschutzerklärung ist bspw. ein Linkverweis, ein Pop-up-Fenster oder ein downloadbares PDF (Schröder in Schröder, Datenschutzrecht für die Praxis, 5. Auflage 2023, 4. Kap. lit. II. 1. e)).

[20] Alternativ kann eine feste Vertragslaufzeit vereinbart werden. Allerdings sollte darauf geachtet werden, dass diese aus Gründen der Bewegungs- und Entscheidungsfreiheit nicht zu lange ist (§§ 138, 307 BGB). Umgekehrt darf diese, insbesondere dann, wenn dem Datentreuhänder hohe Investitionen abgefordert werden und es sich um einen Formularvertrag handelt, auch nicht zu kurz bemessen sein. Auch aufseiten der Nutzer dürfte vor dem Hintergrund eines effektiven Kontinuitätsmanagements ein Interesse bestehen, eine nicht zu kurze Laufzeit bzw. nicht zu kurzfristige Beendigung des Datentreuhandverhältnisses zu vereinbaren.

[21] Änderungen der Allgemeinen Geschäftsbedingungen sollten stets nur unter Berücksichtigung der aktuellen Rechtsprechung erfolgen. Es ist sicherzustellen, dass die Anpassungen den geltenden gesetzlichen Anforderungen und richterlichen Vorgaben entsprechen, um die Wirksamkeit der geänderten Bedingungen zu gewährleisten.

liche Willenserklärung bis spätestens zum Änderungsstichtag zugestimmt hat. Werden dem Teilnehmer Änderungen vorgeschlagen, kann er die vertraglichen Beziehungen innerhalb vor dem Änderungsstichtag mit Wirkung für die Zukunft beenden.

13.3 Die Zustimmung zum Änderungsvorschlag kann auch durch Anklicken eines auf der Nutzeroberfläche oder in einer E-Mail enthaltenen Links gegeben werden[22].

14. Streitschlichtung[23]

14.1 Die Parteien vereinbaren, bei allen Meinungsverschiedenheiten aus oder im Zusammenhang mit diesem Vertrag, Vertragserweiterungen oder -ergänzungen, die sie nicht untereinander beilegen können, die Schlichtungsstelle der Deutschen Gesellschaft für Recht und Informatik e.V. (*DGRI e.V.*), anzurufen, um den Streit nach deren Schlichtungsordnung in der zum Zeitpunkt der Einleitung des Schlichtungsverfahrens gültigen Fassung ganz oder teilweise, vorläufig oder endgültig beizulegen.

14.2 Die Verjährung für alle Ansprüche aus dem schlichtungsgegenständlichen Lebenssachverhalt ist ab dem Schlichtungsantrag bis zum Ende des Schlichtungsverfahrens gehemmt. § 203 BGB gilt entsprechend.

14.3 Die Parteien stellen klar, dass das vorherige Einleiten eines Schlichtungsverfahrens keine Prozessvoraussetzung ist, gleich ob es sich um ein Verfahren in der Hauptsache oder des einstweiligen Rechtsschutzes handelt.

15. Schlussbestimmungen

15.1 Diese Bedingungen sowie das Vertragswerk unterliegen deutschem Recht unter Ausschluss der Bestimmungen des Kollisionsrechts, insbesondere des internationalen Privatrechts.[24]

15.2 Mündliche Nebenabreden bestehen nicht.

15.3 Sollten einzelne Bestimmungen dieser Bedingungen oder eine künftig in ihn aufgenommene Bestimmung ganz oder teilweise nicht rechtswirksam oder undurchführbar sein oder werden oder sollte eine planwidrige Lücke vorliegen, so wird hierdurch die Gültigkeit der übrigen Bestimmungen nicht berührt. An die Stelle unwirksamer oder undurchführbarer Bestimmungen oder zur Ausfüllung der Lücke solle eine angemessene Regelung treten, die, soweit rechtlich möglich, dem am nächsten kommt, was die Beteiligten gewollt haben oder nach dem Sinn und Zweck dieser Bedingungen gewollt haben würden, sofern sie bei Akzeptieren dieser Bedingungen oder der späteren Aufnahme einer Bestimmung den Punkt bedacht hätten. Dies

---

[22] Die Möglichkeit der Zustimmung muss an die jeweils vorhandenen technischen Gegebenheiten und Systeme angepasst werden.

[23] Die in diesem Muster vorgesehene Streitschlichtung ist als Alternativvorschlag zum ordentlichen Gerichtsweg zu verstehen. Es steht dem Verwender frei, andere Streitbeilegungsmechanismen zu wählen, die besser zu den individuellen Bedürfnissen passen.

[24] Vor dem Hintergrund, dass datenbezogene Verträge häufig grenzüberschreitende Bezüge aufweisen, bietet sich die ausdrückliche Vereinbarung des anwendbaren Rechts an (Czychowski/Winzek ZD 2022, 81; näher hierzu Czychowski/J. B. Nordemann/Nordemann-Schiffel, Raw Data, 2021, 3 ff.).

gilt auch dann, wenn die Unwirksamkeit einer Bestimmung auf einem in diesen Bedingungen normierten Umfang von Leistung oder Zeit (Frist oder Termin) beruht. In solchen Fällen tritt ein dem Gewollten möglichst nahekommendes, rechtlich zulässiges Maß der Leistung und der Zeit (Frist oder Termin) an die Stelle des Vereinbarten.

Sachverzeichnis

Die fetten Zahlen verweisen auf die Paragrafen, die mageren Zahlen auf die Randnummern.